사 회 복 지 체 계 론

사회복지 전문출판 나눔의집

옮긴이

송정부 : 상지대학교 사회복지학과 교수   1장

김형방 : 상지대학교 사회복지학과 교수   2장

전광현 : 서울신학대학교 사회사업학과 교수   4장

나동석 : 청주대학교 사회복지학과 교수   5장

정병오 : 제주산업정보대학 사회복지과 교수   6,7장

이경민 : 상지영서대학 강사   8,9장

류만희 : 중앙대학교 강사   3,10,11장

정일교 : 협성대학교 강사   13,14장

최영신 : 평택대학교 강사   15,16장

이재완 : 남서울대학교 아동복지학과 교수   12,17장

사 회 복 지 체 계 론

嶋田啓一郎 (시마다 게이이치로)

송정부 외 공역

사회복지 전문출판 나눔의 집

역자서문

이 책은 嶋田啓一郎(시마다 게이이치로)의 『사회복지체계론』과 기타 여러 책·논문집에서 이론 구축과 관련 있는 논문을 발췌·번역하여 구성한 이론서이다.

학문이 과학이라는 이름을 띨 때에는 본질과 원리를 탐구한 이론이 정립되어야 한다. 사회복지학이 실천을 중시하는 실천 학문이지만 실천 현장에서 사회복지사가 올바른 태도를 견지하려면 기초 이론의 확립이 매우 중요하다. 즉, 사회과학이라는 큰 틀에서 사회복지에 대한 근본적인 질문을 던지고 본질을 하나씩 깨우쳐야 한다. 이 책은 이러한 점들을 가르쳐 주고 있다.

이 책의 큰 특징은 사회의 모든 문제 - 사회병리 -를 파악함에 있어 경제적·사회적 관점을 중시하고, 클라이언트가 지니고 있는 문제는 사회의 공통 책임임을 강조하며, 클라이언트를 인격적인 대상으로 파악한다. 다시 말하면 시마다 이론의 학문영역은 정책학에 속하며 학문적 성격은 응용과학으로서 사회과학의 여러 영역에서 기본 원리를 찾고 있다.

시마다는 일본 사회복지학계에서 '역동적 통합이론'을 주창한 대표적인 학자이다.

2차 대전 이전부터 일본의 사회복지 발전과 이론의 정립을 위해 헌신해 온 시마다는 실천 영역에서 느낀 점을 학문 영역에 접목시킬 때 인간의 가치를 가장 중요시 해왔다. 인간이 처한 어려움은 사회복지라는 개념이 보편화 되기 이전부터 있어 왔지만, 자본의 흐름이 정상적인 사회생활을 방해하는 것을 바로 잡는데서 시마다의 이론은 출발하고 있다.

시마다의 이론이 정교하게 자리해 가면서부터 여러 학자와 논쟁을 벌이고 있는 점은 인상적이다. 상대방의 의견과 비판을 겸허히 수용하며 자신의 입장을 논리 정연하게 밝히는 선생의 한 편 한 편의 논문은 우리 사회복지학계에 시사하는 점이 크다.

이 책의 번역자 중 한 사람인 필자는 1974년 5월 일본에 유학하여 동지사대학(同志社大學)에서 공부했다. 그 때 시마다 선생의 강의를 3년 계속해서 수강했으며 지금도 학문과 인생에 대해 배우고 있다. 선생의 열정적인 연구와 봉사활동 그리고 신앙생활은 너무도 훌륭한 모습이었으며 한국 유학생들에게 많은 애정을 가지고 계셨다. 선생은 항상 사회복지 본질론과 기초 원리를 연구해야 하며 그 본질론에 바탕을 둔 각론이 나와야 한다고 강조했다.

필자도 선생의 말씀에 동감하여 일본 유학 후 계속하여 '사회복지 철학', '사회복지 본질론' 즉 '사회문제와 사회복지학'의 원리 연구에 몰두하고 있다. 그래서 필자의 공부와 함께 외국의 사회복지 이론 소개를 위해 주로 일본의 사회복지 일반 이론을 필자 단독 또는 뜻을 같이하는 회원들과 같이 번역을 꾸준히 해왔다.

이미 필자는 기능주의론 관점에서 저술한 오까무라의 『사회복지총론』(이론과실천), 『사회복지원론』(경진사)과 갈등론 관점에서 바라 본 고하시의 『사회사업의 기본문제』(이론과 실천), 『현대 자본주의와 사회사업』(이론과 실천)을 번역하여 소개하였다. 이와는 달리 이번에는 통합 이론으로 정리한 시마다의 『사회복지체계론』을 번역하여 소개함으로써 일본의 사회복지 이론을 이해하고 섭렵할 수 있게 되었다. 특히 고하시 교수와 시마다 선생의 사회복지 본질 논쟁은 일본 사회복지계를 발전시켰으며 우리도 배울 점이 많다.

더구나 이론 설명을 위해 논문이 쓰여질 당시 일본의 상황을 서술하고 있는 점은 차이가 있지만 우리나라 사회복지계가 현실을 이해하고 이론을 정립하는 데는 귀중한 자료라 여겨진다.

우리나라는 아직 사회복지 이론 또는 사회복지 본질에 대한 연구와 논의가 본격적으로 거론되고 있지 않다. 그러나 빠른 시일 안에 본질 연구가 이루어 질 것이며, 앞서 진행된 연구를 살펴봄은 이론 정립에 도움이 될 것이다. 그러므로 이 책은 사회복지 본질론의 선행 연구를 위한 길잡이가 될 것이며, 휴머니즘과 원칙에 충실한 사회복지 연구자·사회복지사를 위한 지침서가 될 것임을 확신한다.

이 책의 번역 기획 업무를 맡아 준 류만희, 이재완 선생과 박순우 군에게 감사하고 원고를 정리하는 데 수고가 많았던 상지대 김휘규, 김정영, 김정아, 곽병은, 이연덕, 엄일천 대학원생에게 고맙게 생각한다. 그리고 역자들의 학문적 의지를 이해하고 출판해 준 「나눔의집」 류보열 대표와 정유진 선생, 구길원, 유승호 씨에게 감사한 마음을 가진다.

2000년 2월

역자대표   송 정 부

저자서문

사회복지란 날아가는 화살과 같이 끊임없이 시대의 흐름에 따라 변화하며 멈추지 않는다. 그러나 그 변화의 속도는 사회 배경의 변천과 그것을 추진하는 각 나라 정신문화의 유형에 따라 그 폭이나 깊이, 완급의 정도를 달리한다. 우리가 단 한 번 뿐인 삶을 향유하며, 생애를 보내는 이곳 일본 사회에서 이루어지고 있는 사회복지의 질과 양이 세계 각 국의 그것과 비교했을 때 어떠한 것인가를 정확하게 파악하는 일은 긴 인생 경험을 통하여 많은 책과 접하고 견문을 넓혀 나가는 가운데 가능할 것이다.

영국의 작가 키플링은 "아아 동쪽은 동쪽, 서쪽은 서쪽, 그리고 이 둘은 영원히 만나지 않는다. 땅과 하늘이 신의 위대한 심판의 자리에 서게 될 때까지"라고 말했는데, 일본 사회복지의 내용을 평가하는데 있어서도 같은 이야기를 할 수 있겠다. 일본 사회복지의 모든 현상을 유럽과 같은 척도로 측정할 수는 없는 일인데, 이는 일본 나름의 독특한 성격이 있기 때문에 당연한 것이다.

일본은 오랫동안 봉건체제를 유지해 온 뒤, 자본주의 경제체제를 도입하고, 빈약한 자본 축적을 기반으로 근대화의 길을 서두르지 않으면 안되었다. 일본 사회가 기본적인 자본축적을 강행하는 과정에서, 일본 문화에 잠재하는 인간 존중의 휴머니즘을 공식적으로 찬미할 틈도 없이 봉건체제적 권력주의와 서민 탄압을 바탕으로 '나라 만들기'를 추진할 때, 유럽 자본주의 체제의 민주화 과정에서 자본의 운동법칙에 대응하여 일반 대중 사이에 점차 퍼져 나간 생활보장의 노력은, 일본에서 쉽게 제도적인 정착을 보지 못했다. 또한 사회정책으로 처리되어야 할 문제도 낡은 의미의 사회사업으로 전락할 수밖에 없었으며, '사회정책의 사회사업화' 현상이 보편화됨으로써 인간성의 본질 통찰에 기초한 사회연대 활동 같은 것은 아예 어리석은 자의 꿈처럼 여겨져 왔다.

세계 제2차 대전 후의 일본의 특징은 봉건체제의 요소를 안은 채 유럽과 동등한 민주화를 이룩하기 위하여 메이지유신 이래의 억압된 사회체계를 서서히 청산하면서 인간 존중의 사회복지 제도를 향하여 시민권을 부여하는 방향으로 움직이기 시작했다는 점이다. 기대와 두려움, 염려, 확신과 환멸 속에서 시행착오의 행정과 운동이 거듭되는 가운데 30여 년이 요란하게 흘러갔다. 표면적인 경제성장을 바탕으로 대부분의 사람들이 그 혜택을 받은 것처럼 보이지만 그러나 다시금 저성장기로 돌아서면서 사회복지 문제와 자본축적 요구, 생활보장 요구의 갈등관계가 표면화되고, 사회복지 활동은 아직 안정된 기반을 마련하지 못했다는 우려할 만한 사실이 우리 눈앞에 확연히 드러나기에 이른 것이다.

이 책은 지난 30년 간의 일본 사회의 변화를 바탕으로, 일본의 사회복지 실천의 취약성에 대한 사회과학적인 검토를 실시하고, 대중 생활구조의 진정한 향상을 위하여 사회복지 방향을 탐구한 학문적인 노력의 보고이다. 과거에 기술한 논문 중에서 골라 게재하였는데, 이들 논문에서의 일관된 시각은 자본주의체제 사회의 대중의 생활구조·기능을 배경으로 일어나는 사회복지 문제를 해명하는 데 경제학, 심리학, 사회학, 문화적 여러 요인들의 역동적 통합 이론의 확립이 중요하며, 사회복지 실천을 위한 통일원리로서 인격주의적 가치관이 필요함을 강조한다.

시간의 경과, 연구의 진전에 따라서 첫 논문의 구상과 필치의 부족함을 보완하려는 노력 때문에 논조에 약간의 변화가 일어난 점도 있을 것이다. 20년 전 까지만 해도 역동적 통합 이론이란 일본에서는 미개발의 영역에 속하는 것이었으며, 사회복지 가치론의 경우, 오늘날까지도 미개척의 분야에 머물러 있기도 하다. 하물며 전인적 인간의 통일적 인격의 확립을 목적으로, 역동적 통합 이론을 구사·전개하고자 하는 실천 이론의 서술은 장래의 과제로 남겨둘 수 밖에 없다.

하나의 논문, 하나의 강연을 마친 뒤에는 이어지는 새로운 독서, 견문, 실천 속에서 이내 문장이나 발언의 불완전함을 반성하게 되고, 늘 소년처럼 부끄러움을 느끼며 글쓰기를 주저해 왔다.

도스토예프스키가 그의 처녀작 『가난한 사람들』에 대하여, "나는 몇 번이나 다시 썼습니다...처녀작의 운명은 끝없이 정정될 수밖에 없는 것입니다"라고 쓴 것은 진실로 감동적이다. 샤토블리안은 그의 걸작 『아타라』를 쓸 때 무려 17번에 이르는 수정작업을 했다고 한다. 그에 비하여 언제나 마감 바로 직전까지도 생각을 거듭하다가 임박해서야 한꺼번에 써 내려 가는 필자의 저술서 같은 것은 글의 부류에조차 속하지 않는 것인지도 모르겠다. 한없이 정정되어야 하는 운명을 타고난 '처녀작' 그 한 권을 쓰고난 심정이며, 훗날 정년퇴직 후에 자유로운 시간이 주어졌을 때를 초조히 기다리고 있는 것이 지금의 내 모습이다.

동쪽은 동쪽, 서쪽은 서쪽, 그리고 이 둘은 영원히 만나지 않는다 - 그것은 진정 진리인 것이다. 몇 차례의 세계 여행을 한 이후, 나의 마음속에서 항상 떠나지 않는 생각은, 이 좁은 섬나라에서 부대끼고 사는 일본인의 운명을 진지하게 책임을 지고자 하는 것은 일본인 이외에는 없다는 엄연한 사실이다. 그러나 이 특수한 역사, 고유의 문화에 익숙해져서 '일본적인, 너무나도 일본적인' 복지 풍토에 자기만족하고 마는 것은 결국에는 조국을 자승자박하게 하는 것은 아닐까.

철학자 소크라테스가 "우리는 아테네인이 아니다. 그리이스인도 아니고 세계의 주민이다"라고 말한 것을 잊어서는 안된다. 일본을 사랑하면 사랑할수록, 한편으로는 세계로 눈을 돌리고, 세계적인 시야에서 일본의 사회복지에 평가와 비판의 메스를 가하는 용기를 갖지 않으면 안된다. 해외의 이론과 실천에서 겸허하게 배우려는 노력을 소홀히 한다면 사회복지의 위대함을 구축하는 발판은 마련되지 않을 것이다.

嶋田啓一郎(시마다게이이치로)

차 례

※ 이 책은 한 권의 책으로 집필된 것이 아니라 시마다 선생의 가르침에 감사하는 후학들이 발표 논문을 모아 정리하여 편집한 것이다.

※ 이 책에 나오는 인명 중 일본인은 한자 이름 표기를 그대로 두었으며 그 외 영어, 독일어, 체코어로 된 이름은 외래어 표기법과 관용적 표현에 따랐다.

※ 사회복지 용어는 「사회복지대백과사전」(이문국, 이용표 외 50명, 나눔의집, 1999)의 용어 풀이를 참조하였다.

제1장 사회복지와 사회과학

- 사회복지 연구 방향의 모색 -

1. 사회복지 연구의 학문적 발전

사회병리 현상을 보여주는 구체적인 클라이언트는 사회 활동을 하는 인간이며, 그 가운데 경험하는 다양한 생활요소와 관련을 맺고 있다. 사회복지 연구에 임하는 많은 학자들은 이러한 사실에 기초하여 사회사업 또는 사회복지를 클라이언트의 요구에 대응하는 여러 가지 지식 - 경제학·심리학·사회학·문화인류학·윤리학 등 다양한 사회과학 - 의 잡다한 혼합체(amalgam)라 정의하였다.

사회사업의 첫 번째 임무는 경제적 현상, 특히 빈곤의 구제에서 서서히 소득유지와 생활수준의 문제로 옮아가고 있다. 이에 따라 무엇보다도 경제학적인 탐구가 연구자들의 당면과제로 드러나게 되었다. 그러나 사회복지 현상의 사회과학적 분석은 그 경험 축적의 정도에 따라, 사회 환경이 인간 행동에 어떠한 영향을 미쳤는지에 대한 연구의 필요성을 깨닫게 해주었다.

사회 환경이란 성격 형성이나 행동 결정에 관련된 여러 요인의 역학적인 복합체를 뜻한다. 개인을 그 환경으로부터 독립된 것, 환경에 대립된 것으로서 이해하거나, 역으로 개인을 환경 안에서만 이해하고, 환경의 구성 요소로만 분석하는 단편적인 시각으로 접근한다면, 개인과 사회 구조와의 결합점에서 일어나는 인간행동의 진상은 올바르게 규명될 수 없다. 이에 환경의 분석과 함께 행동 주체자의 내면 영역에 대한 탐구가 사회복지 연구의 전제조건으로 학문의 범주에 들어오기 시작한 것이다.

미국 전문사회사업의 전성기라고 할 수 있는 1920년부터 1940년에 걸쳐서, 심리학의 편중이 사회복지 연구의 학문 접근방법의 특징을 이루었다. "4분의 1세기 이상 사회복지사는 그 이전과는 달리 개인과 그 행동을 이해하는 것을 가능케 한 인격 이론을 널리 적용해왔다. 주로 프로이드의 창조적 천분(天分)에 따라서 생겨난 역동적 심리학의 출현은 여러 관계 특히 가족과 아동, 사회복지사와 클라이언트의 여러 관계에 대한 모든 직업적 접근을 새롭게 바꾸어 놓았다."[1]

그럼에도 불구하고 세계 제2차 대전 이후, 사회사업 활동의 전개는 사회과학의 새로운 발전에 즉각 대응하고 추진되어야 한다는 분위기로 치닫기 시작했다. 사회과학자들이 사회기관의 사회사업 자료에 눈을 돌리기 시작한 점, 사회사업 교육에 대학학부(under graduate course)의 사회 과학 계열 과목 수준이 향상된 점, 거액의 사회사업 연구 기금에 의하여 추진된 사회사업 조사의 자료와 사회과학 제반 분야에서 이론의 토대가 마련되어 사회사업의 이론과 실천에 새로운 각도가 열리기 시작한 점 등과 같은 새로운 상황이 사회 환경을 고도의 체계적인 학문 탐구의 자세로 발전시킬 것을 요구하였다.[2]

경제학과 함께 사회학, 문화인류학 및 사회심리학의 이론적·기술적인 진보를 배경으로 하여, 해밀턴이 지적한 바와 같이 '혁명'이라 불리울 만한, 새로운 학문적 형성이 이루어졌다. "우리가 서서히 감지하기 시작한 최근의 혁명은 사회복지사가 사회과학에서 새로운 이론적 연습을 필요로 하는 것과 같이 사회적, 문화적 통찰의 영역 안에 존재하고 있다."[3]

사회 심리적인 연구, 진단 및 치료를 다시금 진전시키기 위해서는 집단이나 문화유형에 대한 지식을 갖추어야 한다. 사회구조나 문화양식 같은 제한이 개인의 목표 달성을 저해하는 경우, 개인의 행동이 어떻게 일탈현상으로 이어지는가를 알지 못한다면, 사회사업의 실천은 성립하지 않는다. 연령·성·직업 기타 요인의 사회적 역할은 인격의 기능을 조장하기도 하고 파괴적인 작용을 하기도 한다고 할 수 있다.

역할 개념과 함께 사회 계층 이론을 연구하지 않으면 정신이상, 보다 나은 직업으로의 인도, 생활수준과 같은 문제를 다루는 것은 불가능할 것이다. 또한 아무리 욕구불만·공격에 대한 심층 심리학적 이해를 얻는다 하더라도, 역할 개념이나 사회계층 이론을 염두에 두지 않고서는 장기적인 실업, 질병 등 기타의 위험을 통해 남녀에게 끼치는 긴장의 영향이나, 그 긴장이 가족이나 집단의 관계를 저해하는 정도를 충분히 파악할 수 없을 것이다.

사회사업의 대상이 되는 클라이언트는 문화적 환경을 드러내는 존재이기도 하다. 사회사업의 목적은 문화 형태가 만들어낸 가치 판단과 밀접한 관련이 있다. 문화양식은 자기 표현과 생활 만족의 종류와 정도에 영향을 끼친다. 따라서 사회사업의 목표는 늘 우리들의 가치 체계에 따라 좌우된다는 것을 잊어서는 안 된다. 예를 들어 개인의 가치, 각자의 이질성

---

1) Gordon Hamilton, "Foreword", in Herman D. Stein and Richard A. Cloward, *Social Perspectives on Behavior*, 1958, p. xi.
2) Ernest Greenwood, "Social Science and Social Work : A Theory of Their Relationship," *Social Service Review*, March 1955. pp.20~33
   Herman D. Stein, "Social Science in Social Work Practice and Education," *Social Casework*, April 1955, pp.147~155
3) Gordon Hamilton. op. cit., p. xi.

의 수용, 삶의 질 향상에 대한 사회적 의무와 책임과 같은 미국식 사회사업 실천에 바탕을 이루는 민주주의적 요청은 미국 사회의 가치체계와 밀접하게 연결되어 있다.

사회복지사는 결코 사회적 가치판단과 떨어져서는 행동할 수 없다. 조정(調整, adjustment)이라는 사회사업의 기본적 개념도 무엇인가 뚜렷한 가치 체계의 전망에 바탕을 두고 고찰하지 않으면 무의미하다. 그러므로 규범의 윤리학적 검토를 무시할 수는 없다. 사회복지사의 '사회운동(social action)'도 이들 사회 계층의 성질, 가치 체계의 영향이나 사회 권력구조의 중요성에 대한 충분한 인식 없이, 올바른 사회복지 정책을 만들어 내기 어렵다.

사회사업을 둘러싼 이러한 조건은 학문적 접근방법을 복잡하게 하여, 경제학, 심리학, 사회학, 문화인류학, 윤리학, 정치학 등 인간행동에 관한 사회과학의 종합적인 연구를 하도록 만든다. 이 경우, 하나의 사회복지 현상이 갖는 여러 측면의 다양성에 단순하게 부응하여 사회과학의 대상 인식을 단편적으로 수용하는 것에 머무른다면, 그러한 다양한 인식도 앞에서 쓴 것처럼 잡다한 지식의 복합체를 형성한 것에 불과하게 되고, 하나의 사회복지 현상에 대한 통일성 있는 학문 체계를 구성하는 일은 어려울 것이다.

그들 개개의 기초 사회과학을 토대로, 고유의 학문적 성격을 존중하면서, 그리고 이것을 하나의 종합적인 체계를 가지고 정리해 나가는 학문적 작업이 시행되지 않는다면, 사회복지학의 학문 형성은 결국 불가능한 것으로 끝나게 될 것이다.

캘리포니아대 교수 프리드랜더(Walter A. Friedlander)는 "사회복지학은 정치과학·심리학·경제학·의학·정신의학·인류학·생물학·역사학·교육학·철학 등에서 그 지식과 통찰을 추출해왔으나, 이들을 종합함으로써 그 자체의 과학을 발달시켜가고 있다[4]"고 말하고 있다. 여기서 "………but by synthesis it has developed into a science of its own." 이라고 한 것은 주목할 만한 말이며, 그가 말하는 것처럼 단순히 모든 과학을 모아 놓은 것이 아니라, 일정한 통일 원리에 따른 종합에 의하여 독립된 사회복지학을 건설하고자 하는 적극적인 의도가 지금 서서히 결실을 맺어 가고 있다.

먼저 인용한 스타인(Herman D. Stein)과 클로워드(Richard A. Cloward)가 편찬한 "*Social Perspectives on Behavior* : A Reader in Social Science for Social Work and Related Professions" (1958)와 같은 것은 그것을 충족시키고자 하는 하나의 야심적인 시도이다.

그렇다면 사회복지 연구에서 여러 학문의 종합을 가능하게 하는 사회복지 고유의 통일 원리란 도대체 무엇인가. 그것을 명백히 하지 않고서는 사회복지와 사회과학 전반과의 관계를 정확하게 이해할 수 없을 것이다.

---

4) Walter A. Friedlander, *Introduction to Social Welfare*, 1955, p. 6

2. 통일된 원리로 본 사회관계의 부조정(不調整)

사회복지 연구의 학문적 성격을 알기 위해 과학 전반의 원리를 종합하는 사회복지 고유의 통일원리가 무엇인가를 먼저 명백히 해두는 것이 그 방향을 탐구하는데 중요한 단서를 얻는 일이 될 것이다.

사회복지 고유의 관점은 사회복지의 본질적 과제를 어디에서 추구하는가에 따라서 달라지는 것으로 이해된다는 점을 여기서 새삼 설명할 필요도 없다. 사회과학으로서 얼마간 학문적 위치를 확립했다고 여겨지는 사회학에서조차, '사회학자의 수만큼 사회학이 있다'고 탄식하는 이 때, 더구나 그 학문적 역사가 지극히 짧은 사회복지 연구는 연구자에 따라 각인각색의 개념 설정이 이루어지고 있는 것은 당연한 일이다.

필자는 사회복지를 다음과 같이 정의한다. '사회복지란 각각 처해 있는 사회체제 속에서 사회생활의 기본적인 욕구충족을 둘러싼 개인과 제도적 집단 사이에 성립하는 사회관계에서, 인간의 주체적·객체적 조건의 상호작용에 따라 일어나는 여러 가지 사회적 불충족 또는 부조정 관계에 대응하여, 그 충족, 재조정, 또는 예방 조치를 통해, 사회적으로 정상적인 생활수준을 실현하고자 하는 공적·사적인 사회 활동의 모든 것을 의미한다.'

이 정의는 본 논문의 목적인 학문적 규명의 임무에 응하는 특수한 각도에서 추출한 것인데, 그 경우, 사회복지(Social Welfare) 또는 그것과 거의 동의어로 사용하는 사회복지 서비스(Social Service)가 뜻하는 것과 같이, '사회복지'란 현대의 산업사회가 산출해내는 여러 사회병리 문제에 대한 Social Services를 포괄하는 목적개념으로 사용한다.

전술한 프리드랜더(Friedlander)는 "사회복지란 개인이나 집단이 생활이나 건강의 만족스러운 수준을 달성하는 것을 원조하기 위해 기획된 사회적 서비스나 제도의 조직적 체계이다. 그것은 여러 개인에게 지역사회의 필요에 조화를 이루도록 모든 능력의 발달과 복리의 증진을 가능하게 하는 개인과 사회적 관계를 목표로 한다"[5]고 정의하였다.

그리고 사회사업은 "인간관계에서 과학적 지식과 기능에 바탕을 둔 전문적인 서비스이며, 단일 또는 집단 속의 개인이 사회적, 개인적인 만족과 독립을 유지할 수 있도록 지원·보조한다. 그것은 일반적으로는 일정한 사회적 기관 또는 관련조직에 따라서 실시된다.

사회복지라는 용어는 전문적 사회사업보다는 광의의 내용을 담고 있다"[6]고 말하고 있으며, 『사회복지 서론』에 사회보장 제도에 사회보험이나 사회부조 또는 산업 복지의 영역까지도 포함시켰는데, 사회복지와 사회사업과의 이 개념적 구별을 명백히 해두는 것은 사회

---

5) Walter A. Friedlander, op. cit., p. 4.
6) Ibid., p. 4.

복지 연구에서 중요한 의미를 갖는다.

이전에 竹中勝男(다께나까가쓰오) 교수는 그의 『사회복지연구』(1950)에서 사회복지의 연구대상을 헌법 제25조에서 말하는 사회보장이나 공중위생과 같은 선에 놓인 좁은 뜻의 사회복지가 아니라 이 두 가지를 포괄하고 종합하는 넓은 의미의 사회복지 일반을 거론하였다. 즉 사회정책·사회사업·보건위생정책·사회보장 제도의 근저에 있는 공통된 정책목표, 또는 이들 정책이나 제도가 실현하고자 하는 목적 개념, 곧 이들이 수행하는 구제·보호·예방·부조(扶助)·보험·보장과 같은 여러 사회적 기능을 포함하는 사회복지를 상위개념으로 설정한 것이다.[7] 이와 더불어 프리드랜더의 사회복지 개념도 그것에 가까운 포괄적 규정이다.

사회 배경의 변천에 대응하는 사회복지 개념의 확대는 영미(英美) 각국의 공통된 현상이며, 영국의 홀(M. Penelope Hall)[8], 미국의 클라크(Gohn J. Clarke)[9]는 모두 프리드랜더와 같이 Social Welfare 또는 Social Service를 광의의 포괄적 목적 개념으로 사용하고 있다. 제9회 국제사회사업회의 준비위원회는 후진국 전문 사회사업의 미발달의 실상과 관련하여, '사회사업'이라는 말을 사회복지와 동의어로서 광범위한 의미를 함축하는 것으로 사용한다고 특별히 규정하였다.

사회복지 개념이 짊어진 포괄적인 내용이 때로는 여러 가지 현상의 무질서한 병렬적 나열에 빠지기 쉬우며, 그것을 종합하는 통일적 원리가 애매해 보인다는 점에서, 岡村重夫 교수가 비평한 것처럼, "일반국민에 대한 생활보장이나 의료·교육·완전고용 등의 집합명사에 불과하게 된다"[10]는 우려도 생기게 된다.

홀(Hall)은 개념의 애매함에 빠지는 것을 경계하여 말하기를 "그것은 오히려 막연히 쓰이는 용어이며 어느 서비스가 '사회적' 안으로 분류될 것인가에 대해서는 아직도 일반적인 의견의 합의를 보지 못했다. 어느 정도의 애매함은 불가피하며 성장과 변화가 끊임없이 이루어지고 있는 영역에서는 어쩌면 그것은 바람직한 것인지도 모른다. 그러나 말이라는 것이 꼭 어떤 의미를 가져야 하는 것이라면, 사회 서비스가 기타의 다른 일반 복지에 공헌하는 공적·사적 노력의 여러 형태로부터 구별되기 위한 기준을 확립하는 일은 반드시 필요한 것이다"[11]고 하였다.

여기서 중요한 것은 사회복지의 통일원리, 또는 '고유의 관점'을 탐구하는 것이다. 예를

---

7) 竹中勝男, 『사회복지연구』, 1950, p. 6.
8) M. Penelope Hall, *The Social Services of Modern England*, 1952
9) Gohn J. Clarke, *Social Welfare*, 1953
10) 岡村重夫, 『사회복지학(총론)』, 1956년, p. 74-75
11) M. Penelope Hall, op. cit., p. 3.

들면 디바인(Edward T. Devine)이 사회사업의 개척적 연구서의 하나인 *Social Work* (1922)을 썼을 때, 이 용어에 대하여, 빈곤·질병·범죄 기타의 사회적의 비정상적인 모든 상태와 여러 사회 문제를 둘러싸고 전개되는 복잡한 활동망의 전체를 의미하는 것이라고 규정하였다.

그리고 "사회사업의 통일적 요소(the unifying element)는 공통의 방법 또는 동기에 존재한다기보다는 오히려 관련된 이들 공통의 사회문제 속에 존재하는 것이다"[12]라고 제언한 것은 시사하는 바가 크다. 필자 또한 사회복지의 '통일적 요소'가 사회복지의 공통된 방법이나 동기에 존재하는 것이 아니라, 해결을 요하는 공통의 사회병리 문제 속에 존재한다는 것을 사회복지 연구의 전제로 삼고 있다.

두 말 할 것도 없이 사회병리 현상이란 사회생활의 기본적인 욕구 충족을 저해하는 사회관계(social relationship)의 부조정(maladjustment) 또는 어려움(difficulties)을 뜻한다. 리치몬드(Mary E. Richmond)는 이미 *Social Diagnosis* (1917)에서 "사람이 그 경제적 지위는 어떻든 간에 어떤 눈에 띄는 형태의 사회적 곤란이나 사회적 욕구가 심화되고 있을 때, 그 욕구의 충족방법에 다다르기 전에, 그와 그가 빠진 곤란(흔히 그것은 복수의 곤란일 것이다)에 대해 알기 위해서 우리는 무엇을 해야할 것인가. 아동이나 고령자, 질병, 착취 또는 기회의 낭비 등이 문제가 될 것인데, 이는 여간 중대한 일이 아니다"라고 말하였다.

그리고 푸트남(James J. Putnam)이 쓴 "정신사(精神史)에 주로 쓰인 것은 각자의 사회관계이며, 그의 행복이나 활력, 또 그의 회복력을 확보하는 수단을 위협하는 무질서의 원인이 주로 탐구되어야 할 장소도 역시 그의 사회관계 안에 있다"라는 말을 인용하여, 사회사업을 위한 사회적 진단의 초점을 '사회관계'에 맞추고자 시도하였다.[13]

사회관계의 부조정 또는 곤란의 분석을 중심으로 하여, 그것에 대응하는 활동에서 사회사업의 과제를 찾아낸 것이 위트머(Helen Leland Witmer)였다. 그녀는 "사회사업은 사회관계에서 어려움에 처해 있는 자, 사회에서 불리한 위치에 있는 자, 또는 사회환경과의 조정을 잃을 수 있는 사람들의 원조와 관련하는 것"[14]이며, "사회관계에서 직면하는 여러 가지 곤란을 겪는 사람들을 원조하는 - 이미 종종 거론되었던 사회사업의 목적은 사회적 부조정 (social maladjustment)의 성질이 명확하게 이해될 때, 처음으로 그 애매함을 불식시킬 수 있다"[15]고 보고 있다.

사람은 다른 사람과의 문화, 즉 기본적 욕구 충족을 이루는 형태를 형성하기 위한 사고와

---

12) Edward T. Devine, *Social Work*, 1922, p. 19.
13) Mary E. Richmond, *Social Diagnosis*, 1917. p. 26.
14) Helen Leland Witmer, "Social Work", *An Analysis of Social Institution*, 1942. p. 67.
15) Ibid., p. 85

행위의 총체적인 결합 노력을 통해서 처음으로 인간적인 존재가 된다. 인간은 이제 단순한 자연 속에서 생물의 집합체로서만이 아니라, 문화 속의 사회적 결합이라는 성숙과정을 통해 외부 세계와 반응하고, 행위 능력을 증대해나간다. 또한 문화는 개인에게 그 문화 유형에 따라 행동하도록 일정한 행동 양식을 강요한다.

집단적 관습은 식전의 기도처럼 집단의 안녕에 중요한 행동 양식인 관습(folkways), 다시 말하면 일부일처제와 같이 집단의 안녕에 불가결한 것으로 강하게 요구되는 사회적 관행(mores)의 단계를 거쳐, 여러 종류의 사회제도(social institutions)의 형성으로 이어진다. "어떤 종류의 사회 집단은 비공식적으로 조직되고 일시적인 것인데 비하여, 어떤 집단은 그 구조나 각 성원의 특정 의무 및 책무에서 눈에 띄게 공식적이며 안정되어 있다. 사회집단이 서로 상관되어 비교적 항구적이며 안정되고 균질적이며 공식적인 양식이 사회제도라 불리는 것을 만들어 내는 것"이다.[16]

사회제도의 연구에 체계적 해명을 부여하고자 한 파이블맨(James K. Feibleman)은 이러한 제도에 대하여 "제도란 관습·법률 및 물질적 도구를 통하여 확립되며, 중심적 목표 또는 목적을 가지고 조직된 집단 속에 있는 인간에 의하여 성립되는 사회의 구분(Subdivision)을 뜻한다[17]"라고 정의하고 있다.

제도란 이와 같이 인간의 기본적 욕구를 충족시키기 위하여 각각의 생활영역을 중심으로 사회 규범에 바탕을 둔 일정한 행동 양식이 기능적으로 통합되어 일정한 형태로 사회적으로 정착된 것을 말한다. 개인이 관련된 제도적 집단으로부터 행동을 습득하고, 자기 자신과 집단에 대한 태도를 발전시키고, 집단 안에서 자아의 역할을 수용하고, 희망 사항에 대응하는 행동의 동기를 부여받고, 또 감정적 욕구의 만족을 습득·훈련하는 과정을 사회화(socialization)라고 명명한다. 이와 같은 경로를 따라, 인간의 근원적 성질은 성숙과 사회화의 과정을 통하여 인격을 형성하게 되는 것이다.

인격이란 개인의 태도나 습관의 종합에서 비롯된 생활양식 또는 행동 경향을 뜻한다. 우리가 여기서 문제시하는 사회관계란 인간 행동의 주체인 인격(personality)이 사회의 여러 제도와의 관련에서 형성된 사회생활의 기본적 욕구 충족을 위하여, 제도적 집단과의 사이에 맺게 되는 상호 작용의 체계이다. 이 경우, 제도적인 집단의 편에서는 제도적 기능 본래의 규범성에 바탕을 두고, 그것을 이용하는 개인에 대하여, 일정한 역할기대(role expectation) 아래에서 그 규범적 행동 양식에 따를 것을 강요한다. 즉 제도는 인간 행동의 객관적으로 규정하는 객체적 측면이다.

---

16) Marshall B. Clinard, *Sociology of Deviant Behavior*, 1957, p. 7.
17) James K. Feibleman, *The Institutions of Society*, 1956, pp. 20-21.

이에 대하여 행동 주체자로서의 개인은 사회 생활의 기본적 욕구 충족을 위해서는 자기 능력 조건에 맞게, 사회적 역할을 선택·수행(role taking, role performance) 해야 한다. 사회 관계에서 이 주체적 측면과 객체적 측면과의 조화관계의 상실이 곧 사회 관계의 부조정이며, 그것에 대한 재조정과 예방 등이 사회복지의 임무가 되는 것이다.

3. 부조정 현상의 두 가지 측면

사회복지의 당면 과제가 되고 있는 사회 관계에서 기본적 욕구와 여러 제도와의 부조정에 대한 재조정이나 예방 조치는 아직까지 인간복지(human welfare)의 이념에서 보면 소극적·부수적 행위에 머무르고 있다.

복지 또는 후생은 구제나 보호, 보수(補修)와 같이 최저 생활한도 밖에 있는 궁핍한 자나, 사회의 상태 또는 질서의 바깥 편에 놓여진 이들을 대상으로 하는 제도와 관련지어 볼 경우, 그 도달점은 마치 음수(-)의 영역에서 영(0)을 향한 길과 같이 보이며, 거기에서는 양수(+) 영역인 복지의 실질(올바른 복지 목표 영역)을 문제로 삼지 않는 것처럼 보인다. 그러나 사회의 모순이나 장애에 대한 인식은 원래 그 인식 주체인 사회의 복지 기준과 상대적이다.[18]

어느 것이나 모두 상대적인 개념이며, 빈곤에 대하여 복지가 있고, 복지가 있어서 어려움이 있다. 빈곤 또는 부조화는 '올바른 사회관계' 즉 규범에 달하지 않는 것, 또 달하지 않는 경우에 일어나는 것이므로, 무엇이 올바른 사회관계인가를 정의하는 방법에 따라 빈곤의 내용은 달라지는 것이다.[19]

사회 관계에서 부조정이라는 개념은 이렇듯 사회적으로 정상적인 생활 수준에 대한 상대적인 사회적 개념이다. 사회 생활에서의 기본적인 욕구 충족이라는 것도, 그 현실활동은, 국민의 생산력이나 정치적·사회적 기구와 같이 사회적·역사적 조건의 실제에서 허용될 수 있는 범위에 한정 될 수 밖에 없다. 변해 가는 사회 조건에서 오늘날 우리가 사회 생활의 기본적 욕구 충족에 필요한 복지 기준은 일단 다음과 같은 것을 들 수 있다.[20]

① 물질적 궁핍이 생기지 않게 하는 경제 보장.

② 궁핍과 긴장관계를 만들지 않기 위한 직업 보장.

---

18) 竹中勝男, 『사회복지연구』, 1950, pp. 11-12
19) 海野幸德, 『후생학대강』, 1953, p. 162
20) Earl Lomon Koos, *The sociology of the Patient*, 1954, p. 214
   사회 생활의 기본욕구에 대해서는 American Association of Social Workers, *Social Policy for To-day*, 1949, p. 5의 항목들이 잘 알려져 있다. 일본에서는 岡村重夫 교수가 『사회복지학(총론)』, 1956, pp. 114-120에서 이 문제를 언급하여 좋은 해설을 해 두었다.

③ 신체적 건강을 유지하기 위한 적정한 조건

④ 정상적 인격(성격)의 발달과 유지를 위한 정신 건강.

⑤ 긴장이 동반되지 않는 인간관계와 안정된 가정 생활.

⑥ 집단 생활의 질서

이들의 복지 기준에 대하여, 개인과 제도적 집단과의 사이에 부조정 관계가 생길 때 사회 복지의 대상이 되는 사회 병리 현상이 나타난다. 그 경우, 브라운(Lawrence Guy Brown)이 지적한 바와 같이[21] "어디서 정상 상태가 끝을 고하고 이상 상태가 시작되는가에 대하여 사회적·심리적 용어 또는 기타 용어로 설명하는 방법은 마련되어 있지 않으며," 크리나드(Clinard)도 설명하고 있는 것처럼 일탈 행동이라 불리는 것도 그것은 정도의 차이를 나타내는 것에 지나지 않음[22]을 인정해둘 필요가 있을 것이다.

사회 관계의 부조정은 사회 관계 그 자체의 본질에서 찾아 보고, 그 발생 원인을 객체적 측면으로서의 제도 자체 안에서 찾아야 하는 경우가 있는가 하면, 주체적 측면으로서의 개인의 인격 안에서 찾아야 하는 경우도 있다. 예를 들면, 실업과 같은 것은 경제 제도의 파탄에 원인이 있는 것으로, 실업자 개인의 결함에서 비롯된 것은 아니며, 비사회적(unsocial)이라 불리는 집단적 행동규범 그 자체에서 기인한다. 이에 비하여 알콜 중독이나 약물 중독과 같은 것은 이것을 갖는 개인이, 예를 들면 파괴나 살상과 같은 집단이 규제하는 행동 기준을 침범하는 행동에 의하여 하나의 사회 병리 현상으로 나아간 것인데, 그 행동 원인은 개인 자체의 인격에 존재하는 것으로 볼 수 있으며, 이 같은 행동은 사회의 안녕에 반한다는 의미에서 반사회적(antisocial)이라 불린다. 그러나 그것은 사회적 병리 현상을 비사회적 및 반사회적 원인으로 확연하게 구별할 수 있음을 의미하는 것은 아니다.

비사회적 현상으로서의 실업이 본인의 왜곡된 인격 형성으로 인하여 잘못된 인간관계를 만드는 것과 같은 노동자의 반사회적인 개인적 조건, 예를 들면 알콜 중독이나 마약 탐닉증에서 비롯된 경우도 있는가 하면, 반대로 반사회적 현상으로서의 알콜 중독이나 마약 탐닉증이 노동의욕을 상실시키는 것과 같은 사회적 퇴폐 속에서 배양(培養)된 나쁜 습관인 경우도 있으며, 이러한 비사회적 요인과 반사회적 요인은 상호 제약 관계에 있다고 보아야 한다.

상호 제약 관계는 일정한 사회 관계와 사회 체제(social system)와의 불가분적인 관계를 이해함으로써, 그 원인을 깊이 있게 통찰하는 것이 가능하다. 사회생활의 기본적 욕구는 단

---

21) Lawrence Guy Brown, *Social Pathology,* 1946, p. 62

22) Marshall B. Clinard, op. cit., pp. 30-31.

순히 생리적·심리적인 욕구로만 생각해서는 안되며, 사회 제도와의 관계에서 규정되는 것인데, 그 사회 제도는 항상 일정한 사회 체제를 토대로 하여 성립되는 것이다. 먼저 필자는 사회 복지를 정의할 때, 처음에 '놓여진 사회 체제에서'라고 기술하였는데, 그것은 여기서 중요한 의의를 갖고 있다.

사회체제란 하나의 사회적 원리를 기본으로 해서 묶인 통일된 사회구성체를 뜻한다. 모든 사회적·문화적 현상은 이 기본적 원리에 의하여 일의적(一義的)으로 규정되며, 이것을 중심으로 해서 상호연관성을 유지한다. 우리를 둘러싼 자본주의체제란 이윤추구의 자유, 개인주의, 타산적 합리주의의 3가지 구성요소를 기본원리로 해서, 사회와 문화의 여러 현상이 이 체제원리에 따라 통일되고 상호연관되는 하나의 역사적 개성체이다. 자본주의사회의 일정한 사회적 기준이나 가치관에 바탕을 둔 사회관계의 부조정도 이 체제원리에 의하여 제약되며, 또 역사 상대적인 것으로써의 체제 그 자체의 동태적(動態的) 성격에 즉각 부응하여, 변화를 예상치 못하게 한다.

사회적 부조정은 작게 보면 사회생활의 기본적 욕구와 제도적 집단과의 사이에 일어나는 당면 과제로 처리하지 않으면 안되나, 크게 보면 사회체제가 제반제도를 규정하고, 또 사회적 욕구의 유형을 제약하고 있으므로, 이와 같은 사회관계에 대한 사회체제로부터의 규정성을 주목하지 않는다면, 사회적 부조정이라는 개념도, 비역사적 추상성 속에 갇히게 되며, 사회복지는 그 역사적 과제를 이룩하지 못하게 될 것이다.

이에 대한 이해를 전제로 하여, 우리는 사회관계에 있어서의 부조정, 즉 복지기준으로 보았을 때의 '일탈(deviation)'의 극복을 눈앞에 두고 있다. 그것은 사회생활의 기본적 욕구의 불충족을 둘러싼 객체적 측면에서 본 제도적 접근과, 주체적 측면에서 본 개인의 인격 접근이라는 두 가지 접근방법을 필요로 한다.

4. 제도적 접근과 주체적 접근

사회복지의 역사가 자본주의 경제의 제도적인 모순에 대응해서, 구빈(救貧)사업으로부터 출발하여, 현재의 사회보장 제도에 이르기까지, 무엇보다 먼저 경제적 처우를 중심으로 한 제도적 접근을 계속해 온 것은 자본주의에서 사회적 부조정의 발생 양식으로부터 볼 때 지극히 당연한 것이다.

자본주의 경제 이론의 체계를 만든 마샬(Alfred Marshall)의 *Principles of Economics* (8th ed., 1936)는 모든 것에 "수입액이 개인의 성격에 끼치는 영향은 그 소득방법이 끼치는 영향에 못지 않는 것이다 …… 일반적으로 빈곤에 동반하는 악덕은 필연적인 결과인 것은 아니지만 넓게 해석해서 '빈민을 몰락시키는 것은 곤궁'이며, 빈곤 원인의 연구는 인류 대부분의 타락 원인의 연구가 된다"[23]라고 갈파했다.

조지(Henry George), 마르크스(Karl Marx), 보스(Charles Both), 아담스(Jane Adams), 또 네덜란드의 경제학자 보그너(Willam Bonger) 등이 악덕에 대하여 고뇌하는 세계의 주된 원인을 빈곤에서 찾은 것은 누구나 다 아는 바이다. 또 현대 사회의 실업이 개인적 불안을 가중시키고, 사기를 저하시키며 긴장을 증대시키고, 가족을 사회적 부조정으로 빠뜨리는 사례는 우리 주변에서도 많이 보고 들을 수 있다.

사회사업의 임무를 사회관계의 부조정에 대한 대응에서 찾아낸 위트머(Helen L. Witmer)도 개별 사회복지사가 원조하는 사람들의 주된 유형을, "이들 클라이언트의 소질을 가진 사람들의 대부분이 어떤 의미에서는 경제와 사회 관계에서 불리한 위치에 놓여 있다"[24]고 말하고 "개별 사회사업(case work)은 생활의 경제적 또는 사회적 측면에서 생기는 여러 곤란을 겪는 사람들을 위한 것이다"[25]라고 규정하였으며, 경제적 요인의 중요성을 지적하는 것을 잊지 않았다.

홀[26], 클라크[27], 프리드랜더[28] 등이 모두 다 사회보장 제도를 사회복지의 기본적 과제로 먼저 거론하고 있는 것은 타당한 조치이다. 이 경제 제도적 접근을 경시한다면 자본주의 사회, 특히 아시아의 중진국 및 후진국 사회복지가 그 본래의 과제를 수행하는 일은 있을 수 없을 것이라고 감히 말하지 않을 수 없다.

그러나 물론 제도적 접근이 경제적 대응만으로 끝나는 것은 아니다. 사회적 부조정에서 경제적 요인의 중요성을 강조하는 것은 경제적 요인의 일면적 중요성을 고집하는 편견과는 전혀 다른 사항이어야 한다. 비행과 범죄, 마약 탐닉증, 알콜 중독, 정신 장애, 자살, 가족 부조정, 노령문제 등 사회의 부조정 현상은 발생 원인이 아무리 많은 경제적 요소를 안고 있다 하더라도, 단순한 경제제도의 각도에서 고찰하는 것만으로는 현실의 부조정을 극복하거나 예방하기 위한 충분한 조치를 이끌어낼 수 없다.

거기에는 예를 들면 이미 앞에서 쓴 파이블맨(James K. Feibleman)의 사회 제도론에서 세부적으로 분류한 것처럼, 구성적인 사회 제도로는 경제 제도 외에 가족·운수·교통·기술·예술·교육 등이 있으며, 통합적인 사회 제도로는 국가·법률·군대 등이 있고, 또 본격적인

---

23) Alfred Marshall, *Principles of Economics*, 8th ed., 1936. pp. 1-3.

24) Helen L. Witmer, op. cit., p. 23.

25) Idid., p. 24.

26) M. Penelope Hall, *Social Services of Modern England*, 1952

27) John J. Clarke, *Social Welfare*, 1953

28) Walter A. Friedlander, *Introduction to Social Welfare*, 1955

제도로 인식되지는 못했다 할지라도 오락이나 취미단체처럼 사회집단 속에는 반(半)제도적 형성을 보이는 '비주류(marginal groups)'도 존재한다. 이들 제반제도는 경제학, 사회학, 문화인류학적 법칙에 지배되면서, 각각 제도의 규범적 행동양식에 따르기를 개인에게 강제하는 것이다. 만일 개인이 그것에 대한 적응 능력을 갖추지 않은 경우에는 그것에 대해 부조정 현상을 일으키고, 사회병리학에서 말하는 '일탈행위(deviant behavior)'로 발전하게 되는 것이다.

이와 같은 행동의 원인을 사회과학에서 규명함으로써 비로소 사회복지 활동은 초기의 구빈형 사회사업의 영역을 벗어나, 제도적 접근의 폭을 확대하고, 환경 정비형 사회사업을 향하여 다방면에서 활동 범위를 넓히게 된다.

영국 사회복지행정에서 중추적 위치를 차지한 우튼(Barbara Wootton)은 그의 저서 "*Social Service and Social Pathology*"(1959)에서 영국의 비행 및 범죄의 21가지 경우에 대해 사회과학적 연구를 바탕으로 그 발생 원인의 사회병리학적 분석을 실시하였다. 그는 인간 행동에 관한 과학적 지식은 사회 제도나 환경에 대한 넓은 시각을 요구하며 그러한 인식이 없다면 사회사업은 사회적 의의를 상실할 수 밖에 없음을 경고하고 있다. 그는 사회사업에서 자칫 경시되기 쉬운 '사회운동(social action)'을 강조하고, "그 안타까운 오만함은 덮어 둔다 하더라도, 이 사회과학의 소박한 위험은 어떤 복지사들이 social action을 무시하는데 편리한 구실을 제공하는 사실에 있다"[29]고 말한다.

미국의 개별 사회복지사의 일부에서 개별 사례의 주체적 측면, 예를 들면 왜곡된 인격(personality), 불충분한 자아성장, 인간관계의 사회적 또는 감정적 곤란 등의 처우를 통하여 전문 사회사업을 손쉽게 전개할 수 있는 것처럼 풀이하는 '극단적인 전문화'의 경향이 있는 반면, 영국의 대학이 개별 사회사업에서 '종합적(generic)'인 훈련을 존중하고 있는 것은 환영할 만한 발전이라고 할 수 있다.

사회제도에 대한 과학적 인식은 지역사회 조직(community organization)의 발달을 촉진하고, 가족·근린사회·학교·클럽·직업집단 등의 제도적 집단이 그 성원의 사회생활 속에서의 기본적 욕구를 보다 잘 충족시킬 수 있도록 그 부족함을 보충해주며, 또 나아가서 필요한 제도의 확립을 이룩하기 위한 '사회운동'을 촉발시키지 않으면 안 된다. 그렇지 않고서는 일본과 같이 후진성이 다분히 잔존하는 사회에서는 개별사회사업을 깊이 있게 수용할 수 있는 기반이 만들어지지 않을 것이다.

---

29) Barbara Wootton, *Social Service and Social Pathology*, 1959. p. 290.

5. 사회복지 연구의 학문적 지위

사회복지의 제도적 접근이란 사회관계의 객체적 측면에서 사회생활의 기본 요구로 충족 조건을 설정하고자 하는 것인데, '정책'이라는 이름으로 추진되는 제도적 대응은 몇 세 이상의 노인, 평균수입 얼마 이하의 소득인 … 하는 것과 같이, 단지 평균적 개인을 일반화하는 관점에 서서 처우할 수 있는 것에 불과하다. 여기에는 이들 제도와 대결하여, 개성에 따라 즉시 반응하는 구체적 개인이 서 있다.

사회관계에서 주체적인 측면, 즉 정책적으로 각각에게 정확하게 처우해 줄 수 없는 개인과 관련된 문제 영역과 그 해결을 임무로 하는 사회 기술은 인간행동의 주체성을 둘러싼 복잡한 상황을 명백하게 하는 주체적인 접근의 방법에 의존하지 않으면 안 된다.

홀(M. Penelope Hall)은 영국 사회복지가 최근의 주체적 측면으로 이행하는 상황에 대해 다음과 같이 설명한다. "과거에는 빈곤이나 공중위생, 장시간의 노동, 불충족 상태가 긴급성을 띠는 것이었으므로 사회 개량가들은 광범위하게 이것에 집중하였다. 오늘날 사회학자·사회행정가·사회복지사들이 당면한 가장 긴급한 과제는 결혼 파탄의 증가, 소년 비행의 증대, 급여 및 노동 조건의 호전에도 불구하고 노동자간에 존재하는 불충족과 욕구 불만감과 같은 '병든 사회'(a sick society)의 징후이다. 그것은 물질적 욕구보다도 오히려 심리적 부조정의 문제이다. 그것은 충분한 기술과 섬세함을 갖고 다루어야 할 문제이며, 집단 기술보다도 오히려 개인적 기술을 필요로 하는 사항이다"[30]

이와 같은 시각 전환의 배경에는 영국 사회보장제도의 확립이 있다. 국가가 그 제도적 대응으로 국민의 기본적 욕구 충족에 책임을 지기 시작한 것은 민주주의의 위대한 승리이기는 하나, 그것은 동시에 또 '기계화의 위험'을 가져왔다.

개인은 사회보장제도 앞에서 하나의 기호(記號)에 지나지 않으며, 개인의 욕구는 단 하나의 공식에 의해서 다루어질 뿐이다. 제도적 처우 아래서 이루어지는 인간의 이 기계화 현상에 대한 수정이 인간관계에 대한 관심을 불가피하게 만들었다.

"자기생활에 부자유를 느끼는 사람들에 대한 물질적 욕구의 만족을 주는 것으로부터, 인간관계의 조정이나 부조정 관계에 있는 개인을 사회로 융화시키고자 하는 사회사업의 내용 변화는 공적·사적인 사회적 서비스의 발전과 함께 관계자 모두에 대한 도전을 의미한다. 그것은 사회복지사에 대하여 상상력 넘치는 동정과 인내뿐만이 아니라, 인간정신과 그 작용, 그 개인이 참가하는 사회의 문화에 대한 어느 정도의 지식을 포함한 지혜와 이해를 요구하는 것이다."[31]

---

30) M. Penelope Hall, op. cit., p. 8.

풍요로운 나라 미국에서는 1935년의 '사회보장법' 성립에 앞서, 당시 급속한 발달을 이룩하고 있던 심리학 및 정신의학에 과학적 근거를 두고, 많은 사회복지사들이 클라이언트의 심리적·감정적 제반문제의 해결에 관여해 온 것은 이미 앞에서 쓴 사항이므로 상세히 언급할 필요가 없을 것이다. 오히려 여기서 주목해야 할 점은 오랜 심리학 편향의 시기를 끝내고, 지금 미국의 사회복지사는 주체적 측면의 인격(personality)에 시야를 국한시킴으로써, 사회학적·문화 인류학적 측면에서 일어나고 있는 사항에 비교적 냉담했던 과거의 미국 사회사업의 경향에 대한 반성이 일반화 되었다.

루리(Lurie)가 한 말에서 일례를 찾자면, "사회 사업기관을 우리 문화의 한 요소로 이해해야 한다는 점을 잊고 있으며, 문화적 영향력으로서의 가능성에 대해 파악하는 경우가 너무 적다. …… 사회복지사가 자기 생활이나 그가 돌보는 클라이언트의 생활에서 불충족한 관행(mores)이나 사회제도의 의미를 명확하게 관찰하고 있지 않다면 사회사업은 그 의미를 잃기 시작할 것이다."[32] 이리하여 지금은 "사회사업 안에서 '사회적' 인 것을 되살려라 (Put the 'social' back into social work)"라는 요구가, 오늘날 미국 사회사업의 새로운 경향이다.

또한 매스(Mass)와 같은 경우는 이미 사회학분야의 사회적 역할 개념을 중심으로 개별 사회사업을 논하고 있다.[33]

이상과 같은 제도적인 접근과 주체적인 접근은 개별적·독립적으로 이루어지는 것이 아니다. 이 두 가지 접근방법의 통일에 따라서 환경의 건설적인 여러 가지 힘과 개인 및 그룹의 힘을 병용할 때, 처음으로 사회복지의 종합적 기능이 발휘되는 것이다. 그러한 점에서 사회복지의 실천 형태인 사회사업이 직업으로서 갖는 의미는 의학·법학·교육 등의 경우와는 다르다. 이들 직업의 성원도 인간의 복지를 위하여 일하나, 그 서비스의 초점은 각기 개인적 욕구의 특수한 측면에 한정되어 있다.

그것에 비하여 사회사업은 개인·가족·사회집단·지역사회의 생활에 관련된 경제·사회·심리 등등의 모든 요인을 통일적으로 고려해서 활동하지 않고서는 그 기능을 다하기 어렵다.

프리드랜더(Walter A. Friedlander)가 '포괄적 사회사업(generic social work)'을 관철하는 제반 요소의 통합적 성격에 대하여 다음과 같이 지적하고 있는 것은 시사하는 바가 크다. "사회사업은 개인적·생물적·심리적 요소와 그 사람이 살고 있는 환경의 사회·경제적

---

31) Ibid., p. 9.

32) Lurie, "The Responsibilities of a Socially Oriented Profession", in Cora Kasius, ed., *New Directions in Social Work*, 1954, pp. 45-50.

33) Mass, "Social Casework," in Friedlander, *Concepts and Methods of Social Work*, 1958

여러 힘과의 동태적(動態的) 상호작용(the dynamic interplay)을 자각해가면서 그 직분을 다하게 된다. 사회복지사는 사회적 조정(적응)의 여러 문제를 해결하기 위한 그의 진단과 계획에서 그가 돕고자 하는 개인 생활의 여러 측면을 제외하거나, 그가 활동하는 지역사회 안의 어떠한 사회상태도 제외해서는 아니 된다.

이 사회사업의 이중(二重) 접근은 '이원론(dualistic)'이라고 해 왔는데, 목표로 하는 것은 개인·가족 및 사회 관계에서 사람들의 집단을 원조하는 것뿐만이 아니라, 건강이나 경제 수준의 향상, 주택 및 노동 조건의 향상, 건설적인 사회 법제의 제창에 따라서 일반 사회현상의 개선에도 관계를 갖는 것이다."[34]

아직까지도 사회 부조정 현상을 둘러싼 종합적 사회과학이 수립되었다고는 말할 수 없다. 그러나 경제학, 생물학, 심리학, 사회학, 문화인류학 등 각각의 개별 과학을 응용하여 부조정 현상을 개별적으로 분석하는 것만으로는, 그들 요소가 상대적으로 '동태적 상호작용'을 가지고 하나의 부조정 현상을 이루고 있는 '동태적 구조'는 해명되지 않는다.

오늘날 사회복지 연구에서 마치 장님 코끼리 더듬는 격으로 여러 개별 과학이 한가지 측면의 주장을 가지고 하나의 집중적인 이론을 전개하는 착오가 일어나게 되는 이유가 바로 여기에 있는 것이다. 사회복지 대상을 살필 때 모든 요소의 동태적 상호 작용을 주시하는 프리드랜더가 먼저 기술한 것처럼, '통합에 의한 독자적인 하나의 과학(a science of it's own)'의 수립을 기대한 것은 당연한 것이라 하겠다. 사회적 부조정의 본질적 부분과 비본질 부분의 식별이라는 것도 종합 과학적 시야에서 바라볼 때 처음으로 현실적 의미를 가질 수 있게 되는 것이다.

처음부터 인간 행동의 연구는 그 정보의 복잡성으로 말미암아 과학적인 조사를 하기에 부적절한 영역이며, 경제학·사회학·사회심리학·인류학·정치과학 등 인간행동 제문제의 해결에 필요한 모든 과학은 생물학·화학·물리학 등과 같은 의미의 엄밀과학(嚴密科學)이 될 수밖에 없다고 생각하는 사람도 있다.

그러나 셀린(Selin)도 이야기하고 있는 것과 같이, "그것은 중요한 견해이기는 하지만 그것이 '사회적 사실은 과학적으로 연구할 수 없으며, 사회생활의 법칙이 서서히 확립되어 갈 수는 없는 것이다'라고 단정짓는 점을 허용하는 것은 아니다. 그것은 단지 사회과학이 나아갈 길에는 타파해 나가야 할 중대한 곤란이 기다리고 있다는 사실을 인정한 것"일 뿐이다.[35]

이들 개개의 사회과학은 인간행동을 초점으로 하여 연구를 수행하는 과정에서 린튼

---

34) Walter A. Friedlander, *Concepts and Methods of Social Work*, 1958, pp. 7-8.
35) Selin, *Culture Conflict and Crime*, pp. 12-13.

(Ralph Linton)이 예측한 것과 같이, 이윽고 하나의 새로운 과학을 산출해낼 것임에 틀림없다. 竹中愛二 교수가 『전문사회사업연구』(1955)에서 사회사업을 가리켜 봉사 행동방법 (an applied behavior service) 또는 사회적 응용(an applied social)이라는 단수의 표현을 한 사람들의 영향을 받아, "사회사업은 여기서 행동과학의 지식 및 이론의 응용으로써 명확하게 과학적 정위화(定位化)를 이룰 수 있다"[36]라고 기술한 것은 학계의 새로운 동향을 통찰하게 하는 의미 심장한 발언이다.

이상과 같이 사회복지의 본질적 과제의 규명을 통하여, 우리의 사회복지 연구는 인간 행동과학의 수립에 공헌하는 경제학·생물학·심리학·사회학·문화인류학 등의 사회과학 전반을 기초로 삼아야 한다는 점을 알았다. 그 경우, 사회관계의 부조정 현상은 이들 개별과학의 대상이 되는 개별 요소의 상호연관에 의하여 일어나는 것이므로, 이들 과학전반의 종합적인 인간 행동과학을 기초 과학으로 해서 사회관계의 부조정 현상에 대한 본질 분석을 실시하고, 그에 대한 대응 방법을 연구하는데서 사회복지 연구는 독자의 과학적 영역을 발견하여야 한다.

원래 학문에는 순수한 법칙을 인식하는 이론 과학과, 그 과학적 연구 성과로 얻어진 이론 법칙을 실천 문제에 적용하는 응용 과학이라는 두 개의 분야가 존재한다. 이 후자의 응용 과학에 대해서는 그것이 적어도 과학이라 칭해지는 한, 특수부문 이론의 규명을 이루는 것을 임무로 해야 하고, 기술이나 정책은 과학이라 불리어서는 안되며, 단지 과학의 응용이라 말해야 한다는 설이 있다. 예를 들어 사회학의 응용은 있을 수 있으나, 응용 사회학은 성립될 수 없다는 것이다. 그러한 입장에서 볼 때, 사회복지도 과학 전반의 응용은 있을 수 있으나, 응용 과학으로서의 사회복지학은 성립될 수 없다는 이야기가 되는 것이다.

그러나 사회관계의 부조정을 과학종합 전반의 이론적 계기로 삼는 사회복지 연구가 이론 과학 연구 성과의 종합으로서 실증적 이론을 토대로 일정한 사회 목적을 달성하기 위한 객관적 법칙이나 원리를 구사하는 과정에 응용 과학 연구로서의 학문적 지위를 부여하는 것은 부당하다고 보아야 할 것인가.

만일 그것이 실증적 이론으로서 역사와 이론의 지식으로부터 나오는 경험적 법칙을 무시하고, 처음부터 정치적 의도를 갖고 이론과 실천을 안이하게 연결하고자 하는 것이라면 그것이 과학이라는 이름으로 불릴 가치가 없음은 새삼 말할 필요도 없다. 그러나 그와 같은 착오를 범하지 않는 한, 사회복지 연구는 소위 '사회공학'이라는 개념과 마찬가지로 하나의 과학으로서 응용과학의 이름을 부여하는 것이 당연하다고 여겨진다.

이리하여, 앞으로 확립하고자 하는 사회복지학은 순수 이론과학으로서 인간 행동과학에

---

36) 竹中愛二, 『전문사회사업연구』, 1955, p. 119.

대해 실제적 효과를 겨냥한 실천적 의도에 입각하여 이론 과학의 계(系, corollary)를 성립하는 응용 과학의 성격을 갖는다고 말할 수 있겠다.

인간 행동과학 그 자체가 아직까지 학문의 형성 과정에 놓여 있는 현 단계에서는 그 일환으로 사회 관계의 부조정 현상을 다루는 이론 과학의 임무도, 아직 그것에 바탕을 두고 부조정의 극복과 예방 방법을 탐구하는 사회복지학의 확립도, 앞으로 무수한 난관이 기다리고 있다고 할 수밖에 없다. 그러나 우리는 그 길고도 곤란한 길을 피하여 나아갈 수는 없다. 그 과정에 의하여 전문 직업으로서의 사회사업이 당시의 현실에 이용될 수 있는 정도로 발달한 하나의 특정 과학으로 한정되는 것이 아님을 마음속에 새겨 둘 필요가 있다.

인간이란 이해하기 힘든 존재 – 그것을 과학적으로 분석하고자 하는 인간 행동과학이 아직 발전 단계에 있는 우리는 현재 할 수 있는 것을 하는 수 밖에 없다. 그 현실적 제한이야말로 우리를 겸허하게 만들어 주고, 또한 장래에 대한 열의를 품게 해 준다.

제 2장 사회복지와 사회체제

- 사회 과학 방법론의 탐구 -

1. 인간 복지와 사회 복지

사회복지란 일정한 사회체제에서 사회 생활의 기본적 욕구를 둘러싼 인간의 주체적 및 객체적 여러 조건의 상호 작용에 의하여 일어나는 여러 가지 사회적 불충족, 또는 부조정 현상에 대응하여, 개별적 또는 집단적으로 그 만족·재조정·예방적 조치를 통해서, 여러 개인 또는 집단의 사회적 기능을 강화하고, 사회적으로 정상적인 생활 수준을 실현하고자 하는 공적 및 민간 활동의 총체를 의미한다.

이들 여러 활동(총체)은 손상된 능력의 회복, 개인적·사회적 자원의 제공, 사회적 기능장애 예방의 세 가지 기능을 포함한다.

'복지'(welfare)란 원래 공동사회의 여러 성원이 공통적으로 안고 있는 여러 가지 관심의 최적의 만족을 추구하는 정치 사회의 종합적 목표이다. 여기서 말하는 '관심'이란 개인이나 집단에게 사회적으로 수용된 가치의 실현을 위한 욕구를 가리키는 것으로, 객관적인 의미를 갖는다. 공동 사회 대다수의 성원, 때로는 모든 성원이 같은 국면에 하나의 가치에 관련을 갖고, 동일한 객관적 관심을 나누어 갖는다.

예를 들면, 경제 조직의 기능 장애로 인한 개인이 빠져들 수 있는 불안정 상태의 위험에 대하여, 이것을 완화하고, 또는 예방하는 것은 각자가 공통되게 관심 갖는 것으로, 협동 활동에 의하여 공동 이익을 만족시키는 것은 공통된 인간적 욕구(common human needs)에 속하는 사항이다.

그러나 '사회복지'(social welfare)는 인간복지(human welfare) 일반을 의미하는 것은 아니며, 경제구조의 모순, 가족붕괴, 또는 천재(天災) 등의 제반요인에 의해 각자가 사회에서 정상적으로 여겨지는 방법을 통해 사회의 기본적인 여러 욕구를 스스로 충족시키지 못하게 될 때, 이것에 대응하는 조직적 활동인 사회의 공동 책임을 말하는 것이다. 이 기본적

인간 욕구의 개념은 일정 수준에 고정되는 것은 아니며, 여러 가지 요인에 의하여 보다 높은 수준을 목적으로 하여 나아가는 역사적 개념일 수 밖에 없다.

시간의 흐름과 함께 진행되는 경제 능력의 증대와 사회의 최저 생활 수준의 향상은 기본적 인간 욕구에 대한 공동 책임을 한층 더 공감하지 않고서는 이루어질 수 없다. 사회복지 제도의 개입 형식은 '사회문제' 행동을 위한 초기에 경제적인 일시적 대응 단계에서 시작해 부조(扶助)의 여러 방식을 거쳐, 개개의 자립활동, 정상성의 회복으로 나아가, 다시금 적극적인 예방 조치의 단계에 도달한다.

문제 상황의 사회적 평가와 그것에 대한 윤리적 태도는 최초의 '측은한 마음'이나 '사회 연대감'으로 움직이게 되는 단계로부터, 합리적 조치나 사회적 급부에 대한 개인의 권리 개념으로 옮아 간다. 따라서, 사회복지 활동은 사람으로부터 사람에게 애정을 전달하는 행위로서가 아니라, 사회 조직 활동으로 전개되며, 사회 문제상황에 대한 대항 방법은 문제를 발생하는 사회관계 그 자체를 조정 또는 규제하기 위한 유효한 수단인 공적 및 민간의 모든 사회복지 제도를 수립하기에 이르렀다.

사회보험과 포괄적인 사회보장 체계가 확립됨에 따라서, 사회복지의 양과 질의 발전은 새로운 단계에 이르러, 유겐 프짓(Eugen Pusić) 교수가 지적하는 것과 같이 인간복지 일반과 사회복지를 엄격히 구별하는 것은 곤란하며, "여기에서 사회복지 조치는 그 보충적 성격(subsidiary character)을 상실해서, 정상적이고 일반적인 욕구에 대응하는 방법이 된다"[1]고까지 보게 되었다.

유고슬라비아 자그레브대학 교수인 프짓의 논조는 견고하고 균형감 있게 사회복지 이론의 주류를 대표한다고 할 수 있을 것이다. 또한, 현대 사회복지의 적극적 과제를 논하는 캘리포니아 대학의 아이린 블랙키 교수의 다음과 같은 발언도 사회복지 이론의 흐름을 파악하는데 도움이 될 것이다. "어느 나라에서나 사회사업이 개인 혹은 집단의 인간적·사회적인 여러 목표를 최대한 실현 가능케 하기 위하여, 스스로 유효한 세력이 되고자 하는 책임을 갖는 것은 의심의 여지가 없을 것이다. 이 전제는 사회사업 교육과 실천이 사회 계획과 개발의 여러 과정, 사회 제도와 그 조직, 사회 변화의 적극적 또는 소극적 영향, 사회 정책의 형성 등에 개인이나 집단의 특수한 문제와 요구에 전문가 못지 않은 관심을 쏟을 것을 요구하고 있다"고 말한다. [2]

---

1) Eugen Pusić, "The Political Community and the Future of Welfare", in John S. Morgan, ed., *Welfare and Wisdom*, 1966, p. 86
2) Eileen Blackey, Building the Curriculum, "The Foundation for Professional Competence", *International Social Work*, January 1967, p. 9.

2. 자본주의의 내재 법칙과 사회 정책

프릿 교수가 말한 것처럼 사회복지가 복지 일반에 대응하는 임무를 담당한다는 해석은 사회복지 활동이 확대되는 경향과 속도로 인한 혼란을 초래하여 부당한 개념의 확대로 이어질 위험이 있다. 이는 자본주의 사회제도로서 사회복지 활동의 의의와 한계를 잘못 인식하게 하는 것으로 평가받지 않으면 안 된다.

왜냐하면, 사회복지 그 자체는 국민 스스로의 힘으로, 생활 복지의 향상을 위하여 구축한 사회적 보루라고 할 수는 없다. 그것은 무엇보다 경제 구조의 필연성에 바탕을 두고, 노동력의 유지·배양과 산업 평화를 요지로 하는 사회 정책의 밀접한 내면적 관계에서 볼 때 자본의 요구에 따라 만들어진 방벽(防壁)이다.

사회복지 활동은 사회정책 이론이 중요과제로 하고 있는 바와 같이, 경제 제도의 재생산과 그 전개에 항상 직접 연결되는 것은 아니나, 자본축적 중심으로 진행되는 자본 운동은 직접 또는 간접으로 노동력의 보존과 배양에 도움이 되고, 실업과 빈곤의 방지에 의하여 자본주의 사회에 공헌하는 한, 사회복지의 확대에 적극적이고 긍정적 입장을 나타낸다. 그것은 단순히 노동력의 유지·배양뿐만 아니라 노동자의 복지를 포함한 국민 모두가 정상적인 생활수준을 실현하고자 하는 사회 복지에서도 중대한 관심사가 아닐 수 없다.

일본의 일부 사회복지 이론가가 각기 다소의 차이가 있기는 하나, 大河內一男(오오고우찌가쯔오) 이론3)을 근원으로 하는 경제학적 입장에서 사회복지에도 조직 파악과 경제적 관점을 관철시키려는 자세로, 사회복지의 객관적 성격을 연구 분석하여, 사회복지 연구의 과학적 기초를 구축하고자 노력해 온 것은 사회복지의 본질탐구에 하나의 유력한 단서를 주는 것이며, 유럽에서는 유례가 없는 일본 학계에서만 볼 수 있는 특색이라 할 수 있다.

사회정책을 통하여 자본은 '노동력'을 확보한다는 경제구조 파악과 생산적 관점은 사회정책의 도의론을 극복하여 사회과학적인 경제 이론을 수립하고자 한 大河內一男 교수의 일관되고 적극적인 의도에 근거하고 있다. 사회정책이 대상으로 삼는 것은 '노동력'이며, '노동자' 그 자체는 아니다. 자본주의 사회에서 노동자는 상품의 가치를 지닌 '노동력'으로 취급되면서 인간으로서의 존재를 확보할 수가 있다. 그리고 사회정책의 기본은 국민경제가 그 노동력 경제에서 수행하는 자기 보존행위의 체계라는 것이다.4)

이 오오카와우치 이론이 의미하는 바는 요컨대 사회 정책이란 자본주의 경제의 차원 높은 노동 정책, 즉 경제의 순환 확보를 위한 고도의 '생산정책'으로 이해하는 것이다. 거기에

---

3) 大河內一男, 『사회정책의 기본문제』, 1940., 『사회정책의 경제 이론』, 1952.
4) 大河內一男, 『사회정책의 기본문제』, pp. 164-167

는 마르크스의 『경제학 비판』이 지적한 사회정책 파악의 입장인 공장입법과 노동보호입법 이해를 위한 두 개의 상호 불가분한 이중의 '열쇠' 즉, 경제적 = 사회적 열쇠 가운데 사회적인 이해의 열쇠는 大河內一男 교수의 소위 조직 파악과 경제적 관점의 주장을 위하여 도리어 포기되었다는 비판 - 服部英太郎 교수의 「사회정책의 생산력설의 비판」 - 이 중심을 이루는 것이다.5)

服部 교수가 大河內一男(오오고우찌가쯔오) 이론 중 사회적인 이해의 '열쇠' 탈락에 대한 비판에서 지적하고자 한 것은, 사회 정책의 생산력설(生産力說)이 생산력·생산관계의 모든 조직 파악, 즉 계급 관계라는 관점을 경시하게 되어, 궁극적으로는 국가 독점 자본주의로 나아가는 길을 준비하는 것이 될 수밖에 없다는 우려 때문이었다. 大河內一男 교수는 이 비판에 대하여, 『사회정책의 경제이론』(1952년)에서 이 두 '열쇠'가 자본 운동에서 보면 '노동력'은 하나로 연결되는 것이며, 자본주의 사회를 주체로 하는 사회정책은 어디까지나 '노동력 정책'이므로 경제적 관점을 파악해야 함을 주장했다. 즉, 服部 교수가 사회정책 존립의 근거로 중시한 노동자의 자주적 운동, 노동계급의 투쟁과 같은 것은 노동력 정책이므로, 자본주의 경제의 순조로운 재생산 유지를 위한 '노동력' 보존의 필연성과는 별개라는 것이다.

자본에 대한 노동계급의 공식적 또는 은연중의 투쟁이 사회정책의 경제적 관점과 관련을 갖는 것은 그것이 단순히 싸우고 항쟁하는 '노동자'이기 때문이 아니라, 오히려 싸우고 항쟁하는 '노동력'이라는데 있다. 이리하여 두 개의 상호 불가분한 이중의 열쇠 즉 경제적·사회적 열쇠는 실은 '이중'이 아니라, 자본의 생산 요소인 노동력으로 통일되는 것이다. 노동계급이 자본에 대한 대중적이고 조직적인 투쟁의 구체적 세력으로 성숙하는 과정에서도, 그것은 하이만이 해석한 것처럼 상품인 노동력이 어느새 노동력인 것을 그만 두는 과정이 아니라, '노동력'이 어디까지나 자본가나 상품인 노동력으로 성숙하고 발전하는 것으로 보아야 하는 것이다.6)

이에 사회복지 연구의 방법론을 알아보면서 그것과는 조금 영역을 달리하는 사회정책의 본질 논쟁을 잠시 훑어 본 것은 이 논쟁의 핵심을 살펴 봄으로써 자본주의 사회정책뿐 만이 아니라, 보다 널리 사회보장, 사회복지 등 사회 모든 활동의 본질을 이해하기 위한 기본 발상 방법을 시사할 수 있다고 생각하기 때문이다.

大河內一男 이론이 가르쳐 주는 것은 자본주의의 내재적 합법칙성, 그 자연율, 상품교

---

5) 服部英太郎, 「사회정책의 생산력설의 비판」, 『경제평론』, 1949, 2, 3, 4월호.
   『국가독점 자본주의 사회 정책론』, 1966
6) 大河內一男, 「사회정책과 계급투쟁」, 『사회정책의 경제이론』, 1952, pp. 71-97

환의 법칙, 상품노동력의 가치법칙이 노동계급의 투쟁을 실현계기로 하여 자기를 관철시키게 한다는 점이다. 원래 자본과 노동은 법칙으로는 대립하는 이해관계에 놓여 있다. 게다가 총체로서의 자본이 항쟁하는 노동력을 손안에 장악해 두지 않으면 안 되는 것은 그 투쟁하는 노동력이 정치적 양보를 요하는 경제적 요인으로써, 끊임없는 타협의 상대로 보여지기 때문은 아니다.

오히려 계급 투쟁을 행하는 노동력이야말로 많은 경우, 그 기능면에서 뛰어나고, 각각의 산업 또는 직장의 내부에서 기간적 지위를 차지하는 노동력이므로 인간적으로 생산력 수준의 안내를 제공할 수 있기 때문이다. 즉 노동력 보존을 위한 경제적 필연성은 '경제적 = 사회적 필연성의 통일'을 파악하고자 계급 투쟁까지도 노동력을 하나의 기능으로 경제내부에 포함시키고 있다.[7]

현대 사회에서 노동력의 사회적 구성은 노동력 바탕에 노인과 어린아이를 포함한 가족생활 구조 전체와 밀접한 관계를 가지지 않을 수 없다. 유년·소년의 인간형성의 내용여부는 다음 시대의 노동력의 양적, 질적 측면으로 연결되며, 노령자에 대한 사회적 조치의 정도는 현재 노동자의 소비방법에 대한 영향을 통하여, 그 노동자의 안정과 질적인 수준을 좌우한다. 카운셀링이나 개별 사업, 집단 사업의 진전에 따른 인간 관계의 구사와 전개는 노동력의 생산적 기능을 고양하는 것에 공헌한다. 지역 복지의 증진과 레크리에이션 환경의 정비는 노동력 보존의 새로운 사회 배경을 제공한다.

근래의 사회복지 전개의 동향은 大河內一男 교수의 우리가 기억해 두어야 할 논문 「일본 사회사업 현재와 장래」(1938)에서 기술한 것과 같은 견해가 타당하게 여겨졌던 당시의 상황과는 상당히 다른 방향으로 전개되고 있다. 그 견해는 다음과 같다. "사회정책이 국민 경제에서는 생산자로서의 자격을 요구호성(要救護性) 또는 요보호성(要保護性)에서 그 과제를 찾아내는 것에 비하여, 사회사업은 요구호성을 각자의 자기구조(自己救助)로서, 해당된 개인의 육체 또는 정신 생활이 순조롭게 보장될 수 없을 경우를 문제로 하는데, 이 경우에 요구호성은 생산자 자격과의 관련이 문제되는 것이 아니라, 그것 이외의 자격에서 문제가 되는 것이다. …… 사회사업의 요구호성은 자본주의 경제의 좋은 의미에서 연계를 단절시키고 사회적 분업의 일환일 것을 포기한 경우의 경제, 보건, 도덕, 교육 등의 요구호성이며, 이러한 의미에서 그것은 자본주의 경제 재생산 구조로부터 일단 탈락된, 말하자면 경제질서 외적 존재라고 말할 수 있을 것이다."[8]

이러한 동향은 자본주의 경제의 고도화 과정에서 노동력 유지·배양의 사회적 기반의 심

---

7) 大河內一男, 「사회정책의 본질에 관한 고찰」, 『사회정책의 경제이론』, p. 130
8) 大河內一男, 『사회정책의 기본문제』, p. 352

화·확대의 경향과 또한, 사회복지 자체의 활동범위의 확충과 질적 발전의 결과로써 사회복지의 대상을 사회의 생산자 기능으로부터 탈락한 사람들의 요구호성으로만 한정시키는 것을 이제 허용할 수 없게 되었기 때문이다. 거기에는 사회복지 조치가 그 보충적 성격에서 벗어나, 정상적이고 일반적인 요구에 대응하는 정상적인 방법이 된다는 프짓 교수의 지적이 적절하다.

사회복지가 단지 자본주의 경제의 재생산 구조로부터 일단 탈락한 '경제질서 외적 존재'를 대상으로 하는 것만이 아니라, 이제는 직접 또는 간접으로 생산자 기능을 하는 인간의 대책에도 공헌하는 점은 노동력의 유지·배양을 요구하는 자본의 입장에서 사회복지를 조직적·본질적으로 또 항상적인 부분으로써 새롭게 평가해야 하는 시점이 되었다. 그것은 당연히 사회정책의 근대적 조치로 대처해야 할 부분을 가족제도나 농촌생활 구조에서 이웃끼리 서로 도우며 베푸는 성격으로 대체시켜 왔던 오래된 형태의 사회사업을 일신하여, 점차 사회복지의 근대화를 추진하는 기회를 만들어 내게 될 것이다.

여기에서는 소위 '사회정책의 사회사업화'의 구폐(舊弊)를 새롭게 고쳐, 사회복지가 '산업복지' 경향을 추진해 나감으로써, 오히려 사회정책적 체질로 접근하는 경우까지 생각할 수 있는 것이다. 그것은 大河內一男 이론의 주축을 이루는 부분, 즉 자본주의 경제의 경제적, 사회적 필연성인 노동력의 순조로운 보존을 중심으로 하여 전개되는 사회정책의 원리가 사회복지에까지 관철되고 있음을 암시한다.

사회복지도 역시 자본주의 사회의 자본축적 중심의 노동력 보전 정책과 내면으로 연결되어, 자본주의 경제구조를 보존시키는 기능을 해내야 할 운명을 짊어지고 있다. 그것은 동시에 자본주의 사회에서 사회복지에 대한 사회자본 지출이 '자본축적을 촉진하는 한에 있어서'라는 명확한 한계선을 부여하고 있음을 뜻한다. 복지행정의 근대화를 보이는 국가의 기본적인 태도는 점점 좋아지고 있음에도 불구하고 경제개발의 발전에 항상 뒤쳐져 진행되는 사회개발의 전개는 자본의 경제 계산에 바탕을 둔 명확한 한계선을 바로 주시하지 않고서는 정확하게 이해될 수 없다.

사회복지의 자본주의 체제를 위한 기능을 승인하는 것은 사회 문제에 대한 인도주의적 대응으로써 사회복지에 각별한 열정을 갖고 있는 선의의 사람들에게는 참기 힘든 환멸을 의미하는 것일지도 모른다. 그러나 아무리 아름답다해도 환상은 어디까지나 환상이며, 경험한 사실의 확정을 주관적인 왜곡 없이 수행할 수 있는 자만이 진정으로 건설적인 실천에 나설 수 있다. 그렇다면 자본주의 사회에서 사회복지는 개인주의적 이윤추구 경제의 사회적 모순에 직면하여, 사회문제에 대한 보수적·미봉적 대응으로써 자본주의 체제의 보존에 공헌하는 것에 지나지 않는 것이라 해야 할 것인가.

3. 자본의 운동 법칙과 사회적 세력

사회복지가 사회 관계에서 조정(調整)현상을 극복하고, 사회적 기능의 고양을 꾀하는 것은 분명 기존 질서를 긍정하고, 자본주의 체제의 보존에 역할을 해내는 것이라 받아들일 수 있다. 예를 들어 사회복지가 사회적 기능 장애의 예방책을 강구하기 위해 기존의 사회 제도에 대한 도전의 태도를 나타냈다 하여도, 그것은 기존 사회 질서의 개선을 과제로 하는 것에 지나지 않으며, 체제 변혁을 위한 사회운동의 거시적 성격에 비교한다면, 사회 개량주의의 미시적 성격에 한정된 것으로 볼 수 있다.

그럼에도 불구하고, 사회복지를 오로지 이윤추구를 목적으로 하는 총자본을 주체로 해서 전개하는 것으로 해석하는 것은 사회복지의 목표, 즉 사회생활의 기본적인 욕구 충족을 추구하는 노동자 및 이들과 노고를 함께 하는 국민의 생활구조 그 자체와, 그것을 중심으로 하여 점차 권리 의식으로까지 발전되어 각각의 역사적 조건에 대응해서 특정한 복지제도의 확립을 요구하기에 이른 사회적 세력을 부당하게 경시하는 위험을 안고 있다고 말할 수 있다.

생각해보면 자본측의 경제 계산에는 노동자와 그것을 둘러싼 국민의 복지 요구를 총자본에서 생산요소인 노동력의 내재적 속성으로 여기고, 이미 계산에 넣어둔 것인지도 모른다. 그러나 사회복지에서는 총자본에 대하여 구체적으로 복지요구의 담당자로서 사회의 세력 관계를 구성하는 것은 단순한 생산 요소로서의 노동력이 아니라, 사회적 존재로서 인격을 지닌 노동자 또는 국민대중 그 자체이다.

사회정책 논쟁 중 岸本英太郎(기시모토에이타로)이 그의 저서『사회정책론의 근본문제』(1950년)에서 기술한 다음의 이야기는 의미심장하다.

"노동력은 노동자의 능력 = 노동능력이며, 그 자체가 의사(意思)를 갖는 것은 아니다. 계급투쟁이 노동력으로부터 벗어나는 따위의 일은 우리의 상식이나 과학으로는 생각조차 할 수 없는 일이다. 몇 번이나 기술한 바와 같이, 노동력은 노동자의 노동하는 능력으로서만 존재하며, 노동자와 자본가란 상품으로서의 노동력이 자본에 의하여 구입·사용되는 제반 조건=착취조건을 서로 다투고 있는 것이다. 노동력이 조직을 만들어서 자본과 투쟁하는 것이 아니라, 노동자가 조직을 만들어서 자본가와 투쟁함에 따라, 자본의 노동력에 대한 착취욕을 억제하는 것이다. 사회 정책은 이것을 하나의 제도로 만드는 것에 지나지 않는다"[9]

여기에는 활동하는 인격자로서의 노동자가 서 있다. 자본주의 사회는 단순히 자본축적을 지향하는 자본 운동의 톱니바퀴가 단지 홀로 '소리 없는 정적' 속에서 자전(自轉)하고 있는 것이 아니다. 자본을 단지 영리를 위해서만 운용하는 자본가와 자본의 적대적인 운동

---

9) 岸本英太郎, 『사회정책론의 근본 문제』, 1950, p. 49-50

에 저항하는 노동자로 이루어진 사회 세력과의 냉정한 계급 투쟁의 장이다. 그리고 거기에는 사람으로서 살아가는데 마땅한 기본적 인권을 옹호하고자 하는 인간 생활구조의 보호 의욕이 사회 세력의 근저에 가로 놓여 있는 것이다.

『자본론』의 저자에 의하면, 생활구조의 확보에 필요한 생활 요인은 노동력의 생산을 위해 단순히 생리적으로 필요한 최저한의 것으로 충분한 것이 아니라, 놓여진 사회의 제반조건에서 생기는 문화적 요소의 충족을 포함하는 것이다.

말하자면, "영양, 의복, 연료, 주택 등에 관한 자연적 욕망은 그것 자체가 한 나라의 풍토 및 기타의 자연적 특징이 어떠한가에 따라서 다양하다. 한편 필요한 욕망의 범위는 욕망의 방법과 마찬가지로 그 자체가 하나의 역사적 산물이며, 따라서 대부분은 한 나라의 문화정도, 또 본질적으로는 자유노동자의 계급이 어떠한 조건에서 어떠한 관습과 생활상의 요소로 형성되었는가에 달려 있다. 노동력의 가치결정은 다른 상품의 경우와 정반대로 하나의 역사와 도덕의 요소를 포함하고 있다"[10]

지역 사회의 일반 시민은 조직 노동자의 경우와 마찬가지로, 자신의 생활복지 요구를 사회제도 안에서 실현할 수 있도록 목적을 가지고 사회행동을 전개하는 경험과 역량을 반드시 갖고 있다고는 할 수 없다. 아니, 조직 노동자 자신조차 사회보장 투쟁에서 효과적인 조직체를 이룰 때까지, 사회적 또 역사적으로 충분한 성장을 이룩했다고는 할 수 없다. 그러나 사회의 근대화는 필연적으로 민주화의 심화·확대를 동반하며, 노동조합이나 지역사회 안에서 경제 성장에 따른 자본효율 우선 논리에 의한 복지의 침해에 저항하여, 주민복지 요구를 스스로 주도권을 갖고 충족하고자 하는 생활 보호 요구는 여러 가지의 활동 조직이나 선거 운동을 매개로 하여, 조금씩 신장되어 가고 있다.

竹中勝男(다께나까가쓰오)은 『사회복지연구』(1950)에서 '복지의 사회화 이론'을 전개하여, 전후의 민주화 구조 아래에서 펼쳐지고 있는 사회화(socialzation)를 사회주의 발전의 단계적 특징으로 보고, 새롭게 도입된 지역사회조직(community organization)이나 사회운동의 방법 속에, 공동사회 의식에 바탕을 둔 사회화의 움직임을 나타내는 것으로 이해하고 다음과 같이 밝혔다.

"민주주의 원칙에 기초한 복지제도와 관리 방법은 민주주의 위에서 전개되고 조직된 사회적 기반을 바탕으로, 국민경제의 발전 단계에 부응하여, 필연적으로 실천에서 경험한 이론을 사회주의 바탕의 사회화로 발전시키는 것이다. 이러한 의미에서 복지의 사회화 이론은 복지의 사회민주주의 이론으로서 일단 파악되어야 하는 것이라고 생각한다."[11]라고 적

---

10) Marx, *Das Kapital*, I. (Volksaus) S. 126. 改造社 번역본 1, p.142
11) 竹中勝男, 『사회복지연구』, 1950, p. 66

은 것은, 이 책을 집필한 관점이 전후의 전환기이고, 민주주의 혁명의 조류가 넘치는 시대이기에, 적잖이 강단(講壇) 사회주의의 안이함에 익숙해진 것이라는 느낌이 든다.[12]

그러나 노동자와 국민 스스로의 생활구조로부터 필연적으로 생겨나는 자위적인 복지요구를 사회 제도에 정착시키고자 하는 조직적 활동의 발전은 자본운동의 복지침해에 대한 반대 원리의 성장을 의미한다. "그것은 자본주의에 대항하는 자본주의 안에 존재하는 사회이념의 실현(Die Verwirklichung der sozialen Idee im Kapitalismus gegen den Kapitalismus)"[13]이라고 할 수 있을 만한 경지가 사회복지의 발전형태 속에서 서서히 현실화 되어가고 있다고 보는 것은 반드시 사회복지의 형이상학으로써 배격되어야 할 바는 아니다.

사회복지도 사회 정책과 마찬가지로, 서로 대립하는 두 개의 이질적인 원, 즉 자본축적을 중심으로 노동력의 보전·배양과 산업 평화를 위한 자본운동이 그리는 하나의 원과, 생활구조를 지키고 개선하기 위해 노동자와 국민의 인격적 요구가 그리는 또 하나의 원이 교차하는 곳에서 구체적인 사회제도를 만들어 낸다.

하나는 경제적 관점, 또 하나는 사회적 관점에서 작용하는 이들 두 개의 이질적인 힘은 한쪽이 '자본축적을 저해하지 않는 한에 있어서'라는 철통같은 한계선을 고집하는 것에 대해, 다른 한편은 경제 개발에서 균형 잡힌 사회개발을 추구하는 주민 생활의 절실한 복지'요구'를 통해, 이 철통같은 한계선을 강력하게 뒤흔들어 후퇴시키고자 한다.

이 둘은 상호 대립하고 저항하면서, 양자는 상호 불가분한 관계로 통일되고, 한 개의 경제적·사회적 제도를 수립하는 것이다. 이들 두 개의 이질적인 힘의 변증법적인 대립관계는 어디까지나 자본주의 사회의 내부에서의 대립이며, 그 대립의 마무리는 사회세력의 힘에 의하여 자동적으로 가능해지는 것이 아니라, 사회주의 운동의 실천에 의한 사회체제 그 자체의 변혁을 필요로 한다고 새삼 여기서 논할 필요가 없을 것이다.[14]

4. 사회구조의 균형 유지와 대립 항쟁

사회복지를 자본주의 체제의 사회구조와 그 변혁 과정에서 고찰하는 것은 사회복지의 본질을 해명하고, 올바른 발전의 방향을 파악하는 것에 유력한 단서를 제공하는 일이 될 것이다.

사회관계, 즉 행위가 관련되어 상호작용으로 연결되는 사람과 사람과의 관계에서, 인간

---

12) 嶋田啓一郎, 「전환기의 사회복지이론」, 『인문학』, 46호, 1959
13) Eduard Heiman, *Soziale Theorie des Kapitalismus*, 1929, S. 118.
14) 嶋田啓一郎, 「노동조합과 노동자 복지활동」, 大河內一男·岸本英太郎 편, 『노동조합과 사회정책』, 1959, pp.63-64

행동의 부조정 현상의 극복을 문제로 할 경우에, 그것을 단지 공동사회에 있어서의 균형·안정 상태의 회복에 따라, 기존 사회의 구조적 지속성의 유지에 공헌한다고 보는 사회체계론적 입장이 있다. 또한 생활 행동을 생산관계, 즉 계급 관계에서 자본 축적을 중심으로 하는 자본운동과, 생활구조의 확립, 생존권·인격권의 옹호를 중심으로 하는 사회적 세력과의 변증법적 대립·발전을 응시하는 사회체제론적 입장이 있는데, 이들은 각기 사회복지 효과에 대한 판단을 하는데 적지 않은 차이를 발생시킨다.

예를 들면, 심리주의적 행동이론을 기초로 하는 미국적 사회체계 이론에서는, 탈코트 퍼슨즈 사회학이 가르치는 바와 같이, 사회체계의 기능은 행위자가 역할의 결합체로서의 제도에 따라서 행위하고, 그것으로부터 일탈된 행동에 빠지지 않도록 동기 부여하여, 사회 전체의 균형·안정을 유지하고자 하는데 있다고 생각된다.

사람은 환경 속에서 자기 욕구충족을 위하여, 문화적 결합을 추구하는데, 문화란 인간이 생활 충족을 위한 유형을 형성하는 사고와 행동의 모든 것을 의미한다. 이 문화의 가치양식은 개인의 퍼스낼리티에 내면화되며, 사회적 제재로서 작용하는데, 그 규범적 요소의 내면화와 제도화란 사회 체계 안의 행위를 통제하고, 균형 유지의 기능을 하는 것이다.

퍼슨즈에 의하면 사회 균형의 개념은 행동 과학보다도 오히려 생물학적인 자기 규제조직이나 공학의 자동 규제조직의 분석으로 시사되는 것으로, 그 생물학적 모델은 클로드 버나드(Claud Bernard), 특히 캐논(W. B. Cannon)의 '호메오스타티스'(Homeostatis, 同以安定)[15] 개념에서 나타나는 것과 같은, 유기체의 내면적 환경의 변함없는 자기 규제라는 견해에서 배울 수 있는 것이었다.[16] 그것은 퍼슨즈 이론이 사회체계 구조의 자기 완결적인 하나의 정리, 즉 안정을 전제로 하여, 균형 유지의 경향을 사회의 본질적인 것으로 보는 것을 말해 준다.

퍼슨즈가 규범적 요소나 제도에 대하여 이야기 할 때, 그 반대 현상으로 일탈이나 저항이 당연히 그 시야에 들어오지 않을 수 없는데, 일탈 행위는 단순히 규범적 기준으로부터의 편향, 또는 상호작용 체계의 균형 교란을 의미하는 것에 지나지 않으며, 현실 사회관계에 기초해 있는 체제의 모순에 근원을 둔 일탈이라고 이해하는 방법에는 이르지 못한다. 프리츠 파펜하임(Fritz Papenheim, *The Alienation of Modern Man*, 1959)이 선명하게 그려내고 있는 것과 같은, 개인주의의 이윤추구 사회가 만들어내는 소외 상황 안에서, 사람들이 필연적

---

15) W. B. Cannon, *Wisdom of the Body*(1932)에 나타난 것으로, 생명 유지를 위한 내부작용 요소와, 외부작용 요소가 등량(等量)관계에 있을 때, 이것을 동이안정(同以安定)(homeostatis)이라고 부르며, 이 정상(定常) 상태 경향을 생명의 특질이라 보고 있다.

16) Talcott Parsons, "Recent Trends in Structural-Functional Theory", in E. W. Count & G. T. Bowles, *Fact and Theory in Social Science*, 1964, pp. 144-5.

으로 빠지게 되는 생활 본질로부터의 탈락 현상에 대한 깊은 우려는, 여기서는 문제가 되지 않는다.

사회관계의 부조정 현상은 '호메오스타티스'를 갖는 인간본성을 토대로, 카운셀링이나 개별사회사업을 통해, 사회 기능의 회복으로 이끌어주면 그만이며, 미국의 사회복지 활동을 기존 사회질서에 긍정하는 낙천주의적 기조 위에서 안주시키는 결과로 다다르게 한다. 전문 사회사업만을 가지고 "일해라 일해라" 하며, 클라이언트를 그저 현실사회에 복귀시키기만 하면, 그의 일상생활 속에 밑 빠진 독에 물 붓기처럼 긴장·갈등·위기를 반복시키는 사회 구조 그 자체의 모순은 확실하게 규명되지 않는다.

퍼슨즈는 자신의 사회체계론 입장이 학계에서 차지하는 우위를 다음과 같이 기록하고 있다. "지극히 대략적으로 말해서, 라이트 밀즈(Charles Wright Mills)나 코저(Coser)와 같은 저술가가 어느 정도 취한 입장 - 적어도 독일의 다렌돌프(Dahrendorf)의 입장에 관련을 갖는, 독단적이지는 않지만 다소나마 마르크스주의자 같은 견해에서 갈등을 강조하는 한층 '좌파적'인 입장과, 다른 한편으로는 다소나마 정치구조의 유효한 활동을 기능적으로 분석하고 그것을 가능하게 한 양식에 대한 강조를 일 삼아온 사람들 사이에서, 양극 집중현상이 보인다.

후자에는 립셋(Lipset), 콘하우저(Kornhauser), 벤딕스(Bendix) 그리고 나 자신이 포함된다. 유럽에서 우리의 가장 뛰어난 동료로서는 노르웨이의 스타인 록칸(Stein Rokkan)과 어떤 점에서는 레이몬드 아론(Raymond Aron)이 포함된다"[17]

여기서 말하는 다렌돌프(Ralf Dahrendorf)는 그의 저서 『이익사회와 자유』[18]에서 퍼슨즈 사회학의 주축을 이루는 사회 통합의 '합의(Consensus)이론'을 다음과 같이 지적하고 있다. (퍼슨즈 자신은 앞서 낸 책에서 이것을 'The structual-functional theory'이라 부르고 있다.)

① 사회는 모든 요소[상대적으로]가 강하게 안정된 결합체 (ein[relativ] beharrendes stabiles Gefüge von Elementen)이다 (안정성의 가설).
② 사회는 모든 요소의 균형적 통합체 (ein gleichgewichtiges Gefüge)이다(균형의 가설).
③ 한 사회의 모든 요소는 모두 기능 작용에 공헌한다 (기능성의 가설).
④ 어느 사회나 성원 전체가 일정한 공통가치에 대한 하나의 합의에 의해 유지된다 (합의의 가설).

---

17) Talcott Parsons, op. cit., p. 156.
18) Ralf Dahrendorf, *Gesellschaft und Freiheit-Zur Soziologischen Analyse der Gegenwart*, 1961

이들의 기본적 이해에 대하여, 다렌돌프는 '사회적 통합의 강제이론(eine Zwangs-Theorie)'으로 대립적인 가설을 제시한다.[19]

① 어느 사회나, 또 어느 사회 요소나 모든 관점에서 변동 아래에 놓여 있다 (역사성의 가설).

② 어느 사회나 그것 자체가 모순을 안고 있으며, 폭발성(Explosivität)을 갖는 모든 요소의 구성물이다 (폭발성의 가설).

③ 한 사회의 모든 요소는 사회의 변동에 공헌한다.(역기능성 Dysfunktionalität 또는 생산성의 가설).

④ 어느 사회나 일방의 사회 성원이 다른 성원에게 행하는 강제에 의하여 유지된다(강제의 가설).

다렌돌프는 먼저 룻소에서 퍼슨즈에 이르는 여러 이론가가 주장해 온 "사회는 합의의 균형에 의한 안정성·기능성을 그 구조의 근간으로 한다"는 가설과, 그리고 홉스에서 밀즈에 이르는 여러 이론가가 주장한 "끊임없는 변동으로 균형파괴와 그 생성, 또 사회의 기능작용에 대한 항쟁의 공헌, 항쟁을 통한 합의의 형성을 근본계기로 한다"는 가설을 그 타당성 또는 유효성을 주장할 수 있다는 것을 전제로 하여 동일하게 인정하고 있다. 이에 따라 다렌돌프는 퍼슨즈 이론에 대해서는 사회적 통합의 강제 이론을 기초로 하는 것에 의해서만 사회적 항쟁에 대한 만족스러운 이론이 성립될 수 있음을 특별히 주장하는 데서 의의를 찾고 있다.[20]

사회는 정태적(靜態的) 균형 이론에서 생각할 수 있는 단순한 합의에 의하여 균형있게 기능하는 안정적인 사회체계, 즉 무계급의 사회, 지상의 파라다이스라는 유토피아 사상을 허용하지 않는 엄격한 대립과 항쟁의 요소를 그 내부에 잉태하고 있으며, 계급의 지배와 피지배와의 대립이나 항쟁이 끊임없는 창조적 활동을 계기로 역사 발전의 길을 걸어가는 것이다.

일반적으로 사회 병리학 같은 발상이 계급적 대립·항쟁에 의한 사회의 동태적(動態的)이고 변증법적인 발전을 무시하고, 단지 기술의 고도화, 구조의 거대화와 같이 역사와 체제를 뛰어 넘는 관점에서, 사회문제의 대증요법적(對症療法的)인 이해를 이룩하고자 하는 것은 역사 현실 속에 던져진 '현대화의 소외' 현상을 정확하게 파악하는 것이라고는 할 수 없다.

인간행동의 부조정 현상을 단순히 프로이드 정신 분석의 무시간적(無時間的)이고, 시간의 경과에 따라 변화하지 않는 무의식 과정에서 설명하는 것과 같은 접근방법만으로는 사회 문제에 대한 진정한 대응은 불가능하다. 던함(H. Warren Dunham)은 종래의 정신의

---

19) 영국의 Peter Leonard(Sociology in Social, 1966)는 이것을 'The conflict theory approach'라고 부르고 있다.

20) Ralf Dahrendorf, op. cit., SS. 209~211.

학이나 정신분석학이 정신적인 장애·질병을 단순히 의학의 영역에서 연구·진단·치료에 의하여 다루어지는 착오를 지적하고, 인간행동을 다루는 일반적인 과학에 대하여 종합과학으로서의 역할을 갖는 인간행동과학(a science of human behavior)의 하나이므로 '사회정신의학'(Social psychiatry) 수립의 필요성을 강조했다.[21]

그가 부조정 현상을 대상으로 하는 사회 심리학도, 사회의 문맥(social context)에 따라 전개되는 인간 경험의 성립원인, 형태, 내용을 정확하게 파악하고자 한다면, 사회관계 속의 개인과 집단이나 제도와의 기능적 상호 연관을 묻는 인간행동 과학의 방법을 다시금 추구하여, 이를 현실과학인 사회과학의 기반 위에 자리 매김 시키고, 그들의 부조정 현상을 바탕에 두고 있는 사회체제의 모순에서부터 상호 연관성과 통일성을 연구할 필요가 있다.

5. 자본주의 체제와 인간 유형

먼저 기술한 바와 같이 사회복지는 사회생활의 기본적 욕구의 불충족·부조정 현상의 극복과 예방을 그 과제로 하는데, 그 만족이나 부조정은 상품사회 인간 관계의 분열에 깊은 뿌리를 갖고 있다. 사용 가치와 교환 가치를 분리하여, 상품으로서의 대상을 단지 교환가치로만 인정하는 상품사회에서, 대규모 상품생산 그 자체는 인간의 욕구충족을 목표로 하여 수행되는 것은 아니다. 거기에서의 소유 관계는 상호 최선의 가능한 욕구충족을 위하여 서로 공헌하는 것이 아니라, 다른 사람의 배제를 전제로 하여 우리를 서로 격리시키고자 한다.

가격 구조를 통하여 행해진 교환이 기초가 되는 상품생산 사회에서 인간 노동은 인간의 생명을 표현하고 충실히 하기 위한 자기 실현의 의미를 상실하고, 개성의 발휘에 따라서 사회연대와 관련한 만족감을 체험하는 기회를 갖지 못한다. 그리고 겨우 생계유지의 수단으로써, 기술의 분업형태인 컨베어 시스템의 흐름과 작업 안에서 획일화·규격화·표준화 작업의 하나가 되어, 단순하고 사무적인 노동을 반복하고 있는 것에 지나지 않는다.[22]

경제체제와 인간 유형과의 상관 관계의 연구[23]가 진전됨에 따라, 명백해지게 된 것은 자본주의 경제에서 사회적 인간의 일상적 생활태도는 사무화 되었고, 무책임화 되었으며, 인격의식에 무감각해지게 되었다는 것이다. 직장은 본래 가족이나 근린사회 안에 있으나, 요령껏 움직이고 있을 뿐이며, 그 능률은 단지 타산적 합리주의에 의해서 유지되고 있는 것에 지나지 않는다.

---

21) H. Warren Dunham, *Sociological Theory and Mental Disorder*, 1959, p. 21f.
22) 尾高邦雄(오다카구니오), 『직업사회학』, 1940
23) 酒井正三郎, 『경제체제와 인간유형』, 1953
또 尾高邦雄, 『직업사회학』, 1940., Erich Fromm, *The Sane Society*, 1955 등.

직장의 경영 원리는 노동력에서 최고의 생산 능률을 올리려고자 하지만, 인간성을 무시하는 기계화 원리중심의 생산 관리만으로는 순 능률을 계속해서 거둘 수 없다는 실제 경험에서 얻은 인식은 노무관리를 통한 산업사회학, 노동 심리학의 성과를 바탕으로 인격화 원리의 도입으로 향하고 있다. 그러나 이 근대적인 노동과학적 노무관리 같은 인간존중도, 광의의 기계화 과정에서 인간노동을 완전히 해방하는 것을 의미하는 것은 아니며, '인간공학'(The Human Engineering)이라는 명칭이 적절하게 암시하고 있는 바와 같이, 단지 '인간기계의 단련'을 목적으로 하는 것에 머무르고 있다.

생명과 유기적인 사회적 존재로서의 인간이, '나는 생각한다' '나는 사랑한다'는 주체로서의 "나"를 사회의 물질적 평균화·부호화의 그늘에서 말살하고, 인격적인 사랑의 협동체(Liebes gemeinschaft) 속에서 이루어지는 '나와 너'(Ich und Du)의 자각은 무의미한 것이 되어가고 있다. 거기에서는 'it' 또는 'es'와 같은 중성적인 존재가 익명의 군중 속에서 묘비처럼 무감각, 무미건조하게 열 지어 서있는 것에 불과하다.

라이트 밀즈의 『화이트칼라』[24)가 선명하게 들추어 내고 있는 것처럼, 사회 안에서 인간성의 옹호에 가장 자각적인 활동을 전개해야하는 임무를 담당하는 지식인조차도, 상품사회의 상업화 법칙에 지배되고, 그들의 지적 직업은 금전적 타산에 굴종(屈從)하고 있는 것이다.

자본주의 경제를 기반으로 하는 사회체제가 인간유형에 끼치는 영향은 단지 그 피압박자인 무산자 대중을 희생자로서 삼고 있는 것 뿐 만이 아니라, 『신성가족(神聖家族)』의 저자가 "유산계급 및 프롤레타리아트의 계급은 동일한 인간적인 자기소외를 나타내고 있다"고 기술하고 있는 것처럼 상품사회의 보편적인 현상으로써, 노동자와 자본가의 일반적인 계급을 포함하여, '병든 사회'의 징후를 심화시키고 있다.

사회복지의 과제가 되고 있는 사회관계 부조정 현상의 극복은 이와 같은 자본주의체제의 특징을 배경으로 하는 사회복지 욕구에 대한 문제해결 활동을 의미한다. 그 사회 관계라는 개념은 복지활동의 직접적인 대상 범위에서 보면, 가족·지역사회·직장집단과 같은 기초적 사회집단 또는 기능적 집단에 한정되는데, 그 바탕에 있는 물질적 관계, 즉 일정한 역사적 발전 단계에 있는 독특한 사회적 성격 창출의 기초가 되는 생산관계와의 관련을 가지고 생각하지 않으며 안 된다.

인간의 노동력·노동수단·노동 대상으로부터 이루어지는 모든 생산력이 사람과 사람과의 행위나 연관 속에서 어떻게 결합되어 있는가, 누가 노동력을 제공하고 누가 생산수단을 지배하고 있는가 하는 생산관계에 대한 시선을 잃게 될 때, 현상적(現象的)으로는 동등하게 사회 기능의 고양이나 역기능의 예방이라 할지라도, 그것에 따라 실현되는 '복지'는 클

---

24) Charles Wright Mills, *White Collar: the American middle class*, 1951.

라이언트의 계급적 억압의 수단으로 귀착하게 될 것이다. 이 때문에 사회복지 관계자가 사회 체제 인식을 견지하지 않을 수 없는 것이다.

물질 관계와 이데올로기 관계를 토대와 상부구조로 구별해서 생각할 수 있다고 볼 때, 토대로서의 한층 근원적인 사회관계와 상부구조로서의 파생적인 관계로 분류하여 이원적으로 처리하는 공식이 이루어지는데, 항상 양자의 상호 연관성을 추구하는 것이야말로 중요하며, 이 상호 영향작용에 따라서, 양자와 관련된 여러 가지의 제도가 성립되고, 제도적 집단의 복합적 통일체로서 구성되는 것이 즉 사회체제인 것이다.

6. 사회복지 연구의 경제학적 편향

사회복지 이해의 기초 조건으로 사회체제에 대한 관심의 중요성을 설명하는 것은 사회복지의 과학적 연구를 경제학적 접근에 한정시키거나, 그 실천의 본질과제를 경제적 원조에 집중시키는 것과는 전혀 다른 사항이다.

高島善哉(다카시마)는 '체제'를 가리켜, "특정의 역사 원리에 따라서 일의적으로 규정된 인간 행위의 구조 연관"[25]이라고 정의하였다. 자본주의 체제에서는 자본의 이윤 추구라는 경제적 원리가 정치, 법률 기타의 인간 활동을 일의적, 근원적으로 지배하며, 집단 생활의 유형을 규제하는 것이라고 한다면, 사회생활의 기본적 욕구를 둘러싼 부조정 현상에 대한 대응방법 역시, 무엇보다도 경제적 영역에 집중되는 것이라는 견해가 나오는 것도 무리가 아니다.

예를 들면 田村米三郎(다무라)은 일본에서 가장 전형적인 사회복지의 경제학적 입장을 일관되게 고수한 학자였다. 田村米三郎은 '근대 사회복지사업 또는 사회복지정책'의 임무를, 오로지 "빈곤을 극복하고 막기 위한 생활원조 즉 최저한도의 사회생존의 보장이라는 경제적 본질"에 한정시켰다.[26] 즉 田村米三郎에 의하면, 사회복지활동의 현실적·구체적 형태는 생활방위사업, 의료사회사업, 양로사업, 유아·유아보육사업, 신체장애인 복지사업 등이 있는데, 거기에서의 생활상담, 의료, 교육, 보육, 양육 등은 "사회복지사업이 사회

---

25) 高島善哉, 「체제」, 『사회과학강좌』, 제3권, p.160. 이 논문 외에, 『경제사회학의 근본문제』, 1941., 『사회과학과 인간혁명』, 1951.

26) 田村米三郎, 「사회복지학방법론서설」, 『사회복지평론』, 제16호, 1958.
그 밖에 「사회복지 정책의 기본문제-현상론적 이해에 대한 비판」, 위의 책, 제8호, 1955년., 「사회복지의 이론과 실천」, 위의 책, 제23호, 1963년, 참조.
위의 「사회복지학 방법론 서설」에서 말하기를 "역사적으로 특수한 사회경제 구조의 내적 필연성으로 발생하는 빈곤, 생활고, 생활위기, 생활붕괴를 그 구조의 유지 발전과 구조 자체의 재생산의 필요에 따라 일반 대중의 생존을 최저생활에서 유지, 확보, 보장하려는 의도가 근대 사회사업 또는 사회복지 정책이다."(p. 25)

복지사업으로서 나타나기 위한 현실적 토대의 현상 형태"임에 지나지 않는다.

이 현상 형태의 복잡 다양화에도 불구하고, 그것이 '사회복지사업'으로 총칭되는 이유는 그들의 사업 내용을 뛰어넘어서, 그 내부 깊숙이 기본적·공통적인 요소가 존재하기 때문이다. 사회복지 사업의 본질은 "현실적·구체적 형태의 현상형태 상호간의 차이가 있는가 없는가의 비교 검토를 반복해서 그려 나갈 수밖에 없는 것"이며, 그 본질이란 하나의 이념적, 추상적 존재들, "빈곤을 막고 구하는 것"일 수 밖에 없다고 주장하였다.

田村米三郎이 이러한 입장을 고수한 것은 릿켈트 이래 근대 과학론의 특징이었던 단일 개별과학적 사고방법을 사회복지학도 역시 엄수해야 한다고 생각했기 때문이었던 것으로 보여진다. 즉 田村米三郎은 "인간 관계에서 사회적 부조정 현상의 조정기술인 사회복지학의 입장을 백화점의 복잡 다양한 소매 상품별 안내 창구"와 같은 것으로 비평하였다. 의학, 심리학, 교육학적 조치·조정기술은 각각 전문 과학의 대응에 맡겼다.

"각종 전문과학 전반에 걸친 기술의 집합에 의하여, 비로소 그 부조정이 해결될 수 있는 것이라고 한다면, 그것은 개별 과학으로서의 사회 복지학이라기보다는 종합과학으로서의 사회복지학이 될 것이다. 그렇다면 그것은 개별과학의 부정이며, 개별과학으로서의 부정이란 결국 사회복지 사업의 과학구성 또는 학문 구성이 불가능하다고 보는 입장이 되는 것이다."[27] "이상의 관점에서 사회과학적으로, 단독 개별적으로 사회복지학의 구성을 시도하고자 하는 것은 내가 말하는 소위 하나의 개별과학, 사회과학으로서의 사회복지학이며 소위 본질론으로서의 사회복지학인 것이다."[28]

田村米三郎의 입장은 사회복지 활동이 필연적으로 당면하는 조치나 조정의 여러 가지 측면을 사회복지 사업의 비본질적인 현상으로 사상(捨象, 현상의 특성·공통성 이외의 요소를 버림, 역자) 하여, '사회복지 사업에서만 존재하는 개념'으로서의 경제적 원조를 그 본질적 형태로 구현하는 방법에 의해 단일 개별 과학적 확립의 방법을 보존하고자 노력하였다.

이에 앞서 로레 스핀들러(Lore Spindler)는 사회사업 기능이 갖는 대응의 다원성 때문에, 여러 가지 과학적 조치의 종합을 불가피하게 한다는 사실을 중심으로, 田村米三郎과는 반대로, 단일 과학개념으로서 학문적 확립을 꾀하는 것을 단념하였다.[29]

여기서 田村米三郎에게 묻고 싶은 것이 있다. "사회복지 사업의 현실적·구체적 현상 (現象) 형태는 사회복지 사업으로 나타나기 위한 절대적이고도 필연적인 존립 조건이며,

---

27) 田村米三郎, 앞의 책, p. 51
28) 田村米三郎, 같은 책, p. 53
29) Lore Spindler, "Zur Begriffsbestimmunf der Sozialpolitik und der Wohlfahrtsoflege", *Kölner Vierteljahrhefte für Sozialwissenschaften*, I. Jahrg., Heft 4.

모든 현상형태를 취하지 않는 한 스스로를 노출시키는 모습으로 나타날 수 없다"[30]고 하였는데, 무엇 때문에 '절대적·필연적 존립조건'이어야 하는가. 반드시 사회복지 활동의 현상형태일 수 있는가, 하는 점이다.

田村米三郎에 의하면[31] 사회복지 사업이란 처음부터 사회보장을 위한 중간적 발전단계인 것에 지나지 않는다. 지금이야말로 '근대화하는 사회복지 사업'은 분화·전문화의 과정을 필요로 하고 있으며, 복잡 다양한 현실적·구체적인 현상형태를 동반하지 않을 수 없으나, "가장 발전된 단계로서의 궁극적인 형태의 사회보장 단계에서는, 일체의 현상형태는 무용한 것이 되며, 대신 본질 형태 그 자체가 그대로 현실에서 구체적인 형태를 가지고, 그 자체의 모습을 드러내게 된다." 왜냐하면, "구매력의 부족에서 생기는 일체의 불편이나 편익의 결여가, 보급되는 구매력에 의하여 제외될 수도 있기 때문이다."

다시 말하자면, 스핀들러가 단일 과학수립을 희생으로 해서라도 지켜나가지 않으면 안 되는 중요 요소로 생각한 사회사업 대응에서 다원성의 '사실'을 田村米三郎은 무용한 것이 될 수 있는 성질의 것이며, 경제적 보장으로서의 사회보장만이 궁극적으로 추구되는 것으로 보고 있다.

7. 사회체제와 역동적 통합 이론

여기서 田村米三郎 이론에 대하여 다소 상세하게 논평한 것은 사회 체제론적 이해에 관련을 갖는 이론가들 중에는, 때때로 경제학적 관점의 관찰로 사회복지를 이해하고자 하는 성급함에서, 결국 사회복지 그 자체의 특징을 망각하는 비극적 결말에 빠지는 위험이 있다는 것을 지적해두어야 한다고 생각하기 때문이다.

'사회체제'라는 개념이 마르크스주의에서는 사회 전체의 기초로서의 역할을 행하는 '경제구조'라는 개념보다도 한층 넓은 개념이다. 생산 관계는 정치 생활이나 법률적 규범 속에 반영되고, 정치·법률의 상부구조는 사회적 존재의 경제적 기초와 밀접한 관련이 있다. 그러나 다른 한편으로는, 이데올로기 구조의 차원 높은 여러 형태와 그 경제적 기반과의 관련은 경제 일원론이 안고 있는 오해와 같은 '일면적인 직결관계'에 있지는 않다.

연관성은 유지되나 거기에는 다수의 중간 항(中間項)이 있다. 사회의 경제적 구조 변화가 사람들의 정치적 견해, 예술적 취미, 법제, 철학, 종교, 도덕 등의 변화에 직접 기계적으로 반영된다는 것과 같은 경제 일원론적 왜곡은 이데올로기 관계의 특질을 잘못 인식하는 것

---

30) 田村米三郎, 앞의 책, p. 37 이하 참조.
31) 田村米三郎, 같은 책, p. 38

이며, 그것을 마르크스주의자라 해석하는 것에 대해서는, 마르크스 스스로도 "나는 단지 한 가지를 안다. 그것은 나는 마르크스주의자가 아니라는 것이다"[32]라고 기술하고 있다.(콘래드 슈미트의 엥겔 서한, 1890년 8월 5일)

문화와 사회의 물질적 기초 사이에 한 쪽에만 관계부여를 한다든지, 여러 문학작품을 단지 경제적 요인이나, 작가의 계급적 배경으로부터 해석하거나 하는 프레하노프 같은 '경제적 유물론'은 '유물사관'의 근본 원리에 반하는 것으로 평가되고 있다.

엥겔스가 말하기를 "역사에 관한 유물론 개념에 따르면, 역사의 결정적인 요소는 궁극적으로는 생명의 생산과 재생산이다. 마르크스도 나도 또 그 이전에도 이 이상의 것을 주장한 적은 없다. 그러므로 만일 이것에 대하여 경제 요소가 유일한 결정적인 것이라고 하는 문구로 왜곡된다고 하면, 그것은 무의미하고 추상적이며 허튼 소리로 슬쩍 바꾸어 놓는 것이 된다. 경제 상황은 기초이다. 그러나 상부구조의 여러 종류의 요소도 역시, 역사적 투쟁의 과정에 영향을 주며, 많은 경우 그 형태의 결정에 있어 우위를 차지한다"고 했다. 사회적 기초와 상부구조와의 상호작용의 사실은 콘래드 슈미트에게 보낸 엥겔스의 서한에서 한층 격한 언어로 설명되어 있다. 즉 "우리가 이데올로기 개념으로 부르는 것은 역으로 경제적 기초에 반작용을 하므로, 어느 정도까지 이데올로기를 변경시키는 것은 분명하다."[33]

물론 하부구조의 상향작용과 상부구조의 하향작용 사이에서 일어나는 상호작용의 무수한 우연을 통하여, 마지막에 경제 운동이 필연적인 것으로서 성취된다는 것이 유물사관의 기초적인 입장이다. 여기서, 경제 요인이 생명의 생산과 재생산에 의한 역사의 발전에서 차지하는 역할은 다른 제반 요소와 같은 선상에서는 생각할 수 없는 중요성을 갖고 있는 것이다. 그러나 여기서 주목해야할 것은 인간 생명의 생산과 재생산의 영위에 의한 역사의 발전을 경제학의 각도에 편향시켜서 경제일원론으로 단편적으로 해석하고자 하는 태도를, 유물사관의 제창자들 스스로가 강력하게 경계하고 있다는 점이다.

사회체제 관점에서 인간의 사회 생활을 해명한다는 것은 단지 사회관계 위에서 그 물질 관계로서의 생산관계 뿐만이 아니라, 사회관계의 하나의 측면으로서의 이데올로기 관계의 차원 높은 여러 형태를 관찰하고, 생산의 물질적 수단과 지적 여러 과정과의 관계, 즉 문화의 경제적, 정치적, 지적·의지적(intellectual-volitional)인 여러 측면의 상호작용 및 상호 의존관계를 검토함으로써, 사회 현실의 역사발전 성격을 나타내는 것이다.

사회복지와 같은 사회활동 역시, 근본적으로는 생명의 생산과 재생산에 연결되는 자본

---

32) Adam Schaff, "The Marxist Theory of Social Development", in Raymond Aron et Bert F. Hoselitz, *Le Dévelloppement Social*, 1965, p. 74.
33) Adam Schaff, op. cit., p. 75.

주의 사회 내부의 특수한 대응 형태이다. 그러므로 그 과제가 되는 사회관계의 부조정 현상의 극복이나 예방도, 문제 해결의 방법은 경제 일원론적 각도에서 일면적으로 살펴볼 것이 아니라, 문제의 배경이 되는 사회관계의 여러 측면의 상호 작용 및 상호 의존관계의 검토에 의해서만 확립의 단서를 얻어낼 수 있는 것이다.

사회체제 관점이 갖는 이론 구조의 당연한 결과로 사회관계 속 물질 관계와 이데올로기 관계의 차원 높은 통합 이론의 수립을 요구하는 마르크스주의적 사회과학자들이, 그 세계관에 바탕을 둔 사회 현실의 인식 방법으로써, 여러 요인의 역동적 상호작용에 착안하여, 역동적 통합 이론(The dynamic integration theory)의 확립을 꾀하고 있는 것은 평가할 만한 일이다.[34]

그렇기는 하지만 그들의 실제 연구 성과는 그 구상의 장대함에도 불구하고 사회과학으로서는 아직 지극히 사변적이고 논리에 치우쳐 있다. 사회복지의 문제가 되는 여러 개인이나 집단의 부조정 현상의 해명과 대책에 대해서는 거의 내용이 없고 실제 유효성을 발휘하지 못하는 경우가 많아서, 그것이 개개의 구체적인 일에 대한 적절한 조치를 필요로 하는 현장의 사람들에게 불신감을 초래하는 원인이 되고 있다는 점은 숨길 수 없는 사실이다.

역동적 통합 이론이 현실 과학으로서 사회과학의 확고한 지위를 획득하려면 최근의 과학 전반의 입장에서, 조용히 그러나 내실 있는 업적을 축적해 오고 있는 인간 행동과학의 연구 방법을 허심탄회한 마음으로 배우고자 노력할 필요가 있을 것이다. 우리의 사회 부조정 현상에 대한 극복과 예방 노력 또한, 사회 체제적인 관점과 인간 행동과학과의 통일을 목표로 하는 사회과학의 성숙에서 정밀하고 정확한 과학적 기초를 갖출 수 있게 되는 것이다.

윌리암 캅 교수의 해석에 따르면,[35] 좌익 이론가는 통합 이론에 대한 관심이 있으나 분석하기 전의 신조 또는 이데올로기를 연역(apriori)적 개념으로 받아 들일 수 있다는 점에서, 독일 관념론의 역사철학과 공통된 위험성을 안고 있다. 인간의 성질이나 인간집단의 행동에 관한 과학적 실험을 빼고, 인간행동의 비합리적 측면, 사회 집단의 상호 작용, 사회 변동과 사회 권력에 대해서 충분한 자료와 검토도 없이, 변증법 이론을 앞세워, "증거를 이론에 적합하게 만들려고 자료를 선택하여 자기기만(自己欺瞞)의 체계에 빠져드는 경향"을

34) K. Willam Kapp, "Toward a Science of Man in Society", *A Positive Approach to the Integration of Social Knowledge*, 1961, p. 64.
통합이론 방법론의 연구서는 헤이그 The Institute of Social Studies의 연구에 관련을 갖는 위의 Kapp 책 이외에, Bernsdorf und Eisermann, *Die Einheit der Sozialwissenschaften*, 1955. (특히 그 안의 Hans Peter, "Weltanschaung und Einheit der Wissenschaft"는 흥미 있는 논문이다.)
G. Wurzbacher, *Der Mensch als Soziales und Personales Wesen*, 1963.
35) K. Willam Kapp, op. cit., pp. 67-8.

가진다.

정·반·합의 변증법 논리에 의한 결정을 하기 때문에 사회과정의 궁극적인 결과에 대하여 결정론적 귀결을 과장하는 것에, 그 통합 이론적 접근방법의 비생산성과 한계가 존재한다고 하는 것이다. 함축하는 바가 큰 경고라 하지 않을 수 없다.

8. 사회과학의 부분적 개별화와 통합화

20세기 초 세계 대전에서 파시즘의 공격에 대하여 대학은 무엇을 했는가. 대학은 학문 공동체(university community)로서 어떠한 권력에도 굴하지 않고, 자유와 학문의 권위를 지키기 위해 노력한 것일까. 아놀드 내쉬(Arnold Nash)는 그의 저서 『대학과 현대세계』(University and Modern World, 1943)에서 그의 은사 맨하임의 지식 사회학의 성과를 대학 문제에 적용하여, 우리에게 심각한 반성을 촉구하고자 했다.

즉, 근대의 대학은 자유주의적 합리주의를 발판으로, 전문화(specialization)를 위하여 지식의 원자론화(原子論化), 따라서 인간생활 그 자체의 아톰화(atom化)에 가담하고, 학문의 공동체를 붕괴하였으며, 학원을 비인격적인 공장 분위기로 포장하고, 통일적인 인격 존재로서의 인간을 옹호하는 학술적·도덕적 책임감을 희박하게 만들었다. 그것이 무기력하게도 파시즘에게 성문을 열어 주게 된 진정한 원인이다. 종합대학(integral university)에 의하여 인간에 관한 지식을 통일하고, 잃어버린 공동체를 회복시키기 위한 원리를 탐구하는 것이야말로, 현대 세계에 대한 대학의 임무가 되어야 한다는 것이다.

사회과학에서 전문성이야말로 과학연구의 창조적 활동의 전제 조건이라는 이유로, 단일 개별 과학에 대한 '국부적 개별화'(compartmentalization)를 요구하는 견고한 전통을 구축한 것은 특히 신고전파 경제학이나 계량 경제학(econometrics)의 영역이었다. 현실을 단순하게 보려는 의도로, 소수 특정한 변수의 인과적, 기능적 관계에 시선을 집중시키고, 모델설정을 실시하고자 하는 신고전파 같은 균형 분석방법은 현실 사회의 사회 문화적 배경으로부터의 단절을 초래하지 않을 수 없었다.

객관적으로 인간의 문제는 그 상황에 관여한 일련의 여러 요인전체의 상호작용 안에서만 생기는 것으로, 특정 전문과학의 좁은 범위 안에서 다룰 수 있는 것이 아니다. 전문 과학으로서의 경제학이 자기가 설정하는 모델의 좁은 경계 안에서 보충될 수 있다고 생각하는 것은 분석적 목적에 의한 문제의 단순화가 언젠가 신비한 속임수(mystification)에 이르게 하는 것이라는 반성이, 다름 아닌 경제학자 칼 교수에 의하여 설파되고 있는 것은[36] 시사하는

---

36) K. Willam Kapp, op. cit., p. 7.

바가 크다.

사회에서 일어난 일과 그 과정의 내면적 상호 의존성을 지나치고, 단지 하나의 개별과학에 집중한다면 과학은 성립되지 않는다는 전문화의 요구는 결국 사회문제의 일부분만을 내보이고 다른 여러 요소를 무시함으로써, 결국은 사회과정 그 자체를 잘못 인식하게 하고, 인간 생활과 복지에 파괴적 결과를 가져오게 된다. 예를 들면, 사회의 여론에는 무관심한 채, 원자력학의 연구가 수행되는 결과로 수소폭탄의 제조가 현실이 되었을 때, 모델 설정 시도의 기초에 있는 자연과학적 전문 지식은 복지에 대한 반역, 도덕적 맹목성으로 이어지게 된다.

지식 사회학에서 볼 때, 사회 지식이 통합하지 않는 이유는 인간 고립화와 원자화의 표현이라고 할 수 있다. 그와 같은 반성이 캅 교수로 하여금 앞의 책 『사회에서 하나의 인간과학으로』(Toward a Science of Man in Society)의 집필을 결의하게 한 것은 우리들 학문 방법의 재음미를 뜻하는 것이 아니고 무엇이겠는가. 여기는 인간 과학을 '개별화'의 질곡으로부터 해방시키고, 사회의 지식을 하나의 종합 과학으로 통일하는 노력이 촉구되고 있는 것이다.

사회복지 활동에서 하나의 전문직 지위의 확립으로 향하게 하는 전문성은 다른 직업과는 기본적으로 다르다. 다른 여러 직업, 예를 들면 의료에서 의사는 질병을, 변호사는 형사 또는 민사의 법률사건을 다루면 되나, 사회복지 종사자는 어떠한 사례를 다루어야 하는가. 초기 단계에서는 경제적 어려움이라고 답하면 되었으나, 오늘날 사회사업 종사자가 다루어야 할 영역은 예를 들면 왜곡된 인격, 사회관계의 곤란 등 여러 문제를 안고 살아가는 구체적인 개인이며, 집단이다.

"새롭게 개발되고 있는 사회사업 전문직과 종래의 직업 사이의 기본적인 차이는 사회사업에서 관심의 초점은 개인 전체, 또는 적어도 그 사회적 배경 안의 개인인데 비하여, 다른 모든 직업에서 그 초점은 개인의 건강, 교육 또는 법률관계라는 구체적인 측면에 한정되어 있다."[37]

전인적 인간(the whole human being)이 부딪치는 여러 문제의 해결을 위해 구체적 클라이언트를 조율하는 존재가 되어 조치하는 책임을 지지 않으면 안 된다는 점이, 바로 사회사업 종사자를 다른 직업과 결정적으로 구별짓게 하는 점이다. 클라이언트를 단순히 정신 의학이나 심리학이라는 하나의 전문과학을 적용할 수는 없으며, 전인적 인간으로서 개개의 정신의학(psychiatric) 사회사업이나 의료 사회사업 같은 개별사회사업으로 대하기 전에, 사회적 진단의 대상으로 처우하지 않을 수 없다는 점에서 먼저 개개의 개별사업을 포괄적으로 훈련해야 함을 강조한 것은 극도로 특수화된 전문직 추세에 대한 반작용을 나타내는 자연스러운 방향이다.

---

37) Lurie, in Cora Kasius, ed., *New Directions in Social Work*, 1954, p. 36.

　　전인적 인간의 사회관계에서 부조정 현상은 주어진 장(場)의 사회 구조 안에서 여러 요인의 역동적 상호작용(the dynamic interplay of its sub-systems operating as functional processes-Gordon Hearn)[38]이 일어난다. 그럼에도 불구하고 종래의 과학적 연구 방법에서는 경제, 심리, 사회, 문화적 요인이 각각 독립된 주제를 가지고 별개의 과학으로 다루어져, 인접 과학 상호간의 연계를 규명하려는 노력이 부족했다. 과학 전반에 걸친 자율성의 주장은 각각의 특수 영역을 고립시켰기 때문에 서로 의사소통 구조를 상실했으며, 공통의 개념, 공통의 가설이 성립될 수 없는 부분에서 각 부문의 여러 가지 분석을 관계짓고, 의견을 교환하도록 하는 것은 무의미하고 성공의 가망이 없는 것으로 해석되어 왔다.

　　고도로 전문화된 하나의 과학의 성과는 다른 영역의 과학에서는 거의 이해하기 어려우며, 따라서 인간행동의 역동적 상호작용의 이해는 인접 과학의 어느 부분이 불가결의 소재가 될 수 있는가에 대한 평가도 곤란했다. 그 결과로 하나의 편협한 영역을 뛰어넘는 현상까지도 개개의 고립 과학의 한계 안에서 관찰하지 않으면 안되었으며, ‘부분별 개별화’의 현상의 과학적 인식방법에서도 인간행동의 진상에 다가가는 일은 불가능했고, 현실에 대한 포괄적 그리고 이론 정연한 이해 또한 곤란해져, 캅 교수가 말하는 ‘환상적 세계로의 도피’에 이르게 된 것이다.

　　‘전문화’(specialization)와 ‘국부적 개별화’란 실은 전혀 다른 것이다. 통합(intergration)을 전제로 하지 않는 전문화는 있을 수 없다. 막스 셰러나 캇시러와 같은 철학자들이 경고하듯이 사회의 탐구를 세부의 고립된 여러 연구로 분열시키는 것은 ‘지적 센타’, 즉 인간 및 인간성의 일반 이론의 상실에서 기인하는 것이다.

　　인간 및 사회의 연구를 이끄는 일반적인 준거틀(a general frame of reference)이 되는 이론의 부족은 각각의 과학에 자의적이고 독단적인 인간관과 사회관의 고백을 허용하는 결과를 낳고 있다. 경제학이나 정신 분석학의 부분별 개별화 현상이 전인적 인간의 처리를 임무로 하는 사회복지 분야에 가져다 준 악영향을 반성하는 것만으로도, 인접 과학의 통합적 연구가 긴급히 요구되고 있음을 깨닫게 될 것이다.[39]

　　‘인접 과학의 통합적 연구’는 기뻐할 만한 최근 학계의 동향인가. 이것이 과학 전반의 교류(interdisciplinary research)에 의해 각 부문을 서로 분야별로 연구하는 팀 워크의 진행 과정에서 서서히 나타나기 시작한 것은 바람직 하나 효과적인 종합화의 실현에는 연구과정에서 만만치 않은 어려움이 도사리고 있다. 각 부문 사이의 경험 교류를 가능하게 하기 위해

---

38) Gordon Hearn, *Theory Building in Social Work*, 1958, p. 46.
39) 嶋田啓一郞, 「사회복지와 과학전반」, 일본사회복지학회편, 『사회복지학』, 제1권 제1호 (본서 제1장).

서는 참가자들 사이에 다른 사회과학 부문의 개념이나 방법론적 절차를 더 한층 이해하려는 자세가 필요하다.

각종 과학은 개념 형성에 있어 다른 레벨의 추상화 방법을 취하고, 다른 문제 접근방법을 기성 원리로 포장하고 있으므로, 그 상태로는 각각의 연구 영역 사이에 대화의 길은 열리지 않으며, 혹시 공통 영역의 공통 문제의 검토를 행한다 하더라도, 그 팀 워크는 사회연구 종합화의 대용물(代用物)에 지나지 않는다. 거기에는 아무래도 연구자의 부문간의 장벽을 깨는 공통의 개념적 틀이 필요하게 된다. 통합 이론의 목적은 관계과학 지식의 단순한 축적을 추구하는 것이 아니라, 서로 관련되어 있는 사회 지식이 서로 다른 부분에서 상호 관계를 체계적으로 구축하는 것이다.

사회인류학자 래드클리프 브라운(Radcliffe-Brown)이 1937년, 시카고대학 과학부에서 실시한 강의는 훗날 제자들에 의하여 "A Natural Science of Society"(1957)이라는 책으로 출판되었는데, 이 강의에서 브라운은 캠브리지에서 알게 된 철학자 화이트 헤드의 영향을 받아서, 인간 사회의 이론적 통일이 가능한 것은 단 하나의 자연과학(only one natural science of human societies)임을 주장하고, 사회과학 통합 이론의 선구자 중 한 사람이 되었다.

그가 주장하는 점은 법률학·종교학·경제학·정치학 등의 각종 과학은 처음부터 단일 개별과학으로 분리된 것이 아니라, 먼저 사회에 대한 유일한 수립되어야 하며, 그것을 공통 기반으로 해서 각각의 개별과학이 존재영역을 확보한다는 것이었다. 그럼에도 불구하고 각종 과학의 연구는 공통의 장에서 출발하지 못하고, 실제 사회의 요구에 따라 처음부터 자체의 특수 계열을 걸으며, 인간을 둘러싼 사회문제를 단편적인 측면에서 해결하고자 하는 독단 외에 아무런 답을 얻지 못하게 된 것이다.

그 대응방법의 불완전함에 대한 초조함이 여러 개별 과학에 남겨진 유일한 도피처로 문화인류학 부문에 대한 기대를 갖게 한 것인데, 진정한 해결은 '사회과학 이론(a theoretical science of society)'의 수립에 의해서만 얻어질 수 있다고 생각하였다. "하나의 이론적 사회과학이 가능하나 그 조속한 실현에 대한 전망에 나는 특별히 낙관적일 수 없다"[40)는 것이 이 책의 마지막 결론이었다.

그 뒤 40여 년의 세월이 흐르는 동안 사회심리학, 문화인류학 등의 여러 과학이 사회구조와 제도적 상호 의존관계에 대한 분석을 서로 겨루어 가면서, 단일의 인간행동과학(a science of human behavior)의 확립을 향해 경주해 온 노력은 서서히 축적되어 가고 있다.[41)

---

40) A. R. Radcliffe-Brown, *A Natural Society*, 1957, p. 148.

그러나 그 팀 워크가 래드클리프 브라운이 추구하고자 한 '하나의 이론적 사회과학'의 통합 이론적 성격을 실현하는 것인지, 아니면 통합 이론의 대용물로 그치는 것인지는, 아직 결론지을 수 있는 단계에 이르지 못했다. 그러나 지금, 이를테면 캅 교수에 의하여 다시금 '사회의 하나의 인간과학으로'의 주장이 이루어지고 있는 것은 종래의 단일 개별 과학에서 다룰 수 없는 전인적 인간의 부조정 문제와의 싸움에 심혈을 기울이고자 하는 사회복지 연구자에게는 특히 의미 심장한 일이라 생각된다.

9. 맺음말

사회과학의 영역에서 사회체제 이해와 인간 행동과학의 이해 사이에는 아직 쉽게 넘어가기 어려운 문제가 가로 놓여 있으며, 안이한 결론은 어느 쪽에 있어서나 비생산적인 상처를 입히는 일이 될 수 있다. 그러나 사회체제를 응시하고자 하는 과학적 리얼리즘은 단지 사회 구성체를 크게 보는 동태학으로서, 역사의 발전을 전망하는 것에 안주하는 것이 아니라, 체제 개념의 특징이 되는 사회적 현상의 상호연관성을 지속적으로 추구해 나감으로써 실질적으로 사회생활의 기초를 다지는 작업에 착수하는 것이 될 것이다. 또한 인간 행동과학이 제공하는 신지식을 풍부한 영양분으로 흡수하는 넓은 시야가 없다면, 그것은 언제까지나 실속 없는 논리주의의 한계를 벗어나지 못하는 결과를 초래할 것이다.

사회복지가 우리 주변에 있는 개인 또는 집단의 심리적 적응 치료 서비스에 전념하는 것뿐만이 아니라, 격변하는 사회의 기본적 욕구에 부응하고자 하는 것이라면, 자본주의 사회의 복지 침해에 대항하는 국민의 '복지'적 생활구조가 무엇인가에 대하여, 사회과학이 생명으로 하는 객관화 인식을 세부적인데 까지 활용하고자 하는 용의가 없어서는 안 된다. 그와 같은 사회복지의 실천의 장은, 자연히 사회 체제론과 인간 행동과학과의 통일적 이해를 요구하는 것이 되지 않고서는 풀릴 수 없을 것이다.

---

41) 사회복지 연구 분야에서 이미 컬럼비아 대학 뉴욕 사회사업학교의 Herman D. Stein과 Richard A. Cloward ("A Reader in Social Science for Social Work and Related Professions", *Social Perspectives on Behavior*, 1958)와 같이 인간 행동과학의 기초 위에서 행위주체와 사회적 환경과의 통일적 이해의 입장을 구축하고자 하는 시도가 이루어졌다. 이전 명저 *The Theory and Practice of Social Case Work*(1940)에서 인간 이해를 위한 광범위한 여러 과학적 시야의 필요성을 강조한 Gorden Hamilton은 이 Stein들의 책에 서문을 싣고 "우리가 서서히 눈뜨기 시작한 이 최신의 혁명(The current revolution)은 사회복지사가 사회과학에서 새로운 지혜를 추구하는 사회·문화적 영역 그 자체 안에서 일어나고 있다"(p. xi)라는 격려를 보냈는데, '최신의 혁명적 방법론'은 그 후 13권 에 이르는 *The Comprehensive Report of the Curriculum Study* (Council on Social Work Education, 1959)를 이루는 골자가 되었으며, 현대 미국 사회복지 연구의 주류를 이루고 있다.

제 3 장 사회복지의 가치와 방법론

1. 사회복지의 과제와 가치 문제

(1) 발전하는 사회복지와 가치 지향

격변하는 사회 상황 속에서 사회복지는 창공을 떠다니는 구름과 같다. 구름은 주변 대기의 조건에 제약되기 때문에 각각의 위치·형태·색채를 변화시키며 떠다니다가 멈추는 것일지도 모른다.

각 나라마다 인구 구조, 생산 구조, 민주화 수준의 정도에 따라 좌우되는 사회복지는 그시기의 사회 환경에 적응하면서 역사적 과제를 수행해 왔다.

벨기에의 의사(醫師) 르네 상드(Rene Sand)의 제안에 따라 조직된 국제사회사업회의는 1928년 제1회 파리회담 때 사회사업을 정의하면서, "빈곤으로부터 발생하는 어려움의 소멸(완화적 원조, palliative assistance), 사회적 해악의 예방(예방적 원조, preventive assistance), 사회 환경의 개선과 생활수준의 향상(건설적 원조, constructive assistance)" 을 위한 모든 노력을 가리키는 광범위하고 기본적인 내용을 포함하는 것으로 규정하였다.[1]

이러한 정의(定意)는 반세기가 지난 현재에도 그 유효성을 상실해서는 안 된다. 국제사회복지회의(ICSW)가 파리회담의 사회사업 정의(定意)를 기점으로 해서 전통적으로 폭넓은 시야와 미래에 대한 전망을 존중해, 각 국이 현재의 협소한 프로그램적 관심과 기관 중심 활동에 국한시키는 것을 경계해 왔던 것은 사회복지의 역사적 임무에 따라 장기적 전망을 갖는다는 의미에서 시사적이다. 결국 한 국가에서 사회복지 활동의 출발점은 빈곤과의 투쟁에서 찾아야 한다. 그것은 국민의 생활구조에서 가장 기본적인 조건인 경제와 관련되고,

---

1) Richard M. Titmuss, "Developing Socali Policy In Conditions of Rapid Change", Procedings of the ⅩⅦth Internatonal Conference on Social Welfare, The internatonal Council on Social Welfare, New York, 1972.

이를 소홀히 한다면 그것을 기반으로 형성된 생리적·심리적·사회적·문화적인 생활을 유지할 수 없게 된다.

국제사회복지회의가 국제사회사업회의라는 이름으로 시작했던 제1회 파리회담에서 가장 긴급한 과제로 채택한 '가난으로부터 발생하는 어려움'은, 경제발전 정도에 따라서 절대적 가난보다 상대적 가난으로 그 성격을 완화시킨다 해도 추후에 영원히 인류 역사를 괴롭히는 고충의 근원이 될 것이다.

1970년대 사회복지의 세계적 경향으로 적어도 선진국에서는 사회보장 제도가 확충됨에 따라, 보건 및 노동력의 유지에 필요한 최저생활(subsistence)의 보장을 통해 가난을 극복하고 있다. 이에 따라 가난의 중심적 주제가 필연적으로 수입집단 상호간의 상대적 지위에 관련된 불평등(inequality) 문제로 이행해 간다는 주장은[2] 오늘날 영국학계에서 보편적으로 수용되고 있다.

불평등으로서 가난은 사회계층 체계와 관련된 부의 불평등 분배와 권력(power) 유무에서 나온다.

"권력의 상실은 빈곤으로부터 발생하는 모든 손실 중 가장 중대한 것이다. 왜냐하면 그것은 항구적이고 자동적으로 강화되기 때문이다."[3] 이것은 사회보험 발전에 따라 라운트리(Seebohm Rowntree)가 말하는 절대적 가난(subsistence poverty)은 완화되었고, 넓은 관점에서 볼 때 재산의 불평등한 분배가 비록 사회보험에 의해 어느 정도는 소멸된다고 하더라도, 권력의 불평등한 분배를 해소하는 것은 아니라는 점에 주목한 것이다. 인구 구조, 생산성 구조, 민주화 수준의 변화가 생활 내용으로써 인간 욕구의 본질을 좌우하는 것은 이와 같이 가난 개념의 질적 변화에도 잘 나타나 있다.

이미 애덤 스미스는 『국부론』에서 빈곤을 정태적·절대적 수준의 것이라고 생각하지 않았다. "필수품이란 생명유지에 반드시 필요한 물품이라고 보지 않고, 신용에 따라 사람들과 또 국가의 관습 속에서, 최하층 사람들에게 그것이 없어서는 고통을 겪게될 것이라고 생각되는 모든 물품을 포함한 것"[4]이라고 한 것은 상대적 빈곤으로 주의를 기울인 것이다.

런던대학에서 사회행정 강좌를 담당한 티트머스는 새로운 빈곤 개념을 주장하면서, 새로운 시대의 국민생활에서 욕구의 변모를 예민하게 수용할 필요성을 역설하였다.[5]

---

2) Martin Rein, "Problems in the Definition and Measurement of Poverty", in Peter Townsend, *The Concept of Poverty*, Heinemann Education Books Ltd.;London, 1970.
3) K. Coats and R. Silburn, *The Forgottan Englishmen*, Penguin, London, 1970.
4) Adam Smith, *The Wealth of Nations*, Book 5.
5) 嶋田啓一郎, 「사회복지의 국제동향」, p. 18, 1973(이 책 제7장).
   Richard M. Titmuss, "Developing Socali Policy In Conditions of Rapid Change", Procdings of the XVIIth Internatonal Conference on Social Welfare, The internatonal Council on Social

　　새로운 빈곤의 개념이 드넓은 연구 영역과 심오한 깊이를 갖고 도달한 사회복지의 과제
는 자본주의 경제의 '종속물'(adjunct)로서 경제성장의 수단적 역할을 수행하는 것이 아니
다. 가난한 이도 많은 점에서 '경제인(economic man)'보다 훨씬 복잡한 '사회인(social
man)'이므로 시장경제의 메커니즘 외부에서 욕구(needs) 원리에 근거하여 보편적이고 선
택적인 서비스를 제공하는 사회의 기본적인 종합제도가 구축되어야 한다. 티트머스는 종래
의 사회정책을 세 가지 모델, 즉 '국가모델', '산업적 업적달성 모델', '제도적 재분배 모델'
이라는 유형으로 분석하여 설명한다.6)

　　"일반적으로 인간의 관계를 지탱하는 사회 속에서 인간의 '아이덴티티'(통일적 인격)를
확립하는 것이 사회복지 정책의 목적이다." 역동적이고 적극적인 시스템 속에서 변화요인
으로 기능하는 사회복지의 목적은 ① 통합 가치의 촉진, ② 장래의 비복지 예방, ③ 사회복
지 목적을 지속하는 경제정책의 관철, ④ 끊임없는 자원지배(command over resources
through time)에 의존하는 재분배를 달성하는 데 있다.7)

　　티트머스가 지적하려는 것은 사회복지의 중심목표가 시장경제 중심의 경제적인 관점에
서가 아니라 보다 넓은 의미에서 사회인을 위한 사회적 결합이라는 임무를 추구할 뿐이라
는 것이다. 인간으로서 전인적 인간의 통일적 인격의 확립을 위하여 생활 자체에서 사회변
화의 계획을 추구할 때, 목적이 아닌 결과로서 경제개발을 위해서 인력정책(man power)에
공헌한다고 생각한다.

　　티트머스의 사회복지 정책을 관통하는 휴머니즘적 사회철학은 그것을 인용하는 토니(R.
H Toney)의 언급에서 보다 명확하게 알 수 있다. "사회문제는 양(量)의 문제가 아니라 비
율의 문제이고, 부(富)의 금액 문제가 아니라 사회조직의 도덕적 정의(正義)의 문제이다.
만일 우리들이 만족할 수 있는 평화로운 사회 현실을 물질적 복지에서만 구하려고 하여 결
국 획득하지 못한다면, 그것을 어디에서 구할 수 있을까?

　　그것은 인류의 양심에 의해 올바르다고 인정되었던 생활법칙 속에 있다고 필자는 믿는
다. 즉 빈곤한 사회도 진정으로 행복하고 만족한 사회일지 모른다. 풍요로운 사회란 진정 행
복하고 불만이 많은 사회에 있을지 모른다. 왜냐하면 행복과 만족의 원천은 욕망을 만족시
키려고 하는 인간의 능력 속에 있는 것이 아니라, 자신과 사회의 입장을 도덕적으로 승인하
는 것을 만족하게 응시할 수 있는 인간의 능력 속에서 찾아야 하기 때문이다."8)

Welfare, New York, pp. 36-37, 1972.

6) Richard M. Titmuss, Jbid., p. 38

7) Kennth Boulding, "The Boundaries of Social Work", *Social Work*, Vol.12, No.1, Jan
　1967, p. 3.

8) R. H. Tawney, *Commonplace Book*, C. V. P., 1972.

사회복지 실천이 완화적 원조에서보다 예방·건설적 원조로 확대 발전하는 활동과정을 보이는 불변의 원동력은 인간의 생명력을 보다 충실하고 행복하게 단련시키는 '가치관'과 그것을 경험한 사실의 법칙성 속에 수용하려는 '과학적 지식'과의 통합이다. 사회복지 실천은 다른 전문직과 마찬가지로 가치, 목적, 승인, 지식 및 방법의 복합체이고, 그 일부분으로는 어떠한 것도 사회복지 실천의 특징을 나타내지 못한다. 그 복합체의 특수한 내용과 형태가 사회복지 활동을 다른 전문직과 구별시키는 것이다.[9]

이 복합체 요소의 그 핵심을 이루는 것은 확실히 윤리적 가치와 과학적 지식이며, 그 접점에서 각 개인과 환경 사이의 부조정을 완화·극복하는 '목적'과, 전문 훈련을 받은 종사자가 행하는 서비스 제공으로 욕구를 이해하는 커뮤니티의 '승인', 그리고 서비스 제공을 위한 기술 및 기능의 질서 중심에 있는 체계적 양식의 '방법'을 이끌어내는 것이다.

사회복지는 이렇듯 윤리적 가치라는 일종의 철학적 개념을 기초로 하며 그 가치관은 인간의 사회적 생명이 갖는 욕구와 관계가 있는데, 과학적 지식과 통일되어 어떠한 방법의 전개를 요구하고 있는 것일까.

(2) 사회시스템과 가치의식

사회복지에서 가치관과 사회과학과의 접점을 직시한다면, 사회복지 개념의 발전 과정에 따른 현재의 시점에서 과거와 미래를 연결하는 포괄적인 시각으로 개념을 인식해야 한다.

'그것이 놓여 있는 사회체제 근본'은 각 국의 자본주의 혹은 사회주의 등의 체제 차이에 따라, 사회복지에 대한 국민의 기대와 열의가 현저하게 다르다. 또 동일한 자본주의 국가라 하더라도 일찍이 고도성장을 이루고, 인구구조와 생산구조의 조건들이 민주화 수준을 높여, 자동적으로 인권 의식이 질적으로 향상된 구미 몇몇 국가와 비교할 때, 봉건 잔재를 내포하면서 자본축적을 강화하여 국제적 자유 경쟁에 부득이하게 참가할 수밖에 없는 나라로서는, 근대화 가치인 '자유, 평등, 박애'의 이념이 동일하게 나타나는 것은 가능하지 않다.

『사회보장의 근대화』[10] 경우에도 "형식적 정비, 즉 법제화에 의한 권리의 확립과 운영에 적합한 근대적 보장 기술의 도입에도 불구하고, 그 배후에는 비근대적인 제도의 운영·행정을 계속 갖고 있다"[11]고 탄식했다.

사회정책의 미래를 사회보험이 담당해야 함에도 거기에 필요한 재정적 조치를 강구하지

---

9) Allen Pincus and Minahan, "Model and Method", *Social Work Practice,* F. E. Peacock, Illinois, pp. 1728-1030, 1973.
10) 籠山京 편, 『사회보장의 근대화』, 1976.
11) 中鉢正美, 「社會保障近代化についての視點」」, 籠山京 編, 『社會保障の近代化』, 勁草書房, 1967, p. 8.

않을 뿐만 아니라, 전통적 의미의 사회사업에 문제해결의 임무를 전가시켜, 소위 '사회정책의 사회사업화'라는 현상의 퇴조를 가져왔다.

영국과 미국을 중심으로 하는 여러 나라에서 '사회복지' 고유의 기술이라 일컫는 개별사회사업(case work), 집단사회사업(group work), 지역사회 조직(community organization) 등을 전전의 일본에서 극히 한정된 연구자들의 선험적 노력에 의해 시작된 분야가 이제는 일반의 중요한 연구과제로 취급되고 있다. 사회체제의 민주화 추진이 일본 사회복지에서도 인간존중, 인간존엄, 인간 개성의 존중을 중시하는 사회복지 육성이 가능한 조건을 마련하기 시작했다.

맨체스터대학의 레이먼드 플랜트(Raymond Plant)는 『개별사회사업의 사회, 도덕적 이론』(1970)에서 다음과 같이 논하고 있다. "개별사회사업은 적절한 도덕, 사회 이론을 필요로 하고 있지만 그것을 파악하고 있지는 못한다. 도덕 이론은 개별사회사업 실천에 관련된 '인간의 존중', '개별화', '자기관리', '수용'과 같은 원리들을 인정해서 얻는 각종 원칙의 본질과 가치를 이해하고 평가하기 위해 필요하다고 지적한다."[12]

일본 전후의 민주화 교육과 민주주의 정치가 인권의식, 개인성 회복의 새로운 조류를 창출했던 것은 일본 사회사(社會史)에서 하나의 획기적인 현상이었다. 독일에 원류를 둔 사회정책 이론이 돋보이고 있는 것처럼, 전전(戰前) 일본의 사회정책도 독일의 사회정책과 유사하였다. 이는 후진국형의 급성장을 추구하는 자본주의 경제가 무엇보다 자본축적 중심으로 진행되어 '노동력의 보존 배양과 산업평화에 공헌하는 기간까지만'이라는 철의 한계 속에서 사회복지를 시행하는 것에 지나지 않는다.

자본중심 사회정책은 전후 경제개발 진행과정을 관통하는 경제시스템 확립의 요구로, UN의 「경제개발의 균형을 주장한 사회개발」[13]에서 보여지듯이, 지역주민이 자본 지배에 저항하고 생활을 영위하여 생존권·인격권을 지키려는 사회 세력의 대두는 철의 한계 속에서 사회복지를 붕괴시키는 현상을 경시하는 것은 아니다.

자본축적과 국민생활 수준의 상승에 밀접한 관계를 갖는 부가가치 노동 분배율의 국제비교에서는 전과 다름없이 일본의 위치는 낮다. 그러나 경제성장의 고도화가 이루어짐에 따라 연차별로 본 각 국의 1인당 국민소득 비교의 경우 선진국을 육박하는 상태이다. 그렇기 때문에 국민의식은 서구 여러 나라와 같은 높은 질의 생활실현을 목적으로 하고, 그 주체로서 인간성과 각 개인이 수행하는 사회 역할에 걸 맞는 사회 규범의 관계에 시선을 돌리는

---

12) Raymond Plant, *Social and Moral Theory in Casework*, Routledge & Kegan Paul, 1970, p.6.
13) 國際聯合, 『世界社會狀勢報告1961年−經濟開發に均衡のとれた社會開發』, 1963.

기회를 부여하고 있다.

미국의 경우 배터(F. M. Bater)가 『경제학 저널』에서 이른바 '시장실패의 분석'을 주장한 것은 1958년이다.[14] 전후 세계적인 평화경제 속에서 다국적 기업화하는 거대산업의 위력은 자유주의 경제의 암흑기를 일단 선명하게 드러내고 있다. 개인주의, 이윤추구, 계산적 합리성을 기본원칙으로 하는 자유경제 사회에서, 경제적 가치가 사회적 가치에 앞서 주도적 지위를 점유하여 GNP 극대화를 향해 자원분배 이용이 이루어진다.

사회적 존재로서 '사회인'은 전인적 인간을 수용, 확립하는 것으로서 '경제인'을 내포하는 통합 개념이다. 따라서 생활조건을 만족하는 사회시스템은 경제시스템보다 상위개념이어야 한다.

그러나 자유주의 경제에서는 경제가치 및 경제적 기능이 사회시스템의 상위개념이 되고, 시장경제 메커니즘은 경제적 산출물(GNP) 극대화를 중심으로 구성된다. 여기서는 경제가치가 물적 생산성을 기준으로 계획 가능한 것으로 한정되며, '생산성', '능률', '경제성장' 등이 인간 행동의 최우선적 이념이 된다.

애덤 스미스적 전통은 GNP의 극대화가 인간복지, 즉 인간의 만족감·행복감을 극대화해서 얻는다고 말하는 낙관론에 기초를 두고 있으나, 이윤추구를 위한 시장효율은 자원분배 문제(미래를 위해 무엇을 누가 생산하는가?), 분배문제(누가 그 생산물을 향유하는가?) 라는 복지적 관점에서 경제에 대한 요구를 제2의 목적, 즉 시장경제의 종속물(adjunct)로 자리하도록 만든다.

오늘날 이른바 직업복지, 산업복지는 경제시스템에 대응하는 복지 수행에 한계를 나타내고 있다. 생산성 중심 관점에서 공헌도가 낮은 신체장애인, 노인 보호 이론은 직접 생산하지 않는다.

'시장실패'를 선처하려고 하는 경제이론이 일찍부터 ① 케인스의 유효수요 확대를 위한 분배 평등화론, ② 게소나 뮈르달의 예방적 사회정책에 의한 적극적 불황 극복론, ③ 비게의 소득에 관한 부자의 한계효용, 빈곤 계층으로 소득을 이전한 총효용의 향상원리에 기초를 둔 분배평등화론, ④ 파레토의 자원분배 효용성에 관한 최적론에서 평등 분화에 근거를 부여하려고 했던 최적분배론 등, 체제적 반성을 의미하는 공정 분배론의 형태가 학자들에 의해 주장되어 실제 사회정책에 적용되어 왔다.

자본주의 사회의 경우 자본의 효율성을 중심으로 전개되는 경제 구조에서 지역주민 생활에서 요구되는 생활기초 조건인 건강도와 안전성, 생활환경 정비조건인 편리성과 쾌적성,

---

14) F. M. Bater, "The Anatomy of Market Faiture", *Quartely Journal of Economics*, Aug, 1958.

생활고도화 조건인 '자유성'과 '충실성'과 같은, WHO가 '생활의 질'의 측면에서 환경평가 기준으로 만족하는 요건은 충족되기가 쉽지 않다.

경제시스템에 대한 사회시스템의 보호를 위한 복지는 시장경제 기구의 외부에 있는 사회 자본, 사회보장, 공공서비스에 의해 수행되어야만 한다. 자본지배의 압력으로부터 사회시스템을 보호하고, 우선 '경제개발과 균형을 이루는 사회개발' 상태를 실질적으로 확보하기 위해서는 민주행정의 확립이 불가결한 전제조건이 된다.

최근의 노동조합운동의 경우 사회보험의 자각, 지역사회의 경우 사회복지협의회와 기타 지역주민 참가 요구, 그리고 전국 각지에서의 협동조합운동이라는 생활 보호 노력들은 사회시스템과 경제시스템과의 '가치의 전복', 즉 앞뒤가 뒤바뀐 사회의 자세를 바로잡기 위한 통로가 되고 있다.

국민의 생활구조 보호 열망이 강경할지라도, 자본의 요구와 생활구조 보호와의 결합 관계에 의한 힘의 분포는 자본주의 체제 내면의 역동성에 있으며, 그 역동적 관계는 자본 지배 측에 유리하다는 것은 새삼스럽게 말할 필요가 없다.

제 1권에서 '계급투쟁'의 성공을 꿈꾸는 것은 사회적 현실에 대한 과학적 통찰을 하지 못한 신참 학자의 낙관론이라고 주장했다. 거기에서는 사회 개혁의 길에서 우월해야 하는 한층 광범위한 '사회투쟁'의 산과 강을 건너가는 것을 명확히 인식해야 한다. 보다 확실하고 견실함은 '근본적'이라는 의미에서 보다 급격한(radical) 사회변혁과 같은 것이다. '기본적 인권' 의식을 핵심으로 해야 하며, 인권의식의 확립은 그 근저에 있는 사회적 생명력을 확보하는 명확한 가치의식에 기초를 두어야만 한다. 경제시스템에 대한 사회시스템의 주장은 사회적 생명의 가치의식을 배제하고 생각할 수 없다.

기본적 인권 의식에 근거해서 가치관의 광범위함, 높음, 깊음은 우선 사회복지의 정의에서 서술했던 '사회생활의 기본적 욕구'의 내용을 선택적으로 규정한다. 또 일정체제 내의 사회관계와 관련된 사회적 불충족, 부조정 현상에 대해 객관적이고 치밀한 과학적인 연구를 추구해야 하는 것은 개인 혹은 집단의 사회적 기능 강화가 복지적 임무라는 집념과 책임감에 충실한 대응의 원동력이 되기 때문이다.

다시 말해서 가치관은 사회복지 활동의 전 과정을 관철하는 실천행동의 근거이고, 항상 사회과학 지식이 그 실천행동의 정확함을 보증하는 필수적인 수단으로 기본적 인권의 소외 요인과 싸우는 활동력(driving force)의 원천이기 때문이다. 그렇다면 사회복지의 경우 가치관은 어떻게 형성되는 것인가.

2. 욕구와 가치

(1) 욕구 중심설과 가치 중심론과의 대립

영국 켄트대학의 사회사업 교수 빅 조지는 '진보적 사회정책 연구시리즈'(Radical Social Policy Series)에서 복지국가의 형태를 취하는 복지 자본주의(welfare capitalism)에 대해 "지배계급의 사회적 가치 및 경제적 이해에 의해 좌우되고 있지만, 과거에는 보건·교육·주거 또는 수입의 욕구를 충족하는 기본적 목적을 달성할 수 없었다"고 하면서 상황 분석을 통해 사회주의적 서비스 시설의 형태를 시사하는 노력을 계속하고 있는 연구자이다.

그의 최근 저서 『이데올로기와 사회복지』에서 정의를 중심적 사회가치로 하며 사회적으로 공정한 사회란 "각 개인의 능력에 따른 기여, 욕구에 따른 분배"의 원칙을 지키는 사회를 의미한다고 주장한다.15)

또한 "욕구는 사회 서비스의 유일한 기준이고, 사회 서비스 급부 할당의 유일한 기준이다"라고 해석하고, 욕구 측정의 적정 기준은 사회적 정의가 되어야 한다고 주장한다. 즉 사회 서비스의 목적을 욕구에 두면서, 그것이 욕구를 통제하는 선택적 기준으로서 자원배분의 기준을 사회적 가치와 공헌도에 두는 자본주의적 가치관을 배제하고, 정의의 극대화로서 '평등' 원리의 적용을 주장하는 것이다.

그것은 뉴욕주립대학 핸디의 『가치이론과 행동과학』16)에서 주장하는 '가치에 대한 욕구적 접근'(A need approach to value)의 입장과 상통하고 있다. 중요한 것은 빅 조지와 핸디의 이론에서, 욕구 그 자체를 가치로 보는 것이 아니라 일정의 가치기준을 갖고 욕구를 선택할 필요를 인정하고 있다는 점이다. 그렇다면 욕구와 가치 사이에 어떠한 관계가 있는 것일까?

가치에 대한 연구는 고대 그리스 철학 및 고대 중국 유학(儒學) 이후의 사상사(思想史)에서 중요한 위치를 차지해 왔다.

욕구와 가치와의 관계를 알아보자. 존재와 가치를 동일시하여 존재를 가치에 따라 규정되는 것이라고 하는 아리스토텔레스, 토마스의 입장과, 역으로 근세의 자연주의적 윤리학에서 볼 수 있듯이 독립변수는 가치가 아니라 욕구이고, 가치는 욕구에 의해 규정된다고 생각하는 입장으로 대별된다.

---

15) Vic George and Paul Wilding, *Ideology and Social Welfare*, Routledge & Kegan Paul, 1976, pp. 129-137.

16) Rollo Handy, *Value Theory and the Behavioral Sciences*, Chaarles Thomas, Illinois, 1969.

그 대립은 동양[7]에서도 한쪽에서는 '무위자연'을 설명하고, "배움을 다하면 고통이 없다", "덕이 높고 배움을 익히면 백성의 이익이 백배가 되리라", "지혜가 출중하면 크게 이루리라"라고 『노자』에서 밝히고 있듯이 문식(文飾)의 조장과 욕망의 증대를 동반하는 문명의 진화에 역행하면서, 소위 적극적인 선택을 회피함으로써 항상 선택 이전의 백지 상태를 유지하며 소박주의의 생활을 영위하는 장자(道家) 사상이 있다.

그리고 『논어』에서 볼 수 있듯이 사회적 존재로서 인간의 도(道)를 설명하면서, "지사인(志士仁)은 삶을 구(求)하고 인(仁)을 방해하는 것이 아니라, 의(義) 역시 우리들이 구(求)하는 것이다."

또는 『맹자』에서 볼 수 있는 것처럼 "생활 또한 우리들이 구(求)하는 것이고, 의(義)도 또한 우리들이 구(求)하는 것이다. 의(義)와 인(仁) 모두를 얻게 되면 생(生)을 버리고 의(義)를 취한다"고 하면서 주(周)나라로 대표되는 중국 고대문화에서 존중되었던 '인'(仁)과 '의'(義)를 사회적 행위의 궁극적인 선택기준으로 고수하는 공자(孔孟) 사상(儒家思想)사상이 대립을 계속해 왔다.

필자는 주나라 말의 사상가 묵자(墨子)의 겸애사상(兼愛思想)에서 욕구와 가치를 통합하려고 하는 독자적인 고안을 모색한다. 묵자는 공자보다 늦고 맹자에 앞섰다고 생각되어지지만, 오늘날 말하는 사회적 관찰과 논리학의 경우 연역법, 귀납법의 논증법을 이용하고, 양자(楊子)의 숙명론에서 기인하는 이기적 자영주의에 대응하고, 일반 대중의 안녕과 행복을 실현하는 기본적 요건으로서 '겸애공리'(兼愛功利)설을 주장했다.

예컨대 "인간은 (자신의) 국가를 보는 것과 타국을 보는 것이 비슷하다. 인간이 자신의 가정을 보는 것과 타인의 가정을 보는 것이 비슷하고, 자신을 보는 것과 타인을 보는 것이 비슷하다." 결국 자신과 타인을 구별하지 않으며 타인과 자신이라는 관념을 버리고, 타인을 사랑하고 타인의 국가를 사랑하는 것과, 스스로를 사랑하고 자신의 국가와 가정을 사랑하는 것과 동일해야만 한다. 사람마다 서로 사랑하고, 가정마다 서로 사랑하고, 국가마다 서로 사랑해서 천하를 다스린다고 주장하는 것이다.

자기와 타인과 차이를 두고, 자기와 타인을 구별해서 신뢰에 따라 사랑에 차별을 두는 '별애'(別愛) 편향의 인간성을 해부하는 날카로움은 『논어』의 "군자는 인(仁)에 깨닫고 소인은 이(利)에 깨닫는다"는 관찰보다도 심오하게 이루어져서 종교적 경외관으로 다가오고 있다. 묵자의 사상은 질서보다도 혼란을 좋아하는 노장(老莊)의 낙천주의에 동의한다.

동양의 경우 공맹(孔孟)과 노장(老莊)의 욕구와 가치를 둘러싸고 대립하는 것에 걸 맞

---

17) 上山春平, 『역사와 가치』, 岩波書店, 1972, pp. 4-15 참조. 유가사상과 도가사상, 플라톤주의와 에피쿠로스주의의 대립에서 시사하는 것은 매우 많다.

는 듯한 가치정립의 적극적 태도와 가치부정의 소극적 태도와의 대립이 시종일관 동일시되고 있다. 이는 기원전 5세기 이후 그리스의 플라톤주의와 에피쿠로스주의의 논쟁에서 선명하게 확인할 수 있다.

플라톤의 경우 사회관계에서 '정의'를 중심가치로 여겨 국가에 적극적으로 참가하는 것을 아테네 시민의 의무로 설명하였는데, 이와는 대조적으로 에피쿠로스는 외관적 강제를 배제하고 각 개인의 생활 내면의 욕구를 지상가치로 삼아, 사적 쾌락의 추구를 생활가치의 절대적인 기준이라 했다. 그것은 후세에 이른바 에피큐리언에게서 볼 수 있듯이, 주지육림(酒池肉林)을 행하는 향락주의가 아니라 '평정'(平靜)이라는 회피적 평안 속에서 자아 안주의 장(場)을 발견하는 것이다.

여기서 특히 주목해야 할 것은 노장사상과 에피쿠로스주의 입장은 사회의 공적 가치에 대한 사적 욕구의 정당성을 주장하므로, 사회적 소수가 이단으로써 취급되는 경우와 비교해 볼 때, 근세의 자연주의적 윤리학의 가치관은 자본주의적 사회체제를 배경으로 욕구가 주축이 되어 가치를 강조하는 내재주의 입장에서 근대화를 향한 거대한 길을 활보하기에 이르렀던 것이다. 그것은 오늘날의 프로이드학파의 사상에 대해서도 적용할 수 있는 것이다. 宮城音은 다음과 같이 기술하고 있다.

"프로이드와 같이 모든 가치를 욕구(충동)로 환원하면 종교 가치, 이론 가치도 경시하는 문제가 발생한다고 인정했다. 종교가는 종교적 가치를 구하고 있는 것처럼 보이지만 그것은 성욕의 변형에 지나지 않는다는 것은 프로이트와 그의 후학들의 생각이다.

욕구는 에너지이고, 마치 물이 낙하하여 다이아몬드를 움직이게 하고 전기적 에너지가 나타나고 이것이 열이나 빛의 에너지로 변화하듯이, 여러 가지 형태의 것으로 변화한다. 욕구가 사회적으로 가치 있는 것으로 변화할 때 '승화'라고 불리지만, 가치의 추구는 승화한 욕구의 만족을 원하는 행위인 것이다."[18]

여기에는 가치를 욕구로 환원하면, 가치 추구는 욕구의 만족을 구하는 에너지의 변형에 지나지 않는다는 가치 부정적인 입장이 자연주의적 윤리학의 정점으로 나타나고 있는 듯하다. 이와 같은 윤리학의 창시자는 유물론자인 토머스 홉스(Thomas Hobbes)였다.

(2) 자연주의적 윤리와 가치독립론

홉스는 '생명의 자기보존' 원리를 중심으로 삼고 갈릴레이의 관성법칙에 따라 운동론적 관점에서 인간 행동의 선악 비판을 분석한다.

『리바이어던』(Leviathan, 1651)에 의하면[19] "개인은 자신의 본성, 즉 자신의 생명을 유

---

18) 宮城音, 『인간의 심리학』, 岩波新書, 1968.

지하기 위해 자신의 욕구대로 자신의 힘을 행사할 수 있는 힘을 갖는다." 생명의 자기보존 노력은 외부 사물이 인간 생명의 자기 보존을 증진시키려는 경우에는 욕구가 되고, 인간의 욕구 대상은 선이라고 부르며, 반대로 자기 보존을 방해할 경우에는 혐오스러운 것이 되고, 결국 혐오의 대상은 이른바 악(惡)이라고 생각되고 있다.

이미 120년 전 이탈리아의 마키아벨리가 『군주론』(1532)에서 이렇게 말했다. "생명 보존의 길은 생명을 다하는 것과는 달리, 자기보존의 길을 따르지 않고 인간을 선택하는 자는 자기를 보존하지 않고 멸망한다. 예로부터 군주는 자기 권위의 존속을 원하는 한, 그 수단에서 선악을 문제삼지 않는다."

사정이나 환경에 따라서 자기 보존의 수단을 집행할 뿐 가치부정의 입장을 대범하게 선언했던 것에 비교한다면, 일견 온화한 표현으로 보일 수 있음에도 불구하고 '자기보존'의 욕구, 즉 '가치'라는 이론은 고대 및 중세와의 노골적인 절연을 의미하는 것이었다.

프랑스의 의사 라 메트리는 그의 저서 『인간기계론』(1747)과 『행복론』(1750)을 통해 소외유물론의 입장에서 에피쿠로스 쾌락론을 발전시켜 인간이 행복의 수단으로 감각적 만족감을 추구하는 것은 자연의 법칙이자 선이라 하고, 어려움을 회피하는 것을 악이라 했으며, 이는 생명의 안전을 지키려는 학적, 생물학적으로 당연한 조치임을 강조했다.

그러나 그것은 벤담의 공리주의를 통해서 J. S. 밀의 『공리주의론』(1861)에서 "행위는 그것이 행복을 증가하는 경향에 준하여 선한 것이 되고, 행복의 반대작용을 만드는 경향에 대응해서 악으로 된다"[20]고 하고, "행복이란 말에 의해서 쾌락은 고통이 없는 것으로, 불행이라는 말에 의해서는 고통 혹은 쾌락의 결핍을 의미"[21]한다는 견해를 밝혔다.

공리주의 선전을 생애의 사업으로 생각한 밀의 학설이 종래의 쾌락론과 다른 것은, 쾌락의 양과 함께 질적 측면의 중요성을 인정하고, 또한 공리주의 사상의 소산으로써 정의 관념이 공리와 모순하지 않는다는 점을 역설한 사실이다.

쾌락과 행복을 구하는 자기의 경험은 타인의 쾌락과 행복도 자신의 유쾌함에 기여하는 것으로 가르치고, 연상작용에 의해 차후에는 고통의 쾌락과 고통의 비교감을 분리하여 양심의 발동을 사고하게 된다. 또한 동일한 어원을 갖는 'justice', 즉 정의와 법률은 선험적으로 부여되는 것으로 해석되기 쉽지만, 현실사회의 행복 증진의 수단으로써 가장 유효한 방법으로 인정될 수 있는 한 사회적 공리에서 인도되어 나타나는 것이 아니다.

욕구와 가치와의 일체관계를 주장하는 밀이 『공리주의론』 제4장에서 '희망하는 것'(the

---

19) トマス ホッブス, 『リウァイアサン』, 水田洋 譯, 岩波文庫, 1958.

20) J. S. ミル, 『功利主義論』, 伊東古之助 譯, 『世界の名著- ヘンサム/ ミル』, 中央公論社, 1967, p. 142.

21) J. S. 밀, op. cit., 1967, p. 144.

desirable), 즉 욕구 되어져야 할, 욕구 되어지게 하는 것을 '사람들이 실제로 희망한다 (desire)'라는 사실에 의해서 증명, 해석하는 것은 중요한 것이다.

예컨대 "어떤 대상을 볼 수 있는 것을 증명하기 위해서는 사람마다 실제로 그것을 볼 수밖에 없다. 또 어떤 소리를 들을 수 있는 것을 증명하기 위해서는 사람마다 그 소리를 들을 수밖에 없다. 마찬가지로 우리들의 경험이 여타 원천에 대해서도 동일한 것이라 할 수 있다. 따라서 무언가를 희망하는 것을 나타내는 증거로, 사람마다 그것을 실제로 원한다고 말하는 것은 적당하지 않다고 생각한다."22)

'희망하는 것'과 '현재 희망하고 있는 것'을 동일시하는 것은 과연 합당한 일인가? 그것은 욕구와 가치 관계에 따라서 중요한 문제를 제시하는 것이지만, 여기서는 우선 밀의 공리주의와 다윈의 진화론을 통합하여 자본주의 사회에 체제 순응적인 이론을 내세웠던 스펜서 (Hebert Spencer)의 자연주의적 윤리학에 귀를 기울일 것이다.23)

"선한 행위란 진화의 정도가 발달한 행위이고 악한 행위란 진화의 정도가 낮은 행위이다. 진화는 일상에서 자기보존(self-preservation)을 싹틔운다. 그리고 개인의 생명이 시간의 길이와 넓이가 최대가 될 때 진화는 극에 달한다. 이것은 우리들이 자기보존을 촉진하는 행위를 선으로 인정하고 자기 파괴를 촉진하는 행위를 악으로 인정하기 때문이다."24)

여기서 가치라는 것은 분명히 생명 욕구의 증가 함수이고, 생명의 질의 진화론적 확대에 따른 가치의 증대, '큰 것은 좋은 것이다'는 자본주의의 '거물숭배' 지향에 적합한 시장경제 논리이다.

가치가 인간욕구에 따라서 규정된다는, 홉스에서 스펜서에 이르는 자연주의적 윤리학의 발전 과정을 회고한 것은, 그 사상 경향의 전통이 오늘날 서구의 사회복지 실천 속에서 뿌리 깊게 영향을 주고 있기 때문이다.

도덕철학 분야에서는 자연주의적 윤리학에 대항하고, 다른 측면에서는 칸트, 러셀 등에서 볼 수 있듯이 욕구와 가치를 명확하게 분리하고 가치의 독자 영역을 중시하는 노력이 진행되었다. 칸트는 도덕법칙과 자연법칙을 구별하고, 이성능력의 실천적 사용에는 경험주의 철학에서 보이는 사실문제의 구속상태를 벗어나 지적 세계로 초월하는 것이 허용될 뿐이라고 생각하였다.

신학자 리추르는 '가치판단'이라는 관념을 이용해 그 가치판단을 '존재판단'으로부터 구별했지만, 보안 칼은 문법의 직접법과 명령법의 관념을 이용해, 과학의 원리와 기하학의

---

22) J. S. 밀, op. cit., pp. 496-497.
23) Hebert Spencer, *Data of Ethics*, 1879.
24) 山下正男, 「價値硏究の歷史」, 『哲學』 IX, 價値, 岩波講座, 1968, p. 9 참조.

공리는 직접법에 속하는 것이고, 사실을 보고하는 경험과학 선언의 직접법은 선악 판단에 기인한 윤리적 명제의 명령법과는 엄격히 분리되어야 한다고 주장했다.

우리들은 여기서 자연주의적 오류(naturalistic fallacy)의 준엄한 판단을 시험한 영국의 철학자 G. E. 무어를 잊어서는 안 될 것이다. 그는 선이라는 윤리적, 가치적 영역과 쾌락과 욕구를 자연 존재와 명확하게 구별했다.

러셀이 그의 『철학논문집』25)의 「윤리학의 원리」에서 "어떤 것이 선일까"라고 말하고, "있는 것은 무엇일까"라고 하는 것은 지식에 의해서 결정될 수 있는 것이 아니다.26) 현재의 세계가 다양한 성질을 갖는다는 사실에서, 무엇이 선일까라는 문제에 대해 해답을 추출할 수는 없다고 기록하고 있는 것은 틀림없이 무어의 노선을 걷는 것이다.

막스 베버의 과학이 '가치자유'(Wertfreiheit) 개념에서 가치 평가와 가치분석(가치 평가 의 분석도 포함하는 것)을 구별하려고 했던 배후에는, 객관화 인식을 본질로 하는 사회과학 의 한계를 설정하려는 사상적 전통이 존재하고 있었던 것이다.

(3) 사회과학과 가치

베버에 따르면 과학은 경험된 실존을 사유하는 정서가 임무이다.

가치는 과학의 범위 밖에 놓이게 되고, 그 구속력을 개인적 결단에서 얻는 것이며, 가치를 과학으로부터 도출할 수 없다. 과학은 경험적 사실, 즉 객관적 사실은 '무엇일까'(What is)' 를 확립함에도 불구하고 가치평가에서 기인하는 것은 '무엇이어야만 할까'(What ought to be)를 말할 수밖에 없다.

사회적 행동은 사회과학적인 경험적 사실에서 확정되고, 그 행동 주체자의 사회적 가치 평가와 통일점에서 성립하지만, 만약 과학의 임무 그 자체에 가치 판단을 도입하려 한다면 과학이론의 보편적 타당성을 본받을 수 없다. 가치, 양심의 독자적인 존엄을 훼손하는 것이 된다.

과학은 정의 혹은 평화와 같은 가치에 대해서 그 실현을 위한 목적, 수단, 결과를 객관적 사실의 인과관계 속에서 관찰하고 실천 행동의 경우 수단의 적합성을 음미하는 것을 고유 의 과제로 삼는다. 하지만 과학을 떠맡는 과학자 주체의 가치비판을 암묵적인 과학의 임무 라는 보편 타당적인 과학분석의 대상으로 설정하여 '과학주의'라는 이름으로 타인을 강제 하는 것은 타인이 주체적으로 포괄하는 가치를 침해하는 것으로 타자의 가치판단의 자유를 침해하는 것이다. 또 그렇게 생각한다.

---

25) Bertrand Russell, "The Elements of Ethics", *Philosophical Essays*, 1910.
26) 山下正男, 앞의 책, p. 17.

베버의 성실한 인격을 반영하는 냉정한 분석이 특정한 사상과 세계관을 진전시켜 예언자적 편동을 강제함으로써 세간의 경솔한 동기를 억제한 것은 지극히 유효했다. 그러나 현실사회의 급변하는 각 집단과 계층 간의 대립관계 속에서 각 개인이 행동 목적에 대한 개인적 가치판단을 억제하고, 오직 객관적으로 사실을 인식하고, 가치를 명확히 하는 학문 태도가 그 사회체제 속의 인간 소외를 필연화하는 불균형·변칙·불합리·갈등과 같은 사회적 현실에 대해서 무감각한 것이 되고, 인간적 조건의 책임을 잃는다는 것에 대한 고뇌가 사회과학자의 양심에 혼란을 가져온다.

사회 현실에서 중요한 역할을 연출하는 가치 평가가 사회과학의 경험적 사실의 확립과는 별도의 영역이라고 인정하는 것은 즉자적인 이해를 얻는 것이다. 그러나 사회적 인식의 주체는 일정한 역사적 존재 조건에 제약된 구체적 인간이다. 그 인간 집단의 의식의 반영으로서 가치가 인식의 본질적 부분에 유입 혼합되어 가치관을 완전히 배제해서는 인식 대상으로서 경험한 사실을 실질적으로 파악하는 것도 불가능 할 뿐만 아니라 사회인식의 주체적 구조에 대한 물음 역시 계속된다.

그러나 다렌도르프(Ralf Dahrendorf)는 그의 저서『사회이론집』의「가치와 사회」에서 베버의 인식론을 비판하는 것에 성공하여, 사회과학과 가치판단을 혼동시키게 하는 것을 '이데올로기적 왜곡'이라고 지적하면서 "나의 입장과 베버의 입장이 유일하게 다른 것은, 강조하는 점에 약간 차이가 있다는 것이다"라고 말하고 있다.

그러나 주목을 요하는 것은 "나에게는 오늘날 과학과 가치판단의 혼동에 대한 경고보다 양자의 급격한 분리에 경고를 나타내는 것이 중요하다고 생각한다. 사회과학자로서 우리들의 책임은 과학연구의 과정을 완료할 때 종결되는 것이 아니다. 즉 그것은 사실의 지점에서 시작하는 것이다. 그것은 우리들의 학문적 당위성에 대해 정치적, 도덕적인 결과의 음미를 끊임없이 요구하는 것이다. 그러므로 그 책임은 우리들의 저서에서, 그리고 강단에서도 우리들의 가치신념을 확인하는 것을 우리들에게 부여하는 것이다"[27]라고 논하고 있다.

어떤 경우에도 사회적 실천의 경우, 가치관의 중요성은 과학 방법론에 의한 그 독자의 지위를 부여하기 때문에 결코 무시되거나 경시될 것이 아니라는 것은 여러 학설로부터 이해되어야 할 것이다. 그렇다면 내가 공언할 '가치신념'은 어떤 것일까?

일찍이 일본 사회복지학회는 공통 과제로「사회과학과 다른 과학들 - 사회복지 연구 방법론」을 편찬하면서, 그 발표 내용으로 학회지『사회복지학』창간호(1960)를 장식했다. 필자는 그때 발제 강연에서 사회복지와 가치판단의 문제에 관해서 다음과 같이 기술했다.

---

27) R. Dahrendorf,「價値と社會科學」, 橋本和幸 譯,『ダレントルフ社會理論論集(下)』, ミネルヴァ 書房, 1976, p. 21, pp.30-31.

"사회복지가 대상으로 하는 클라이언트는 문화적 환경을 체험하는 존재이다. 그 관리 목적은 우선, 문화적으로 형성된 가치판단을 벗어버리는 것이다. 문화 양식은 자기표현과 생활 만족의 유형과 정도에 영향을 받는다. 따라서 사회사업의 관리 목표는 항상 우리들의 가치체계에 좌우되는 것을 망각해서는 안 된다.

예를 들면 개인의 가치, 각자의 차이점을 수용하여 인간의 삶의 질 향상에 대한 사회의 의무와 책임감이라는 형태로 미국 사회사업 실천의 핵심에 있는 민주주주의적 요청은 미국 사회의 가치 체계와 밀접하게 연결된 것이다.

사회사업가는 결코 사회적 가치판단을 이탈하여 행동하는 것이 아니다. 조정이라는 사회사업의 기본적 개념도 어떤 명확한 가치 체계의 선입관을 갖고 고찰하면 무의미한 것이 될 것이다."[28]

현대사회의 사회복지에 대한 설명에서 가치문제를 실천의 중핵으로 문제시하는 것은 가치와 목표가 시대의 전환기 사건으로 과도적 상태에 있고 가치의 중심을 상실하고 있기 때문이다.

메이의 『인간의 자아탐구』에 따르면[29] 르네상스 이래의 두 가지 전통적 가치 즉, 사회 진보의 원천인 개인 사이의 경쟁과 개인 이성을 갖고 보편적 이성으로 향하는 이성 신앙이 붕괴하기 시작한 19세기부터 20세기에 통일적 인격의 손상(undermining of the unity of personality)이 발생하고 있다 한다.

키에르케고르, 니체, 프란츠 카프카 등의 사상가들은 가치상실에 대해 과거의 목표를 상실하고 고독감, 불안에게 당하는 현대 지성의 특수한 딜레마를 예견하지만, 다른 분야에서는 새로운 생활통일(new unity of our life) 탐구의 필요를 선언한 것이다. 가치의 중심을 상실한 현대사회에서 혼란, 압정, 야만으로부터 탈출의 길은 이른바 '인류의 궁극적 자기 검토 행위를 위한 공식'을 구하는 것 이외에는 없다고 한다.

현대의 정신적 상황, 즉 인간 존재의 품위, 존엄의 감각이 상실되어 노예(奴隷)도덕 속에서 거주하는 인간을 동정하고 비인간화된 실태를 관찰하는 마르크스, 인간의 인격적인 자아 감각의 몰락, 즉 '정체성' 상실상태를 우려하는 카프카 등의 예리한 경고에 응하기 위해서 우리들이 구하는 최소한의 공통 분모는 인간소외 상황과의 싸움을 통한 자기 정체성의 회복, 확립이어야만 한다.

인간 소외와의 싸움이란 행동주의(John B. Watson)를 통하는 것 보다 조정을 통해 달성

---

28) 嶋田啓一郎, 이 책 p. 19 참조.
29) Rollo May, "The Roots of Our Malady", *Man's Search for the Himself*, The New American Library, 1953, Chapter 2. 참조.

하는 것이 쉬운 문제는 아니다. 즉 인간 소외에는 사유재산 제도를 원천으로 하는 노동으로부터 소외, 관료주의에 의한 인간의 비인간화, 과학기술 발달과 집단의 기계화를 수반하는 인간의 대중화, 평등화가 있다. 또 자기의 존재를 지역 사회와 전 세계에서도 이미 쓸모 없는 사람(man of no use)이라는 느낌이 들도록 하는 권력 지배와 같이 문화적, 체계적으로 또는 인간 존재의 죄성에 뿌리를 둔 종교적 질환까지 광범위하게 원인이 있다는 것을 인정해야만 한다.

인간 소외의 극복이라는 어려운 대사업에 직면해서 사회복지 실천이 담당하는 범위는 극히 미시적인 것을 솔직히 인정하고, 인간 복지의 거시적 전망에서 사회생활의 기본적 욕구의 불충족, 부조정의 해소라는 미시적으로 한정된 사회복지 실천의 활동 범위가 인간 소외에 도전하는 역사적 의미를 과대한 환상과 무력감 때문에 패배감에 빠지지 않도록 정확하게 인식해야만 한다

대립하는 여러 가지 욕구에는 사회적 생명유지를 위해 최소한의 필요인 '기본적 욕구'와 여러 문화적 가치를 실현하기 위해 필요한 조건의 충족을 내용으로 하는 '문화적 욕구'로 구별된다.

전자의 욕구가 충족되지 못하면 그 긴급성 때문에 '가치강도'를 중심으로 하는 강제력을 갖고 마치 그 자체의 독립적인 자기 가치로서 무제약 자율성이 있는 것으로 보인다. 그러나 그 기본적 욕구가 충족됨에 따라 '가치고도'를 특질로 하는 문화적 욕구의 요소를 지체시킬 경우, 영원히 '벌거벗은 존재'(bare existence)로 만족하는 동물적 생명과 구별되는 인간의 사회적 생명은 평소에 자기실현(self actualization)을 향하여 창조적 활동을 영위하고자 한다.

자기 실현으로의 창조적 의욕을 발휘하고, 전인적 인간의 통일적 인격 확립에 의해 기본적 욕구에서 문화적 욕구로의 연속적 발전을 원조하는 것이 사회복지 활동의 핵심 목적이다.

사회 복지에서 물질적 급부를 갖는 경제적 가치는 기본적 생존 욕구와 문화적 욕구에 필요한 물질적 성립 조건을 구비하며, 인간 생활의 총체적 수단으로써 긴급성을 갖지만, 그 특질은 어디까지나 인격적 존재로의 '봉사가치'에 충족할 때 존재한다.

사회의 각종 영역을 관찰해보면 그 자체의 본질적인 가치에 만족하는 것, 즉 목적을 그 내용으로 하는 학문, 예술, 종교, 도덕, 법률 등의 영역이 있다. 이러한 영역은 인격생활의 내용으로 목적 때문에 수단을 형성하는 '관계가치' 충족의 성격을 갖는다.

사회복지의 경우 경제적 급부를 생활 보호의 전제 조건으로서 중시하는 것은 불가결한 수단으로 봉사성을 존중하는 데 있다. 그런데도 자본주의 시장경제 기구는 봉사가치로서의 특질을 상실하여 승리한다. 자본의 자기증식 과정을 목적으로 여기고, 마치 경제 가치가 자기 완결적 독립 가치에 있는 것처럼 독자의 발전을 전개하는 경향을 갖는다.

앞서 서술한 경제시스템에 대하는 사회시스템의 정당한 지위의 방위가 사회복지 실천에 따라 특히 중요시되는 것은 그와 같은 이유 때문이다.

3. 사회복지와 전문직 가치

(1) 병립하는 여러 욕구와 그 선택 원리

'가치'의 개념은 참으로 다의적이지만, 개관한다면 윤리학·미학·법철학 등 규범적 가치론을 다루는 '철학적 가치론'과, 사회학·문화인류학·심리학·경제학과 기타 관련 과학에 의한 '경험 과학적 가치론'으로 대별된다. 그 접근 방법은 다양하게 분석되지만, 사회복지 연구에서는 인간 욕구에서 출발하는 가치로의 접근방법(a need approach to value)을 채택하는 것이 일반적 경향이다.

사회복지 서비스의 직접적 과제는 사회 생활의 기본욕구(basic human needs)의 충족에 있다. 그래햄(Michael Graham)의『인간적 욕구』,[30] 투울(Charlotte Towle)의『공통의 인간적 욕구』[31] 등은 사회복지에서 욕구 중시론의 대표적 문헌으로 알려지고 있다.

"가치의 근본은 인간의 필요(wants), 욕구(needs), 원망(desires), 관심(interests)과 그것과 유사한 것의 만족에 기인하는 데 있다"[32]라는 것으로, 가치를 대표하는 '욕구'의 충족은 사회 생활에서 기본적인 부분이 불충족 또는 부조정 상태에 있고 또한 그러한 우려가 있을 때 사회복지 활동이 이루어져야 한다고 생각한다.

철학적 가치론에서 G. E. 마아에 의하면, 선(善)이라는 가치 존재는 욕구 대상으로 결정하는 자연적 존재와 구별되고, 자연주의적 가치론을 배경으로 하는 입장은 마치 가치의 절대성을 존중하는 것으로 보여진다. 그러나 단절된 선의 절대적인 내면화, 주체화를 시험한다면 인간이 환경 세계의 외적 사실과 접촉을 끊고 단순한 독선에 함몰될 위험이 있다. 이러한 위험을 피하기 위해서는 가치를 외적 사실과 관련해서 인간의 가치의식과 그것을 포함하는 외계 존재와의 긴밀한 연계를 고수해야만 한다.

우리들이 근세 유물론자 홉스의 자연주의적 욕구론의 역사적 발전 경로에 주목하는 것은 결코 우연한 것이 아니다. 근세 이후의 자연주의적 가치관은 '욕구, 즉 가치'라는 단편적이고 감각적인 공리주의를 진전시키는 것에 의해, 욕구보다 가치로의 접근 방법에 있는 가치의 본질과 과제를 무시하는 결과를 가져온다. 그리고 그 결과로 현대 사회에 나타난 인간 주

---

30) Michael Graham, *Human Needs*, Cresscent Press, 1951.
31) Charlotte Towle, *Common Human Needs*, National Association of Social Workers, 1957.
32) Abraham Kaplan, *The Conduct of Inequiry*, Chandler ; San Franciso, 1964, p. 384.

체의 아이덴티티의 상실, 리얼리즘으로의 전락 현상을 야기 시키는 위험을 경계해야 한다.33)

슈바이처(Albert Schweitzer)는『문화와 윤리』34)에서 "생명을 유지하고 촉진하는 것은 선이다. 삶을 부정하고 방해하는 것은 악이다"라고 기록하고 있다.35) 그러나 균등한 생명을 가치의 근원으로 하는 입장에서 슈바이처는 성서의 창조, 구제 신앙에 뿌리를 두고 종교적인 '생명으로의 외경(畏敬)'(Ehrfurcht vom leben) 철학을 출발점으로 하고 있고, 욕구를 곧 가치로 보는 것이 아니라 정의와 사랑을 기준으로 하고 생명의 유지와 촉진을 위해 엄격한 선택의 길을 구하고 있다.

욕구와 가치와의 관계를 문제로 하는 見田宗介의『가치의식의 이론』(1966)은 우리들의 이해를 더해주는 귀중한 문헌이다. 가치란 "행위자에 의해 다양한 행위의 여러 가지 방법, 수단, 목적 중에서 선택에 영향을 주는 것을 희망하는 것으로 이와 관련해 개인 혹은 집단을 포괄하는 명시적이고 암묵적인 개념이다"라고 정의하고 있다. 따라서 見田은 가치를 존재의 주체측에 두는 입장에 대응하여, '주체의 욕구를 충족하는 객체의 성능'으로 이해하고 가치가 객체측에 있는 것을 주장한다.

가치가 객체의 성능에 있는 것에 대응해서 주체측의 요인은 見田의 책에서 주제로 하는 '가치의식'에 있고, 가치와는 개념이 구별된다. 그 정의는 가치의식 성립의 현실적인 기반으로 사람마다 욕구, 물체, 상태, 사건, 행위, 사회집단, 행동, 개념, 사상체계에 따라 다르다.

가치 판단의 대상이 되는 '객체'의 성능을 '가치'로서 중시하는 것은 사회복지의 경우 가치실현의 주체적 행동이라는 경우에도 환경적 세계의 객관적 조건과 단단히 이어져 있어 관념의 현실에서 벗어나는 일이 될 것이다. 그러나 見田은 가치를 인간의 의식과는 독립적으로 '대상 안에 내재하는 것'이라 하는 아도라적인 가치 정의를 배제한다.

즉 사물(예를 들면 책상)은 가치 '~이다'(be)의 것이 아니라 가치 '~가 있다'(have)라고 생각한 것뿐이라고 한다. 오히려 객체의 성능으로서 가치는 '높이'처럼 인간 의식에서 독립한 대상의 객관적 속성이 아니고, 본래 사람마다의 욕구에서 유래하는 '주관적 속성'이며, 인간의 가치주의의 경우 평가에 따라서 부여되기 때문임을 이해해야 한다. 즉 사람마다 객체측에 있는 성능에 대응하는 주체측의 요인으로서 가치의식에 의해 여러 가지 가치판단을 깨뜨리는 것이다.

사회복지 실천에서 문제가 되는 것은 우리들 앞에 병립해 있는 여러 가지 욕구가 가치의식과 어떠한 관계에 있는가 하는 것이다.

---

33) Abraham Kaplan, "The Conduct of Inequiry", Chandler San Franciso, 1964,

34) Albert Schweizer, *Kultur und Ethik*, 1932, p. 239.

35) Albert Rchweizer, op. cit., p. 339.

원하는 것과 병립한 효용주의적 상대성의 근본은 다양한 욕구의 수치일 뿐 그 배후에 신(神)들이 난립하는 일이 되어 '욕구, 즉 가치'를 명분으로 관련 없는, 혹은 독립된 관심이 가치의식을 명목으로 무정부주의적 자신을 주장하는 일이 된다. 욕구, 원하는 것이 모두 이익이 되는 것은 아니며, 지상의 한정된 인적·물적 자원을 가장 적절하게 배분하기 위해서는 욕구를 가르고 분배하여 가치강도와 가치고도를 조화하기 위한 일정의 가치 기준을 설정할 필요가 있다.

가치 인식에서 상호간에 방향을 달리하는 욕구 중 공통욕구로 부르는 '공통성'을 기반으로 하여, 통일 원리로 불러야 할 것을 보기 시작하면, 각 각의 욕구 하나 하나는 단편적, 고립적으로 갈라놓는 것으로 그치고, 어떤 방법으로 욕구의 강도와 고도를 호소하더라도 거기에서 동요하는 사회복지 실천은 혼란과 황폐를 반복할 뿐이다. 사회복지의 경우 가치 의식은 통일성의 어떤 행동 지침을 나타내기 위해 단편적이고 고립된 욕구들을 의미 일관성을 갖고 하나의 체계로 정리해 두고, '계명'(誠命)적 성격(imperativeness)을 갖는 가치로서의 권위를 가져야만 한다.

作田啓一은 그의 저서『가치의 사회학』36)에서 게오르크 쟌멜의『화폐의 철학』중, '가치란 손에 넣었을 때, 혹은 도달하는 데 희생을 수반하는 객체적 성질의 충족을 의미한'다는 견해에 시사를 받아, 가치는 어떠한 욕구에 대한 희생의 대가라고 서술하고 있다.

희생한다는 것은 목적, 수단의 체계에 준거하여 선택을 했기 때문이다. 선택에 의한 희생을 동반하지 않을 경우에 욕구만으로는 가치 의식이 성립하지 않는다. 그 선택이 준거하는 체계가 어떠한가에 따라서, 주체의 가치의식 측면에서 희생을 두려워하지 않고 우선순위를 선택하며, 그것이 규범에 기인하는 의무감의 강도를 좌우하는 것이다.

(2) 욕구, 가치, 인권

사회복지의 경우 사회 생활의 기본적 욕구의 선택에는 행동과학의 적극적인 견해가 어떤 역할을 완수해 온 것을 부정할 수 없다. 행동과학은 근세 공리주의적 가치전통에서 영향을 받았다는 것을 잊어서는 안 된다. 그러나 가치를 외적 사실과 관련하여 이해하려고 하는 사회과학에서 말하는 점은 행동과학은 관념론의 독선주의를 배제하기 때문에 일정한 역할을 다해 왔다고 평가되어어야 한다는 것이다.

행동과학에서는 윤리 체계가 사회 변화에 끊임없는 적응하기를 중시하고 있음에도 불구하고, 시포린(Max Siporin)은 "어떠한 경우에도 그 변화는 유기적 또는 윤리적 시스템이 현재의 환경 속에서 존속하기 위해 요구하는 최소한의 일치점을 움직여서는 안 된다고 생각

---

36) 作田啓一,『價値の社會學』, 岩波書店, 1972.

한다"37)라고 기술하고 있다. 그리고 몇 가지의 기본적 욕구를 지적하고 있다.

예를 들면, 매슬로(A. H. Maslow)의 『동기화와 인격』38)에서는 5개 항의 기본적 욕구를 차례로 들고 있다. ① 생리적 욕구, ② 안전욕구, ③ 소속애정 욕구, ④ 존중(esteem)욕구, ⑤ 자기실현 욕구가 그것이다.

이와 같은 욕구의 위계적 배열에 대해, 「가치론과 행동과학」(1969)을 쓴 핸디는 이들 항목은 동시에 일어날 수 있다는 반대 견해를 표명하고 있다.

핸디(Rollo Handy)는 이것들의 기본적 욕구가 가치로서 '계명'적 성격의 유효성을 갖는 근거는 그 욕구들이 인간 유기체의 기본적인 조정 행동으로서 강렬, 긴급, 지상 명령적인 추진력을 갖기 때문이라고 주장한다.39) 그러나 핸디도 고백하고 있듯이 욕구를 만족시키는 것은 필연적으로 '금욕적' 가치라는 것도 있을 수 있기 때문에, 욕구만족을 곧 가치와 동일시하는 것은 잘못이라고 한다.40)

욕구에서 가치로 도달하기 위함이란 인간 욕구의 항목이 갖는 강력함, 긴급성 만큼 또한 기본적 욕구로서 계명적 성격을 갖는 것으로 족하지 않는다. 범죄의 길을 선택해서까지 마약을 사용하는 강렬한 욕구는 그것에 육박하는 매력에도 불구하고 우리가 말하는 '기본적'인 것으로써 '가치'에 연결되는 것은 찾을 수 없다.

사회복지 실천에서 욕구를 선택하여 가치에 도달하기 위함은 (A need approach to value) 이론에서 명확하게 한계가 존재한다.

UN은 1949년의 '세계인권선언'에서 인권의 근저에 있는 핵심가치(key value)의 보편성을 세계에 호소하고 있으며, 그 촉진의 임무는 기타 다른 제도와 동시에 사회복지 서비스 목표에 기초되어야 한다. 그러한 항목 중 사회복지와 관련된 조항은 다음과 같다.

전문 - 기본적 인권, 인간의 존엄과 가치 병립 및 남녀 동권(同權)에 대한 신념, 제2조 - 차별의 폐지, 제3조 - 생명, 자유 및 신체의 안전, 제16조 - 가정의 보호, 제22조 - 사회보장, 인격의 자유로운 발전, 제23조 - 직업의 자유, 인간의 존엄에 적당한 생활을 보장하는 공정하고 유리한 보수, 제25조 - 건강 및 복지에 충분한 생활수준의 보장, 엄마와 아기의 특별한 보호 및 원조, 제26조 - 교육, 초등교육의 의무제와 무상, 인격의 완전한 발전 및 인권과 기본적 자유의 존엄 강화를 목적으로 하는 교육, 이해 관용 및 우호관계의 증진 경향, 평화유지를 위한 교육, 제27조 - 자유로운 사회문화 생활에의 참가, 예술감상 및 과학진보와

---

37) Max Siporin, *Introduction to Social Work Pratice*, Macmillan, 1975.

38) A.H.Maslow, Motivation and Personality, Haper:New York,1954.

39) Rollo Handy, "Value Theory and the Behavioral Sciences", Chaarles Thomas, Illinois, 1969, p. 149-155.

40) Rollo Handy, Ibid., 164.

그것의 은혜, 제29조 - 인격의 자유로운 삶, 완전히 발달한 사회에 응하는 의무

세계적 규모로 격동하는 사회 상태에서 인류의 운명을 우려하는 사람들이 멸망, 발전의 분기점에서 웅대한 정신적 기초를 확립하여, 가치 이념의 변혁을 구하는 선언을 이행한다는 사실은 사회복지를 선도하는 가치이념 속에서 망각해서는 안 되는 교훈을 준다.

물질적 성장을 계속하는 가운데, 여러 선진국을 지배하고 있는 '쾌락에는 아름다움이 있다'라는 감각적 공리주의가, 최대 다수의 최대 행복으로 위장하여 인간의 혼으로부터 아이덴티티를 탈취하고 있을 때, 세계인권선언을 수용하고 확립한 사회복지의 가치관은 어떻게 하여야 할 것인가?

(3) 선택 기준으로서 통일적 인격

욕구로부터 가치로의 접근 방법에서 사회복지의 틀을 간결하게 표현한다면, '전인적 인간의 통일적 인격의 확립에 의한 인권의 보호'라고 할 수 있다.

사회복지에서 아이덴티티 확립에 의한 인권 보호의 전제 조건이 되는 것은 구체적 존재로서 '전인적 인간'(man as a whole being or a whole human being)을 탐구하는 것이다. 자본주의 번영의 질서에 공헌하는 리카르도 이래 단일 개별과학에 의한 인간 이해는 현실 단순화의 의도를 갖고 소수 특정 요인의 인과적, 기능적 관계의 관찰에 국한하는, '한 방향에 집중하는 경향성'을 지칭하는 국부화 현상을 필연화 한다. 그것은 인간 소외와 투쟁하는 사회복지를 전인적 인간 보호를 위한 사회시스템의 포괄적, 전체적 맥락에 무관심하게 할 것이다.

그런데도 대전 후 특히 10년의 기간 동안 구미 여러 나라의 사회복지 연구의 과학이론에서 시스템이론 혹은 통합이론의 도입이 사회복지의 시야를 변화시켜 전인적 인간으로서의 클라이언트를 복지서비스 중심에 놓는 시각으로 방향을 잡기 시작했다.

'사회복지와 인접과학'의 토론 이래 필자 자신이 근 20년 간 연구를 계속한 것이, '역동적 통합이론'(dynamic integration theory)이라 불려지는 통합이론 연구가 일본의 전통적인 학문 방법론의 시야에서는 단순히 '절충론'을 흡입하는 것과 유사한 것이었다. 그러나 통합은 절충과는 상이한 것이다.

최근 국제 학계의 움직임은 전인적 인간의 복지 욕구를 검토하는 총합 이론의 융성에 의하여 사회복지 실천에 활기찬 전망을 가능하게 해 주었다. 1919년 메리 리치먼드는 그의 저서 『사회진단』에서 "사회사업을 각 부문과 전문가로 분할하는 것은 편리하고 필요한 것이다. 그렇지만 기본적인 차이점은 남아하고 있다"고 기록했다.

그러나 '리치먼드에게로 환원'이라고 하는 통합이론으로의 갈망하는 소리는 현재 일반

적 접근(a generalist approach), 통합방법론(integrated methods), 사회사업의 전체적 개념의 일반적 접근(the general system approach an holistic conception of social work), 통합접근(a unitary approach) 등으로 지칭되어 과학적 방법론의 분야에서 지배적인 지위을 차지하기에 이르렀다.

영국의 국립 사회사업연구소에 따르면, 리치먼드를 시작으로 영미의 학자들에 의해 행해졌던 '사회사업 실천에서 통합적 방법'을 주제로 하는 공동연구는 『사회사업 방법의 통합화』(1977)에 종합되어 이후의 발전 방향을 명쾌하게 시사하고 있다.

일본에서도 『사회복지연구』 제19호(1976)에 미국의 통합이론 연구의 동향이 소개되고, 일본 사회복지학회에서도 통합시스템 이론의 연구발표가 이루어지고 있다. 그것은 전인적 인간으로서의 클라이언트를 사회복지 연구에서 중심으로 자리잡게 하고, 복지와 가치관과의 관계에 새로운 면을 개척하는 것에 도움이 될 것이다. 기본적 인권의 보호는 정의와 사랑과 평화를 사회관계의 기초로 한다.

"정의는 각 개인이 가져야 하는 것을 바르게 귀속시켜야 하는 것이다."(just rendering to each man of his due)[41] 정의는 사랑과 비교해서 낮은 차원의 선이지만, 비인격적 관계, 즉 제도·법률·법령의 어떠한 문제에 적용되어 사회적 생명의 유지를 위해 필요한 정의 질서에 참여하는 기회의 '평등'은 정의의 본질에 속한다.

사회복지와 사회보장은 사회생활의 기본적 욕구의 영역에 따라 정의·질서의 실현을 임무로 하는 사회제도이다. 사회생활 성립의 가장 기초적 요건인 정의 관계의 확립을 선행하지 않고서는 인간을 말하는 것이 가능하지 않다. 그러나 인간은 '인간'(人間), 즉 사람 사이에 있고, 단순히 정의에 의해서 타인과 같이 존재하는 것이 아니며, 사랑의 경우 타인과의 상호 의존적 존재의 관계에 있다.

見田宗介가 『가치의식의 이론』에서 자기 중심의 '에로스'와 사회 중심의 '아가페'로 분류하고 있는 것은, 의식 구조의 심층을 꿰뚫어보는 민첩한 통찰이라고 생각한다.[42]

정의는 사랑에 앞서 행해지고 사랑은 정의를 완수하는 것이다. 정의는 제도의 논리로서 제도화될 수 있지만 '에로스' 구분, 특히 특별한 것으로서 사랑은 오로지 자유스러운 결단에 기인하는 독자적인 체험이기 때문에, 제도와 법제를 가지고 강제적으로 조직화할 수 없다.

그것은 사회복지 실천이 주민의 '자원봉사활동'으로 전개하는 것으로 사회복지가 '공적'과 함께 '민간' 활동의 총체라고 정의할 경우 영국에서 말하는 '법제적 사회복지'에 대립한다. '자원사회복지'의 기반은 위정자들이 기대하는 것처럼 쉽게 이루어지는 것은 아니다.

---

41) Emil Brunner, *Justice and Social Order*, 1936, Chap.2-5.
42) 見田宗介, 『價値意識の理論』, 弘文堂, 1966, p. 32.

'일본에서 자원봉사 활동은 활성화하기 어렵다'라는 의미를 신중하게 검토해 봐야 할 것이다.

(4) 사회복지와 전문직 가치

시포린은『사회사업 실천론』에서 가치 유형을 ① 궁극적 가치 - 정의, 자유, 자기실현, 개인가치 ② 기능적 가치 - 타인의 수용, 교육기회의 평등, 클라이언트 정보의 기밀성 ③ 개인적 가치 - 개성, 자기존중, 프라이버시, 자존심 ④ 사회적 가치 - 이타주의, 상호부조, 우정, 민주주의, 겸양, 책임감 ⑤ 종교적 가치 - 신에 대한 사랑, 구제 ⑥ 과학적 가치 - 합리성, 객관성, 진보, 비판적 구명 ⑦ 전문직 가치 - 능력, 공평, 클라이언트 중심주의 ⑧ 도덕적 가치 - 인간 관계에서 공정과 은혜, 정직, 페어플레이, 공감 ⑨ 윤리적 가치 - 도덕 가치의 일종으로 정당성, 책임적 응답성, 충성, 타인 존중 ⑩ 도덕에 무관한 가치 - 심미감 등의 항목으로 나누어 설명하고 있다.[43] 이 같은 항목의 경우 사회복지 실천에서 특히 종사자가 존중하는 전문직 가치를 재편성하여 실천 방법과의 관계를 검토할 필요성이 있다고 생각한다.

사회복지의 지도 이념으로서 전인적 인간의 통일적 인격의 확립을 위해 필요한 전문직 가치를 의문시 할 때 영국 사회복지협회의『현대사회사업』(Social Work Today, 1977)지는 사회사업 가치의 가이드 라인을 제시했다. 사회복지의 핵심가치(key value)는 인간의 본질적 존엄이라 했고, 개인의 통합 능력으로 근본적 존엄에서 발생하는 전문직 가치는 수용, 자기결정, 기밀유지의 세 가지 요소이고, 그것이 기술적 사항의 핵심으로 검토되고 있다. 이러한 생각과 방법은 컴프턴과 갤러웨이(Compton & Galaway)의 공저『사회사업 과정』의 견해와 일치하고 있다.[44]

① 수용(acceptance)

개인의 존엄과 독자성의 원리에 입각하여 개인은 자신 스스로에게 충분한(suffcient) 목적이 있고, 변화성과 다양성은 사회의 창조성을 배양하기 위해 가능한 최대한으로 허용되어 자기실현(self-actualization)이 가능하도록 개인과 환경과의 연관을 강화하는 기법이 발전되어야 한다.

자기 정체감 상실에서 탈출하기 위해 사회심리학에서 말하는 '자기 이미지'를 전환시켜서 자신을 가치 있고 행복을 얻을 수 있는 사람으로서, 자신의 환경을 건설적으로 변화시킬 수 있는 능력을 획득하도록 원조하는 것이 사회사업가이다. 클라이언트는 어떠한 상태에

---

43) Max Siporin, op. cit., pp. 352-353.

44) Compton and Galaway, *Social Work Processes*, The Dorsey Press, Illinoi, 1975, pp. 102-137.

있고 또 어떠한 행위를 했을지라도 자연스럽게 수용되어 원조를 받을 자격이 있다. 사회사업가는 클라이언트의 인간적 품위와 가능성에 대해 끊임없이 자신의 감수성을 새롭게 해야만 한다.

② 클라이언트의 자기결정(client self-determination)

클라이언트가 자기 자신의 의사 결정에 참여하는 권리를 행사하도록 함과 동시에 '교제 속에서의 개인'으로서 지역 사회복지에 부합하는 책임을 자각시키는 것을 의미한다.

클라이언트는 문제 해결의 주인공이라는 겸허함이 필요. 클라이언트가 기능장애(dysfunction)에 빠져 있는 경우, 이것은 존중하기가 가장 어려운 가치이다. 거기에서 두 가지의 위험이 발생한다.

하나는 매듀 더먼트(Mathew Dumont)의 이른바 '구조의 오류'(rescue fallacy)이다.[45] 사회복지사 측면에서는 곤궁과 역경에서 구해 낸다고 생각하고, 클라이언트 쪽에서는 사회복지사에 의해 구제된다는 확신이 원조 과정에 가장 파괴적인 결과를 발생시킨다.

현재 가장 큰 위험은 폴 틸리히(Paul Tillich)가 『사회사업의 철학』[46]에서 지적하고 있지만, 관료제하의 사회사업가가 클라이언트를 '케이스(case)'라고 습관적으로 부르고 있듯이, 통일적 인격을 갖는 대상이 아니라 단순히 지도되고 관리되는 대상으로 취급하는 위험에 빠지게 되고, 따라서 사회사업가의 가슴속에서 모든 것이 결정되고, 자발성이 억압된 조작 대상으로 전환되어, 상호성이라는 면에서 클라이언트의 인격적 참가라는 사회사업의 본질을 훼손하는 것이다.

자기결정 원리의 요청은 '경청하는 사랑'(listening love)으로 예민하게 귀를 기울여 상대방이 자기에게 자신을 갖고 일어서는 자발적 응답을 기대하는 것이어야만 한다.

영국의 태그(Nicholas M. Tagg)가 그의 저서 『민중은 케이스가 아니다 - 사회사업의 철학적 접근』[47]에서 언급하고 있는 것처럼, 클라이언트는 단순한 케이스가 아니다. 물론 경청하는 사랑은 문제로 고뇌하는 상대방을 자유 방임하게 하는 것은 아니다.

19세기말 영국의 지도자 옥타비아 힐(Octavia Hill)은 빈민지역 활동에서 클라이언트에게 선택(alternative)을 제공하고, 자기결정 원리에 알맞는 선택 기회를 주기 위해 문화적 교양을 주고받는 우회방법을 취하였다. 그는 선택 능력을 향상시켜 클라이언트의 자기결정의

---

45) Mathew Dumont, *The Absurd Healer*, Viking, New York, 1968, p. 60.
46) Paul Tillich, "The Philosophy of Social Work", *Social Service Review*, March, 1962, pp.13-16.
47) Nichoias M. Ragg, *People not Case-A Philosophical Approach to Social Work*, Routledge & Kegan Paul, 1977.

질적 향상을 의도하였다. '적극적 사회사업'(aggressive social work)의 태도라 부르는 데서 '장미로 만들어진 철의 왕관'(an iron septer twined with rose)이라고 평가되었지만, 그의 선택 수단의 개발은 기타 전문직과는 다른 사회사업가의 고유 과제를 중요하게 보았다는 점이다. 가치관의 독자성은 사회복지 방법의 전개를 향해 붙여진 하나의 실례일 것이다.

청소년의 보호 관찰의 경우 '권위' 사용에 "만약 개인이 자신의 자유의지와 양심에 따르기 보다 처벌의 공포에 의해 복종하고 있다면, 그가 수용하기를 기대하는 새로운 가치체계는 그 사람 심중의 초자아(super ego)의 지위를 점유하지 못하고, 따라서 재교육은 무위로 끝난다"[48])는 것을 명심해야 한다.

③ 기밀보장(confidentiality)

타인에게 관심을 갖는 기관에서 클라이언트의 개인적 정보를 유통시키지 않음으로써 보호하는 욕구로, 프라이버시를 대하는 개인의 권리를 인식하는 것을 의미한다.

어떠한 경우에도 비밀유지를 파괴시키는 의사결정은 클라이언트에게 있으며, 타인의 생명 위험 상태를 발생하는 특수한 경우를 제외하고 클라이언트와 협의에 의해 곤란을 분배하는 자세가 이루어지지 않으면, 사회사업의 제1단계의 감정적 지지도 확보할 수 없을 것이다. 비밀 유지가 어려운 정보화 시대에서 원칙은 클라이언트의 개성 존중에 의해 보다 그 중요성이 더해지고 있다고 생각한다.

일본의 사회적 상황은 '인명은 지구보다 중요하다'고 하는 진리를 진정으로 고려할 때 위기의 시대를 맞는 것이다. 그렇게 될 때 누구보다 앞선 사회복지 활동가는 사회복지에서 '가치' 인식의 중요성의 문제를 직시해야만 할 것이다.

---

48) Abraham Kaplan, Ibid., pp.64-65.

제 4 장 전환기의 사회복지 이론

- 竹中勝男의 『사회복지 연구』를 중심으로 -

1. 첫 머리에

사상가란 마치 진지하게 죽을 자리를 찾아 나서는 사람과 같은 자세를 갖지 않으면 안 된다. 사람은 단지 문헌의 저술에 의하여, 사상가가 되는 것이 아니라, 살아가며 실천하는 그 생애의 생활 실천을 통해서, 그의 학구적 태도의 폭·깊이·높이를 실증한다. 사상은 생활이며 학문은 그 사람의 죽음의 장소와 깊은 관련을 갖고 있다.

해외 문헌의 직수입과 사회 상식이 어지러움을 드러내는 초보적인 단계에서, 하나의 용어를 만들어 내는 데에도 셀 수 없을 만큼의 토론과 연구를 거치지 않으면 안 되는 고통은 개척자만이 아는 체험이었다. 후학들은 이들 선배의 학문적 은혜에 대하여 깊이 생각해 보지 않으면 안 된다.

竹中勝男(다께나까가쓰오)의 생애를 장식한 수많은 저서 가운데, 그의 학위 논문이었던 『사회복지연구』(1950년)는 그의 연구생활의 정점을 이루는 것이다. 竹中勝男의 사회복지 방향을 탐구하는 노력은 이 책에서 일단 체계를 구성하였다. 그러나 그것은 역시 사회복지학 확립에 하나의 과정이었으며, 이것을 기점으로 하여, 그의 이론은 학문의 방법론적 규명으로 나아갔다. 또한 처음의 혼돈성에서 벗어나지 못하는 사회복지 학계에 사회복지 본질론, 대상론, 실천 체계론이 나아가야 할 바를 제시해야 할 과제를 짊어지고 있었다.

빠르게 변하며 정지하지 않는 사회진전 속에서 사회복지는 마치 날아가는 화살과 같은 것이다. 연구하는 학자로서의 竹中勝男의 장점은 『사회복지연구』를 집필하면서 전제가 되었던, 그 이전의 경제학·사회학·문학 및 종교 등에 걸친 인간성찰을 위한 광범위한 교양이며, 또한 상아탑에 안주하는 사람들이 빠지기 쉬운 편협함을 벗어나, 자유자재로 자신의 입장을 수정하고 보강할 수 있는 인간적인 폭넓음에 있다. 그렇듯 탄력성과 기민성이 풍부한 그의 두뇌는 날아가는 화살이라고 할 수 밖에 없는 학문적 발전을 위하여 무엇이든 이룩해낼 수 있는 소질을 갖고 있었다.

여기에 적고자 하는 것은 **竹中勝男** 이론의 중심을 이루는 '사회복지 연구'가 일본사회복지학의 성립 과정에서 차지한 학문적인 의의와 그것이 우리 후배들에게 남긴 교훈이다.

2. 그의 생애

竹中勝男(다께나까 가쓰오) 사상의 형성은 일본 자본주의경제가 확립기로부터 독점화의 단계에 들어가는 1912～1930년대에 사회문제 첨예화를 배경으로 하여 이루어졌다. 이 시기에 사회적 논리를 수련한 사람들은 마르크스주의자냐 아니냐를 떠나서 어떤 의미에서는 마르크스적 사회과학 이론을 토대로 한 사회 분석을 하는 것을 습관화하였으며, 이에 따라 시대의 문제 의식을 한층 정확하게 받아들일 수 있었던 것이다. "각 개인은 그 국민과 시대의 자식이다. 어느 누구도 그 뒤에 머무를 수 없으며 또한 그 앞으로도 나아갈 수 없다" 라는 헤겔의 말은 **竹中勝男** 자신이 즐겨 사용한 표현이기도 했다.

시대의 자식으로서, 독점화 하는 자본주의 경제의 문제를 강하게 자각한 선구자 **竹中勝男**은 시카고대학 유학시절에 라우센부쉬의 '사회적 기독교'를 통하여, 소위 급진적 사회 개량주의의 영향을 받아, '대중의 궁핍화'가 심화되어간 1920년대 말 일본 사회에서 사회주의의 실천을 지향하는 그리스도의 모습으로 분하여, 사회 운동가로서의 활동을 개시했다. "사회사업의 사상적 근거는 지금까지 그다지 문제시되어 오지 않았으나, 사회 개량주의의 입장에 바탕을 둔 것이라 생각하지 않으면 안 된다"[1]고 스스로도 기술한 것처럼, 일본의 사회사업은 사회 개량주의로부터 어렵게 얻어진 산물이었다.

사회 개량주의가 자본주의 고도화의 단계에서 쁘띠부르조아적인 양심에 기인한 노동자와 자본가의 단계적 타협에 따른 수습으로 인식되어, 연민 또는 경멸의 시선을 받아온 사회에서, 몸소 사회사업 전공 과정의 담당자가 되는 것은 적잖이 부담스러운 일이었다. 더욱이 사회운동 탄압의 움직임이 거센 만주사변 앞뒤의 사회정세는 대학에서 사회사업 연구 과정을 담당한다는 것 자체가, 오늘날에는 상상하기 힘들 정도로 세상으로부터의 비난을 감수해야 하는 일이었다. 사회 개량주의에 기대어 사회주의적 시선을 갖고 자본주의사회의 해부를 행한 그의 교실은 당시 일본의 진보적 지식인의 축소판이었다.

또한 사상형성에서 그 골격을 세운 것은 **同志社**대학 및 유학을 갔던 미국 민주주의 전통적 정신이었다. 그리스도적 우애, 마르크스주의적 과학주의, 서구적 민주주의의 융합이 독특한 문화인의 재능과 결부될 때, 사회복지학자 **竹中勝男**의 틀을 떠올리게 되는 것이다. 그의 이론을 분석하고자 할 때, 먼저 이와 같은 사상 형성에서부터 접근하려는 것은 **竹中勝男**

---

1) 竹中勝男, 『사회복지연구』, 1950, p. 142

이론의 개성을 이것에 의해서 한층 더 정확하게 이해할 수 있다고 생각하기 때문이다.

중일전쟁으로 시작된 전쟁시기에는 일본의 많은 학자들에게는 참기 힘든 침묵이나 타협 또는 영합의 세월이었는데, 그에게도 힘든 타협의 세월이었다. 그러나 본질적으로는 국수주의적 야만성과는 대조적인 코스모폴리타니즘을 짊어진 그는 종전과 동시에 본래의 모습을 되찾은 듯 활기를 띠며 사회복지 이론의 재편성을 시도하기 시작하였다.

한편으로 그의 사회과학 정신은 전쟁 이전부터 계속 접근해 온 大河內一男(오오고우찌 가쯔오)의 사회정책 이론을 매개로 하여, 자본주의사회 자본 운동의 필연성에 기초를 둔 사회사업의 보수성(補修性)·보충성에 시선을 두었다. 다른 면에서는 전후의 민주화 기운의 조류에 따라 새롭게 성장하기 시작한 노동조합 운동이나 지역사회 활동을 촉발시켜, 자본주의 사회의 한 가운데에서 대립적 이론의 발전에 착안하였다. 한편, 이 반대 원리가 싹트고 자라나는 사회의 동향 속에서, 자본운동의 필연성에서 도출되는 보수적(補修的) 사회사업과는 다른, 사회민주주의 이론에 뿌리를 둔 사회복지 그 자체의 확립을 위한 사회사업 이론이 성립해야 할 가능성을 응시하고 있다.

이 때, 일본 학계는 오랜 전쟁으로 인하여 서양 학계의 사회복지 이론의 새로운 동향 등이 엄격한 관리하에 철저히 차단되어 왔는데, 서서히 재개되기 시작한 외국서적의 수입에 의하여, 일본 국내에도 얼마 동안 소개되기 시작했다.

오늘날에는 개별사회사업, 집단사회사업, 지역사회 조직 또는 사회복지조사, 사회복지 행정 및 사회사업의 여러 방법이 미미하나마 여러 나라에서 실현되기 시작한 사회보장 제도의 거대한 체계와 결부되어, 종래의 사회사업 개념으로는 수용해낼 수 없는 '사회의 복지' 요소를 사회생활의 넓은 영역에 고루 퍼지게 하고 있다.

예를 들면 개별 사회사업은 이미 동지사(同志社) 대학에 사회사업 전공이 개설된 1931년부터 海野幸德 교수나 竹內愛二 교수가 강의했던 분야인데, 미국이나 영국의 사회사업에서 그 비중은 전후(戰後)와는 비교할 수 없을 정도로 중대한 것으로 자리잡았다.

이들 여러 방법을 통일하는 새로운 시대의 사회복지를 竹中勝男 이론은 자본주의 분석이나 사회 민주주의적 사회관과 어떻게 결합하면 좋을 것인가.

『사회복지연구』는 전후의 이와 같은 시기에 이러한 질문에 답하기 위하여 저술된 책이다. 이 책은 전쟁직후의 사회주의 조류를 배경으로 하여, 강한 전환기 의식 속에서 쓰여진 것이므로, 여기에서 사회복지는 이상주의적인 방향으로 치우쳐, 현대사회에서 강건한 보수적 태세를 늦추지 않는 자본의 자율적 활동을 사회복지 안에서 읽어내는 통찰력이 부족하다는 비난을 받을 수 밖에 없는지도 모른다.

또 종래의 사회사업 이론에서 경제의 일면성에 대하여, 사회적인 측면에 대한 관점을 추구하고자 하는 새로운 노력에도 불구하고, 유럽에서 전개되고 있는 신 사회복지 이론이 심리학, 사회학, 사회인류학적 탐구에 힘쓰는 것과 같은 학문풍토가 무르익지 않았기 때문에, 경제에 대한 사회적인 것의 중요성이라는 竹中勝男 이론의 새로운 제언은 그다지 커다란 감명을 줄 수 없었는지도 모른다.

논리의 진전은 그 소재가 되는 생활방위·사회보장·사회정책 등과 같은 각 요소의 각각의 영역에 구축되어 온 재래의 논리에서 벗어나지 못하였고, 경제적 대우와 그 외에 사회부조정을 생기게 하는 사회문화심리(psycho-socio-cultural) 측면을 통일하여 다루는 사회복지의 새로운 발전 방향을 말하고자 하는 교수의 진의는 결국 이 책 안에는 실리지 못하였고, 군데군데 부조화나 불균형이 배어 있는 듯한 인상을 지울 수가 없다.

만일 연구실 생활이 그 이후 전문 사회사업의 발전을 충실하게 지켜보는 여유가 있고, '사회적인 것'에 대하여 그의 민감한 두뇌를 구사할 수 있었다면, "경제 학자에게 있어 비본질적이라고 생각되는 것이 사회복지에서는 본질적인 부분을 이룬다"고 주장한 바와 같이 사회문화심리의 영역을 그 이론 안에서 잘 정리하여, 사회학·경제학, 또는 생물학·심리학에 편향됨 없이, 인간이 사회관계에서 빠지게 되는 부조정이나 부적응을 보다 정확하게 처리할 수 있는 사회복지체계를 수립할 수 있었으리라 생각한다. 프리드랜더(Walter Friedlander)는 사회의 부조정을 극복하기 위한 사회사업의 접근방법은 개인적인 측면과 제도적인 측면의 이중 접근(the twofold approach of social work)에 의한 역동적 상호작용 안에서 추구되어야 한다고 주장했는데[2], 竹中勝男 이론이 도달하는 곳이 바로 그 것이었다.

수많은 학도가 각각의 주장으로 사회복지의 이론을 내놓고, 전인미답(前人未踏)의 공헌을 세우고 있지만 사회복지 현상의 부분적 시야가 전체적·본질적 통찰을 저해하는 이론적 편향의 착오를 범하기 쉽다. 왜냐하면 개인·가족·지역사회의 부조정 현상에 대한 경제적 측면과, 사회문화심리(psycho-socio-cultural)의 측면을 올바른 위치에서 확인하고, 사회관계에서 부조정의 제도적인 측면과 주체적인 측면을 잘 통일할 수 있는 사회복지 이론을 확립하는 것은 쉬운 일이 아니기 때문이다.

거기에는 인간행동에 관한 광범위한 연구와 투철한 통찰력이 필요하다. 竹中勝男 이론은 그 어려운 사업에 정면으로 대응하고자 하고, 끝내는 미완성으로 끝났으나, 그 착안점에 있어서 어려운 사업을 이룩할 수 있는 소질을 갖고 있었다. 도스토예프스키는 그의 처녀작『가난한 사람들』에서 "처녀작의 운명은 무한히 정정되어야 하는 것이다"(1)라고 말하였다. 많은 저술을 남긴 교수는 이 '사회복지 연구'야 말로 한없이 정정되고 완성되기를 기다리는 의미 심장한 책이었다. 지금 그는 이 땅에 없다.

---

2) Walter Friedlander, *Concepts and Methods of Social Work*, 1958, pp. 7-8.

3. 사회복지의 사회화 이론

竹中勝男의 사회복지 이론 특징은 그가 마지막까지 프롤레타리아적 관점을 잃지 않았다는 점이다.

그것은 사회사업이 자본주의 경제 조직의 필연 때문에 만들어 내는 요구호성(要救護性, das Hilfsbedürfnis)에 대응하는 활동으로 성립되는 본래의 임무에 바탕을 두고, 프롤레타리아에 관련을 갖는 것이다. 또한 사회사업을 발족시키지 않을 수 없는 사회적 기반 자체가 갖는 반자본주의적 원리의 당연한 결과로써, 구호(救護)·보호 및 예방의 수단을 통하여 프롤레타리아를 원조하고 단계적 성장을 실현한다는 의미에서 본질적으로 프롤레타리아트에 연결되는 것으로 본 것이다. 사회사업은 사회정책의 경우와 같이 기존의 사회·경제 질서의 유지와 개선을 목적으로 하고 또 과제로 하는 것이며, 성립할 때부터 반대 이론의 위에 서는 것이 아니다.

이러한 관점은 "사회사업도 역시 사회정책과 같이 스스로를 사회운동에서 분명하게 구별하는 것이다. 그럼에도 불구하고 사회사업의 본질적 과제는 반드시 자본주의 사회질서의 유지를 위한 구호, 복지활동에 있는 것은 아니며 …… 그 구호와 복지보호의 목적을 추구함으로써 사회사업을 발족시키고, 성립한 사회적 기반에 포함되는 대립적 이론에 의하여 올바른 사회사업의 이론을 발전시키는 것이 가능하며, 또 필연이라 말하지 않으면 안 된다. 그것은 사회복지의 확보와 증진을 지향하는 정책의 현실적 기반에 의하여 규정되는 것이다"라는 표현에 잘 나타나 있다.[3]

즉 竹中勝男 이론에서 "우리가 지금 생활하고 경험하고 있는 이 전환기, 즉 자본주의 경제·사회 기구를 현실의 기반으로 하면서, 사회주의 경제정책을 일부에서 실현하고자 하고 있는 과도기 사회형태를 바탕으로 하여, 어떠한 방식으로 오늘날 우리의 복지에 관한 사회 이론을 전개해야 하는 가가 우리에게 주어진 당면과제이다"라는 특수한 시대인식이 우리를 사회주의적 지향을 갖는 사회복지 이론 앞에 서게 하는 것이다.

"사회사업은 사회주의 공동 사회질서 속에서 싹튼 가지이며, 그 구호나 예방 수단에 의한 끊임없는 사업을 통하여, 그것이 사회주의 사회를 확립해야 하는 요소가 되어야 하는 점은, 흡사 19세기의 공적 구빈 사업이 자본주의 사회의 요소이었던 것과 마찬가지이다"라는 헬렌 시몬의 말[4]이나, "사회주의와 사회사업의 실천과 이론의 협력은 자본주의 구호를 수정하는 것으로써, 또 사회주의의 최종 목적을 유도하는 것으로써, 마지막에 그것 자신이 사회

---

3) 竹中勝男, 앞의 책, p. 52
4) Helen Simon, *Lehrbuch der Wohlfahrtspflege*, 1927, S. 91

주의 운동의 특징과 수정 이론으로 만난다고 이해된다. 따라서 사회주의 사회사업은 그 본질에서 무산계급적 구호운동으로 가능하며, 부르조아적 사회사업 기관으로 변하지 않아야 한다는 점이 주요 목적 안에 포함되는 것이다"라는 칼·봅의 말[5]은 전환기의 사회복지 이론에 적합한 것으로 받아들여지고 있다.

전환기란 자본주의 또는 사회주의가 각각의 순수한 원칙으로서 지배적인 것이 아니라, 자본주의 원칙이 국민의 경제·사회 구조를 규정하고, 기초를 이루고 있음과 동시에, 사회주의로 발전하는 단계적 특징까지 갖는 사회회(Vergeselschaftung)의 시대를 뜻한다. 민주주의 혁명의 본질은 좀바르트가 말한 "인격의 물질화시대, 물질의 인격화시대"를 낳은 것과 같은, 가치체계가 뒤바뀌는 자본주의 상품 경제사회의 절정에서, 개인의 자유와 인격의 가치를 권력과 재물의 지배로부터 해방시키는 정치구조의 수립을 목표로 하는데 있다.

개인의 자유란 현실적으로는 인간을 경제관계에 의한 인격의 지배로부터 해방시키는 것을 의미하며 인격의 가치는 상품적 가치로서 일하는 인간을 인간적 품위에서 회복시키는 것을 의미한다. 즉 민주주의화는 이런 의미에서 개인의 자유와 인격의 가치를 사회적으로 실현시키는 사회관계의 확립, 바꾸어 말하면 주체적으로 파악된 인간생활의 사회화를 당면한 또한 기본적인 실천과제로 삼지 않으면 안된다.[6]

요구호성이란 자본주의 구조에서 인간에게 기본적으로 필요한 최소한의 의식주도 확보할 능력이 없는 노동계급에게 구제 또는 보호를 사회가 시행할 상황이 필요한 객체의 특수성을 말한다.

그것은 단순히 객관적인 결핍이나 부족상태를 뜻하는 것은 아니며, 그 결핍이나 부족을 충족시키는 것의 필요를 인정하는 주체의 처지, 즉 요구호성의 인식을 전제로 하는 것이다. 충족 또는 구호해야 한다고 하는 의지와 이것을 충족시킬 수 있는 능력이 공동체 쪽에 있을 때, 그들이 문화적·도덕적 생활수준이나 국민경제의 실질에 대해서 상대적으로 요구호성의 개념이 성립되는 것이다. 여기서 문제가 되는 것은 요보호성의 인식주체가 무엇인가 하는 것이다.

竹中勝男 이론에 의하면, 요구호성은 특정한 개인 또는 단체에 의하여 국가의 보호법제, 조직, 기관의 정비에 선행해서 인식하고 대응하는 것이나, 그것만으로는 일반적·보편적인 특질을 밝혀낼 수 없으며, 그것이 사회의 구호조직을 확립하는 것에는 이르지 못한다.[7] 이 때, 구호활동에 합리성과 적극성을 부여하고, 요구호성의 길에 이르는 원인을 방지

---

5) Karl Bopp, *Wohlfahrtspflege in der modernen Deulschen Socialismus*, 1930, S. 22.
   竹中勝男, 앞의 책, p. 52-148
6) 竹中勝男, 같은 책, p. 61-2
7) 竹中勝男, 같은 책, p. 156-7

하는 노력에서, 구호활동을 특정집단의 구제로부터 일반 국민을 위한 복지기준의 확보로 나아가게 하는 계기를 마련할 때 '국가'가 등장한다.

竹中勝男 이론에서 국가는 복지문제와 관련하여 이중적인 구조를 가지고 나타난다. 그것은 사회정책의 주체로 설 때에 현저히 그 본질을 나타내는 자본 중심적 성격과 사회복지 정책의 주체로서 설 경우에 현저하게 나타나는 사회 중심적 성격에서 각기 그 방향을 달리 하고 있음에 주의하여야 한다.

사회정책이란 근대 자본주의 생산관계를 기반으로 하는 자본·노동관계의 문제를 대상으로 하며, 산업 사회에서 노동자를 보호하여 노동력을 보호하고 키우는 데서 산업평화와 사회 평화를 유지하고, 이로써 자본 재생산력을 유지·강화하는 정책이다. 이 경우 사회정책의 주체로 나타나는 국가는 大河內一男 이론에서 말하는 의미로 사회의 총자본 또는 국민경제로 제약이 되며, 그러한 의미에서 그 것을 대표하는 것이 국가이다. 그 것은 자본주의 경제를 기반으로 하여, 경제조직 자체에 있는 장애·모순의 경제·사회적 노정을 완화·경감하는 것에 따라서 국민 경제가 정상적으로 발전을 유지하지 않으면 안 되는 역사적·현실적 국가인 것이다.[8]

그럼에도 불구하고 사회복지 정책의 주체로서 나타나는 국가는 이것과는 그 성격을 달리한다. 사회정책 고유의 범위가 노동자의 노동 조건에 대한 정책에 있다고 한다면, 사회복지 정책의 그 것은 노동자 및 그 가족의 사회생활, 특히 소비생활에서 사회관계의 조정활동에 있다. "이러한 의미에서 사회정책은 본질적으로 생산정책인 것에 비하여, 사회사업은 사회의 조정사업이라고 할 수 있다. 그리고 이 경우 사회 조정이란 오로지 현재의 사회·생활 질서에 대한 사람의 조정 관계의 창출을 의미하는 것이며, 사회사업의 회복 및 육성 기준으로서 앞서 기술한 보호기준은, 직접 이 사람의 사회적 조정방법에 관한 것이다."[9]

이렇게 하여 사회정책과 사회사업은 동일한 사회·경제를 바탕으로 병행하여 성립하고 발전하는데, 그 대상과 사회기능은 서로 다른 것을 맡는 것이며, 사회사업은 단지 사회정책의 망 사이로 탈락한 대상에게 사회부조에 의한 보충적 시책을 펼치는 것이지만 충분한 것은 아니다. 이러한 영역을 담당하는 국가는 사회정책의 주체로서의 사회적 총자본을 대표하는 국가라고 할 수는 없으며, 소위 '복지국가'의 이념에 포함된 것과 같은 이질적 원리, 즉 사회 세력이 갖는 민주화 원리에 선 국가를 뜻하지 않으면 안 된다. 국가의 이중 구조를 이해하는 필요성을 나타내는 다음의 표현은 竹中勝男 이론의 특질을 아는데 있어서 중요한 의미를 가질 것이다.

---

8) 竹中勝男, 앞의 책, p. 185
9) 竹中勝男, 같은 책, p. 144

"그것은 생산적 노동력의 확보창출이 아니라 사회적 인간의 보장이며, '상품'이나 '방법'으로서의 노동자보호가 아니라, 인격으로서 존중되고 보호되어야 하는 국민에 대한 서비스이다. 사회복지는 국가를 주체로 하는 정책목표인 경우에도, 또 그것이 자치단체나 다른 공공 기관에 의해 보호되고 계획되지 않으면 안 되는 사업이나 시설의 목적인 경우에도, 사람으로서 생활하는 사회적 기반의 제공과 확립, 즉 복지의 사회적 확보를 내용으로 한다. 이러한 의미에서 사회정책의 본질은 생산적 노동정책이며, 사회복지 정책의 본질은 분배생활 보존 정책이다. 전자는 경제라는 모티브로 성립하며, 후자는 사회가 모티브가 된다. 따라서 전자는 자본주의 사회에 고유의 정책목표 한계를 갖지만, 후자는 자본주의의 안에서 자본주의에 대한 사회이념의 실현을 가능하게 한다."10)

자본의 운동을 중심으로 하는 사회정책 주체로서의 국가에 대하여, 이러한 사회를 모티브로 하는 국가의 이해를 가능하게 하는 것은 竹中勝男의 사회민주주의 사상에 바탕을 둔 '복지의 사회화 이론'이었다. 경제를 모티브로 하는 총자본의 대표로서의 국가는 동시에 "국민에 의한 국민의 복지 확보 조직 및 관리의 수립"11)을 기대하는 사회 세력에 의하여 움직이는 국가이기도 하다. "복지의 사회적 증진을 위한 조직화에서 '사회적인 것'의 기능이 중요한 의의를 갖는 것에 유의해야 한다."12)

두 말할 것도 없이 사회복지 문제의 핵심은 자본주의 사회에서 노동자 계급의 생활을 중심으로 하여 존재한다. 그리고 이 문제의 궁극적인 해결은 사회주의적 사회 이론에 의하면 노동자의 자주적 계급적 해방운동의 발전에 의하여 도달된다. 노동자가 자기의 생산적 노동을 계속적으로 재생산하고, 그 노동에 대한 정당한 가치의 전부를 획득하는 방법은 정치 조직의 확립에 의한 것이 아니면 안 된다.13) 그러나 문제는 궁극적인 해결을 가능하게 하는 사회주의 질서에 대한 이행 과정에서 경제적 모티브에 대한 사회적 모티브의 형태에 관련이 있다.

이 전환기에 "민주주의 원칙에 기초한 복지 제도와 관리 방법은 그것이 그 위에 전개되고, 조직화되는 사회적 기반에서 국민경제의 발전단계에 따라, 결국 필연적으로 그 실천적 이론을 사회주의적 사회화로 발전시키는 일일 것이다. 이러한 의미에서 복지의 사회화 이론은 복지의 사회민주주의 이론으로 일단 파악되어야 하는 것으로 생각한다."14)

---

10) 竹中勝男, 앞의 책, p. 192
11) 竹中勝男, 같은 책, p. 63
12) 竹中勝男, 같은 책, p. 63
13) 竹中勝男, 같은 책, p. 57
14) 竹中勝男, 같은 책, p. 66

4. 목적 개념으로서의 사회복지

일본에서 '사회복지'라는 용어는 마치 종전 후에 새롭게 도입된 단어인 것처럼 여겨지지만, 지금은 사회사업 이론의 고전이 된 디바인(Edward T. Devine)의 "*Social Work*"(1922)와 『사회복지총서』(Social Welfare Library) 시리즈 제1권에서 언급한 것과 같이, 국제적으로 이 말은 사회병리 현상을 일으키는 사람들의 생활과 관련된 모든 조건과 그 복지 증진을 향한 여러 힘과의 조정을 가져다 주는 모든 활동의 포괄적인 목적 개념을 나타내는 말로 옛날부터 줄곧 사용해 왔다. 그러나 竹中勝男 이론은 이것에다 복지의 사회화 이론에 의한 새로운 생명을 불어 넣고자 한 것이다.

사회사업의 고유한 사회 기능으로 '구호' 활동이 전개되어 왔는데 이와 같이 일방적인 무상 급부 또는 처우를 가지고, 구제나 보호가 실시되는 것은 무엇 때문일까. 그것은 반드시 구호 행위에서 주체가, 어떤 의미에서 구호 객체의 가치를 인정하고, 게다가 그가 자조능력이 결여된 약자임을 인정함과 더불어, 그 반대 급부를 조건으로 하지 않으면서 이것을 구제하고 보호하는 것이기 때문이다.

사회정책은 경제질서 안에서 노동력을 형성하는 경제성에서 노동자를 보호하고, 따라서 사회부조(扶助)에 의하여 사회화된 최저생활의 보장 기반을 갖지 않는다면, 경제적·생산적인 것의 육성과 강화는 최종적으로 보장되지 않으므로, "사회사업은 사회정책의 주변에서 이것을 강화하고 보강한다"(大河內一男)라고 한 것처럼, 사회정책 이론가는 사회사업을 사회정책에 대한 보충성에서만 보고자 하는 것이 일반적이다. 이와 관련하여 竹中勝男 이론은 사회사업의 요구호성에서, 자본운동 측면에서의 요청과는 전혀 다른 공동체적 원리를 찾아내는 것이다.

요구호성에는 소극적인면과 적극적인면이 포함되어 있다. 소극적으로는 "가까운 위기에 대한 사회의 반응"이라 불리는 경우처럼, 요구호자의 존재가 정상적인 사회생활관계를 위협하는 반사회성을 띠고 있을 때, 사회자체의 일방적·방위적 입장에서 구호가 실시되는 것이다.

그러나 구호는 단지 음수(-)가 영(0)에 도달하면 끝나는 것과 같은 소극성에 그치는 것이 아니라, 복지의 사회화 원리에서는 요구호자를 사회적 관점에서 공동사회의 구성원으로 파악하고 피구호 객체의 가치 중요시 한다.

즉 기본적 인권, 또한 인격권을 갖는 사회적 인간으로서 구호할 가치가 있으며, 또 구호하지 않으면 안 되는 대상으로 인식하는 것이다. 이와 관련된 관점에서 구호는 단순한 구제로는 완결될 수 없으며 보다 유효한 보호, 또한 이러한 사태를 필요로 하는 국면에 대한 이론적 반성을 통하여 그것을 방지하는 예방 수단을 구호활동 속에 도입시키지 않으면 안 된다. 요구호성은 그 사회결합의 정도, 정치 구조의 성질, 경제생활의 발전단계 등에 대응하여 변화하고 발전한다.

사회사업에서 '복지'의 개념은 사회화가 진전되는 현대사회의 구호 및 요구호성의 적극성에 시선을 향하지 않고서는 이해될 수 없다. 소극적 구호활동은 적극적인 복지 또는 후생의 실현이라는 목표를 갖기에 이른다. "복지는 여기에서 구호의 목적이며, 구호의 상위 개념으로서 구호활동에 사회적 근거와 종합적 조직화의 기초를 제공한다."15) 이러한 이유에서 사회복지의 학문적 연구의 대상이 되는 '사회복지'는 일본 헌법에서 말하는 것과 같은 사회보장 및 공중위생과 나란히 놓인 협의의 사회복지가 아니라, "사회복지는 일단 이들 형식 및 내용에 공통되는 목적 개념 또는 상위 개념"16)으로 이해하고자 하는 제언이 나오게 되는 것이다.

여기서 우리는 竹中勝男 이론이 사회복지와 사회사업과의 관계를 어떻게 해석하는가를 물어야 할 단계에 도달하였다. "사회복지는 이러한 의미에서 사회사업의 목표이며, 사회복지를 위해 사회구호를 계획 있게 조직화함으로써 구호기능의 만전을 기하는 것이 그 과제이다."17)

즉 사회복지는 요구호자에게 높은 생활목표와 생활욕망 충족의 능력을 주면서, 장애가 되는 사회 환경을 개선하고, 그것에 대한 순응을 위한 좋은 조건을 사회적으로 만들어 내고자 하는 적극적인 목적개념이며, 사회사업은 이것을 수행하는 실천 체계이다. 이 사회복지를 상위 개념으로 하는 사회사업의 발전적 특징은 그것이 단순히 구빈 사업을 내포하는 구호활동의 확대에 머무는 것이 아니다.

요구호성의 개인적인 것(소질이나 능력과 같은 것)과 사회적·객관적인 것(가족관계나 사회의 변동·불황과 같은 것)과의 관계에 대한 올바른 분석 위에 요구호성의 합리적 처우를 시행하도록 '과학적 사회사업'을 전개하려는 조직적·기술적 체계화에 대한 적극적 의도에 있다고 보아야 할 것이다.

竹中勝男 이론은 미국 사회에서 성립된 개별사회사업, 집단사회사업·지역사회조직과 같은 전문화된 복지 기술 과정을 복지의 사회화 이론에서 수용하고자 하였다. 미국에서 이들 방법은 오로지 기술적 영역에서 생각되었으며, 전환기 사회의 사회화 이론을 기초로 해서 발달된 것은 아니나, 竹中勝男 이론의 근간이 되는 복지의 사회 민주주의적 이론에서

---

15) 竹中勝男, 앞의 책, p. 160
16) 竹中勝男, 같은 책, p. 6
17) 竹中勝男, 같은 책, p. 162

는 이들 사회화 방법을 사회주의적 사회화로 이끄는 것으로서 활용하고자 하는 것이다.[18]

구호 그 자체는 어디까지나 요구호자 개개의 사람을 대상으로 하는 것이므로, 구호에서 필요한 대상의 인식은 개별사회사업적인 처우를 필요로 한다. 구호는 이러한 의미에서 개별적이며, 본질적으로 개별사회사업인데, 이에 비하여 예방적 보호수단은 집단이나 사회전체에 관한 문제를 대상으로 하는 집단 또는 지역사회 활동을 본질로 한다. 전문적 사회사업의 방법은 이들의 요구에 응하는 것인데, 복지에 관한 대중의 문제를 해결해 가는 집중적 운동으로 본 사회사업은 공동사회 조직화를 추진하는 무기로 생각되고 있다.[19]

5. 경제적 모티브와 사회적 모티브

『사회복지연구』에 전개된 竹中勝男의 사회복지에 관한 특징은 이상의 기술에서 어느 정도 드러났을 것이다. 그것이 쓰여진지 이미 오랜 세월이 지났으며, 일본의 후진 학도로부터도 여러 가지의 비판을 받아 왔으나, 이 책의 개척자적 의의는 그들 비판자들의 가슴 속에도 선명하게 새겨 졌을 것이다. 하물며 竹中勝男 이론의 근간이 되는 부분은 연구실 생활을 함께 했던 필자가 그로부터 늘 배우고 함께 논의를 벌였던 부분이며, 그렇게 하는 사이에 어느덧 필자 자신의 피가 되고 살이 되었음에 틀림이 없다. 단지 몇 가지 점에서는 지금도 의문을 지울 수 없는 채로 남아 있는 것이다.

黑木利克의 『일본 사회사업 현대화론』(1958년)은 사회사업 개념의 분류에서 竹中勝男 이론을 통하여 사회사업의 사회학적 개념을 규정하고, "竹中勝男에 의한 사회사업의 이해는 에두아르트 하이만의 사회정책 개념과 같이, 현저히 사회 철학적 색채를 띠고 있다. 물론 이것은 竹中勝男의 의도가 주로 사회사업의 '이념'이라기보다는 오히려 그 '의미'를 이해한다는 점에서, 또 바꾸어 말하면, 한 사람의 진보적인 사상가로서 자본주의 사회질서 속에서 영위되고 있는 사회사업이라는 사회적 실천에 진보적인 의미를 부여하고자 하는 입장에 놓여 있었기 때문인 것으로 생각해도 좋을 것이다"[20]라고 기술하고 있다.

이는 竹中勝男 이론의 성격을 잘 파악한 말일 것이다. 일본사회당의 투사로 활동한 竹中勝男에게 사회 민주주의적 사회복지 이론은 가장 적합하고 또 자신감을 불어넣어 주는 것이었을 것이다.

그럼에도 불구하고 "사회복지와 사회주의의 아름다운 결혼"에 항의를 한 것이 孝橋正一(고하시세이이찌)의 『사회사업의 기본문제』(1957, 개정판)이다. 그 비판을 요약하면 첫

---

18) 竹中勝男, 앞의 책, p. 64-6
19) 竹中勝男, 같은 책, p. 65-6, p. 154-5
20) 黑木利克, 『일본사회사업현대화론』 1958, p. 13

째, 사회체계에서 초월적·사회학적 관념 속에 역사적·사회과학적 개념이 섞여있는 혼란, 둘째 사회사업의 대상을 어떤 때에는 경제 질서외적 존재로서, 어떤 때에는 소비자로서의 자격에서 무산자 처럼 인식하는 논리적 이원성의 착오이다.

셋째, 사회사업을 통하여 사회정책의 바탕이 되는 중요성을 맡게 됨으로써 생기는 사회복지 이론체계의 '가치를 뒤바꾸어 이해하는 것' 넷째, 거기에서 생기는 사회사업의 사회정책에 대한 보충성 인식의 탈락이다. 다섯째는 사회복지와 사회주의와의 관계에서 사회정책에는 자본주의사회에 고유의 정책목표 한계를 갖는다는 제한을 두면서 사회복지는 사회주의적 지향을 갖고, 그 때 사회복지가 사회정책의 상위개념에 서는 '논리적 이상현상'21)이다. 孝橋正一 특유의 신랄한 논조이기는 하나 竹中勝男 이론이 안고 있는 이론 전개의 미흡함과 부족한 설명을 다소나마 전달하는 흥미로운 비평이다.

孝橋正一는 일본에서 독특한 발전을 이룩한 '사회정책'의 일반적인 견해에 서서, 사회정책에 근거를 두고, 그 시각에서 사회사업을 고찰하는 입장을 취한 사람이다. 거기에서는 사회정책에서 자본의 평균 이윤율 유지의 필요에서 생기는 경제적 처우의 한계성에 대한 보완적 조치로서, 사회부조를 주축으로 하는 사회사업의 영역설정이 이루어진다. 그 사회정책은 자본주의 제도의 유지 존속을 전제로 하는 노동 문제에 대한 국가의 정책이므로, 그 보완적 조치인 사회사업 역시 자본주의 제도의 영원한 지속성의 전제와 목적을 갖는 것으로 규정된다.

이러한 관점에서 竹中勝男 이론을 도마 위에 올릴 때, 위에서 쓴 것처럼 다섯 가지 비판이 나오게 되는 것은 이상한 일이 아니다. 필자 역시 竹中勝男 이론이 마르크스 이론이나 일본 사회정책 이론이 밝히고 있듯이, 자본주의 생산의 자연율이 "철처럼 견고 부동한 필연성으로 작용하고 관철되는 경향"(마르크스)의 중대성에 대해 소홀히 대하는 것을 우려하는 사람 중 하나이다. 竹中勝男은 "사회복지의 실태는 생산과 소비를 연결하는 시대의 경제·사회조직과의 조직 구조를 갖는 실태로, 이것과 떨어져서 사회복지의 본질을 파악하는 일은 불가능하다"22)고 기술했는데, 자본주의 경제에서 조직 구조가 그 이윤 원칙에 따라 사회복지 비용에 대하여 얼마나 준엄한 제한을 주게 되는가에 대해서는 이론으로 해명을 전개하지 않았다.

또 사회정책에 대해서도 "사회정책은 원래 자본가적 사회질서와 자본주의적 생산의 유지를 그 사회경제 질서의 양적 변화, 즉 사회 개량주의에 근거를 둔 것으로, 사회기구나 생산관계의 질적 변화를 지향하는 사회주의 변혁 이론에 의한 것은 아니었다"23)는 것을 인정

---

21) 孝橋正一, 『사회사업의 기본문제』, 1957, p. 119-25
22) 竹中勝男, 앞의 책, p. 21

하였다.

그리고 "이러한 의미에서 사회정책은 본질적으로 생산정책이며 생산력의 확보와 상승을 위한 인적 기구의 조정을 본질적 과제로 한다. 이 과제를 추구하면서 자본주의 경제 구조가 노동 생산력의 보존과 상승에 근본적인 장애가 되는 것이 현실적으로 인정되는 한, 그에 대한 대책이 '반대 원리의 확립' 또는 자본주의 구조 안에서 자라나는 대립적 사회 이론으로 정책 이론을 이행하는 것은 가능하며, 또 필연적이라 말하지 않을 수 없다"24)고 했다. 위의 논리 전개에서 알 수 있듯이, 사회정책의 자본주의적 한계성과 반대 원리의 수립이 실은 날카로운 긴장 관계를 안게 되는 것임에도 불구하고, 여기서는 의외로 문제없이 그 긴장 관계를 뛰어 넘을 수 있는 듯한 태도를 취하고 있다. 노동생산력 보존 상승에 대한 대책의 필요가 그것 자체의 필연에 따라 대립적 사회 이론으로 이행될 수 있다는 것은 과연 사실일까.

여기에서 자본 운동법칙의 자율성을 지켜보는 입장이 가르쳐 주는 점을 사회현실에서 충실하게 추구해 나가는 것이 필요하다. 그 입장에서 자본주의 체제 경제 제도의 내면적 운동의 행방을 찾고, 그 것에서 사회사업의 본질을 추구하고자 한 孝橋正一 이론은 우리 사회복지 이론이 이루어야 하는 것이다. 자본축적을 목적으로 하는 자본의 운동법칙을 중심으로 하여 그려지는 사회정책은 사회사업의 구호활동 안에서 당연히 그 보완성을 찾아내야 하며, 孝橋正一의 비판 두 번째에서 다섯 번째까지에서 제시된 '뒤바뀐 이해', '논리적 이상'이라는 비판적 관점은 그러한 점에서 올바른 것이라 할 수 있다.

그렇다면 孝橋正一 이론은 옳고 竹中勝男 이론은 단순히 잘못된 것이라 해야 할 것인가. 여기서 문제 삼아야 할 것은 孝橋正一의 첫 번째 비판점인 竹中勝男의 "사회복지 체계에서 초월적·사회학적 관념 때문에 혼란스럽게 섞여 융합되지 않는 결합이 논리적으로 융합되고자 할 때 혼란을 일으키고 있는 것이다. 이것은 논문 전체를 통하여 여기 저기에 분출되어 있는 치명적인 약점이다"25)(孝橋正一)라는 견해이다.

분명 竹中勝男 이론에서 사회학적 개념으로 사회복지를 파악하는 방법에는 세간에서 흔히 말하는 '유사 이래의 사회사업'이라는 이해를 연상시키는 듯한 혼동스러움이 있다. 竹中勝男이 "복지 또는 사회복지는 사회이념으로서 인간생활에서 필요로 하는 안정, 조화, 생활내용의 충실, 인격의 발전, 행복추구(Glückselichkeit)의 이상적 상태이다."26)라고 하였다.

또 竹中勝男이 "사회복지란 사람이 사회생활을 영위하는데 필요한 공동의 복지를 공

---

23) 竹中勝男, 같은 책, p. 50
24) 竹中勝男, 같은 책, p. 51
25) 孝橋正一, 같은 책, p. 123
26) 竹中勝男, 같은 책, p. 11

동의 사회적 기반에서 확보하고자 하는 행위와 시설조직 방법의 총칭"이며, "그것은 인간의 행복 추구의 역사적 공동체험, 그 요구의 조직화이며 제도화이다. 이러한 사회행위는 원시적 작은 공동사회에서 현재의 국가에 이르기 까지 …… 관행이 되어 왔고 또 제도화되었다"[27]라고 쓴 경우, 그 표현은 竹中勝男이 말하는 사회학적 개념 그 자체가 초역사적인 것처럼 느껴지게 한다. 그러나 그것을 과연 초역사적인 것이 돌연 역사적 현실 속에 개입한 것이라고만 풀이할 수 있을 것인가.

예를 들면 竹中勝男은 "개인의 불행이나 궁핍이 집단이나 공동 생활체의 불행 또는 위협으로 여겨지고, 사회 성원이 이 사실에 관심을 갖고, 또 그 성원의 어떤 사람이 일정한 태도나 행위를 이 사업에 나타내는 것은, '사회적 동물'로서 인류가 영위하는 생애의 특징이며, 또 그 제도의 특징으로 인식되지 않으면 안 된다"[28]라고 주장하였다. 이때 역사의 형성자인 인간의 보편적인 사회적 현상을 향한 시선은 마치 마르크스가 '생명의 생산과 재생산'이라는 사실을 역사 발전의 근본 동인(動因)으로 지적한 것과 같이, 역사 성립에서 기본적인 '형식'을 말하고 있는 것이다.

사회복지를 가리켜 실천적 개념이라고 규정한 竹中勝男은 이 형식의 실천 형태는 필연적으로 역사적인 자본주의 사회의 부조·보호·보장과 같은 구체적인 사회행위나 사회제도로서 파악되는 것이다.

중요한 것은 竹中勝男 이론이 이 요구호성의 사회적 인식에 대하여, "사회적 모순과 대립을 지양하고 고차의 사회발전의 단계로 향하는 동인"을 찾아내고 있는 점이다. 竹中勝男은 자본의 운동 법칙이 도출해내는 경제적 모티브에 대한 인간의 공동생활의 사회적 모티브로서 孝橋正一과는 다른 관점에서 주목하고 있는 것이다.

6. 사회의 변증법적 발전과 사회화 이론

에드아르트 하이만은 "사회정책은 자본 지배와 물질 질서의 구조 안에서 발생하는 반대 원리의 수립이다"라고 말하고, "그것은 자본주의에 대한 자본주의 안에서 하는 사회 이념의 실현이다"[29]라고 주장하였다. 그가 내세운 논리는 大河內一男이 『사회정책의 기본문제』(1940년)에서 '사회정책의 형이상학'으로서 강하게 배격했던 점이다.

자본주의 사회의 역사 진전은 자본이 그 자신의 이익을 위해 잉여 가치만을 좇는 상황을 희석하기 위해 시행하는, 자본의 합리적인 배려라는 사회정책과 같은 일면적 요소에 의해

---

27) 竹中勝男, 앞의 책, p. 9-11, 190, 193, 340.
28) 竹中勝男, 같은 책, p. 10
29) Eduard Heimann, *Soziale Theorie des Kapitalismus*, 1926, S, 118.

사회의 조치를 전개하는 것이 아니다. 자본주의 체제 안에 몸을 맡기면서, 자본에 대한 단순한 생산요소, 상품이 되는 노동력으로서 만족하는 것이 아니라, 사회생활에서 인간의 기본적인 욕구 충족을 추구하고, 자본주의의 영리를 추구하는 자유 경쟁원리에 반항해서 일어나는 사회집단의 구체적 요구를 제도적으로 형태화 한 것이다.

그것을 하이만식으로 '사회적 자유'나 '자유와 노동의 존엄'이라고 한다면, 사회철학적·형이상학적인 '논리의 비약[30]으로 끝나는 것이겠으나, 노동자 계급은 단순한 추상적 개념이 아니다. 예를 들면 노동절 3대 투쟁 슬로건 안에서 최저임금·기지 반대투쟁과 함께 사회보장 투쟁을 들 수 있는 것처럼, 자본축적에 대한 자본가적 관점과는 다른 생존권 옹호의 입장과 자기의 계급적 존재와 의의를 자각하는 투쟁 의욕에서 사회보장을 요구하고 있는 것이다.

그러나 이 경우, 大河內一男의 사회정책의 조직 파악과 경제적 관점에 대하여, 服部英太郎은 마르크스『경제학 비판』의 고전이 가져다 준 공장입법·노동보호 입법 이해를 위한 두 개의 상호 불가분한 이중의 '열쇠', 즉 경제적=사회적 열쇠 중, 사회적 이해의 열쇠를 보고 있지 못하다고 말하였다.

또 服部英太郎의 비판[31]에 대응하여 大河內一男은 사회정책의 발전사 속에는 처음에는 단순히 물질성=육체성에서 파악되었던 노동력이 강인한 계급투쟁 의욕의 육성에 따라, 오늘날에 이르러 탄압 법규의 위력이 되어 억압할 수 없을 정도로 성숙되었을 때에도, 그것은 상품인 '노동력'이 이제 노동력일 것을 그만 두는 과정이 아니라 - 실은 이 점에 하이만의 최대의 착오가 있다고 하는 - 노동력이 어디까지나 자본가적 상품으로서 성숙되고 발전하고 있는 것으로 보았다.

이와 같이 싸우고 항쟁하는 '노동력'에 대해 총자본이 대응하는 내재적 필연이야말로, 사회정책에서 사회법의 계기가 되는 것이므로, 사회정책 문제의 진정한 해명의 열쇠는 "이중의 열쇠가 아니라 단 한 개의 열쇠이다" 라는 견해를[32] 견지할 수 있다. 그것은 竹中勝男 이전에 기술한 '사회정책의 형이상학'에서 하이만적 사회정책인 '보수·혁신적 이중성'에 대한 부정론의 재확인일 뿐이다.

자본주의 사회 발전의 역사를 이처럼 시종일관 자본 운동법칙의 진전에서만 파악하는 사고 방법은 역사의 변증법적인 발전을 주장하는 사회과학의 인식 위에서, 과연 나무랄 데가 없는 것이라 할 수 있는 것일까.

---

30) 大河內一男『사회정책의 기본문제』, 1940, p. 49
31) 服部英太郎,「사회정책의 생산력설에 대한 비판」,『경제평론』, 1949, 2-4월호.
32) 大河內一男,「사회정책과 계급투쟁」,『사회정책의 경제이론』, 1952, p. 81-97

여기에서 자본주의적 개인주의는 사회의 역사적·현실적 발전 과정에서 사회 결합체 중심적 요소를 산출해 내며, 이것을 발전시키고 결국 스스로를 지양하지 않으면 안 되는 것이 사회 발전의 약속이다. 자본의 운동법칙만으로 사회적 모순을 계기로 역사 속에서 변증법적으로 싹트고 자라나는 사회 세력의 결성을 인정하려 하지 않는 사회이론은 자본주의 사회에 대하여 어떤 한 면에서는 지극히 역사적인 감각을 가진다. 그러나 다른 면에서는 사회의 변증법적 발전과는 반대 원리의 성장과정을 경시 또는 망각하고 있다. 그래서 사회에 대한 비역사적인 인식에 생기게 되고, 발전으로 보이나 고정되었고, 진보로 보이나 보수적이 기조차 한 '반(半)역사성' 밖에 갖지 못하게 될 수 있다.

竹中勝男은 "개인주의적 사회이론은 자본주의 사회의 생성과 발전에 깊이 작용하였다. 또 역으로 자본주의적 생산관계의 발전은 개인주의적 사회이론에 규정적인 작용을 끼친 한, 현실에서 자본주의적 생산관계의 모순을 극복하고자 하는 노력은, 필연적으로 대립되는 사회주의적 이론의 발전을 촉진시킨다. 따라서 복지의 사회이론은 복지에 관한 사회주의 이론으로서 파악되는 것이다"[33]라고 하였다. 이 경우 아직까지 노동조합이나 지역사회의 민주화 세력은 미약하며, 사회주의적 정치운동의 앞날은 아직도 멀다고 생각되는 오늘날 일본 사회에서, 사회정책이나 사회사업의 현실 안에서 반대 원리가 싹트고 성장하는 것을 감지하기란 쉽지 않다.

그러나 竹中勝男은 반대 원리가 사회정책과 마찬가지로 사회사업 일반 안에도 있음을 확신하고, 사회사업이 아직까지 인도주의나 사회연대 사상에 의하여 뒷받침되었던 단계라고 하였는데, 이 것은 사회사업이 발전된 자본주의 사회 조직의 근본적 변혁을 지향하는 대립적 사회 이론으로 파악되지 않았던 때의 일이라 해석된다.[34] 생각해 보면 사회정책이나 사회사업은 사회적 변혁에 대해, 자본주의 사회가 당면한 사회관계에서 부조정에 대한 작은 대응에 국한되는 것이며, 그 넓은 대응은 정치권력의 장악으로 나아가는 정치 운동의 임무이어야 한다.

그러나 竹中勝男이 그 미시적 대응의 총체에 대하여, 구호·보호·예방·부조·보험·보장과 같은 형식 및 내용의 대강을 포괄하는 목적개념으로 '사회복지'라는 적극적 의미의 상위개념을 부여한 것은 그의 복지사회화 이론 자체가 위에서 쓴 것처럼 사회 발전의 전환기에 놓여 있는 현대임을 늘 사고의 배경에 놓아 두었기 때문이다.[35]

---

33) 竹中勝男, 앞의 책, p. 46
34) 竹中勝男, 같은 책, 52페이지.
35) M. Penelope Hall (*The Social Services of Modern England*, 1952)이 social services 안에 사회보장을 포함시키고, 그 대강을 포괄하는 목적개념으로서 'social service' 라는 용어를 사용하고 있는 경우, 그것은 竹中勝男의 '사회복지'와 거의 동일

孝橋正一이 말하는 '가치의 뒤바뀐 이해'라는 관점은 竹中勝男에게 전환기의 사회복지 이론에서 양보할 수 없는 주장이다. 또 자본운동 법칙의 이해에 관한 사회이론에서 본다면 '논리의 이상 현상'으로 생각되는 것이 사회의 변증법적 발전의 원리에 알맞게 대응한 관점에서는 실은 정상의 위치를 지킨다는 것이다. 竹中勝男 이론과 孝橋正一 이론은 '어긋나서 뜻대로 되지 않는 형상'을 만들고 있는 것처럼 보이지만, 프롤레타리아적 관점을 공통의 입장으로 하는 이 두 가지 이론은 궁극적으로 통일적으로 이해해야 한다고 필자는 변함 없이 확신한다.

역사의 진전은 반드시 竹中勝男가 말하는 사회적 모티브를 사회복지에서 중요한 의의가 있음을 마음에 새길 것이다. 약간의 이론적인 미흡함에도 불구하고 교수의 『사회복지연구』는 이 세계사적인 일대 전환기에, 사회복지가 나아가야 할 방향을 제시하고 있다고 할 수 있다. 竹中勝男의 뜻은 오래도록 후배들의 가슴 속에 살아 있을 것이다.

한 포괄적 의미에서 사용하는 것이다. Walter Friedlander(*Introduction to Social Welfare*, 1955)도 마찬가지로 Social Welfare를 목적개념으로 사용하고 있다. 단지 竹中勝男이 사회복지는 노동관계를 포함하지 않는 생활관계의 조정활동을 고유한 범위로 한다고 기술하는 것은 문제이며, 복지의 사회화 이론은 당연히 노동자까지 그 범위에 포괄해야 한다. 竹中勝男 이론은 사회복지의 포괄 범위에 대하여, 大河內一男 이론의 국민 경제적 연계를 빌미로 한 경제질서 외적 존재라고 하는 개념으로 연결되어, 오류를 범하고 있는 것이다.

제5장 사회복지의 구조·기능적 이해

　　- 孝橋正一 비판에 대한 반론 -

1. 사회 체제론에 바탕을 둔 실천 행동 이론

　세계 경제의 급격한 성장 속에서, 경제발전과 사회개발의 왜곡이 유래 없는 깊은 장벽을 만들어 낸 최근 약20년 동안에, 특히 경제 성장률이 높은 일본 사회에서, 많은 사회복지 이론가는 이 장벽의 근원에 시선을 향하고 있다.

　이들은 자본주의의 일본식 전개 과정에 현저하게 나타난 자본축적 우선 정책이 한 사람의 노동자·농민뿐만이 아니라, 한층 광범위한 계층에 걸쳐서 국민 대중의 생활을 침해하고, 거기에서 여러 가지의 사회적 불충족이나 부조정을 일으키는 사실을 응시하지 않을 수 없었다. 이 불충족·부조정에 대한 대책으로 추정되는 공사(公私)의 사회복지 활동의 현상은 협동체 사상이나, 측은지심의 결정인 것처럼 서로 변모하여 나타난다.

　그 내면에는 이윤 추구를 목적으로 개인주의의 타산적 합리성을 가지고, 사회질서를 지배하고자 하는 자본주의 본래의 약속과, 자본축적 중심의 사회 정책에 따르고자 하는 자본의 운동법칙을 철의 한계선으로 하는 모습이 있다. 그 한계 안에서 국민의 최저생활을 유지하고, 사회 생활질서의 안정을 꾀하고자 하는 본질은 사회로부터 체험하는 여러 사실, 특히 현실의 사회복지 기관·시설 등 있는 그대로의 모습 속에서, 설사 사회과학적 사유에 익숙해지는 일이 드물다 하여도, 어느 정도의 실태를 관찰하는 눈을 가진 사람이라면 쉽게 직감할 수 있는 것이다.

　일반적으로 과학은 사물의 법칙을 알고 사물을 지배하는 것을 과제로 하는데, 특히 사회과학은 자연사를 대상으로 하는 자연과학과는 달라서, 사회적 인간의 복잡한 역사적 법칙을 대상으로 하고 있다. 여기서 과학은 역사의 실증적 연구를 매개로 하여, 사회 존재의 실증적 이론을 도출하고, 그것은 사회생활이 내포하는 가치의식·가치판단·가치기준과 같은 일련의 여러 변수와 연결되어, 일정한 정책 인식에 도달한다.

　물론 사회과학의 하나인 정책학은 아무리 인간의 주관적인 가치 판단을 다룬다 하더라도, 그것이 과학인 한 그 객관화 인식의 특질에 따라서 일체의 정책 실천을 객관적, 존재론적으로 고찰해야 하며, 주관의 규범적인 색안경을 갖고 객관적 사실을 조금이라도 왜곡해서는 안 된다.

그러나 정책학이 사회과학적 객관성에 충실하는 것을 '과학하는' 주체인 사회과학자의 세계관, 인생관이 침묵한다고 볼 수는 없다. 자본주의 사회체제의 객관적 고찰은 어디까지나 엄격한 객관화 인식에 따르는데, 그의 세계관, 인생관에 바탕을 둔 가치관은 시민 사회 법칙을 무조건적으로 수용하고, 그 온존에 헌신하는 것을 용납하지 않고 체제순응에 견디기 힘든 문제의식을 갖는 것을 방해하지는 않는다.

과학이 그 객관화 인식에 의하여 들추어 내는 사회 현실의 운동방향을 정확하게 인식하게 됨에 따라, 과학자의 양심이 시민사회를 극복하기 위하여, 자본주의 사회에 비판적이라는 과학 활동에 한층 열의를 갖는 사람들의 실례를 우리는 가까이에서 적잖이 찾아 볼 수 있다.

사회과학 중에서도 사회복지학 같은 사회 실천을 추구하는 실용적 학문에 정진하는 학도들에게, 사회 변혁의 문제는 실로 학문 주체자의 '양심의 시금석'이라고 할 수 있다. 자본주의 사회가 양산하는 인간 소외 환경에 대한 실태 연구가 진전됨에 따라, 한층 소외의 우려가 심화되고, 마음이 병든 채 사회활동을 하고, 스스로 힘든 시대를 걷고 있다는 생각에 젖어 사는 오늘의 세태에서 孝橋正一(고하시세이이찌)은 필자에게 실로 매력이 넘치는 인물이다.

그는 사회복지학 연구자가 잊어서는 안 되는 이론 구축에서 하나의 기점을 이상하리 만큼의 학문적 집념을 가지고 엄격하게 고수해 온 사람이다. 孝橋正一은 '사회사업'을 "자본주의제도의 역사적·사회적 규정 속에서 파악하고, 자본의 운동법칙, 자본축적의 절대 보편적인 법칙, 노동자 계급의 빈곤화 법칙을 전제 또는 조건으로 하여, 사회과학적 방법론에 바탕을 두고 사회사업의 본질을 해명하고자 하는" 입장을 흔들림 없이 그의 저서『사회사업의 기본문제』를 통하여 거듭 지적해 왔다.

세익스피어는『율리우스 시저』에서 "겁장이는 죽을 때까지 몇 번이나 죽는다. 그러나 용감한 자는 단 한 번밖에 죽음을 맛보지 않는다"라고 하였는데, 孝橋正一의 일관된 태도는 실로 용감하다고 할 수 있다. 필자가 그에게 주목하고 그에게 친근감을 느끼는 것은 변하지 않는 약자에 대한 배려와 일관된 연구 자세이다.

이전에 필자는「사회보장의 기본 성격」[1]을 집필하면서, 비버리지 보고가 사회보장을 민주주의 승리의 결정체로 보고, 국민협동체 요구의 자기관철 과정으로 이해하는 입장을 비판한 일이 있다. ILO의 1942년 보고서『사회보장으로 가는 방법』(Approach to Social Security)은 여러 나라의 사회부조와 사회보험이 하나의 사회보장 체계를 향하여 걸어가는

---

1) 嶋田啓一郎,『인문학』, 同志社대학, 제7집, 1952.

동향을 나타내는 것임을 지적하였다. "결국 사회부조가 중심이 되느냐, 사회보험이 중심이
되느냐는 판명되지 않았다. 그리고 거기에는 단지 국가적인 사회보장 제도가 존속한다고
밖에 말할 수 없게 될 것이다."라고 예언했다.

　　같은 해에 공표한 비버리지 보고에 대하여, 필자는"사회보장은 일반 국민의 안녕을 위하여
존재하는 복지국가의 과제이며, '보통사람의 행복'을 약속하는 민주주의의 영광으로 찬가 속
에서 불리기도 한다. 그러나 그 성립의 참 뜻을 찾아내는 사람은, 그 찬가의 기조를 이루는 것
이 실은 슬픈 노래의 음계를 내포하고 있음을 지적하지 않을 수 없다"2)라고 기술하였다.

　　또 "결국 국고부담 부분의 증대를 요건으로 하는 사회 보장이야말로 나라의 책임이라는
명분을 가지고, 그러나 실질적으로는 노동자 계급의 부담증가, 즉 필요노동 부분의 지출 증
가에서 이루어지는 사회 정책임을 인식해두지 않으면 아니 된다. 동시에 또 독점 자본주의
하의 궁핍화 현상이 심각하게 진행함에 따라, 이제 사회보험으로는 처리할 수 없는 사회적
요구호성을 광범위하게 안고 있으며, 사회보호 제도에서 사회보험의 확충은 그 보완 제도
로써의 기능을 갖는 사회부조 제도에 필연적으로 연결되지 않을 수 없다"3)고 하였다.

　　"사회보험과 사회부조와의 혼연 융합"(松本浩太郎)이라고 불리는 사회보장의 성립
과정이 岸本英太郎(기시모토에이타로)의 분석에서 알 수 있듯이, "사회보험의 발전이
아니라 자본제 생산의 심각한 위기에서 보이는 사회보험의 위기적 전략 형태이다"라는 비
판에4) 귀기울이고자 한 것이다.

　　이 견해는 필자의 학문 연구의 '초심'에 해당하며, 世阿弥의 "초심을 잊어서는 아니 되며
어느 때고 초심을 잊어서는 안 된다. 또한 노후에도 초심을 잊어서는 아니 될 것"이라는 『화
전서』에 나오는 말처럼, 언제까지나 필자의 사상·학문의 기반은 '노후의 초심'이 될 것이다.

　　사회보장과 사회복지의 기본인 성격을 이해하는 데에 필요한 자본주의 사회의 메카니즘
을 기점으로 하는 孝橋正一의 여러 논문에 나타난 관점은 필자에게도 사회복지 문제 사고
의 출발점이 되는 공통성을 지니고 있으며, 시사하는 바가 커 늘 주의 깊게 읽어 온 것이다.

　　필자에게 가장 중요한 학문 과제는 사회복지 실천에 몸을 던지는 형제 자매들에게 그 실
천에 접근하는데 필요한 과학적 태도와 본질에 바탕을 두고, 현장 실천의 기능 또는 방법에
관한 체계적 이론을 제공할 수 있는 유효 적절한 사회복지 이론을 수립하는 일이다.

　　과거 일본 사회복지학회의 '반역기'에 현장 사회복지사들이 절실하게 요구해 왔던 것은
현장의 곤란한 사정에 대처하고, 정확한 클라이언트 처우를 수행하고, 또는 폭넓게 대응할

---

2) 嶋田啓一郎, 앞의 책, p. 7-8
3) 嶋田啓一郎, 같은 책, p. 10
4) 岸本英太郎, 『사회정책론의 근본문제』, 1950, p. 37

수 있는 제도 기획을 담당하기 위한 적합한 이론의 발판을 제공해 달라는 것이었다. 현장과 대학이 연계하여 상호 고유의 기능을 결합함으로써 협력과 일치의 체제를 확립해야 할 필요성은 누구나 통감하면서도, 양자는 어찌할 수 없는 거리가 있었다. 우리 학자들이 구축해 온 이론이 현장 활동가의 일상적인 실천에 불가결한 무기로서 위력을 발휘하지 못한다는 현장으로부터 들려오는 탄식의 소리는 실천 과학에 대한 집념을 생명으로 하는 우리들 가슴에 깊게 와 닿는다.

아직 역사가 짧은 사회복지 연구의 학문 영역에서, 사회복지 종사자의 전문성 확립을 가능하게 하기 위하여 노력하는 일은 학계의 모두가 염원하는 바다. 필자는 필자 나름대로 현장을 직시하고, 국내외의 실천가 및 학자로부터 가르침을 구하고, 사회복지학 개척의 일익을 담당하고자 노력해왔다. 그것이 개척의 임무에 속하는 한, 앞에 가로 놓여 있는 벽은 높을 수 밖에 없으며, 이미 깔려진 레일 위를 질주하는 기관차처럼, 위세 당당하게 돌진하는 모습일 수는 없는 것이다.

정직하게 말하자면 때로는 나아가고 때로는 멈춤을 반복하는 것인데, 그 망설임은 늘 필자를 겁쟁이로 만든다. 용기 있는 자는 단 한번 밖에 죽음을 맛보지 않는다는데, 실로 겁쟁이는 죽을 때까지 몇 번이고 죽음을 맛보는 것이다. 제법 초고를 마무리지은 단계에서, 출판사에 약속한 『사회복지대계』는 문자 그대로 '보류'해둔 채, 여전히 마음 고생을 거듭할 수밖에 없었던 것은 사회체제에 바탕을 둔 실천행동 이론이 지금껏 발전 단계에 있는 까닭이며, 더욱이 학문의 깊이가 얕고 재능이 부족한 필자로서는 아직도 넘어야 할 많은 산을 앞에 두고 있기 때문이다.

2. 사회복지의 과제와 인간 행동 과학

필자는 사회복지를 다음과 같이 정의한다. 사회복지란 놓여진 일정한 사회 체제에서 사회 생활의 기본적 욕구를 둘러싸고, 사회관계에서 발생하는 인간의 주체적 및 객체적 조건의 상호 작용에 따른 여러 가지 사회적 불충족, 또는 부조정 현상에 대응하여, 개별 또는 집단적으로 그 만족·재조정, 예방 조치를 통하여, 여러 개인 또는 집단의 사회적 기능을 강화하고, 사회적으로 정상적인 생활 수준을 실현함과, 전인적 인간의 통일적 인격을 확보하고자 하는 공적 및 민간적 활동의 총체를 의미한다.

그 전문 실천 형태로서의 사회사업의 제반 활동은 손상된 능력의 회복, 개인적·사회적 자원의 제공 및 사회적 기능 장애의 예방 등과 같은 세 가지 기능을 포함한다.

정의란 분류를 지시함과 동시에, 본질을 지시하는 임무를 담당하는 것이다. 여기서 필자는 현대 일본의 사회복지 활동이 놓여진 일정한 사회체제, 즉 자본주의 체제 의 구조 안에서 전개되는 기본적 생활욕구의 불충족이나 부조정에 대응하는 것을 대전제로 하여, 그 본질적 조건의 한계 안에서 추진되는 사회복지 실천의 과제를 지적하고자 노력하였다. 정의는 그 사람의 학문적 수준의 결정체이므로, 학구적 노력의 진전에 따라 바뀔 수 있는 운명에 있다. 그러나 필자는 일본 사회복지학회 『사회복지학』 창간호(1960) 「사회복지와 사회과학」 (본서 제1장)에 기술한 정의이래, 진의를 나타내는 데에는 부족하나마 대체적으로 같은 표현을 유지해 온 것이다.

필자의 사회복지 연구의 관심은 사회 실천학으로서 사회복지학 건설을 지향함으로써, 자본주의 체제에 뒤따르는 대중의 생활구조를 침해하는 현상에 맞서 생활방위를 위한 원조과정에 투신하는 사회복지 종사자의 올바른 대응의 발판을 구축하는 것에 주안점을 둔 것이다. 따라서 예를 들면 「전문 사회사업의 문제점」(본서 제6장) 또는 「사회복지와 전문직제도」(본서 제16장)에서 나타낸 바와 같이, 연구의 초점은 항상 사회복지 종사자에게 있으며, 사회복지 실천이 놓여진 체제적 위치와 그 체제 내부에서 그들이 추진해야 할 실천 행동의 과학적 결합과의 양 측면을 해명하는 것이, 사회복지학의 과제라고 생각하였다.

사회복지 실천의 본질적 전제로, 무엇보다 먼저 체제 메카니즘 안에서 자본의 운동법칙이 필연적으로 전개하는 자본 축적 중심의 정책체계가 어떻게 사회복지에서 체제 보존적 역할을 하는지 엄격히 규명하는 것이 사회복지 활동의 무비판적인 자기 도취에서 벗어나기 위해 필요하다. 사회복지에는 큰 손짓을 하며 전개되는 자본가 중심의 활동이 있는가 하면, 권력 지배에 근원을 두는 관제(官製)의 복지사업도 현존한다. 그것에 대한 통찰력을 갖는 사회복지 활동가가 자본주의 사회의 체제적 제약 때문에 침해당하고 있는 대중의 생활구조를 보호하는 사회적 임무를 수행하기 위해서는 실천 행동의 체계적 이론을 어디에서 구해야 할 것인가.

사회복지가 대응하게 되는 사회적 불충족이나 사회적 부조정은 자본주의 사회의 사회 관계에서 고유한 인간의 주체와 객체, 퍼스낼리티와 환경과의 접점에 생기게 되는 것이므로, 그 원인을 밝히는데 구조·기능적으로 대응하는 과학적 방법을 탐구하지 않으면 안 된다는 것이 필자 연구의 첫 번째 착안점이었다.

이와 관련하여 최근 학계에서는 사회관계 속의 개인과 집단이나 제도와의 기능적 상호연관을 묻는 인간행동과학(a science of human behavior)의 연구가 이루어지고 있다. 이는 사회 체제론의 기초에서 출발하는 것이 아니며, 자본주의 사회 그 자체의 문제점을 여러 현상의 깊은 곳에서 통찰하는 것도 아니다. 그 자체 그대로가 우리의 이론적 체계가 될 수 없으나, 사회생활에 관한 미개척분야를 탐구하는 종합적 학문방법을 무시하고, 자본주의 사회의 비판적 연구만을 행하는 것으로는, 사회복지학의 건설은 불가능하다고 생각한 것이다.

사회 체제론의 관점에 서있는 우리는 체제를 이해하는 이론 구조의 당연한 귀결로써 사회관계의 물질적 관계와 이데올로기 관계를 종합한 이론에서 이렇게 말하였다. "인간행동 과학을 다시금 한 단계 높여서, 현실과학으로서의 사회과학의 기반 위에 자리를 잡아, 그들의 부조정 현상을 사회체제의 모순과 서로 관련지어 연구할 필요가 있다"(「사회복지와 사회체제」, 1967, 본서 제2장)라고 주장한 것이다. 학문 방법으로서 '인간행동 과학' 그 자체는 세계 학자들의 연구 발전에 따라 변모를 거듭하고, 언젠가는 과거의 것이 될지도 모른다. 한 개 학파의 옹호나 방어는 우리가 원하는 바가 아니다. 중요한 것은 인간 사회를 연구하는 종합적인 연구 태도 그 자체인 것이다.

이 때, 孝橋正一은 『사회과학과 사회사업』(1969)을 저술하고, '사회사업 논쟁'을 통하여, 필자가 전개하는 이론의 문제점과 그 비판을 행하였는데, 또다시 『속·사회사업의 기본문제 - 사회과학적인 방법론에 의한 비판적 연구』(1973)을 발간하고, 앞서 저술한 논점과 더불어, 그 후의 졸고 「사회복지와 사회활동」(『평론·사회과학』 제3호, 1971)에 대한 비판을 추가하였다. 두 책 모두다 "시마다 이론은 궁극적으로는 파산할 수 밖에 없는 것으로 전락하고 있다"라고 비판하고 있으며, 이는 학문을 천직으로 하는 자를 비판하는 말로는 최대치의 표현을 쓴 전투적인 논문이다. 일본의 여러 연구자들을 열거하여 쾌도난마(快刀亂麻)의 단죄를 행하는 듯한 느낌이 드는 이들 저서는 실로 흔들림 없는 '집념'의 풍모를 드러내고 있다. 그 논법에는 예리한 관찰력이 토대가 되어 있어, 배워야 할 점이 적지 않다.

실제로 "벗이란 그 장점을 주고 받는 것"이라는 말을 늘 신조로 삼아온 필자는 孝橋正一 이론의 장점을 배우고 그 깊은 맛을 흡수하면 족한 것이며, 이들 저서의 여러 곳에서 나타나는 감정의 파도에 이끌려 논쟁의 표제로 드러난 비판에 대응하는 것보다, 자신의 견해를 적극적으로 구축하는 편이 필자에게 한층 의미 있는 것처럼 여겨진다. 그러나 동료나 학생들로부터 孝橋正一 논문에 의하여 필자의 진의가 세상에 잘못 전달되고 있는 것은 아닌가 하는 우려를 몇 차례인가 듣게 된 터라, 그러한 범위에서 이 글을 써두고 싶은 것이다.

그렇다고는 하더라도 孝橋正一 논문은 적어도 필자에 대한 비판점에 관한 한, 약간의 불행한 오해와 함께, 학문적 방법론 그 자체가 근본적으로 서로 다른 기초 위에 있는 것이다. 학계의 어느 선배는 孝橋正一의 이론 체계는 마르크스주의적 분석에 기초한 고정적인 '사회과학' 개념에 의하는 것으로, '논쟁'의 귀추는 이미 개입하기 전부터 예상되었다. 그런 만큼 생산적 의미를 갖는다고는 생각되지 않는다고 비평하였으나, 이론의 진전을 바라는 필자는 진의를 전달하고 학자로서 함께 생각해 보고 싶은 점이 있다. 孝橋正一와 같이 오랜 세월에 걸쳐 하나의 정해진 논법을 고수해 온 경우, 필자와 같이 항상 초심자의 마음으로 시론적인 견지에서 미지의 분야를 개척하고자 하는 자의 논설 따위로는, 학문적 방법론에서 충분한 설득력을 갖고 서로 통하는 것을 얻는 일이란 불가능한 일인지도 모른다.

3. 사회복지에서 '사회적인 것'

孝橋正一의 논술이 필자의 진의를 왜곡시키는 것이 아닌가 하는 우려를 자아내는 첫 번째 점은 사회복지에서 '경제적인 것'에 대한 '사회적인 것'의 관계에 관련된다. 孝橋正一에 의하면 필자가 竹中勝男(다께나까가쓰오) 이론의 유전적 계승자로서, "竹中勝男의 사회 문제 대책에서 경제적인 것과 사회적인 것을 대조하여 구별하고, 사회정책 성립의 모티브가 전자이고, 사회사업의 그것은 후자이며, 또 후자의 근본적 중요성을 지적함과 함께, 사회적인 것에 대한 동경과 전개에 사회사업의 본질을 추구하고자 하였다. …… 시마다는 竹中勝男 이론에 의존하여, 그 구상의 기본부분을 거의 그대로 계승하고, 어떤 장면에서는 그 이론의 약점을 보수하고, 다른 장면에서는 竹中勝男 이론의 올바른 설정을 왜곡·개악하여 스스로의 이론을 구축해 왔다."[5]

孝橋正一의 해석에 따르면, "일본 사회정책 이론의 전통이 경제적 관점에서 노동력정책 대상과 그 내용에 있는 것에 대한 저항, 그로부터의 탈출을 사회적 관점에서 본 사회사업 이론으로 추구하고자 한" 竹中勝男 이론을 필자가 계승하고, 그 竹中勝男 이론이 말하는 사회적인 것을 사회심리문화적(psycho-socio-cultural)인 것으로 전개한 것[6]이며, 또 "'경제정책 = 사회정책'의 체제적 제약에 대한 '사회 = 사회복지'의 체제 극복을 바라는 것(願望性)으로 그대로 계승되었다"[7]는 것이다. 만일 이와 같이 필자가 경제적 기초에서 벗어난 단순한 심리·사회·문화적인 것의 총체로서의 '사회적인 것'의 기초 위에, '인간 관계론적 체계에 대한 친근성'을 주축으로 하는 사회복지 고유의 영역을 설정하고 있는 것이라면, 분명 사회복지는 체제론의 기초적인 관점을 잃게 되는 것이며 그것은 필자의 역동적 통합이론의 근간을 깨는 것이 되어 버린다.

필자의 竹中勝男 추도 논문 「전환기의 사회복지 이론」(본서 제4장)에서 竹中勝男의 사회적인 것의 주장을 적극적으로 평가하고자 한 점은, 전후의 大河內一男·服部 논쟁에서 마르크스의 사회정책 파악 논리, 즉 "공장입법·노동보호 입법이해를 위한 두 개의 상호 불가분한 이중의 열쇠", 다시 말하면 '경제적·사회적 열쇠'에서 大河內一男의 '사회적인 이해의 열쇠'의 포기에 대한 의문을 염두에 두고 있었기 때문이다. 필자는 위의 논문

---

5) 孝橋正一, 『사회과학과 사회사업』, 1969, p. 229
6) 孝橋正一, 앞의 책, p. 231
7) 孝橋正一, 『속·사회사업의 기본문제』, p. 156

을 쓰기 전에 大河內一男·岸本英太郎 편저인『노동조합과 사회정책』(1959)에 孝橋 正一의 논문과 나란히「노동조합과 노동자복지 활동」이라는 글을 기고했을 때 다음과 같 이 기술하였다.

　"필자는 그의 저서『사회정책의 기본문제』(1940) 이래 大河內一男의 사회정책 이론 에 대해 그 깊은 학문적 은혜에 감사하는 사람 중의 한 사람이다. 그러나 교수가 그의 저서 『사회정책의 경제이론』(1952)의「사회정책의 계급투쟁」이라는 논문에서 마르크스에 의 하여 나타난 사회정책 파악의 '입장인 공장입법·노동입법 이해를 위한 두 개의 상호 불가 분한 이중의 열쇠', 즉 경제적 = 사회적 열쇠 중에서 사회적인 이해의 열쇠는 포기하였다.

　또 '사회적 필연성으로 사회정책의 근거이면서 바탕이 되는 형태의 본질 규정의 도입을 부정' 한다는 服部英太郎의 비판에, 마르크스가 노동입법은 자본에 대한 노동계급의 투 쟁에 의하여 생기는 것이라고 주장한 진의는 상품인 '노동력'이 노동력이기를 포기하는 과 정이 아니다. 어디까지나 계속 투쟁해 나가는 노동력에 대한 성숙의 과정으로 파악하고자 하는 것이며, 이중의 열쇠는 실은 '이중(二重)'이 아니라, 단지 '하나의 열쇠'가 존재하고 있는 것이다라고 해설할 때, 필자는 마르크스를 이해하느냐 못 하느냐의 문제를 떠나서, 오 오가와우치 논리의 가장 바탕이 되는 부분에 대하여 의문을 갖지 않을 수가 없다.

　노동운동을 형성하는 사회 세력은 어떤 자본가의 눈 또는 '경제' 학자의 시각에서는 단 순히 사회정책 성립의 필요성을 실현하기 위한 계기가 되는 것에 불과하다. 사회정책 자체 는 비본질적인 부분으로 이해한다고 해도, 사회의 현실 관계를 분석하는 사회학적 시각에 서는 사회의 본질적 부분을 의미한다.

　노동자의 단순한 노동력이 아니라, 노동자의 인격적 요구에 뿌리를 둔 사회보장요구는 정치를 그 장으로 하여, 자본가들로부터 노동력 보존요구와 교섭에 대항하는 힘의 관계에 따라 사회보장의 범위나 깊이가 결정된다. 이 자본(가)과 노동자 인격과의 상반된 두 개의 힘 겨룸에서, 자본 스스로는 노동자가 배출하는 사회적 불안을 감안하면서 어디까지나 자 본 축적을 위한 노동력 합리화 과정으로 사회정책을 추진하는 것이겠으나 노동자 스스로는 자본주의 사회에서 노동착취의 사실을 계기로, 노동자 보호를 위한 사회질서 형성에 역량 을 결집한다.

　그러나 자본주의 경제 사회는 그것이 자본가적 축적을 기초로 하는 사회인 한, '자본축적 을 방해하지 않는 한도 내에서의 사회정책'이라 는 철의 한계선에 늘 직면하게 된다. 노동운 동이 아직까지도 미약한 오늘날의 사회에서 이들 두 개의 이질적인 힘의 대립은 자본의 지 배적 압력의 군림을 허용하고 있으나, 노동운동을 주축으로 한 사회운동의 진전은 이 철 의 한계선을 격렬하게 흔들어 후퇴시키고자 한다."[8]

여기서 다소 장문을 인용하여, 특별히 강조하고자 한 것은, 사회정책의 이해는 자본가 우선의 사회 현실이 노동력 보존에 대한 자본가의 요구가 일방적으로 자기를 관철하고자 한다는 사실이다. 또한 자본의 운동법칙에 저항하여, 노동력을 담당하는 노동자의 생활구조를 보존하려는 사회 세력이 오늘날 아무리 미약하다 하더라도, 엄연히 자기의 사회적 존재를 주장하고, 사회적 세력의 강화를 목표로 싸우고 있는 점을 전제로 해서, 경제적=사회적 열쇠의 인식이 불가결의 조건이 됨을 명백하게 밝히고 싶기 때문이다.

大河内一男 이론은 노동 현장에서 노동력 담당자로서 노동력을 생산하고 판매하는 노동자가 경제활동의 주체가 될 수 없고 단순한 노동력 그 자체로 밖에 존재할 수 없으며, 노동자 스스로 경제에서 소외되는 현실 인식을 바탕으로 하였다. 大河内一男는 노동시장을 '물건을 사는 사람'(즉 자본가) 논리의 일방 통행적인 합리성을 가지고 이해하면서 사회정책을 결론지으려 하였다. 위 졸고에서 '자본가의 눈 또는 「경제」 학자의 시각'이라 기술하고, 특히 '경제' 학자를 거론한 것은 물론 이 노동자를 사회정책으로부터 배제한 大河内一男 교수를 염두에 둔 것이며 그 문제점을 지적하고 싶었기 때문이다.

사회정책에서 노동력은 그 담당자인 노동자 주체와 불가분한 관계에 있다. 따라서 사회정책은 이중의 논리, 즉 자본의 논리와 함께 노동자의 '생활구조'의 논리를 담당하지 않을 수 없다.

자본의 논리는 생산과정의 논리인데, 노동자는 생산과정과 함께 거기에서 비어져 나온 소비 과정의 논리를 가지며, 여기에 또 노동자의 주체 회복의 가능성을 안고 있다. 생활구조에서 소비 과정은 경제적인 사항임과 동시에, 생활 내용을 형성하는 기본 조건으로써, 자본 논리의 일면적 관철에 대하여 저항하는 사회적·정치적 논리에 관련되어 있다. 오오가와우치의 '경제'학 안에서 사회정책 자체는 비본질적으로 이해된다 하더라도, 사회의 현실관계를 분석하는 사회학적 시각에서 본 생활구조 보호를 목표로 하는 사회적 세력이 사회의 본질적인 부분인 것을 의미한다고 한 사실은 위와 같은 사정을 표현하고자 한 것인데, 그 진의가 갖는 뉘앙스를 전달하는 데에는 부족한 표현이었던 것으로 생각한다.

竹中勝男은 "사회정책 고유의 범위가 노동정책에 있다고 한다면, 사회사업의 그것은 노동관계를 포함하지 않는 생활적 사회 관계의 조정 활동에 있다. 사회정책의 대상인 사람은 노동관계에서 집단적, 계급적 인간인 것에 비하여, 사회사업의 그것은 사회생활, 특히 소비적 일상생활의 개인 또는 가족이다."9)라고 하였다. 이는 사회사업에만 생활적 사회관계

---

8) 嶋田啓一郎, 「노동조합과 노동자 복지활동」, 大河内一男·岸本英太郎 편, 『노동조합과 사회정책』, 1951, p. 63
9) 竹中勝男, 『사회복지연구』, p. 144

조정의 임무를 짊어지게 하고 있는 것에 비하여, 필자는 "사회정책을 통하여 노동자의 사회적 세력관계가 증대"[10]되는 측면을 중시하고, 노동자의 생활요구가 자본운동의 일정한 한계선 안에서 사회정책을 반영하고, 사회보장, 기업의 후생 복리활동, 나아가서는 노동조합 자체의 손에 의한 생활 협동조합, 노동금고, 공제(共濟)활동 등과 같은 소비적 일상 생활에 관련을 갖는 점을 명백히 하고자 한 것이다.

그것은 소비가 경제학 범주에 속하는 한, 당연히 협의의 '경제적인 것'에 속하는 것인데, 소비를 통해서 실현하는 생활구조 확립의 지향은 이윤추구에서 자본축적 중심의 운동법칙을 중심으로 전개되는 경제활동이며, 초점을 달리하는 사회적 존재에 시선을 향하고 있는 것이다. 필자가 이 생활 구조 중심으로 전개하는 사회적 세력을 초점으로, 그것이 협의의, 즉 자본운동법칙의 움직임에 집중하는 '경제적인 것'에 대비되는 '사회적인 것'으로 구별하고자 한 것은 마르크스의 경제적 = 사회적 '열쇠'의 이론에서 시사되며, 그 중 오오가와 우치가 포기하고자 한 '사회적인 이해의 열쇠'를 사회정책 및 사회복지에서는 중시해야 한다고 생각했기 때문이다.

베르너 좀바르트는 경제성향에 대해 '욕구충족경제'(Bedarfsdeckungswirtschaft)와 '이윤추구경제'(Wirtschaft des Gewinnstreben)의 두 가지 유형으로 분류했다.[11] 마르크스의 '경제적 열쇠'가 나타내는 것과 같은 소위 '경제인'(economic man)에서의 '경제적인 것'이란 좀바르트가 말하는 '영리원칙'에 따라 이윤획득을 위하여, 재물은 다른 재물과의 교환을 위하여 생산하는 것을 목적으로 하여 활동하는 사람들을 말하는 특정의 표현이다.

이것에 대하여 마르크스의 '사회적 열쇠'가 나타내는 것과 같이 오늘날 일반적으로 사용하는 '사회인'(social man)의 '사회적인 것'이란 '부양원칙'(Versorgungsprinzip)을 궁극적인 목적으로 하여, 사회생활의 욕구충족을 위해서, 소비재의 생산을 추구하는 사람들을 의미하는 말이다. 따라서 사회인은 인간의 사회적 생활구조를 확립한다는 의미에서, '경제인'보다도 넓은 함축성을 갖고 있다. 그러나 이 사회인은 그 안쪽에 항상 '욕망충족경제'라는 지향을 내포하고 있으므로 소비재의 생산·배급을 임무로 하는 경제를 무시하고, 또는 그것으로부터 떨어져 심리·사회·문화적 내용만을 추구하고자 하는 것을 용납해서는 않된다.

---

10) 嶋田啓一郎, 앞의 책, p. 64
11) Werner Sombart, Die Ordnung des Wirtschaftslebens, 1925, S. 15.

4. 자본의 지배에 대한 생활구조의 보호

필자는 이상과 같은 관점에서 자본주의 사회의 여러 문제를 이해할 때, 그림으로 표현하면, 그림에 나타나는 바와 같이, 안쪽으로 교차되는 부분을 갖는 두 개의 다른 원을 포함한 타원형을 먼저 상정한다.

이 타원의 바깥 선은 자본주의 체제를 다른 사회 체제로부터 구별하는 선이다. 사회체제란 ①경제성향 ②조직 또는 질서 ③기술 (技術)의 세 가지 기본 요소가 하나의 사회 원리를 기본으로 연결된 통일 또는 역사적 구성체를 의미한다. 자본주의 체제란 먼저 기술한 것처럼 경제 성장으로 이윤을 추구하는 자유, 질서로서의 개인주의, 기술로서의 타산적 합리성이라는 세 구성 요소를 기본 원리로 하여, 사회관계에서 심리·사회·문화적 여러 현상이 항상 기본 체제 원리를 바탕으로 그것에 제약받으면서 상호 연관성을 유지하는 역사적 구성체이다.

위 그림의 오른쪽 원주 A는 영리 원칙에 따라 자본축적 중심으로 활동하는 자본의 운동 법칙의 기점을 중심으로 하며, 왼쪽의 원주 B는 기본적 인권에 바탕을 둔 생활구조 확립을 목표로 하여, 욕망충족 경제를 위해 연대를 추구하는 사회 세력의 기점을 중심으로 하고 있다. A는 잉여가치 추구의 수단으로 B가 담당하는 노동력을 필요로 하며, B는 생계유지의 수단으로 노동을 제공하는데 여기서 필연적으로 사선 부분이 서로 교차한다.

그러나 자본주의 사회에서 그 체제 원리가 구성하는 자본과 노동, 이윤과 임금의 결합 방식은 노동력을 주축으로 하는 매매 계약 관계이며, 자본 쪽에서는 현상적으로 노동력을 담당하는 노동자를 보호하는 것처럼 보일지라도, 실은 어디까지나 노동력의 보전배양을 목적으로 자본축적을 방해하지 않는 한, 생산성이 높은 노동력을 확보하고 또 산업평화를 유지하기 위하여 자본가 중심의 사회정책을 전개하는 것에 지나지 않는다. 자본과 정치적 권력과의 강한 결합은 자본가적 목적 수행에 한층 유리한 체계를 굳히는 방향으로 끊임없이 추진된다.

이것에 대하여, B의 생활구조 중심의 일하는 노동자를 주축으로 한 사회적 세력은 소외된 노동에 의하여 황폐화하는 대중의 생활구조를 지키기 위해서 자기의 원주를 확대하고자 하며, 사회정책 안에 노동조건과 생활요구의 에너지를 축적하고자 한다.

이 A와 B와의 이질적 에너지는 그 때마다의 인구 구조·생산성 구조·민주화 구조의 단계에 대응하여, 세력 대항의 투쟁을 전개하는데, 양자의 대항하는 세력의 분포상황에 비례

하는 수준의 타협을 하게 된다. 이렇게 하여 성립되는 것이 사선 부분의 사회제도이며, 그냥 보기에는 단 하나의 사회제도이나, 그 내면에는 여러 분야의 상황과 그 정도의 차이에 따른 쌍방의 상반된 요구와 격렬한 대립이 늘 일어나는 것이다.

급격한 경제 성장에서, 노동조합 운동이나 지역주민 운동의 역사도 짧고, 부가가치 노동 분배율도 지극히 낮은 수준인 일본의 민주화 환경에서 사회정책은 압도적으로 자본측의 이해에 지배되는 현실에 놓여 있다. 국내 자본의 독점으로부터 세계기업에 의한 독점으로의 현저한 변화는 자본 우위의 세력관계를 새롭게 보여주는 것으로 한층 곤란하게 여겨지나, 자본 독점의 거대화는 그 변증법적 대립의 계기로써, 이후 직장·지역사회에서 사회적 세력의 확대가 반드시 나타나게 될 것이다. 사회정책 내면에 세력관계의 변증법적 대립은 이상주의의 과분한 기대를 경계하고 있음과 동시에, 부당하게 비관적인 패배주의도 경계하고 있다고 할 수 있다.

A와 B의 양쪽 원이 겹치는 사선 부분이 A 중심으로 B를 압도하는 사회체제는 자본독재, 파시즘의 지배체제이며, 거꾸로 B가 A를 삼킬 때, 즉 모든 경제기구가 생활구조 확립을 위한 체계가 될 때, 사회주의 체제가 실현된다. 그와 같은 사회 배경은 노동조합·협동조합·지역주민 운동 등의 민주화 세력으로 뒷받침된 성숙한 정치운동을 기다리지 않고서는 성립이 가능하지 않다.

좀바르트의 표현을 빌리자면[12] 경제적·사회적 약자는 그들의 민주화 조직에서 단결의 고리를 넓혀 나감으로써, 그들의 조직을 먼저 자본주의 사회 안에서 생활 붕괴를 방어하는 보충성의 단계(eine Ergänzung im Kapitalismus)로부터, 자본주의에 대항하는 투쟁수단 (ein Bekämpfungsmittel gegen den Kapitalismus)으로 강화하기에 힘쓰게 된다. 그것이 사회 체제의 교체를 달성하여 발전하는 것(eine Weiterbildung über den Kapitalismus hinaus)은 이들의 여러 기구에 참가하는 민주화 세력의 총체에 뒷받침된 정치 활동가의 사회 변혁의 임무이어야 한다.

이상과 같은 사회 정책과 사회 운동의 이해에 바탕을 두고 사회복지를 생각할 경우, "사회복지 역시 사회정책과 마찬가지로 서로 대립하는 두 개의 이질적인 원주, 즉 자본축적 중심으로 노동력의 보존·배양과 산업 평화를 위하여 자본운동이 그려내는 하나의 원주와, 생활구조의 보호와 개선을 위하여 노동자 및 국민의 인격적 요구가 그려내는 또 하나의 원주가 만나는 곳에서, 구체적인 사회 제도를 만들어 낸다"[13]고 할 수 있다. 여기서 '사회정책과 마찬가지로'라고 특별히 밝힌 것은 사회복지가 사회체제로부터의 제약이나 지배에 관련 없

---

12) Werner Sombart, *Kapitalismus und Genossenschaftswesen*, I. H. G., 1928. S. 537.
13) 嶋田啓一郎, 이 책 2장 참조.

이, 사회생활의 불충족, 부조정의 극복이나 예방하는 측면에만 착안한다고 하면, 한편으로는 사회복지의 사회과학적 본질에 대한 무반성의 대응에 자기 만족하는 '편한 반동성'에 빠지게 될 위험이 있는 것을 지적하고 싶기 때문이다. 다른 한편으로는 사회체제의 뿌리깊은 사회 제약으로부터 생기는 불충족이나 부조정에 의하여 양성되는 생활구조의 붕괴에 대한 위기를 자본축적을 위한 엄격한 제도적 제한 아래, 극복·예방하기 위한 생활구조 중심으로 주의해야 할 필요가 있다.

위 문장 뒤에, "하나는 경제적 관점, 또 하나는 사회적 관점에서 작용하는 이 두 개의 이질적인 힘은 한편이 '자본축적을 저해하지 않는 한에서'라는 강한 한계선을 고집하는 것에 비하여, 다른 한편은 경제개발에서 균형 잡힌 사회개발을 추구하는 주민생활의 절실한 복지 '요구'에서, 이 강한 한계선을 격렬하게 뒤흔들어 후퇴시키고자 하며, 상호 대립하고 주고받으면서 양자는 서로 불가분하게 합쳐지고, 단 하나의 경제적 = 사회적 제도를 수립하는 것이다"[14]라고 기술하였다.

여기서 '경제적 관점'이란 앞서의 문맥을 이은 자본운동의 지배를 초점으로 하며, '사회적 관점'이란 생활구조 보호를 의도하는 사회적 세력을 일컫는 말이다. 이 경제적과 사회적이라는 용어의 구분된 사용은 사회문제의 경제학적 요소는 사회정책으로, 사회학적 요소는 사회복지와 같은 양자택일을 의미하는 것은 아니다.

孝橋正一(고하시세이이찌)이 "어찌되었든 스승(竹中勝男)에 의하여 제기된 '경제'에 대한 '사회'의 대항과 강조야말로 시마다 이론의 중심축"이며[15], "시마다는 이와 같은 사회정책 논쟁의 성과에 '시사하는' 바가 많다"면서, "그 '사회'적 관점만을 사회사업이 받아들이고 '경제'적 관점을 사회정책을 위하여 남겨 두어, 그 토대 위에 사회정책 = 경제, 사회사업 = 사회라는 두 가지 이질적인 것의 변증법적 통일을 꾀한다는 것은 얼마나 자의적이고도 편의주의의 산물인가. 그렇지 않으면 잘못된 조치를 고집하는 것에서 필연적으로 나타나는 진실의 왜곡, 조작이라고 할 수밖에 없다"[16]라고 해석하는 것은 모두 오해에서 비롯된 질책이다.

사회복지가 경제적 요인을 배제하고, '사회적인 것'을 'psycho-socio-cultural'에 한정시켜야만 한다면, 사회복지는 생활구조의 현실에서 동떨어진 공허한 관념의 유희로 타락하게 된다. 사회복지에서 사회적인 것을 경제적인 것과 무관한 것으로 떼어 놓는 것은 크나큰 실수이다. B 원의 빗금부분이 A의 원주에 걸쳐 있는 것의 의미는 중요하다. 나중에도 반복하

---

14) 嶋田啓一郎, 이 책 2장 참조.
15) 孝橋正一, 앞의 책, p. 156
16) 孝橋正一, 같은 책, p. 165

여 기술한 것처럼 사회체제 논리의 이해에서, '사회관계'란 물질적 관계와 이데올로기 관계의 모든 것이며, 사회의 불충족이나 부조정은 그 역동성 안에서 생기는 것이다. 따라서 이것에 대응하고자 하는 사회복지 활동에서 중요한 경제적 요인을 빼놓는 다면, 필자가 사회복지 연구에서 우선적으로 중시하고 있는 역동적 통합 이론의 체계 전체는 붕괴될 수밖에 없다.

생활구조 확립의 모든 장면에서 그 성립 조건을 이루는 경제적 요인의 연구에 각별한 관심을 기울이며, 빈곤이나 사회 보장론의 연구에 열의를 쏟고, 또한 협동조합운동의 추진에 늘 헌신해 온 필자에게는, 孝橋正一이 기술한 바와 같이, 나 혼자의 '이론'만이 아니라, 필자 생활 전체의 존재 의의가 "마침내 모두 파산될 수밖에 없는 것이다"고 말할 수밖에 없다.

어느 쪽이든 오해를 부르는 원인이 필자의 표현에 있는 것이라면, 그것은 배려해야 할 부분이며, 그것을 가르쳐 준 것에 대하여 매우 고마워 해야 할 것이다. 필자가 진정으로 주장하고자 한 것은 다음의 두 가지로 글의 전문을 읽어 본다면, 그 진의는 이해될 수 있으리라 생각된다.

① 사회 정책의 한쪽에서는 강력한 자본 축적 중심의 경제적 요구가 하나의 자본운동 법칙을 관철하려 하고, 다른 한쪽에서는 그 자본 지배에 의하여 침해되는 근로자의 생활구조를 보호하려는 사회적 연대 세력이 저항과 요구를 강화하고자 하는데, 이 서로 다른 두 개의 힘의 투쟁 관계는 자본이 압도적인 우위를 보이는 오늘 반동과 후퇴를 거듭하며 사회 정책을 진전시키는 계기가 되고 있다는 점.

② 무대를 달리하는 사회복지 분야에도 이와 마찬가지로, 즉 '사회정책과 마찬가지로'[17] 이질적인 두 개의 힘의 대립·항쟁 관계가 존재하고, 사회복지 실천에 참여하는 자는 이 본질을 인식하여, 생활구조 보호 활동에 유효 적절하게 대응해야 한다는 점이다.

孝橋正一은 "시마다가 묘사하는 것처럼 인격적 요구를 제출하고, 운동을 행하는 것은 노동자·국민대중 자신이며, 또 자본이 구축한 철의 장벽을 무너뜨리는 것도 그들 자신임에 틀림이 없다. 그것은 시마다가 생각하는 것처럼, 현재의 과제는 사회사업의 영역에 이관시킴으로서 생성되는 것이 가능해지는 것이 아니라, 무엇보다도 먼저 사회정책의 영역에서 가장 전형적이며 또는 격렬하게 전개되고 있다. 동시에 사회사업의 영역에도 마찬가지의 경우가 생

---

17) 嶋田啓一郎, 이 책 2장.

긴다는 것이 이론적·실천적 진리가 되지 않으면 안 되는 것이다"18)라고 기술했다.

이 중 '시마다가 생각하는 바와 같이 과제를 사회 사업의 영역에 이관시킴으로서 생성되는 것이 가능해지는 것이 아니라'라는 부분은 필자가 말하고자 하는 가장 중요한 부분에 대한 오해이다. 그것을 제외하면 孝橋正一이 이 명쾌한 문장으로 명시하고 있는 것은 실로 있는 그대로 필자가 주장하고자 하는 바를 지적하고 있다. 孝橋正一이 여기서 '동시에 사회사업의 영역에도 마찬가지의 경우가 생긴다'라고 기술한 것을 특별히 주목하기 바란다. 그러나 사회복지 활동에서, 자본가들의 요구와 생활구조 보호의 요구가 주고 받는 두 개의 이질적인 힘의 대항 관계를 거두고 그 제약 속에서 또한 생활구조의 보호에 대한 노력 속에서 복지노동의 진취적인 거점을 추구하고자 하는 필자의 입장이, 사회복지를 어디까지나 자본주의 보존의 체계로 보는 孝橋正一의 글의 공격에 몰리게 되는 상황은 여전히 바뀌지 않는다고 말하지 않을 수 없다.

5. 사회관계의 본질과 현상과의 관계

孝橋正一의 이러한 오해를 풀었다 하더라도, 그의 이론과 필자 사이에 가로 놓여 있는 사회복지 연구 방법론의 커다란 간격은 도저히 극복할 수 없다는 생각이 든다. 그는 『사회 과학과 사회사업』에서 나의 학문적 방법론을 다음과 같이 비판하고 있다.

"한편으로, 사회사업의 사회 체제적·자본주의적 제약을 적극적으로 승인·주장함과 동시에, 다른 한편에서는 사회사업을 본질적으로가 아니라, 기능론적·현상론적으로 파악하는 방법론이 적용되고 있다. 나아가서 말하자면, 궁극적으로 시마다 이론은 그 통일원리 수립의 주장에도 불구하고 사회사업의 기능론적·현상론적, 즉 기술론적 관점에 서는 것이며, 그것이 그대로 사회사업의 본질론으로 슬쩍 바꾸어진 것인데, 동시에 다른 기술론자나 초월론자에게서는 볼 수 없는 사회 체제적 규정을 섞어 넣음으로써, 본질적 탐구의 맹점을 극복하는 듯 한 형태를 가지고 있는 것이다.

그것에 관련된 사회사업의 본질을 탐구하는 관점과 사회복지사의 과정적 지식체계의 관점이 혼동(동일시)되어, 그리고 그 혼동 속에 사회 과학과 인간행동 과학, 정책론적 체계와 기술론적 체계와의 통일 원리가 수립되는 것이라 생각하고 있다."19)

孝橋正一 이론이 말하는 사회사업의 과학적 이론이란 "개별 사회사업이라는 과정의 사회적인 존재 이유나 근거가 무엇인가를 학문적으로 규명하는 알"이며, 그것은 "개별 사

---

18) 孝橋正一, 앞의 책, p. 166-7.
19) 孝橋正一, 『사회과학과 사회사업』, p. 234-5

회사업이 그 사회적 실천 과정에서 학문적 지식을 어떻게 이용하는가"에 대하여, "스스로 일단 별개의 연구 영역에 속하는 문제임을 잊어서는 아니 된다"[20]고 기술하고 있다. 나아가 사회사업 과정의 사회적 존재 이유나 근거가 무엇인가를 밝혀내기 위해서, "사회사업을 자본주의 제도의 역사적·사회적 규정 속에서 파악하고, 자본의 운동법칙, 자본 축적의 절대 보편적인 법칙, 노동자 계급의 빈곤화 법칙을 전제 또는 조건으로 하여, 사회과학적 방법론에 바탕을 두고 사회사업의 본질을 해명"[21]하는 것이 사회사업의 과학적 이론의 과제라고 말하고 있다.

필자 스스로도 사회복지 실천의 근거를 명백히 하기 위하여, 자본주의 체제의 고유한 사회관계, 자본의 운동 법칙으로부터 생기는 노동의 소외, 이러한 사회 관계에서 만들어지는 사회적 부조정의 이해를 넓혀 가야 할 필요가 있으며, 孝橋正一이 주장하는 "사회 과학적 방법론"이 그러한 의미에서 유효하다.

그럼에도 불구하고 그 사회과학적 방법론이 필자에 대한 비판으로 말하고 있는 "우리가 살고 있는 역사적 사회는 자본주의 사회이며, 거기에 존립하는 인간관계는 경제를 기초로 모든 것이 전개되고 있다는 의미에서, 또한 사회사업의 본질탐구를 경제학에서 추구하는 것은 결코 '경제일원론적(經濟一元論的) 왜곡'에 빠지는 일이 아니라는 것에 주목해야 한다"[22]라는 전제 아래, "사회사업이 역사적 사회의 소산인 이상은 그것이 어떠한 현상 형태나 기능 형태를 가지고 나타난다 하더라도, 본질적으로는 사회과학, 즉 경제과학의 영역에 속하는 것이지 않으면 안된다 (엄밀히는 경제학의 일부분으로 사회정책의 보충적 시책으로 자리 매김되는데, 상세한 부분은 이미 분석이 완료되었다)"[23]와 같이 성격을 규정한다면 필자는 한가지 중요한 의문이 생긴다.

여기에서 가능한 사회과학적 분석은 사회복지의 본질을 탐구하는 경제적(기초) 요인을 자본주의 경제의 '생산관계'에서 찾을 수 있다는 점에서 충분히 존중해야 할 바이다. 그러나 그것은 아직 사회복지 활동의 과제인데 필자가 이해하는 자본주의 체제에서 "사회관계 속에서 인간의 주체적 및 객체적 제반 조건의 상호 작용에 의하여 생기는 여러 가지 사회적 불충족, 또는 부조정 현상에 대한 대응"이라는 경우의 '사회관계'를 배경으로 하여 탐구하는 본질론에는 아직 불충분한 것이 아닌가 생각하는 것이다.

필자는「사회복지와 사회체제」에서 "사회 체제적 관점은 그 이론 구조의 당연한 귀결로써, 사회 관계에서 물질 관계와 이데올로기 관계를 종합한 이론의 수립을 요구한다"[24]고 기

---

20) 孝橋正一, 앞의 책, p. 236
21) 孝橋正一,『속·사회사업의 기본문제』, p. 8
22) 孝橋正一,『사회과학과 사회사업』, p. 233-4
23) 孝橋正一, 앞의 책, p. 238

술했는데, 그것은 원래 "사회관계는 물질적 관계와 이데올로기적 관계로 나뉜다"[25](레닌 『인민의 벗이란 무엇인가』)라고 하는 이해에 입각한 것이다. 이 물질적 관계란 생산에서 사회관계, 즉 생산 관계를 의미하고 자본가와 노동자의 관계, 자본가 상호간의 관계, 거대 자본과 중소 자본과의 관계, 농민과 노동자의 관계, 또 과거의 제도, 장래에 대한 가능성인 별개의 생산 제반 관계를 포함하며, 이것을 기본 토대, 즉 하부구조로 해서 그 위에 이데올로기 사회 관계가 성립하는 것이다.

이 이데올로기 관계는 인간의 의식을 통과하는 것으로 정치, 법률, 문화 제반관계와 같이 생산관계 이전의 사회관계와 관련된 것이다. 이 토대로서의 생산관계는 고유한 의미에서 경제학적 대상으로 파악하며, 사회체제의 기본 토대인 물질적 생산관계를 묻는 것인데, 사회복지의 '본질'적 해명을 요건으로 삼는 孝橋正一이 경제학의 영역을 고집하는 것은 이해할 수 있는 일이다.

마르크스 사회과학에서는 하부 구조로서의 생산 관계를 보다 근원적인 사회 관계로 보고, 상부 구조로서의 이데올로기 관계는 파생적 사회 관계라고 풀이하고 있는데, 양자 사이에 일정한 인과적 연관을 인정하고 있는 점은 기본적으로 중요한 사실이다. 필자는 소위 마르크스주의자는 아니다. 그러나 마르크스주의가 사실 관계를 해석하는 점은 사회 현실을 객관적으로 정확하게 파악하고 있다고 생각하는 데는 주저함이 없다. 동시에 의구심을 가져야 할 경우에는 그것을 어디까지나 의문으로써 엄격히 지켜보는 자유로운 입장에 서서 진지하게 사회과학을 탐구하고 싶다.

사회복지가 사회관계의 물질적 관계에만 관련되어 있는 것은 아니다. 孝橋正一이 언제나 거론하고 있는 '관계적·파생적' 영역에 관련된 것이라면, 예를 들어 상부구조와 하부구조가 주동적(主動的) 측면으로 구별되며, 인간의 이데올로기 관계는 물질적인 생산관계를 반영하지 않고서는 존립할 수 없다고 하더라도, 인간의 의식을 통해서 만들어진 여러 가지 사회관계가 무엇 때문에 하부구조로부터 일정한 인과적 연관을 갖고 관계와 파생이 생기는가에 대하여 묻지 않았다. 사회복지 문제의 본질을 단지 물질적인 사회관계 문제로만 본다면 과학으로서의 사회복지 이론은 그 책임을 다할 수 없는 것이 아니겠는가. 필자는 사회복지의 과제를 사회관계의 주체적 및 객체적 모든 조건의 상호 작용으로 인해서 생기는 사회적 불충족, 또는 부조정 현상에 대한 대응으로 생각하기 때문에, 단지 물질적 관계에서 본질을 추구하는 것만으로 이들 상호 작용을 설명하는 것은 사회과학으로 납득할 수가 없다.

물론 이 주체적 및 객체적 제반 조건의 상호 작용은 다양한 현상을 동반하며, 그것을 물질

---

24) 嶋田啓一郎, 이 책 2장, p. 53 참조.
25) 레닌, 『인민의 벗이란 무엇인가』, (일본어 번역 선집)제1권, p. 142

적 관계와 이데올로기 관계의 두 가지 범주만으로 다루는 잘못된 교조주의입장에서 '관계적·파생적'인 내용을 묻고자 하는 것은 아니다. 여러 가지 사회적 불충족, 또는 부조정 현상에는 물질적 관계에 직접 속하는 현상 외에, 이데올로기 관계에 속하는 현상, 또한 양자에 관련된 현상이 존재한다. 그러나 이들 두 범주의 관계에서 모든 현상은 단지 무법칙적인 우연으로 생기는 것이 아니라, '관계적·파생적'으로 생기는 것이며 일정한 필연적인 인과적 연관의 관계가 존재하고 있다. 그 연관성을 묻지 않고서는 사회복지의 본질적 과제에 대한 해명은 불충분한 것이다.

필자는 孝橋正一이 처음의 『사회사업의 기본문제』 출판 때부터, 사회사업의 관계적·파생적 성격을 문제시한 것에 각별한 주의를 기울이고, 사회복지 본질론을 이 관계성, 파생성의 필연적인 연관 법칙 속에서 탐구하여, 거기서 사회복지 실천 방법 그 자체의 과학 이론이 드러나는 것이 아닌가 하는 기대를 했다.

윌리암 캅(K. William Kapp)[26]이 마르크스주의 사회과학자들의 세계관에 바탕을 둔 사회 현실에 대한 실천적 대응을 위하여, 상부 및 하부구조의 상호 작용을 중심으로 '역동적 통합이론'(The dynamic integration theory)의 확립을 논했을 때, 한층 그 기대를 강하게 가졌던 것이다. 필자는 孝橋正一 이론에서 田村米三郎 교수와는 다른 함축성 있는 점을 간파하고 있다고 생각했었다.

사회사업 본질 탐구의 관점과 사회복지사가 행하는 과정의 지식 체계 관점을 혼동하고 있다는 필자에 대한 孝橋正一의 비판은 의미 심장하다. 학문 체계에서 양자의 절차는 단계적으로 다르다. 孝橋正一이 "일단 별개의 연구 영역에 속해야 할 문제"라 하고, '일단'이라고 굳이 강조한 이유는, 실천 과정의 지식이 진정으로 유효해지려면 본질을 탐구하는 관점이 필요하다고 기술한 것에 필자는 동의한다. 그러나 필자는 본질 탐구의 관점이 사회복지사의 실천 과정의 지식 체계 관점을 규정할 경우, 그 '규정'의 의미를, 단순히 사회복지 문제 발생의 밑바닥에 있는 경제적 배경의 제약만으로 생각하는 것이 아니다. 그와 함께 물질적 관계와 이데올로기 관계를 포함하는 사회 관계에서 고찰한 본 사회복지의 본질 규정에 따라, 사회복지사의 여러 과학 지식이 흡수·활용되기 위한 과정의 지식 체계 자체의 결합 방식 방향까지도 결정짓는다고 생각한다.

孝橋正一은 "원래 대표적으로 개별 사회사업에서 볼 수 있는 것처럼, 개별적 보호방법이 문제시되는 경우에는 개인이 갖는 여러 가지 형태나 내용의 사회적 필요의 충족이나 사회적 장애를 제거하고자 하므로, 그것이 필요한 경우에는 정치학·경제학·법학·사회학·심

---

26) "A Positive Approach to the Integration of Social Knowledge", *Toward a Society of Man*, 1961, p. 64f.

리학·의학(정신의학을 포함)에서 종교·철학·문화인류학에 이르기까지 모든 학문 영역에서 풍부하게 그 지식을 흡수·활용하여야 하는 것임은 두말할 필요도 없다"[27]라고 말했다.

이 경우, 필자는 사회복지사가 무작위 추출로 과학 전반을 선택하는 것이 아니라, 사회 관계의 본질 구조에서 필연적으로 생기는 불충족·부조정의 경로에 밀착하여 사회과학으로 과정의 지식 체계를 만들어, 개개의 현상에 필요한 과학전반을 오류 없이 활용하도록, 사회복지학은 사회복지사를 도와야 한다고 생각한다.

사회복지 연구에서 본질론은 기술론의 핵심에 접근하여, 과학 전반을 응용한 기본원리의 확립에 목표를 두어야 한다. 즉 본질론이 기술론의 지식체계 그 자체의 방향을 결정짓는 것이 아니면 안 된다. 그러한 의미에서 사회복지학은 그 본질론과 기술론을 사회과학적으로 통합·통일시킴으로써, 사회적 실천의 과학 이론으로서 임무를 수행할 수 있는 것이다. 현장의 사회복지사는 그 활동 기술의 전개가 사회복지 본질론에서 규정된 과정의 지식 체계에 따라 운영되기를 갈망하며, 이에 사회과학적 이론과 현장 실천의 지속적인 관계가 확립되기를 기대한다.

원래 사물의 '현상'이란 단지 표면적·일시적으로 사물의 존재에 뒤따라 우연히 생기는 것을 말하며, 사물의 본질이란 그것 없이는 사물의 존재 그 자체가 부정되는 것과 같은 존재의 바탕을 이루는 것을 의미한다. 인간이 직접 인식하는 것은 현상이나, 그 '현상'은 존재의 다른 사상과 상호 의존하는 '장(場)'의 변화로, 문자 그대로 '존재자의 나타난 모습'이다. 그럼에도 불구하고 만일 현상이 현상 자체로 독주하고, 이 사물이 근원적 바탕에서 멀어질 경우에, 그 현상을 기능적으로 조작하는 기술론은 사회관계의 본질 구조와 무관하게, 연결고리 없이 혼자 자전(自轉)하게 된다.

본질에 의한 현상의 구속, 그리고 사회관계의 본질 구조를 기반으로 하는 기능적 기술론의 방향 설정이 없을 경우에는 사회체제 본질의 바깥쪽을 규정하는 단순한 현상 긍정적인 기능론이 활보하게 된다. 사회과학적 연구에 충실하고자 하는 孝橋正一이 사회복지의 본질을 피상적인 기능론 편향으로 이해하는 오류를 반복해서 지적하는 점은 또한 필자의 기본적인 견해이다. 사회복지 실천이 기능적 기술의 측면을 현실 활동의 도구로 활용하는데는, 기능주의에 대한 편향을 경계하는 것이 필요하다. 필자의 사회체제론을 기저로 한 사회복지 연구의 의도는 실로 기능론 독선에 대한 비판에서 출발하고 있다.

그러나 그것은 어디까지나 기능적 기술은 사회관계의 본질 구조의 기반 위에, 엄밀한 방향을 설정하여 전개해야 함을 주장하는 것이다. 물론 사회복지학에서 기능적 기술의 연구 과제를 조금이라도 경시하는 것은 아니다. 사회복지사는 사회복지학에서 아무리 정확한 사

---

27) 孝橋正一, 앞의 책, p. 236

회체제의 인식을 배운다 할지라도, 거기에 규제되는 기능적 기술을 매개로 하지 않고, 곧바로 체제 모순 극복을 위한 계급적 연대로 나아가 사회운동이나 정치적 실천의 측면에 눈을 돌리는 것만으로는, 사회복지사 스스로 전문직 과제를 담당할 수 없기 때문이다.

6. 사회복지의 본질과 구조·기능론적 이해

여기에서는 '사회관계의 본질구조'를 살펴본다. '구조'란 어떤 전체를 이루는 사물 속의 제반요소, 또는 여러 구성 부분의 결합에서 각각 개개의 부분이 상호 결합하고, 또 개개의 부분이 전체에 대한 관계를 갖는 상태를 의미한다. 인간사회에서 생명의 생활은 각자 개개의 고립된 욕구의 집합 명사로 유지되는 것은 아니다. 자기와 외적 현실의 환경 사이에 끊이지 않는 상호 작용에 의하여, 의식 속의 표상·관념·상태를 제약시키면서, 생명의 유지·발전을 계속하기 위하여, 여러 구성 부분이 전체와의 구조 연관을 유지하고 있는 것을 말한다.

영국의 페어차일드 편저『사회학사전』28)에서 '구조'(structure)를 "모든 부분의 비교적 항구적 또는 지속적(permanent or persistent)인 조직이며, 하나의 조직으로서 특정한 방법으로 행동을 전개하고, 그 조직의 유형은 그것이 전개할 수 있는 행동의 종류에 따라서 정해진다"고 하였다. 그 구조의 상수적(常數的)·정태적(靜態的) 측면을 특징이라고 거론하면서 그것이 행동과 관련을 갖는 점을 시사하고 있다.

이것에 비하여 '기능'(function)이란 "①하나의 구조가 특히 가능성을 갖는 행동의 유형 또는 여러 유형, ②그것과 관련된 구조의 유형이 특히 가능성을 갖는 특정의 행동 유형 또는 여러 유형에 종사하는 일"이라고 설명하고, '기능적'(functional)이란 "전체구조중 특수부분의 정상적, 특징적 행동이 갖는 책임의 특정형태라고 설명하였다. 이 특수 활동의 수행은 그 부분을 전체 또는 다른 여러 부분에서 구별하는 것이다. 하나의 계급 또는 집단의 기능적 가치는 일반적 사회과정에 대한 그 독특한 공헌에 따라서 결정될 것이다"라고 기술하였다.

즉 구조가 기능을 가능하게 하고, 기능은 구조를 뜻 있게 하는 것이다. 그렇기 때문에 이것을 "어떤 실제의 공간·시간적 상황 과정에서 '구조'와 '기능'과의 불가분성(inseparability) 또는 종합성(integrity)을 나타내는 하나의 복합적인 말"이라고 정의하고 있다.

구조·기능론의 이해에서 특히 주의할 점은 인간의 생명 현상에서 구조와 기능이란 각기 정태적 및 동태적 측면을 중시하는 강조의 차이는 있으나, 서로 밀접하고 불가분한 관계에 있으며, 한편이 다른 한편을 무시한다면 어느 쪽도 그 존립이 의의를 잃게 되며, '생활현상'을 형성하는 데에는 다다르지 못한다는 것이다. 즉 생명 유기체를 구성하는 세포·조직·기

---

28) Henry P. Fairchild, *Dictionary of sociology*, 1968

관과 같은 실태의 개념은 작용·기능·역할 등의 기능적 개념과 자기 관계적 표리일체 관계로 연결되지 않으면, 생활 현상을 만들어 내는 것은 불가능한 것이다.

원래 구조와 기능의 개념은 생물학에서 나온 것인데, 거기에서는 고정된 형태적 측면을 해명하는 해부학과 유동적인 기능을 연구하는 생리학의 두 주요 부문을 결합하는 것을 과제로 해 왔다. 예를 들면 물질 존재로서의 날개 또는 위(胃)와 같은 고정적 모습은 각각 비상(飛翔) 또는 소화(消化)라는 동적 사상과 자기 내면으로 결합·관계·연관시키며, 또한 형태론이나 기능론의 관점에 치우치면 생체의 기관과 기능은 관계없는 것으로 갈라져 버린다.

인간 사회에서 생활 구조가 유기체 구조와 다른 중요한 점은 자연과학 사상처럼 초역사적으로 전개되는 것이 아니라, 항상 역사적 연관에 있어서만 분석되고, 끊임없이 연속적인 변동 과정에 놓여 있다는 점이다. 즉 인간생명은 일정한 사회적·역사적 배경 속에서 이 생활 현실을 인식하고, 항상 생활의 구조연관에 제약되면서 생명 욕구 충족의 방향으로 가치를 결정한다.

이 가치 결정에 바탕을 두고 구성되는 목적에 따라 동기를 갖게 되고, 모든 요인을 선택해서 결합함으로써 사회생활을 수행한다. 따라서 '생활구조'의 범주는 단지 구조적 관점을 갖고 충족하는 것이 아니라, 필연적으로 생활 기능의 범주와 결합하지 않으면, 사회생활의 실태를 파악할 수 없다. 사회 생활의 기본적 욕구를 둘러싼 불충족·부조정의 본질적 파악은 구조·기능론적 이해를 통해서 처음으로 도달할 수 있으며, 사회복지 문제의 본질 이해가 구조론적 측면에만 편중하여, 기능론적 이해를 차단해 버리는 것은 '사회과학'을 부당하고 편협하게 만든다고 할 수 있다.

기능론이 사회과학에서 비판을 받을 수밖에 없는 것은 어떠한 경우인가.

기능론이 사회과학 방법의 하나로 현저하게 나타나기 시작한 것은 19세기 후반 특히 70년대의 인식론에서 불가지론(不可知論)이 유력했던 시대이다. 소박한 유물론비판의 입장에서 물질 자체·본질·실체 등의 인식 가능성을 부정하고, 단지 여러 현상의 진행 과정에서 변수 사이의 상호 의존관계에 초점을 맞추어, 그 독립 변수와 종속 변수와의 함수 관계를 정식화(定式化) 함에 따라, 현상·결과·속성 등을 파악함으로써 사회 분석의 과학적 방법임을 주장하였다.

기능주의적 사회관의 특징은 사회의 여러 요소 또는 문화 항목의 기능이 전체적 사회체계(social system)의 통일적 존속에 항상 조화 있게 공헌해야 한다는 전제를 세우고, 과정분석을 행하는 것이다.

거기에서는 현존하는 사회 질서의 긍정적 수용이 암묵의 양해 사항으로 되어 있다. 특히 미국에서 자본주의 생산의 호황이 지속됨과 사회 모순의 대립과 격화에 동요함이 비교적 적고, 사회질서의 현상 유지에 대중의 합의를 얻기 쉬운 단계에서는 사회의 여러 변수 사이의 상호의존 관계가 전체 사회의 진전에 기여한다고 하는 사회 이론의 확립에 따라, 사회과학의 과제는 만족한다고 해석하였다. 거기서는 사회문제, 즉 사회복지 문제를 불러일으키는 사회현상 전반의 모순·상극(相剋)의 관계와 그 해결책은 '정·반·합'이라는 모순·대립의 변증법적 통일 원리에서 파악되는 것이 아니라, 동일률(同一律)에 의한 연속의 원리로 대응할 수 있다는 낙관적 해석으로 일관한다.

그것을 비유로 설명한다면, 나란히 서 있는 장기 말의 고리 하나가 무너짐으로써, 옆에 있던 말이 연쇄적으로 차례차례로 넘어질 때, 그 넘어진 말의 하나하나를 차례 차례로 일으켜 세움으로써 원상태가 회복되어, 결국 '경사스러운 일'로 끝난다는 사회질서 기존 체계의 긍정론으로 끝나, 어차피 보수적 입장의 옹호로 연결되는 것이라는 비판을 면할 수 없다.

현대의 미국 사회 연구에 소위 '구조·기능분석' 방법을 도입한 대표적 학자 탈코트 퍼슨즈 이론은 사회의 기능적 체계를 사회구조에 기초를 두고, 그것에 따라 기능주의의 약점을 극복할 수 있는 것으로 자부하였다. 그의 『사회학이론』이나 『사회체계』는 사회 구조의 분석을 기능적 분석에 선행시켜, 구조적 측면의 해명에 주력하였는데, 그것은 실은 그의 주요 관심사가 사회 질서의 안정 문제이고, 사회적 상호행위의 안정적 체계의 통합은 사회 구조의 문제라고 생각했기 때문이다.

사회학에서 사회체계의 내부 변수 가운데 안정적인 것을 상수(常數)라 하고, 그것이 사회체계의 구조적 측면으로써 '제도'(institution)의 형태를 취한다. 또한 이것에 대하여 상수가 되지 않는 동적인 변수는 과정의 측면으로써 사회적 행위의 '동기부여'를 행하는 것으로 생각되고 있다.

여기서 퍼슨즈에게 중요한 것은 행위자가 상수, 즉 구조 또는 체계로서의 제도를 유지해야 할 동기가 부여되는가 아닌가라는 점을 중심으로, 기능적 측면을 음미하는 것이었다. 그의 '구조·기능분석'에서 체계내의 동적인 가변적 여러 요인이나 모든 과정의 중요성에 주목하는 경우에도, 그 동적인 기능적 범주가 구조 유지에 대한 동기 부여에 공헌한다고 보여지기 때문이다.

"유효한 동태 분석의 가장 본질적인 조건은 모든 문제를 전체의 체계 상태로 끊임없이 조직적으로 관련시키는 것에 있다"[29]고 말한 퍼슨즈는 사회적 역할(social role)의 균형 있는 조화를 꾀하는 '제도'와, 그 제도의 유지를 위한 동기부여 과정으로써의 '사회화'(socialization)와, 그 사회화를 촉진하는 '사회적 통제'(social control)의 메카니즘의 문제야말로, 그의 사회 체계론의 중심을 이루는 것이다.

---

29) Talcott Persons, *Essays in Sociological Theory*, 1949, p. 21.

분명 사회구조와 그 동태적 요소와의 관계를 탐구하는 구조·기능 논리의 이해는 사회가 역동적으로 변동하는 요소를 분석하고, 사회의 활동 또는 과정을 고찰하는 시각을 부여한다는 점에서, 단순한 기능 논리적 이해의 약점을 초월하여 극복하고자 하는 과학적 함축을 갖는다. 그러나 퍼슨즈의 『사회체계』에서 여러 요인이 조화되는 통일의 이론으로는 사회의 현실이 끊임없이 그 고유의 내적 모순을 동인으로 하여, 변화와 발전을 계속하고 있는 중대한 사실을 해명할 수 없다.

필자가 '사회복지와 사회체제'에서 퍼슨즈를 비판하고 다음과 같이 기술하는 것은 필자가 단순한 기능론적 이해의 착오로 비판적 의도를 품고 있기 때문이 아니라, 기능론 편향을 경계하고 그 초월과 극복을 목표로 한 퍼슨즈의 구조·기능론적 이해가 아직 사회과학적 방법론으로는 불충분하기 때문이다. 사회복지에서 본질 분석과 그것에 바탕을 둔 실천 방법의 규명은 단순한 체계론이 아니라, 체제론적 기초에 서서 학문적 방법을 취하는 것이 아니면, 현실에 즉각 부응하는 엄밀한 과학성을 약속할 수 없음을 밝혀 두기 위한 것이었다.

"퍼슨즈가 규범적 요소나 제도를 말할 때, 그 역작용으로 일탈이나 저항이 당연히 시야에 들어올 수밖에 없는데, 일탈행위는 단순히 규범적 기준으로부터의 편향, 또는 상호작용 체계의 균형 교란을 의미하는 것에 지나지 않으며, 현실 사회관계의 기초 위에 있는 체제적 모순에 근원을 두는 일탈이라는 이해 방법에는 이르지 못한다.

파펜하임[30]이 『현대인의 소외』에서 선명하게 묘사한 것과 같은, 개인주의적 이윤추구 사회가 배출해 내는 소외 상황 속에서, 사람들이 필연적으로 빠지게 되는 생활 본질로부터의 탈락현상에 대한 깊은 우려는, 여기에서는 문제가 되지 않는다. 사회관계의 부조정 현상은 '호메오스타시스'(homeostasis)를 갖는 인간 본성에 의지하여, 카운셀링이나 개별 사회사업적 처치로서, 사회적 기능 회복으로 이끌면 되며, 미국의 사회복지 활동을 기존 사회질서 긍정의 낙천주의 속에 안주시키는 결과로 이끈다. 전문 사회복지사 입장에서 열심히 일하며 클라이언트를 현실 사회로 복귀시키면, 밑 빠진 독에 물 붓기 식의 반복되는 긴장과 갈등을 양산하는 사회구조 자체의 모순이 여기에서는 깊이 규명되지 않았다."[31]

필자가 퍼슨즈를 비판할 때 구조·기능론의 이해에 대한 가장 유력한 비판자로 등장한 서독의 랄프 다렌돌프의 '사회통합의 강제이론'(eine Zwangstheorie)의 입장을 택한 것은 실로 이 현상 긍정적 기능주의에 대한 그의 비판에 특별한 의의를 인정하고 있기 때문이다.

이 전제가 결여된다면, 사회과학의 영역에서 사회 체제적 이해에 기반한 인간행동과학 연구자들이 추구하고 있는 학문영역의 성과까지도, 그것이 사회적 부조정의 현실 해명에

---

30) Fritz Papenheim, The Alienation of Modern Man, 1959
31) 이 책 2장, p. 44 참조.

접근해 있는 한, 그 학문영역을 '흡수'하자고 제창하는 것은 위험한 '절충주의'의 덫에 걸리게 된다. '흡수'의 주체는 어디까지나 체제적 이해 논리이며, 그것을 기반으로 하여 추구하는 인간 행동과학이 낳은 성과의 흡수는 인간행동과학의 전적인 수용이라는 것과는 전혀 별개의 사항이다.

"사회과학의 영역에서 사회 체제론의 이해와 인간 행동과학의 이해 사이에는 아직 쉽게 넘기 어려운 문제가 가로 놓여 있으며, 안이한 연결은 어느 쪽에든 비생산적이고 상처를 줄 수밖에 없다"[32]라고 기술한 것은 단순한 '절충'을 배제하고자 하는 출발점을 특별히 명확하게 해두고 싶었기 때문이다.

퍼슨즈의 『사회체계』에서 여러 가치의 조화적 통합이론은 다렌돌프의 『산업사회의 계급과 계급투쟁』[33], 『사회와 자유』에서 비판과 수정을 받았다.

다렌돌프는 "구조·기능론적 이론은 오늘날의 사회학에서는 이제 무시할 수 없는 것이 되었다. 그 문제는 모든 사회학자의 문제이며, 이것에 대한 비판도 실은 이것을 비난하고자 하는 의도가 아니라, 이것을 세련되게 하고 확대하고자 하는 의도의 표현이다"[34]라고 하여 그 학문적 의의를 평가했는데, 그에 의하면 퍼슨즈의 착오는 동태적으로 변동하는 요소를 '체계 안에서' 추구하고자 하는 점에 있다. 즉 기능이라는 범주가 구조의 범주에 종속된다는 점이다. 그와 같은 체계내적 분석은 사회적 행위에 대한 동태적 체제를 분석하는데 등한시하게 한다.

다렌돌프는 사회구조에 대한 동태 분석의 전제 조건이 되는 것은 '구조'의 범주에 종속되는 것이 아니라 구조를 변동시키는 힘, 또는 요구로서 작용하는 여러 변수를 찾아내는 일이며, 따라서 구조 분석은 구조 변동 과정의 분석에 종속되는 것이라는 것이다.

퍼슨즈 이론은 일반적인 조화의 통합에 기초하여 성립된 사회 체계를 전제로 하여 여러 가지 역할이나 지위가 전체로서의 사회체계에 어떠한 기능적 결과를 가져다 주는가를 문제로 삼는데, 여기서는 사회 변동의 근본적 동인인 현실 사회의 투쟁 관계는 무시되며, 따라서 사회체계 그 자체의 변동을 설명하는 길은 막혀 버릴 수밖에 없다.

다렌돌프는 퍼슨즈의 조화적 통합을 내용으로 하는 '균형모델'의 일면적 주장에 반대하여, "그 안에 모든 현존하는 것을 색출하는 구성체의 구조에 대한 투쟁을 전제로, 개개의 현상의 지위가 단순히 체계에 대해서가 아니라, 포괄적인 역사적 발전 과정 속에서 결정되는 사회의 모델을 전제로 할 필요가 있다"고 하여, "우리는 균형 모델과 동시에 투쟁 모델을 필

---

32) 嶋田啓一郎, 이 책 p. 58

33) Ralf Dahrendorf, *Soziale Klassen und Klassenkonflikt in der Industrillen Gesellschaft*, 1957

34) Ralf Dahrendorf, *Gesellschaft und Freiheit*, 1965, S. 77.

요로 하고 있다"35)고 말한다.

필자는 퍼슨즈 이론의 균형 모델로는 설명되지 않는 '사회변동'의 과정에서, 사회적 제반정책, 또 사회복지 활동이 전개되고 있는 점에 착안하여, 다렌돌프가 퍼슨즈의 구조·기능론의 이해를 수정하고, 균형모델과 동시에 투쟁모델을 채택할 필요성을 강조한 점에 동의한다. 그에 따라 나의 「사회복지와 사회체제」에서는 다렌돌프의 「사회적 통합의 강제이론」의 가설 - 그것은 영국의 레오나드36)에 의하여 '투쟁이론적 접근'이라 불리운 것 - 의 의의를 중시하고자 한 것이다.

자본주의 사회에서 생활구조 보호는 사회복지 활동이 담당하는 미시적 임무인 까닭에 어떠한 사회적 제한을 갖는다 하여도, 자본축적 중심의 압력에 대한 투쟁 모델의 측면을 무시하고는 사회변동 안에서 사회복지의 과제로 받아들여질 수 없는데, 이는 노동이 본래 사회복지 운동의 성격을 담당하는 사실을 밝힐 수 없기 때문이다. 사회적 분업의 복잡한 구조나 기술과정이 이끄는 구조변동과 그것에 바탕을 둔 일반적인 사회 투쟁의 단계를 뛰어 넘어서 사회 변동 속에서 투쟁 모델을 한꺼번에 '계급투쟁'으로 직접 가져가는 것은 사회 현실을 멀어지게 한다는 것은 새삼 논할 필요도 없다.

7. 인간 행동과학의 문제점

사회복지 연구에서 구조·기능론의 이해가 과학적 방법으로서 의의가 있다고 생각되는 점은 그것이 사회복지가 과제로 하는 전인적 존재(the whole human being)의 통일적 인격의 확립을 향하여, 사회관계의 불충족 또는 부조정의 원인을 탐구하고, 그 대책의 방향을 밝히는데 필요한 절차를 제공한다고 생각하기 때문이다.

孝橋正一의 필자에 대한 비판의 초점이 되는 '인간행동과학'에 대하여, 필자가 사회복지 문제대응의 과학적 무기로써 시사하는 바가 많다고 논했는데('전문사회사업의 문제점'), 그 때 필자가 기대한 것이 그 후의 '인간행동과학'의 진전에 따라서 채워져 나갔는지 아닌지의 여부는 실로 음미해야 할 대목이다. 매디슨의 『소련의 사회복지』37)는 소련의 "어떤 전문가들은 건전한 상호 의존관계의 창조는 기능을 필요로 하는 일이며, 행동과학의 훈련을 받은 직원에게만 위임할 수 있다"고 하였다.

필자에게 중요한 것은 앞에서 기술한 것처럼 '인간행동과학' 그 자체의 원조나 보호가 아니라, 전인적 인간의 관점을 사회관계의 넓은 기반 위에서 손상 없이 다루기 위한 종합적 기

---

35) Ralf Dahrendorf, op, cit., S. 111.
36) Peter Leonard, *Sociology in Social Work*, 1966
37) Bernice Q. Madison, *Social Welfare in the Soviet Union*, 1968

초과학이 필요하다는 사실이다. 생활 구조론의 기초를 만드는 것이, 단일적 개별과학으로 충족된다고는 생각하지 않는다.

소로킨이 쓴『사회·문화·인격』[38]의 경제학, 심리학, 문화인류학을 사회학을 가지고 통일적으로 이해하고자 하는 학문방법론, 또 일본 사회학계의 선도자 新明正道 교수의『종합사회학의 구상』(1968년)은 깊은 관심을 유도하지만, 사회관계의 부조정 문제에 대한 넓은 대응을 사회학만으로 다룰 수 있다고 여기는 것은 사회학 개념을 부당하게 확대한다고 생각한다.

사회 문제를 전통적인 과학 개념의 편협한 틀 안에서 이론 또는 실천적으로 유효하게 다루고자 하는 것은 곤란한 일이다. 이에 현대사회 문제의 분석을 감당해낼 수 있는 통일적 개념이 아닌 통합적 조직을 갖춤으로써 사회적 지식을 재건하고자 여러 나라의 학자들이 협력하고 있는 네덜란드의 '국제사회연구소'(International Institutut voor Sociale Studiën)의 소위 '헤이그학파' 동향은 필자에게 무시할 수 없는 희망을 안겨주는 것으로 여겨졌다.

이미 린튼은『세계 위기와 인간과학』[39]에서, 분화의 정도를 높여 가고 있는 인간에 관한 여러 과학과, 관련된 인접 과학 모두가 상호 긴밀한 협동작업에 따라서, 사회적·문화적 여러 현상의 종합적 파악을 시험해야 할 것을 주장하고, 경험과학으로서의 '인간의 과학'(Science of man)을 제창했다.

경제학자 윌리암 캅[40]은 "사회 구조나 제도의 상호의존 분석을 목표로 하는 사회의 통합적 또는 통일적인 인간 과학을 기존의 경제학, 역사학, 정치학, 사회학, 문화인류학, 사회심리학 가운데 유일의 영역으로 귀결시키는 'academic imperialism'을 배제해야 한다. 여러 과학이 자율적 연구의 입장을 유지하면서 사회 연구의 포괄적인 주요 개념으로 사회적 구조·기능에 대한 공통된 개념 틀을 수용하며, 여러 문제를 항상 사회적 문맥(social context) 안에서 고찰하는 것이, 통합적 사회분석의 훈련을 받은 사회과학자의 임무"라고 주장하였다.

이것은「사회복지와 사회과학」[41]이라는 논문을 싣고, 그와 같은 방향으로 암중모색을 계속하던 필자에게는 지극히 인상적이었다.

사회 체제론의 기반 위에서 '인간의 과학' 또는 '인간행동의 과학'의 성과 중에서 배워야 할 점이 있다면 주저 없이 귀를 기울이는 것이 사회복지 연구에서 필요하다는 생각에는 지

---

38) Pitirim A. Sorokin, *Society, Culture and Personality-Their Structure and Dynamics*, 1947

39) R. Linton ed., *The Science of Man in the World Crisis*, 1945

40) K. William Kapp, *A Positive Approach to the Integration of Social Knowledge, Toward a Science of Man in Society*, , 1961

41) 이 책 제 1장 참조.

금도 변함이 없다. 그러나 물론 거기에서 완성된 인간행동 과학을 생각할 수 있는 단계일 수는 없다. 필자는 "장래에 인간행동과학의 발전과 병행하여 전문 사회사업 연구도 향상될 수 있는 것이며, 사회과학의 현 단계에서 관용과 인내를 갖고, 사회적 부조정을 둘러싼 과학전반의 발언에 귀를 기울이지 않으면 안 된다"고 특별히 강조한다.

이는 '인간의 과학'이 린튼의 경우에 인간관계에 관계한 심리학, 사회학, 인류학 등에 역점을 두고 있으면서, "미국적 환경의 특수성에서 생활 행동의 분석을 행하는데, 경제적 요인의 탐구를 부당하게 약화시키고 있다는 인상을 피할 수가 없다"[42]고 하는 것에서부터 미국 사회복지의 저명한 학자들에 의하여 출판된 문헌, 즉 스타인과 클로워드[43], 토마스[44]의 중요 문헌이 경제적 요인을 경시하고, 사회복지 문제의 해결에 대한 근본적 착오를 범하고 있는 것은 '관용과 인내'만으로는 수습되지 않는 문제를 안고 있음을 잊을 수가 없다.

필자가 집착하고 있는 것은 헤이그 학파가 보여준 것과 같은 사회복지 연구의 역동적 통합이론의 사고방법이며, 문제를 안고 있을 수밖에 없는 미국적 '행동과학' 그 자체는 아니다.

8. 사회과학 개념의 한정과 사회복지학의 구성

필자에게 사회복지 연구란 오직 사회복지 종사자를 위한 실천 과학의 확립을 과제로 한다. 그러므로 먼저 사회복지 문제 발생의 유래를 탐구하고, 그 본질의 이해와 어쩔 수 없이 도출되는 문제 해결 방법을 사회과학적으로 연구할 필요가 있다.

그 경우, 孝橋正一와 필자의 사회복지연구에서 방법론상의 결정적인 차이점은 孝橋正一의 표현을 빌리자면, "사회사업의 본질을 탐구하는 학문체계와 사회사업의 기능에 필요한 학문영역을 구별"하느냐 아니냐에 달려 있다고 생각한다. 여기서는 '사회과학' 개념이 문제가 되므로, 반복해서 언급해 두고자 한다.

필자에게 중요한 것은 사회관계의 불충족·부조정 현상 발생의 본질적 이해는 사회관계 그 자체의 기본적 성격에 비추어, 그것을 형성하는 물질적과 이데올로기 관계의 상호작용(interaction)만이 아니라, 나아가서는 상호 영향작용(transaction)의 해명에 관련된 점이다.

그 상호작용의 본질적 규명에는 그것에 관계하는 과학 전반의 종합 또는 통일에 의한 구조·기능론의 이해를 필요로 한다. 이 때 경제적 요인은 모든 다른 이데올로기적 관계를 성립시키는 불가결한 조건이므로, 다른 요인과는 성질을 달리한다. 그러나 이미 기술한 바와 같이 물질적 관계에서 이데올로기 관계가 관계적·파생적으로 성립한다고 하는 경우, 그

---

42) 嶋田啓一郎, 이 책 제6장, p. 153.

43) Herman D. Stein and Richard A. Cloward, *Social Perspectives on Behavior*, 1958

44) Edwin J. Thomas, ed., *Behavioral Science for Social Workers*, 1967

'바탕'이라는 것이 사회복지 문제 발생의 유일한 원인이 되는 것은 아니다. 孝橋正一이 말한 것처럼 "사회사업의 본질은 사회과학, 일단 경제학에만 의해서 접근할 수 있다"[45]고 한다면 필자는 사회복지의 사회과학적 연구에서 孝橋正一의 '사회과학' 개념이 지극히 한정적으로 사용되는 방법에 아무래도 동조하기가 힘들다.

필자는 물질적 관계가 수행하는 기초 역할 때문에 사회현상의 연구에서, 경제학에 의한 분석·검토를 행하는데 특별한 의의를 찾아내는 사람 중의 한 명이지만, 그것만으로 사회복지 문제 발생의 본질, 또 그것에 관련된 생활구조의 본질을 모두 설명할 수 없다는 것을 잊을 일이 없다. 사회적 존재로서의 전인적 인간의 생활구조가 자본주의 체제 속에서 침해되는 경우, 그 불충족·부조정이 필자에게 경제적 측면과 심리·사회·문화적 여러 측면과의 서로의 관계를 묻는 것이 사회복지 문제의 발생원인 및 대상규명을 위한 사회과학적 과제가 되는데, 그것은 물질 관계의 기초 성격을 무시하는 것은 아니다.

孝橋正一은 "두말할 것도 없이 경제란 뛰어난 인간관계의 모습이며, 사회적 인간은 자연과 인간, 인간과 인간의 상호관계를 어느 특정의 생산관계를 기반으로 사회의 경제적 기초를 형성하고, 거기에 정신적·물질적인 생산과 창조를 행하고 있다. 그러한 의미에서 경제란 단순한 물리현상도 아니며, 단순한 물질적인 존재도 아니다. 그것은 인간 관계 현상의 하나이며, 역사와 사회 그 자체의 기초적인 사실관계인 것이다. 이러한 의미에서 '사회'에 대립하는 '경제'의 대비는 치명적인 착오를 범하는 것이라고 할 수 있다"[46]고 기술하였다. 거기서 "사회사업의 본질은 사회과학, 일단 경제학에 속하는 것, 엄밀히는 경제학의 일부분으로 사회정책의 보충적 시책으로 자리 매김 한다"[47]는 주장이 이루어진다.

필자는 그 함축된 경제관에 공감하는 반면, 역사와 사회가 기초적인 사실 관계에 있다고 하여도 '인간관계 현상의 하나'에 한정시킨 경제의 기초성 때문에, 사회복지의 본질론 연구를 '단일적 개별과학으로서의 경제학'으로 부를 뿐이다. 그리고 경제학과 사회복지를 실천하는 모든 형태와 관련 있는 필연적이고 직접적인 과제와 무관한 사회과학으로서의 사회복지학의 구성에는 거듭 의문을 갖고 있다.

만일 사회복지 이론이 현실 인식의 방법으로써, 물질 관계와 이데올로기관계가 서로 영향을 미치는 역동적 관계의 분석·통합이론의 확립을 단념하고, 그 기초성 때문에 경제학적 접근만으로 '사회과학'이라는 영예를 약속 받는다면, 사회복지 연구에 관여하는 많은 학자는 허탈할 것이다.

---

45) 孝橋正一, 『속·사회사업의 기본문제』, p. 160.
46) 孝橋正一, 『사회과학과 사회사업』, p. 140.
47) 孝橋正一, 앞의 책, p. 238.

　사회사업의 본질탐구의 학문체계와 사회복지사의 기능에 필요한 학문영역의 구별이, '본질론에서 필연적으로 도출되는 실천론'의 관계를 지키지 못하고, 그 본질론이 실천기능을 직접 컨트롤하는 것이 되지 않는다면, 사회복지 종사자는 현장 실천의 요구에 대응하기 위해서 본질론에 규제되는 일이 없는 태도로, 여러 과학의 잡다한 지식을 흡수하여, 이윽고 전문직의 기능으로 도달하는 길을 잃게 되는 것은 아닌가 우려된다.

　사회복지 실천에서 현상과 본질과의 '변증법적 관계'를 설명하는 것은 사실을 논리적으로 명쾌하게 규명하는 강점을 갖는다. 그것을 사회복지 실천 안에서 소화하기 위해서는 － 구체적인 생활구조의 장에서 － 그 구조와 기능과의 필연적 연관을 추구하고, 거기에서 본질론에 바탕을 둔 실천방법을 제시하는 것이 아니면, 사회복지 종사자는 설령 사회운동의 조직과 연계하여 그 정치적 실천에 참여하라는 격려를 받을지라도, 스스로 안고 있는 현장 조치의 절박한 상황에서 단지 사회복지 노동 전개 방향의 '혼미'를 느끼게 될 뿐이다.

9. 사회복지의 보충성과 사회복지 운동

　孝橋正一이 유고슬라비아의 이론가 유겐 프짓 교수에 의한 사회복지 조치의 보충성 해소론에 필자가 비판과 함께 긍정의 뜻을 표한 것을 모순이라 지적한 점은, 자본주의 사회가 그 자본축적 우선의 메카니즘을 계속 유지해나가는 한, 孝橋正一이 말하는 바처럼, 보충성 해소론의 부정이야말로 올바른 태도라고 생각된다. 그러나 사회복지 보충성 해소론의 "적절하다고 생각되는 사태가 서서히 성숙되어 가고 있다"[48]라고 덧붙인 필자의 주장은 자본주의 사회가 당면한 사회적 닫힘 상태에도 불구하고, 세계적으로 '사회화'를 추진하는 역사의 파도가 밀려오기 시작했다고 판단한 것이기 때문이다.

　'사회화'가 그대로 '사회주의화'인 것은 아니다. 그러나 다국적 기업에 의한 국제적 독점의 행진에 의한 반동화의 사태는 다른 편에서는 정·반·합의 그것이야말로 변증법적인 역사의 발전을 필연화해 갈 것이다. 孝橋正一은 "사회복지 그 자체는 어떻게 뒤집어 본다 해도, 역시 본질적으로는 자본주의적 성격을 갖는 것, 그 때문에 공헌하는 사회적 시책 이외에는 방법이 없는 존재"[49]라고 결론짓고 있다.

　자본축적 중심으로 체제 보존을 추구하는 자본운동과 대중의 생활구조 보호라는 역동적 대립에서, 아직 자본가의 입장이 압도적으로 센 현상을 보이는데, 사회사업조차 "자본의 논리에 따르는 것"으로 결론짓는 孝橋正一의 구상은 절반의 진리를 보여주고 있다. 사회사

---

48) 嶋田啓一郎, 이 책 제2장, p. 40
49) 孝橋正一, 『속·사회사업의 기본문제』, p. 171.

상사를 되풀이하는 사람이라면 누구나 사회 개량주의의 미온성이 실은 반동성으로 통한다는 것을 알게 될 것이다.

그러나 그것과는 별도로 아무리 미온적으로 보이는 사회복지의 전진도, 근래의 주민복지 운동이나 복지수요자 요구 운동에서 드러나듯이, 그 복지수요의 표현이 자본 운동 쪽이 아니라, 생활구조 보호를 위한 대중적 욕구에 바탕을 둔 것인 한, 그 복지 수요자 요구가 확대되는 사회복지는 철두철미하게 현존하는 사회체제 보존으로 결론짓지 않는 사회화의 시작을 나타낸다. 사회운동과 연결되는 사회적 항쟁 안에서 사회복지의 보충성은 그 질적인 존재 방법을 바꾸어 나간다. 그것을 사회 개량적 편향이라고 비판한다면, 그것은 사회의 발전을 바라보는 평론가적 태도가 아니라고 본다.

사회의 변혁은 먼저 대중의 사회화 운동에 뒷받침되는 것을 요건으로 한다. 사회복지의 현장이 그 시대의 흐름에 그저 수동적이고 또는 무력하다고 생각하는 것은 우리가 참가해 나가는 실제 활동 안에서는 정확한 판단이라고 생각하지 않는다. 거시적인 전망 속에서, '서서히 성숙해 나가는 것'을 응시하는 자에게, 성취의 날이 오는 것을 지나치게 초조하게 기다리는 것은 금물임을 알아야 한다.

사회복지의 바깥쪽에서 사회 운동만이 아니라, 그것을 배경으로 한 사회복지 활동 내면에서 사회체제를 보존하려는 체계에 저항하는 사회복지 운동이 사회사업으로서 어떻게 축적되어 나가야 하는가에 관하여, 孝橋正一의 이해와 독자의 공헌을 절실히 기대하고 싶다.

제6장 전문사회사업의 문제점

1. 해외 이론 도입에서의 현실적 고려의 중요성

1960년 가을, 일본 사회복지사협회 결성은 일본 사회복지 발전의 역사에 신기원을 여는 중요한 의의를 갖는다. 법률가나 의사와 나란히 사회복지사가 사회에 공헌하는 독자의 '전문직업'을 담당하는 직업인으로서, 자기의 사회적 지위를 확립하고자 한 이 협회의 설립의도는 사회사업의 본질적 과제, 사회사업의 고유한 영역과 어떤 방향으로 전개해야 하는지를 묻게 하는 기회를 주었다. 1959년 가을 동경에서 국제사회사업회의 회기 중에 열린 국제사회복지사협회에 竹內愛二 교수와 함께 출석한 필자는, 사회사업의 서구 수준과 일본 수준의 격차를 메우는 오랜 기간 동안의 노력 없이는, 서구의 의미에서 전문직의 확립이 어려움을 통감하였는데, 그 만큼 일본 협회의 사명이 지대함을 알게 된 것이다.

영국의 바바라 우튼 교수는 "만일 과거의 경험에서 본받아야 할 무엇인가가 있다고 한다면, 미국의 사회복지사들이 오늘날 활동하는 방법이 미래에 유럽의 사회복지사들이 활동하는 방법 된다"[1]고 하였는데, 사회사업에서 선진적 역할을 담당해 온 구미 사회복지사의 과거의 경험은 미래의 일본 사회사업 실천에도 역시 적지 않은 영향을 끼치게 될 것이다. 그러나 사회진보의 조건을 달리하는 나라들에게 문화 접촉변용(acculturation)이 일으키는 여러 가지 문제는 사회사업의 영역에서도 많은 문제를 안고 있다. 그 객관 상태에 대한 투철한 인식이 없는 경우에는 아무리 뛰어난 이론이나 기술 체계도, 일본 사회사업의 풍토에 즉각 대응하여, 견고하고 진취적인 태세를 확립하지 못할 것이다.

일본 사회는 오랜 쇄국정책 뒤에, 선진국과의 간격을 급속하게 좁히고자 하는 자본주의 경제의 내면적 요구에 바탕을 두고, 반봉건적 권력구조를 확고히 유지하면서 자본축적을 강행하는 과정을 거치지 않을 수 없었다. 메이지유신은 유럽 민주혁명의 전형을 따르는 것

---

1) Barbara Wooton, *Social Science and Social Pathology*, London, 1959, p. 283

을 불허했다.

일본에서 부르주아 혁명은 제2차 세계대전의 결과 외부로부터 들어온 사회혁신에 이르기까지, '조금씩 깊어나가는 민주혁명'의 형태를 취할 수밖에 없었다. '집'의 가부장적 가족주의나 기업의 경영 가족주의, 또 사회 구조 구석구석까지 침투한 권위적 관료주의의 잔존은 자유롭게 합리적으로 자기행동을 규제할 수 있는 근대적 '개인'을 충분히 키워내는 것을 방해하고, 개인과 집단과의 독특한 부조정을 불가피하게 하는 사회관계를 만들어 내었다.

이와 같은 사회적 배경에는, 예를 들면 샤로트 토울이 『현대사회의 개별사회사업』에서 강조하고 있는 것과 같은, 민주주의 사회에서 개인의 가치에 대한 개념이야말로, 전문직으로서의 사회사업의 기초를 이루는 것이라는 견해2)도, 민주주의 사회나 개인의 가치라는 개념이 포함하는 뉘앙스의 차이 때문에, 일본에서는 그대로 수용하기 힘든 것으로 느껴질 것이다.

사회사업 이론을 도입할 때 사회 배경의 차이만이 문제가 되는 것은 아니다. 구미 사회사업 이론의 발전은 각 나라의 사회 구조와 그 나라 과학수준의 발전단계를 반영하는 것이며, 특정한 나라의 특수한 사정을 배경으로 해서 세워진 이론은 그 특수성 때문에, 즉각 그것을 보편 타당하게 수용하는 일은 불가능하다. 그리고 그뿐 아니라 그들 이론은 각 나라 실천 전개 단계에서 제약을 받아, 많은 착오와 불충분함을 동반하기 쉬우며, 신중한 검토를 하지 않고서는 받아 들일 수 없는 경우가 많다.

여러 나라에서 실험되고, 그것이 일정 조건의 사회 구조에서 유효성을 갖는 것이 증명되었다고 한다면, 그 지식을 활용하는 것이 국경을 넘어서 나아가는 과학적 연구의 일반적인 방법이다. 여기에는 약간의 주저도 있어서는 안되나, 과학적 연구가 이론의 타당성을 유지할 수 있기 위해서는 일방적인 추종이 아니라, 그 실천이론이 갖는 역사적 변천의 유래와 현재의 타당성을 둘러싼 문제점을 고려하여, 장단점을 취사 선택하고, 다른 나라의 착오를 직수입하는 어리석음을 피하면서, 착실하게 학문 절차를 밟아 가지 않으면 안 된다.

현재의 일본 사회복지 학계는 해외의 선진 이론에서 배워 국제적 보편성을 추구하고자 하는 열의로 넘치고 있어, 사회 배경의 차이나 그 이론의 타당성에 대한 충분한 검토 없이 성급하게 외국 이론의 도입을 서두르는 경향이 있다. 거꾸로 또 일부에서는 구미 이론에 대한 봉쇄적인 학문 풍토에 익숙해져, 보편성을 갖지 못하는 일본 특수성의 주장 속에 안주하고자 하는 면도 있다. 점차 세계적으로, 어디까지나 일본적으로 - 보편성 속의 특수성에 올바른 위치를 부여하기 위하여, 우리의 사회복지 이론은 일본사회의 현실에 대응하는 실천활

---

2) Charlotte Towle, "Social Case Work in Modern Society," *Social Service Review*, XX (1946), pp, 165-79.

동의 방향을 추구하면서, 그 방향에 올바른 전망을 가질 수 있는 국제적 시야를 갖아야 한다.

　일본 사회복지사협회의 적극적 활동은 일본 전문 사회사업의 성립과 발전의 역사적 상황 때문에, 구미 이론의 급격한 도입을 필요로 하게 될 것이나, 그 이론 구조의 정확한 이해와 문제의 소재를 용의 주도하게 파악하여, 일본의 전문직 확립으로 가는 길을 견실하게 닦고자 해야 할 것이다. 그와 같은 바람이 이 글을 통해서 오늘날의 전문 사회사업의 문제점을 묻는 직접적인 동기가 된 것이다.

2. 심리적 측면의 우세화 경향

　전문 사회사업은 그 활동의 원류를 미국이 아니라 영국의 자선조직협회(The Charity Organization Society)에서 찾을 수 있다. 19세기 말엽 활동가들은 광범위하게 존재하는 가난이 가난한 이들 스스로의 책임만으로 돌릴 문제가 아니라, 사회제도의 책임으로 귀착시켜야 함을 자각함과 함께, 토마스 찰머스(Thomass Chalmers)의 사회관에 기초하여, 극빈자 개인의 행동개선(a behavior reform)에 의한 갱생을 꾀하여야 한다고 생각하기 시작했다. 빈곤자의 갱생을 위해서는 당면한 상태의 면밀한 조사와 본인과 그 주변에 있는 사람들과의 상담이 필요하고, 자원봉사자를 중심으로 '우호방문자'(the friendly visitors)에 의한 개인적 방문, 조언, 경제적 원조 등을 동반해야 하는 것으로 해석했다.

　개인에 대한 환경 영향에 관한 새로운 인식은 때마침 시대를 풍미(風靡)한 환경 결정론의 대세에 힘입어, 사회 개선 운동을 촉진시켰다. 그러나 경제 조건의 개선에도 불구하고 대체적인 개인 문제가 그것에 따라서 해결되는 것이 아니라, 지역사회·서비스를 바르게 활용할 수 있도록, 개인을 이해하고 원조하는 일이 필요한 것으로 여겨졌다. 사회사업의 발단은 이렇게 하여 열린 것이다.[3)]

　이론적으로 개별 사회사업은 개인과 함께 이루어 내는 것이지 개인을 위하여 작용하는 것은 아니라고 가르치면서도, 우호 방문자들은 사회적·경제적으로 우월한 위치에 선 자로서, 클라이언트에 대하여 온정적이고 존대한 기풍을 벗어나지 못했다. 사회사업 교육의 보급으로 유급 사회복지사의 증가는 점차 이러한 기풍을 불식하여 면접, 사회조사, 사회진단, 치료라는 과학적인 방법의 탐구로 나아갔다.

　미국의 러셀 세이지재단 자선조직부 리치몬드의『 사회 진단』[4)]은 그와 같은 시대적 배경 아래 발간된 개별 사회사업 과정에 관한 최초의 체계적 저술이었다.

---

3) Walter Friedlander, *Introduction to Social Welfare*, New York, 1955, pp. 168-169.
4) Mary E. Richmond, *Social Diagnousis*, New York, 1917

리치몬드는 개별 사회사업을 "개별 사회사업이란 인간과 사회 환경 사이에 의식적인 조정을 개인적으로 수행함으로써 인격의 발달을 꾀하는 여러 과정으로 이루어진다"[5]고 하였다. 또 "개인 대 개인의 관계에서 인간 대 사회의 조정을 통하여 퍼스낼리티를 발달시키는 여러 과정"[6]이라고 기술하였는데, 리치몬드에게 가장 중요하다고 생각된 것은 아직 개인 상호간의 내면적인 심리학적 요인이 아니라, 환경·생활·조건·노동사정 등 외면적 개선이었다.

그러나 때마침 급속한 발달을 보이고 있던 정신의학, 정신분석학은 사회복지사에게 새로운 시야를 열어 주기 시작했다. 버지니아 로빈슨(Virginia P. Robinson)은 이미 1919년에 미국에서 "정신의학은 전국 사회사업 대회를 석권하였다"고 말하고 있다.[7] 미국 사회사업에서 경제적 측면에서 심리적 측면으로의 전환을 결정적으로 만든 것은 1930년대의 경제공황에 따른 공적 구제 서비스의 비약적 확충의 시기였다. 이에 따라 지금까지의 사회복지사 형태는 전락할 위기에 놓이기에 이르렀다.

아더 마일즈(Arthur P. Miles)에 의하면 "거의 하룻밤 사이에 민간 개별사회사업기관은 그 주요기능을 빼앗기고, 조세 기금으로부터의 보조도 끊겼다. 그 결과, 그들 여러 기관은 구제 제공으로부터 독립적으로 발전할 수 있는 개별사회사업·서비스로 지극히 자연스럽게 전환"해갔다.[8]

미국 사회사업이 이 시기에 경제적 구제에 대한 중책을 완화하고, 클라이언트의 심리적 제반 문제에 관심을 두기 시작한 상황은 아직 사회보장이 초기 단계를 벗어나지 못하고 있는 일본과는 환경이 다르다는 점에 주목해야 할 필요가 있을 것이다. 일본의 전문 사회사업이 당시의 미국 사회복지사와 같은 감각을 갖고, 심리주의에 편향된다고 하면, 후술한 것과 같은 최근의 미국 심리주의 자체에 대한 반성을 여기서 묻지 않는다 하더라도, 일본 사회복지에 부여된 경제적·사회적인 긴급과제를 등한시한다는 비난을 받을 것이다.

1920년대부터 미국 사회사업에서 특히 중요시된 것은 말할 필요도 없이 프로이드(Sigmund Freud)의 정신분석학이나 그 문하의 아들러(Alfred Adler), 랭크(Otto Rank), 융(C. C. Jung) 등의 역동적 심리학 이론이었다. 마일즈는 당시의 사회사업 이론이 프로이드 이론으로부터 벗어나는 것은 "진정한 스탈리니스트가 트로츠키주의자를 평가하는 경우와 같은 공포를 느끼는 것이었다"[9]라고 술회하고 있다. 이미 1905년경, 미국의 종합병원에

---

5) Mary E. Richmond, *What is Social case Work?*, New York, 1922, pp. 98-99.
6) Mary E. Richmond, *The Long View*, New York, 1930, p. 774.
7) Arthur P. Miles, *American Social Work Theory*, New York, 1954, p. 107.
8) Arthur P. Miles, *American Social Work Theory*, New York, 1954, p. 107.
9) Arthur P. Miles, op. cit., p. 9.

서는 개별 사회사업이 의사의 진단·치료를 보조하기 위하여 고용되고 있었는데, 제1차 대
전에 병사들의 심리적 또는 정신 위생적 측면의 필요에 의하여, 특히 정신의학이나 개별 사
회사업이 급격하게 중요시되기 시작하였다.

　여기서 이해할 수 있는 점은 인간행동은 자의적으로 선택되거나 우발적으로 생기는 것이
아니라, 개인의 유기적 조직체 및 감정에 대한 본인 및 가족신변의 성격 발달의 소산이라는
것이었다. 사회에서 개인과 집단 사이에 부조정이 발생했을 때 클라이언트는 자기 행동의
동기부여(motivation)를 이해하지 않고, 합리화(rationalization) 하여 자기행위의 진정한
동기(motive)를 은폐하고자 시도한다.

　'무의식'에 관한 프로이드의 발견은 이성보다도 감정 쪽이 우리 행동을 보다 많이 지배한
다는 것이었다. 프로이드는 아기와 어린이 때의 여러 경험은 성인의 기본적 인격구조를 지
배한다고 강조한다. 그것은 심리학과 자기 활동을 융합하고자 한 당시의 사회복지사들에게
중요한 이론의 근거를 제공하였다. 특히 정신의학 이론이 개별 사회사업에게 가져다 준 교
훈은 클라이언트의 퍼스낼리티, 동기부여 및 정서적 욕구를 깊이 이해하기 위해서는 여러
가지 사실을 자세히 수집해야 할 필요로 있다는 것이다.

　1930년 미국 정신사회복지사협회의 강연에서 밀드레드 스코빌은 "사회사업 분야에서
모든 개별 사회사업이 심리학 또는 정신위생학 측면을 갖는다는 이해"[10]에 도달했다고 말
했는데, 여기에 '모든'이라는 포괄적 용어가 나타내는 것은 정신사회사업이 사회사업에서
얼마나 중요한가를 주장하는 것이다.

　때마침 발발한 1929년 공황의 오랜 기간에 걸친 심각한 영향은 해리 홉킨스(Harry
Hopkins), 프랜시스 퍼킨스(Francis Perkins)와 같은 사회복지사들로 하여금, 경제 제도의 영
향에 또 다시 관심을 돌리게 했으며, 공적 부조(公的扶助)의 충실을 서두르게 만들었다. 그
것은 개별 사회사업의 관심을 단순히 개인으로서 클라이언트의 내면성뿐 아니라, 그와 그가
족 및 지역 사회 제도 전반과의 경제적·사회적 관계에도 향하게 해야 함을 알려 주었다.

　그럼에도 불구하고, 제1차 세계 대전 후 미국 사회사업이 "사회 변혁보다도 개인조정에
보다 큰 역점을 두는"[11](네이던 E. 콘) 접근방식은 근본적으로는 커다란 변화를 보이지 않
았다. 전술한 바와 같이 공적구제의 확충은 개별사회사업으로 대응하여 '치료'(treatment)
에 집중시키고, "개별 사회사업 과정의 정련화가 개별 사회사업 전문직에 있는 사람들의 주
의와 에너지를 여전히 계속 지배하였던"[12]것이다.

---

10) Mildred C. Scoville, *An Inquiry into the Status of Psychiatric Social Work*, 1931,
　　quoted by B. Wootton, op, cit., p. 270.
11) Nathan E. Cohen, *Social Work in American Tradition*, New York, 1958, p. 108.
12) Charles I. Schottland, "Social Work in the 1960's", *The Social Welfare Forum*,

3. 사회사업에서 심리적 요인의 중요성

영국에서의 '프로이드에 대한 굴복은 미국 만큼은 아니었으나, 정신의학(psychiatry)의 영향은 분명 사회복지사들의 용어나 그들의 역할에 대한 사고방법에 '혁명'을 일으키기에 충분한 것이었다. 바바라 우튼은 "겨우 수년 동안 사회복지사는 사실상 경제적 구제라는 옷을 심리학적 의학에 관계된 의사들에게서 차용한 유니폼으로 갈아 입는데 성공하였다. 이들의 전환은 찬미를 갖고 일반에게 받아 들여졌다"[13]고 말하였다.

이 같은 경향은 지금 초기 단계에 있는 일본의 전문 사회사업에도 그 과학적 분위기가 상당 정도 받아 들여져, 일종의 심리주의 붐으로 향하고 있다.

필자는 사회복지 실천에서 전문 사회사업이 심리적 요인을 중요시하는 점을 전혀 의미가 없다고 보는 것은 아니다. 사회 생활에서 인간 행동의 심리적 요인에 관한 한 그것은 정당하며, 또한 필요하기도 하다. 단, 사회복지 본래의 과제를 응시하는 자로서, 다른 중요한 면을 희생시키는 단편적인 특수주의에 빠질 때, 심리주의에 대한 착오를 철저하게 비판하지 않으면 안 된다고 생각하는 것이다.

사회사업에서 심리학적 측면의 탐구는 개별 사회사업에서 전문직(professional relationship)의 확립에 불가결한 공헌을 해왔다. 개별 사회사업의 본질적 과제로 리치몬드는 인간과 사회 환경과의 의식적 조정을 거론하였다. 또 고든 해밀튼(Gordon Hamilton)이 생물적·사회적 유기체로서의 인간의 내면적·외면적 여러 요인의 상호 작용에 대한 조정관계를 들었다.[14] 이 때 사회복지사 앞에 선 클라이언트의 사회 생활의 기본적 욕구를 둘러싼 부조정은 단지 심리적 요인에 한정될 수 없는 것이 명백한데, 그것은 심리적 요인의 중요한 의의를 조금이라도 경시하는 것을 허용하지 않는다.

전문 사회사업의 임무에 관한 근본적인 견해에 필자가 가장 공조할 수 있는 입장을 가지는 이는 캐나다의 캐시우스는 개별 사회사업이란 단순히 사회관계에서 개인을 대우하는 것이 아니라, 환경 속의 일반적인 요소에 관계하는 개인을 대우하며, 그리고 그것은 개인의 어떤 특별한 일면이 아니라, 전인간(全 人間)으로서 개인을 대우한다는 견해를 밝혔다.[15]

캐시우스 스스로는 "개별 사회사업이란 인간 관계 과학에 대한 지식 및 모든 관계(relationships)에서의 기능이 클라이언트와 그를 둘러싼 모든 환경 사이를 보다 좋게 조정

New York, 1960, p. 38.

13) Barbara Wootton, op. cit., pp. 270-271.

14) Gordon Hamilton. *Theory and Practice of Social Case Work*, 2nd., ed., New York, 1952.

15) Cora Kasius, ed., *Principles and Techniques in Social Case Work*, New York, 1950, pp. 101-103.

하는 데에 적절한 개인의 여러 능력과 지역사회 자원을 동원하기 위하여 사용되는 기술"[16]
이라고 정의하고 있다.

　개별 사회사업 과정의 기본적인 조건을 분석한다면, 전문 사회사업에서 심리적 요인이
차지해야 할 지위는 한층 구체적으로 설명할 수 있을 것이다. 런던에서 열린 제3회 국제사
회사업 대회에서 마가렛 리치(Margarett Rich)가 발표한 '개인적 치료에 의한 사회적 조정
의 현 단계'라는 보고는 개별 사회사업 과정의 기본적인 조건이며, 심리주의의 우세를 나타
낸 1939년 당시로서는 균형 잡힌 견해를 보인 것이고, 오늘날 우리에게도 시사하는 바가 크
다고 여겨진다. 리치는 거기에서 5개의 요건에 대하여 언급하였다.[17]

① 개인을 심리적 유기체로 이해하는 것 - 그러나 그 유기체의 기능은 그 구조, 내면적
　욕구, 또는 환경의 여러 조건, 환경이 요구하는 상호작용의 자극에 의하여 강제되는
　특수한 전개에 따라 결정되는 것이다.

② 개인 스스로의 사회적 조정이 가능하도록 그의 능력을 발전시키기 위한 기초 로써,
　그의 어려움이나 가능성을 한층 더 깊게 이해하기 위해, 그가 수용하고 이용 할 수 있
　는 정도에 부응하여, 심리적 유기체에 대한 이해를 그와 나누어 갖는 일.

③ 개인이 짊어지기에는 너무 무거운 책임에서 그를 해방시키고, 동시에 그 스스로 책임
　을 져야 하며 책임질 수 있는 것을 그의 손에 남겨 두기 위하여, 개인의 능력과 속도를
　측정하는 일.

④ 개인 스스로 사회적 프로그램을 만들 때, 교육·의학·종교·산업 등 이용할 수 있는 여
　러 자원의 활용에 대하여 개인을 원조하는 일.

⑤ 개인이 기꺼이 용어·비난·교훈적 권고에 구애받지 않고 존재할 수 있는 자기 모습을
　찾아 내고, 이리하여 그 자신의 기본적인 감정과 조화시키고, 또한 그에게 개인적, 환
　경적 여러 자원을 활용하는 능력의 증대에 바탕을 둔 개인적인 적응을 가능하게 하기
　위하여, 개인과의 관계를 확립하는 일.

　그와 같은 과제를 수행해낼 수 있는 유능한 개별 사회복지사는 인간행동, 사회관계, 사회

---

16) Cora Kasius, op. cit., p. 127.
17) Margarett Rich. "Current Trends in Social Adjustment through Individualized
　　Treatment", The Report of the 3rd International Conference of Social Work,
　　London, 1938, pp. 476-477.

적 여러 자원에 관한 일정한 지식체계 및 그 지식을 각 개인의 상황과 관계시키는 기능을 갖추어야 하는데 그 중요한 일은 심리학적 통찰에 의해서 짊어지지 않으면 안 된다. 그러한 인식은 미국이라는 환경에서만 있을 수 있는 것이 아니라, 『유럽사회사업의 신조류』(1954년) 라는 책에서도 나타난 일반적인 견해이다.

예를 들면 거기에서 유고슬라비아의 프짓(Pusić)은 사회복지는 "동기부여을 이해하고 사람들을 있는 그대로 수용하며, 그들의 자조 능력을 평가하고 발달시키기 위하여 체계적 노력을 행한다"[18]라고 말하였으며, 노르웨이의 트엔스볼은 사회복지사가 "사회적 원인의 다원성 및 개인과 그 환경과의 심리적 상호작용"[19]을 이해해야 할 필요성을 강조하였다.

4. 사회복지사와 클라이언트의 관계

개별 사회사업에서 전문가는 영국의 영허스번드(Eileen Younghusband)가 지적한 바와 같이[20] 단순히 클라이언트가 당면하는 상황을 복지사가 외부에서 관찰하고, 즉석으로 해결 방안을 제공하면 되는 것이 아니라, 그와 그의 여러 욕구와 그의 여러 관계를 클라이언트 스스로가 받아 들인다고 이해하는 것이 필요하다.

사회복지사는 그가 경험하는 그대로의 욕구 좌절이나 만족을 갖는 클라이언트와의 관계에 개입하여, 클라이언트가 자신에게 받아 들여지는 것과 같이 상대방을 받아 들인다. 또한 동시에 그가 놓여 있는 상황의 현실을 명확하게 인식해서, 클라이언트·복지사 관계에서 전문가다운 기능을 발휘하여 클라이언트로 하여금 자기와 다른 이에 대하여 보다 좋은 이해에 도달하도록 해야 한다. 개별 사회복지사는 이러한 개별 사회사업 관계를 수립하기 위한 과학 지식체계·기능·훈련에 의한 전문적 능력에서 일반인의 상식 수준을 벗어날 수 있어야 한다.

정신의학 이론 구조의 특징에서 볼 때 클라이언트·사회복지사 관계의 과학적 확립을 목표로 하는 사회복지사들에게 거처를 제공한 것은 당연한 일이다. 버지니아 로빈슨(Virginia Robinson)은 켄워디(Kenworthy)가 「사례 분석의 에고·리비도 방법」이라는 발표를 통해 개별 사회사업 이론이 가져다 준 공헌에 대하여 논평하기를 "당대의 개별 사회사업 영역에 대한 정신의학의 가치는 아무리 높이 평가해도 지나치지 않는다"고 칭찬하고, "사례 분석에서 에고·리비도를 사용한 방법은 구체적인 심리학적 사실에까지 도달하여 경험과 개인

---

18) Pusić, *New Trends in European Social Work*. London. 1954. p. 84.
19) Tjensvoll, op. cit., p. 102
20) Eileen Younghusband, in Cherry Morris ed., *Social Casework in Great Britain*, 2nd ed., London, 1955, p. 199.

에 대한 의미 분석을 이해하도록 도와주었다"21)고 말하였다.

　　정신분석학의 사회사업에 대한 영향을 나타내는 한 두 가지의 예를 들어보자. 엘리자베스 하워드(Elizabeth Howarth)는 "인격 부조정의 여러 원인은 대부분의 경우 어린 시절의 경험에 근거하고 있다"고 하면서, 문제 가족의 양친의 특이성도 어렸을 적 경험에 관한 분석에서 설명된다고 믿고 있다.22) 애니타 파츠(Anita Faatz)에 이르러서는 직장이나 주거를 구하는 것과 같은 단순한 문제로 사회사업 기관에 가는 경우조차도 "원조 국면에서 구체적 현실은 자아(the self)의 가장 깊은 갈등의 진정한 투사를 동반하고 있다"고 이야기하고 있다.23)

　　정신분석 학파에 속하는 사람들에게 사회사업 실천에서 과정·방법·기능의 핵심을 이루는 것은 사회복지사와 클라이언트의 관계에서 자아의 훈련된 사용에 있다. 다른 일반적인 것은 부수적이며 우연한 것이며, 단지 그 직접적인 관계에서 복지사의 효과적인 치료에 도움이 되는 경우에만 의의 있는 것이 된다.

　　대상의 정신분석적 이해를 전문직업 관계의 중요 요소로 생각한 고든 해밀튼은 "개별 사회사업 과정의 중심에 있는 것은 치료 목적을 달성하기 위한 의식적이며 통제적인 복지사·클라이언트 관계의 사용이다"라고 하여, "개별 사회복지사는 때로는 클라이언트가 이전에 몰랐던 자신의 관념과 감정 - 그것이 수용될 수 있는 것이건 아니건 간에 - 에 대한 주의를 촉구하지 않으면 안 된다. 치료국면(the treatment situation)은 감정을 완화시키고 에고를 지지하며 그의 태도·행동형상에 주의를 기울이게 함으로써, 본인의 자각을 불러 일으키기 위하여 사용한다"24)고 지적한다.

　　'관계의 치료적 사용', 또는 'diagnosis', 'therapy', 'treatment'와 같은 의학적 용어로 전문직업 관계를 말할 경우, 그 핵심을 이루는 것은 사회복지사가 클라이언트의 국면에 가져오는 일반적인 것, 즉 그의 자연적 소질, 관계를 형성하고 활용하는 방법, 다른 이나 생활에 대한 태도, 과거의 기억, 획득된 일련의 가치관에 대한 이해와 함께 특히 무의식(the unconscious)을 사회사업 과정에 구사하는 능력을 갖는 것이다. 일반인의 자기 이해 능력 이상으로 통찰능력을 갖는 사회복지사는 문제의 표면 뿐만 아니라, 그 뒤에 감추어져 있는 '더 깊은 무엇인가(something deeper)'를 간파하고, 감추어진 심리문제를 파헤쳐 내고자

21) Virginia Robinson, *A Changing Psycology in Social Casework*, Chapel Hill,　1930, pp. 85, 91.

22) Elizabeth Howarth, "Scope of Social Casework in Helping the Maladjusted", *Social Work*, London, July 1949, p. 331.

23) Anita Faatz, *The Nature of Choice in Casework Process*, Chapel Hill, 1953, p. 43.

24) Gordon Hamilton, op. cit., pp. 22, 73 and 270.

하는 용의를 가지고 있지 않으면 안 된다.

　예를 들어 물질적 원조를 추구하는 단순한 케이스라 할지라도, 그 이면에 웅크리고 있는 감정문제에 들어가 볼 수 있는 통찰력을 갖고 있어야 한다. 로빈슨은 어린이에 대한 개별 사회사업의 정신 치료 접근에서, "가장 검토를 요하는 것은 외면적 서술이 아니라 내면적 서술"이라는 입장에서 다음과 같이 말하고 있다. "개별 사회복지사가 사용하는 통계 카드에 나타난 여러 치료 서비스 같은 사항은 사회적 케이스 처치에 포함되는 것의 단순한 뼈대에 지나지 않는다. 살이 되고 피가 되는 것은 개별 사회복지사와 클라이언트, 어린이, 양부모 (養父母)와의 다이내믹한 관계이며, 개인이 그 인격의 발달을 희망하고 달성하는 것을 가능하게 하는 인격 사이의 상호작용"이다.25)

5. 비심판적 태도와 공세적 사회사업

　심리학이나 정신의학이 사회사업 일반에 대하여 가져다 준 공헌은 경제적 구제로 시작된 사회복지 활동이 사회적 부조정에서 다른 요인을 과학적으로 탐구하는 태도를 먼저 심리적 영역에서 구체적으로 실천하기 시작한 일이다. 심리학 및 정신의학은 개별 사회사업 관계의 전문직 확립에 공헌한 점에서 충분히 평가 받아야 하는데, 그 가운데 수용(acceptance) 이론을 강화함으로써, 개별 사회사업 관계를 폭넓게 다듬은 일은 잊을 수 없는 공적이다.

　로빈슨은 클라이언트에게 무엇이 필요한가를 관찰하고, 복지사의 플랜에 기초하여 클라이언트를 부조한다는 뜻으로 '참가'(partcipation)라는 말이 사용되는 것을 심리 요법의 입장에서는 아직 부정확하다고 비판하였는데26), '수용'은 그것보다는 더욱 함축성 있는 용어이다. 그렇다면 수용이란 무엇을 의미하는 것인가. "사회복지사가 사람들을 위하여(for people) 무엇을 하거나, 그들의 의지에 반하여 그들에게 무엇을 하고자 설복 시키려고 하여서는 안 된다는 뜻이다."27) "클라이언트의 자아가 그 자신의 원망, 지시, 성질, 능력에 대하여 보다 위대한 발견으로 향해 나아가는 여지를 남겨 두는 것이다."28)

　이러한 '수용'적 접근은 '비심판적 태도'(the non-judgemental attitude)라 불리고 있는데, 사회복지사는 사회적 부조정에 의하여 곤란에 빠진 사람들, 즉 그 때마다 따라야 할 행동기준에 적합한 것에 실패하는 사람들을 대상으로 하지 않으면 안 되는 것이므로, 비심판적 태도는 실은 사회사업 본래의 목표와는 함부로 합치할 수 없는 미묘한 문제를 안고 있다.

---

25) Virginia Robinson, op. cit., p. 99.
26) Virginia Robinson, Ibid., p. 99.
27) Eileen Younghusband, op. cit., p. 724.
28) Anita Faatz, op. cit., pp. 135, 72.

왜냐하면, 사회사업은 사람들의 행동을 '사회적으로 정상적인' 방향으로 바꾸어 가는 것을 목적으로 하는 것이므로, 개별 사회복지사의 목표에는 불가피 하게 사회적 규범(social norms)이 전제로 포함되기 때문이다.

사회복지사는 사회적으로 정상적인 생활수준의 유지, 또 그 정상성(正常性) 개념의 바탕에서 볼때 민주주의 사회에서 도덕률을 유지하는 임무를 맡은 사회의 대리자(代理者)이다. 따라서 사회복지사는 한편으로는 클라이언트의 수용과 그의 자기 결정의 권리를 단호하게 옹호해야 할 책무를 느끼면서, 다른 한편으로는 클라이언트 자신은 조치 목표가 어디에 있는가를 모르지만, 복지사 자신은 클라이언트를 움직여 가는 조치 목표를 명확하게 갖고 있지 않으면 안 된다는, 얼핏 대단히 모순된 심경에 서야하는 입장에 있는 것이다.

전문직 관계에서 클라이언트를 위하여 이룰 수 있는 일반적인 것은 그가 이루기를 희망하는 방향에 정서적 지지를 주는 것이라고 한다면, 프랭크 브루노(Frank Bruno)가 적절하게 지적한 바와 같이[29], 보호 관찰관 처럼 권위를 대표하는 사람이 개별 사회사업을 사용한다는 것은 대단히 모순된 일로 생각될 것이다. 이렇듯 복지사의 조치 목표가 클라이언트의 의지에 반하는 듯 할 때, 복지사의 목표가 클라이언트 자신의 목표가 되도록 어떻게 이루어 갈 수 있을까.

플로렌스 홀리스(Florence Hollis)가 「개별사회사업 실천의 근저에 있는 모든 원리와 가정」이라는 논문에서 말하고자 하는 것은 비심판적인 태도의 문제성에 대한 하나의 견해를 나타내는 것이다. 그가 이르기를 "자기방향결정(self-direction)의 권리는 결코 절대적인 권리는 아니다."[30] 정신적으로 또는 육체적으로 병든 자나 사회적으로 위험에 처한 자도, 어떤 사정에서는 적어도 지나치게 어린 사람과 마찬가지로, 그들 자신의 목표 선택을 허용할 수 없다. 그러므로 개별 사회복지사는 "어떠한 때에 보호 또는 지시의 필요가 자기결정(self-determination)의 원리에서 대신하게 되는지를 결정하지 않으면 아니 된다"고 하고, 또 동시에 "너무 간단하게 보호 조치가 필요하다고 결정하는"일이 없도록 조심해야 한다고 하였다.

여기서 묻지 않으면 안 되는 것은 사회복지사 조치 목표의 기준과 실제 적용이다. 변화해 가는 사회 조건에서 오늘날 우리 사회생활의 기본 욕구 충족에 필요한 사회복지 기준으로는 다음과 같은 조건을 들 수가 있다.[31]

---

29) Frank Bruno, *Trends in Social Work 1874-1956*, 2nd ed., New York, 1957, pp. 288-89.
30) Florence Hollis, *Principle and Assumptions Underlying Casework Practice. Social Work*, London, April 1955. pp. 46 and 44.
31) Earl Lomon Koos, *The Sociology of the Patient*, New York, 1954, p. 214.

①물질적 궁핍이 생겨나지 않게 하기 위한 경제 보장
②궁핍과 긴장 관계가 생겨나지 않도록 하기 위한 직업 보장
③신체적 건강을 유지하기 위한 적정한 조건
④정상적인 인격의 발달과 유지를 위한 정신 건강
⑤긴장을 동반하지 않는 건전한 인간 관계의 가정생활
⑥집단 생활의 질서

이들 사회복지 기준의 일반 원칙에 대해서는 비교적 용이하게 대중의 동의를 얻을 수 있을 것이다. 그러나 사회복지의 공식적이며 실제적인 적용에서는 의료의 경우 건강 수준과 같이 일반적으로 인정되는 상태는 확정되어 있지 않으므로, 사회복지사의 주관적 판단에 의존하지 않을 수 없다. 사회복지 연구자와 실천가는 그 때마다의 사회 발전의 정도에 반응하여, 개개의 클라이언트가 어느 정도까지 전술한 사회복지 기준에 접근해 있는가를 검토할 수 있는 공동 토의를 축적해감으로써, 사회복지사의 주관적 시야 안에서 동요하는 적용 척도에 객관성을 부여하도록 해야 한다.

정신의학의 방향을 취하는 사회사업에서는 규범의 문제에 대하여 중립성을 유지함으로써 과학적이라고 생각하는 경향이 있다. 그러나 복지사가 클라이언트 자신의 결단에 이르는 과정을 원조할 뿐, 그 결단 자체가 어떠한 것인가 하는 물음에 무관심한 것은 비현실적이며 또한 무책임하기도 하다. 만일 클라이언트의 특정 규범에 적응하고자 하는 태도나 행동을 원조하는 것이 복지사의 목적이라면, 그 규범을 검토하고, 그것을 명백히 해두는 것이 당연한 전제 조건이 되는 것이다.

필자는 칼 로저스 교수(Carl Rogers)의 비지시적(非指示的) 카운셀링(non-directive counseling)이 클라이언트에게 수용의 폭을 넓혀 준다는 데에 이의를 제기하는 것은 아니다. 그럼에도 불구하고, 사회복지는 그것을 초월해서 나아가야 할 영역을 갖고 있다는 사실을 잊어서는 안 된다고 여겨진다. 뉴욕시 청소년국장이 소위 '공세적 사회사업'(the aggressive social work)의 입장을 언급한 것은 그 요점에 잘 접근한 것이다.

"서비스를 사람들에게 강요하는 것은 사람들이 책임 있는 태도로 자기 자신의 일에 대처할 때에 필요한 자긍심과 내면적인 힘의 재건을 원조하고자 하는 우리의 목적을 깨는 것이 될지도 모른다"고 인정하면서, 다른 반대되는 면을 언급한다.

그가 이르기를 "우리는 또 기타 교란되고 가난하며 재기 불능인 사람들을 위해서 다시금 돌진하지 않으면 안 된다. 그것이야말로 사회·보건·교육·종교기관이, 만일 범죄·정신병·

알콜 중독 기타 사회 병리 지수를 감소시킨다고 한다면, 그 처리 방법을 배우지 않으면 안 되는 문제의 핵심 즉, 진실의 도전인 것이다. 우리는 그들이 필요로 하는 서비스를 그들이 사용할 수 있는 방법으로 제공하지 않으면 안 된다. 그것은 개별 사회사업에서 말하자면, 즉 개개의 가정에 찾아가 '노(NO)'라고 말하지 않도록 건강이나 환경 문제에 대한 원조와 같은, 어떠한 건설적인 기초에 바탕을 둔 국면으로 나아가, 가족관계의 미세한 점까지 관여할 수 있을 정도로 진전시키는 것을 뜻한다. 클라이언트가 사회복지사가 있는 곳에 오는 것이 아니라, 거꾸로 개별 사회복지사가 클라이언트가 있는 곳으로 찾아 가는 것이다."[32]

사회복지사가 사회에서 자기 지위를 이렇듯 공세적으로 자리 매김 시키고자 하면, 사회복지에서 규범의 문제를 경시할 수 없게 될 것인데, 사회사업계에서는 아직 그러한 관심은 의외라고 생각 될 만큼 적으며, 클라이언트 개인의 프라이버시 침해의 측면만이 빈번히 언급되고 있는 실상이다.

6. 진단파·기능파 논쟁과 심리주의의 한계

전문사회사업 이론의 진전에 따라서, 일본에서도 실천의 구체적 문제로 거론된 것은 진단파(Diagnostic School)와 기능파(Function School)의 논쟁이다. 양파의 성립 과정에서 역사적 변화와 대립에는 당파적 감정까지 동반하는 미국과 같은 배경이 없는 일본에서는 미국에서 볼 수 있는 것과 같은 격렬한 논의를 불러 일으킨 바는 없었다. 그러나 이미 진단파의 이론과 태도를 상당히 접하기 시작한 일본에서는 로저스의 방문을 계기로 기능파 입장과의 대립이 연구자들 사이에서는 문제가 되었다.

진단파는 프로이드와 그 문하생이 제창하는 인성(personality) 이론에 기초하여 개별사회사업 접근을 행하고자 하는데, 거기에서는 퍼스낼리티 조직을 사회복지사 책임의 중심에 놓고, 인간의 인격, 내면적 갈등 및 행동에 대한 영향을 이해하여 치료를 전개하고자 한다. 즉 치료란 클라이언트 개인의 감정적 욕구로 인해 그의 육체적, 사회적 환경과의 상호관계에서 생기는 갈등을 해결하는 행위이다.

인격의 갈등은 인간행동에서 감정적 경험의 결과, 특히 아기·어린이의 정서, 불안감, 욕구불만, 죄책감 등 일반적인 욕구의 만족에 대한 원시적 욕구를 의미하는 '이드'(id)와, 사회에서 개인의 역할, 또 종교·윤리·문명의 가치를 알기까지 이르는 개인의 사회화된 힘으로서의 '에고'(ego)에서 생기는 것이다. 진단파는 클라이언트의 에고의 힘에 지지하는 절차를 취함으로서, 내면적 긴장이나 외부적 갈등을 해결하고, 통일성 있는 개인으로 재조직하

---

32) Ralph W. Whelan, *New York City Serves its Youth*, New York, 1956, pp. 5-8.

는 책임을 인수하고자 하는 것이다. 전체적 재조직, 구체적으로는 성격 분석의 전시야(全視野)를 차지하는 것은 전체적인 인격이다.

이에 비해서 펜실베니아 대학의 오토 랭크(Otto Rank)의 주창에 바탕을 둔 기능파 의 개별 사회사업은 인격의 전체적 재조직이라고 하는 포괄적 접근을 피하고, 프로이드적 개념으로는 아직 알려지지 않은 인간이 갖는 창조적인 조직력으로서의 '의지'(will)를 중심으로, 개별 사회사업 기능을 클라이언트의 불안 상태를 극복하기 위한 원조 과정(helping process)에 한정하고자 한다.

클라이언트는 생활의 어떤 순간에는 혼자서는 대처할 수 없는 상황이 되어 도움을 구하는 것인데, 그러한 사회적 현실에 직면해서는 진단파와 같이 인격 구조의 유·소년기로부터의 오랜 전망에 의한 전체적인 재조직보다, 단지 현재 의지의 기능적 이해에 따른 원조에 만족한다. 이와 같이, 개별 사회사업 목표의 부분화의 결과로 기능파는 진단파 처럼 클라이언트에 소속되는 모든 책임을 짊어지지 않는다.

케이스 루카스(Keith Lucas)는 진단파 개별 사회사업이 다른 사람의 생활을 처리할 수 있다고 생각하는 것을 가리켜 오만이라고 지적하고, 다음과 같이 말하였다. "인간은 자신의 일에 대해 비합리적이라고 말하는 사회복지사의 확신 앞에서는 자기 결정을 사실상 후퇴하지 않을 수 없다. 어느 그룹도 - 먼저 사생아의 어머니, 이어서 곤란한 어린이의 양친도 - 자기의 결단을 이루는 능력이 부족하다는 것으로 선고 당한다.… 진단파는 모든 클라이언트에 대한 책임(responsobility for the whole client)을 질뿐 아니라, 그에 대한 모든 책임(whole responsibility for him)을 먼저 지고자 한다."[33]

진단파와 기능파는 오늘날 미국에서 격렬한 대립에도 불구하고, 프리드랜더(Walter Friedlander)나 앱티커(Herbert Aptekar)가 예측하는 것과 같이 종합적 통일화로 향해야 한다. 그러나 여기서 특별히 지적해 두어야 할 것은 이 두 학파 모두 프로이드주의적 인성 이론의 깊이에 빠지게 되며, 사회사업이 과제로 하는 사회관계에서 부조정에 대한 대응이 본래 요구하는 '사회'적 성격을 경시하는 위험에 처하게 되는 것이다.

마일즈의 비판에 먼저 귀를 기울이자.

"두 학파 모두 인생의 초기 단계가 개인의 인격의 열쇠가 되는 것이라고 믿고, 클라이언트를 처치하는데 긴 언어적 정화법(verbar catharsis)의 가치를 믿으며, 양자의 치료형식이 클라이언트 중심(client-centered) 및 관계 지배적(relation-dominated)이고, 범성론(汎性論, pan-sexualism)을 벗어나지 않았다"[34] 라는 것이다. 여기에서 범성론의 낙인이 찍힌

---

33) Keith Lucas, *The Political Theory Implicit in Social Casework Theory*, quoted by Barbara Wootton, op. cit., p. 285.

것은 의미심장한 일이다.

　여러 심리학 학파의 요소 예를 들면 프로이드, 애들러(Alfred Adler), 융(Jung), 랭크 (Rank), 로저스(Rogers) 등의 이론에서 아무리 통합론을 취합해냈다 하여도, 또 그들의 여러 이론이 인격과 경제적·사회적 상태와의 상호작용으로 설명되었다 하여도, 심리요법을 중심으로 하는 '개별사회사업 과정'이나 '개별사회사업 관계'의 강조는 어차피 다른 경제· 사회·문화 요인을 차선으로 하는 심리주의 편향의 착오를 면하지 못하고, 사회사업에서 심리학적 탐구의 올바른 자리 매김을 잊은 것이라는 비난에서 벗어나지 못할 것이다.

　근래에 사회사업에서 인성 이론의 편향에 대한 한계 의식이 각 방면으로 점차 강화되어 가고 있는 것은 기뻐해야 할 경향이라고 말해야 할 것이다. 「사회에서 방향 설정된 직업의 책임」(The Responsibilities of a Socially Oriented Profession)이라는 논문에서 루리(Lurie)는 "사회 기관을 문화의 한 요소로 이해하는 것은 불충분하며, 또 이들 기관의 가능성(potentials)을 문화적 영향으로 파악하는 것이 그다지 이루어지지 않고 있는"것을 개탄했다.

　또 "사회복지사가 자기의 생활이나 봉사하는 클라이언트의 생활에서 불충족한 관행이나 사회제도가 뜻하는 것에 민감하지 않다면, 사회사업의 의미는 많은 부분을 잃게 될 것이다" 라고 말하고 있는 것은 때마침 미국에서 주장하기 시작한 "사회사업 속에 '사회'의 회복"[35](putting the 'social' back into social work)운동과 함께, 시사하는 바가 크다고 생각한다.

　샤로트 토울이 이 새로운 조류가 의미하는 점에 대하여 해석하기를, 첫째 종래의 정신분석을 모방한 통속적인 시행의 완화 요구, 둘째 가족은 진공 속에서가 아니고 사회에서 거주하며 사람들은 가정 내 관계에서만이 아니라 가정 밖에서 생기는 사항에 영향 받는다는 사실을 설명하고 있는 점은[36] 주목할 만한 일이다.

　미국에서 사회복지사의 직업적 타이틀은 정신의학이라는 것과 같은 특정 영역의 기술만으로는 보호될 수 없다는 것이, 인간행동과학(science of human behavior)의 성립 기운이 무르익어 감에 따라, 서서히 밝혀지려 하고 있다. 일본에서도 아직 '새벽이 오기 전'의 어스름한 빛 속에 있다고는 하나, 미국 퍼스낼러티 이론으로의 편향에 대한 반성이 행해지고 있는 것을 이해하는 것은 결코 무의미하지 않을 것이다.

---

34) Arthur P. Miles, op. cit., p. 114.
35) 　Harry L. Lurie, in Kasius, ed., *New Directions in Social Work*, 1954, pp. 45 and 50.
36) Charlotte Towle, *New Developments in Social Casework in the United States*, 1955.

7. 사회사업 및 사회 정책의 중요성

제1차 대전후의 사회사업은 "사회의 변혁보다도 개인의 조정에 중점을 두는"[37] 접근 방향을 취해 왔다. 그것은 전문 사회사업에 사회복지 그 자체의 고도화로 가는 도약대가 되는 기회를 제공했는데, 동시에 사회복지의 전진에 장애요소가 되는 역할까지 하였다. 이제 드디어 전문 사회사업을 추진하고자 하는 일본의 사회복지사는 이러한 저간의 사정을 명확하게 인식하여 구미, 특히 미국에서 두드러졌던 심리주의 편향으로 개인적 측면에 몰입하는 착오를 반복하지 않도록 경계해야 한다.

미국에서는 심리주의 우세의 영향으로, 사회복지사는 무엇보다도 "treatment focus"(치료초점)에 관심을 두고, 종전의 기본적인 사회문제에 대한 관심을 배후에 남겨 두는 결과에 빠지게 되었다. 1960년의 미국 사회복지 대회에서 쇼틀랜드(Charles I. Schottland)가 행한 '1960년대의 사회사업'이라는 강연은 미국의 전문 사회사업에 일종의 전환기를 선언하는 주목해야 할 만한 내용을 담고 있다.

그는 미국에서 빈곤추방의 중대한 의의를 강조하며, 그를 위한 완전고용의 유지, 실업보험 제도의 개선, 공적부조에 대한 연방정부의 보조, 사회보장·공적 부조 급부의 인상, 이민 노동자 원조조치, 공적 부조에서 거주기간 제한 규정 철폐 등 6가지 방향을 시사하였다. 또 종래의 사회사업에서 클라이언트 개인에 대한 일면적인 집중을 배제하고, 한편으로는 심리요법, 의학, 사회과학의 최신 학문을 개인 및 집단을 다루는 사회사업의 응용기술로 도입할 것과, 다른 한편으로는 사회개량의 전통과 기본적 사회문제에 대한 관심을 집중적으로 균형을 유지하면서 존중해야 할 것을 주장하였다.[38]

쇼틀랜드는 "나는 사회사업의 이들 두 가지 측면 - 실천과 정책, 심리학적 개별화와 사회개량, 개별 서비스와 사회상태의 개선, 직접적인 서비스 추진과 보다 광범위한 예방 프로그램, 개인적 치료와 사회적 리더십 - 을 사회사업에 관여하는 개인과 사회의 여러 문제 해결에 대한 통일적 접근으로 생각하고 있다. 나는 개별화 서비스에 대한 이 과도한 집중은 불건전하며 불필요한 것이라고 믿고 있다. 개인적 문제를 위한 해결은 우리가 문제를 완전히 사회복지사·클라이언트 관계로 좁혀 버리는 것이 아닌 이상, 광범위한 사회문제로부터 분리할 수 없는 것이다.

많은 정신분석가들은 그와 같은 것을 한 것인데, 나는 사회복지사가 결코 그러한 것을 하

---

37) Nathan E. Cohen, *Social Work in American Tradition*, New York, 1958, p. 103.
38) Charles I. Schottland, "Social Work in the 1960's", in The Social Welfare Forum, 1960, New York, pp. 20-41.

지 않기를 희망한다. 사회복지사로서 우리는 사회복지 프로그램에 영향을 주는 사회 정책이 사회복지사와는 무관하게 발전하거나, 비사회복지사 그룹에 의하여 추진되는 것을 묵묵히 허용해서는 안 된다. 진취적인 사회복지사는 이 시대에 이렇듯 중요성을 갖는 사회 정책을 가지고 정복해야 할 많은, 그리고 새로운 개척 대상을 갖고 있다."

"사회복지사는 자기에 대하여 안고 있는 이미지를 바꾸지 않으면 안 된다. 우리는 단순한 치료가도 아니며, 빈민의 벗만도 아니다. 우리는 사회 입법의 사회 정책에 공헌하기 위한 풍부한 유산을 가진 전문가이다. 우리는 사회적 정책의 여러 개인과 가족에 대한 실제적인 응용을 원조할 수 있도록 하는 인간행동에 관한 지식을 가지고 있다. 우리는 개인의 가능성에 대한 깊은 신념과 함께 사회 문제를 해결하기 위한 민주주의의 방법에 대한 확신을 갖는다."[39]

필자는 쇼틀랜드의 제언에 찬성한다. 우리의 사회복지 활동이 직면한 사회 배경은 우리가 단지 '성실한 정신분석가나 성실한 심리요법가'(miniature psychoanalyst or psychiatrist)로서 일하면 해결할 수 있는 것과 같은 안이한 것이 아니다. 제오프리 빅커스 경(Sir Geoffrey Vickers)이 『무방향 사회』[40]에서 말한 바와 같이 현대의 급속한 산업화는 개인의 복지에 압박을 가하여, 테크놀로지의 급속한 진보에도 불구하고 '인간'의 이해와 보호는 가볍게 다루어져, 사람들은 마치 고독한 여행자처럼 바퀴에 깔리는 시대이다.

에리히 프롬(Erich Fromm)의 『정상적인 사회』[41]나, 프릿츠 파펜하임(Fritz Papenheim)의 『현대인의 소외 - 마르크스 및 퇴니스에 기초한 해석』[42]이 예리한 필치로 묘사하고 있는 바와 같이 '소외', 즉 상품중심의 비인격화 사회 속에서 인간이 자기소원(self-estrangement), 익명(anomity), 부의 집중(means-centeredness), 무관심주의(indifferentism), 고립(isolation), 무기력(powerlessness), 숙고(calculation), 무의미(meaninglessness), 각성(disenchantment)과 같은 개념으로 규정되는 상황 속을 방황하고, 어느새 자기소외(self-alienation)로까지 몰리게 되는 세계인 것이다.

그 배경에는 체제의 심각한 문제가 가로놓여 있다. 그것은 단순히 임금문제에만 관련해서 이야기 할 수 있는 영역만이 아니다. 자본주의 체제에서 생기는 문제는 모순의 집중적 표현을 빈곤 계급에서 찾을 수 있는데, 문제의 범위는 다시 광범위한 여러 계급으로 파급되며, 타방면의 사회적 부조정을 만들어 내게 된다. 그 극복과 예방을 위한 싸움은 실로 쇼틀랜드가 말한 것처럼 "사회복지사가 자기에 대하여 안고 있는 이미지를 바꾸지 않으면 안된다"

---

39) Charles I. Schottland, op. cit., pp. 39-40.
40) Geoffrey Vickers, *The Undirected Society*, Toronto, 1960.
41) Erich Fromm, *The Sane Society*, New York, 1955.
42) Fritz Papenheim, *The Alienation of Modern Man* : an Interpretation based on Marx and Tönnies, New York, 1959.

는 것을 요구하는 것이다.

『사회사업(Social Work)』지에 피츠버그대학의 사무엘 멘셔(Samuel Mencher)가 기고한「사회정책이란 무엇인가」라는 글은 미국 사회사업계 감각의 추이를 나타내고 있어 흥미롭다. 그 안에서 말하기를 "사회정책은 과거 십 년간 사회사업계에 널리 받아 들여지게 되었다. 적어도 지금 사회정책 중시의 강화는 사회운동(social action)이라는 용어 사용이 줄어드는 것과 어느 정도 관련되어 있을 것이다. 때때로 '사회정책과 사회운동'은 함께 연결하여 사용해 왔다. 이것은 아마도 정책 형성은 액션과 함께 하는 것으로 액션의 선행 조건이기조차 하다는 인식을 표명하는 것이리라."43)

미국 사회사업계가 이처럼 사회활동에서 한층 더 나아가, 사회정책 영역으로까지 시야를 확대해 온 것은 사회복지의 발전에서 볼 때 반가운 일이다. 미국에서 말하는 '사회정책'(social policy)은 일본 '사회정책'이 주로 노동력의 보존 배양이나 산업평화의 유지를 위한 계급적 정책을 의미하는 것과는 다르다. 미국에서는 사회적 부조정의 극복과 예방을 목적으로 하며, 정책 설정의 지도원리로서 현대 사회의 여러 문제에 대한 일정한 사회 철학을 바탕에 두고, 전문적 경험에 기초한 사회적 자료를 수집·제공하여 정책을 수립하는데 도입되도록 하는 기능을 의미한다.

지역사회 조직가는 주로 지역 사회 차원에서 제도적 미비에 대응하고, 개인과 제도 집단의 조정 가능한 조건을 마련하고자 하는데, 그 사회 활동은 임무수행 과정에서 필연적으로 사회정책을 지향하도록 한다. 또 사회정책 추진의 실제적 필요에 따라 현대 사회구조의 구체적 파악에 다다르게 될 때, 사회복지사는 자본주의 체제의 의문성에 도달하게 되는 것이다.

그러나 사회정책에 대한 관심의 확대가 사회사업에 가져다 주는 위험은 사회정책이 사회활동에 맡겨진 본래적 과제로부터의 '로맨틱한 도피'(멘셔)처가 되어, 사회활동 자체는 지방행정을 통한 관료주의의 수렁에 빠지는 결과가 되는 것이다. 사회사업이 사회활동의 직분을 충분히 수행하지 못하고, 사회사업의 외곽에 있는 사회정책에 과대한 기대를 갖는 것은 기능 수행의 순서를 잘못 이해하는 것이다.

이에 우선 전문 사회사업에서 전문성이 높은 지역사회 조직가를 양성하여 그 사회 제도에 대한 넓은 시야와 현실적 사고를 통해, 사회복지 활동의 기능을 높이는 것이 급선무가 된다.

일본에서 사회 활동의 연구는 전문 사회사업의 새로운 과제가 되지 않을 수 없다. 이것과 병행하여 비로소 쇼틀랜드가 기대하는 사회정책으로서 정복해야 할 새로운 개척이 사회복지사에게 현실의 문제가 될 수 있으며, 사회 입법이나 사회 정책에 공헌할 수 있는 전문가로서의 지위도 새롭게 구축될 것이다.

---

43) Samuel Mencher, "What about Social Policy", *Social Work*, Dec. 1960. pp. 102-3.

8. 사회사업의 전문적 성격

일본 사회복지사협회 결성의 중요한 목적중의 하나는 '전문직으로서 사회사업'의 확립에 있다. 그러나 사회사업의 전문직 성격은 이상에서 설명한 구미의 사회사업발전 실태에 비추어 아직 그 목적과 내용에서 불안정한 요소를 남기고 있음을 인정해야 한다.

오래 전에 애브라함 플랙스너(Abraham Flexner)가 미국의 사회복지사 회의에서 행한 '사회사업은 전문직이다'라는 강연에서는 사회사업을 아직 하나의 전문직으로 보는 것을 그만 둔 것이었다. 그가 말하기를 "모두 확립되고 용인된 직업은 일정한 전문적 목적을 갖고 있다 - 의술, 법률, 건축, 토목 등, 각각의 영역에는 명확한 구획을 설정할 수 있다." 그럼에도 불구하고 사회복지사의 경우에는 "그가 접하게 되는 상황의 다양성으로 볼 때, 그가 하나의 전문적 행위자라기 보다는 오히려 이런저런 전문적 기관을 활용하는 중개자인 것이다."[44]

영국에서 전문직에 대한 포괄적 연구를 행한 카 사운더스 및 윌슨의『직업론』[45]도 사회사업을 전문직 안에 포함시키지 않고 있다. 그렇다면 사회사업이 자기의 권리로서 전문직 지위의 타이틀을 확보하기 위해서는 사회복지사가 의사, 변호사, 건축가 등과 나란히, 어떠한 전문적 기술 및 지식을 갖고, 클라이언트의 요구에 응하고자 하고 있는 것일까.

필자는 지금 '클라이언트의 요구'라는 단어를 사용했는데, 'client'라는 영어에 대체할 수 있는 것으로는 applicant, inmate, case, pationt 등의 용어를 들 수 있다. 이 단어의 사용에 책임을 갖는다는 메리 리치몬드는 특히 클라이언트라는 단어를 낮은 단계에서 높은 단계로 가는 향상의 길을 경험해 온 단어로서 존중하고자 하고 있다. 즉 그것은 'a suitor'(청원지請援者) 또는 'a dependant'(피부양자)를 의미했는데, 이윽고 'one who listens to advice'(조언에 귀기울이는 사람), 또다시 그 뒤로는 'one who employs professional service of any kind'(어떤 종류의 전문직 서비스를 사용하는 사람)를 의미하는 것으로 변화했다는 것이다.[46] 이에 따르자면 '클라이언트'란 좋은 단어이다. 그 '전문직'이 의미하는 것을 우리는 여기서 마지막으로 한번 더 음미해 볼 필요가 있다고 생각한다.

'클라이언트'란 누구인가? 필자는 이전에 일본 사회복지학회 편저『사회복지학』지에 기고한「사회복지와 과학전반 - 사회복지 연구의 방향을 모색하며」에서 사회복지를 다음

---

44) Abraham Flexner, "Is Social Work a Profession?-Proceedings of the National Conferende of Charities and Correction", 42nd, Annual Session, Chicago, 1915, pp. 585-6, quoted by B. Wootton, op, cit., p. 288.

45) A. M. Carr-saunders and P. A. wilson, *The Professions*, Oxford, 1933.

46) Mary Richmond, *Social Diagnosis*, New York, 1917, reprinted 1925, p. 38.

처럼 정의하였다.

"사회복지란 놓여진 사회체제 속에서, 사회 생활의 기본적 욕구 충족을 둘러싼 개인과 제도적 집단 사이에 성립하는 사회관계에서 인간의 주체적, 객체적 조건의 상호작용으로부터 생기는 여러 가지 사회적 불충족 또는 부조정 관계에 대응하여 충족, 재조정, 또는 예방 조치를 통하여 사회적으로 정상적인 생활을 실현하고자 하는 공적·사적인 사회 활동의 총체를 의미한다"[47]고 말하였다.

나아가 사회 관계에서 불충족 또는 부조정은 사회관계 그 자체의 본질에서 볼 때, 발생 원인을 주체적 측면으로서의 개인의 인격 안에서 찾아야 할 경우도 있는가 하면, 객체 측면의 제도 자체에서 찾는 경우도 있기 때문에, 클라이언트에 대한 접근은 이들 주체적 및 객체적인 양 측면에서 행해져야 함을 명백히 했다. 이 경우 클라이언트는 이들 양 측면이 어느 하나로 나누어지기 전에, 먼저 양 측면으로부터 접근의 접합점에 선 통일적 인간, 즉 'the whole human being'으로 이해되어야 한다.

다른 직업에서는 관심의 초점이 개인의 건강·교육·법적 관계 등 부분적으로 분할된 구체적 측면이라고 말하는 루리가 사회사업에서 관심의 초점은 '전체로서의 개인'(the individual as a whole)이며, 이 점에서 사회사업이 다른 직업과 근본적으로 구별된다고 지적하는 것은[48] 의미심장한 일이다.

그것은 앞에서 기술한 바와 같이, 사회사업의 여러 기능이 광범위하게 전개되어야 할 것을 추구하는 것이며, 전문 사회사업이 정신 사회사업이나 의료 사회사업 등 각각 독자의 한정 영역의 지식으로 충족될 수 없는 공통의 기초에 서는 것을 의미한다. '포괄적 사회사업(generic social work)'의 훈련 필요성이 강조되기에 이르게 된 이유도 여기에 있다. 허버트 스크룹(Herbert Stroup)은 근래의 급격한 사회적 변화 안에서 사회사업이 빠지게 되는 딜레마의 하나로 과도한 전문화(overspecialization)를 들어, 사회사업이 다른 선배격의 여러 전문직의 직업적 성격을 모방하기에 급급한 나머지, 자율성 추구에 얽매여 '전인'적 시야를 상실하는 착오를 지적하고 있다.[49]

인간의 가치는 존재의 긴장과 억압(stress and strain)에 대한 적응만으로 보호할 수 있는 것이 아니다. 필자는 정신의학이나 심리학이 사회사업에 가져다 준 공헌을 높이 평가하는 사람 중의 하나이나, 그것들이 소위 '사회 배경 속의 개인'(the individual in the social

---

47) 이 책 제1장.

48) Lutrie, "The Responsibilities of a Socially Oriented Profession", in Cora Kasius, ed., *New Deretions in Social Work*, New York, 1954, p. 36.

49) Herbert Stroup, "Social Work's New Era", in The Social Welfare Forum, 1960, New York, pp. 71-72.

setting)으로서 클라이언트의 문제 해결에 종래와 같은 과대한 자신을 가진다고 한다면, 그 것은 '사회과학의 순진성(social-scientific native)'이라고 평해야 할 것이다. 거기에서는 사회사업의 사회운동이나 사회정책의 긴급한 주장은 무시될 수밖에 없는 것이다.

필자는 소로킨(Sorokin)이 경제학, 심리학, 문화 인류학 등을 사회 관계적 측면에서, 사 회학으로서 통일하여 이해하고자 하는 학문 방법론[50]에 호감을 느낀다.

필자가 먼저 기술한 바와 같은 사회복지의 정의에서 보면, 사회관계에서 부조정의 분석 은 당연히 소로킨의 의미에서 사회학을 중시하는 입장으로 이끌지 않을 수 없다. 그러나 사 회복지에서 문제 대응은 아무리 광범위한 함축을 갖는 사회학 이념으로도 충분히 대응해낼 수 없는 것이다.

사무엘 멘셔가 "우리가 되었건 다른 사람이 되었건, 이것에 대해서는 사회학이 이전의 사 회과학 속에서 행하여 온 것과 같은 '사회 정책학의 여왕'(the Queen of the Social Policy Sciences)행세를 할 수는 없다"[51]라고 한 것을 생각하게 한다.

필자는 헨리 마스(Henry Maas)가 사회학적 역할 개념을 중심으로 개별 사회사업의 기 술을 전개하고자 한 의도[52]에 깊은 관심이 있지만 그것으로 인해 사회복지의 과제가 모두 이루어진다고는 보지 않는다.

여기서는 사회복지 연구를 사회학 개념보다도 광범위한 '인간행동과학'을 기초과학으 로 하여 전개하는 한층 폭넓은 태도가 필요하다. 앞으로 인간행동과학의 발전과 병행하여 전문 사회사업 연구도 향상될 수 있는 것이며, 사회과학의 현 단계에서 관용과 인내를 갖고 사회적 부조정을 둘러싼 과학 전반의 발언에 귀기울이지 않으면 안 되는 것이다.

인간행동 과학이라는 개념은 미국에서 생겼다. 그것은 미국 환경의 특수성으로 인하여 생활 행동의 분석을 행하는데 경제적 요인의 탐구를 부당하게 약화시키고 있다는 인상을 지울 수가 없다. 아무리 미국이라 할지라도 전문 사회사업의 추진이 경제적·사회적 상태의 개선에 관한 관심을 '대충하고' 넘어가는 것이 된다면, 쇼틀랜드가 행한 경고성 연설은 무 용하게 될 것이다. 필자는 일본 사회복지사협회가 경제적 요인을 경시하는 착오를 범하지 않을 것을 절실히 기대한다. 심리적 개별화, 개인적 치료를 존중한다는 것이 일본의 특이한 경제적·사회적 환경의 경시로 연결되는 것이라고 한다면, 전문 사회사업은 잘못된 길로 들 어서게 되고 말 것이다.

---

50) Pitirim A. Sorokin, *Society, Culture and Personality : Their Structure and Dynamics*, New York, 1947.

51) Samuel Mencher, op. cit., p. 103.

52) Henry Maas, 'Social Casework', in Walter Friedlander, ed., *Methods and Concepts of Social Work*, New York, 1957.

"다수가 생활하는 환경이 지나치게 불건전하기 때문에, 시간과 돈이 드는 개별 사회사업 방법은 필연적으로 처우를 요하는 사람들 중의 극히 일부에 한정되어 있다"라고 한 브라운(Ester Lucie Brown)의 탄식은[53] 일본에서 한층 절실한 이야기로 들린다.

전문 사회사업 추진에 뜻을 둔 사람들이 늘 염두에 두어야 할 사항은 경제발전과 국민의 빈곤과의 필연적 관계이다. 소위 소득배가(所得倍加) 분위기로 근로자 상호간의 임금격차의 축소는 근로자 모두에게 빈곤해소를 가져다 줄 수 있는 것 같은 잘못된 이해를 낳고 있다. 그러나 자본축적의 급진을 본래의 목적으로 하는 일본 경제의 진전은 앞으로 오랜 시간에 걸쳐 '일본적 빈곤'의 특수성을 해소할 수 없게 되는 운명에 놓여 있다.

자본 축적은 생산력의 확충, 즉 노동 생산성을 끌어 올려 무역에서의 개척 영역을 확대하고, 생활수준의 향상에 공헌한다. 그러나 자본축적이 진전되기 위해서는 이윤이 커야 하며 또한 자본 형성에 동반되는 희생 즉, 이자율이 낮지 않으면 안 된다. 그럼에도 불구하고 생활 수준이 낮고 절약의 여지가 적은 국민으로부터 저축을 유인한다고 하면, 이자율은 저절로 상승하게 될 수 밖에 없게 된다. 이자율이 높고 게다가 자본수요에 대응하는 저축을 가질 수 없는 일본에서는 인플레이션과 공채라는 형태로 정부와 일반 은행이 자금조성을 시도한다.

메이지유신 이후, 오늘에 이르기까지 일본에 고도의 자본축적을 가능하게 한 것은 낮은 국민 생활 수준에서 뒷받침 되는 높은 수준의 저축, 저렴하고 풍부한 노동력, 상층 소득층의 투자 의욕을 부추기는 소득 분배의 격차, 해외 시장의 획득과 함께, 정부와 일반 은행의 자금 조성 정책이었다는 것을 잊어서는 안 된다.

제2차 세계 대전에 이르는 75년 간, 국민소득의 신장은 약 10배에 이르렀는데, 인구증가는 2배반이었다. 이와 같이 생활 수준의 희생에서 높은 수준의 투자율을 지속하고, 게다가 자본 투자가 공업중심으로 전개된 상황에서는 지금도 높은 비율을 차지하는 농민은 궁핍화의 방향으로 나아갈 수밖에 없다. 국민 소득 배가 계획은 일본이 과거에 거친 자본축적 중심의 과정을 근본적으로 변경하는 것으로는 달성되지 않는다. 그것은 대중의 생활 수준을 희생으로 하여, 상부 소득층에게는 번영을 가져다 주고, 부의 편재 경향을 강화하는 일본적 사회환경을 만들어 낸다.

이것이 전문 사회사업이 전개해야 할 일본의 사회적 배경이다. 물질적 조건의 미흡과 어려움에 처한 빈곤층을 주요대상으로 활동하는 사회복지사는 현실의 인식을 잊어서는 안 된다. 생활방위법에서 말하는 경제적 보호와 자립의 조장은 사회복지의 본질에서 말하자면, 어디까지나 통일적으로 이해해야 하며, 양 측면이 기계적으로 분리되거나, 한편이 다른 한편을 배제하는 관계에 놓여서는 안 된다.

---

53) Ester Luice Brown, *Social Work as a Profession*, New York, 1942, p. 184

전문 사회사업이 특히 경제적 보호를 경시한다면, 사회복지 활동으로서의 의의를 가질 수 없는 일본의 객관적 상황을 고려하여, 우리는 공적 부조에서 개별 사회사업의 존재방법을 무엇보다도 먼저 엄밀하게 연구할 필요가 있을 것이다. 전문 사회사업이 공적 부조 안에서 그 과제를 수행할 수 없다면, 다른 어떤 영역에서 성공한다 하더라도, 일본 사회복지사협회의 존재 의의는 반감된다고 할 수밖에 없다.

전문 사회사업은 구미의 성과를 본받지 않고서는 급속한 발전을 이룩할 수 없는 측면을 갖고 있다. 그러므로 일본의 전문 사회사업이 해외로부터의 지식을 도입할 때 잘못을 범하지 않도록 경계하기 위하여, 필자는 현재의 전문사회사업의 문제점을 해외의 여러 문헌에서 찾아 보려고 노력해 왔다. 그러나 이러한 것을 통하여 필자가 진정으로 원하는 것은 일본의 사회적 풍토에 맞는 전문 사회사업의 전개이다. 일본 사회복지사협회 성립의 의의를 소홀히 하고 싶지 않은 것이다.

제 7장 사회복지의 국제적 동향

1. 사회복지의 국제적 시야

어느 나라, 어느 시대를 불문하고 각각의 과제가 있으며 우리는 그것을 풀어감으로써 인류의 행복을 향하여 나아가게 된다. 각각이 처한 역사의 '지금 이곳'에 대한 정확한 대응을 하지 않은 채 곧바로 인류의 행복을 지향(志向)하는 세계주의는 현재의 일본 사회를 세계 사회라는 허상의 그림자에 가리게 한다. 또 우리의 이웃과 있는 그대로의 협동체를 비현실적인 것에 의하여 추상화하고, 관념화하는 착오를 피하기 힘들게 하는 것이며, 이는 우리가 취해야 할 바가 아니다.

사실 에서 근대 일본에서 사회복지학 연구 영역의 형성 경로는 명백히 메이지(明治)유신 이래 일본 자본주의 체제의 특수성에 한정된다. 거기에서 일본인의 생활구조, 사회관계, 사유(思惟)유형은 일본 독자의 발전을 이룩하였다. 그러므로 이를 '일본 사회사업사'의 연구 업적에 포함시키지 않고서는 우리의 사회복지 이론 연구나 정책론의 전개도 비현실적이라는 비방을 면할 길이 없다.

사회과학의 체계는 이론·역사·정책의 세 부분으로 구성된다. 역사적 실태로서의 '지금, 이곳'의 객관적 인식을 토대로 하지 않고서는 일본의 사회복지 실천의 방향을 정하는 사회복지 이론도, 사회복지 정책론도, 그 단서를 잡기 힘들다.

메이지 유신 이후의 신생 일본 자본주의가 지상 명령으로 요청하는 최초의 자본축적 과정에서, 일본의 부르조아 혁명은 유럽 개인주의인 개인 의사의 자유, 개인 소유권의 존중, 과실 책임주의의 3원칙을 지도 이념으로 하는 자유주의적 변혁을 추진하는 것이 되지 않았다. 오히려 절대주의적 천황제와 유착하는 '전제입헌국가'의 이른바 '가국일치(家國一致)'의 타협적 부르조아 혁명일 수밖에 없었다.

자본축적 강행을 위하여 가족의 재산분할을 회피하는 방법으로 봉건제도에서 유래한 고도의 가제주의(家制主義)에 발 맞춰 '가족'의 신분 질서를 강제하는 상황에서는, 예를 들어 호주권에 포함되는 민법상의 모든 권리도 실은 기본적 인권의 개념이 의미하는 '권리'가 아니라, 황실을 국가의 종기(宗家)로 하여 거기에서 분파되는 각각의 가(家)의 가장권이라는 의미로, 국가 권력이 분봉(分封)한 '권력'에 지나지 않았다.

이 권리 의식의 억압은 그야말로 문명개화를 통하여, "사람은 각기 하늘로부터 주어진 것이며, 각자 자신의 사상의 주인공일 권리가 있다"(스피노자)는 구미 세계를 아는 문화인들에게 실로 '시대폐색(閉塞)의 현상'을 의미하는 것이다. 그 정신적 환경은 다이쇼(大正) 시기에 경제 규범의 확대, 신중간 계급의 성장에 따라 소위 '다이쇼 자유주의'를 불러 일으키는 것과 같은 다소의 역사적 변천을 거쳤다 하더라도, 제2차 세계대전의 종결까지 일본인의 정신 구조를 관철하는 권위에 대한 공순(恭順)한 윤리의 배양원(培養源)이 되었다.

메이지 시대 이후 일본 자본주의의 급격한 발전은 물론 봉건체제의 오랜 규범까지도 끊임없이 붕괴시키고, 서서히 근대화를 향한 진로를 준비하기 시작하였다. 그러나 무력 권력의 도움을 받으며 자본축적을 급진시키는 특수한 경제 구조는 유럽의 근대화 노선과 같이, 이전의 절대주의 정신 구조를 밑바닥에서부터 붕괴시킴으로써, 다음 단계로 가는 새로운 기반을 준비하는 전형적인 역사 교체의 경험을 가질 수 없게 하였다.

역사의 위대함은 과거를 혁신하는 것에 있다. 그러나 사람들이 무력의 압력과 복종 아래서, 주종(主從)·부부·부모 자식의 지배와 복종 관계를 가지고, 사회적 규범의 기준으로 삼는 것을 외부로부터 계속해서 강요당할 때, 아무리 생활구조의 내면적 필연으로 인하여 권력 비판의 충동을 내부에서 느낀다 하여도, 자기생활 안정을 확보하기 위해서는, 권위에 대한 공순의 윤리를 가지고 권력 질서의 현상 유지에 타협하는 것이, 육신의 노고를 피하는 생활 태도가 되는 자연스런 현상인 것이다.

이리하여 전통적인 사회관계 속의 생활 규범을 절대적으로 신성시하는 일본인의 정신상황에서는 오랜 습관을 부정하는 사회 혁신의 주체적 습관은 기대할 수 없다. 그것이 과중한 노동에 묵묵히 정성을 쏟고 낮은 수준의 부가가치 노동 분배율에 만족하며, 세계 인권선언에서 말하는 '기본적 인권, 인간의 존엄, 가치 및 남녀의 동권(同權)에 대한 신념'에 화합하는 개인생활의 확립을 무시 또는 경시하는 일본적 국면을 오래도록 지속되게 한 것이다.

제2차 세계 대전의 참패는 쓰디쓴 경험이었으나, 그 고뇌는 그러한 경험 없이는 오래도록 지속되었을지도 모를 역사의 먼지를 털어내는 하나의 중요한 기회가 되기도 하였다. 전후 일본사는 후세에 오래도록 옹호될 만한 신 헌법으로 신시대 개막의 선도차로 하여, 시야를 새롭게 하는 무대를 전개했다. 메이지, 다이쇼, 쇼와(明治·大正·昭和)의 3대를 살아온 사람이라면 만물유전(萬物流轉), 그리고 비온 뒤 땅이 굳는 감화를 느낄 것이다. 격변하는 현대사회의 한 가운데에서 냉정히 관찰해보면 고대적인 '공순(恭順)'이나, 봉건적인

'은혜', 근대적인 '연대'의 사회관계로 지금까지도 견고하게 얽혀 있으며, 사회의 역사적 중층성은 사회경제나 생활감정의 급속한 변모 속에서 엄연한 현실임에는 변함이 없다.

이러한 역사적 배경을 짊어진 일본의 사회복지는 역사의 소용돌이 속에서 자기가 서 있는 발 아래만을 응시해서는 그 특수성의 '특수'한 면을 명료하게 통찰할 수 없을 것이다. 경험은 항상 최선의 스승이나 경험이 그대로 최선의 실천을 가리키는 지혜가 되는 것은 아니며, 그 특수성의 특수한 면을 간파하는 능력을 자기 것으로 만들지 않으면 안 된다.

그 능력은 자기를 다른 것과 비교하고, 한편으로는 다른 사람이 아닌 자기를 명확하게 자각하고 다른 한편으로는 자기 자신과 타자도 뛰어 넘는 공통보편의 '인간적인 것'을 그 깊은 곳에서 읽어냄으로써 획득된다.

"우리가 세계 속에서 뿔뿔이 흩어져 있으므로, 세계는 이만큼 넓은 것이다"라고 괴테는 개개와 보편의 관계에 경탄했는데, 세계 각국 사회복지의 개성을 검토해보면 서로 다른 관계 속에서도 각 개인의 인격적 자유추구를 위한 사회적 협력의 의욕이 일관되게 드러나고 있으며, 이것이 곧 세계공통의 희망이 되고 있음을 간파하는 것은 결코 어려운 일이 아니다. 사회복지의 세계 역사는 일상 생활에서 인간의 자유 추구를 위한 고난의 역사다. 한 나라의 일정한 상황에서 달성한 사회복지의 높이·넓이·깊이는 사정을 달리하는 다른 나라에서도 그 장애를 극복하는 어떤 절차를 취함으로써, 단축된 경로를 거치는 것이 가능하다는 귀중한 시사를 가져다 준다.

그러나 자국의 특수성이 곧 세계적 보편성은 아니다. 그 특수성이야말로 세계적 보편성이어야 할 소질을 갖는 것일 수도 있기 때문이다. 그러나 인류가 똑같이 추구하는 기본적 인권의 옹호가 각국의 특수환경 속에서 빠르게 실현되는 지름길을 타국의 경험 속에서 배우는 일은 자국의 특수성에 자기 만족하는 독선주의의 정체성을 타파하기 위하여 지극히 의의있는 일이다.

현장의 한정된 경험만으로 편협한 독선주의로 흐르는 우를 범하지 않으려는 세계의 양심이 응집되어, 사회복지 분야에서도 수 많은 국제회의가 개최되기에 이르고 있다. 현실주의의 입장을 견지하면서 특수와 보편과의 관계를 날카롭게 지켜보며 실천하는 이론가라면 '점차 세계적으로, 어디까지나 일본적으로'라는 정신으로 임해야 할 것이다. 그것이 우리가 국제회의에 관심을 갖는 진정한 이유인 것이다.

제2차 세계 대전 후 여러 나라의 경제 규모의 확대는 과거에 유례가 없는 규모로 우리 생활구조에 국제적인 성장의 폭을 가져다 주기에 이르렀다. 국제적 시야를 벗어나 일본 사회복지의 특수성만을 근거로 하는 사회복지 이론은 아무리 정확·치밀함을 기한다 해도 그것만으로는 앞날을 제시할 수 없다. 특히 근래 세계기업(world enterprises)의 급진전이 시사하는 것과 같이, 자본의 국제적 독점화로의 진전은 단지 한 나라의 사회문제에 대응하는 사회복지 정책의 관점에서는 해결될 수 없는 모든 국민의 생활 문제를 만들어 낸다. 자본주의 경제의 국제화에 대항하는 생활구조 보호정책의 국제화가 지금은 긴급한 과제가 되어 가고 있다. 그것은 사회복지에 관계하는 모든 국제회의에서 이전에 없었던 긴박감과 책임감을 가져다 주는 국제적 배경이기도 하다.

각종 회의에 출석할 때마다 일본 사회복지의 국제적 낙후를 통감하게 되는데, 최근 일본의 국제적 지위와 그 책임에 대한 각 국의 기대는 날이 갈수록 커지고 있다. 사회복지 분야도 우리가 지금까지 국내 감각에서만 안주했던 것을 더 이상 허용하지 않을 만큼, 그 기대는 지대한 것이다. 우리가 일본 사회복지의 특수 성격을 규명하기 위하여, 국제적인 상황에서 타산지석을 구하는 것뿐 아니라 아시아, 나아가서는 세계에 공헌해야 할 단계를 맞이하기 위해서 우리 학계의 앞날에 넘어야 할 많은 산이 남아 있으나, 신시대의 기백 넘치는 학자들은 이 새로운 과제에 뛰어 들 용기와 소질을 가지고 있을 것으로 확신한다. '경제 동물'이라는 오명을 가진 일본인의 양심은 지금 사회복지 관계자의 각별한 노력을 요청하고 있는 것이다.

2. 사회복지의 국제적 협력

사회복지 분야에서 국제적 협력은 그 연구 영역과 현업 협력의 두 부문에 걸쳐서 정부 및 민간의 양 측면에서 대전 후 약35년 간 서서히 진전해 왔다.

UN의 국제적 조사 및 연구는 세계 각국의 사회복지 프로그램의 발전상황에 대하여 귀중한 데이터를 제공하고 있다. 이미 발간된 것은 캐나다, 이태리, 요르단, 노르웨이, 루마니아, 아랍공화국, 영국과 함께 소련이 포함되어 있다. UN이 매년 발표하는『세계사회상황보고』(The UN Report on the World Social Situation)는 연구자료로서 빼놓을 수 없는 것이다.

UN '사회개발연구소'(The UN Research Institute for Social Development-제네바)의 연구 보고는 사회계획방법, 사회적 변화와 혁신의 도입방법, 사회계획 및 직원 훈련에 대한 사회복지에 특별한 관심을 보이고 있다. 1969년 6월, 지금까지 연구소 의 연구 항목 책자가 발간되었는데, 그것은 UN활동에 무관심한 일본의 우리들에게 연구의 사회적 책임을 수행하기 위한 새로운 비전을 주었다. UN은 1946년에 개시한 The UN Advisory Social Welfare Services Program을 1950년에는 항구화하여 연간 60만~200만 달러의 예산을 가지고 사회복지 현물 지원, 기술문헌의 발행, 고문 파견 등을 추진하고 있다.

지금까지 한 나라로서 국제적 교류 기획에 가장 커다란 공헌을 해 온 것은 미국임을 부정할 수 없다. '사회와 재활서비스'(The Social and Rehabilitation Service - SRS)는 여러 나

라의 사회복지협력 프로젝트의 개발이나 국제적 조사에 진력하여, 1961년이래 이미 수 백
개의 기획에 조성금을 지출하고, 정부와 제휴하여 전문가 교류계획을 추진하고 있다.

풀브라이트법(The Fulbright-Hays Act-1061)에서 12개의 연구·시찰부문의 하나로 사
회복지의 전문적 지식 및 기능 교환 프로그램이 존재하는 것은 사람들에게 잘 알려져 있으
나, '청년지도자·사회복지사를 위한 국제프로그램 협의회'(CIP : The Council of
International Program for Youth Leaders and Social Workers, 일반적으로 클리브랜드 프
로그램으로 알려져 있다)의 교류 계획은 최근 일본에도 요청이 들어오고 있는 것으로, 매년
봄부터 여름에 걸쳐 전문직 종사자의 4개월 프로그램을 짜는 등 현장 실습을 위한 13개월
프로그램도 추가하기에 이르고 있다.

또한 UN 사회부문 담당의 경제사회이사회는 UN총회의 지지 아래, 각국의 생활수준 향
상, 경제·사회 및 보건의 모든 문제, 인권 및 기본적 자유의 옹호를 위한 국제협력을 추진하
고 있는데, 32개국 대표로 이루어진 UN사회개발 위원회(3분의 1의 위원은 사회복지 관계)
는 각국의 사회복지 정책에 대한 권고를 실시하기 위하여, 각국의 사회복지 정책 및 행정의
조사연구를 계속하고 있다.

1969년의 『UN사회진보 및 발전 선언』(The UN Declaration on Social Progress and
Development)은 그 성과의 하나이다. UN은 지역별 위원회를 운영하고 있는데, 앞으로 우
리가 아시아 각국의 사회복지 교류를 강화하기 위해서 방콕의 지역위원회와 접촉을 강화하
고 그 조사 연구를 활용할 필요가 있다.

UN에 의한 사회복지 협업 부문에서의 국제협력 활동으로는 유니세프(The United
Nations Children's Fund), WHO(The World Health Organization), 유네스코(The UN
Educational, Scientific, and Cultural Organization), FAO(The Food and Agricultural
Organization) 등의 관련조직이 활약하고 있다.

민간 국제기관인 국제사회복지 협의회(The International Council on Social Welfare),
국제사회사업 학교연맹(The International Association of Schools of Social Work)은 사
회복지에 관한 국제적 협력·조정 및 정보교환을 주축으로 하고, 국제사회복지사연맹(The
International Federation of Social Workers)은 전문직의 육성, 복지수요의 개발, 사회복지
활동의 전개로 정부당국 및 민간에 대한 영향력의 행사를 목적으로 하는데, 이들 3단체는
『국제사회사업』(International Social Work)지를 협력하여 발행하고, 사회복지 증진을 향
한 공동 전선을 전개하고 있다.

그 밖에 민간조직으로 국제노동기구(ILO)와 직접 제휴하는 국제사회보장협회(The
International Social Security Association-ISSA)의 활동을 잊어서는 안 된다. 이 조직에는

97개국 약300개의 사회보장연구기관이 가맹하여, 국제적 레벨의 기술 및 행정에서 사회보장 추진방법의 연구를 행하고 있다.

민간의 국제사회복지 현업 기관으로는 적십자연맹(The League of Red Cross Societies)을 필두로 들 수 있다. 이것은 여러 나라 적십자사의 조정 활동 외에 훈련연구소 및 세미나를 운영하며, 공중위생, 재해구조, 간호서비스 촉진, 청소년 적십자 운동 등의 추진을 기획하고 있다. 기타 국제사회서비스(The International Social Service), 국제가족단체연합(The International Union of Family Organization), 프로테스탄트교회의 세계협의회(The World Council of Churches), 가톨릭 교회의 국제사회서비스(The International Union for Social Service), 또 YMCA 및 YWCA와 같은 여러 조직은 각각의 영역에서 사회복지의 국제적 수준의 향상에 공헌하고 있다.

여기서 특별히 주목할 것은 국제사회복지협회, 국제사회사업학교연맹 등의 활동이 효력을 발휘하여, UN의 주창 아래에서 사회복지담당장관회의(The United Nations Conference of Ministers of Social Welfare)를 정기 개최하기에 이른 것이다. 제1회 회의는 1968년 9월 87개국이 참가하여 개최되었다. 그 목적은 각국의 사회개발 과정에서 사회복지 프로그램의 역할을 검토하고, 여러 나라에서 공통되는 사회복지 기능의 모든 요소를 결합하는데 있었다. 특히 이 회의에서는 각 참가국의 대표자들에게 국가적 및 국제적인 사회복지 프로그램의 원칙을 확립하고 그 계획 실현을 위한 직원의 훈련방법을 제의하고, UN의 사회복지 프로그램을 촉진시킬 수 있는 여러 행동을 권고하였다.

이상에서 개관(槪觀)한 바와 같은 사회복지 추진을 위한 국제 협력은 각국 활동수준의 국제적 격차를 극복하는데서 그 효과를 발휘하고 있다. 국제 협력의 고도화는 각국의 특수성을 존중함과 동시에, 다른 면으로는 질과 양에서 유사성을 강화하고, 국제화의 다음 단계에서 특수와 보편과의 관계는 새로운 양상을 띠는 것에 이를 것이다.

그러나 반복해서 말하지 않으면 안 되듯이 '국제화'란 어디까지나 여러 나라 사이의 '상호' 관계를 존중하는 것이었다. 따라서 사회체제, 경제·사회·문화의 발전단계, 또는 지리와 풍토의 차이에 기인하는 사회복지의 역사적 개성은 여전히 중요한 의미를 갖게 될 것이다.

소크라테스는 "나는 아테네인이 아니다. 그리스인도 아니고 세계의 시민이다"라고 말하였는데, 사회복지가 세계적 교류로 나아감에 따라, 세계 시민권을 획득하는 측면이 눈에 띠게 커지는 것은 부정할 수 없다. 기본 인권에 속하는 인간의 최저생활 보장과 같은 것은 단순히 한 나라 안에서 끝나는 것이 아니라, 세계적 보편성·통일성의 확보에 협력하는 것이 바람직하다. 그러나 세계 국가적 이념을 가지고 획일적 사회복지를 상정하는 것과 같은 일은 아직 우리의 과학적 검토 범주 밖에 있는 관념의 유희라고 할 수 있을 것이다.

　국제적 시야를 경시하는 우물 안 개구리의 편협함은 지양되어야 하지만, 영국 지식의 보고라 불리우는 윌리암 랄프 잉그가 "인류와 자손에게 가장 은혜를 가져다 준 민족은 소국가(小國家)였다. - 이스라엘, 아센스, 플로렌스, 엘리자베스 왕조의 영국 등"이라고 한 말은 현대의 사회복지에서도 그 함축된 의미를 충분히 음미해보아야 할 대목이다.

3. 사회복지 향상을 위한 정치구조

　1972년, 여름부터 가을에 걸쳐서 필자는 소련 키에프에서 열린 국제수명학회를 기회로 4년 만에 소련을 방문하고, 그 곳에서 1개월 반을 체류한 뒤, 헤이그에서 열린 국제사회사업학교 연맹대회 및 국제사회복지회의, 또 스웨덴에서 열린 스웨덴사회연구소 프로그램에 참가하고, 영국으로 건너가 3개월 여의 여행을 마쳤다. 그로부터 20년 전에 서구와 유고슬라비아를 방문한 이래, 대략 4년에 1회 꼴로 서구 여행을 체험해 왔는데, 이 다섯 번째의 여행에서는 이전의 어느 여행에서보다도 사회복지 영역에서 사회 상태의 격변을 날카롭게 감지할 수 있었다.

　그것은 사회주의 국가와 자유주의 국가와의 체제 차이를 뛰어 넘어서 그 어느 쪽에서나 국민의 생활복지 기반을 급속하게 향상시키고 있다는 점이다. 특히 서구자유주의 국가에서는 경제 성장의 진척 속에서, 사회복지가 자본 지배에 대항하는 국민의 민주적 세력의 확대에 따라, 단순히 저소득 계층을 둘러싼 조치만으로 국한되는 것이 아니라, 널리 국민생활 구조의 보호 수단으로써, 전 국민의 것으로 의식되어가고 있는 것은 주목할 만할 것으로 여겨졌다. 그것은 길게 설명할 것도 없이 근래의 사회보장 수준의 향상에 따라서 사회복지 전체의 양적·질적인 향상이 필요하게 된 것에 기인한다.

　예를 들어 복지국가의 전형으로 생각되는 스웨덴에서는 고정적인 국민연금에 더하여, 부가 연금제도로서의 ATP 서비스 연금제도가 도입되었기 때문에, 정년 퇴직시 과거 15년간 최고 임금의 60% 이상에 상당하는 금액을 지급 받을 수 있게 되었다. 이 서비스 연금제도는 1953년부터 89년의 30년 간에 완전 실시를 달성하는데, 이미 스웨덴의 모든 정년퇴직자 약 백 만명 중 30만 명이 전액 연금을 받고 있다.

　이것에 따라서, 1972년도의 1인당 급부 총액 내용을 검토해보면, 정부 정액연금의 월 3만 5백엔(비과세)에, 서비스 연금 월 3만～7만엔, 또 모든 정년 퇴직자의 약 3분의 1에 대한 주거수당 급부에 의하여 집세 무료화가 된다. 따라서 종래의 양로원도 시설수용 성격을 일소해서 '노인 호텔'적 관념으로 전환하여, 노인복지는 노인의 생활내용 향상을 위한 적극적 연구를 중심으로, 삶의 보람이나 만족감이라는 새로운 요소에 주안점을 두고 운영하도록 되어 가고 있다.

일본 산와(三和)은행의 『복지지표로 본 일본』(1972년 7월)에서 나타난 예를 들면, 복지 종합지수의 국제 비교에서 일본을 100으로 했을 때 미국 253, 영국 213, 서독 190, 프랑스 187, 이들 4개국의 평균지수 211이라는 숫자가 명시하고 있는 것처럼, 일본의 복지 종합지수는 미·영·서독·불의 4개국 평균의 반 정도이며, 미국의 약 40%라는 낮은 수준이다.

국민소득에 대한 노령자 연금 급부의 비율은 1966년에 서독 8.8%, 스웨덴 5.5%, 영국 4.9%, 미국 3.4%인 것에 비하여, 일본은 1960년에 겨우 0.4%에 불과했으니, 일본의 연금 급부비의 규모는 서양의 10분의 1이나 30분의 1이라는 심한 격차를 보이는 것이다. 가입자 수와 노령연금 수령자 수의 비율을 검토해보면, 영국(1969년)의 28.8%, 미국(1970년)의 24.1%, 서독(1986년)의 20.9%, 스웨덴(1967년)의 16.9%에 비해서, 일본은 1971년도에 겨우 2.7%를 차지하는데 지나지 않았다.

연금제도가 미성숙한 일본의 빈곤(poverty)은 무엇보다도 노령자나 심신장애자의 극빈 상태(destitution) 문제의 해결부터 대응해야 할 긴급 사태를 눈앞에 두고 있다. 정치면에서 '결단과 실행의 정치'를 의도하는 기본적인 자세의 혁신이 실현되지 않는다면, 스웨덴 사회복지의 수준은 당분간은 요원한 일이라고 말할 수밖에 없을 것이다.

경제성장 일변도의 경제 운영에서 고령화 시대에 맞는 재정 정책으로 전환이 강조되고, 건실한 연금 제도가 중시되는 최근의 정치상태는 낙후된 연금 제도의 개선에 약간의 진보를 가져다 줄 것이다. 그러나 일본 정치 체질의 근본적인 변화가 없는 상황에서, 구정치인의 지배가 계속되고 있는 한, 후생성에 아무리 현명하고 우수한 행정관료가 나타나 '서양수준의' 연금을 노래한다 한들, 총선 결과 발표일과 날짜를 맞춰 재정심의회에서 시기상조라고 발표를 뒤집는 정치감각으로는 이루어 질 수 없는 일이다.

후생연금의 표준 월 급여액을 종래의 2만엔에서 5만엔으로 인상하는 것이 예산편성의 최대 목표라고 당국은 자부하였으나, 이 경우 가입기간이 27년이라는 이야기를 들으면, 후생연금 급여의 비약적 인상에 기대했던 일반 노령자는 '복지의 해'에 오히려 환멸을 느끼지 않을 수 없다. 자본주의 원칙에 의한 적립방식 고수의 감각을 그대로 유지한다면 연금제도의 '전면개정'은 바랄 것이 못된다.

이 때, 필자는 영국 사회보장제도의 확립 때 발표된 비버리지 보고서 『사회보험 및 관련 사업』(1942년)의 솔직한 표현에서 받은 깊은 감동을 떠올리게 된다. 여기서 이르기를 "제1의 원칙은 대체로 개혁안이라는 것은 과거의 경험을 충분히 살려야 하는 것이나, 이 경험에서 얻어진 국부적 이해 관계에 구애받아서는 안 된다는 사실이다.…… 세계사에서 혁명적인 순간은 혁명을 행해야 하며, 일시적인 비방으로 끝나서는 아니 된다."

나아가 말미에서는 "궁핍으로부터의 자유는 민주주의에 강제되는 것이 아니며, 민주주의에 부여된 것도 아니다. 그것은 민주주의에 의하여 쟁취되지 않으면 안 되는 것이다. 이것을 쟁취하기 위해서는 용기와 신념과 국민의 통일된 감정이 필요하다.……이 보고의 사회보장안은 최고의 위기에서 영국민에게 용기, 신념, 통일된 감정이 부족하지 않고, 사회보장 및 그것이 의존하는 여러 국민 사이에서 정의의 승리를 달성하기 위하여, 그 역할을 수행해야 할 물질과 정신력이 사라지면 안 된다는 점을 믿는 자에 의하여 제출한 것이다." 여기야말로 결단과 실행의 정치가 실재(實在)하는 것이며, 지역 주민은 앞으로 오직 그러한 이론과 행동이 통일된 정치를 희망하고 있는 것이다.

우리는 전후 일본 경제의 저돌맹진형(猪突猛進型) 성장 모습에 익숙해져 서구의 사회 상태를 소리 없는 정적 속에서 사라지는 것으로 받아 들이기 쉬우나, 실제로 서양은 착실하게 국민복지를 위한 싸움을 추진하고 있는 것이며, 필자가 그들에게서 받은 가장 인상 깊었던 첫 번째 사항은 사회복지에 대한 전반적인 배경이었다.

4. 국제회의 주제의 변화

헤이그의 제16회 국제사회복지회의의 주제는 '유동적인 변화상태의 사회복지정책 전개 - 사회복지의 역할'(Developing Social Policy in Conditions of Rapid Change-The Role of Social Welfare)인데, 개회 강연을 담당한 국제사회복지협회장 찰스 쇼틀랜드는 그의 뛰어난 통찰력과 총괄 능력을 발휘하는 강연을 하였다. 그것은 현재 사회복지의 국제적 동향을 개관하는 좋은 자료를 제공하는 것이었다. 여기에 그 줄거리를 필자의 해설을 덧붙여 소개하고, 우리가 여기서 묻고자 하는 사회복지의 국제적 동향의 중심에 다가가는 계기로 삼고자 한다.

쇼틀랜드에 따르면 1928년 국제회의는 먼저 '사회 서비스'(Social Service)를 정의하고자 노력하였다.

① 빈곤에서 생기는 고난을 감소 시키는 것 완화적 원조(palliative assistance)
② 사회적 폐해의 예방. 예방적 원조(preventive assistance)
③ 사회상태의 개선과 생활표준의 향상 건설적 원조(constructive assistance)

위와 같은 3요소를 갖는다고 규정했는데, 이 정의는 많은 세월이 지난 지금에도 유효성을 잃지 않았다. 국제사회복지협의회는 이 기본적 주제를 그 후 시대의 격변에 대응하면서 2년마다 열리는 국제회의를 통하여 재차 정의하고, 항상 상황을 먼저 읽어나가려는 노력을 계속해 온 왔다.

그렇다면 우리가 서 있는 현재의 위치는 어떠한 곳일까.

1958년에 동경에서 열린 제9회 회의에서 '사회적 요구를 위한 여러 자원의 동원'이라는 일반적 주제를 다뤘는데, 아직 격변하는 사회의 의식을 표면화시키지는 못하였다. 50년대와 비교해서 60년대의 시대적 특징은 그 '급속한 사회변화(rapid social change)'라는 표어에서 단적으로 드러나듯이, 사회의 경제, 문화적인 급변 속에서 사회사업의 본질과 기능이 시대 상황에 보다 적절하게 대응할 수 있도록 하게 된 것이다.

따라서 1960년의 로마회의에서는 '변화하는 세계 속의 사회사업'(Social Work in a Changing World)처럼 사회 변화를 의식적으로 거론하지 않으면 안 되었다. 60년대 사회 변화의 중요한 특징은 지역사회 의식의 심화 확대와 주민참가 요구의 진전이며, 그것이 종래의 지역사회 조직과는 뉘앙스가 다른 주민참가 중심으로 지역사회 발전의 개념을 낳았다.

따라서 1960년 이후의 국제회의에서는 지역사회 발전을 중심으로 사회복지를 추진하는 경향이 생기고 있다. 즉, 1962년의 브라질회의에서는 '도시 및 농촌의 지역사회 발전'을 주제로 사회복지 요구에 대한 포괄적인 사회적 접근을 강조하게 되었다.

대체적으로 선진국들이 경제성장의 급진전에 따른 인간생활의 침해가 의식적으로 문제되기 시작했을 때, UN은 1961년의 세계정세보고서에서 이미 '경제개발에 균형을 갖는 사회개발'이 급선무임을 강조했다.

그것은 1964년의 아테네회의에서 '사회계획을 통한 사회진보 – 사회사업의 역할'이라는 주제가 시사하듯이, 사회계획의 수립과 실시에 대한 사회복지 대상자의 참가가 중요하다는 방향에서부터 사회복지 요구의 조사, 그 계획화 및 실시의 과정을 거치는 사회복지 행정의 방법론이 저절로 무대의 정면에 나왔다.

필자도 이 회의에 출석하여, 사회복지 계획의 수립과 실천과정에 주민참가를 존중하는 새로운 동향에 대하여 토의하면서, 일본 사회의 민주주의적 주민참가의 저조함을 반성하고, 귀국 후 각별한 결의를 가지고 사회복지 활동 조직으로 창립된 교오토(京都)사회복지문제연구회의 책임을 맡게 되었다.

1966년의 워싱턴회의는 '도시개발 – 사회복지가 함축하는 것'을 주제로 했는데, 여기서 회의의 과제를 '사회사업(Social Work)'에서 '사회복지(Social Welfare)'로 전환한 것은 사회사업 기술을 보다 광범위한 사회복지의 제도적 기반 위에 올려 놓는 것이, 격변하는 사회에 대응하는 적절한 조치라고 생각되었기 때문이다.

1968년의 헬싱키회의는 '사회복지와 인권'을 주제로 삼았는데, 그것은 UN의 인권강조 연간(年間)운동에 상응하는 것이었다. 거기에서는 종래의 '사회사업' 활동으로, 세계대전 후에 인권확립을 목표로 하는 세계 국민의 요구에 정확하게 대응해왔는가에 대한 근본적인 반성이 이루어져, '사회복지권'이라는 새로운 용어가 시민권을 획득하기에 이른 것이다. 지금에는 이미 와버린 1970년대의 격동하는 사회를 향하여, 사회복지를 일반 대중의 것으로 돌리는 실질적 사회세력의 배양이 시대의 급선무임을 통감하게된 회합이었다.

이와 같이 사회복지에서 60년대 사회운동 성격의 축적을 기초로 하여, 1960년의 마닐라 회의 주제 '사회발전의 신전략'에 대한 토의가 이루어진 된 것이다. 여기서는 사회복지 개념을 사회 정세의 급전환에 대응하여 이미지가 변화하여야 할 필요를 강조하였다.

첫째, 사회개발에 주도권 담당의 책임을 지는 사회복지사가 사회복지 계획 수립의 전략에 대한 지식을 가져야 할 필요와 둘째, 사회복지 계획의 실시를 담당하는 복지사의 실력함양 방법이 논의되었으며, 전문직 이념의 혁신을 통렬하게 추구하는 장면이 반복되는 회의가 되었다.

그것은 사회복지사의 이론적인 변혁을 요구하는 것뿐 아니라, 유능한 관리 감독하에 실천능력의 함양을 꾀할 필요를 강조하는 것이다. 따라서 대학 복지교육의 실습활동 및 관리능력의 강화가 전에 없이 강력하게 요망되었다. 대학과 현장을 연계하는 연수 교육방법의 확립을 추구하는 목소리에는 감명 받을 만한 것이 있었다.

이와 함께 여기에 기술해 두고 싶은 것은 1971년 가을, 仲村優一(나카무라유우이치) 교수를 비롯하여 일본의 6명으로 된 한 그룹이 국제사회사업학교연맹의 아시아 세미나(봄베이)에 참가할 기회를 가진 것이다. 거기에서 우리가 배운 것은 아시아적 환경에 대응하는 교육방법의 방향, 특히 지역의 특수성에 따르는 복지요구의 조사방법과 그것을 행정에서 받아 들이게 하는 전략 등 여러 가지 점이었다.

여기서 관심이 집중되는 복지요구, 사회복지 조사, 사회계획, 사회복지 행정이라는 일련의 연구·실천의 체계에 대하여, 일본 사회복지 교육이 아직 시대 상황이 요청하는 바를 정확하게 대응하지 못하고, 멀리 떨어진 곳에서 독선으로 버티고 있는 것은 아닌가하는 염려는 그 이래 필자의 가슴속을 떠날 줄 모르고 있다.

국제사회복지회의가 거론하는 주제는 그 때 그 때마다 세계적 관심에 초점을 맞추지만 그것은 아무런 방침 없이 순간적인 감각으로 주제를 설정하는 것은 아니다. 각국 사회의 산업화·도시화·국제화의 조류에 따라 노를 저어 가면서, 사회복지 본래의 과제를 수행하기 위하여, 늘 일관된 기본 방침에 따라서 필요한 수순을 한 걸음 한 걸음씩 걸어 온 것이다.

쇼틀랜드에 의하면 70년대 사회복지 전개의 배경은 ① 60년대 여러 나라의 복지활동 축적의 결과, 자본주의 체제나 사회주의 체제를 불문하고 세계적으로 사회보장을 중시하는 경향을 강화해 온 것, ②사회복지 행정에 대한 주민 참가 운동이 확대됨에 따라, 연금 수급자나 클라이언트를 둘러싼 지역주민 자체의 복지 행정에서 의사결정의 길을 열어 참가 의욕을 높여 주고, 사회복지 행정은 지금까지의 중앙 집권적 일방 통행에서, 지역 사회로 분산화의 경향을 서서히 강화해 온 것을 특징으로 한다.

이러한 사회복지 환경 속에서 70년대 사회복지의 주제는 다음과 같은 사회적 요인을 고려하여 선정해야 한다고 한다.

① 노소 사이의 대립
② 종교의 저조화
③ 신지식으로 인한 지금까지의 신념에 대한 반항
④ 모든 나라의 사회경제 사정, 특히 가족관계의 변화에 대응하는 새로운 '사회적   유형' 형성에 대한 싸움
⑤ 종래에 무력했던 빈곤 계층의 사회적 세력의 확대
⑥ 스톡홀름에서 열린 'UN인간환경회의'에서 나타난 바와 같은 국제 협력방법의 변화 등이다.

쇼틀랜드는 70년대의 사회복지의 특징으로 "사회적 요구를 행동으로(Social needs into actional) 전진시키기 위한 항의(抗議)운동(protesting movement)"의 성격을 갖는다고 주장한다. 그 이해의 근저에 있는 것은 세계적 경향을 보이는 자본의 독재적 지배가 국민 대중을 압박한다는 점과 기성질서의 여러 폐해에 대한 다원주의적 도전이다. 물론, 국제사회복지협의회 회장의 중책을 담당하고 여러 해에 걸쳐 숙련된 국제인으로서 원숙의 경지를 걷고 있는 쇼틀랜드가 2천명의 여러 나라 대표들 앞에서 선정적인 혁명이론을 부추길 것이라고는 아무도 기대하지 않는다.

그러나 '사회 요구를 행동으로' 전진시키기 위한 '항의운동'의 지도이념으로 말하는 6항목은 '근본적'(radical)이라는 의미에서 진정으로 혁신적인 요소를 포함하고 있다고 할 수 있다. 여섯 가지 목표란 다음과 같다.

① 경제 정의―"이 목표를 첫째로 논하는 것은 유물론을 강조하는 것으로 평가하 는 이도 많을 것이다. 나는 경제 정의는 오늘날 많은 사회 항의운동의 근저에 있는 것이라고 답할 수밖에 없다"라고 하여, 실업, 질병, 노령의 보호, 최저생활의 보장, 빈부 격차

의 단축 등을 경제 정의의 과제로 먼저 강조한다.

② 경제적 밸런스-인플레 없는 완전고용, 기본적 물질 및 서비스를 구입할 수 있는 적정소득 등. 그 것들은 현대 국가에서 정부 활동의 주요 부분을 차지해야 할 것들이다.

③ 경제성장-인구 증대, 생활 수준의 향상에 대응하는 것을 가능하게 하는 생산 기초의 유지.

④ 기회의 균등-사람들의 내면적 이타주의와 연대감에 대해 최선의 표현을 가능하게 하는데 필요한 경제적 기회 및 정치 권력의 균등.

⑤ 지역사회 및 사회 서비스의 제공-교육·보건·레크리에이션·아동보호 기타 기본적 서비스.

⑥ 의사결정에 대한 참가-의사결정에 대한 특권 계층의 우위라는 신념은 소멸 하 고, 사회 프로그램의 성패는 그 의사 결정에 영향을 받는 사람들의 참가에 의존한다는 생각은 강화되어야 한다.

쇼틀랜드는 이 제언에 대하여 이렇게 첨언하였다. "여러분은 이들 여러 목표가 지나치게 유토피아적이고 이상주의적이라고 항의하는 사람이 있을지도 모른다. 그러나 나는 어제의 유토피아가 오늘의 실재가 된다고 말씀드리고 싶다. 꿈이야말로 진보의 첫 번째 걸음이다. 좋은 사회는 먼저 상상력에서 시작된다. …… 이전에는 아무도 달에 가본 적이 없다. 그러나 지금은 그것을 이루어 냈다. 이전에 우리는 전 문명을 파멸시킬 힘을 갖고 있지 않았다. 그러나 우리는 지금 새로운 파괴무기로 전멸시킬 수 있는 힘을 갖기에 이르렀다."

쇼틀랜드 강연을 들으면서 필자는 몇 년전 후생성의 어느 고관이 "후생성의 기본 태도는 사토(佐藤)내각에 대항하는 것에 있다고 생각합니다"라고 필자에게 말한 것이 생각났다.

5. 사회복지의 새로운 전개 방향

국제사회복지회의에서 사회복지 이념의 새로운 형성이 언제나 참석자들에게 최대의 관심사이다. 격변하는 사회에 대처하여, 사회복지의 기본 이념이 정확한 역사적 임무를 수행하고 있는가 없는가에 대한 자기반성은 현장에 책임을 갖는 모든 사람들이 항상 겸허하게 반복하지 않으면 안 되는 전문직업 과제이다.

헤이그회의의 '격동하는 변화상태에서의 사회복지 정책의 전개 - 사회복지의 역할'이라는 주제에 부응하는 런던대학 리차드 티트머스(사회행정과목담당)의 강연은 세계적으로 주목 받아 온 과거 여러 역작의 결론이면서, 이 회의에 출석한 전문가들 마음의 갈증을 해소해 준 함축성 있는 논문으로 일단 흥미로운 것이었다.

티트머스는 사회복지 정책의 신 전개 방향을 말하기에 앞서, 사회정책의 많은 영역에서 사회 성장(social growth)에 관한 정의와 측정이 곤란 또는 불가능한 점, 특히 복지 이익의 수량화가 불가능한 결과, 변화에 대한 제반문제에 접근할 경우, 사회적인 것에 대한 경제적 및 기술적인 것의 지배나 주택·교육·생활수준·사회보장·아동복지 등의 사회복지 서비스에도 비인격적인 운영이 주축이 되어 결함을 발생시키고, 이후의 사회복지 과제를 고려할 때 잘못된 해석을 낳게 하는 위험의 원인이 된다고 지적하였다.

사회복지의 과제는 '빈곤'의 해소에 있다고 하나, 그것과 싸우는 경제적 정의는 다른 사회유형, 다른 문화적·경제적 및 가치체계에 의한 각각의 문맥에서 생각되어야 한다. 따라서 빈곤을 단순히 일상 생활의 숫자적 빈곤으로 생각하는 것으로는 불충분하며, 보다 광의의 빈곤 즉 재정, 토지나 식량자원 사용 방법의 빈곤, 감정의 빈곤, 언어와 커뮤니케이션의 빈곤, 여러 감각의 빈곤, 경청과 학습의 빈곤, 사회관계와 차별의 빈곤과 같이 사회적으로 계승되어 심리적으로 영속하는 제반 빈곤을 시야에 넣어서 생각해야 한다.

현실의 '사회인'(social man)은 단순한 '경제인'(economic man)보다도 훨씬 복잡하며, 따라서 사회복지 정책에서는 경제적 관점의 직업복지(occupational welfare)나 재정복지(fiscal welfare)와는 구별되는 사회복지라는 종합적 관점을 가질 필요가 있다.

이러한 각도에서 티트머스는 사회복지 발전 과정의 세 가지 유형을 분석하고 있다.

① 사회복지 정책의 국가 모델

여기서 사회복지는 전체 또는 쥬(主)로서, 경제적 빈곤자 및 어떤 종류의 요구호 단체에 대한 한계역할(marginal role)을 수행한다. 그 사람들은 사회에서 '문제'로 해석되며, 사회 병리학의 범위에서 다루어진다. 빈곤자를 다른 것으로부터 떼어내어, 특히 '문제' 개념을 가지고 다루는 결과 때문에 비난의 낙인을 찍는 사회적 여러 조치를 낳기에 이른다.

이러한 편협한 사회복지 접근방법은 우리의 신분 시스템이 갖는 가치를 강요할 뿐 아니라, 인간의 변화 과정을 무시하고, 빈곤자를 국민 속에서 분리하여 영속적 부문에 속하는 것이라는 이미지를 만들어 내고 만다.

공적 부조를 창출한 초기 이론에서는 가족이나 시장경제가 개인의 욕구(need)를 충족시키지 못하게 되었을 때, 이 비복지 상태(diswelfare)에 대한 개선(betterment)이 아니라 보상(compensation)으로 복지기관이 원호하는 것으로 생각했는데, 그 해석은 오늘날까지도 개인주의적 자립주의자들로 하여금 이른바 '한계주의적 태도'(Eugen Pusic)를 취하게 하고 있다.

인간의 가변성 과정을 무시하는 이 견해는 경제정책에서 사회적 구성요소까지, 또 사회정책에서 경제 구성요소까지 놓쳐 버리는 것으로, 요컨대 전인적 현실의 진상에 대하여 눈을 감고 있는 것과 같다.

② 산업 업적달성 모델(The industrial achievement-performance model)

이것이 함축하는 바를 의역하면, 경제성장달성 모델이라고 할 수 있다. 교육, 공공보건시설, 사회보장 등 경제에 인접한 사회복지 시설에 중요한 역할을 담당하는 것이다. 이는 사회적 욕구를 가치, 달성된 상태의 차이, 업적수행 및 생산의 여러 점을 기초로 하여 충족되어야 하는 것이다. 따라서 재정 복지, 직업 복지의 체계를 통하여 대응하는 것에 많은 중점을 두고 생각하고자 한다.

이 모델의 목적은 노동 및 저축유인, 자본축적, 노력과 보수, 계급 및 집단적 충성심 등에 관한 경제적, 심리적 이론에 기초를 두고 있다.

여기서 사회복지 제도는 변화해 가는 개인의 관념·가치 및 신념의 결과 등이 집단적 이해 및 압력의 작용이나 영향에 의한 것이 아니라, 어떤 종류의 경제적 사회상황이 사회에 사회복지 행동의 특정 코스를 요구하는 상황에서 성립했다고 생각한다. 이 모델이 추구하는 상황에서 결국은 사람들 사이에 자원 배분에서 한층 커다란 불평등이 생기게 된다.

이상의 두 가지 모델을 총괄하면, 사회복지를 자본주의 경제의 부속물(adjunct)로써 경제성장의 수단으로 하는 것이며, 이것에 따라서 사회복지는 경제의 기능적 기술중심주의에 추종하는 역할을 연출하게 되는 것이다.

③ 제도적 재분배 모델(The institutional-redistributive model)

티트머스 자신이 주장하는 것으로 이것은 사회복지를 사회의 기본적 종합 제도로써 욕구 원칙에 바탕을 두고 시장 경제의 외부에서, 보편적·선택적 서비스를 제공한다는 입장이다.

계급, 인종, 성(性) 또는 종교의 구별에 관련 없이 적용되는 보편적 서비스는 사회연대, 이타주의, 관용, 책임 등의 모든 가치를 존중하는 태도·행동을 육성하고 촉진시키는 기능을 수행한다.

티트머스가 인용한 케네스 볼딩의 말을 빌리면 "사회정책의 모든 면을 결합하는 것, 나아가 단순히 경제적인 정책에서 그들의 측면을 구별하고자 하는 하나의 공통된 요소가 있다면, 그것은 다른 면에서 '종합적 체계'(the integrative system)로 불려 온 것이다.……일반적으로 사람이 관련을 갖는 어떤 지역사회를 둘러싸고 그 사람의 '통일적 인격(the identity)'을 확립하는 것이 사회 정책의 목적이다."[1]

---

1) Kenneth Boulding, "The Boundaries of Social Work", *Social Work*, Vol. 12, No. 1, Jan. 1967, p. 3.

사회복지는 민족에 대하여 어떠한 경계나 인공적인 제한법을 인정하지 않는다. 이 제3의 모델은 여러 가지의 비복지나 산업·기술·사회경제적 변화의 분열 작용에 관한 이론에 바탕을 두면서, 사람을 단순한 개인으로서가 아니라, 여러 집단이나 여러 결합체의 일원으로 보는 사회 정의의 관념에 바탕을 두는 것이다.

이 역동적이고 적극적인 변화동인으로 작용하는 사회복지는 ㉠ 종합적 가치의 촉진, ㉡ 미래의 비복지(非福祉) 방지, ㉢ 사회복지 목적을 갖는 경제정책의 관철, ㉣ '끊임없는 자원지배'(command-over-resources-through-time)에 의한 재분배를 이룩하는 것이다.

티트머스가 주장하는 중심점은 과거에 사회복지의 역할이 지나치게 편협한 것에 국한되어 사회의 진전에 뒤떨어지고, 당면한 개인의 사회적 인과관계를 중심으로 한 분석적 의미에서 클라이언트 지향에 편향되는 것을 고치고, 개인적 주도권보다도 노약(老若)·질병·노동 불능자 등에 대한 지역사회 케어에 의한 집합적인 복지활동의 강조이다.

그리고 단순한 경제인이 아니라, 보다 광범위한 사회인을 위한 사회적 결합의 기능을 추구해야 하며, 하나의 시설내 처우 방법만으로 만족하거나 기부자 중심의 시장경제의 이해 (利害)에 수동적으로 추종하고, 그 부속물 역할을 수행해서는 안 된다는 것이다.

생활 자체가 모든 것인 사회인으로서 사회 변화의 계획을 추구할 때, 그 목적이 아니라 결과로써 경제 개발을 위한 인력 정책에 공헌하는 것이다. 그 때 비로소 UN보고(UN; Report on the World Situation)의 "경제적인 것과 사회적인 것과의 분리는 아카데믹한 분석이나, 정부의 부문 위주의 가공품(artifact)인 경우가 많다"[2]라는 지적이 의미를 갖는다. 즉 경제 개발과 사회 개발의 구별은 명확하게 하기 힘든 것이다.

토니는 "사회문제는 양(quantities)의 문제가 아니라 비율(propotion)의 문제이며, 부 (富)의 금액 문제가 아니라 사회조직의 도덕적 정의(正義) 문제이다. 만일 우리가 평화롭고 만족스러운 사회 실현을 물질적 복지의 보급 안에서만 구할 수 있다고 한다면, 그것을 어디에서 구해야 할 것인가. 그것은 인류의 양심에 따라서 옳다고 인정된 생활 법칙 안에 있다고 나는 답한다. 다시 말하면 가난한 사회도 진정으로 행복하고 만족스러운 사회일지도 모른다"[3]라고 했는데, 그 휴머니즘이야말로 티트머스 사회복지 정책의 근본에 있는 사회 철학이다.

그는 현재의 사회복지와 지역사회 발전의 역량 부족 때문에 현대 국가 체제의 평등실현에 패배주의적 체념을 품는 비평가들의 의견에 개의치 않는다. 사회복지 정책을 교정하고자 하는 사회적 세력은 '20세기의 아이'이며, 물질의 탐욕한 소유로부터 도덕적 이상으로의

---

2) United Nations, *Report on the World Situation*, No. 61, IV. 4, 1961, p. 23.
3) R. H. Tawney, *Commonplace Book*, 1972, pp. 18-19.

전환은 지금 막 시작되었다고 생각하고 있는 것이다.

티트머스의 강연은 실로 현대 사회복지 전환점의 소재를 명시하는 격조 높고 통찰력 풍부한 '명강연'이라고 평가할 만 한 것이며, 앞으로의 사회복지 발전을 점치는 좋은 재료가 될 것이다.

6. 사회복지 교육의 새로운 단계

국제사회복지회의에 앞서 개최된 국제사회사업학교회의는 '사회사업 교육의 신주제'(New Theme in Social Work Education)를 테마로 하였다. 지금 사회복지사의 활동은 시대 전환의 파도에 휩쓸려 본질적 검토 및 개혁을 필요로 하고 있다. 이 세계적인 사회 격동(social upheaval)의 시기에 어울리는 사회복지 교육의 민주화를 추구하면서, 그 방법론을 어떻게 개정하고, 어떠한 새로운 커리큘럼 양식을 채택해야 할 것인가를 논의하고 있다.

이 회의에서는 최근까지 UN에서 일하고 국제사회복지회의의 최고의 영예가 되는 르네 샌드상을 수상한 줄리아 헨더슨의「사회변화의 유도」(Guiding Social Change), 국제사회사업학교연맹회장을 역임한 이안 드용의「사회사업교육의 회고」(A Retrospective View of Social Work Education), 런던의 사회사업훈련소장 마틸다 골드버그의「사회조사 방법」(Use of Research)과 같은 주요 강연이 열렸다. 또 '사회사업 교육으로의 신공헌(新貢獻)', '커리큘럼 구성의 원리와 커리큘럼 조직의 진전', '사회사업교육과 사회적 책임', '사회계획을 위한 사회조사와 사회조사의 사용방법' 등의 패널 토의의 시간을 가졌다.

개회에서 회장 헬만 슈타인 박사가 거대사회의 눈부신 변화가 불러 일으키는 사회복지 정책의 전환에 대하여, 사회사업 교육이 지금까지 사회사업의 고정관념에 집착하여, 진정한 대응 능력을 약화시키고 있는 것이 여러 나라 사회복지사의 사회적 평가를 저하시키고 있으며, 이러한 실상에 대한 솔직한 반성 위에서, 현대의 사회 욕구가 요구하는 바에 정확하게 부합되는 신원리의 탐구를 실시하고, 새로운 커리큘럼 편성을 급속하게 추진해야 함을 강조하였다.

이것은 훗날의 국제사회복지회의의 전체적인 사조에 비추어 생각해 볼 때, 한층 절실한 문제의식을 던진 것으로 받아 들여졌다. 이 요청에 응하여, 이 회의를 통하여 토의된 사항의 전모를 전달하기 위해서는 많은 분량의 지면이 필요할 것이나, 우선 여기에 간결하게 그 경향을 전하는 것이 국제 동향을 고찰하는데 필요할 것으로 생각된다.

헨더슨 여사가 지적하는 바와 같이 오늘날 국제 규모로 유동하는 사회변화에 대응하기 위해서는 한 나라의 사회복지 정책도 국제적인 표준에 준하여, '미리 정해진 목표'(pre-determined goal)를 향해 다시 짜나감으로써, 한층 신속하게 사회 정의, 개발, 환경 재조정을 추진하는 길을 마련해 나가지 않으면 안 된다.

따라서 사회변화에 대한 유도 방법은 무엇보다도 먼저 정치적 과정에 대한 진출에서 찾아야 하며, 필요한 사회복지 활동의 수행을 위한 현대적 기술 연구를 전제 조건으로 한다. 전국적·지방적 지역사회 계획을 수립하기 위하여 우리의 목표 달성 선상에서 사회계획의 도구로 운영방법, 정보과학의 사용 등을 강구해야 한다.

그러기 위해서 사회복지사는 반드시 지역사회의 목표설정 및 목표달성 과정에 지역주민을 널리 참가시키는 사회기술을 습득하여, 지역사회 계획의 실현을 강력하게 추진하는 일상 행동의 장면을 갖도록 한다.

사회복지사 참가에 인해 지역복지 계획이 결여되는 상황에서는 종래의 지역 계획에서 볼 수 있듯이, 단순히 건설당국의 사고 범위에 국한된 뉴타운, 공장유치, 댐 건설 등을 통하여 발전과정에 가로놓여 있는 인간 환경의 오염에 대한 고려를 배제한 물리적 계획만이 독주하는 것은 피하기 힘든 형편이다.

이 인간 환경적 관점을 고려한 올바른 계획이 바로 오늘날 절실하게 요구되고 있는 사회 개발 계획이며, 사회 변화에 추종하는 것이 아니라 역으로 계획화에 의하여 사회 변화를 유도하는 사회복지 정책 없이는 어떠한 사회경제 계획도 사회적 혼란의 상황을 처리할 수 없다.

그 의욕적인 시도를 전개하고 있는 곳은 프랑스나 유고슬라비아이다. 유고슬라비아에서는 한층 풍요로운 주거·소비물자를 원하는 노동자와 지방·지역 자주성·자율성을 요구하는 주민의 의사를 경제운영에 참가시키고자 함으로써 5개년 계획의 추진 방향을 근본적으로 변경하는데 성공하였다.

이 국가개발 계획에서 행정의 지역적 분산화의 경향은 선진국에서 공통된 움직임이며, 스웨덴에서는 지방사회의 '제 1 콤뮨(commune, 행정조직)'에서 지역사회의 '제 2 콤뮨'으로 사회복지 운영의 책임을 위양(委讓)하고 있다.

또 영국에서는 '시봄 보고'(The Seebohm Report, 1968)가 권고하는 것에 따라서, 나라가 재정 책임을 한층 더 무겁게 지는 반면, 1972년부터 지구(地區)에 대한 광범위한 행정 이관(移管)에 의하여, 주민참가의 복지행정을 강력하게 추진하기 시작하고 있다. 사회 변화에 직결되기 위한 사회복지법 제도의 '정밀검사(overhaul)'가 오늘날의 세계적 과제가 되고 있다.

사회변화 유도를 위한 과학과 기술의 발전은 지금 공업, 농업, 운수, 커뮤니케이션 영역의 여러 폐해를 계기로 하여, 인간과학 분야에 새로운 활력을 요구하고 있다. 그러나 정치가나 법률가가 기준으로서 삼아야 할 목표는 누가 결정할 수 있는가. "무엇이 바람직한 변화이며, 다음 세대를 위하여 변화 속도가 촉진되어야 할 것인가, 또는 정지되어야 하는 가를 누가 결정하는 것인가. 많은 사회의 고전적인 답으로는 경제력을 갖는 개인이나 연구소, 또는 주요한 정치적 영향력을 갖는 사람들을 가리킬 것이다. 그러나 이들 그룹은 이미 자신들이 해답을 갖고 있다는 자신감을 잃고, 활동하는 여러 세력에 대한 통제력을 상실하고 있기 때문에, 다른 어느 그룹보다도 곤혹스러워 하는 것 또한 사실이다."(헨더슨)

지금 필요한 것은 사회 현장과 사회보장의 개선 문제, 소득배분의 적정화를 위하여 소득세는 어떻게 개혁되어야 하는가를 연구하고 있는 전문 사회복지사, 교육자, 보건종사자들의 지지하에 활약하는 학자들이 전문적인 행정관과 협력하는 것이다. 더욱이 학자, 관료, 기술가는 노동조합, 부인단체, 청년조직, 경제연구소나 사회복지사 집단과 같은 민간단체와의 밀접한 관계를 잠시라도 소홀히 해서는 안 된다.

최근에 사회복지사들이 사회개조의 의욕을 불태우며, 클라이언트를 착취로부터 지켜주고, 법제·행정당국에 영향력을 가지도록 각성하는 분위기가 확산되어 가는 때에, 사회복지교육은 어떠한 마음가짐으로 이것에 답하고자 하고 있는 것일까.

구미의 사회사업 교육은 드 용 박사가 지적한 바와 같이 이전에 없었던 전환기를 경험하고 있다. 그 요람기인 20세기 초엽 서구의 사회사업은 우애방문, 구빈법 행정, 수인(囚人) 정착활동, 근린활동, 주택개선, 교육개선, 보건법제, 노동자 재해보상계획, 산업노동자조직, 그리고 이들 여러 목적을 위한 정치적 동원이라는 광범위한 것까지 포함하고 있었다.

그것은 당시의 사회사업이 동시에 정치적 무대에서 활약하는 사람들의 직장 같은 것이 되기도 했기 때문이다. 미국의 자선조직협회(COS)도 '사회 상태 개선부'를 갖는 시대였다. 따라서 영국 사회사업교육의 선구자가 된 런던사회대학(The London School of Sociology, 1903)도 구빈법 및 사회개선을 다루는 학부를 창설하였으며, 또 암스텔담 사회사업학교(1899)에서도 사회주의, 노동조합, 사회법제의 역사 강좌를 설치하여 사회적 욕구의 인식, 사회적 책임감을 환기시키고자 힘쓰고 있다. 이러한 종류의 학교 설립은 사회복지실천의 유효성이나 욕구(need) 대응능력의 결여에 대한 불만에서 출발하며, 사회개조 문제와 연결되어 있기 때문이다.

'사회개선'의 의도가 웅대하다 하여도 그 실천은 편협한 기반에 구속되어, 실제능력과 기능을 훈련하기 위해 현실 가능한 영역을 선택하게 되면, 선택은 늘 제한을 의미하고, 그 후의 교육은 좁은 활동 범위에 국한되지 않을 수 없었다. 사회사업 운동이 개명(開明)된 자유주의적 부르조아에 사회적 기원을 갖고 있는 것도 하나의 요인이라면, 사회보험에서 사회보장으로의 움직임이 사회사업의 기능을 한정시키는 상황이 된 것도 영향을 주었을 것이다.

어찌 되었든 즉각적인 원조를 원하는 동포에 대한 구체적인 개인 원조 접근방법이 사회사업 교육의 수위(首位)를 차지하는 시대가 도래하였다. 특히 제1차 대전후의 미국에서는 전문적인 방법론을 말할 경우, 구체적 원조방법을 가리키는 것으로 해석되었다. 1956년 - 58년, 캐나다·토론토대학의 3개년 계획처럼 사회복지 정책 영역에 진출하고자 하는 노력이 없었던 것은 아니나, 구미에서 그것은 오랜 정착을 얻는데는 이르지 못하였다.

루비 페넬 교수4)에 의하면, 1950년대부터 60년대 초기에 걸쳐서 미국 사회사업교육의 강조점은 전문직으로서 사회사업의 독자성 확립이었으며, 사회 기능적 구조와 관련한 행동이론에 바탕을 둔 포괄적 실천(generic practice)이 사회사업의 전문성을 담당하는 것으로 존중되었다. 그것은 개별 사회사업이 교과목의 수위를 차지하는 시대였다.

그러나 50년대 말엽부터 60년대 초반에 걸쳐 미국의 빈곤 및 민족 문제의 중대화(重大化)는 사회복지사가 1대 1일의 관계로 실천 방법의 정밀화를 서두르고 있던 문제의 대부분이 오히려 사회제도적 성질을 담당하는 것을 인식시키고, 사회복지사의 역할을 반성시켜, 새로운 형식의 현장실천 경험의 개발에 적합한 사회적·행동이론을 탐구하도록 만들었다.

1969년 사회사업교육협의회는 사회사업 학교의 단위 인정을 위한 공식 교과 과목 정책의 대개정(大改正)을 시도했는데, 각 학교의 대폭적인 자유 재량을 인정하면서, 모든 과목 속에 실질적인 지식 및 교육 목적의 3가지 분야를 규정하였다.

① 사회복지정책 및 서비스에 관한 내용
② 인간행동 및 사회적 환경에 관한 내용
③ 사회사업 실천에 관한 내용

전문직 능력의 윤리와 과학적인 양 측면의 함양이 교육 프로그램으로 통일됨으로써 변화하는 사회환경에 적합한 과목 정책을 추진하게 되었는데, 그것은 보다 광범위한 사회변화, 또 '빈곤과의 전쟁'(The War on Poverty)에 대한 정부 개입에 자극 받았기 때문이다. 이 과목 변경은 목표 또는 목적, 조직, 내용, 교수법의 여러 영역에 걸쳐서 추진되었다.

목표 또는 목적의 가장 큰 변화는 개인적 기능의 회복 - 유지 또는 고양이라기 보다는 민중 전체의 집단적 복지의 추진에 관련된 사회사업의 기능 강조에 많은 노력을 쏟았다는 점이다. 에블린 번즈(Eveline M. Burns)가 적절히 지적한 바와 같이 "중요한 것은 개인의 내면에서 진행되는 것에 대한 강조에서, 사회 기능의 개선에 대한 강조로 옮겨 간 점이다."5)

---

4) Ruby B. Pernell, "New Trends in Curriculum Development in Graduate Schools of Social Work in United States"
5) Eveline M. Burns, "Tomorrow's Needs and Social Work Education", *Journal of Education for Social Work*, Vol. 2, No. 1, Spring 1966, pp. 10-20.

또 페넬의 다음과 같은 발언도 주목을 요한다. "이것은 '사회사업은 죽었다'는 것을 의미하는 것이 아니라, 많은 학교에서 개별사회사업 실천을 위한 준비목표가 중심 무대로부터 다른 쪽으로 이동하여, 체계의 변화에 관련된 여러 목표에 지위를 양보하거나, 또는 서로 분담하게 되었다는 의미인 것이다. 대다수의 학생은 여전히 전문직 능력을 키우는 주요한 영역으로 개인 및 가족에 대한 직접서비스를 선택하고 있다. 그러나 이러한 종류의 실천에 준비하는 것을 전문으로 하는 학교에서조차 학생들은 더욱 광범위한 사회문제나 변화의 모든 전략을 다루는 내용을 요구하고 있다."

클라이언트를 '소비자'라 보는 개념은 원조 관계에서 힘의 평등한 지위에 대한 재조정을 추구하며, 클라이언트를 환경의 원인이 아니라, 그 희생자로 보고 복지사에게 한층 광범위한 사회적 책임에 주의를 집중할 것을 요구하는 것이다.

사회복지 교육은 이러한 추세에 따라서, 사회복지 정책을 커리큘럼 안에서 중시하면서 복지활동, 행정 및 관리, 사회계획 수립방법을 새로운 체계 안에 도입하는 것이 비단 미국뿐 아니라 널리 각국의 커리큘럼 재편성에 새로운 경향이 되어가고 있다.

지금 한가지 더 국제적으로 주목해야 할 새로운 조류는 사회복지 교육에서 통일목표를 중심으로 각 과목의 '연속체(連續體)'(continuum)의 추구와 현장 실시에서 관리 감독을 중시하는 분위기다..

격변하는 지역사회 안에서 전인적 인간을 처우하는 사회복지 실천 방법의 탐구는 각 학과목이 제각기 이론 연구와 대책을 추진하여, 그 가운데 통일적 인격으로 실재하는 클라이언트 개인을 세밀하게 분석해야 한다.

그리고 클라이언트 자신에 대한 비복지(diswelfare)적 처우에 빠지는 폐해를 극복하기 위해서 교육자 스스로가 같은 교육자끼리 만이 아니라 현장의 복지사와도 협력하여, 그 나라 그 시대의 사회적 현실에 밀착해서 통일목표, 또 가능 최고한도의 공통 가치관을 중심으로, 교육내용에 모든 과목의 통일성을 확보하는 것이 클라이언트 중심의 사회복지 실천에 한층 그 중요성을 더해 가고 있다.

그것은 사회복지학 연구가 전인적 인간(The whole human being)이 되는 여러 요소를 역동적으로 종합하고 현재 국면을 파악하는 과학적 방법을 채택하여, 경제학·심리학·사회학·사회인류학 등을 융합하는 장(場)이 절실하게 필요하기 때문이다.

그것이 '격동하는 변화상태에서 사회복지 정책의 전개'를 문제로 하지 않을 수 없는 사회적 국면이므로, 개인·집단을 둘러싼 지역사회 발전 안에서 지역사회·케어를 진지하게 고려할 필요를 느끼게 될 때, 사회복지 교육이 분단된 개별 과목에 대한 국부적 집중화(compartmentalization)에 만족하는 것은 이제 용납되지 않기 때문이다.

사회복지 이미지의 혁신을 강조한 마닐라 회의에서는 사회복지 교육의 '연체성' 이념의 평가와 그것에 대응하는 '지도감독(supervision)'의 중요성을 인식하는 기회도 되었는데, 헤이그 회의에서는 더 나아가서 대학교육과 현장을 연계시켜 수퍼비전을 한층 더 강화해야 한다는 점에 의견의 일치를 보았다. 관리감독이 약화된 현장실천은 실천의 정확성을 확보할 수 없을 뿐 아니라, 발전의 전망까지도 가질 수 없기 때문이다.

사회복지 현업이 과학적 체계에 바탕을 둔 지도감독 아래에 놓여 있지 않을 때, 복지기능의 상실(dysfunction)은 피하기 힘들며, 따라서 전문직 권위는 보증되지 않게 되고, 사회적 승인은 기대할 수도 없다.

역동적 통합이론이 진보하기 시작한 1950년대 이래, 개별사회사업, 집단사회사업, 지역사회조직을 '종합적 방법 코스'(combined methods courses)로 결합시키고자 하는 시도는 구미 선진 대학의 실험 과제가 되어 왔다.

이 삼자를 독립적으로 병립시키는 전통적 교육방법에 대한 집착은 점차 반성되고 있는데, 이들 세 영역의 종합적 방법 코스의 실현을 위해서 삼자 각각이 공통의 개념과 활동을 형성하기 위한 이론적 틀 짜기를 선행할 필요가 있다.

국제 사회사업학교 연맹의 헬싱키회의(1968)에 대한 미국 보고서에서는 "사회사업 교육은 개인 내면적 갈등의 초점에서 인간 관계 및 사회적 기능을 초점으로 한 요법 중심으로부터 문제해결, 예방적 위기개입, 행동변용, 정보제공, 클라이언트를 위한 변호 등 부부, 가족집단 그 밖의 그룹 활동으로 강조점의 전환이 이루어졌다"고 말하고 있는데, 이 단계에서 '사회운동' '지역사회 집단사업' '계획 및 예산화' '사회서비스 조정' 등의 강좌설치 과정을 거쳐, 서서히 통합화로의 길을 걸어가고 있는 것으로 보인다.

과목 편성의 국제적 변화를 살펴보면 현저하게 느껴지는 것이 인간행동과 사회환경이론 구성에서 인간행동의 해석이나 계획·정책·실시의 기초를 특정한 이론체계에서 구하는 방법으로부터 전환하여, 인간과 환경의 상호작용을 분석하고 신개념의 활용을 인정하는 넓은 시야의 상호영향 작용설 도입의 방향으로 옮겨가는 경향이 강화된 점이다. 조직적인 이론을 가지고 개념적 틀 짜기를 정비하는 것이 사회복지학 개론으로 존중되게 된 것이다.

이론 구성의 고도화에 따라서 현장의 직종이 요구하는 각종 단계의 기술적인 수준에 대응하여 단 하나의 전문직 교육이나 현장훈련이 있는 것이 아니라, 드·용 박사의 소위 '다차원의 훈련체계'(a multi-level training system)가 필요하게 되는 것이다. 거기에서는 다른 수준이 생각되는 것뿐만이 아니라, 동일 수준 내에서도 다른 초점이 있으며, 또 하나의 수준에서 다른 수준으로의 이동이 제도적으로 가능하지 않으면 아니된다. 이들의 필요에 대처하여, 대학과 현장을 연결하는 연수기관은 유기적 종합성을 견지해야 한다.

전문직 제도의 확립을 향하여 첨단을 걸어 온 미국에서 전문직 집단으로서 민간기관인 사회복지사협회(NASW - 1970년에는 50,461명의 회원을 갖는다)는 미국 사회사업학교 협회와 협정을 맺고, 처음에는 대학원 수료자를 사회사업전문직 자격자로 협회가입을 인정했는데, 현장에서 다수의 인재를 요구하고, 직종에 따라서는 낮은 수준의 훈련으로도 충분한 직장사정을 고려하여, 1969년부터는 일정한 과목이수에 따라 사회복지사의 능력을 갖는 자에게 회원자격을 부여하고, 전문직 자격자의 범위를 확대하였다.

이리하여 전문직 집단의 범위는 눈에 띠게 넓어졌는데, 한편으로는 1962년이래 동 협회는 '유자격(有資格) 사회복지사 아카데미'(The Academy of Certificated Social Workers - ACSW) 조직을 만들고, 회원중 이 ACSW의 멤버의 슈퍼비전 아래에서 2개년의 실무 경험을 가지며, ACSW의 윤리강령에 따르는 서약과 필기시험 및 구두 면접을 거친 자를 미국에서 상급의 전문직 자격자로 인정하는 처치를 채택했는데, 그것은 '다양한 수준의 훈련체계' 원칙을 가지고, 전문직 수준의 고도화를 확보하고자 하는 노력으로 연결되는 것이다.

7. 일본 사회복지의 과제

이상과 같이 국제회의의 활발한 움직임을 중심으로 사회복지의 국제적 발전 방향을 둘러본 뒤, 일본 사회복지 현상과 그 안에서 육성되고 있는 사회복지 학계의 동향을 일본의 역사적 배경에서 오는 몇 가지 특징과 연결시켜 생각해 본다면, 거기에서는 명명백백하게 드러나는 진보성과 후진성을 찾아낼 수 있을 것이다.

① 이질적인 '격동하는 사회 변화'를 체험하고 있는 일본과 구미 사이에서는 같은 자본주의 고도화의 단계에서도 그것에 대항하는 민주화 세력의 발달정도에 현저한 차이가 있다. 그러나 일본의 사회복지는 서서히 '경제정책의 부속물' 범주를 벗어나고 있다. 예를 들면 노동조합운동·협동조합운동·혁신정치운동과의 제휴는 불충분하다고는 하나, 최근 갑자기 대두하기 시작한 노조의 사회보장 투쟁이나, 지역의 사회복지 운동에서도 볼 수 있듯이, 사회 세력의 증대에 의한 사회화 과정의 진행에 따라, 일반 국민의 생활방위 활동의 앞날에 새로운 장면을 구축할 가능성을 개척해나가고 있다. 사회복지의 주체와 대상을 분석하는 관점에서는 민주화 노선에 대한 정확한 평가가 점차 중요해져가고 있다. 국제적 시야를 발판으로 할 때, 효과적인 진로가 어디에 있는가를 알게 됨과 함께, 권력 구조의 후진성에서 보여지는 일본의 특수성이 비약적

경제성장의 시기에 급진전을 필요로 하는 재분배 제도에 얼마나 커다란 장애가 되는 가 까지도 새삼스럽게 강렬하게 와 닿는 것이다. 그것은 모든 사회복지 관계자에게 또다시 새로운 연구가 필요함을 말해 주는 것이다.

② 사회복지 실천에서 과학 전반의 종합적 이해라는 학문적 방향이 국제적으로 정착된 오늘날, 사회복지 교육에서 각 학문부문 및 실천 현장의 '연속체(Continuum)'이념에 바탕을 둔 종합화의 노력은 한층 긴급한 과제가 되어가고 있다. 또한 단일개별 과학의 내면적 심화·고도화와 함께, 클라이언트 개인·집단·지역사회를 둘러싼 과학 전반의 팀워크가 불가피한 것이 되어가고 있다.

　또 제도론과 방법론과의 대립이라는 형태로 진행되는 일본의 사회복지 논쟁은 종래의 전통적인 발상방법을 초월하여, 지역사회 발전 안에서 개인 및 집단의 정체성 (the identity)의 확립을 목표로 하는 사회복지 정책의 근본 목표를 향해서, 논점을 정리·재편성할 필요가 있을 것이다.

　그 때, 인간을 둘러싼 가치관과 권리의식의 중요성을 문제로 하는 사회복지학 연구는 '인간'의 협동사회적 고유성을 항상 엄격하게 추구하지 않으면 안된다. 일본사회의 체질에서 생각해 보았을 때, 이 점 지금으로서는 유감스럽게도 후진성을 벗어날 수 없는 것은 누구나 다 아는 바일 것이다.

③ 사회복지의 국제적 조류는 도도하게 민주화 노선을 걸어가고 있다. 그 특징은 앞서 기술한 바와 같이 클라이언트를 중심으로 정확한 복지 욕구를 사회복지 관리에 직결시키는데 있다. 사회조사, 사회계획, 그 계획을 실시하는 행정관리, 이들의 과정을 추진하는 복지활동 전체를 총괄하여 '사회복지 관리 코스'라 부른다.

　여기서 말하는 'social welfare administration'은 지금까지 '사회복지 행정'으로 번역하는데, 그것은 단순히 나라 및 지자체의 행정 관리를 의미하는 것이 아니다.

　이 'administration'이란 岡部史郎의 말을 인용하자면, "일정한 목적을 정하고, 이 목적을 실현하기 위하여 사람과 사람과의 협력·분담의 관계를 만들어 내는 데에서 분업과 조직이 생겨나는데, 이 분업과 조직을 만들어 내고 이것을 유지하고 발전시키는 의식적인 작용을 관리라 부른다"[6]라고 한 것과 같이, 조직 행동을 적정하게 발전시키는 보편적 성격을 함축하는 용어이다.

　우리는 아직 우리 사회복지 교육에 '사회복지 관리과정'을 성숙하게 만들지 못했다.

---

6) 岡部史郎, 『행정관리』, 1967, P. 3.

그러나 이것은 일본 사회복지의 전진을 위해서는 교육과정 재편성의 주제로 거론해야 할 긴급한 문제이다.

또 사회복지의 민주화는 구미의 실례(實例)에서 나타난 바와 같이, 정치구조의 민주화와 상호 보완적 관계를 갖는다. 아직 발달이 덜된 상태에서는 관청에 의한 공적 사회복지의 독주에 위임하는 것이 아니라, 공적인 것과 동시에 민간 사회복지의 연구와 실천을 추진하는 것은 사회복지의 민주화 체질을 준비하기 위하여 특별히 중요한 의미를 갖는다.

지역사회 민간활동의 자주적 전개를 기반으로 하여, 앞에서 기술한 나라·지방·지구(地區)에 이르는 3단계의 유기적인 사회복지 계획과 영국이나 스웨덴에서 볼 수 있는 것과 같은 사회복지행정 실천의 지역 분산화는 현실의 의미를 갖는다. 사회복지 계획에서 공적·사적인 '비판적 협력관계'7)를 위한 민간 사회복지 활력의 유무야말로 일본의 사회복지 전체의 흐름을 바꾸는 분기점이 된다는 것을 잊어서는 아니 된다.

제17회 국제 사회복지회의는 1974년 여름, 아프리카의 나이로비에서 개최되었다. 앞의 헤이그회의 특징은 아시아 각국 및 아프리카의 각 신흥국은 개발도상국이 갖는 독특한 역경 속에서, 여러 선진국과의 사이에 생긴 폭넓은 차이를 어떻게 해서 메워나갈 것인가 하는 곤란한 과제를 전에 없이 통렬한 목소리로 절규했다.

장소가 장소인 만큼 당연히 나이로비 회의는 한층 그러한 문제를 선명하게 부각시키지 않을 수 없었다. 우리 일본인은 무엇보다 먼저 이웃 아시아 각국에 대하여 무엇을 공헌할 수 있을 것인가. 그러기 위한 마음의 준비와 실제적인 능력을 과연 우리는 갖추고 있다고 할 수 있을 것인가. 아시아는 우리 일본인에게 무언가를 호소하고 있으며, 그러나 우리는 아직 그에 대하여 침묵하고 있다. 우리가 인류의 일원으로서 그것에 답하는 양심과 용기와 역량을 갖는 국제인 일 수 있는가 아닌가를, 앞으로 날마다 세계 역사는 우리에게 계속해서 물어 올 것이다.

---

7) 졸고, 「민간사회복지의 본질적 과제」, 『평론·사회과학』, 제4호, 1972, 7월호, (이 책 제13장)., 「사회복지와 사회 운동」, 『평론·사회과학』, 제3호, 1971, 12월호.

제 8장 사회복지 연구의 역사적 과제

- 사회사업 해체론에 대하여 -

1. 순국민복지(NNW : Net National Welfare)를 경시하는 경제 성장

우리의 사회복지 연구의 과거를 뒤돌아 보고, 앞날을 전망해보고자 할 때, 거기에서는 끊임없는 운동과 변화, 갱신과 발전, 창조와 소멸이 엮어내는 부단한 과정을 찾아 낼 수 있다. 그것은 단순히 직접적인 성장과 사멸의 연속, 또는 단순히 반복되는 순환운동이 아니다.

나날이 이론과 실천이 축적되고 진행하는 양적 변화가 이윽고 근본적인 질적 변화로 이행하는 전환을 반복하는 과정이다. 이 과정을 통해 모든 인간생활에서 전인적 인간의 통일적 인격의 확립을 향하여 변증법적으로 발전시켜가고 있는 것이다.

사회복지란 실로 통일적 인격의 확립을 향하여 좁은 계곡을 흘러 내려가 평야에서 합류하고 커다란 바다로 나아가는 강물의 풍모를 갖는 것이다. 주위의 변화무쌍한 상황에 대응하여, 완급을 조절하는 양상을 띠며, 계속해서 흘러나가면서 정지할 줄을 모른다.

이 사회적 변화의 골수를 이루는 것이 무력 또는 금권 세력이든 정치 지배력이든지 어느 것이 되었거나 지배 권력과, 그 억압 아래 있으면서 자기생활 구조를 보호하고자 하는 노동자, 농민, 또는 국민이라는 '사람' 또는 '백성'이라는 인격적 입장과 사회적 세력과의 대립 항쟁이라고 말할 수 있다.

자본주의 사회에서 발전 법칙은 자본 축적이라는 단 하나의 독립변수에 따라서 결정되는 것이 아니다. 사회적 세력이 뭉쳐서 생활구조의 본연적 요구와 대항관계에 있을 때, 자본운동과 생활구조 요구가 불균등한 세력의 힘을 보이더라도, 그 때 그 때 힘의 상대적 분포 상황에 제약되면서, 일정한 균형 상태를 만드는 것이다.

불균형한 힘의 분포에서 잠정적으로 만들어지는 타협 형태로서의 사회제도는 억압과 저항 속에 은밀히 또는 드러내놓고 대립을 지니고 있으므로, 얼핏 보기에는 안정상태에 있는 것처럼 보이는 이 균형적 제도는 자본주의 체제의 내적 모순에서 생기는 발전법칙의 본질로, 필연적 또는 불가피하게 균형의 불안정성, 균형의 붕괴로 가는 경향을 동반한다.

메이지 유신 이후 자본주의 경제에 의한 사회형성이 정치권력과 재계와의 긴밀한 제휴로 추진된 일본의 사회체제에서 국민대중의 생활구조 보호 실력은 자본운동의 진행·강화와는 다르게 약하다. 이 불균형 상태에서 표면적·타협적인 균형을 보이는 사회제도의 표면적인 안정과 성장은 주로 정치권력이나 조작된 국민교육에 의하여 유지되어 온 것이다.

본원적 자본축적의 강행 과정에서 국민생활 구조에 대한 자본의 압박은 전전(戰前)과는 사정을 달리한다. 근래에 GNP와 NNW의 지표를 비교해보면, 경제성장에서 국민복지의 위치는 여전히 현격하게 낮으며, 자본축적 우선 정책이 얼마나 강력하게 추진되어 왔는가를 여기서 쉽게 읽어낼 수 있다. GNP는 나라의 경제규모를 나타내는 지표이나, 그것이 곧 국민복지의 동향을 나타내는 것은 아니다.

일본 총리의 자문기관 '경제심의회'는 1971년부터 NNW지표 만들기에 착수하여, 73년 1월 그 지표를 발표하였다. 이 지표는 정부소비, 개인소비, 정부자본 서비스, 개인 내구재 서비스, 여가 시간, 시장외 활동, 환경 유지경비(마이너스요인)의 9개 항목을 고려한 것이다.

그것에 따르면 1966년~1970년도의 GNP의 실질적인 신장률은 12.1%인 것에 비하여, NNW의 실질적인 신장률은 훨씬 더 낮아, 8.6%에 지나지 않는다.

일본 국민생활연구소장을 역임한 淺野義光은 『GNP와 NNW』(1971)에서 "NNW가 아무리 잘 정비되고 경제사회정책의 목표 등으로 거론된다 할지라도, 그와 같은 정책이 실효를 거두기 위해서는 GNP와 새롭게 추가된 복지 GNP나 경제외적 복지지표와의 차이가, 국민의 합의에 바탕을 둔 강력한 정책수단에 따라서 시정될 수 있는 체계를 사전에 수립할 것이 반드시 필요하다"고 언급했다.[1]

일본의 사회복지 정책은 NNW를 경시하는 일본의 정치·경제체질의 필연적 결과로써, 지극히 불우한 지위에서 벗어나지 못하고 있다. UN이 '사회개발과 경제개발의 균형'(Balanced social and economic development)을 부제로 하여, 사회 개발 중시의 긴급성을 강조하는 『세계사회정세보고·1961년』을 발간했음에도 불구하고, 그 1960년대에 일본은 오로지 경제 성장 우선 정책 하나를 기본방침으로 일관하였다. 그 불가피한 소산으로 공해 심화에 따른 응급 대책이 끊이지 않는 70년대에 들어가기까지, 이상한 집념을 가지고 경제 개발에 나라의 전력을 쏟았다.

2. 국제 사회복지회의와 주민생활 구조의 방위

국제 사회복지회의는 1960년의 로마회의를 전기로 하여, 60년대를 통해서 반복하여 '지

---

1) 淺野義光, 『GNP와 NNW』, 1971, P. 249.

역사회 발전' 활동의 토의와 구체적인 추진 방법으로 사회복지조사, 사회복지계획, 사회복지행정의 연구에 노력을 집중하였다.

　다시 1970년의 마닐라 회의에서는 70년대에 사회복지의 이미지를 일신해야 하는 점을 인정하여, '지역사회 발전'에서 더욱 시야를 확대하여, '사회 발전을 향한 신전략'을 주제로 토의하였다. 거기에서는 특히 사회개발에 주도적 역할을 담당하는 사회복지 전문직 양성이 급선무임을 강조하였다.

　1972년 헤이그에서 열린 회의는 '급속한 변화 상태에서 사회복지 정책의 전개'를 테마로 하였는데, 이는 사회보장 진전의 분위기 속에서 사회행정에 대한 주민참가와 사회복지 행정의 지방분산화의 국제 동향을 배경으로 하였다.

　사회복지 관계자는 '사회 욕구를 행동으로' 전진시키기 위한 사회지도 이념으로써 경제 정의(빈부격차의 단축과 기본적인 욕구충족을 위한 적정소득에 의한 실업·질병·노령문제의 해결), 경제 형평(완전고용과 인플레의 극복), 경제성장(인구증대와 생활수준의 향상에 대한 대응), 기회의 균등(여러 가지의 차별을 극복하는 연대감 발휘가 가능한 기반의 형성), 사회 서비스의 확대와 향상(교육·보건·아동·노령보호·레크리에이션 등 기본 서비스), 사회복지 정책에서 주민이 의사결정에 참가하는 것과 같은 여러 문제를 자기실천의 장(場)과 관련 지어서 고려해야 한다는 점을 확인하였다.

　1974년 7월, 나이로비에서 개최된 제17회 국제사회복지회의가 '개발과 참여'(Development and Participation)를 테마로 다룬 것은 과거의 회의가 항상 그래왔던 것처럼, 시대의 요청을 솔직하게 반영하고, 사회개발이 지역주민의 민주적 참가에 의하여 추진되지 않으면 안 되는 특별한 상황을 고려하였기 때문이다. 사회복지에서 주민 참가의 의의는 중요하다.

　세계기업(world enterprise)으로까지 집결되는 거대 자본을 주축으로, 자본주의 기업이 산업적·과학기술 개발을 끊임없이 추구해 나가는 것이 국제적인 조류다. 이 조류가 여러 나라의 국민생활에 각종 비경제성, 비복지성(diswelfare)을 양산해내는 가운데, 자본 지배의 경제사회가 가져다 주는 환경오염이나, 빈곤계층의 질병 또는 실업, 교육의 결여, 인격 발달 저해로부터 오는 정신적 퇴폐도 가져온다.

　이에 대해 대중생활방위라는 처지에서 사회적 저항이 생기게 되는 것은 사회역사의 필연이다. '사회적 정의'라는 추상적 표현을 가지고, 국제 사회복지회의가 장래에 대한 전망의 관점을 부여하고자 하고 있는 것은 실은 자본 운동에 침해되는 주민의 생활구조 그 자체의 보호에서 비롯된 것이다.

　자본측에서 전망하는 복지 정책은 '공적 부조'에서 단적으로 살펴 볼 수 있는데, '빈곤자'

를 최저생활 수준으로 격리시키고, 시장경제 기구나 가족으로서는 이제는 더 이상 지지할 수 없게 된 특정그룹이라는 개념을 가지고, 사회질서 유지의 입장에서 이것을 '문제'시 하는 편협한 접근방법으로, 빈곤자를 인구 속의 정체적·영속적 부분으로 고정시킨다.

빈곤은 사회 전체의 문맥에서 이해하지 않으면 아니 되며 빈부, 즉 수입그룹 사이의 상대적 지위와 관련해서, 유동적으로 변화해야 하는 것이므로, 절대적 빈곤관을 가지고 접근해서는 안 된다.

자본의 운동법칙은 산업복지 정책에서 볼 수 있는 것처럼, 경제성장 달성의 기반을 만들기 위하여, 노동생산성의 향상에 기여하는 수단으로써, '복리후생' 활동의 중요성을 존중한다. 사회교육, 공공보건시설, 사회보험, 또는 직장 카운셀링 등의 활동은 자본의 이해를 중심으로 하는 배려와 굳게 연결된다.

이렇듯 사회부조나 산업복지활동은 자본주의 사회의 체제적 요구를 동인(動因)으로 하여 제도화되는 것을 거부할 수 없다.

3. 주민의 생활 방위와 주민참가

그러나 60년대에서 70년대에 걸쳐, 사회개발의 분위기를 강화하는 일반적인 추세는 단순히 공적 부조나 산업복지를 추진하는 것만으로는 만족할 수 없는 국민의 생활방위 요구가 서서히 모습을 드러내고 있다.

UN이 1954년에 발표한 '생활 표준과 수준의 국제적 정의와 측정에 관한 보고서'(Report on Internation Definition and Measurement of Standard and Level of Living)는 그 구성 요인으로 건강상태, 음식과 영양, 노동조건, 고용상태, 국민 총소비 및 총 저축, 교통, 주거, 의복, 레크리에이션, 사회보장, 자유인권의 확립 등을 포함하는 종합적인 생활 모델을 제시하고 있다.

이 보고서는 현재의 생활 평균치를 관찰하는 '수준'만이 아니라, 과학적 조사연구의 결과에 기초하여, 필요 또는 바람직한 것으로써 요망되는 객관적 기준과 규범적 의미를 가지고 규정한 '표준'의 개념을 나타내고 있다. 또 영양학이나 위생학에 바탕을 둔 자연과학적 요인에 그치지 않고, 생활 관습이나 양식에 대한 문화적·사회적 가치판단의 체계에 대하여 언급하고 있는 점과 사회개발의 방향을 논하는 데에서 실제 주민의욕에 즉각 대응하기 위한 유력한 자료가 되는 것이었다.

그러나 막상 '사회적 욕구를 행동으로'라는 실제적 프로그램의 편성에 착수하고자 하면, 경제개발에 대하여 사회개발을 측정하는 공통의 수리적 방법이 없다. 따라서 경제 시스템과 사회 시스템 사이의 상호작용을 엄밀하게 측정하는 이론적 무기를 확보하는 것에 이르지 못한 오늘날의 사회과학 단계에서는 사회복지 욕구의 객관적인 필요를 주장하는 충분한 기초를 가진다고는 말하기 어렵다.

한 나라의 경제발전이 어떤 일정한 수준에 있을 때, 국민소득 중 어느 정도의 퍼센트를 사회복지에 충당해야 하는가 하는 문제는 생활 표준이 하나의 지표로 정리될 수도 없고, 또 단일의 양으로 동일한 숫자의 기초 위에서 환산하는 것이 불가능한 여러 부분으로부터 성립되는 것인 이상, 현재로서는 이론적으로 명확하게 논증하는 것은 거의 불가능에 가깝다.

그러한 단계에서 사회복지 실현 과정은 주민의 복지 개념에 바탕을 둔 가치실현을 위하여, 사회복지 정책에서 의사결정기구에 주민 스스로가 참가하고, 행정이나 기업의 지배에 대한 국민생활 구조 보호의 입장에서, 사회적 세력의 강화에 힘쓰는 것이 복지정책의 민주적 운영에 필요한 절차가 될 것이다.

세계의 역사적 현실을 직시해 보면 국제 사회복지회의에 반영되는 세계 대전 후 사회복지의 발전은 한편으로는 전후 평화경제 아래에서 자본주의의 다국적 기업 발전에서 보여지는 것과 같은, 자본지배의 비약적 확대 및 그것에 상응하는 사회복지 행정의 자본·관료주의적 시책으로서 전개되는 재정복지(fiscal welfare) 또는 직업복지(occupational welfare)의 전진이라는 모습을 갖는다.

그러나 다른 한편으로는 이것에 대항하여, 경제성장 우선 정책의 국민생활에 대한 침해, 예를 들면 소득격차의 확대, 경영자 중심의 영업정책에 의한 소비생활 구조의 왜곡, 생산성 향상 효율이론에 기인하는 아동·노령자·신체장애자 소외의 경제정책 등을 타파하고자 하는 주민의 바람이 '풀뿌리' 운동으로 시작되었다.

또 사회적 정의를 추구하는 인권의식을 근간으로 사회복지 행정의 의사결정 기구에 직접 개입의 기회를 요구하는 '주민참가' 요구라는 결정체를 얻기에 이른 것은 특별히 의의 있는 것으로 여겨진다.

나이로비에서 열린 사회개발과 주민참가의 관계를 묻는 국제적 토의가 함축하고 있는 바는 실로 의미심장한 것이다. 여러 사회세력의 역학구조 속에서 주민참가가 담당하는 역할은 사회변혁을 의도하는 사회주의 운동과 같이 직접적인 체제변혁을 목적으로 하는 것은 아니다.

하물며 국제 사회복지회의와 같이 여러 나라의 이질적인 상황과 다양한 사회계층을 대표해서 참여하는 멤버들이 다수가 동의할 수 있는 최대공약수를 구함으로써, 공통된 문제의식에 의한 사회복지사의 국제적 단결을 기하고자 하는 경우에는, 그 표현이 지극히 온건하고 상식적인 형태를 취하는 것은 당연하다.

그러나 그러한 동향의 핵심부에 숨어 있는 것을 통찰할 수 있다면, 지역사회 의식의 배양을 출발점으로, 경제개발에 걸맞는 사회개발을 추구하기 위하여 그 구체적인 실천의 방도를 모색하는 가운데, 주민이 참가하는 분야에서 해결을 찾기에 이른 국제사회복지회의의 행보가 주민의 생활구조 보호를 위하여 착실하게 사회적 세력을 축적해 나가고자 하는 견실한 움직임에서 비롯된 것임을 알 것이다.

세계적인 인플레이션과 석유파동으로 인한 물가폭등이 여러 나라의 경제에 위축현상을 가져다 주고 사회개발 부문에 대한 재정배분의 삭감을 불가피하게 하고 있는 듯이 보인다. 그러나 복지예산이 한 나라의 자본축적, 공공투자, 교육비지출 등과 함께 모든 예산에서 차지하는 비율이 주민참가에 따른 사회적 세력 증대에 영향 받는다는 것은 각국의 예에서 드러나는 바와 같다.

경제학적으로 볼 때 경기 변동에는 키친의 2~3년의 단기 변동파, 쥬글러의 7~9년의 중기 변동파, 콘드라체프의 50~70년의 장기 변동파가 있다. 1970년은 세계경제가 장기 변동파의 고성장기에서 저성장의 하강기로 전환하기 시작한 시기이며, 이후 키친, 쥬글러의 파동에 의한 단·중기적 높낮이를 반복하면서, 상당기간의 경제불황시대를 맞이할 것으로 예상된다. 이 때, 불경기를 대의명분으로 하는 복지정책에 대한 재정지출 압박의 움직임을 어느 정도 방지할 수 있는가는, 그 나라의 주민참가에 의하여 커지는 민주화 수준이 어떠한 과정을 거쳐 복지 촉진 효과를 어디까지 높일 수 있는가에 좌우될 것이다.

이 때, 사회복지 연구자의 학문적인 무장이 어느 정도로 복지활동 추진의 이론적 에너지를 축적해주고, 경제 시스템에 다가서는 사회 시스템의 확립에 실질적으로 공헌하는 이론적 무기가 될 수 있는가가 중요한 과제다.

4. 미국 사회사업 해체론의 시사

일본 사회복지 연구의 과거를 회고하며 미래에 대한 전망을 하고자 할 때, 타산지석으로 삼아야 할 것은 최근 미국에서 일어나고 있는 사회사업 해체론이 시사하는 교훈이다.

컬럼비아 대학의 앨프레드 칸 교수가 편집한 『신사회사업의 형성』[2]과 코네티컷 대학의 집단 사회사업 연구로 저명한 하라이 트렉커 교수가 편집한 『사회복지1973~93년의 목표 - 다가 올20년 간의 전망』[3]이라는 흥미로운 논문집이 출간되었다. 두 권의 책 모두 미국 사회복지 연구가 미국 사회 현실에 맞게 사회복지 욕구에 대응하고 있는가에 대하여 반

---

2) Alfred J. Kahn, *Shaping the New Social Work*, 1973
3) Harleigh B. Trecker, "*Goals for Social Welfere*", - *1973 - 1993* An Overview of the Next Two Decades, 1973

성하면서 중대한 경고를 하고 있다.

칸 교수는 이미 1954년에 논문 「사회사업지식의 본질」에서 "향후 몇 년간 사회사업이 사회과학 지식의 결정적인 활용을 통하여, 자기지식을 보충하고 대대적으로 개정·검토를 하지 않는다면, 전문적 모든 기능을 새롭고 한층 활력 있는 학문에 빼앗기게 될 것이 틀림없다"[4]는 중요한 예측을 하였다.

그런데 30여 년이 경과한 오늘날, 이 책에서는 도시계획자, 경제학자, 임상 사회학자, 그 외 경쟁자의 진출을 배경으로 "이것은 사회사업의 해체(the liquidation of social work), 또는 경쟁적인 전문직 그룹에게 활동분야를 빼앗기는 하나의 공식처럼 보일지도 모른다. 이 문제가 얼마나 뿌리깊은 것인가에 대해서는 몇 가지 다른 견해도 있을 수 있다. 그러나 어떤 종류의 서비스 영역에서는 사회사업의 축소와 쇠퇴의 과정이 특히 이 책의 발간에 때맞춘 예산긴축 시대에는 분명 이미 시작되었을 것으로 생각된다"[5]라는 충격적인 경고를 하지 않을 수 없다.

이 책에 기고한 사람들은(Polansky, Grosser, Richan) 모두 사회사업이 전문직으로서 소멸될 것을 예상하고 있으며, Social Work지의 해리 스펙트의 논문 「사회사업의 비전문화」도 사회사업의 방법, 지식, 전문적 책무를 반성하고 심리사회적(Psycho-social) 측면으로 과도하게 기우는데 따른 전문직의 편향적 오만함이 현장에 대한 부적응을 불러 일으키고 있음을 경고하고 있다.[6]

사회복지사협회의 *Social Work*에는 1973년에서 74년에 걸쳐서 사회복지사들 자신에 의한 전문적 책무의 충족 유무에 관련한 몇 가지 논문이 잇따라 게재되었다. 이를테면 개별 사회사업의 사후 정리(form-up) 결과의 성공 사례로 간주된 것 중 실은 절반이 실패였다는 솔직하고도 조금은 놀랄만한 보고도 있다.

흑인문제가 발단이 된 미국 사회의 동요는 사회복지 욕구의 변질을 가져다 주고, 지금까지의 사회사업 기술의 유효성 문제를 다시금 근본적으로 재평가하게 만들고 있다.

칸 교수는 미국 사회 서비스는 군사산업 조직의 도구로 이용되고, 체제유지를 위한 관료제 지배 때문에 인간성이 희생되는 것을 아랑곳하지 않는 미국 사회상황에 대한 엄격한 비판에서부터 출발한다고 하였다. 칸에 따르면 대규모 조직을 지탱하는 경직된 관료제에 의한 중앙집권화의 폐해에서 벗어나기 위해, 지역사회의 계획적인 분산을 근본 방향으로 삼

---

4) "The Nature of Social Work Knowledge" in Cora Kasius, ed., *New Directions in Social Work*, pp. 210-11.

5) Alfred J. Kahn, *Shaping the New Social Work*, 1973, p. 201.

6) Harry Specht, "Deprofessionalization of Social Work", *Social Work*, XVII, No. 2, pp. 3-15.

는 '인간 서비스'로서 사회 서비스가 제공되어야 한다.

저소득 계층에 대한 원조는 본래 사회적인 것의 최소한의 확보나, 사회 정의와 연대관계의 확립은 시장경제의 메카니즘에 의해서는 이미 불가능하며, 권리로서의 사회 서비스는 탈산업 국가의 사회복지 또는 소비자의 사회부문 영역으로 확정되는 비시장적 서비스(nonmarket services)로만 실현된다.

필요한 변화성과 보다 유효한 개별화를 추진하기 위해서는 민간부문의 자발적인 활동의 중요성을 인정하고, 그에 대한 재정 보조의 의의를 인식해야만 한다. 가족 및 제1차 집단이 약해짐에 따라, 개인의 환경에 대한 안정되고 계속적인 대응능력이 위기에 빠져 있는 사태야말로, 사회복지 시스템은 본래의 책임 영역으로써 본격적으로 다루어야 할 문제이다.

칸은 복지 국가 또는 서비스 국가에서는 기술 편중과 방법론적 편향에 의한 '방법중심주의'로부터 '문제중심주의' 또는 '서비스가 제공되는 현장 중심주의'로의 전환이 필요하다고 말한다.

사회사업의 과제는 ① 직접 서비스 처우(개인·집단·커뮤니티 접근) ② 계획, 프로그램 개발, 관리 ③ 풀뿌리 조직화와 같은 복수노선을 걸으면서, 통일적 전문직으로서 사회복지 특유의 인격적 주체와 제도적 객체와의 상호작용 속의 부조정과 문제 해결을 위하여 노력하는 것이다.

이러한 과제를 대처하는 사회사업 실천이 부조정의 사회적 문맥과 역동적 관계를 해명하는데 필요한 사회과학적·행동과학적 대응을 결여하게 될 경우, 사회복지는 사회 부조정의 심리·사회·경제적인 측면에 한정된 기술을 행사함으로써 각각의 영역에서 전문적인 지위를 빼앗기게 되는 것이다.

그 책 안에 수록된 「절망을 넘어서」(Norman A. Polansky, "Beyond Despair")는 지금 미국 사회에서 개인의 소외, 고독, 심리적 격리가 증대하고 있음에도 불구하고, 사회복지사가 이러한 문제를 이해하고자 노력하거나, 상담자가 본인과 사회제도 모두를 변혁해야 하는 힘든 과제를 담당하는 것을 회피하려 한다면, 사회복지의 임무는 결코 해소될 수 없다는 것을 강조하고 있다. 이것은 격동하는 미국 사회의 사회복지가 안고 있는 절박한 문제들을 잘 설명해주고 있는 것이다.

칸 교수는 사회복지 해체를 피하기 위해 장래에 사회복지사가 갖춰야 할 요건으로서 다음과 같은 사항을 들고 있다.

① 전문화에 대한 욕구에 직면할 때, 전문적 자만심이 사회적 책임과 모순된다는 것을 확인할 것

② 새로운 실천의 이론화와 기능강화의 진전

③ 사회행정, 프로그램의 개발, 정책분석, 사회계획 등에 유효하다고 생각되는 교육 및 실천모델의 개발에 의하여 그들이 활동에 참가하는 것이 중요하고 견실한 것이 되도록 할 것

④ 필요지식이 지속적으로 발전될 수 있도록 사회사업 조사능력을 고양시키고 사회과학적·행동과학적 기초를 확립할 것[7]

칸의 주장 배경에는 자본 진영이 우선 생산성 향상을 지향하는 것을 배제하고, 시장형 공급시스템에 대항하여 인간생활 양식의 개선을 제일 첫 번째 사회적 관심사로 주장하는 국민의 사회적 세력이 성장하고 있다는 점을 간과해서는 아니 된다. 거기에는 미국 자본주의 사회가 내면적으로 변화하고 있는 것이 엿보인다.

그 결과, 사회복지 분야에서는 '의사(擬似)정신분석가'로 축소된 과거의 일부 케이스워커의 잘못된 전문적 귀족주의를 극복하고, 사회 서비스의 유형과 의의를 지역 사회의 현재적 욕구에 정확하게 대응할 수 있도록 확대·변질시키기 위하여 노력하고 있다. 즉 사회사업 해체론은 실은 단순한 패배주의 이론과는 전혀 다른, 전환기 사회복지 활동을 의욕적으로 새롭게 전개시키기 위한 야심찬 제언인 것이다.

5. 일본인의 의식구조와 학풍

국제적 시야, 또는 미국 이론 전개의 동향을 관찰 한 후, 이것을 일본 사회복지의 진로에 부합되는 거울로 삼아 스스로의 모습을 반성할 때, 일본 사회의 특수성에 맞추어 변천을 거듭해 온 일본 사회복지 연구가 견지하고 있는 독특한 특징이자 한편으로는 극복해야 할 점은 현장에서의 독선과 객관적 상황에 부적절한 학자 기질에 안주하는 것이 여러 가지 문제를 안고 있음을 알 수 있다.

일본인의 의식구조와 사회복지의 저조함에는 깊은 내면적 연관이 있는 것이 아닐까. 그리고 그 특질이 일본의 학문적 기풍을 안이하고 불철저한 것으로 만들고 있는 것은 아닐까.

봉건적 사회 관계의 보존을 매개로 하여 급속도로 자본축적을 강행해야만 했던 일본의 근대화 과정에서 정의나 진리 앞에서 자유롭고 독립적이며 자치적인 기본적 인권의식에 눈을 뜬 국민성이 자라나지 않은 것은 당연한 것이다.

권력기구에 의한 노골적인 착취가 이루어지면서, 가족주의의 친자관계를 기초로 한 주

---

7) Alfred Kahn, op. cit., pp. 201-2.

종(主從)의 인적 결합에 바탕을 두고, 위로부터의 온정주의와 아래로부터의 무조건적인 순종으로 맺어진 사회관계에서는 사물의 옳고 그름을 궁극적으로 추구하기 이전에 적정선에서 타협점을 찾고, 어느 선까지는 불합리함도 이해하고 넘어가며, 문제를 끝까지 추구하는 것을 보류하게 된다.

이러한 사회관계가 일본의 민주주의 원리를 어중간한 상태에서 머물게 하고, 급속한 고도 경제성장기에는 국민대중의 생활구조가 1차적으로 요구하는 사회적 권리의 주장을 거세하고 마는 것이다. 대중을 존중하지 않고 인격적 존엄을 무시하면서 단순히 1인 1표의 의미로만 취급한다면, 민주주의의 다수결은 권력을 추구하는 우매한 대중을 대표하는 것에 지나지 않으며, 복지우선 정책도 지배층의 편의주의의 틀 안에 갇혀 버리고 말 것이다.

권력의 강압 앞에서 민중이 목숨을 부지하는 것은 의회 민주주의에서 활동하는 관료행정의 '자식을 향한 부모된 심정'에 대한 기대이다. 입헌정치와 서민생활을 잇는 매개자로서의 '관료제'는 원래 전통적 또는 카리스마적 지배에 대립되는 합리적인 지배체계이다.

그러나 민주주의가 철저한 정치 체제에서조차 기술적으로 뛰어난 합리적인 관료에 의한 행정과 사무처리는 결국 인간을 '복종에 순응'(막스 베버)하게 하는 '관료주의' 요소를 내포하고 있다는 것은 누구나 아는 바이다. 더욱이 봉건주의가 뿌리깊게 자리하고 있는 일본의 관료주의 지배는 '국민의 이름으로' 행해져야 할 행정을 목적과 수단과 장소를 바꾸어 국민을 수단화하는 관료의 편을 들 위험을 안고 있다.

그래서 관료주의가 강건한 곳에서 관료가 가장 두려워 하는 것이 사회복지 전환기의 지표라 불리는 '주민참가'다. 관료 출신의 학자 또는 관료 진영 가까이에 있는 연구자 가운데에는 관료주의 보수성에 오염된 사람과 그 폐해를 통감하여 역으로 비판 또는 자유주의 경향을 가진 사람이 있는데, 후자야말로 사회복지 행정, 사회복지 계획이 중시되기에 이른 현 사회복지 학계에서 지금부터 중대한 역할을 담당해야 할 사람이다.

일본인의 의식구조에서 학계의 학풍 형성에 중요한 제약을 가하고 있는 것은 과학 연구의 권위주의·사대주의의 경향이다. 학문이나 지식이 풍부한 사람을 지극히 존중하고 공경하는 자세는 남에게 뒤지지 않는다.

그러나 그것과는 별도로 오랜 봉건적인 단결의식과 결부한 친분 관계에서는 권위자에 대하여 본의가 아니더라도 무작정 추종하는 당파적 폐쇄성을 갖는 반면, 다른 학파에게는 마음을 열어 놓지 않고 단지 전투적인 모습으로 일관하며, 아군과 적군의 구별 없이 진리 앞에서 겸허한 태도를 취해야 할 학문 본래의 길을 망각한 자세를 취하는 경우도 있다.

일본의 사회복지학 연구는 아직 역사가 짧은 탓에, 이를테면 경제학계에서의 근대 경제학과 마르크스 경제학의 대립처럼, 융화시키거나 보조를 맞추기 어려울 만큼 학문 입장이

고정되거나 경직되어 있지는 않다.

물론 학문 전통의 연륜도 짧고 또 문제의 성격상, 경제학, 심리학, 사회학, 교육학 등 다양한 연구과정을 거친 사람들이 각종의 세계관을 가지고, 다양한 사회계층 속에서 성장하여 다른 가치관, 다른 사실인식을 가진 채 결집하고 있는 만큼, 의지만 있다면 당파 대립은 일본 사회복지학회에서도 곧바로 걷힐 수 있을 것이다. 이제는 옛이야기가 되었지만 미국 사회사업계에서는 사회사업에서 진단학파와 기능학파의 대립이 한때 심각한 감정적 대립상태로까지 간 적이 있었다고 한다.

일본의 경우에도 마르크스 학파와 심리사회학파의 대립, 또는 소위 제도론 입장과 방법론 입장의 대립이 존재하고 있기는 하나, 그것이 권위주의의 색채를 띤 당파 논쟁과 같은, 비생산의 모습을 취하고 있지 않은 것은 학문의 발전을 위하여 진정 다행스러운 일이다. 단지 경계해야 할 것이라면, 일본인의 의식구조에 남아 있는 '적당'주의로 학회를 단순한 신사숙녀의 모임에 불과하게 하고, 연구과제를 애매모호하게 함으로써, 현실에 안주해버리는 학풍에 젖게 하는 경향이다.

학회의 활기찬 분위기는 일본 사회복지의 미래에 대하여 기대를 갖게 한다. 활발한 논쟁이 불쾌한 당파 대립으로 전락하고 말 것인지 아닌지는 오로지 학자의 인품에 달려 있다. 大町桂月도 "학문은 사람 됨됨이"라고 하였는데, 학문이야말로 바로 사람이라고 할 수 있는 것이다.

일본이 쇄국주의 시대의 종지부를 찍고 급격한 근대화의 길을 선택할 때, 서양의 문명을 받아 들이는 것은 필수적이었다. 그러나 일본인의 봉건적인 의식 구조에서 권위주의 습성은 때로는 외국 문화 숭배주의로 빠지고 만다.

그래서 단지 이론을 습득하는 것에만 급급한 나머지 경험과학의 합리적·실증적 정신을 발휘하여 특수한 현실 속에서 검증해보지 않은 채, 유일한 보편적 진리인 것처럼 받아 들인다면, 일본의 사회복지 연구는 발전할 수 없다.

사회복지는 특히 일본사회의 역사 현실의 특수성에 구속되는 실천 과제이므로, 그 특수성을 배제한 보편성만을 지닌 이론만으로는 현장 상황과 멀어질 수밖에 없다. 이론은 현장 실천의 경험적 사실과 더불어 법칙 체계적으로 만들어진 것이어서 구체적 시책과는 차원을 달리하지만, 특수한 현장 실천에 관계·책임을 갖지 않는 이론은 공리공론에 지나지 않는다.

그러나 실천 현장에서 필요한 이론으로 무장을 하지 못한 학계에 대한 불만과, 지나치게 바쁘게 돌아가는 현장의 일과에 압도되어, 학계의 건설적인 연구를 뒤로 한 채, 단순히 상식적인 상담자 처리에만 몰두하는 현장이 되고 만다면, 학문은 그 존재의의를 상실하게 된다.

요컨대 일본의 특수성을 언제나 세계의 보편적 이론과 연결시키고, 이론적 무장을 직접 뒷받침해 주는 학문 체계를 학계와 현장의 밀접한 연계 속에서 의욕적으로 실천해 나가는 진지한 연구의 장으로 일본 사회복지학회를 육성해 나가야 하는 것이다. 그것만이 일본 사회복지의 미래에 밝은 전망을 안겨줄 수 있을 것이다.

6. 사회복지의 목적과 가치관

일본의 사회복지 연구에 기여한 大河內一男(오오고우찌가쯔오) 이론의 영향을 무시하고 전후의 사회복지 이론의 특징에 대하여 논하는 것은 불가능하다. 그의 가르침을 받은 사회정책 이론가들이 사회복지 연구에 종사하여 특색 있는 하나의 이론을 형성하고, 사회복지를 일본 자본주의와 불가분한 관계로 이해해야 할 것으로 만든 것은 분명 중요한 공적이었다.

大河內一男은 독일 사회정책 이론의 사회문제의 이해(『사회정책의 기본문제』)에 바탕을 두고, 사회정책은 본래 자본주의 사회에서는 일정한 한계가 있으나, 사회사업에는 대체로 그와 같은 한계가 존재하지 않는다고 말했다. 또 자본주의의 상승시기에 사회사업은 "산업사회의 후방에서 적십자와 같은 임무를 수행하든지 아니면 기껏해야 치안 차원의 사회정책과 함께 전개된다."

그러나 "일반적인 위기에 처하게 되면 사회정책은 후퇴하며, 사회사업은 이것에 대한 보충 또는 대리역할을 수행한다"고 해석하였다. 사회 연대 정신으로만 다루기 쉬운 사회사업을 자본주의 사회에서 사회정책의 생산적 임무를 '보충'하는 것으로써, 물질성의 기반 위에서 다루었다는 것은 우리가 사회복지를 자본 운동의 내면적인 요구와 결부시켜서 이해할 필요가 있다는 것을 일깨워 준 귀중한 기회였다.

여기서 문제가 되는 것은 이 大河內一男 이론의 논리 구조가 노동자, 농민 그리고 일반 국민의 생활주체로서의 측면에서, 다시 말하자면 자본 운동과는 별개의 각도에서, 자본 운동에 압박 받는 생활구조의 보호라는 차원의 사회복지 욕구를 거론하는 여유는 갖지 못했다는 점이다.

마르크스의 『자본론』은 자본주의 사회에서 노동자의 고뇌를 노동자의 노동가치와 노동력 가치의 괴리라는 비극적 사실에서 찾았다. 즉 경제활동의 주체로 존재하지 못하고, 단순한 상품으로서 노동력으로 밖에 존재하지 못하며, 주체로서 노동자를 경제정책, 사회정책에서 배제시키고 있는 사실을 폭로하는 것만 주력한 것이다.

노동자 주체의 문제는 노동자 생활구조의 논리, 따라서 단순히 생산 과정만이 아니라 소비 과정까지 포함한 양쪽 측면을 다루는 것이어야 노동자 문제를 포괄하는 것이 된다. 이 점에서 마르크스는 소비, 시장, 경제를 언급하면서도 역사적·문화적 조건 아래에서의 노동자 생활을 깊이 있게 추구하지는 못하였다.

大河內一男 이론은 노동자가 자본주의 경제에서는 이론 뿐 만이 아니라 실체에서도 소외되어 있다는 현실 인식에서, 노동자 주체의 문제를 따로 떼어 내어, 노동자는 노동력으로서만 존재할 수 없다는 의미에서 합리적인 자본주의의 담당자라는 결론을 도출해냈다.

大河內一男이 펴낸『국민생활의 과제』에서는 이전에 경제 외적인 것으로만 다루어 왔던 국민생활의 문제를 총력전의 중요인자로 다루기에 이르렀다. 거기에서는 소비생활을 단순히 생활의 조건으로 평가할 뿐, 여전히 생활인의 주체적 여망에 관련되는 내용에는 관심을 두지 않고 있다. 그것은 자본축적을 강행하는 가운데 노동조합운동이 미성숙하여 국민의 민주화 수준이 일반적으로 낮았던 대전전(大戰前)·전쟁 직후의 일본에서는 분명 타당성을 갖고 있었다.

大河內一男 이론을 계승하여 사회복지의 이론체계를 구축하고자 할 때, 孝橋正一 (고하시세이이찌)이 "사물을 이루는 방식의 체계화를 그 자체의 본질과 바꾸어 놓는 것은 도저히 과학적 이론이 허용할 수 없는 오산이다"라고 주장한 바와 같이, 사회사업 실천행동의 방법론은 사회복지를 본질론에서 배제시키고, 사회복지사의 과정적 지식체계에 속하는 것으로 일단 별개의 연구 영역에 위임하는 것으로 되어있다.[8]

실천행동의 방법론을 사회복지 본질론의 토대 위에서 수립해야 한다는 필자의 견해에 대하여 격한 논조로 논평한 孝橋正一의 몇 가지 글에 대해서는 필자가「사회복지 구조·기능론 이해」[9]에서 거론한 바 있다.

필자는 孝橋正一 이론의 자본운동에 대한 분석이 사회복지가 자본주의를 보존시키는 체계로 기능하는 측면을 명쾌하게 설명하고 있는 반면, 생활구조 보호를 위한 사회복지 구축이라는 명분을 누락시키고, 노조와 지역주민 참가에 의하여 사회 세력 확대 강화가 세계적 흐름인 사회복지 본질이 새롭게 싹틀 수 있다는 관점이 결여되어 있다고 하였다. 이것은 사회복지학을 비판적인 역할로 편향시키고 사회복지의 장래에 대한 전망을 비생산적인 것으로 만드는 것임을 우려한 것이다.

사회관계 속의 생활구조에 관심을 집중하여, 이를 중심으로 '사회복지 고유의 대상과 기능'을 추구해 온 岡村重夫(오까무라시게오)의『사회복지학』총론과 기타 저술의 학문적 노력은 실증적인 최저생활비 연구를 출발점으로 삼았다. 주로 경제학·노동과학 각도에서 '생활구조론'의 개척적 연구에 몰두한 中鉢正美 교수의 독특한 노작(勞作)과 함께, 사회

---

8) 孝橋正一,『사회사업입문』, P. 10.
9) 이 책 제 5장.

복지의 건전함을 지향하는 우리의 꿈을 개척하고 갈증을 해소시키는데 충분한 역할을 한 것이었다.

岡村重夫는 "사회관계의 결함에 주목하여, 사회관계의 주체적 측면의 조정·보강을 사회복지 고유의 기능으로 보는 것"이라고 하면서 개인의 주체적 측면(岡村重夫 교수는 그것을 미국 사회사업이 1930년대 편향의 극에 달했던 시기에 나타난 심리적 과정으로 이해하는 것에 반대했다는 사실을 특히 기록해 두고 싶다)에서 복지 고유의 과제를 도출해내었다.

岡村重夫의 '사회관계 그 자체(사회과학적 개념)'라는 표현에서 보이는 것처럼 여기서 사회과학적 개념이라고 일컫는 '사회관계'가 사회체제와 어떠한 식으로 결부되는 것인가는 명료하진 않지만, 사회체제 개념을 그 배경으로 생각하는가 또는 그렇지 않은가에 따라서 '사회관계의 결함'의 내용이 현저하게 달라진다고 생각한다. 적어도 사회복지 고유의 기능에 대해서 岡村重夫의 경우 오늘날의 사회복지 통합이론에서 고려하고 있는 것보다는 어느 정도 좁아 보인다고 생각한다.

앞서 기술한 미국의 칸과 트레커의 글에서, 또는 영국의 필립 시드의 『영국 사회사업의 확대』[10]에서와 같이 구미 사회사업 활동의 범위 확대 경향을 岡村重夫는 어떻게 받아들이는 것일까. 또 사회복지 실천의 방법은 岡村重夫가 지적하고 있는 바와 같이, 개인의 주체적 측면을 궁극적 목적으로 하는 것이라 하더라도, 집단과 지역사회를 직접적인 목표로 삼는 복지 활동에서는 체제적 시야를 배경으로 하는 사회적 함의를 더욱 중시해야 하는 것은 아닐까.

竹中勝男, 木田徹郎(고노다데츠로) - 지금은 이미 고인이 된 이 두 선배는, 사회복지의 제도적 대응과 인격적 대응의 양면을, 그것이 방법면에서의 차이가 있었다 하더라도, 불가분의 관계로 통일하는 결합 이론에서 선구적인 역할을 해낸 인물들이다.

木田徹郎 이론은 岡村重夫 이론과 함께 이상주의적 사회사업 철학에 그 원류를 둔 것이므로, 사회복지 목적은 막스 베버 같은 이념적 발상을 그 특색으로 한다.

그러한 점에서 볼 때, 개별사회사업 이론에 생애를 바친 竹內愛二의 실존철학적 사회복지 이론도 이들 학자들과 마찬가지로, 사회복지를 선도하는 가치 개념에서 인간의 이상을 찾고 있다. 사회복지를 자본 운동이 추구하는 물질적 제도화로 파악하는 것이 사회과학적 객관성을 확보하는 단 하나의 길로 여기는 마르크스주의적 전통과 이들 학자들의 이념적 발상 사이에는 쉽게 메울 수 없는 깊은 골이 패여 있다.

필자에게 사회복지는 사회관계의 주체적 인격과 객체적 제도와의 접점에서 발생하는 부조정을 사회과학의 구조·기능적 이해에 바탕을 두고, 주체 및 객체의 측면에서 종합적으로

---

10) Philip Seed, *The Expansion of Social Work in Britain*, 1973

극복·예방하고, 이로써 전인적 인간이 통일적 인격의 확립을 목적으로 하는 공적·사적 생활의 총체를 뜻한다.

그러나 여기서 '전인적 인간의 통일적 인격의 확립'이라는 인간적 가치관에 의해서 선택되고 추진되는 사회복지 실천이 구조·기능론적 이해의 사회과학적 객관성과 체계적 통일을 견고하게 이룰 수 없다면, 大河內一男 이론을 뛰어 넘어 전진하기는 힘들다.

인간의 사회 실천행동은 언제나 윤리적 가치평가와 경험적 사실 확립의 통일을 의미한다. 구미에서는 사회복지의 주요 주제로 다루어지고 있는데, 일본에서는 제18회 일본 사회복지학회 대회에서 갑자기 각광을 받기 이전까지, 일부 학자이외에는 거의 관심을 두지 않았던 '사회복지의 가치관'과 사회과학적 학문론의 관계에 대해서는 이후 한층 심도 깊은 논의가 이루어져야 한다.

7. 앞으로의 연구 과제

1954년 일본 사회복지학회, 또 그 다음해에는 사회사업학교연맹이 결성되고 해를 거듭함에 따라 회원수의 증대와 함께 그 연구의 깊이를 더해가고 있다. 그 발표의 특징에 따라 연구방법을 회고하고 장래에 대한 전망을 진단해 본다는 것은 대단히 흥미로운 일임에 틀림이 없다. 그러나 여기서 필자는 국제적 동향과 일본의 문제전개의 특색을 회고하고자 한다. 이상을 검토한 결과 우리가 몰두해야 할 당면의 연구과제를 다음과 같이 요약한다.

(1) 사회복지 연구에서 종합적 접근의 필요

전인적 인간의 사회적 부조정에 대한 문제중심의 접근방법은 인격과 제도라는 양쪽의 상호연관성과 전체성에 대응하여, 경제학·심리학·사회학·문화인류학 등 종합적 연구에 기대하게 된다. 이 때 보조기능으로서 전문가의 학문간 팀 워크 및 현장과 교육·연구기관의 팀 워크를 추진하는 것이 불가결한 조건이다.

영국의 영허즈번드가『사회사업과 사회변화』에서 "과거 1세기 동안의 영국 사회사업은 COS 창설 이래 희망과 활기에 찬 최초의 50년과 그 후 제2차 세계대전의 종결에 이르는 50년 간의 침체기로 구별할 수 있다. 후반 50년 간 침체기의 원인은 대학의 학문적 훈련으로 사회사업의 각 부문이 과도한 전문화에 치우쳐 사회사업 전반에 대한 시야를 넓힐 기회를 갖지 못했기 때문이다.

그럼에도 불구하고 전쟁시의 체험을 교훈 삼아, 영국에서도 과도한 전문화를 극복하려는 종합적 사회과학에 바탕을 둔 팀워크에 의하여, 사회복지를 한층 유효하게 추진하려는 분위기가 고조되고 실제로 회복의 기운이 날로 현저하게 나타나고 있다"[11] 라고 기술하고 있는 것은 대단히 시사적이다. 여기서 사회사업 해체론을 무용지물로 만드는 열쇠를 찾아낼 수 있다고 생각된다.

(2) 빈곤극복 방법에 대한 연구

여러 나라에서 빈곤과 관련한 연구가 활발하게 이루어지고 있다. '빈곤'이라는 개념에 대해서는 일상생활 속에서 구매력이 없다는 것에 그치지 않고, 경제정책으로서의 자원사용 방법이 서투른데서 오는 빈곤, 감정의 빈곤, 커뮤니케이션·상호이해·학습의 빈곤, 사회관계에서의 차별에서 기인하는 빈곤 등 사회·재정·심리·교육 측면에서 보다 더 깊은 연구를 하고 있다.

이러한 새로운 빈곤에 대한 이해의 진전은 사회복지의 종합 과학적 접근에 의한 대응에 한층 더 기대를 갖게 한다. 급속한 인플레이션은 절대 궁핍의 연구에 다시금 활력을 주고 있으며, 빈곤 개념의 사회·문화 영역에 대한 심화 및 확대는 사회복지 활동의 질적 향상과 범위의 확대를 가져다 준다.

(3) 사회복지 조사·계획·행정적 연구 추진의 필요

사회복지 연구가 클라이언트의 심리적 조작에 주력하고 있는 한, 거대 사회의 대량 복지 연구에 대한 대응은 약체화되지 않을 수 없으며, 미국과 같은 사회사업 해체론이 성립 될 수밖에 없다. 지역사회 복지 욕구에 대한 기민한 조사와 계획화, 재원의 확보를 통하여 실제적인 시책을 전개하는 등 일관성 있는 방법의 연구와 전문직원의 양성이 전에 없이 중요성을 더해 가고 있다. 그 연구의 대전제로 사회·문화적 함축을 갖는 '생활구조론' 연구가 긴급한 과제로 부각되고 있다.

(4) 지역사회의 전개와 민간 활동 및 사회복지 활동의 중요성

가정과 국가행정의 중간에 놓여 있는 지역사회의 복지 기능을 중요시하는 경향은 구미 여러 나라의 일반적인 특징이다. 국가는 재정 책임을 지지만 구체적 복지활동은 지방행정에 위임하고 지방 자치체는 이것을 지역사회, 예를 들면 스톡홀름에서 실시하고 있는 것처럼 종래 광역의 제1행정구로부터 지역주민에 한층 더 밀착하는 좁은 제2행정구로 체계적으로 이행하여, 지역보건·복지계획을 편성하고 자발적 활동의 참가에 의해서 공사 협력의 복지활동을 추진하는 방향을 채택하고 있다. 지역사회의 연구, 주민참가 및 사회운동에 대한

---

11) Eileen Younghusband, *Social Work and Change*, 1964, p. 18.

사회학·정치학적 연구는 앞으로 일본의 사회복지 정책을 민주화하는 데에 커다란 역할을 담당할 것이다.

(5) 사회복지의 가치 문제에 대한 연구

아무리 사회과학적 전개의 필요성을 강조하더라도 사회복지 활동이 기본적 인권과 그 바탕에 있는 인간 가치의 최대 공약수적인 이해를 확인할 수 없다면, 복지 실천은 사무화, 비인격화되어 결국 관료화를 통해 체제 지배의 도구로 전락하게 될 것이다. 의사의 윤리가 결여된 의료제도가 영리기업화의 길을 걸을 수밖에 없는 것과 마찬가지로, 인간주체성의 철학을 사회과학과 통일시켜야 한다는 것을 깨닫지 못하는 사회복지 실천은 체제 보존의 반동적 역할을 하는 데 불과할 것이다.

이와 같은 사회복지 연구의 역사적 임무는 종합 과학적 본질이 나타내는 것에 따라, 단순히 뛰어난 학도의 개인적 업적에 기대하는 것이 아니라, 협동 작업에 의한 것이지 않으면 안 된다. 그것이 일본 사회복지학회에 대하여 각별한 기대를 갖게 하는 진정한 이유이다.

제9장 불확실성의 시대와 사회복지

1. 방향 없는 사회와 사회복지

철학자 헤겔(Hegel)은 인간과 시대의 관계와 관련한 글에서 "각 개인은 그 국민과 시대의 자식이다. 누구도 그 뒤에 머물 수 없으며 하물며 그 앞으로 나아갈 수도 없다"고 언급하였다.

사회복지 역시 각 국의 역사적인 사회상황의 고유한 조건에 제약받고 있으며, 시대적 구속을 뛰어 넘어 외국의 경험을 모방하거나 새로운 방안을 창안한다 하여도 현실 속에서 제도로 뿌리를 내리는 것은 쉽지 않다.

1970년대는 무엇보다도 획기적인 역사의 전환기였다. 세계적으로 경제 번영을 이룩하는 가운데 돌연히 닥친 1973년의 석유 파동은 현재의 인구 폭발과 경제 성장이 이대로 계속하다가는 지구의 유한한 자원으로 말미암아 결국 파멸적 결과를 초래할 것이라는 점을 시사한 것이었다.

1969년 봄 서구의 학계·정계·재계의 지도자들에 의해 결성된 국제적 미래연구단체인 '로마클럽'이 1970년에 발표한 『성장의 한계』(The Limit of Growth)는 1970년대를 관통한 '불확실성 시대'의 서곡을 의미하는 것이었다. 물론 런던대학의 윌프레드 베커만처럼 지구의 1마일의 지하자원은 이미 알려진 양의 100만 배에 달한다고 주장하며 자원 고갈의 종말론적 한계에 대한 경고에 도전하여 경제성장 옹호론을 설파한 사람도 있다.

또 1979년 5월 동경에서 '1980년대의 새로운 관점'이라는 주제로 개최된 제9회 국제경제 심포지움에서 EC 산업연맹 폴 폴오버 의장은 미래학자 하만 칸의 낙관적인 견해에 동조하면서, 국가간의 경제협력에 의한 경제확대 우선 정책을 강조하고, 경제의 활력을 저해하는 공권력의 개입을 억제하여 시장원칙을 존중할 것을 역설하는 강연을 했다. 이어 자원 문제로 인하여 세계 경제가 축소 균형 지향화 하는 것을 반대하는 새뮤얼슨과 같은 유력한 논객도 등장하였다.

그럼에도 불구하고 일본인들이 1970년대에 경험한 역사적 현실은 1973년의 석유파동,

1979년의 OPEC 석유가격 인상, 잇따라 동경에서 개최된 선진국 수뇌회의, 미국 카터 대통령의 대담한 스태그플레이션 대응책 등에서 볼 수 있는 것처럼, 세계대전 이후 평화 경제를 배경으로 하는 경제성장 정책이 중대한 전환기를 맞고 있다.

더욱이 문제는 그 해결을 강요당하는 1980년대에 우리들이 어떠한 진로를 선택하여야 할 것인가에 대해서는 명확한 방향 예측이 불가능한 '불확실성 시대'를 만들어 내고 있다는 것이다.

하버드대학 갈브레이드 교수의 『불확실성의 시대』(The Age of Uncertainty, 1977)는 실은 불확실성을 깨뜨릴 수 있는 방향을 제시하는 책이 아니다. 이 책이 세계에서 널리 읽히고 있는 것은 세계적인 현실이 확실히 그 제목이 시사하는 바와 같이 혼탁한 상황에 빠져 있고, 그 타개책을 갈망하는 사람들이 이 저명한 학자의 의견에 기대하는 바가 크기 때문이다.

불확실성이라는 영어 표현에는 미래의 수량적 불확실성을 의미하는 'indeterminacy'와 나아갈 방향이 설정되지 않았음을 뜻하는 'uncertainty'라는 두 가지 표현이 있다. 갈브레이드 교수가 특히 'uncertainty'라는 용어를 선택하여 진행 방향의 불확실성에 고뇌하는 현대사회를 응시하고자 한 것은 매우 상징적인 것이다.

석유소비를 중심으로 경제성장이 추진되어 오다가 공급량의 확보가 돌연 불확실해졌다는 불안은 수량적 충족에 의해서 극복될 수 있는 'indeteminacy'의 문제인 것처럼 보인다. 그러나 공급량의 불확실함은 곧 공급량을 예상하는 것이 불확실해졌다는 것을 뜻하지는 않는다. 미래의 무방향성을 엿볼 수 있다는 의미에서, 나아갈 방향을 정하지 못하는 불확정성, 즉 'uncertainty'의 문제에 대한 조급함과 불안을 수반하고 있는 것이다.

시대의 불안이 인류의 방향 상실과 관계되어 있다는 사실은 인간의 사회생활에서 기본적 욕구를 충족시킴으로써 각 개인의 자기독립을 원조하고 거대 사회의 권력 불평등의 메커니즘하에서 자기무용성(man of no use)에 괴로워하고 있는 사람들에게 자신이 '필요하다는 감정'(the feeling of being necessary)을 회복시키는 '인간복권의 노력'을 근본 과제로 하는 사회복지 활동과도 무관하지 않다.

1970년대에서 1980년대에 걸친 추세는 사회복지에서도 그 이미지 자체를 재검토하게 하는 전환기를 의미한다. 그렇다면 사회복지는 불확실성의 시대에 대해 어떠한 의의를 가지며, 어떻게 대처해야 하는 것일까.

2. 욕구=가치론의 착오

수적(數的) 불확실성보다 방향의 불확실성에 대한 불안의 심화·확대는 단지 자원문제,

특히 석유 파동에서만 기인하는 것은 아니다. 보다 근본적으로는 물질적 생산의 확대에 중심점을 둔 근대의 경제 성장주의와 인격을 중심으로 하는 '의미'적 세계에서 살아가는 정신생활과의 균형상실에 진정한 원인이 있는 것이다.

그렇기 때문에 예를 들면 '1970년대 후반의 사회환경'에 관한 여론조사(일본 장기신용은행 조사, 1974년 4월)에서 나타난 것처럼 변동·불안정·왜곡·불안·위기·분열·분쟁·정체·돌연·무질서와 같은 비관적 이미지가 상위를 차지하고, 혁신·연대·균형·조화와 같은 적극적인 이미지는 하위로 나타나는 것에 불과한 정신상황이 발생하게 된다.

이미 1930년대에 경제의 확대균형을 주창했던 케인즈 자신도 경제의 급성장과 일반대중의 습관 및 본능의 재조정 곤란에서 오는 '전반적인 신경증의 도래'를 우려하였다. 세계적 경제성장이 가속도적인 변동을 가져 온 새로운 환경조건 속에서, 이러한 변화에 적절하게 대응하지 못하여 발생하는 방향감각의 상실, 즉 일종의 현대인의 신경 쇠약적 문명병을 토플러(Alvin Toffler)는 '미래쇼크'라 명명하였는데, 그것은 케인즈의 걱정이 단순한 우려로 끝난 것이 아님을 말해 주고 있다.

1950년대에서 1970년대에 걸쳐 '급격한 사회변화'라는 말이 세계 공용어가 되었다. 그런데 변화가 완만하고 단조로운 시대에는 사회적 재조정 또는 제어가 용이했던 전통적 습관·사회규범·가치·목표·사고방법·제도가, 격변하는 사회의 지식폭발과 정보 혁명 아래에서는 이미 적응이 불가능해져 끊임없는 새로운 불안정 요인으로 다가오게 된다.

제2차 세계대전 이후 가치의 다양화·상대화에 대하여 자주 논의가 이루어지고 있으며, 그것을 사회적 불확실성의 근원을 이루는 것으로 논하는 사상가들도 적지 않다. 그러나 그러한 해석은 엄밀한 의미에서는 사회현상의 피상적인 이해에 머문다고 할 수 있다. 그렇기 때문에 불확실성의 체제적 근원을 정확하게 파악하는 것이 필요하다.

다양화, 상대화하고 있는 것은 자본주의 생산이 다양하게, 그리고 대량으로 제공하는 재화와 서비스에 의한 욕구의 다양화와 같다. 여기서는 '욕구=가치'론으로 가치의 다양화를 파악함으로써 바른 가치관의 정립을 망각하고 있다는 점에 오류가 있는 것이다. 대량·다양화하는 여러 욕구에 뒤흔들리기 때문에 여러 욕구를 통일적으로 제어하고, 적어도 사회생활의 기본적 욕구에 관한 대중 합의의 발판을 구축하는 것이 곤란해졌다. 그것이 가치상대비(價値相對比)에 의한 의미상실의 시대, 즉 '무방향 사회'로 흘러 가게 하는 것이다.

상식적으로 말하는 상황에 따른 욕구, 즉 '기대하는 것'(the desired)은 우리들 감각에 호소해 오는 주위의 많은 욕구 대상 가운데, 행위 주체의 통일적 인격이 전인적인 인간생활의 실현에 의해서 '바람직한 것'(the desirable)을 확인하는 내면적 기준이 된다.

이 기준은 실제로 가능한 각종 수단·방법·목적 가운데 A를 희생하면서 B를 택하는 특정 욕구의 '선택' 행위를 통해서 비로소 실현된다. 이 행위의 주체적 내면에서 지배하는 행위 촉발의 기준인 인격을 제외한다면 관능적 욕구에 의한 '기대하는 것'만이 인간행동의 목표로 남게 된다.

자본주의 생산의 영리원칙이 필요로 하는 것은 바로 이 관능적 욕구를 최대한으로 추구하는 사회경제 이론이다. 홉스(Thomas Hobbes)로부터 존 스튜어트 밀(John Stuart Mill)에 이르기까지의 근대 공리주의를 자본주의 원리로 집대성한 사람은 스펜서(Herbert Spencer : Data of Ethics, 1879)였다.

그는 사회 진화론의 입장에서 진화는 항상 자기보존을 목적으로 하지만, 시간적 길이·공간적 넓이가 최대로 될 때 개인 생명의 진화가 그 극에 달한다고 생각했다. 생명은 양의 크기만큼 가치를 증대시킨다. 즉 가치는 생명 욕구의 증가 함수라는 주장이다.

100년 전에 스펜서가 쓴 이 책에서 일관되게 주장하는 '큰 것은 좋은 것'이라는 사고방식은 시장경제 메카니즘이 요구하는 GNP의 양적 확대에 기반을 제공하고, 그 극점은 바로 '다국적 기업'이라는 논리의 진수를 이루게 된다.

일본의 사회복지가 공적부조를 주축으로 하여 경제적인 원조에 힘을 기울이고, 노동진영으로부터 탈락된 저소득 계층에 대한 구제활동을 그 중심점으로 해야 했던 것은 급격하게 후진성을 벗어나 선진국 수준에 도달하는 것을 지상명령으로 한 일본 사회복지의 필연적인 경로였다. 낮은 노동임금에서 기인하는 국민의 곤궁에 대한 구제책의 긴급성 때문에, 선진국의 사회복지에서 추구하고 있는 것과 같은 인간가치의 존중, 기본 인권의 옹호를 근거로 하는 복지활동의 본질적 과제에 대한 탐구를 중시할 만한 여유가 없었다.

따라서 구미에서 한 단계 위의 사회복지를 추진하는 방법으로 당연시한 대인 서비스 같은 것은 경제시스템 중심으로 전개되는 국가 정책에서는 발전적인 복지활동의 임무로써 중요하게 취급할 수 없었다. 이것이 일본의 복지사회가 구미 이론처럼 방향 결정의 기준을 제공하는 가치관과 인권론, 또 사회복지에서의 대인 서비스의 중요성을 규명하는 사회적 기반을 영구히 지속할 수 없었던 근본적인 원인이다.

사회복지가 자본축적 중심의 사회정책을 보완하는 역할을 하는 이상, 그리고 경제 시스템이 요구하는 구빈 정책 또는 경제성장을 위한 노동력 보존에 간접적으로 공헌하는 한, 복지정책으로서 그 노하우를 연구하는 것이 사회복지 연구의 사명이 될 뿐이다. 그러나 보다 깊고 보다 근본적인 문제인 국민대중의 생활구조를 보호하기 위한 노하우를 밝히는 것은 학문 규명의 기본 과제가 되지 않는다.

이것이 일본의 사회복지 연구가 사회복지 실천의 궁극적인 목표로써, 전인적 인간의 통일적 인격의 확립을 내세우고 있는 배경이다. 또한 그것을 실현하는 사회 시스템의 위치를 중요시 하는 인간 중심의 복지이론을 과학으로부터의 일탈이라고 이해하는 분위기조차 만들어 내는 것이다. 경험한 사실의 확정을 그 기반으로 하는 '노하우'가 윤리적 가치평가에서 생기는 '노우 왓(know-what)'과 통일되어야 사회복지 실천의 우선순위를 정할 수 있다.

필자는 몇 차례 심의회에 참가하면서, 가치 체계로부터 괴리된 실천에 관한 토의가 우선순위를 불문하고 공허한 임기응변주의로 빠지는 경향이 있다는 것을 우려하였다. 사회복지에서도 '불확실성의 시대'를 개척하기 위한 근본적인 자기반성이 필요한 시기가 다가오고 있는 것이다.

3. 불확실성의 시대를 탈출하는 길

1970년대는 경제성장 중심이었던 시대상황으로 인하여 사회 전반에 걸쳐, 인간성 본질의 질적 탐구로부터 떨어진 양적 확대라는 목표가 위기를 맞는 것에 대한 불안이 점차 의식에 자리하는 시대이다. 더구나 그 '불확실성의 시대'를 탈출하는 방향은 아무도 명확하게 제시한 바가 없다.

네덜란드의 장기계획 과학자문위원으로서 『예측학』(Prognostics, 1971)을 쓴 프레드릭 폴락은 현대 사회과학의 가치상실 상태를 비판하고 사회과학의 본래 과제인 객관화 의식의 미래 예측에 대한 한계를 논하며, 가치관을 포괄하는 통일적 사회과학의 확립을 통해 미래 예측의 확실성을 담보하고자 노력하고 있다.

불확실성의 시대에는 그 영역을 사회복지 연구에 한정하더라도 미래 예측은 쉽지 않다. 폴락은 "이 세상에는 많은 교수가 있는데 왜 미래에 대하여 가르치려는 사람은 적은가?"라고 묻는다. 그것은 단일 개별과학에 대한 집착을 극복하고 여러 과학을 통합하고자 하는 노력이 아직 시작 단계에 지나지 않으며, 학문 방법론이 미성숙 단계에 머무르고 있기 때문이다.

그럼에도 불구하고 국제 사회복지 영역을 비롯하여 과거의 토의와 여러 저술을 염두에 두면서, 국제 및 국내의 동향과 소홀히 할 수 없는 실천상의 요청을, 1970년대에서 1980년대로 전환하는 방향에서 기술하고자 한다. 다음은 한정된 지면으로 인하여 항목별로 내용을 정리한 것이다.

(1) 사회시스템 이론의 확립

이미 1961년에 UN보고가 '경제개발과 균형을 취한 사회개발'을 주제로, 경제시스템이 독주하여 일으킨 국민생활의 침해에 대하여, 경제성장과 '균형 잡힌' 생활구조·기능의 전개를 가능하게 할 수 있는 사회 시스템을 이론적으로 명확히 하고, 그것에 대응하는 복지 재정 지출의 수준을 판정하기 위한 노력을 기울이도록 요구하고 있다.

일찍이 필자는 '자민당 복지사회 헌장의 비판적 검토'[1]를 쓰면서, 자본축적 우선 정책을 강행한 일본의 경제정책에서는 경제시스템을 우위에 두는 관점으로 인하여, 생활구조가 요구하는 비경제적인 사회시스템을 경시하게 되었다는 점, 따라서 사회 시스템 이론이 필요하다는 것을 주장한 바 있다.

이에 대해서 당시 일본 사회보장연구소 야마다 소장은 필자의 자본축적 우선 정책론 비판에 대하여, 현실에 역행하는 이데올로기론에 불과하다고 지적하였다.[2] 그리고 경제 시스템과 사회시스템의 균형론에 대해서도 "민주화와 마찬가지로 무엇이 '자연의 이치'이고 '본래의 모습'인가를 따지는 것이 아니다"라고 주장하였다.

또한 필자가 논문에서 "사회보험의 원칙적인 방법은 바로 이것이다"라든지, "사회보장의 본연의 모습은 이렇다"라고 주장한 것은 잘못이라고 논평하고 있다. 민주화와 국가 책임과의 관계를 논한 「복지정책과 책임론 – 민주화의 재교육을 요구하며」라는 제목의 山田 논문의 의도는 일리가 있다.

그러나 명백한 사실이 단순한 이데올로기의 소산에 불과하다는 비판은, 일본의 경제정책이 자본축적 중심으로 전개되었다고 보고 사회 시스템을 억압하는 정치 동향을 지적하는 필자로서는 도저히 납득할 수 없는 부분이다.

야마다가 평소 진지하게 학문에 접근하고자 하는 노력은 필자가 깊이 존경하는 점이다. 야마다는 누구보다도 시장경제 메카니즘에 억압당한 사회 시스템의 중요성과 경제개발과 균형을 이루는 사회개발의 필요성을 주장하는 사람이다.

경제 저성장기의 복지 재평가론은 종래의 경제 시스템 우위론에서 출발한 사회 시스템 경시 입장 때문에 복지 평가 절하론으로 치우치기 쉽다. 美濃部都正 시대의 최저수준의 원리를 근간으로 하는 복지행정은 체계적인 원리에 근거하여 명확하게 우선순위를 설정한다고 말하기 어려우며, 소위 '선심 복지'의 결함이 있다는 비판을 받을지도 모른다. 그러나 시민 생활의 기본적·최저한도의 권리를 인정받고자 하는 노력은 자본축적 우선의 원리에 저항하여 사회 시스템을 보호하는 역사적 의의를 담당하고 있음을 잊어서는 안 된다.

(2) 빈곤의 새로운 인식 형성

사회복지가 '원조과정'(helping process)이라고 하는 것은 오늘날 '복지'의 함축이 요구하는 기본적 인권의 옹호를 주안점으로 한다. 또 기본적 인권이란 그 사상의 근저에 전인적

---

1) 『주간사회보장』, 1974, 8월 26일호.
2) 山田雄三, 『현대의 복지정책』, 1975

인간의 통일적 인격의 확립이라는 강렬한 가치관을 두고, 경제 시스템이 지배하는 사회에 대하여 이의를 제기하는 것이다.

런던대학의 티트머스(Titmuss) 교수는 1972년 헤이그에서 열린 국제사회복지회의의 기조강연에서 사회복지 정책이 자본주의 경제를 유지·성장시키는 수단으로 경제 종속물 위치에서 벗어나야 한다고 강조했다. 그리고 인격확립을 위하여 이윤추구의 시장경제 밖에서 복지 서비스를 제공하는 사회의 기본적 종합정책이 되어야 한다고 제안했다.

이러한 입장에서 보면 사회복지가 문제로 삼는 빈곤은 일반적으로 복지경제가 주안점으로 하는 일상생활에서의 숫자 속 빈곤에서 머무는 것이 아니라, 인격가치를 옹호하는데 필요한 보다 광범위한 시야를 가지고 재정 및 자원 사용방법의 빈곤, 감각과 정서의 빈곤, 언어와 커뮤니케이션의 빈곤, 경청과 학습의 빈곤, 사회관계에서의 차별의 빈곤 등을 그 과제로 삼고 있다. 즉 이렇게 낳으면 전인적 인간의 통일적 인격의 확립은 실현될 수 없다고 생각하는 것이다.

1970년대를 회고해 볼 때, 티트머스가 세상에 남긴 빈곤관에 대한 이 새로운 인식은 세계의 사회복지가 나아갈 방향을 시사하고 있다는 점에서 의미가 있다. 이제 엥겔계수와 장바구니(market basket) 지표계산 방식에 기초를 둔 일본인의 빈곤관을, 1980년대 사회복지의 새로운 인식에 즉각 대응할 수 있는 전향적인 빈곤관으로 전환시켜야 한다.

이와 함께 재정 궁핍을 이유로 복지 삭감론을 확산시키려고 하는 시류에 저항하며, 우선순위에 입각한 인간성 회복에 알맞는 새로운 빈곤 대책을 지향해 나아가야 한다. 1970년대 일본 사회복지의 빈곤관은 시대적인 제약으로 인하여 옹색할 수밖에 없었다.

4. 인간성 회복 시대의 사회복지

(1) 연금위기 극복을 위한 길

재정 위기가 복지정책의 중대 문제가 되어 가고 있다. 경제 성장기에 미래 경제에 대한 기대로 고령화 사회를 대비하는데 필요한 재정적 부담을 국민에게 충분히 설명하지 않은 채, 규모를 확장시켜 온 1970년대의 연금정책이 지금에 와서 막다른 양상을 보이기 시작한 것은 당연한 것일지도 모른다.

그러나 노령기에 접어든 사람들에게 연금과 인플레이션과 의료 문제는 '불확실성의 시대'를 가장 절감하게 하는 사항이다. 이러한 문제들을 해결하지 않는다면, 노령자가 일본에서 노년을 보낸다는 것은 재앙이라 할 수밖에 없다.

연금기금 위기의 타개책으로는 ① 급여액 삭감, ② 급여 시기의 연기, ③ 국고부담의 증액, ④ 정년 연장, ⑤ 보험료 인상 등의 방법이 고려될 수 있다.

내용의 충실화를 기해야 할 연금정책에 오히려 후퇴를 가져오는 조치를 취한 것 자체가 일본 재정 사정의 악화를 말해 주는 것이기는 하나, 정부가 취할 본연의 도리는 아닌 것이다. 국가정책에 의존하고 있는 재정에 또다시 국고 부담의 증액을 요구하는 것은 비현실적이다. 미국에서는 사기업의 정년을 70세로 정하고, 공무원은 정년 없이 무한으로 근무하게 하는 획기적인 해결 방안을 채택하였는데, 일본에서는 청년 노동자층의 취업난을 초래하는 일을 방지하기 위하여, 우선 산업구조의 개혁을 선행시켜야 한다. 그렇지 않으면 1980년대에 이르러도 기껏해야 60세를 정년으로 하는 수준에 머물게 될 것이다. 그러나 1980년대에 65세 정년을 실시하지 못한다면 장래에 대폭적인 보험료의 인상을 피할 수 없게 될 것이다.

연금지급 건수가 급증하고 있는 실태에 대한 대책으로는 1978년에 18조 엔을 넘은 것으로 추정되는 후생연금기금을 비롯하여, 각종의 공제기금 등을 없애고, 급여 후퇴를 방지하면서, 적금방식에서 부과방식으로의 전환을 위해 국민의 동의를 확보하는데 전력투구해야 한다.

국민에게 미래의 높은 복지수준을 약속할 수 있기 위해서는 계속 국민의 부담액을 최소화하는 방법은 비현실적이다. 그러나 국민 부담의 증가를 국민이 납득할 수 있게 하기 위해서는 대기업의 사회적 책임, 또 의료우대 세제에서 볼 수 있는 것처럼 다양한 사회적 불평등을 시정하는 것이 대전제가 되어야 한다. 물론 한편으로는 재정 만회를 통한 국고부담 능력의 증대를 기대해야 할 것이다.

(2) 대인 서비스 존중의 시대

교육·소득보장·보험제도·고용·주택정책 등 복지정책에서 환경정비의 양적인 충실에 이어, 한 나라 사회복지의 질적인 측면, 즉 가족·노인·아동·장애자·유년노동자, 또한 지역사회 보호 등을 위한 복지활동에서 대인 서비스의 중요성은 날로 커지고 있다. 사회시스템의 중시, 인간성 존중의 성패는 대인서비스에 대한 관심의 강도·높이·폭·깊이에 의하여 결정된다.

일본의 사회복지가 제도론과 기술론의 대립이라는 형태로 서로 멀어지는 경향에 놓이게 된 것은 일본 사회복지의 연구와 대책이 아직도 초보 단계에 머물고 있음을 뜻한다. 세계적인 국제교류의 영향을 받아 1980년대 일본의 사회복지는 양과 질, 그리고 제도론과 기술론의 통일을 추진하게 되고, 대인 서비스 존중의 시대를 맞이하게 될 것이다.

(3) 지방주의를 실천하는 지역복지

주민 참가를 특징으로 하고 지역사회의 발전을 추진해 온 국제 사회복지는 복지정책의 의사결정에 주민이 직접 참여하는 것을 보다 중시하는 지역주의(regionalism)로 1970년대를 지나 왔다. 일본에서도 최근 '지방시대' 지향이 붐을 이루고 있는데, 여기에는 거대화하는 자본 지배의 요구로 생겨난 중앙집권주의에 대하여, 일상에 밀착된 생활 보호를 감행하려고 하는 지역주민의 필연적인 반항이 숨어 있다는 점에 주목해야 한다.

근대 일본의 독특한 역사적 행보는 전쟁 이전의 자본과 군부 독재가 제휴하여 지방주의를 억압하면서 생겨난 것으로, 지방주의의 복권에는 일시적인 유행으로 그치는 것을 바라지 않는 민주화에의 여망이 담겨져 있다. 그 역사적 의의를 깨닫지 못한다면 '지방시대'는 거대기업 위주의 정치를 지방 정치에까지 전면적으로 관철시키고, 또 팽창하는 국가 재정 비용을 지방 행정에 부담시키고자 하는 교묘한 정치전략으로 이용될 뿐이다.

오늘날 영국의 복지행정에 일대 변혁을 가져다 준 『시봄보고』(1968년 공표)는 지역주민의 복지 욕구를 종합 과학적 시각에서 재평가하고, 나아가서는 주민이 참여하는 자주적인 사회복지 체계로 재조직함으로써, 경제 거대주의가 지배하는 '세계기업'의 시대에 인간성을 지키는 실질적 세력을 형성하고자 시도한 것이었다. 이것을 일본 사회복지의 현실에 적용시키고자 한다면, 1980년대에는 건설적인 의미에서의 진정한 '지방시대'를 열 수 있을 것이다.

영국 정부의 경제고문직을 역임한 슈마허가 저술하였으며 구미에서 한때 베스트셀러가 되었던 『작은 것이 아름답다』(Small is Beautiful, 1973), 『인간부흥의 경제학』(1978)은 화폐로 구매할 수 없는 비물질적인 인격가치 중심의 미와 건강과의 조화가 낳은 새로운 인간생활의 부흥을 역설하여, 경제정책 담당자만이 아니라 사회복지 관계자에게도 깊은 교훈을 남겨 주었다.

근대 경제학은 각종의 재화와 서비스를 진정한 가치에 의해서가 아니라, 이윤획득의 견지에서 시장가치에 따라 처리하고, 영리야말로 가치를 지닌다는 거짓된 주장으로 인간성을 파괴하려 하고 있다. 물질 숭배와 성장률 위주의 거대주의 경제에 대하여 '인간의 얼굴을 한 경제체제', 즉 비경제 가치를 존중하는 '초월 경제학'(meta-economics)을 제창한 것이다. 근대 경제학과 비교해서 '인간은 작고 작은 것이야말로 아름답다'는 표현은 자본주의로부터의 인간해방을 통렬히 호소하고 있어 매우 인상적이다.

인간성이 중심에 있는 주민참가의 사회복지를 추진하기 위하여, 가장 먼저 존중되어야 할 문제는 지역의 자발적 활동의 육성과 사회복지협의회·공동모금회의 개조 문제이다.

정체와 불확실성 시대의 거대한 벽을 넘어 1980년대의 새로운 경지를 개척하기 위하여 그 선봉장 역할을 담당해야 하는 사회복지 교육은 '현장과 이웃한 대학'에서 이루어져야 한다. 그리고 인격주의 사상과 현장의 안이한 경험주의를 타파할 과학성에 이바지할 수 있기 위해서 가장 먼저 변혁되어야 하는 것은 교육기관 그 자체일 것이다.

제10장 휴먼서비스 이론

1. 사회복지와 인간복지 일반에 대한 접근

(1) 복지

사회복지는 일반적인 '복지' 활동의 하나로 휴먼서비스에 속하는 하위개념이다. 동양에서 '행복, 좋은 일, 행운'을 뜻하는 '복지'는 『역림』(易林)의 '사아지 수산무극'(賜俄祉壽算無極), 즉 '최고의 연령에 다다르는 기쁨을 누리는 것'에서 나온 말로 '인간복지'(human welfare) 전체를 가리킨다고 볼 수 있다. 이러한 의미에서 복지는 협동사회 구성원들의 생명 유지와 발전을 포괄하는 다양한 관심의 최적만족(optimal satisfaction)을 추구하는 사회적 존재의 통합 목표이다.

사회의 대다수 또는 모든 성원이 동일한 사회환경에서 동일한 가치에 관계하여 사회적으로 수용 가능한 가치의 실현을 향해서 공동이익을 만족시키려는 공통의 인간적 욕구가 사회의 객관적 사실로 존재한다는 것이, 인간복지를 정치사회의 여러 실천활동의 과제로 만들어온 것이다. 이런 점에서 '인간복지'는 '휴먼서비스'라는 상위개념과 거의 같은 개념이라고 말할 수 있다.

이에 대해 '사회복지'(social welfare)는 이상과 같은 인간복지 전체를 의미하는 것이 아니라, 인간 생명의 유지·발전과 경제 구조의 모순, 가족 붕괴 등이 원인이 되어 사회생활의 기본적 욕구를 둘러싼 사회적 부조정 현상(maladjustment) 또는 불충분 현상이 일어날 때, 사회가 연대 책임으로 완화·예방을 위하여 전개하는 조직적 활동을 말한다.[1]

이런 기본적인 인간 욕구의 개념은 일정 수준에 고정되어 정지하는 것이 아니고, 시기와 환경에 따른 사회적 생산력 수준, 인간 구조와의 관계, 사회 문화의 본질, 또 사회 민주화의 수준 등 사회 체제의 여러 조건에 의해서 그 표준(standard)이 유동(流動)하는 역사적 개념이다.

---

[1] 사회체제를 배경으로 하는 사회복지 체계와 그 변화에 대해서는 이 책 제1장 참조.

(2) 위로부터 사회권리로 나아간 복지활동

한편으로 생산력 상승, 다른 한편으로 민주화 진전에 따른 생활 문화의 향상 욕구는 각 나라 체제적 제약의 구속을 받아들이면서, 선진 여러 나라를 중심으로 기본적 인간 욕구에 따른 연대 책임은 점차 강화되었다. 그러한 사회문제에 대응하여 초기에는 위로의 성격을 가진 일시 대책으로 시작한 부조의 형식이 각자의 자립 성장, 정상 상태의 적응으로 발전하고, 더욱이 적극적인 예방조치의 단계에까지 도달한다.

자본주의 사회 발전기의 빈곤 대책은 외적 사정보다는 개인의 성격적 약점에 따른 무기력과 무책임에서 비롯된 빈곤에 대응하는 것이라고 생각하여 비자발 실업의 존재를 무시하는 경향이 있었다. 그러나 자본주의 경제의 진전에 따라 조성된 노동자와 자본가의 대립 속에서 자본과 노동, 이윤과 임금의 모순관계에 대해 노동력의 보존·배양을 원활히 추진하기 위한 노동력 정책을 그 주변에서 보강해 주는 생활보호 정책이 필요해진 단계에 들어서게 되었다. 이 때에는 사회복지의 합리적 조치와 사회보장 급부를 단순히 위로부터의 자비적 시책으로 보지 않고 사회문제가 드러난 급박한 상황에서 노동자를 주축으로 하는 국민의 당연한 권리 요구에 따른 대책이라고 이해되었다.

(3) 사회복지의 보충성에서 싹트는 공공성

일본의 경우, 사회보험 및 포괄적인 사회보장 제도는 자본주의 경제에서 자본의 자기 보존을 위한 계급 정책으로, 또 사회복지는 사회보험 및 사회보장 제도에서 누락된 것을 흡수하는 보충적 성격(subsidiary character)으로 이해하는 경제학 진영의 사회정책 이론이 지금도 그 주장의 근거를 상실하지 않고 있다.

이른바 '일본적 사회정책'이 계급정책의 성격을 완전히 벗고 민주적인 방법에 따라 '공공정책'(public policy)의 성과를 이뤄내려면 국민이 연대하는 정치적 결집이 필요하다. 구미식의 사회정책에서 알 수 있듯이, 국민 전체의 의사 결정이라는 민주주의 요소의 성숙은 정치적 단련이 지속되는 가운데 성취될 수 있을 것이다. 국제 정세의 변화에 따라 현재 점진적으로 사회 시책의 공공성을 강화하는 방향을 개척하기 시작한 것이다.

(4) 사회복지와 인간복지

현재 일본 사회구조가 정치적 불투명성을 보임에도 불구하고, 대중의 사회 세력, 특히 고령화 사회에 대한 긴급 대책에서 알 수 있듯이, 전 국민의 복지 문제를 계기로 점차 사회복지 활동의 관심을 넓히고 인간복지 전체를 중시하는 기운이 일어나, 인간복지 전체와 사회복지를 엄격하게 구별하는 일이 여러 가지로 어려워진 것은 주목할 만하다.

　국제사회복지회의 회장이었던 유겐 푸짓은 사회복지 미래의 동향을 꿰뚫는 천부적 재능을 지닌 연구자로서 시선을 모았던 인물이다.

　그는 이미 20여 년 전에 「정치적 커뮤니티와 복지의 장래」[2]라는 논문에서, 사회복지는 소극적 관점인 사회 문제 행동의 억제 및 원조에서 개인의 재활·정상성의 회복을 거쳐 예방적 조치 체계로의 발전을 가능하게 해 왔고, 사회적 생산력의 향상에 의한 사회보험 및 포괄적 사회보장 제도의 확립을 배경으로 사회복지 목표와 인간복지라는 두 개념의 구별이 어려워짐을 밝혔다.

　"여기서 사회복지 조치는 보충적 성격을 상실하고 정상적인 상태에서 일반적 욕구를 충족시키기 위한 정상적 방법이 된다. 이러한 새로운 관점에서 복지의 장래는 전반적·구체적으로 고려되어, 현대 세계의 기본적인 정치적 선택 및 변화의 존재 방식에 의해 결정될 것이다. 모든 사람의 물질적 욕구를 충족시킬 가능성이 현실화되는 것 같은 사회복지는 물질적 생산성이 일정 수준에 이름에 따라 지금까지 '적극적 건강에서 행복한 상태'라고 일컬어 온 것을 실현하기 위한 정치적·사회적 책임을 띤 정상적 과정이 되었다."[3]

　푸짓에 따르면 이러한 상태의 특징은 개인 능력의 충분한 개발, 만족스런 인간관계의 확립과 유지, 창조적인 노동과 레크리에이션, 또 새로운 경험 및 안전을 위협하는 갖가지 것들과의 대적을 통해 역동적인 균형을 반복해서 확보할 경우에 찾아낼 수 있다고 한다.

　여기에서 중요한 사실은 이러한 단계에서 복지 활동은 개인의 노동이 단순히 물질적 생활필수품의 확보를 목표로 한다고 해서 그 의미가 경제성으로 한정되지는 않는다는 것이다. "동시에 이제 사회복지는 자발적으로 생활이 불가능한 이들을 위한 원조라는 의미를 지니는 보충성에 고정되지 않으며, '생산적 활동'과 '비생산적 활동'을 병렬시키는 것은 여러 가지로 그러한 전통적 의의를 상실해 간다."[4]

2. 노자 대립의 역관계와 사회복지

(1) 절대적 궁핍의 완화와 노동자의 지위

　푸짓이 지적하듯이 20세기 후반 세계의 경제적 발전은 절대적 궁핍을 완화하는 방향으

---

2) Eugen Pusić, "The Political Community and the Future of Welfare", John S. Morgan(ed.), *Welfare and Wisdom*, Toronto, 1966., p. 61f

3) Eugen Pusić, op. cit., p. 86

4) K. Marx, 『임금, 가격, 이윤』, p. 211

로 나아간다. 적어도 선진 나라들에서는 칼 마르크스(K. Marx)의 『자본론』「자본제 축적의 일반적 법칙」에서 지적한, 자본운동에 의한 빈민층의 증대, 산업 예비군의 발생, 거기서 생겨나는 피원조 빈민의 법칙은 점차 과거의 일이 되고, 사회복지 활동의 발생을 재촉하는 '절대적 궁핍화' 현상을 이제는 사실로 판명하는 것이 어려워졌다.

마르크스는 '절대적 궁핍화'라는 표현을 쓰지 않고 단지 "예를 들어 절대적 생활수준이 예전과 다름없다 해도, 노동자의 상대적 임금, 사회적 지위는 낮아질 것이다"라고 말하였으며, "자본이 급격히 증대하면 임금도 상승할지 모르지만, 자본의 이윤 역시 비교가 되지 않을 만큼 급격하게 상승한다. 노동자의 물질적 상태는 개선되었으나 그것은 사회적으로 노동자의 희생을 바탕으로 한 것이고, 노동자와 자본가를 구별하는 사회적 간극은 확대되고 있다"고 서술하였다. 마르크스가 '노동자의 사회적 지위 하락'과 '자본가와 노동자의 사회 간극의 확대'를 지적한 것은 의미심장하다.

푸짓은 쿠친스키의 '절대적 궁핍화 이론' 주장처럼, 노동자 계급의 여러 상태를 나타내는 노동시간, 노동강도, 실업률, 노동재해율 등의 종합 지표가 19세기 이후 계속 악화되고 있다고는 생각지 않는다. 그렇지만 자본에 대한 종속적 상태를 단적으로 상징하는 생리적 궁핍이 완화되었다고는 해도, 노동자 계급을 중심으로 하는 일반 대중이 '소외'되는 사회적 궁핍화의 사실을 부정하는 것은 아니다. 여기에 사회복지가 나설 여지가 존재한다고 생각할 수 있다.

여러 선진국의 경제적 생산력의 증대에 의해 우선 제1차적 빈곤선이 완화되기 시작하면, 원조서비스 위주의 사회 서비스는 보다 광범한 생활 문제의 극복을 향해 눈길을 확대하고 그 부조정 현상의 과학적 검토에 착수하는 것이 자연스런 일이다. 처음 사회서비스는 제1차적 빈곤에서 생리적 최저한의 보장을 긴급 과제로 하는 단계에서 다음 사항을 고려 하였다.

예를 들어 미국 영양학자의 '영양소요량판정'은 감옥의 죄수가 체중 감소 방지를 위해 하루에 섭취하는 칼로리 계산에 의해 전체 생계비의 최저한의 과학적 기초를 얻는 의미가 있다. 의복의 최저한 필요량의 측정을 위해서는 1930년대의 도로시·브라디의 연구처럼 추가 구입의 단위수가 감소하고, 단위당 가격이 상승하는 분기점을 추구해서, 의복에서 소득 탄력성의 원칙을 연구하려고 했다. 또는 주민이 필요한 최소한 정도를 소득 전체와의 관계에서 고찰하여 소득과 주거비 사이에 일정한 계층적 법칙이 존재함을 주장한 슈와·베의 연구는 사회생활에서 의·식·주 각각의 기본적 욕구가 꼭 필요한 조건인지 고려한 것이다.

그러나 빈곤 연구가 진전됨에 따라 의·식·주의 개별 분야에서 「평균 생계비」로 각각 독립하여 피력하지 않고, 예를 들어 1960년대에 M. 올샨스키가 「빈곤의 측정」에서 지적하고 있듯이, 각 분야별로 일컬어지고 있는 '최저한 필요량'은 생활의 관습과 경험에서 반영하는 적정량의 종합으로 이해고 있다. 영양 욕구 하나만 보더라도, 그 표준에 포함된 다른 여러 가지 요인, 예를 들면 기후·주거·직업·레저활동 등을 고려할 필요가 있다. 따라서 영양 욕구의 평가도 '절대적인 것'이 아니라 사회환경과 그 안에 살아가는 사람들의 상호작용 속에서 관찰하지 않으면 현실성을 반영하지 못한다.

(2) 라운트리의 빈곤 연구

과거 사회복지의 존립 조건을 규정한 '최저생활비'(subsistence level of living), 즉 보건 및 노동능력의 유지에 필요한 급부(provision)의 최저선은 사회보장 제도의 중심 과제로서 선진국에서는 이미 어느 정도 보장되어 있다.

최저한의 생활욕구의 객관적이고 과학적인 빈곤선을 최초로 연구한 라운트리(B. S. Rowntree)는 『빈곤과 진보』[5]에서, 생리적 건강의 유지에 절대적으로 필요한 최저선을 '제1차 빈곤선'(primary poverty line)으로, 이러한 최저생활 수준의 유지에 적당한 수입은 있지만 도덕적 성격 또는 지성의 결함에 의해 그 수입을 생명 및 건강의 보전을 위한 필수품 소비에 제대로 쓰지 못하는 경우를 '제2차 빈곤선'(second poverty line)이라고 했다.

(3) 사회과학의 변천과 빈곤의 새로운 이미지

사회복지 정책의 과제는 '빈곤' 해소라고 생각해 왔지만, 그에 맞선 경제적 정의로는 다른 사회유형, 다른 문화, 경제 및 가치 체계의 발전단계에서 각 나라의 사회적 문맥 속에서 생각해야 한다는 것이 근래의 일반적 경향이다.

따라서 빈곤을 ① 단지 일상생활의 계수적 빈곤으로 생각하는 것은 충분치 못하며, 보다 넓은 의미의 빈곤, 즉 ② 재정 또는 토지, 식량에서 자원 사용의 빈곤 ③ 여러 감각에서 오는 정서의 빈곤 ④ 언어와 커뮤니케이션의 빈곤 ⑤ 경청(傾聽)과 학습의 빈곤 ⑥ 사회관계에서 차별의 빈곤과 같이, 사회적으로 승인되어 심리적으로 영속하는 여러 가지 빈곤을 고려해야 한다는 것은 런던 대학의 티트머스(Richard Titmuss)[6]가 「격변하는 상황에서 사회 정책의 개발 : 사회복지의 역할」[7]에서 주장한 요지이다.

티트머스의 강연 내용은 21세기를 향한 사회복지의 기본 진로를 명확하게 시사했다고

---

5) B. S. Rowntree, Poverty and Progress : A Second Social Survey of York, London, 1941.
6) 제16회 국제 사회복지사회의는 1972년 벨기에의 헤이그에서 개최되었으며, 주제는 '급격한 변동에서 사회정책-사회복지의 역할'이었다.
7) Richard Titmuss, "Developing Social Policy in Conditions of Rapid Change:the Role of Social Welfare", Proceedings of the ⅩⅥth International Conference of Social Welfare, The Hague, Netherlands, 1972., pp. 33-43

생각한다. 그러나 현재 경제적 생산력 상승의 결과로 진행되고 있는 빈곤의 완화가 빈곤이 완화되는 자본주의 사회에서 사회복지의 역할을 감소시키고 있다는 안이한 해석은 완전한 오판이다.

20세기 초에 영국의 페비안 사회주의자 시드니 웹(Sidney Webb)이 상대적 '빈곤'(poverty)과 구별하여 객관적인 상태로 규정한 '극빈'(destitution)의 실태는 차츰 개선되어가고, 19세기 말 '구세군'의 지도자인 윌리엄 부스의 『최암흑의 영국과 그 출로』8)에서와 같은 상태는 완화되어, 라운트리가 설정한 '제1차적 빈곤선'의 수준은 일단 넘어섰다고 할 수 있다. 그러나 오늘날 국제적으로 문제가 되는 '남북문제', 즉 심각한 빈부격차 속에서 지구 남반부 전 인구의 6할을 차지하는 저소득 국가 그룹의 1인당 국민소득이 500달러(1980)밖에 안 되는 극빈 상태는 전 인류적 관점에서 결코 과거의 일이라고 할 수 없다.

(4) 사회서비스 과제의 역사적 발전

1928년 사회사업을 주제로 하는 최초의 국제회의가 르네 상드(René Sand)의 제창으로 파리에서 열렸을 때, '사회서비스'의 임무로 ① 빈곤으로부터 발생하는 고뇌의 경감, 즉 완화적 원조(palliative assistance) ② 사회적 폐해의 예방, 즉 예방적 원조(preventive assistance) ③ 사회상태의 개선과 생활표준의 향상, 즉 건설적 원조(constructive assistance)의 세 단계를 포함하는 것에 합의했다.

그러나 이 세 가지의 원조 활동 중 현실적으로 빈곤 완화를 달성할 수 있는 곳은 일부 경제 선진국에 한정되고, 예방적, 건설적 원조를 실시할 수 있는 이른바 '복지국가'를 지향하는 나라도 몇 되지 않는다. 이러한 완화·예방·건설로써 사회화 과정을 촉진 또는 억제·방지하는 것, 다시 말하면 각 나라의 사회적 생산력, 인구문제, 사회 민주화의 수준을 내면에 포함하는 것이 '사회체제' 구성의 본연의 모습이다.

설령 자본의 증대와 기술혁신의 고도화에 의해 경제 활동의 총량이 인구 포용력을 한층 높인다고 해도, 그 나라의 사회 세력관계가 민주화 방향의 심화를 기대하게 하는 것이 아니라면, 국민 대중의 생활복지 수준의 향상을 의도하는 듯한 제도적 충실은 기대할 수 없다.

(5) 사회체제 속에서 대립하는 자본과 사회 세력

'사회체제'는 ① 경제 성향 ② 조직 또는 질서 ③ 기술이라는 사회 관계라는 세 가지 기본 요소가 그 사회와 시대를 규정하는 일정한 사회원리를 주도력으로 결부시켜 연결한 통일성 있는 역사 구성체를 의미한다.

---

8) William Booth, *In Darkest England and the Way Out*, 1890.

현재의 자본주의 체제는 경제 성향으로서 이윤 추구의 자유, 질서로서의 개인주의, 기술로서의 계산적 합리성이라는 세 구성 요소가 함께 하는 개성적 사회 원리를 중심으로 존립하고 있다. 그 구성 요소가 사회관계에서 심리·사회·문화의 여러 현상과 맞물려 서로 제약하면서 연관성을 보호·유지함에 따라 활기 있는 전체를 형성하고 있다. 자본주의 체제에서 영리원칙에 의한 자본축적 중심으로 활동하는 자본의 운동법칙을 기점으로 하여, 그 목적에 적합한 노동력의 보존·배양과 그에 필요한 산업평화를 위해 행해지는 사회정책과 복지 활동은 '자본축적을 방해하지 않는 한도 내에서'라는 철의 한계선을 전제로 하고 있다.

그러나 자본주의 사회에서 사회관계를 단순하게 영리자본의 운동법칙만으로 인식·이해하는 것은 생활의 방위와 향상을 궁극적인 목적으로 하면서, 사회생활의 욕망 충족을 위한 소비재 생산에 종사하는 사람들의 사회적 세력 증대 방향을 간과할 위험을 안고 있다.

살아가기 위해 노동하는 노동자를 주축으로 하는 사회 세력은 자본가 중심의 사회정책의 한계를 뛰어넘어 사회 시책 속에서 생활이 요구하는 에너지를 축적하려 한다. 이러한 자본 쪽 요구와 노동자 및 시민 쪽 요구는 이해(利害)의 근원이 다름에도, 그 이질적 에너지가 사회 형태 안의 공통된 제도적인 장(場)에서 서로 양보해 간다. 그것은 유일한 사회제도지만 그 내면에는 서로간의 이해에 상반되는 요구의 심각한 대립이 민주화 구조에서 힘의 분포 상황을 중심으로 은밀히 세력경쟁을 펴고 있는 것이다. 그 대항 세력의 힘 관계가 균형을 이루는 수준에서 그때 그때의 타협이 현실의 사회복지 제도를 창출하고 있는 것이다.

3. 사회 민주화와 사회복지 전문직의 기능 전환

(1) 사회복지의 보충적 역할

사회정책을 배경으로 사회복지의 확대·발전을 제약하는 자본주의 사회의 구조가 철의 한계선을 명확하게 자각하는 것은 그 구속 조건 속에서 실현되는 사회복지의 급부 방법이 각 나라의 자본 요구와 사회 세력과의 대항관계의 차이나 정도에 따르고 제도적 특수성에서 발생하는 것을 항상 엄격하게 이해하기 위해 필요한 절차이다.

제2차 세계대전 이전의 경제학에서 '사회사업'의 본질을 이해하려고 했던 大河內一男[9]의 연구는 당시 사회사업의 진상을 밝히는 귀중한 이론을 제공했다. 즉, 일본 자본주의의 후진성은 본원적 자본 축적의 결과 불가피한 노동력 보존을 위한 노동자보호법과 산업평화 정책의 의미로서 노동자 조직을 정비하는 데에 충분한 여유를 갖지 못해, 사회정책의

---

9) 大河內一男, 「일본 사회복지사업의 현재와 미래」, 『사회정책의 기본 문제』, 1940, p. 346, p. 378 참조.

미비 또는 사회정책의 하위에 둔 것을 사회사업 쪽이 '부담, 인수'하게 되었다는 것이다.

"따라서 사회사업은 한편으로는 구빈 사업 또는 자선사업 활동으로써 이미 발생한 사태에 대해 구휼에 관계하고, 복리사업으로 요구호성 증대에 대해 예방적으로 기능하는 동시에, 적극적으로 '서민'이나 무산자의 경제적 또는 일반 문화적 생활의 지도·갱생을 허락하는 것이다. 사회사업은 사회정책의 주위에 작용해 사회정책 이전과 이후에 그 위치를 갖는 것이라고 할 수 있다. 이러한 관계가 계속되는 한, 사회사업은 사회정책의 주변에서 사회정책을 강화시켜 보강하는 것이라고 말할 수 있다."[10]

전전(戰前) 일본 사회사업의 지위를 사회정책의 산업 부담 또는 국고 부담의 한계로 보았으며, 또한 그 산업평화 정책에서 노동자는 일정 한도 이상의 급진화를 촉진하는 것 같은 정책을 허용할 수 없다고 당국은 생각했다. 이러한 사회정책이 보여 준 숙명적인 한계가 장기적 경제불황기, 자본주의 경제의 일반적 위기에서 급속도로 표면화되고, 사회정책의 정체 또는 후퇴를 불가피하게 하였다. 이 때, 노동 조건의 악화가 가져 온 진공지대를 사회사업의 대상으로서 요구호성으로 인식하려고 한 大河內一男 이론은 당시에 여전히 근원적 자본 축적의 성격을 노골적으로 유지하고 있던 일본 경제 사회의 특수성을 날카롭게 반영한 것이었다.

(2) 전후 민주화와 사회복지의 기능 확대

大河內一男 이론에 따라 말한다면, 사회정책으로 처리해야 하는 노동 조건의 악화를 사회정책에 의한 본격 대응을 피하고 사회사업으로 대체시키려 한 보충성에서 일본 사회사업의 특질을 찾아내는 경제학계의 일반적 경향은 전후 급속하게 경제 회복을 서두르는 일본의 사회 조건에서는 어느 정도 타당했다.

그러나 전후의 국제 교류 확대와 함께 기본 인권 사상을 근간으로 급진화 하는 민주화 운동은 사회정책을 오오카와 우치 이론에서 주장하는 노동자 정책의 영역으로 한정하는 것을 부정했다. 그리하여 일반시민의 사회생활 변화, 심리적·물질적 욕구의 충족을 바라는 사회 세력의 증대에 의해 '복지' 개념이 변질되기에 이른 것이다.

원래 '복지'의 일반적 개념은 넓은 의미에서는 어떤 종류의 욕구를 충족시키는 상태를 말한다. 구체적으로 말해, 공동사회 안에서 정상이라고 생각되는 다양한 방법으로 자기의 욕구를 만족시키지 못하는 사람들의 소비를 충족시키고, 결핍된 인간관계를 회복하는 활동을 추구하는 것이다. 그리고 이 공동사회의 기반인 연대 책임감에서 발생하는 상호원조 활동은 정치사회 이전부터 존재하는 '인류성'에서 발원하는 공통된 현상임을 현재의 문화인류

---

10) 大河內一男, 앞의 책, p. 354

학은 명확하게 밝히고 있다. 그러나 복지 활동이 공동사회 모든 성원의 이해를 최고로 만족시키는 것을 정치사회의 전면적인 목표로 설정하기까지는, 자본의 지배에 저항하는 일반 시민의 사회적 세력에 의한 민주화 운동이 여러 단계를 거쳐 성장할 필요가 있었다.

경제질서의 기능 장애에 맞서 협동활동을 통한 공통 이해의 만족을 요구하는 소리는 노동력 보존을 의도하는 자본운동과는 전혀 다른 동기에서 나온다. 게다가 사회의 민주화 세력은 자본 활동과 같은 제도의 장에서 사회보장과 기타 복지활동의 서비스 확대에 계속 협력해 왔다. 그러나 그와 동시에 진행된 정치적 민주화의 진전은 일반 복지활동을 한층 넓은 정치적 목적의 전면에 부각시키고, 그것에 의해 제도화된 사회복지는 어린이·노인·병약자·장애인 등의 보호를 당연한 정치적 과제로써 '전국민'이 합의하는 사회생활의 기본적 요건으로 생각하도록 만들었다. 사회복지 제도의 배경이 되는 복지 개념에 20세기의 정치활동이 부여하는 최대의 것은 '평등'의 이념이다.

(3) 사회적 불평등에 따른 빈곤

사회복지의 최대 적수인 경제적 빈곤은 티트머스와 타운젠드(Peter Townsend)[11] 등과 같은 대표적인 사회문제 연구자에 의해 현재 사회적 불평등(inequality)에서 발생하는 빈곤에 초점을 맞추게 되었다. 즉, 소득집단 상호간의 상대적 지위야말로 정말 중요하고, 계층별 소득층에서 최하층이 다른 사회층과 어떠한 상대적 관계에서 생활하고 있는가가 중요한 의미를 갖는다. 여기에서는 빈곤을 사회 전체의 맥락에서 이해해야 한다. 따라서 빈곤을 연구하는 데는 부자들의 생활 수준을 이해하는 데에 상대적 관계에서의 통찰이 필수적인 조건이 된다.

경제에서 평등과 만족의 문제, 그리고 그것을 둘러싼 사회심리적 요인의 문제는 복지의 시야를 단순히 경제 영역에 한정시키지 않고, 전인적 인간을 구성하는 넓은 시야를 부득이 포함시키게 한다. 윤택한 사회에서 인간성 상실을 낳는 조직적 권력집중에 대해서는 권력 분산을 위한 계획적인 추진을 통해 평등으로 접근하려는 시도 외에는 확실한 해결방법이 없다. 사회보장과 사회복지의 여러 가지 시책도 이 불평등의 빈곤을 극복하는 중요한 수단의 일환이다.

물론 급격한 사회 변화 속에서 현재의 구조적 긴장 관계는 뒤이어 새로운 문제 상황을 만들어 낸다. 즉 경제 생산성이 끝없이 상승하더라도, 사회복지의 한계 상황은 존속할 뿐만 아니라 욕구 만족의 기준으로부터 일탈과 결핍은 저생산성 시대의 생리적 최저한에서 체험한 고난보다도 심각하다. 이들 문제와 싸우는 사회복지 활동의 보충적 성격은 여전하다.

---

11) Peter Townsend(ed.), *The Concept of Poverty*, London, 1970.

(4) 사회복지 전문직의 사회적 기능 전환

전문화하는 직업 구조의 변화, 자동화에 따른 육체 노동과 지적 노동 사이의 차이 감소, 도시와 농촌 사이의 대조적인 상이함의 소멸, 가치관의 분산 등 사회생활의 새로운 정세는 인간관계·역할·신분에서 급속한 변화를 초래하고, 거기에서 발생하는 긴장 증대는 복지 문제 고유의 기능 장애 부조정을 일으킨다.

예를 들어 정신위생과 사회복지 사이의 전문적 협력이 광범위하게 요청되기 시작했다. 사회복지는 이미 자연스러워진 금전 출납뿐만 아니라 훨씬 전문화하고 다양해진 사회학적 또는 행동과학적인 지식과 기능에 기반한 전문직으로서, 저소득 계층에서 그 이외의 계층을 넓게 포함하는 활동의 전환이 부득이하게 되었다.

1960년대에 시작한 사회사업 전문직의 새로운 동향은 응용사회학·심리학·정신의학·범죄학·도시설계·재활 전문가, 그 밖의 다른 많은 과학분야와의 협력, 융합을 필요로 하는 통합적 전문직의 탄생을 요구한다.

푸짓은 사회복지 발전의 방향을 예견하면서 "급격한 변화의 시대에는 어떠한 종류의 복지활동도 지금의 사회복지 또는 일반 복지의 처치보다 훨씬 다채롭고 융통성이 있어야 한다. 도그마로서 굳어진 일반 복지 이데올로기도, 또 학문적으로 단련된 사회사업의 이론·법칙·방법의 체계도 급속히 변화하는 문제 유형에 대한 답을 주거나 문제 대응에 직접 도움이 되는 여러 자원을 창출해낼 수 없다"[12]고 비판하였다.

그리고 기존의 보충적 성격을 사회복지의 새로운 이미지와 관련해 "사회복지 조치는 보충적 성격을 약화시켜 정상적이며 일반적인 욕구를 만족시키는 정상적인 방법이 되었다. 이런 일반적이고 구체적인 새로운 해석으로 말하면, 복지의 장래는 현대 세계의 기본적인 정치적 체질 개선과 변질에 의해 결정되는 것"[13]이라고 하였다.

모든 사람들의 정상적인 물질적 욕구를 충족시킬 만큼 물질적 생산성 수준이 향상된 단계에서, 사회복지는 국민의 복지를 적극 보장하기 위해 정치적·사회적 책임을 완수하는 정상적인 과정이 되는 것이다. 푸짓은 "20여 년 전 사회사업가의 교육 기준이 지금부터 20년 동안 각 개인의 고유 기준이 될 것"이라고 서술하였다. 지금 사회복지의 성격이 획기적으로 변화하는 시기가 오고 있는 것이다.

---

12) Eugen Pusić, *op. cit.*, pp. 86-94
13) Eugen Pusić, Ibid., pp. 86-94

4. 기존 사회서비스에 대한 비판으로서의 휴먼서비스

(1) 휴먼서비스 개념의 등장과 그 의미

휴먼서비스는 지금까지의 '사회복지' 또는 '사회사업'에 비해 전인적 인간이 당면한 문제를 다루는 한층 포괄적인 개념으로 이해되는 용어이다. 그리고 '휴먼서비스'라는 용어는 1960년대 초 사회복지 활동을 배경으로 사회구조 및 기능과 기본 인권 의식과의 통합화가 사회경제의 생산성과 전인적 인간을 둘러싼 과학의 발전에 따라 일본에서 관심을 모으기 시작했을 때, 그 조건들이 비교적 빠르게 성숙한 미국의 사회과학자들 사이에서 급속히 일반화되기 시작하였다.

미국 연방 정부의 보건교육복지부(HEW, 보건휴먼서비스부(DHHS)로 개칭되었다)의 예산이 1960년에 200억 달러에서 1979년에 2,380억 달러로 증대되면서, 미국 정부는 예산의 전반적인 균형을 유지하고 효과적 활용을 추구하는 행정·재정적 입장에서 『HEW에 따른 휴먼서비스의 통합 : 서비스 통합 계획의 평가』[14]라는 보고서를 발간했다. 애키신과 브로스코프스키의 논문[15] 「휴먼서비스 개념의 출현과 평가」에 따르면, 1960년대에 시작된 휴먼서비스 체계의 통합성을 강화하기 위한 건설적인 프로그램의 평가에 대해 연구하기 시작한 때는 1970년대이다.

그러나 1981년에 발간된 구루버 편저의 『휴먼서비스의 운영체계』[16]는 '휴먼서비스'를 명확히 정의하지 못하는 데 대해 다음과 같이 지적하였다. "사회서비스와 휴먼서비스를 구별하는 근거는 불명확한 경우가 많다. 일반적으로 사회서비스는 휴먼서비스의 일부분이고 종종 '사회사업'과 같은 의미로 사용되고 있다. 사회사업 개념이 사회서비스와 같은 의미로 쓰일 경우, 분명하게 연방 예산의 범위에 한정되는 '사회서비스', 예를 들면 개인을 위해 독립·자조를 촉진하여 수용·보호를 줄이는 서비스, 장애인·노인과 그 밖의 특정 그룹을 위한 서비스 및 공공서비스, 특히 빈곤자를 위한 서비스를 포함한 여러 서비스를 포함한다."

이처럼 '휴먼서비스'는 사회서비스 또는 사회사업의 개념을 포괄하는 상위개념이다. 특히 '휴먼'이라는 명칭이 붙은 까닭은, 미국 컬럼비아 대학 사우버 교수의 『휴먼서비스 전달체계』[17]에서 밝히고 있듯이 휴먼서비스 개념이 다음의 다섯 가지 특징을 가지며 따라서 사

---

14) DHEW, *Integration of Human Service in HEW*, 1972.
15) C. Clifford Attkisson and Anthony Broskowski, "Evaluation and the Emerging Human Service Concept", 1978.
16) Murray L. Gruber(ed.), *Management Systems in Human Services*, 1981., p. 14
17) S. Richard Sauber, *The Human Services Delivery System*, 1983, pp. ⅩⅣ-ⅩⅤ

회서비스와 공동서비스 등 과거의 상당히 포괄적인 용어를 초월하여 전인적인 생활을 포함해야 하기 때문이다.

① 서비스의 통합

휴먼서비스가 효율적인 포괄 서비스가 되기 위해서는 여러 자원, 기술, 기능 등 일련의 복잡한 요소를 정비하는 데 필요한 여러 보호기관들이 협력하도록 조직적 연계를 훈련시키는 것 외에는 방법이 없다. 사회복지 프로그램과 공중위생, 정신위생과 통합되어 비로소 유효한 휴먼서비스 체계를 만들어낼 수 있는 것이다.

② 포괄성과 이용의 용이함

지역사회 활동에 문제를 지닌 개인에 대한 원조는 기관, 시설, 전문직의 불편한 관할 범위 등에 구속되는 것이 아니라, 사회에 속한 개인에게 지속적인 배려가 필요하다. 휴먼서비스의 활용 프로그램은 우리가 현재 최선의 노력으로도 접촉하기 어려운 사람들에게 쉽게 접근할 수 있도록 구성되어야 한다.

③ 클라이언트의 생활과 관련된 문제에 한정되는 어려움

진단상의 평가보다 더 도움을 주는 것은 클라이언트를 원조할 수 있도록 그들이 생활에서 겪는 문제점을 관찰하는 것이다. 개인의 결함에 초점을 맞출 것이 아니라 사회체계의 결함과, 개인과 환경 사이의 적합성이 우리 목표의 중심이 되어야 한다.

④ 원조 활동이 특정 분야에 한정되지 않는 일반적 특징

광범위한 지역사회 서비스 기관이 갖는 책임은 일의 능력 여하에 따라 달라진다. 정신의학적 서비스가 적용되는 클라이언트 문제와 알코올중독 클리닉 사이의 관계를 구별하는 것 등은 대부분 인위적으로 이뤄지며, 원조 활동의 질적 문제가 훈련 및 전문직의 장애보다도 유력해지기 때문이다.

⑤ 클라이언트에 대한 서비스 제공자의 책임성

서비스 제공자는 서비스 이용자가 모든 것을 인식하도록 할 책임을 갖는다. 원조서비스를 제공하는 조직이 그 공동 사회에서 효율이 높은 기관이 되기 위해서 기관의 정책을 지역사회가 조정하는 일이 기본적인 요소가 된다.

이 다섯 가지 특징을 살펴본 결과, 휴먼서비스의 네트워크와 특히 포괄적 프로그램 모델은 어느 정도는 과거 사회 서비스의 비능률, 특정 부분의 편향, 특수화, 관료주의 등에 대한 비판으로부터 제기된 것이라고 생각한다. 사회복지에서 지역사회 자원을 조직하는 전통적인 유형이 그와 같은 서비스의 결함이 따르는 승리라는 것은 이미 많은 전문직, 복지 이용자, 또 일반 시민이 주장해 왔다.

5. 전인적 인간의 통일적 인격의 확립

(1) 사회복지 정책 발전의 세 단계

휴먼서비스 이념이 사회복지를 포함한 한층 더 깊은 사회적 요구에서 차츰 사회복지의 성격을 비판수정하는 사회적 원리로 주장된 배경에는 20세기 후반 사회 체계론에 의한 인간과학에서 여러 과학의 통합적 형성의 보편화와 생활구조 기능의 역동적 커뮤니티 전개처럼 사회복지 전문직의 본질에 대한 근본적 반성을 요구하는 시대의 새로운 흐름이라는 요소가 있다.

그러나 일본 사회복지에서 휴먼서비스 이념을 학문 연구의 토대로 삼으려는 시도는 이상하게도 늦어지고 있다. 그것은 앞에서도 말하였듯이, 티트머스가 1972년 국제사회복지회의의 기조강연에서 분석한 사회복지정책 발전의 세 단계와 깊은 관련이 있기 때문이라고 생각한다. 티트머스가 말한 사회복지 정책 발전의 세 단계는 다음과 같다.

① 국가 모델(marginalist model) ② 산업 업적 달성 모델(industrial achievement-performance model). 이상 두 단계는 사회복지를 자본주의 경제의 부속물로서 경제성장에 귀속시킨다. ③ 제도적 재분배 모델(institutional-redistribution model)[18]

티트머스는 이렇게 역동적이고 적극적인 변화를 이끌어내는 사회복지 정책에 대해서 미국의 케네스 볼딩(Kenneth Boulding)의 말을 인용한다.

"사회정책의 모든 측면을 통합하고 경제정책에서 그것들의 측면을 구별하게 하는 하나의 공통 요소가 있다면, 그것은 다른 곳에서 통합체계(integrative system)라고 일컬어 온 논리이다.…… 일반적으로 사람들이 관계를 맺는 어떠한 커뮤니티를 순회하면서 그 사람의 아이덴티티(자기 동일성)를 확립하는 것이 사회정책의 목적이다."

여기에서 사회정책의 목적으로 제시된, '커뮤니티 안에서 개인의 아이덴티티 확립'이라는 표현이 정확히 무엇을 의미하는지 알고 싶어 이러한 내용의 주제 강연 뒤 필자는 직접 티

---

18) 이 책 7장 5절, p. 170 참조

트머스를 만나 "어떻게 설명하시겠습니까?" 하고 물었다. 그는 즉시 "The unified personality of the whole human being, which is the distinctive character belonging to an individual"[19]이라고 대답했다. '전인적 인간의 통일된 인격의 확립'이 사회정책의 목적으로 받아들여지는 것은 현재 구미의 사회 환경 때문이다. 그곳 사회 세력이 오랜 역사를 통해 축적해 온 민주주의의 연륜을 헤아리고 깊은 감동을 느꼈다.

지난 20여 년 간 국제 사회에서 급속하게 후진성을 벗어난 일본으로서는 한편 경제대국으로서 뚜렷한 사회 문화의 진전을 추구하고 있는 것 같았지만, 사회 정책은 영국과 미국처럼 노동력 보전과 산업평화 정책의 범위를 넘어 전인적 인간의 통일적 인격의 확립을 목표로 하는 통합적 체계로서의 성격을 갖지는 못했다.

기본적 인권과 통일적 인격의 확립이 전사회의 목적이 되기 위해서, 사회복지 활동은 사회 정책과 융합·통일되고 '휴먼서비스' 이념의 성립으로 향하는 것이 사회를 구축하는 자연스런 길이라 생각된다.

그러나 일본에서 사회복지 활동은 예전과 다름없이 경제의 재생산구조에서 탈락한 경제질서의 외적 존재를 위한 대책이라는 입장도 포함하고 있다. 이렇게 규명한 일본의 사회정책 및 사회복지의 숙명적 한계를 엄격히 연구하지 않으면, 구미에서 현재 성숙하고 있는 휴먼서비스의 새로운 방향을 건설적으로 일본 사회 구조에 침투시켜 일본 사회복지의 특수성에 적합한 발전의 길을 개척하기란 어려워질 것이다.[20]

'휴먼서비스' 이론은 사회복지 이론을 중심으로 하며, 이전보다 훨씬 광범위한 비영리주의 경영의 사회적 시책이 행해지는 곳에서 활동하는 새로운 전문직을 형성하면서 20년 동안 점차 형태를 정비해 왔다. 그 이론의 체계화와 현장 실천이 여러 가지로 진행되는 가운데 다양한 문헌이 간행되고 있지만, 필자의 생각으로 가치 있는 단행본은 다음과 같다.[21] 이 책

---

19) 전인적 인간의 통일적 인격체, 그것은 각 개인의 차별적인 특성에 귀속되는 것이다.

20) 필자는 사회복지를 사회과학의 한 분야로 수용하기 위한 방법을 모색하여 『社會福祉體系論』(1980, 이 책)을 간행했고, 또 과거 사회복지의 일본적 환경을 타파하는 방법을 연구하여 편저 『社會福祉の環境と理論』, (1980)을 학계에 발표했다. 이러한 연구는 '휴먼서비스' 이론의 성립 과정을 준비하는 것이었다.

21) Karin Eriksen, *Human Services Today*, A Prentice-Hall Company, 1977.
   M. J. Austin, A. H. Skelding, P. L. Smith, *Delivering Human Services*, Harper & Row, 1977.
   C. C. Attkisson and others (ed.), *Evaluation of Human Service Programs*, Academic Press, 1978.
   R. C. Sarri and Y. Hasenfeld (ed.), *The Management of Human Services*, Columbia Univ. Press, 1978.
   David W. Young, *The Manegerial Process in Human Service Agencies*, Praeger, 1979.

들 가운데 에릭슨의 『현대의 휴먼서비스』는 전체를 개괄하는 가장 명쾌한 조직적 문헌으로 현재까지의 발전 방향을 이해하는 데 충분한 도움을 주는 입문서이다.

(2) 전인적 인간 보호를 위한 완화적 서비스

휴먼서비스의 중심 과제는 무엇보다도 '전인적 인간'이 사회생활에서 직면하는 긴장, 부조정, 위기로부터의 보호에 필요한 여러 욕구를 충족시키는 서비스를 종합적 관점에서 전개하는 것이다.

이미 1959년에 미국에서 『포괄적 커리큘럼 연구보고서』[22]가 13권으로 간행되었고, 미네소타 대학의 봄 교수가 『미래의 사회사업 커리큘럼의 목표』[23]에서 오늘날 우리가 사회복지학 연구에서 중시하는 개념, 예를 들면 '과학 및 가치에 기초한 아트(art)', '개인의 자아실현에 필요한 조건인 기본적 인간 욕구 만족', '인간의 여러 가지 힘의 조화로운 발전을 위한 생리·심리·경제·문화·심미·정신 영역에서 기본 욕구의 충족을 추구하는 권리로서의 복지', '자아실현과 사회적 상호의존 간의 조정을 방해하는 생활 조직의 여러 갈등을 최소화하는 사회사업의 전문적 기능'과 같은 중점 사항이 망라되어 있으며, 여기에는 전인적 인간의 성립과 발전을 위해 원조 전문직이 필요로 하는 목표·기능·방법의 체계가 한층 형태를 갖추고 있다.

그러나 1960년대부터 1970년대에 이뤄진 사회복지 활동의 중심 절차, 즉① 문제의 확정 ② 문제 해결을 위한 계획 ③ 계획의 수행 ④ 결과의 평가 실태를 보면 모두 만족할 수 있는 것은 아니다. 개별과학 속에서 성장한 관계자의 다양한 관심에 따라 실시되는 현장 활동에 대해, 에릭슨이 "무엇보다도 잘못된 것은 여러 서비스가 과도하게 국부집중화하고, 부분적 인간이 증대하는 경향이 늘어나는 반면, 전인적 인간의 욕구에 어긋나지 않도록 하는 서비스 체계는 이제 쉽게 찾아볼 수 없게 되었다"[24]고 말한 것은 복지 현장이 완강한 현상유지파에게 지배되고 있는 실상을 호소한 것이다.

그는 끝으로 "사람들을 위한 체계를 지원하려고 노력하기보다는 의자에 앉아서 책을 쓰

Murray L. Gruber (ed.), *Management Systems in the Human Services*, Temple Univ. Press, 1981.

S. Richard Sauber, *The Human Services Delivery System*, Columbia Univ. Press, 1983.

R. W. Levinson and K. S. Haynses, *Accessing Human Services*, International Perspectives, Sage Publications, 1984.

22) *The Comprehensive Report of the Curriculm Study,* Council of Social Work Education, 1959.

23) Werner Boehm, *Objectives of the Social Work Curriculm of the Future,* 1959.

24) Karin Eriksen, *Human Services Today*, 1977, p. 7

는 쪽이 얼마나 홀가분한 일인가? 솔직히 말해서 나는 실망하고 있다"[25]는 말로 집필 동기를 말하였다.

(3) 모순된 일본 환경

전인적 인간의 통일적 인격 확립이 복지사회의 과제라는 쪽에서 볼 때, 전인적 인간의 실현을 방해하는 사회복지 현장에서 사회사업가들이 사회사업가 중심에 한정된 개별과학에 만족하고, 클라이언트의 욕구와 맞지 않는 독선적인 방법으로 활동하는 것은 간과할 수 없는 문제이다.

각 부문의 서비스 채널은 보건, 교육, 주거, 커뮤니티 서비스, 아동보호, 정신위생, 신체장애인의 재활 등 다양한 영역에 걸쳐 있지만, 이러한 다원적 사회의 복잡한 일상의 갈등에서 발생하는 전인적 인간 문제가 각각의 서비스 현장에서 통일된 기반을 가질 수 없는 것은 복지 현장이 이미 과학적으로 사회복지학을 명확하게 하고 있는 통합 논리의 외부에 남아 있음을 의미한다. 특히 민주화 수준이 낮은 일본 환경에서는 인간을 전인적 인격 존재로 다루려 하지 않는 풍토로 말미암아 복지 현상을 인간을 구성하는 여러 요인의 결합점을 따져보지도 않고 개개의 부조정 현상으로 '세분화'하는 해결법으로 한정하려는 것이 문제이다.

(4) 여러 요인의 통합이론으로 확립되는 복지 전문직

봄(Werner Boehm)이 『미래의 사회사업 교과목의 목표』에서 우선 강조한 것은 "사회사업은 심리학, 사회학, 사회심리학, 인류학의 실천이라고 하기에는 미흡하다"(윌리엄 E. 굴단)라는 말이었다. 봄은 다음과 같이 주장한다. "사회사업이 유효한 실천이 되기 위해 필요한 것은 심리학, 심신의학, 사회학, 문화, 경제학의 요인 등 여러 요인의 상호관계 이론을 전개하는 것이다. 왜냐하면 사회사업의 실천 문제를 설명하는 것은 그것들의 상호 관계에 있기 때문이다. 이러한 임무는 사회사업의 성과를 계획하는 것에 있고, 사회과학에 의해서 사회사업 때문에 숙성된 것이 아닌 사회사업의 특징적인 구조가 서서히 발달하는 것을 필요로 한다. 사회사업가가 과학자의 도움을 받을 수는 있지만, 진보된 구조는 사회사업의 고유한 것, 특히 사회사업 전문직의 가치 체계와 조화를 이루는 것이어야만 한다."

그 이론의 전개 단계에 따라 말하면, 통합이론은 실제라기보다는 오히려 갈망의 목표다. 그 후 여러 과학의 통합 기운 양성에 맞춰, 거대 사회가 일으키는 빠른 인간 파괴에 대해 인간성 회복을 바라는 시대적 요청에서 비롯한 것이다.

사회복지 활동에 따른 여러 요인의 통합화가 현장에서 실질상의 정체를 계속하고 있는

---

25) Karin Eriksen, *op.cit.,* p. 193

동안, 세계적으로 인간성 붕괴의 진행에 대처하려는 갈망은 갈수록 절박해지고 있다. 그리하여 인간 생존에 필요한 실존적 요구가 사회복지를 더욱 포괄적으로, 보다 높은 인간성 중심에, 더욱 다원화된 사회의 개별욕구에 즉각 반응하면서 '사회'에서 '휴먼'으로 시야를 넓히지 않을 수 없게 되었다.

　'휴먼서비스'라는 표현은 사회 구조의 병리로 인해 고뇌하는 현실에서 새로운 전망을 개척하려는 인류의 소망에 건설적인 의욕이 담겨있다. 그것은 물질 중심, 인격 상실의 인간세계에서 난무하는 무목적, 무방향의 관능주의에 대응하여 지역주민의 생활회복 소망을 상징하는 '시간의 징조'이다.

6. 개인주의를 극복하는 전인적 인간의 탐구

(1) 전인적 인간은 개인주의를 초월한다

　휴먼서비스는 전인적 인간을 단순히 개인적 처우에 의해 회복·유지할 수 있다고 생각지 않고, 커뮤니티 속의 성원으로 파악하는 것이 인간 본성을 이해하는 데 의미가 있다는 사실을 인정한다. 인간 이해의 심리학이 프로이드의 정신분석학, 왓슨과 스키너의 행동주의 심리학이라는 기계론적 경향으로 이해되는 한, 인간 본성의 최악의 부분과 환경으로부터의 자극에 맹목적으로 반응하는 인간행동은 동물과 공유하는 특징에 대처하는 데는 유효하더라도, 인간 특유의 능력인 양심·이상·행복·죄의식·만족감 등의 접근에는 한계가 있고, 전인적 인간의 확립에 아직 불충분하다.

　몬터규와 맷슨이 『인간의 비인간화』[26]에서 적절하게 지적하고 있듯이, 현대인의 생활과 문화에서 나타나는 비인간적 증후군이 시민 대중으로 하여금 일상 생활에서 강한 좌절감과 욕구불만을 갖게 하여 그 암담한 특징이 '무력감'으로 확산되고 있는 지금, 기계론적 심리학으로는 한계를 극복할 수가 없다. 전인적 인간의 붕괴에 대항할 수 없는 것이다. 휴먼서비스를 시사하는 에이브러헴 매슬로의 인간성 심리학은 꼭 읽어보아야 할 책이다.

　인간 존재의 위계적 체계는 생리적 욕구, 안전의 욕구, 사랑과 집단소속의 욕구, 자신 및 타인의 존중 욕구와 같은 기본 욕구의 충족에서 출발하여 심미적 욕구, 성장의 욕구를 만족하고, 전체로서 자기 실현의 욕구를 완수하려는 것이다. 이것은 생명의 긍정적 측면을 기반으로 하는 인간 가능성의 심리학이고, 전인적 인간을 위급한 상황에서 구해내는 최적의 심리학이다.

---

26) A. Montagu and F. Matson, *The Dehumanization of Man*, 1983.

제3의 심리학으로서 매슬로의 인간성 심리학은 자신 및 타인 존중의 욕구를 중시하는 점에서 개인주의적 시야를 극복함에도 불구하고, 궁극적 목표인 '자아실현'이 개인주의적 환경에 제약되어, 결국 사회적 원조의 총체가 개인의 구제·안정·만족의 방향으로 나아가고, 자본주의 사회의 영리추구 경제에 개인주의적 골격으로 묶어버린다는 우려가 있다. 따라서 매슬로의 인간성 심리학에서 개인적 요소를 극복하는 요소를 제4의 심리학이라고 부르는 『트랜스퍼스널 심리학』에서 주장하듯이, 동양 사상의 초(超)개인 사상과 연결되어 자아실현 접근에서 개인의 자아 회복을 목표로 하는 노력도 일어나고 있다.

근대 유럽에서 개인의 자아와 그것이 사는 세계가 자본주의 사회의 이기성에 빠지기 쉬운 개인주의의 약점을 벗어나, 자아를 존중하며 건전한 협동체 정신의 각성을 의논하려는 노력은 휴먼서비스에 근거한 사회철학 입장에서 중요한 의미를 갖는다. '트랜스퍼스널 심리학'이라는 말은 1968년경에 처음 사용되었는데, 구미 개인주의의 본고장에서 일어나고 있는 초개인주의적 지각 변동이 실로 휴먼서비스의 사상적 영양분이 되기 위해서는, 트랜스퍼스널 심리학의 치료(therapy)에 이용되는 마약 사용 체험의 실험에서 볼 수 있는 것과 같은, 사회의 폐쇄적 정신상태의 소외감으로부터 벗어나기 위해 바람직하지 않은 수법과의 관계를 끊을 필요가 있다.

여기에서 주목해야 할 것은 동서양의 사상적 융합의 바탕에서 개인주의와 전체주의를 동시에 극복하려는 협동체 원리의 개발로 나아가는 새로운 조류가 성숙할수록, 이전의 개인주의 편향에서 벗어나려는 휴먼서비스는 새로운 의미의 자아실현 가치관에 바탕을 둔 수법을 혁신해야 한다는 것이다.

7. 시봄과 버클리 보고의 발전적 형상

(1) 휴먼서비스와 지역사회 복지의 관계

우리가 관심을 가져야 할 부분은 휴먼서비스와 사회복지에서 지역 사회사업과의 관계이다. 1968년 『시봄 보고』는 영국의 COS[27] 전통을 발전적으로 계승하여 지역사회에서 지역사회사업가의 활동을 중시하기 시작했으며, 영국의 사회서비스는 도시의 황폐화와 빈곤지대 문제를 처리할 만한 구조로의 전환을 시도하려는 휴먼서비스 운동의 시발이라고 할 수 있다.

---

27) Charity Organization Society(자선조직협회)의 약자. 빈곤 문제가 증대했던 19세기 후반에 영국에서 무차별로 실시된 자선적 구제가 난립하자 그 폐혜를 방지하기 위해 설립되었다. 특히 '우애방문'은 오늘날 개별사회사업의 원형이 된다.

영국 옥스퍼드 대학 배튼 교수는 『지역사회사업의 인간적 요인』[28]에서, UN 유네스코의 발상에서 기인하는 '커뮤니티 개발'의 사회사업가에 해당하는 지역 사회사업이라는 사고방식이 앞서 있지만, 『시봄 보고』는 사회복지의 비약적 발전을 위해 종래 개별사회사업을 우선시 하던 구상을 개선하여 지역사회의 자원봉사자(volunteer)그룹을 포함하여 민간 활동과 제휴하는 지역 사회사업(Community Work)으로써 무장하려고 했던 것이다.

기존에 분산적으로 전개되었던 대인 사회서비스와 지역사회 활동을 하나로 묶기 위해, '보고'에 따라 통일적 행정조직으로서의 사회복지부가 신설된 때는 1971년이다. 또 모호했던 지역 사회사업가의 목표와 기능을 명확히 하려는 요구가 현장에서 생겨나자, 시봄 구상의 발전적 단계를 보여주는 것으로, 1982년 위원장 버클리(Peter M. Barclay)의 이름을 따서 '버클리 보고'로 불리는 『사회사업가의 역할과 임무』[29]가 발표되었다.

그래서 새로운 시대의 희망으로 등장한 것이 '지역사회사업'였다. 전문직으로서 지역 사회사업가(Community Worker)가 중요시하는 것은 권력의 차별로 인한 빈곤이 심화되는 현대 사회에서, 특히 복지 욕구가 높은 빈곤 지대의 주민에게서 분명히 보이듯이, 주민 생활이 자주적·자발적 의사를 잃어가고 있다는 것이다. 지역 사회사업가의 통합적 관점에서 주민에게 접근하는 것은 종래의 개인적 자립을 넘어서 지역 공동체 속에 상호연대를 통한 집단적 자립을 목표로 한다. 개인주의에 한정되는 자기 확립이 아니라 협동 체제 안에서 개인의 자아실현이다. 지역 사회사업을 중심으로 하는 휴먼서비스 요구는 민주주의적 발전의 사회적 특수성에서 미국보다도 영국에서 정치적 감각의 색조를 강하게 띠는 것은 부정할 수 없다.

그러나 그 시대적 배경에서 지역 사회사업이 커뮤니티 참여로써 개인의 주체성을 회복시킬 좋은 기회로 여기고, 자본주의 사회에서 개별화하고 무력화했던 개인들에게 협동체 속의 개인으로서 정체성을 체험하게 하려는 노력은 그 접근 방법이 어떻든 종래의 사회서비스 또는 사회복지에 대한 반성을 의미하고 있는 것이다.

(2) 비판을 건설적으로 수용하여 발전하는 지역 사회사업

어떤 일이든 새로운 제안에는 반론이 일어난다. 예전의 '시봄 위원회' 및 '버클리 위원회' 위원을 역임한 런던 대학의 로버트 핀커(Robert Pinker) 교수가 내부에서 일으킨 비판과, 리버풀 대학의 피터 레너드(Peter Reonard) 교수가 마르크스주의 입장에서 가한 비판은 학계에서 각각의 위치에 걸맞게 상당한 반향을 불러일으켰다.

---

28) T. R. Batten, *The Human Factors in Community Work*, 1965
29) 버클리 보고는 졸고 「사회복지의 진전과 버클리 보고」, 『月刊福祉』, 1983. 1-4월호 참조

핀커는 지역사회가 지역 내 클라이언트의 욕구를 완전히 책임지는 보호 주체로서의 책임 능력을 기를 수 없음에도 불구하고 "소수의 전문적 사회사업가(social worker)를 지역 안에 배치함으로써 이타주의가 잠자는 거인을 소생시킬 수 있다고 가정하는 것은 낭만적인 환상이다"라고 주장한다. 현실적인 사회서비스 능력의 한계를 냉철히 직시하는 핀커는 "사회사업은 명백히 보편적 분야보다는 선택적(selective) 분야에 초점을 맞추는 것이 적절하며, 접근 방법은 예방보다는 치료이고, 목적은 소극적인 것으로 한정하는 것이 적절하다"고 말하였다. 지역 사회사업에 대한 사회복지 개념을 확대하려는 노력이 사회사업의 개별사회사업 측면을 약화한다는 것이 핀커에게는 용납되지 않기 때문이다. 특히 그가 말하는 상담의 특수화 방법이 사회사업 개입을 요청하는 욕구의 복잡성, 다양성, 범위 등으로 볼 때 필요한 수용 범위라고 생각될 수 있기 때문이다.

레너드는 '버클리 보고'의 지역 사회사업 제안은 결국 사챠 정권의 우르도라 개인주의 철학에 저항하는 지역사회의 연대운동으로서 완고한 우익 진영에 대한 구치책(救治策)에 불과하다고 해석한다. 그 자유주의적 개량주의는 자본주의 체제의 위기상황으로부터 필연적으로 발생하는 빈곤에 대해서는 본질적으로 무력하면서도 적절치 못하다고 생각한다.

일반적으로 영국 사회복지학계의 마르크스 학파는 '지역' 및 '지역사회'를 강조하는 것이 문제되는 단계적 성격을 은폐하는 결과를 낳는 것을 두려워하여 오히려 지역사회를 비판함으로써 지역 사회사업의 의의, 바로 그 자체를 부정해 버릴 필요가 있다고 인정하는 것 같다.

이러한 지역 사회사업 비판론은 휴먼서비스의 발전에 앞서 구축해야 하는 기반이 어디에 있는가를 가르쳐주는 것으로, 이것을 발전적으로 받아들일 필요가 있다. 사회적인 여러 요인의 통합 이론을 뼈대로 하여 전인적 인간의 존립을 지향하는 복지 활동이 지역사회사업의 실현조차 달성할 수 없다면, 휴먼서비스로의 진출이야말로 '낭만적인 환상'으로 끝나지 않을 수 없게 된다.

8. 매니지먼트의 혁신을 위한 구체적 프로그램

(1) 현실주의를 고수하는 매니지먼트의 주장

사회복지 활동을 휴먼서비스의 넓은 범위로 확대하려는 시대적인 요구는 자못 이상주의자의 추상적·이념적 주장에 고정되기 쉽다고 해석된다. 그러나 사실은 그것과 반대로 휴먼서비스에 대하여 발표한 문헌은 앞에서 언급한 일련의 문헌30)에서도 보았듯이 매니지먼트에 관계되는 구체적인 장(場)에서 서비스 공여 방법을 상세하게 논술했는데, 특히 주목되는 점이 있다.

미국 미시간 대학의 세리 교수가 『휴먼서비스의 운영』[31]에서 주장한 바에 따르면, 클라이언트, 직원 그리고 지역주민이 갖는 불만은 서비스가 옹색하여 효율이 적은 관료주의화에 빠져들고 있다는 것이다. 거기에 대응하여 지금 필요한 것은 상급 행정기관, 정책 입안자, 사회복지 교육자, 그리고 학생들이 클라이언트에 대한 봉사기관의 서비스 제공에 관계되는 운영방법을 바로잡는 것이다.

매니지먼트를 논의하기 위해서는 물론 서비스의 통합화, 휴먼서비스 공여 체계를 조직하기 위해서 중앙집권화와 분산화라고 하는 일반적 원리 문제의 검토를 피할 수 없다. 그러나 서비스의 통합화가 추상적인 이론으로 끝나는 한, 현실의 서비스는 하나 하나의 시설이 중복, 단편화되고 특수 또는 전문화되어 클라이언트 문제에 대한 국부집중적 처치에 지나지 않게 된다.

"사회자원을 가장 효율적으로 이용하는 방법을 통해 전인적 인간의 여러 욕구에 적합하도록 휴먼서비스의 통합적 망을 개발하는 일"(K. 에릭슨)이라는 휴먼서비스 정책의 기조가 현장에서 실천으로 살아 움직이기 위해서는 먼저 체계들 사이의 정보 채널을 잇는 연쇄 관계(linkage)의 구체적 방법이 요구된다.

서비스 제공을 위한 네트워크의 구성요소로서 기능 조정(coordination), 통합화(integration), 접근용이성(accessibility), 포괄성(comprehensiveness), 효율성(efficiency) 및 효과성(effectiveness)을 겸비한 조직의 정비가 필수적인 조건이 된다. 에릭슨이 주장한 휴먼서비스 조직의 기본 형태는 다음과 같다.[32]

첫째, 영리 동기를 배제한다.

둘째, 생산자가 아니라 소비자의 만족을 주된 목표로 하여 생산자의 영리 지향적 이기심이 끼여들 여지를 남기지 않는다.

셋째, 휴먼서비스는 유형의 소비 물자를 생산하는 것이 아니라 제공한다(serve).

넷째, 모든 휴먼서비스 조직은 개인의 생활 또는 커뮤니티 생활 속의 변화를 다룬다. 변화의 원인이 되는 사회·정치·경제적 압력에 주목하여 서비스를 제공한다.

(2) 휴먼서비스의 다원적 서비스 센터

이러한 특징을 가진 휴먼서비스 조직은 ① 정보송치 센터(information and referral

30) 각주 21), 이 책 p. 224 참조.(역자)
31) R. C. Sarri and Y. Hasenfeld, *The Management of Human Services*, 1978, p. 4
32) Karin Eriksen, *Human Services Today*, 1977, pp. 81-85

center) ② 진단 센터(diagnosis center) ③ 다원화 서비스 센터(multiservice center)라는 세 가지 기능을 한다.

첫째, 정보조회 센터의 기능은 클라이언트의 문제에 대응하여 그에 적합한 시설의 정보를 제공하고, 사람들에게 서비스를 주선하는 '사전' 또는 '지도' 구실을 하는 동시에, 휴먼서비스 워커로 지역에 존재하는 특정서비스 기관으로의 송치를 원조한다.

둘째, 진단 센터는 진단을 위한 면접에 따라 클라이언트의 문제점을 파악하여 합당한 사회 자원과 매개해주는 역할을 한다. 그러나 정보송치 센터처럼 계속적인 처치를 하는 일은 없다.

셋째, 다원적 서비스 센터는 앞의 두 가지 기능과는 달리 사례별로 어느 정도 처치서비스를 제공하여, 더욱 고도의 전문 시설로 송치를 행한다. 그것은 영국의 가정의(家庭醫)와 병원의 관계와 비슷하다고 볼 수 있다.

이러한 다원적 서비스 기능은 일용품을 한 장소에서 모두 살 수 있는 슈퍼마켓 같은 역할을 하는 것으로, 에릭슨의 설명으로는 당시 미국에 22가지에 이르는 서비스를 한 기관에서 실시하는 편리한 원 스톱 쇼핑(one stop shopping)적인 서비스 센터가 존재하였다.

휴먼서비스의 특징은 전인적 인간으로서의 동일 클라이언트가 갖는 자신의 여러 욕구에 대해 서비스 센터에 가서 정보·진단 기능을 통해 법률사무, 가족서비스 기능 또는 가족계획 기능 등 모든 서비스를 종합한 조직에 의해서 서비스를 받을 수 있다는 것이다.

에릭슨은 다음과 같이 말한다. "이러한 다원적 서비스 센터야말로 봉사하는 커뮤니티 속에서 주민이 요구하는 모든 서비스를 같은 건물에서 해결해 준다. 그것은 사람들이 자신들의 복합적인 욕구를 충족하려고 할 때 직면했던 비인간적인 거대한 관료 기구에 대한 유력한 대답이 된다."

(3) 사회행동을 배경으로 확대되는 휴먼서비스

이러한 세 가지 기능을 통합한 주민 중심 센터의 기획은 고요함 속에서 자연 발생적으로 성장하지는 않는다. 그것은 주민의 사회행동 성과이고, 앞서 언급한 大河內一男 이론에서 지적한 일본 '사회정책의 숙명적 한계' 속으로 잠입한 사회사업의 단계와는 전혀 차원이 다른 세계의 사정이라고 말하지 않을 수 없다.

그러나 티트머스가 『사회정책』[33)에서 말한 협동사회 원리는 일본에서도 국제화 조류를 배경으로 견고한 보수세력의 벽을 무너뜨리고 국민에게 사회행동의 싹을 키우고 있는 사실을 잊어서는 안 된다. 자유의 나라처럼 인식되는 미국에서조차도 에릭슨은 다음과 같이 말

---

33) Richard Titmuss, *Social Policy,* Pantheon Books, 1974.

한다.

　"우리를 위해서 모든 방법을 동원하여 각 개인은 휴먼서비스 정책의 성장을 촉진하는 노력을 떠맡고 있다. 필요한 정책이 실현되기를 희망할 때마다 '워싱톤 행진'을 모두가 계획하기는 어렵겠지만, 국회의원들에게 편지를 써서 휴먼서비스 감각을 가진 사람에게 투표하겠다고 말하면 가능할 것이다. 우리는 끊임없이 정당한 질문을 계속하여, 전인적 인간의 여러 욕구를 충족하는 휴먼서비스의 새로운 네트워크에 건설적이고 의미가 있는 효과를 줄 대책을 마련하도록 노력해야 한다. 그렇게 함으로써 휴먼서비스가 모든 사회인의 만족한 생활을 유지할 수 있도록 질적 생활의 창조로 방향을 돌려, 사회적 욕구를 충족할 수 있게 될 것이다."

9. 전문직으로서 사회복지사

(1) 보조전문가로 오해받는 초기 단계

　휴먼서비스에 대한 사회복지사의 지위는 어떠한가? 사회복지 활동의 경제적 곤궁에 대한 긴급대책으로 초기 단계에서 인간관계의 부조정과 위기 단계로의 발전에 따라 사회복지 전문직의 기술적 내용과 사회적 지위의 평가는 고도화된다. 사회복지의 현실에 서 볼 때 휴먼서비스 운동은 아직은 초창기의 영역에 머무른다. 그리하여 휴먼서비스의 하위체계로서 사회사업 각 부문의 개별 과학적 방법에 의한 처우가 복지전문직의 본업이라고 해석되는 시기에, 사회복지사는 전문직 세계에서는 그리스어의 'para', 즉 인접(near)이라는 의미의 보조전문직 혹은 비전문적인 것으로, 선진 전문직과 구별·분리시켜 취급하는 일이 발생한다.

　휴먼서비스는 본질상 여러 과학의 통합성, 커뮤니티 조직과의 융합성에서 보아 지역의 자원봉사자를 중시하는 입장에서 아마추어 활동을 존중한다고 해도, 에릭슨에 따르면 "분명히 아마추어 활동은 아니다. 이 영역에 들어오는 새로운 사회복지사들은 자신들 역시 전문직이라는 것을 실증해야 할 것이다. 영어로 직업이라고 말하면 전문직 아니면 아마추어 두 가지 밖에 없지만, 오늘날 휴먼서비스는 더 이상 아마추어에 그치지 않는다."

　지금까지 휴먼서비스 운영을 다룬 책을 보면, 정보송치 센터 기능을 출발점으로 할 경우는 영국의 시민조언국(Citizens Advice Bureau) 모델부터 설명하는 것이 많다. 레빈슨(R. W. Levinsion)의 『휴먼서비스로의 길 : 국제적 전망』(1984)도 시민조언국 모델과 정보송치 체계에 대해 구미에서 실시하는 상황을 논술하고 있으며 또한 특수한 접근방법으로 일본의 민생위원제와 스웨덴의 옴부즈맨(민간 행정감시인) 제도까지 언급하고 있다.

　미시간 대학의 나이톤과 하이델만의 『휴먼서비스 관리: 실제 활동 보고서』(1983)[34]에서도 전인적 인간을 위한 지역사회 통합서비스를 공여하여, 현재는 하위체계인 여러 시설의 통합적 활동의 실현을 향해 서비스를 통합하는 점진적 관리방법을 추구하고 있다. 그것은 마침내 사회복지로 향하는 혁명적 방식이다.

그러나 전인적 인간으로의 통합적 처우를 위해, 정당한 진로를 향하여 지역사회를 중심으로 조직된 통합적 복지센터를 실현하고자 하는 서비스 기관 본연의 자세를 목표로 하는 에릭슨의 변혁 방식은 휴먼서비스의 특징을 잘 나타낸다. 문제는 현재의 개별 기관 시설에서 활동하는 사회복지사들이 자신들의 활동 현장을 통합적 휴먼서비스의 하위체계로 보아 충분히 시야를 넓힐 수 있는가 하는 점이다. 이때 상기할 것은 통합적 서비스로의 전환을 기대한 영국 시봄(Rowntree Seeboom)의 『지방당국 및 관련 사회서비스 위원회』(1968)가 통일적 사회서비스부의 창설을 제창하여, '지방당국 사회서비스법'이 제정되고 1971년부터 실시되었을 때 현장에서는 반대가 있었다는 것이다.

영국의 서비스 관계 직원은 1972년 17만 5,000명에서 다음해에는 24만 4,000명으로 늘었지만, 현장 활동에서 통합화의 효과는 낙관할 수만은 없다. 오히려 재조직을 바라는 것이 우세하다.

1977년 시봄은 사회복지사협회 동런던지부 회합에 참가하여 '시봄 재조직론'(Seeboom Reorganization)에 반론을 제기했다.[35] 그것은 한편으로는 정부 당국이 사회서비스 개혁의 전제조건으로 요구한 주택관련 정책에 대처하지 않았던 것, 다른 한편으로는 전문직 사회사업가들이 통합 이론에 열의가 없어 종래 자신들의 방법, 특히 심리학적 접근에 집착하여 전인적 인간을 위한 사회서비스를 말할 수는 있어도 실행할 수 없었음을 논점으로 하고 있다.

이렇게 시봄이 자신의 재조직론을 거부한 것은 영국에서 휴먼서비스 운동의 과정에서 어려움을 겪고 있는 것을 단적으로 나타낸다. 어떤 제도적 개혁의 방향을 정확히 나타낼 수 있다 하더라도 워커의 획기적인 의식의 변혁이 일어나지 않는 한 복지서비스의 전환은 기대할 수 없다.

휴먼서비스의 앞날을 내다본 새리(R. C. Sarri)가 그런 운영에 대해, 사회서비스 수급자가 중산층까지 확대 되어온 반면에, 경제 저성장과 서비스 제공 방법 개선과의 모순관계 속에서 대처 정부가 사회서비스 억제 정책으로 전화하고, 결국 취약계층과 빈곤층의 권리인 사회서비스가 소멸되어 휴먼서비스 진전이 무산될 것을 우려한 사실을 우리는 염두에 두어

---

34) A. Knighton and N. Heidelman, *Administration of the Human Services:A Practical Workbook for Manegers,* Ann Arbor, 1982.

35) Rowntree Seeboom, "Lord Seebohm Speaks-The Seebohm Reorganization:What Went Wrong?", *Social Work Today*, special report, 1977. 10. 4., p. 10f

야 한다. 미국에서도 새리의 책에서, 재정 사정에 대해 "휴먼서비스의 유효한 운영을 위한 도전을 확장할 수 없는 일이 일어날지도 모른다"는 우려의 표현으로 마지막 행을 맺는 것이 인상적이다. 그 책이 발간되고 10년이 지난 미국에서는 걱정했던 사태가 현실로 나타나게 되었다.

사회복지를 휴먼서비스 이념에 의해 발전시킬 수 있도록 적극 노력하는 것이 현재 경제 대국을 바라보는 일본에서도 역사적 과제이다. 일본 사회가 인간 처우 문제에서 구미보다는 사회적 감각이 뒤떨어진다는 사실을 숨기지 말고 솔직히 직시하여, 그에 대한 효과적인 사회행동 방책을 추구하기를 기대한다. 그러한 새로운 시야를 갖추지 못한다면 일본인들은 언제까지라도 현장의 좁은 시선에서 직인만 찍는 수작업에 만족할 수 없을 것이다.

제11장 사회복지 패러다임의 전환

- 휴먼서비스 이론 -

1. 베를린 장벽 붕괴의 원인

(1) '베를린의 벽'으로 상징되는 독재주의의 오류

1989년 11월의 '베를린 장벽' 붕괴로 상징되는 세계사의 전환은 질풍노도 속에서 의연하게 서 있는 암석도 예상치 않은 시기에 붕괴된다는 것이 피할 수 없는 현상임을 역력히 보여는 것이라는 생각을 들게 한다. 마르크스의 『자본론』의 '자본축적의 일반적 경향'에서는 "수탈자는 수탈당한다. 자본주의 종말의 종소리가 울린다"라는 명문구로 끝을 맺고 있다. 『자본론』에서 먼저 전복된 것은 자본주의 체제이지 사회주의 체제가 아니었다. 사실 그것은 반대의 수순으로 진행되고 있다.

'페레스트로이카'의 관철은 결코 쉬운 일이 아니라는 것은 말할 필요도 없다. 70만 명 정도로 추산되는 소비에트의 지배 계급 '노멘클라투라'[1]는 소련 전 공산당원의 4%에 지나지 않지만, 그들에게 축적된 저항력이 고르바초프의 '페레스트로이카' 추진의 앞길을 막는 걸림돌이 되어 독재 권력의 약체화는 기대하는 대로 진행되지 않을 것이다. 역사의 필연으로 자본주의 체제는 와해된다고 하지만, 이는 과학적 사회주의의 이론적 핵심으로 다소간 사회적 동향을 예견하는 사람들의 상식에 불과하다. 사실 소리 높여 파멸의 길을 가는 것은 자유시장 경제체제가 아니라 오히려 독재정치 하의 사회계획 경제체제였다.

"사회주의 체제는 끝났는가"라고 묻는다면, 200년 전 프랑스 혁명(1789)에서 슬로건으로 내세웠던 '자유, 평등, 박애'를 아직까지도 사회적 현실로 싸워 얻어내지 못한 인류는 그 핵심 주장인 기본 인권의 목표를 놓치지 않는 한, 앞으로도 언제까지나 계속해서 사회주의를 주창할 것이라고 대답해야 할 것이다.

---

1) M. S. 브스렌스키 著, 佐久間瀁 譯, 『新訂增補 ノ メンクツ ラソビエトの支配階級』, 中央公論社, 1988.

베를린 장벽과 함께 무너진 것은 사회주의 총체가 아니라, '자유, 평등, 박애'를 역사적
현실화하는 데 필요한 사회적 조건의 구조 기능론 이해, 게다가 근본적으로는 가치관을 기
초로 하는 인간학과 무분별하게 얽혀있는 오류이다. "똑같이 위험과 과도함이 두 가지 있다.
하나는 이성을 직접 부정하는 것이고, 다른 하나는 이성 외에는 아무 것도 인정하지 않는 것
이다."

과학적 사회주의가 이성을 엄격하게 지켜보고 있기 때문에 이성을 과학적 방법론으로 무
장하려고 노력하는 태도는 주목할 만하다.

그 많은 국가들마다 1940~1950년에 몇 차례 여러 나라를 여행하면서 사회주의 국가에
서 관료가 부패하고 경제가 부진하고, 문화수준이 낮아 민족 및 국제분쟁이 끊이지 않는 것
에는 이론과 실천에 무언가 결정적 인식부족이나 준비 부족의 약점이 있다는 것을 느꼈다.
사회주의의 오류는 삶과 죽음의 권한을 갖는 전제주의 국가의 권력구조에서 비롯되는 데,
오로지 '명령경제'의 형태로 강행할 때, 틀에 박힌 노예 노동이 어떻게 출구 없는 인간의 '자
기소외'를 야기하는가는 그 당시 여행의 역사적 체험으로 분명하게 알 수 있었다.

(2) 노동가치설의 문제점

사회혁신 운동의 원전이라고 생각되어 온 마르크스의 『자본론』을 비롯하여, 공산주의
이론서를 『마르크스의 오산: 소련, 동구의 대변동을 검증한다』(林健太朗, 1990)에서와
같이 여러 각도에서 논평되고 있는 점은 시사하는 바가 크다. 마르크스 혁명에서 '자유, 평
등, 박애' 중 자유도 평등도 아직까지 세계적으로 실현했다고 말할 수 없다. 사회주의가 그
실현 사명을 마치고 후퇴한 것은 아니다. 그것이 소련, 동구에서 대변동을 일으켜 우리 눈앞
에서 갑자기 무너진 것은 과거의 사회주의 체제가 형성한 유형이 기술혁신 개발의 바탕으
로써 인간의 생활 욕구에 대응할 수 없었기 때문이다.

여러 사회주의 국가에서 대응이 늦어지는 것은 그 사회에 내재한 구조적 결함에 기인하
지만, 오늘날의 대변동은 마르크스주의의 근간인 노동가치설과 그것을 지탱하는 인간 이해
에 본질적 원인이 있다고 할 수 있다.

가치가 노동에 의해서 만들어지고 그 질적 차이가 '평균노동시간'을 통해 양적 노동으로
환원될 수 있다는 생각은 초기 산업노동의 발전 단계에서는 근대화를 위한 역사적 사실로
써 유효했다. 그러나 20세기 후반 테크놀러지, 더욱이 컴퓨터 시대의 잇따른 하이테크놀러
지의 개발에 따라 인간 지식을 유기적으로 활성화하고, 이른바 정보화 사회에 진입함에 따
라, 육체적 노동 시간으로 측정되는 가치의 결과를 사회 발전의 기본가치로 중시하는 것을
불변의 패러다임으로 계속 고수해 온 사회체제는, 생활 욕구의 실태와 동떨어지지 않을 수

없었다.

(3) 절대적 궁핍의 완화와 노동자의 지위

푸짓이 지적하듯이 20세기 후반 세계의 경제적 발전은 절대적 궁핍을 완화하는 방향으로 나아간다. 적어도 선진 나라들에서는 칼 마르크스(K. Marx)의 『자본론』 「자본제 축적의 일반적 법칙」에서 지적한, 자본운동에 의한 빈민층의 증대, 산업 예비군의 발생, 거기서 생겨나는 피원조 빈민의 법칙은 점차 과거의 일이 되고, 사회복지활동의 발생을 재촉하는 '절대적 궁핍화' 현상을 이제는 사실로 판명하는 것이 어려워졌다.

마르크스는 '절대적 궁핍화'라는 표현을 쓰지 않고 단지 "예를 들어 절대적 생활수준이 예전과 다름없다 해도, 노동자의 상대적 임금, 또 사회적 지위는 낮아질 것이다"라고 말하였으며, "자본이 급격히 증대하면 임금도 상승할지 모르지만, 자본의 이윤 역시 비교가 되지 않을 만큼 급격하게 상승한다. 노동자의 물질적 상태는 개선되었으나 그것은 사회적으로 노동자의 희생을 바탕으로 한 것이고, 노동자와 자본가를 구별하는 사회적 간극은 확대되고 있다"고 서술하였다. 그러나 마르크스가 '노동자의 사회적 지위의 하락'과 '자본가와 노동자의 사회 간극의 확대'를 지적한 것은 의미심장하다.

푸짓은 쿠친스키의 '절대적 궁핍화 이론' 주장처럼, 노동자 계급의 여러 상태를 나타내는 노동시간, 노동강도, 실업률, 노동재해율 등의 통합 지표가 19세기 이후 계속 악화되고 있다고는 생각지 않는다. 그렇지만 자본에 대한 종속적 상태를 단적으로 상징하는 생리적 궁핍이 완화되었다고는 해도, 노동자 계급을 중심으로 하는 일반 대중이 '소외'되는 사회적 궁핍화의 사실을 부정하는 것은 아니다. 여기에 사회복지가 나설 여지가 존재한다고 생각할 수 있다.

여러 선진국의 경제적 생산력의 증대에 의해 우선 제1차적 빈곤선이 완화되기 시작하면, 원조서비스 위주의 사회 서비스는 보다 광범함 생활문제의 극복을 향해 시야를 확대하고 그 부조정 현상의 과학적 검토에 착수하는 것은 자연스런 일이다. 처음 사회서비스에서는 제1차적 빈곤에서 생리적 최저한의 보장을 긴급 과제로 하는 단계에서 다음 사항을 고려하였다.

예를 들어 미국의 영양학자의 '영양소요량판정'에 의하면 형무소의 죄수가 체중의 감소 방지를 위해 하루에 섭취하는 칼로리 계산에 의해 전체 생계비의 최저한의 과학적 기초를 얻는 것 같은 노력이 의미가 있다. 의복의 최저한 필요량의 측정을 위해서는 1930년대의 도로사·브라디의 연구처럼 추가 구입의 단위수가 감소하고, 단위당 가격이 상승하는 분기점을 추구해서, 의복에서의 소득 탄력성의 원칙을 연구하려고 했다. 또는 주민의 최저한 필요

의 정도를 소득 전체와의 관계에서 고찰하여 소득과 주거비의 사이에 일정한 계층적 법칙
이 존재함을 주장한 슈와·베의 연구는 사회생활에서 의·식·주 각각의 기본적 욕구가 꼭 필요
한 조건인지 고려한 것이다.

그러나 빈곤 연구가 진전됨에 따라 의·식·주의 개별적 분야에서 「평균적 생계비」로 각각
독립하여 피력하지 않고, 예를 들어 1960년대에 M. 올샨스키가 그의 논문 「빈곤의 측정」
에서 지적하고 있듯이 각 분야별로 일컬어지고 있는 '최저한 필요량'은 사회생활 속에서 관
습적 행동과 그 경험적 생계 안에서 반영하는 적정량의 종합으로 이해되는 것이다. 영양 욕
구 하나만 보더라도, 그 표준에 포함된 다른 여러 가지 요인, 예를 들면 기후·주거·직업·레저
활동 등을 고려할 필요가 있다. 따라서 영양 욕구의 평가도 '절대적인 것'이 아니라 사회환
경과 그 안에 기거하는 주체적 생활자와의 상호작용 속에서 관찰하지 않으면 현실성에 이
르지 못한다.

(4) 라운트리의 빈곤 연구

과거 사회복지의 존립 조건을 규정한 '최저생활비'(subsistence level of living), 즉 보건
및 노동능력의 유지에 필요한 급부(provision)의 최저선은 지금이야말로 사회보장제도의
중심 과제로서 선진국에서는 이미 어느 정도 보장되어 있다.

최저한의 생활욕구의 객관적이고 과학적인 빈곤선을 최초로 연구한 라운트리(B. S.
Rowntree)는 『빈곤과 진보』[2]에서, 생리적 건강의 유지에 절대적으로 필요한 최저선을
'제1차 빈곤선'(primary poverty line)으로, 이러한 최저생활 수준의 유지에 적당한 수입은
있지만 도덕적 성격 또는 지성의 결함에 의해 그 수입을 생명 및 건강의 보전을 위한 필수품
소비에 제대로 쓰지 못하는 경우를 '제2차 빈곤선'(second poverty line)이라고 했다.

2. 기술혁신을 일으키는 '패러다임 시프트'

(1) 과학적 기술이 만들어내는 잉여가치

교통·통신이 발전한 현대 사회에서는 일당 독재의 중앙집권이 만들어낸 허위 의식은 국
민이 곧 자각하게 되고, 기술 지식의 발달 정도가 큰 만큼 패러다임도 격동적으로 변화한다.
과학은 진리를 생산하지만, 이데올로기는 허위 이론을 생산한다. 이 허위 이데올로기에 대
한 반성이 '글라스노스트'(정보 공용)에 의한 '페레스트로이카'(개혁)를 불가피하게 했다.[3]

---

2) B. S. Rowntree, *Poverty and Progress : A Second Social Survey of York*,
   London, 1941.

프랑크푸르트 학파의 대표적인 사회학자 하버마스(Jurgen Harbermas)에 따르면, 마르크스의 노동가치설은 미숙련 노동력의 가치를 기준으로 할 때 가장 효력이 있고, 쿠바나 앙골라와 같은 미개발 국가에서는 사회 운동의 원동력으로서 마르크스주의가 아직도 유효하다. 그러나 현재 산업사회에서 생산 능력의 합리적 발전을 저지하는 심각한 문제로 제기되는 것은, 자본이 노동자를 직접 착취한다는 것에 앞서 '과학'과 '테크놀러지'가 갖는 가치창출의 성질에 관계된다. "오늘날에는 과학·기술의 진보가 잉여가치의 독립된 원천이 되고 있다. 마르크스가 생각한 잉여가치, 즉 직접 생산자의 노동력은 훨씬 작은 구실밖에 하지 못하고 있다."(하버마스)

평균 노동 시간을 측정하여 거기에 필요한 노동 생산비로써 '생활비'를 곱해서 결정되는 노동 임금은 컴퓨터를 배경으로 하는 산업화의 진전에 따라 버튼 하나로 조작되는 무인 공장에서는 '노동'의 의미를 상실하고 있다. 평균 노동 시간을 근거로 노동자가 임금을 받는 동안 생산 수단으로써 컴퓨터를 소유한 쪽은 과학적·기술적 진보가 창출하는 높은 수준의 잉여가치에 따른 막대한 이익을 얻게 된다. 사회운동은 그러한 과학의 과제를 오인해서는 안 된다.

로버트 디메의 『인간기계론』에서 '사이버네틱스'(cybernetics) 혁명은 인간의 노예화·기계화에 의한 인간 소외를 가속화해 왔고, 더욱이 20세기 후반의 하이테크놀러지는 19세기적 계급 투쟁의 이데올로기를 이제는 시대 착오적인 것으로 만들면서 노동의 질적 변화를 일으키고 있다.

(2) 패러다임 시프트와 유럽의 좌익정당

프랑스 사회당의 국제국장 잭 헌더그는 "사회주의는 위기에 직면해 있다. 왜냐하면 우리가 현재의 경제 상태에 대응할 수 없음이 확실해졌기 때문이다"[4]라고 솔직히 고백했다. 또 이탈리아 공산당(PCI) 일간지 『우니타』의 편집 책임자인 파비오 므시는 이렇게 말했다. "우리는 자신의 모순에 희생당하고 있다. 몇 십 년 동안 좌익은 (경제) 성장과 공적 지출의 증가, 복지국가의 충실을 추진해왔다. 그러나 지금이야말로 그렇게 했던 것이 중대한 문제를 일으키고 있다는 사실을 인정하지 않을 수 없다."[5]

이러한 위기의식에 단적으로 나타나듯이, 20세기 후반 유럽 여러 국가의 좌익정당이 한결같이 짊어지고 있는 딜레마와 탈 이데올로기 지향은 노동 가치설을 뼈대로 하는 계획경

---

3) Jurgen Harbermas, *Toward a Rational Society,* Boston, Beacon Press, 1970, p. 104
4) 朝日新聞, 1990.
5) *News Week*, 1987. 1. 19.

제 강제의 구조적 결함을 반성하고, 시장경제로 이행하는 과정에서, 좌익 이론을 경제학보다도 한층 광범위한 인권·환경 문제로 관심을 옮김으로써 좌익 정당의 새로운 틀을 고안해야 한다.

70년의 역사를 갖는 선거에서 30%를 득표한 서구 최대의 이탈리아 공산당이, 제20차 전당대회에서 공산당의 통칭을 '좌익민주당'(PDS)이라 개정하고 당의 마크를 '망치와 낫'에서 '초록빛 떡갈나무'로 바꾸었다. 이것이 상징하듯이, 유럽 여러 나라의 혁신 진영에서는 앞다퉈 '공산주의'라는 호칭을 폐지하고, 자유·평등·박애의 미실현 세계에 더욱 큰 사명을 갖는다고 생각되는 '사회주의'라는 명칭마저 버리기에 이르렀다. 그것은 단순한 선거대책상의 전술을 넘어서 그 배후의 사회철학에 중대한 변화가 일어나고 있음을 암시하는 것이다.

(3) 탈 근대화와 서비스화 운동

최근 『탈 근대화와 노동관』[6]에서 노동관을 사상사적으로 정리하여 노동의 의미 변화를 자세히 설명한 것은 매우 흥미로웠다. 근대화의 핵심이라는 지금까지의 노동관이 제작·노고·유희로써 노동에 관심을 쏟는 데 비해, 이 책은 현대 노동의 봉사 측면에서 노동의 본질을 파악함으로써 지금까지의 생산적 노동의 본질을 재검토하고 있다. 이것은 '서비스화한 노동운동'론을 특히 복지노동에서 가장 중요한 측면으로 생각해 온 것과 상통하며, 복지노동에서 한껏 자신을 주장할 수 있는 장이 열리려 하고 있는 것이다. 협동조합 운동에서도 서비스화 노동의 요소는 노동의 한 근간을 이루는 것으로 간주되어왔다.

고르바초프가 '페레스트로이카'가 지향하는 사회상으로 스웨덴 사회를 드는 것은 탈 근대의 노동관과 무관하지 않다. 아직 초창기여서 혼돈을 벗어나지 못하고 있지만 그럼에도 세계 사회의 물 밑에서는 인간학을 관통하는 근본적이고 새로운 질서가 무질서와 혼돈 속에서 생명과 생활을 지키기 위한 자기 조직력의 결과로 자발적으로 형성되어가고 있는 것이다.

세기말인 지금 '베를린 장벽 붕괴'가 어느 날 갑자기, 아주 손쉽게 일어난 것처럼 보임에도 불구하고, 역사에서 무수한 우연 현상을 통해 인간성의 본질적 또는 근원적인 것이 필연성을 갖고 세계 모델을 뒤엎으려 하고 있다 가열한 물이 비등점에 도달했을 때의 변화와 같은 양상의 전환이 일어나고 있는 것이다.

(4) 혼돈에서 질서로의 전환을 촉진하는 패러다임 시프트

프리고지네(Ilya Prigogine)와 스텐저(Isabelle Stengers)의 『혼돈으로부터의 질서』[7]는

---

6) 杉村芳美, 『脱近代の勞動觀』, 1991.
7) Ilya Prigogine and Isabelle Stengers, "Man's New Dialogue with Nature", *Order*

물리과학 전통의 소산임에도 불구하고 그 서문을 쓴 앨빈 토플러가 설명하듯이, 보다 소프트한 생명 과학이 새로운 접근, 새로운 사회의 발전 과정과 관련된다는 확신을 갖고 '기술혁신'과 '패러다임 시프트' 등 오늘날 사회 격변의 전방에 있는 것을 시사하였다.

앨빈 토플러는 이렇게 말하였다. "기계시대의 전통적 과학은 안정·질서·균질·평행을 강조하는 경향이 있었다. 에너지·자본·노동력 등의 대량 투입을 기초로 하는 산업사회에서, 정보와 기술 혁신이 결정적 자원이 되는 고도의 기술사회로의 이행이 이루어지고 있다. 이러한 이행을 생각하면 새로운 과학 세계의 모델이 출현하더라도 놀라지 않을 것이다."[8]

3. 사회체제의 심층에서 발생하는 패러다임 시프트

(1) '패러다임 시프트' 안의 사회복지 연구

사회복지는 산업사회로부터 정보·기술 혁신으로의 격변 속에서, 20세기 사회 구조에 적응하는 패러다임으로서 폭넓게 받아들여진 연구의 전통과 그 비판 체계로 가장 유력했던 마르크스주의 이론조차 깊은 '패러다임 시프트'를 체험하기 직전까지 내몰릴 수밖에 없었던 사정을 직시해야 한다.

19세기 말에서 현재까지 중첩되어 왔던 사회복지 연구의 과학적 방법론의 진보는 각 학파의 연구자가 자신의 연구성과가 과학으로서 진리이고 확실하고 진보적이고, 또 고도로 확정된 지식임을 보증할 수 있다는 확신을 바탕으로 진행하고 있다. 그러나 과학철학사를 분석할 경우, 각 학설은 그것이 제기하는 합리성의 모델이 각각의 경우 문제 해결에 도움이 된다는 뜻에서 합리적이라고 주장되어온 것이다. 따라서 사회과학 이론이 보편 타당한 진리이며 확실하다고 주장하는 것은 불가능하다는 회의주의가 더 일반적이다.

라우던(Larry Laudan)에 따르면 "과학을 포함한 모든 신념 체계는 도그마(dogma)와 이데올로기로서 전망되고, 그것들 상호간에는 객관적이며 합리적인 방법으로 어느 것이 우위에 있는지를 논하는 것도 불가능하다."[9] 이러한 회의주의적 비판에 귀를 기울이면, 사회복지 연구도 역시 그 조류에 따라서 '패러다임 시프트'를 견실하게 헤쳐 나가 '불확실성의 시대'(age of uncertainty)에 동반하는 혼미에 대해 시대를 관통하는 사회복지의 본질적 과제를 도출해야 한다.

사회복지학계에서는 이미 제프리 비커즈(Geoffry Vickers) 경이 토론토대학에 초빙되

---

out of Chaos, N. Y. 1984.

8) プリユヅおよびスタンヅシェル, 앞의 책, p. 6

9) Larry Laudan, *Progress and its Problem,* 1977.

어 『캐나다의 산업화에서의 휴먼 인프리케이션』(1956)이라는 강연을 했을 때 '패러다임 시프트'를 향해 한 발을 내디뎠다. 같은 학회지에 실린 논문은 『무방향 사회』[10]라는 제목의 책으로 정리한 것인데, 과학의 구조 기능론이 가치론을 상실한 객관화 인식으로 과학을 획일화한 탓에 20세기 사회활동의 근본적 오류가 생겼던 사실을 지적하고 있다.

거기에서 일반사회 활동은 '욕망, 즉 가치'의 직결에 의해 여러 욕망에서 기본적 욕구를 선택하는 '가치판단'의 기준을 잃어버리기에 이르렀다. 사회생활의 바른 진로를 가리키는 나침반을 상실한 문명은 '무방향 사회'를 향해 표류하기 시작했던 것이다.

19세기 영국의 COS운동에서 시작한 사회사업은 경제성장이 쌓아 올린 거대 사회에 대한 기대와, 낙관주의에 모순된 자본주의 사회의 역동성이 한쪽의 극에서 창출하는 불안·공포·갈등의 충격을 완화·경감·배제하는 과제를 안고, 여러 나라의 인구문제, 생산성 수준, 민주화 유형의 상이성에 대응하며 사명을 다해왔다. 인간생활 개선에 우선 순위를 둔 새로운 징후가 지금 세계를 둘러싸고 지각 변동을 일으킬 것으로 예상된다.

그러나 그것은 아직 학계나 사상계의 전면에는 모습을 나타내지 않았다. 언제, 어떠한 경로를 거쳐 구체화될지는 예상할 수 없더라도, 새로운 과학의 기술적 전개가 과거의 노동 가치 개념으로는 설명할 수 없는 새로운 부의 분배 방법으로, 오늘날의 자본 우선 또는 독점과는 다른 경제계의 사회적 책임과 공정을 존중하는 제도를 현실화하여, 그 당시 생활 형성의 기본 요인이 되는 노동은 탈 근대의 서비스 운동으로서 이윤추구 경제와는 다른 욕망 충족 경제의 새 이념을 짊어지게 될 것이다.

(2) 유토피아 형식으로 언급되는 인간성 회복의 갈망

사람들은 이상과 같이 제언하는 것을 '유토피아'라며 냉소적으로 받아들일지도 모른다. 유토피아에서 과학적 사회주의로의 전환을 상식선에서 언급한다면 조금은 망설여지겠지만, 부버(Martin Buber)는 『유토피아의 길』[11]을 발간했고, 영국 리즈 대학의 바우만 (Zygmunt Bauman) 교수는 『사회주의: 액티브 유토피아』[12]에서 인간학과 사회과학과의 융합을 추구하고 사회주의에서 인간성 옹호를 기대하고 있다.

역사의 획기적인 변혁시대에는 이런 '유토피아'(그리스어의 '오우토프즈', no place, 이상향)라는 역설(paradox)의 반향을 감춘 용어는 자본제 사회에서 매너리즘화했던 인간관의 사회적 배경에 도전하고, 기계기술 문명을 영리주의의 도구로 하는 경제 우선 사상에서

---

10) Sir Geoffrry Vickers, *The Undirected Society,* University of Toronto Press, 1959.
11) Martin Buber, *Pfade in Utopia,* 1950.
12) Zygmunt Bauman, *The Active Utopia,* 1976.

벗어나기 위해서는 특별한 의미를 갖고 있다.[13]

앞서 언급한 것처럼 정보나 기술의 혁신에 따르는 노동의 탈 근대적인 서비스 노동화와, 그것과 병행하여 진행되는 하이테크 경제하의 잉여가치 배분에 대한 사회적 요구의 변화, 즉 자본의 독선을 허용하지 않는 사회적 임금 및 사회적 분배로 이행함에 따라 사회복지·사회보장에 관계하는 이들의 발언력이 더욱 자연스럽고 유효한 설득력을 가질 수 있는 21세기를 실현하는 것은 결코 꿈이 아니다.

세계를 둘러싸고 있는 오늘날의 갖가지 혼란은 분별력 있는 사람들이 시대 추세를 미리 읽어내는 현명함이나, 견실한 사회운동(social action)에 의해 인간 부흥으로 나아가는 새벽녘의 상태일 뿐이다. 단지 사회주의가 패배하고 자본주의가 승리를 거두었다는 뜻이 아니다.

영국의 사상가 로렌스는 최근의 저작에서 과거의 자본주의와 사회주의를 극복하고 양쪽의 장점을 받아들여 인간성 옹호를 제시하고 있다. 『제3의 길: 산업 민주주의에 기대하는 것』의 탐구가 이제부터 우리들의 진로를 암시하고 있는 것이다.[14]

4. 사회복지에서 휴먼서비스 이론의 성립

(1) 문제의 다양화와 양적 확대로 나아가는 사회복지

우리들이 실제 사회복지 현장에서 부딪치는 문제들은 현대 사회의 극도로 난잡한 긴장·부조정·위기 상황 이전에 놓인 사람들의 생활복지와 관련한 것들이다. 고령화 사회가 도래하는 가운데 가족의 보호기능 저하로 고통받는 노인들의 비참한 처지, 균형이 깨진 생활조건에서 입는 심신의 장애, 가족, 직장의 인간관계와 요양 환경의 미흡, 의료 관계자가 기계장비의 불충분으로 환자를 비인격적으로 취급하는 것, 과다경쟁의 직장에서 기계의 톱니바퀴처럼 인격체로서 자기 실현의 기회를 무시당하는 노동자의 절망상태, 생활환경의 붕괴로 인해 사법의 강제력 앞에 서게되고 기본 인권의 보호·유지와는 거리가 멀어져 범죄자의 인격 회복이라는 희망이 사라진 상태, 더욱이 출생률 저하 때문에 과잉보호를 받으면서 동시에 가정 붕괴의 가장 직접적인 피해자로서 빗나간 성격에 대해 책임을 져야 할 어린이와 청소년 등.

이런 상황에 대해 이른바 '복지국가'를 지향하는 과정에서 각 개인이 자신의 존엄성과 자

---

13) 嶋田啓一郎, 「ユトピア思想の世界史的意義」, 大塚達雄·阿部志郎·秋山智久 편, 『社會福祉實踐の思想』, ミネルヴァ書房, 1989, p. 5 이하 참조.

14) Dennis Lawrence, *The Third Way ; The Promise of Industrial Democracy*, London, 1988.

유로운 발전을 위해 부족한 것을 경제·사회·문화 권리로 보호하려 했기 때문에 전제군주 시대의 구제 활동과 비교하면 그 성격과 내용에 매우 큰 차이가 있음이 높이 평가된다.

오늘날 일본 복지관계심의회가 '향후 사회복지의 바람직한 자세'에서 의견을 상세히 밝힌 ① Normalization(정상화) 이념의 침투 ② 복지서비스의 일반화·보편화 ③ 정책의 총합화·체계화의 촉진, 서비스 이용자의 선택 폭 확대 등 정책의 새로운 착안점을 보아도, 정책 내용의 수준은 구미 선진국과 다르지 않은 문제의식을 가지고 있음을 높이 평가할 수 있다. 문제는 여기에 대한 답신인 사회복지 재고론을 예를 들어보아도 국민 가치관의 다양화·개성화에 따른 생활수준의 향상으로 인해 오늘날의 제도적 대응으로는 적용할 수 없다는 것을 지적된다.

그러나 이제까지 생활방위 제도로 빈곤을 해소할 수 없었던 이유를 분석해서, 질병 노인과 장애인에 대한 복지서비스의 최저한의 과학적 기준 설정과 시설 확충, 또 그것을 위한 공적 재정 부담의 책임을 명확히 해놓지 않은 채 실버(sliver) 산업에 의한 서비스 대상으로 모든 것이 부족하지 않다고 하는 것은 향후 국민생활 중심의 정책을 표방하는 일본 정부의 태도로서 적절하지 않다고 생각된다.

일본 학술총회(1989년 4월)에서 서구 과학을 극복하는 인간중심의 과학을 주장하며, 비인간적인 기술을 창출하는 현대 과학을 근본적으로 개혁하고, 힘 있고 가치 있는 과학이면서 선(善)과 윤리도 지닌 새로운 인간중심의 과학체계(패러다임) 형성을 세계에 제창한 것은 가슴 후련한 일이다. 일본 안팎에서 '오늘날 인간 의식의 전체 구조에 무엇인가 일어나고 있다. 새로운 생활방식이 지금 시작되고 있다.' 일본 사회복지에서도 과거의 축적에 만족하지 않고, 혁신이 일어나야 하는 시기가 분명히 도래하고 있는 것이다.

(2) 사회복지에 휴먼서비스 이념 도입

일본의 사회복지가 21세기를 눈앞에 두고 세계사적 전환이라는 폭풍전야 속에서 어떠한 개혁 또는 혁신을 단행할 것인가? 일본에서도 절대적 빈곤론을 적용하는 사회 상황은 거의 없고, 이미 금전수수와 같은 소박한 임무가 활동의 주축이 되는 현상은 지나간 일이 될 것이다.

사회생활의 새로운 형세로 인해 심각해지는 인간관계, 역할의 격변에 따른 긴장 증대로 말미암아, 정신위생 등 훨씬 전문화한 과학적 지식·기능에 근거하는 전문직의 활약에 기대하는 바가 커지고 있다. 저소득 계층 외에도 포함해야 할 대상이 많아지고 『빈민만을 위한 것이 아니다』(Not for the Poor Alone, 미국, 앨프레드 칸, 1975) 『단지 빈민만을 위한 것이 아니다』(Not only the Poor, 영국, 로버트 구딘, 1987)라는 책이 출간된 것은 결코 우연이 아니다.

'휴먼서비스'라는 개념이 사회복지 분야에서 차츰 나름대로의 위치를 차지하게 된 것은 종래 사회복지·사회사업의 개념으로 은폐할 수 없는, 전인적 인간이 당면한 문제를 취급하는 한층 포괄적인 개념이 필요해졌기 때문이다.15)

(3) 미국에서 휴먼서비스청으로 이름을 바꾸다

탈코트 파슨스의 시스템 이론에서 볼 수 있듯이, '구조기능 이론'에서 전인적 인간을 둘러싼 여러 과학의 통합론(integration theory)이 발전하고, 다른 면에서 인권 운동의 중심인물인 마틴 루터 킹 목사의 암살사건(1968)으로 촉발된 '기본 인권' 의식의 앙양을 배경으로, 자본제 사회의 패러다임 비판이 비교적 빠르게 성숙한 미국과 영국에서는 산업혁명보다 한층 광범위한 문화변동이 지적되고 있다.16)

미국에서는 1972년 보건·교육·복지청(DHEW)이 'HEW의 휴먼서비스 통합서비스 계획평가'를 「인간복지의 통합」(Integration of Humane Service)이라는 보고서로 정리하였고, 1979년 카터 정부 말기에는 부서명도 '보건 휴먼서비스부'(DHH)로 개칭했다.

영국에서도 화폐 서비스 중심의 '공적 복지'(public welfare)에서　사회서비스(social service)로, 한층 더 자기 실현을 위한 자주적 의식과 행동을 일으키는 인격적 욕구 접근의 의미를 갖는 '대인 서비스'(personal service)로, 최근에는 그 서비스에조차 관료주의 색채를 띠는 '보호'(care)라는 용어를 쓰는 사람들이 나타나기 시작했다.

어떻든 간에 휴먼서비스 개념이 사회복지 사업의 현장 실천에서 구체적 효과를 나타내기 시작한 때는 이론적으로는 1960년대이고, 게다가 건설적 프로그램 평가를 탐구하기 시작한 때는 1970년대에 들어서면서부터이기 때문에 아직 충분하게 사회복지 분야의 '패러다임 시프트' 성격에 맞는 전략 체계가 조직적으로 나타나지는 않고 있다.

5. 휴먼서비스의 강조점

(1) 사우버가 지적하는 다섯 가지 일반 특징

미국 컬럼비아 대학 사우버 교수가 『휴먼서비스 전달 체계』에서 지적하는 휴먼서비스의 다섯 가지 일반 특징은 다음과 같다.17)

---

15) '뉴 マン サビス'에 대해서는 中央法規出版, 『明日の福祉』 제8권의 「ヒュ マン サビスの理論」, 1988. 또는 제10권 「新しい福祉理念とパラダイム」 참조

16) Ronald Inglehart, *Culture Shift in Advanced Industrial Society*, Princeton Univ. Press, 1990. 및 Jonathan Turner, ed., *Social Theory Today*, Polity Press, 1987. 참조

17) S. Richard Sauber, *The Human Services Delivery System*, Columbia Univ. Press, 1983.

① 서비스 통합

효과적이고 포괄적인 서비스를 위해서 여러 자원, 기술 등 일련의 복잡한 요소를 조직적으로 연계하는 관계기관들의 협력 체제. 예를 들면 사회복지 프로그램과 공중위생, 정신위생을 전인적 인간의 케어(보호) 활동을 위하여 통일하는 것이다.

② 포괄성과 이용의 용이성

유효한 지역사회 보호와 관련한 문제를 가진 개인에 대한 원조는 기관·시설·전문직의 불편한 법제상의 관할 범위 등에 구속되는 일 없이, 사회에 속한 개인 자신을 중심으로 지속적으로 배려하는 것이다. 보호활동 프로그램은 현재 우리가 전개하는 최선의 노력에 접촉하기 어려운 사람들에게 쉽게 다가가는 길을 제공하도록 고안해야 한다.

③ 클라이언트의 어려움을 생활상의 문제로 집중하는 것

진단의 종류를 구분하는 것에 노력을 기울이기보다, 원조에 도움이 되도록 개인생활에서 생기는 문제점을 고려하는 것이 훨씬 효과가 있다. 개인적 결함보다 사회적 결함에 초점을 맞추는 편이 개인과 환경의 적응에 더욱 유효하다.

④ 원조활동의 일반 특징

종합적인 지역사회 서비스 기관의 책임은 업무 수행 능력에 의해서만 달성된다. 보호를 제공하는 쪽의 원조활동이 갖는 질적 측면은 전문직 및 직업 훈련으로부터의 제약보다 우선한다.

⑤ 클라이언트에 대한 서비스 제공의 책임성

여러 서비스를 제공하는 쪽에서는 서비스 이용에서 기관 활동을 철저히 주지시킬 책임이 있다. 원조 서비스의 제공이 지역사회에 유효하기 위해서는 기관 정책의 (지역사회에 의한) 통제가 불가결한 요건이 되고 있다.

현재 휴먼서비스의 네트워크 및 광범위한 계획 모델이 각 지방에서 계속해서 주창되고 있는 것은 전문직 및 시민 대중이 나날이 점점 더 자주 체험하는 비능률, 한 분야의 편향성, 관료주의, 정책 장벽 또는 작업상 결함에 대한 반감과 지역사회 자원조직의 전통적 방법, 휴먼서비스에 대한 재정 지출의 감소가 더 이상 일치하지 않게 되었다는 불만을 상징한다.

6. 휴먼서비스의 네트워크와 통합 센터

(1) 휴먼서비스의 관리 : 리처드 사우버

일찍이 『오늘의 휴먼서비스』(1977)를 발간했던, 컬럼비아 대학 출신인 칼린 에릭슨과 단순한 이상주의 이론이 아니라 매니지먼트 혁신을 위한 구체적 프로그램을 전개한 미시간 대학의 로즈 마리 사리 교수의 『휴먼서비스의 매니지먼트』(1979)를 사우버의 책과 맞춰 보면, 휴먼서비스의 네트워크와 포괄적 프로그램 모델이 근본 변혁을 요구하고 있는 부분은 다음과 같다.

① 전인적 인간의 복지 보호에 대한 인식 부족 또는 무관심에서 부분적 인간 처우로의 편향에 의해 휴먼서비스를 본질로 하는 인간성 존중이 왜소화하는 국부적 편향의 사회복지의 개혁.

② 조직적 네트워크 연계의 누락에 의한 서비스 또는 보호 비능률에 기인하는 일관된 보호 상실.

③ 클라이언트 중심주의(client-centeredness)를 소홀히 취급하는 관료주의 비판.

④ '지역사회 속의 개인'이라는 협동체 의식에 기인한 '지역사회사업' 등한시.

전통적 사회복지 서비스의 결함에서 비롯한 비인간화 유형에 대한 복지 이용자, 일반 시민 및 분별력 있는 전문직의 현장 체험이 휴머니즘, 인권의식의 진전에 따라 표면에 분출된 것이다. 내용이라 하는 것은 굳이 '패러다임 시프트'라 부를 것까지도 없이 이미 각각의 부분에 대해서는 우리들이 크고 작게 개혁에 힘써 왔다. 그런데 그것들이 현재 사회 전체의 구조를 뒤흔드는 인간성 중심의 인격주의적 호전을 재촉하는 새로운 기운에 직면하여 일반인의 일상 생활과 직결되는 상황에서는 종래 구습에 얽매인 현상유지를 이제는 허용하지 않는 '패러다임 시프트'의 일환이라고 생각할 수 밖에 없다.

(2) 휴먼서비스를 구체화한 사회서비스 센터

휴먼서비스를 지향하는 사회복지 조직은 먼저 행정과 복지현장, 일반시민 생활 정보 채널의 연쇄 관계를 구체적 방법으로 확립하는 것을 출발점으로 하여 기능 조정, 통합화, 접근 용이성, 포괄성, 효율성, 효과성을 높이는 것이 필수조건이 된다.

그것들의 여러 조건을 통합하는 서비스 제공 방법으로 휴먼서비스 관리를 통합한 센터가 있다. ① 정보조회 센터(The Information and Referral Center) ② 진단 센터(The Diagnostic Center) ③ 다원화서비스 센터(The Multiservice)의 세 기능을 한 부서 내에서 주민참가의 민주적 경영으로 추진하는 이른바 '원스톱 쇼핑' 방식의 사회서비스 센터가 이미 미국에서는 보편화되어 있고, 모든 서비스를 통일한 조직에서 제공받을 수 있다고 에릭슨은 말한다.

이에 덧붙여 생각할 것은 우리의 사회복지가 휴먼서비스로 성장하려면, 현재의 거대한 자본제 산업사회의 메커니즘이 기른 이기주의에 가까운 인간관이 개인주의와 사회주의를 모두 뛰어넘는 협동체 사상으로 전환할 수 있도록 끊임없는 노력이 필요하다는 것이다.

과거의 경제우선(정책)의 부속물의 복지활동에서 벗어나 '인간성 회복'이라는 인간 실존의 근원적 소망에 부합하는 휴먼서비스를 실현하는 데는 '새로운 복지의 패러다임'을 역사 속에서 결정하는 새로운 인간학의 확립이 필요한 것이다.

제12장 새로운 복지 이념과 패러다임

1. 불확실성 시대의 인간 이해

(1) 비인간화 시대의 양상

고도 산업사회, 고도 정보사회, 고도 기술사회를 만들어내는 지식의 거대한 영역 확대, 그리고 컴퓨터 사회와 그것을 세계적으로 지배하는 다국적 기업의 인간 기계화의 동향은 인간 주체의식의 소멸을 가져와 문화의 아이덴티티를 상실하고 자아나 개인을 찾을 수 없게 만들어 무력감이나 불안감이 가정, 직장, 시민생활을 광범위하게 뒤덮고 있다. 더구나 문제는 대중을 이 '인간'으로부터 조기에 길러낼 수 있어, 스스로 인간 소외의 과정에 투여되면서 이제는 그 소외 현상을 자각할 수 없게 되었다는 점이다.

몬터규와 매슨의 공저『인간의 비인간화』[1]가 추출한 현대의 비인간화 증후군, 성의 과학적 포르노그래피, 비인간공학, 그에 반역하는 저자의 '대항문화'가 퇴폐적이어서 오히려 절망적인 분위기, 대중의 폭력 예술, 스포츠의 잔학성과 같은 어둡고 깊은 실황 분석은 읽는 자의 목덜미를 서늘하게 만든다.

이와 같은 미국적 퇴폐가 일본에서 똑같은 형태로 일어나고 있는 것은 아니다. 그러나 매일 매스컴에서 보도하는 최근의 경향은 그에 급속히 접근하고 있는 양상을 보이고 있다. 이러한 사회 전체가 20세기에 이른다면, '세기말 병'적 현상을 무시하고, 사회복지 활동이 사회관계의 사회적 불충족 혹은 부조정에 대응하여 '전인적 인간의 통일적 인격의 확립'을 기대한다는 것은 불가능하다고 말하지 않을 수 없다.

내가 사회복지를 정의할 때, 일반 사회복지 이론서와는 달리 특히 '그것이 놓여 있는 일정한 사회체제에서'라는 대전제로부터 출발한 것은 이런 전제가 없이는 지금의 사회복지 현상을 바르게 직시하는 적절한 복지 실천 활동은 있을 수 없다는 실감에 기반한 것이다.

---

1) Ashley Montague & Floyed Matson, *The Dehumanization of Man*, 1983.

인간의 모든 사고나 가치 판단에 대해 틀을 지음으로써 존재하는 사회경제 제도가, 아이덴티티를 지니는 인간의 통합성·책임성·존엄을 억압하기 시작했을 때, 근대 사회로의 전환에서 인격을 지닌 인간, 자기 자신을 위해 존재하는 인간으로 탄생한 자각적 개인은 재차 그 인격을 상실하게 되는 위기 상황에 놓이게 된다. 봉건제 사회에서는 "세상 안에 사람들(people)은 존재한다. 그리고 간신히 인물도 존재한다. 그러나 인격(personality)을 지닌 존재는 없다"(매슨)고 지적하고 있음에도 불구하고, 지금 지도적 학자들은 사회복지의 새로운 목표로 현대 사회의 비인간화 현상이 급진하는 환경에 저항하여, '클라이언트-워커 관계'에서 클라이언트의 통일적 인격을 확립하는 인간성 회복의 문제에 초점을 두고 있다.

(2) 클라이언트-사회복지사 관계의 새로운 관점

인간성 회복을 위한 사회복지 이념의 중심적 지위를 차지해 온 것은 '자기실현'이었다. 제18회 국제사회복지회의[2]에서 영국의 허즈번드(Young Husband)가 사회복지 활동은 '자기실현에 대해 자유로워야 할 것'(to be free to realize oneself)을 목표로 해야 함을 호소한 것은 시대의 흐름을 상징한다. 사회심리학의 관심은 '자아'(self)의 연구이다. 그러나 구미의 사상적 환경의 제약으로부터 '자아'는 개인주의적 경향을 띠며 나타난다.

케니스 볼딩이나 리처드 티트머스가 사회정책의 중심 과제로 '아이덴티티' 혹은 '통일적 인격'의 확립을 설명한 경우, 그것은 개인주의적 'person'의 협소한 개념으로 한정하지 않는다. 즉 '사회적 자아'로서 지역사회 안에서 형성하는 개인의 이해, 그리고 '나와 너'의 인간 관계 및 사회 관계로 시야를 넓힐 것을 요구하고 있다. 그것은 단순한 복지활동이 아니라, 특히 '사회복지' 활동인 것을 전제로 한다.

사회복지사와 클라이언트는 클라이언트의 인격적 실존에 중대한 역할을 담당하는 '의미'에서, 클라이언트-사회복지사 관계에서 발생하는 협력자 혹은 동료로서의 공존 관계로 결부되고 있다. 그 추구하는 경로와 연계되는 영역은 클라이언트가 직면하는 현실의 구조, 그리고 본인의 가치관 혹은 신앙과 신념에 따라 좌우된다. 이 혼란의 시대에 클라이언트의 인식방법, 사고방식, 해석 등 생활 문제의 해결을 저해하는 왜곡, 혼란, 오해에 대해 면밀한 주의를 되풀이하기 위해서는 종래 개별 과학적 전통에 집착하는 것만으로는 클라이언트의 현실에 접근하는 것은 아니다.

클라이언트는 역사의 종단면적 관계와 사회의 횡단면적 관계가 교차하는 현재적 국면에 서 있다. 이 종과 횡의 접점에 있는 인간행동에 관여하는 여러 가지 요인은 매우 역사적인 사

---

2) 제18회 국제사회복지회의 1976년 푸에르토리코에서 개최되었다. 주제는 「사회복지의 역할-기회의 균등을 추구」이었다.

정의 구속 아래 생리, 경제, 심리, 사회, 문화인류학적 요인의 역동적인 통합을 지향한다. 그 것을 각기 단일 개별과학, 즉 생리학, 경제학, 심리학, 사회학, 문화인류학 등에 의해 분해된 일점(一点) 집중적 과학으로 처리하려 할 때, 인간을 제대로 파악하지 못하는 일이 발생할 것이다.

(3) 단일 개별 과학에 의한 인간 이해의 편향성

19 세기의 말미에 독일의 철학자 하인리히 리케르트가 그의 저서 『문화과학과 자연과학』[3]에서, 문화 철학에 의한 과학의 개념 구성을 시도하면서, 삼라만상의 연구에 정통한 분석의 토대를 마련하였다. 자연과학의 보편적 방법과는 다르게 문화과학 영역에서는 무한한 다양성을 지니는 인과 관계의 파악이 쉽도록 일정 계열의 개성적 분석방법을 채택해야 함을 제창한 이래, 과학자 사이에서는 인간 연구의 복잡성을 모든 과학 안에서 단일 개별과학으로 해명하는 방법론이 일반적인 경향이 되었다.

거기서는 다양한 현실의 단순화를 지향하여, 소수 특정 요인(변수)의 인과관계에 시각을 집중하고 모델을 설정하는 것이 보통의 행동방식이다. 그러나 복잡한 인간행동을 이와 같이 국부적 개별화로 취급하는 것은, 인간 생활을 조성하는 여러 요인의 역동적 관계 안에서 일어나는 사회 문화적 배경을 차단하는 위험을 만들어 내기에 이르렀다.

심리학자 마이어의 논문 「히스테리란 무엇인가」(Was ist die hysterie)의 정의에 따르면, 그것은 '일점(一点) 집중적 경향성'을 의미한다. 즉 매우 위대한 과학자라 해도 단일 개별 과학에 안주하여 인간 행동에 대해 연구하여, 특정한 시각으로부터 어떤 현상의 중대 요인을 발견해 내는 비범한 업적을 나타낸다면, 전문적인 것 이외의 요인이나 그 역동적 영향을 전혀 문제로 삼지 않는, 즉 생명유기체의 가치·구조·기능의 역동적인 관계의 통일적 이해에는 무력한 히스테리 현상의 담당자가 될 것이다.

20세기 전반을 지배한 단일 개별과학, 특히 인간 이해에서 경제학이나 심리학의 일반적 우세에 대한 비판은 학계에서 이미 베르탈란피의 「일반시스템 이론의 개요」,[4] 제임스 G. 밀러의 「행동과학의 일반시론」[5]과 같이 단일 개별과학을 초월할 수 있고, 인접 과학의 교류를 생명으로 하는 행동과학 방법론의 당연한 방향으로 일반 시스템 이론 안에서 성숙하였다. 그리고 하버드대학의 탈코트 퍼슨즈의 『사회시스템과 행동 이론의 전개』,[6] 기타 일

---

3) Heinrich Rickerr, Kuiturwissenschaft und Naturwissenschaft, 1898.
4) Ludwig von Bettalanfy, "An Outline of General System Theory", *British Journal for the Philosophy of Science,* I, 1950.
5) James G. Miller, "Toward a General Theory of Behavior Science", *American Psychologist,* 1955.

련의 시스템 이론서에서 크게 일어났다.

　사회복지 연구의 기초를 제공하는 사회과학의 사유유형이 그것을 생겨나게 하는 사회체제의 기초적 변화에 응해서 정태적 개별과학보다 역동적 통합과학으로 지각 변동을 일으켜 온 것이다. 그것이 새로운 시대 용어를 지닌다면 확실히 패러다임 탄생, 즉 '패러다임 시프트'를 의미하고 있다. 20세기 후반에 발생하고 있는 패러다임이 급속히 진행되고 있는 비인간화 현상의 심화·확대에 대항해서 사회복지의 사유유형에 어떠한 영향을 주며, 이 세기말병을 극복하는 복지 실천의 체계를 어떻게 정비하려 하고 있는 것일까.

2. 패러다임이 함축하는 것

(1) 패러다임이 의미하는 것 - 쿤

　'패러다임'(paradigm)은 그리스어의 paradigma, 즉 para(beside)와 deiknynai(show)의 합성어로, 한편으로는 유형(pattern) 혹은 범례(example)를 의미한다[7]. 이 용어는 이미 저명한 사회학자 로버트 K. 머튼의 저서 『사회이론과 사회구조』[8]에서 사회학 분석의 이론적 접근에 해당하여 간결하게 분석을 체계화하는 수단으로 이용되고 있지만, 일반적으로 사용하기 시작한 것은 프린스턴대학의 토머스 S. 쿤이 『과학혁명의 구조』[9]를 출판한 이후의 일이다.[10]

　쿤 스스로가 정의한 것에 의하면 '패러다임'이란 일반적으로 인정된 과학적 업적으로 일정한 시기 동안 전문가에 대해 묻는 방법이나 대답하는 방법의 모델을 부여하는 것으로 존재한다.

　과학사에서 보면 코페르니쿠스, 뉴턴, 아인슈타인에 의한 과학의 역사적 대전환은 과학자가 종래의 과학 이론을 부정하여 그 것과는 이질적인 새로운 위치에 서게 하며, 무엇이 올바른 해답인가에 대해 전문가들의 판정 기준을 변화시키고, 따라서 그것이 과학의 변환을 야기하는 것이 된다.

　새로운 설을 채택한다는 것은 종래의 전통적 실험 방법을 재검토하고 전문가 집단이 오랫동안 습관화해 왔던 사고방식을 고치며 세계를 다루는 이론체계를 조직하여 이전의 사실

6) Talcott Parsons, *Social Systems and the Evolution of Action Theory*, 1977.

7) Funk & Wagnalls, *Standard Dictionary*, Volume Ⅱ, p.914.

8) Robert K. Mertton, *Social Theory and Social Structure*, 1959.

9) Thomas S. Kuhn, *The Structure of Scientific Revolutions*, 1962.

10) 쿤은 그 이후에 캘리포니아 대학을 거쳐 1979년부터 메샤추세츠 공과대학의 과학사, 과학철학 교수로 근무하고 있다.

을 평가하고 정정하는 것이다. 그것은 지금까지의 과학 이론으로 연구 생활의 안정과 사회적 지위를 쌓아 올려 온 전문가 집단에게 확실히 하나의 '과학혁명'을 의미한다.

(2) 과학을 촉진함과 동시에 폐쇄하는 패러다임

일반 용어에서 패러다임은 모든 예를 일정한 형으로 만들며, 그것을 원칙으로 하여 또 다른 패러다임을 모색하고 제작을 진행하는 기능을 한다. 그런데 쿤에 의하면 과학자 집단의 경우 하나의 패러다임이 성립하면 전문가들은 문제를 설명하는 것에 좋은 정도의 수법으로 그것을 수용하고, 관측이나 실험을 용이하게 하는 정교한 장치가 생기며, 전문직 중간만으로 통용하는 특수한 기술적 용어를 만들어, 어느새 폐쇄적 학파의 형성으로 나아간다. 이 패러다임의 확립이 한편에서는 과학자의 시야를 엄격히 제약하고 패러다임 변혁에 대한 당파성을 가지는 저항을 지녀 과학의 동맥경화를 추진한다.

이와 같이 패러다임 형성은 지식의 정밀화나 관측 이론의 일치를 촉진하고, 과학의 기초가 확고부동한 것으로 하는 반면에, 일단 패러다임의 변경으로 인도하는 변칙성에 기여할 때, 변경에 대한 저항을 한다는 것도 발생할 수 있는 것이다. 오랜 패러다임의 객관적 사실의 부적합성에 기여한 사람이 진리와 오류를 이론적 사실로 밝힘으로써, 엄연히 기존 패러다임으로부터 새로운 것으로 과학적 시각을 변환해 갈 때, 거기에 과학 혁명이 일어나며 창조적 과학자가 발생하는 것이다. 쿤의『과학혁명의 구조』가 중시하는 것은 이 패러다임 이행의 과정이다.

예를 들면 코페르니쿠스의『천체의 회전에 대해』(1943)는 프톨레마이오스의 패러다임을 와해시키는 것이었지만, 코페르니쿠스 혁명은 그의 사후 1세기경 동안은 많은 찬성을 얻을 수 없었다. 뉴턴이 만유인력 이론을 체계적으로 서술했을 때도 반 세기 이상 동안, 특히 유럽 대륙에서는 일반적으로 수용할 수 없었다. 다윈은『종의 기원』(1859) 말미에 "나는 이 책에 서술한 견해의 진리를 확신하고 있지만, 나와 반대의 관점에서 많은 사실을 보아온 박물학자를 설득할 수 있다고는 결코 생각하지 않는다"고 탄식하고 있다.

(3) 패러다임 이행에서 지지와 논쟁

쿤이『과학혁명의 구조』에서 패러다임의 관념에 대해 말하려는 것은 우선 과학의 영역에서도 그 발전은 문학, 음악, 예술, 정치, 그 외의 인간 활동에 대해 역사가가 이야기하고 있는 것처럼 연속적 누적을 불가능하게 하는 신구 패러다임의 이행(shift)과정에서 갈등을 야기하는 혁명적 단절이 시대 구분을 받아야 할 사정에 놓여 있다는 것이다.

두 번째로는 과학의 발전이 다른 분야의 발전과 공통의 패러다임간의 싸움에 의해 불연

속의 연속을 경험하고 있음에도 불구하고, 과학 본래의 객관성 탐구의 본질적 과제가 다른 문화영역에 비해 '발전한 과학에는 대립하는 학파가 존재하지 않는다는(혹은 지금은 적다고 이야기하고 싶다) 점을 강조'(쿤)하려는 것이다.

확실히 과학의 냉철한 객관적 관찰은 당파성을 넘어 항상 동일한 사실을 향해 귀의하며, 귀환하는 성격을 고수하지 않으면 안 된다. 쿤이 "발전한 과학에는 당파가 존재하지 않는다"고 서술하고 있는 것처럼, 우리들은 사리사욕의 싸움을 되풀이하는 사회적 현실이 한창일 때에도, 학문의 세계에서 패러다임 이해는 오히려 소리 없는 정적 속에서 진행하면서 이성의 권위를 높이 유지하고 싶다고 기대하는 것이다.

그러나 현실에서 학자들의 집단 구조는 모순과 대립을 내포하는 사회체제의 투쟁관계를 반영하며, 소유, 권력, 당파의 이해 속에서 아수라장 같은 대결을 되풀이하는 세상 속으로 계속 들어가는 위험과 무관하다고는 말할 수 없다. 사회복지의 연구와 실천에 연결되는 우리들이 비인간화를 진행하고 있는 오랜 패러다임의 근원을 육성해 온 사유유형에 대해, 자기가 어떤 지점에 서 있는가를 스스로에게 묻는 것으로부터 내일의 복지를 전망하는 새로운 지평을 개척해야 한다. 쿤이 패러다임을 규명하는『과학혁명의 구조』에서 "과학지식은 언어와 동일하게 본래는 한 집단의 공유 재산이며 그 이외의 것은 아니다. 과학을 이해하기 위해 우리들은 과학 지식을 창조하고 사용하는 집단의 특수 성격을 알 필요가 있다"라는 말로 결론짓는 것은 확실히 여운을 남기는 표현이다.

(4) 패러다임 이행과 다원적 리얼리티 - 슈츠

20세기 후반에 시작된 패러다임 이행에 대한 연구는 세상 변화의 실태와 전환을 추구하여 사회복지 정책 전개의 역사적인 타당성과 적절함을 확보하기 위한 귀중한 기회이다. 20세기 초의 고도 자본주의가 빚어낸 사회 문제에 대응하는 '사회사업' 처치 수법의 연장선에서 내일의 복지를 전망하려 할 때, 사회의 구조·기능·가치가 변하고 있는 21세기로의 전환기의 객관적 사정에 대응하는 것은 더욱 불가능해지고 있다. '패러다임 이행'의 양상을 조직적으로 파악하는 수 없다면 '불확실성의 시대'의 혼돈을 정비하여 구조·기능·가치의 새로운 체계를 답습하는 사회복지 활동의 실현은 생각할 수 없는 것도 아니다.

지금 발생하고 있는 '패러다임 이행'의 연구에 대해 사회학에 귀중한 눈길을 주는 것은 사회학자 슈츠의『생활세계의 구조』[11]이다. 그는 빠르게 20세기 전반의 혼돈된 시대를 이해하기 위한 지식을 구하여 특정한 형식으로 구조화하는 길을 개척하려고 쓴『사회적 세계의 현상적 구조』(1932, 1967년 영역)에서, '사회적 세계'(die soziale welt)로 불리는 용어

---

11) Schutz & Luchmann, *The Structure of the Life World* , London, 1974.

를 일상생활의 경험에서 통찰을 추진함에 따라 '생활세계'(life-world)라는 말로 고치고 있다. 슈츠 사회학이 우리가 일상생활에서 여러 사실을 경험하고, 상황에 부딪쳐 이질적인 가치규범에 따라 행동하는 생활세계의 현상학적 파악을 출발점으로 하는 것은 패러다임 이행 과정을 있는 그대로 취급하기 위한 토대를 주는 것이라고 말할 수 있다.

우리들의 역동적 통합이론은 인간을 이해하는 여러 요인이 역동적으로 통합되어 생활세계의 모든 국면이 다른 양상을 표출한 결과, 그것을 다양한 형태로 분류하는 사회학적 작업이 더욱 정확한 인간 행동의 '사실'을 파악할 때 유효하다고 생각한다.

가장 의미 있게, 즉 가치 있게 행동하는 인간을 단지 현상학적 전형화로 규정하며 지식 구조화를 허용하려 할 때는 다원적 리얼리티를 지니는 생활세계가 그 다원적 리얼리티를 초월하여 전 인류를 통합하는 사회체제의 규칙에서 생기는 세계적 패러다임을 간과하게 된다. 나아가 일상생활의 기존 질서에 산발적으로 일어나는 잡다한 리얼리티의 현학적 나열로 끝난다면 그것은 '패러다임 이행'을 안이한 보수성과 피상적인 경박한 관찰로 끝내려는 것이다.

'슈츠의 다원적 리얼리티론'이 생활세계의 다원적 구조를 발생하는 근거로 제창할 수 있는 것은 다음의 세 가지로 정리된다.[12]

① 인간은 분업에 의해 다른 '지식'을 지니는 다른 집단을 만들어낸다.
② 인간은 경험을 통일하고 세계의 질서를 세우기 위해 세계를 대비적, 대립적으로 나눈다.
③ 인간은 여러 가지 의식상태를 지닌다.

이들 세 가지 근거는 사회구조가 발전하고 기능분화가 고도화함에 따라 우선 다원적 리얼리티의 정도가 높다는 것을 증명하고 있다. 단지 그것이 '인간 중심주의로부터 탈 중심화로' 직진하는 것이라면 그 사고 방법은 리얼리티 다원화의 복잡성에 따라 현학의 마술에 사로잡혀 사회체제와 패러다임과의 관계를 간과하는 위험이 없다고는 말할 수 없다.

3. 미국의 패러다임 이행 연구

(1) 패러다임 이행 연구 – 스탠퍼드 연구소의 VALS

'패러다임 이행'의 연구로는 미국 스탠퍼드 연구소의 『가치와 라이프스타일의 분석』 (Value and Lifestyle, 약칭 VALS, 1978)의 조사가[13] 특히 의미 있는 자료를 제공하고 있

---

12) 江原由美子, 『生活世界の社會學』, p.281.
13) Arnold Mitchell, James Ogilvy, Peter Schwartz, *VALS Typology*, 1978.

다. 그것은 미국의 역사가 윌리엄 톰프슨(『퍼시픽 시프트』의 저자)이 언급한 '산업혁명보다도 한층 커다란 문화 변화'의 과정에 있는 미국인의 가치관이나 라이프스타일의 선택이 그 생활세계의 모습을 어떻게 변혁하는가를 탐구하려는 획기적인 시도이다.

스탠퍼드대학의 연구소가 격변하는 미국 사회의 '패러다임 시프트' 내용을 분석·검토하고, 다음 패러다임 형성으로의 실마리를 규명하려는 목표로 진행하였다. 그것은 21세기를 향해 발생하는 사회문제, 그것에 대항해야 할 사회복지의 자세를 일깨우는 흥미 있는 연구이다.

미국과 깊은 교류관계를 맺고 있는 일본도 그 영향을 고려한 현명한 판단이 요청되고 있다. 지금 물리학, 화학, 뇌(腦)이론, 수학, 생태학, 진화, 철학, 심리학, 정치학, 언어학, 종교, 의식, 예술 등 각 지식분야의 최전선에서 기성 개념을 깨뜨리는 패러다임의 대전환이 일어나고 있다.

그 질적 전환을 위해 현재의 지배적 패러다임으로부터 새로운 모양을 나타내는 패러다임으로의 개념 변화는 연구 대상의 단순한 관계성으로부터 상호 작용의 복잡한 관계성으로, 수직 서열의 계층제로부터 병렬의 복수지배제로, 기계적 관계로부터 상호작용과 분화와의 역동적인 과정을 중심으로 하는 포노그래픽적 관계로, 결정론적 확정성으로부터 하이젠베르크의 불확정성 원리에 따른 예측 불가능한 불확정성으로, 인과관계의 예측 가능한 선형 모델로부터 상호인과 관계로의 지적 전환을 모색하고 있다.

또한 계획대로 구성요소를 모은다면 예상한 결과를 가져오는 건설 프로젝트의 집합적 구성으로부터 상호 영향 작용으로 예측 불가능한 새로운 형태가 형성되고, 학문 분야의 중립적 객관성으로부터 유기체적 통합 작용의 전체 상황에서 관찰하는 전망(조망)적 통찰 방법으로 종종 지적 전환이 발생하고 있다.

여기서는 슈츠 사회학이 생활세계의 다원적 리얼리티의 이해로 보여진다. '절대적' 진선미의 궁극적 리얼리티의 탐구는 역동적인 통합에서 보는 것에 영향을 주는 실상으로부터 부분적 효과를 지니는 것밖에 접근이 허용되지 않는, '다양한 방법을 통해 탐구하는 지식의 종류로 복수성에서의 전환'이 새로운 패러다임의 특징이다. 요약하면 그것은 '복잡, 포노그래픽, 불확정, 상호인과, 형체 형성에서의 조망이다. 형이상학적 전환은 기계로부터 인간으로의 전환이며, 우리들은 자신이 보고 있는 세계에 있는 것이다.'

(2) 『패러다임 이행』이 말하는 인간 형태의 변화

이 연구 보고에서 볼 수 있는 '패러다임 시프트'의 가장 유력한 미래는 비관적 상대주의라는 다원적 리얼리티의 인식에서 출발한다. 미국의 환경은 의연히 낙관적이며, 다양한 환경으로부터 선택이 진행되는 가운데 현실주의로 향하는 소비패턴은 미국 경제의 재활성화를 가능하게 하며, 그 밝은 번영은 규제가 적은 경쟁적 비즈니스 정세를 돕고, 가장 혜택 받지 못하는 사람들에게도 도움이 되는 좋은 시대로 될 것이다.

예를 들면 VALS 인구의 구성비는 밝은 번영의 미래를 전망하고 있다. 미국의 독특한 경쟁자형이나 달성자형을 포함하는 '외부지향형'이 1990년에서조차 '내부지향형'을 2.3 대 1의 비율로 업신여기고 있다. 그러나 변화에서는 1980년의 67%에서 1990년에 60%로 감퇴 경향을 보이고, 사회병 해결을 지향하는 사회 의식형이나 자기중시의 '나는 나 형'을 포함하는 '내부지향형'이 20%에서 26%로 증가할 것이라는 양적 예측을 보이는 것은 미국인의 기질이 양에서 질로, 테크노크라트적 개인 윤리로부터 인간주의 윤리로, 자유방임으로부터 피드백에 의한 제어로 가치 경향의 깊이를 보여주는 것이어서 주목해야 할 경향이다. '본물지향'(real thing)의 커다란 파도와 함께 전례가 없는 만큼, 고수준의 '지역사회 우위'가 개인 우위의 전통을 억압할 것이라는 지적은 사회복지 활동의 질적 측면에서의 충실에 대한 사회적 요구가 높아짐을 예상하게 하는 것은 아닐까?

(3) 개인주의를 초월하는 심리학

그에 덧붙여, 여기서 공유하는 것은 미국 심리학계의 '트랜스퍼스널 심리학 (transpersonal psychology)'에 의한 개인주의를 뛰어 넘는 신 조류, 유럽에서 발생한 사회복지의 '지역사회 사회복지사' 중시, 협동조합 운동에의 중심 목표인 협동조합 지역사회 지향의 새 모습이다. 여기서는 명백히 새로운 패러다임이 구미의 헬레니즘적 개인주의의 오랜 전통의 한계를 보여주는 신기원으로의 싹이 트는 것이 예감된다.

인간 심리를 취급하는 심리학은 금세기에 우선 행동주의적·객관적·기계론적·실증주의적 단계, 즉 해당 시대의 과학주의의 경향을 수용한 '행동주의 심리학'과 의식 구조에서 무의식의 중요성에 착안한 프로이드나 정신 분석학파의 심리학 단계로 이어졌다. 이들 심리학의 두 흐름은 근대 과학의 특징으로 말해야 할 환원주의에 의해 자극과 반응, 혹은 생리과정에 가까운 본능과 자아와의 상극작용에 따르는 것이다.

이는 "마치 심리학이 심리학 자신을 정당한 영역의 반분, 그것도 어둡고 너절한 방식으로 반분하여 스스로 규제한 것과 같은 것이다"라는 비판을 받았다.

미국의 마슬로(Abraham H. Maslow)는 연관되는 저차원의 부분 요소에 환원하는 것이 불가능한 인간의 잠재능력, 미덕, 달성 가능한 희망, 고차원의 전체적 존재의 가능성을 이해하기 위해 환원주의를 비판하고 제3단계의 전체적·역동적 이론으로서의 『인간성의 심리학』[14]을 제창하였다.

마슬로는 인간의 고차원의 측면을 취급하는 '적극적 심리학'으로서, 『인간성의 심리학』에 생리적 욕구, 안전 욕구, 소속 욕구, 자기평가 욕구, 자기실현 욕구를 계층 상태에 맞게 하는 인간 구조론을 제창한 것으로 알려져 있다. 그러나 그는 만년에 자아실현 욕구의 충족 후 심리적 성장의 극한에 자기초월의 경지를 구하여, 자아로부터의 해탈을 추구하는 제4의 단계, 즉 '트랜스퍼스널 심리학'을 창안하고 1969년 『트랜스퍼스널 심리학회지』를 창간했다.

(4) 미국의 외부지향형과 내부지향형의 영고성쇠

스탠퍼드 연구소의 'VALS 유형학(Typology)'은 마슬로의 인간 구조론의 도식을 수정하고, '필요에 몰리고 있는 사람들', '외부지향형', '내부지향형', '통합형'의 네 가지 유형에 더하여 유지자형, 경쟁자형, 사회의식자형 등 합계 9종류의 타입에 대해 라이프 스타일의 변화를 추구하고 있다. 여기서 주의하고 싶은 것은 '밝은 번영의 미래' 현상은 GNP 실질 성장률 연평균 4%에서 국제무역이 상승하고 에너지 사정은 악화하지 않는 새로운 경제학이 기능한다는 전제 위에 있지만, VALS 보고는 동시에 1980년대에 일어날 수 있는 '엄격한 시대'의 가능성에 대해 미국에서 발생할 수 있는 가까운 미래의 시나리오를 병행하여 올리고 있다.

그것은 정치 정세에 의해 GNP의 부분적인 호전과 격심한 인플레의 반복적인 교대로 불안정한 조건이 계속되는 가운데 실업률이 저하하지 않는 국가는 방어 자세를 쌓아올리고 있는 것이다. 당연히 거기서는 생존자형, 유지자형 등 '필요에 몰리고 있는 사람들'이 1980년의 11%에서 1990년에는 27%로 증가하고 '외부지향형'이 67%에서 61%로, '내부지향형'은 20%에서 9%로 감소하며, 성숙·조화가 가능한 건전한 자의 통합형은 2%에서 3%로 미세하게 증가하게 될 것이라는 예상이다.

그 결과로 엄격한 시대가 도래하는 경우에는 가치관의 압축에 수반되어 불안정감, 불안, 강박관념이 높아지는 것은 강력한 리더십의 갈망에 연결되며, 재차 연방의 관료제도는 확대되고 국민의 호전적 태도를 강화하게 될 것이다. 사회적으로는 전통주의, 순응성, 동일성, 조화가 미덕이 되고, 고립주의와 보호주의가 깊어지는 가운데 경험적으로 살아남기 위해 가족이나 혈연의 단결을 확고히 하며, 중간 의식이 강조되고, 그 한도에서 근린관계는 밀접하게 될 것이다.

'밝은 번영의 미래'와 '엄격한 시대'의 도래라는 대립하는 두 개의 시나리오를 되풀이하면서 그것을 총합하는 VALS 보고가 예상하는 유형변화를 결론적으로 서술하면, '내부지

---

14) Abraham H. Maslow, Motivation and Personality, 1954.   小口忠彦 監譯, 『人間性の心理學』, 産業技能大學出版部, 1971.

향형'은 20%에서 33%로 증대, '외부지향형'은 67%에서 52%로 감퇴, '필요에 몰리고 있는 사람들'은 11%에서 10%로 미세하게 감소, 그리고 '통합형'은 2%에서 5%로 증가할 것이라는 것이다.

'내부지향형' 중 젊은이들의 극단적인 자기 중시의 '나는 나형'이 과도기 존재로서 감소하고 있으며, 역으로 다양한 기능을 연마하여 적응성과 혁신성을 지니고 대중의 반응을 이끄는 데에서 영향력을 가진다. 조직적, 지도적 역할을 부과하는 '사회의식형'은 8%에서 19%로 증대하고, '사회병의 해결을 목적으로 한 프로그램에서 적극적으로 활동하는 것이 가능한 정치업무의 일을 하는 자도 많을 것이다'라고 예상되고 있다.

그것은 이제라도 사회복지 관계자에게 밝은 전망을 줄 수 있는 것이다. 즉 미국사회는 이들 '사회의식형' 사람들을 중심으로 사회연대 의식의 조직화, 지역사회 활동을 강화함으로써 병든 미국을 재생하는 기회를 붙잡는 것이 된다고 기대할 수 있기 때문이다. 그 새로운 패러다임으로부터 지금 활로를 탐구하고 있는 세계 사회복지는 새로운 동기부여와 합리적 실천방법으로의 박차를 가하게 되었다.

VALS 유형보고는 미국에서 최고로 가능한 정밀한 조사를 통해 결국 미국의 '패러다임 시프트'가 이 불확실성 시대의 경제체제 중심주의의 제도로부터 인간 중심적 사회체제로의 대전환의 가능성을 가로막고 있는 것을 객관적으로 이야기하는 것이다.

4. 사회 다원주의와 대립하는 휴머니즘

(1) 무방향 사회와 가치 문제 – 제프리 비커즈

패러다임의 대전환이 사회복지의 장래에 부여하는 변화란 무엇일까? 이것에 대한 전제로 고려할 것은 복지행정, 현장의 복지종사자, 그리고 사회복지의 진전을 요망하는 일반주민도 사회복지의 구조와 기능 결합의 기점이 되는 사회복지의 가치관을 명확히 눈여겨보고 직시하는 것이다. 현대사회에 이르기까지의 자본주의 사회의 역사를 인간중심의 생활관으로부터 뒤돌아보고, 그 장소를 굳게 유지함과 동시에 인간성 옹호에 대한 본질적 결함을 배격하고, 비인간화 사회의 극복을 위해서는 근본적인 자타의 반성과 비판이 있어야 한다.

이미 1959년 캐나다의 토론토대학이 조직한 '인간과 산업'에 관계되는 원탁회의에서, 영국의 사상가 제프리 비커즈 경은 '무방향 사회'라는 제목으로 기조강연을 하였다.15) 그는 세계는 나아가야 할 방향을 잃어버리고 있다고 했다. 인간 욕구의 본질을 묻고, 산업 사

---

15) Geoffrey Vickers, *The Undirected Society*, 1959.

회의 근원을 논하며, 방향성 없음의 근본적 원인을 산업사회의 가치관·인간관의 오류와 퇴폐에 있다고 한 것이다. 그것을 서로 보충함이 없이는 사회복지의 정당한 발전은 있을 수 없다고 생각한 것이다.

산업사회는 인간의 욕망(want 또는 desire)을 중심으로 하지만, 그것이 일정한 사회적 합의에 의해 수용될 수 있을 때 '욕구'라고 불려진다. 병립한 욕구 가운데 A를 선택하고 B를 절제하여 희생한다는 '선택'을 행하지만 그 선택은 가치판단 없이는 불가능하다. 사회 리얼리티는 다원적이며, 가치 상대주의는 강자와 약자의 싸움에 유린되고, 경제 중심의 산업사회는 소득 격차로 인한 부의 지배체제로 되지 않을 수 없다.

생활구조를 성립시키는 물질적·사회적 욕구는 진선미의 문화 가치를 지녀 정서가 통합에도 불구하고 거기서도 각각의 당파성에 의한 대립, 나아가서는 무정부주의적 혼란은 피할 수 없다. 전문화의 총합 체계를 궁극적으로 유지시키는 것은 전 인류적인 포괄성을 가지는 정의와 사랑이며 전 생활구조를 통제하는 '인격'이다. 그것을 편협한 강자의 논리로 얽혀 다루지 않기 위해 민주주의적 운영은 무방향 사회로의 길을 극복하는데 필요한 조건이다. 자원봉사 조직은 그 민주적 활동에 필요한 보증이라고 생각한다.

(2) 우선 극복해야 할 사회 다윈주의 '패러다임'

새로운 사회복지의 방향을 잡기 위해서는 경제 체제와 사회 체제의 위치를 혁신하는 '패러다임 시프트'가 필요하다.

① 경제체제를 위해 사회체제를 희생하여 만족하지 않는 근원적 자본축적을 강행하는 경제제도, ② 단골의 생산성 확보를 위해서는 어느 정도의 문화적 수준을 유지해야 하며, 경제체제와 사회체제의 병존을 인식하는 경제사회, ③ 인간중심의 사회체제의 성립을 위해 그 하위 시스템으로서 경제체제를 중시하는 문화사회라는 것처럼, 양자의 관계는 체제적 배경에 제약된다. 각기 체제를 지지하는 패러다임이 사회복지의 체계와 실천 수법의 상태를 구속하는 것이다.

『사회복지의 구상』[16]을 기술한 헤브라이대학의 데이비드 마카로프는 특히 '사회 다윈주의'(Social Darwinism)를 가지고 지금 전환을 앞두고 있는 오랜 패러다임의 전형으로 논하고 있다. 이 책은 사회복지의 동기 부여와 시대적 사상 배경의 관계를 명백히 하는 연구로서는 필독서이다.

찰스 다윈의 『종의 기원』[17]은 원래 순수하게 생물학적 진화론을 주장하는 것이었지만

---

16) David Macarov, *The Design of Social Welfare*, 1978.
17) Charles Darwin, *The Origin of Species*, London, Muray, 1859.

자연도태, 우성열패, 적자생존의 법칙을 사회법제의 토양에 적용하여, 경쟁을 이겨낸 사람이야말로 적자생존의 원리에 적합하게 부와 권력을 누릴 수 있는 자로 규정한 것은, 19세기 말 영국의 사상가 허버트 스펜서였다. 스펜서는 사회 다원주의 사상을 가장 단적으로 서술하여 다음과 같이 말했다.

"부족함, 악덕, 혹은 게으르고 태만한 이유로 자기의 생명을 잃는 자와, 허약한 내장 혹은 기형의 수족으로 희생되는 자는 동류에 속한다. 자연법칙에서는 모든 자는 한 형태로 시련을 받는다. 그가 생존하기에 충분한 만큼 완전하다면 확실히 생존할 수 있으며, 생존하는 것은 좋은 일이다. 그러나 생존하기에 충분한 완전함을 지니지 못한다면 그는 사멸하며, 사라지는 것이 최선의 것이다."18)

이 사회 다원주의는 사회의 진보를 표방하면서 실은 초보수주의에 함몰하는 계급적 편견을 띠는 것이다.

다음은 마카로프가 인용하는 당대 미국의 부호 록펠러의 말이다.

"대기업의 성장은 단지 적자생존을 의미함에 지나지 않는다. ··· 미국의 화려한 장미는 호화롭고 향기롭게 피어나지만, 그 주위에 생장하는 어린 싹의 희생에 의해서만 보는 이의 갈채를 유도한다. 이것은 실업계의 악폐로 보아야 하는 것은 아니다. 그것은 오로지 자연의 법칙과 신의 법칙의 소산일 따름이다."19)

마카로프가 인용하는 『미국 사회다원주의』를 쓴 저명한 사회학자 윌리엄의 말은 매우 신랄하다.

"우리들이 적자생존을 좋아하지 않는다면, 그것을 대체할 수 있는 한 가지는 부적당한 자의 온존이라는 것이다. 전자는 문명의 법칙, 후자는 반문명의 법칙이다. 최고의 부적당한 자를 육성하면서 더욱더 문명의 진보를 계획한다는 것 등은 있을 수 없다."20)

"자연의 모든 노력은 연관되는 자를 제거하고 그들의 세계를 걷어치워 더욱 선한 자를 위한 여지를 만드는 것이다"라는 스펜서적 견해는 맬더스 인구론과 흐름을 같이하는 것이어서,『장애인 권리선언』(1975)의 제3항 "장애인은 인간으로서 존엄이 존중되는 삶을 살 권리를 지니고 있다", 제10항 "장애인은 모든 착취, 모든 규제 그리고 모든 취급으로부터 보호되는 것으로 한다"는 사상과 진실에 대립하는 반동적 언사라고 말하지 않으면 안 된다.

거기서는 욕망을 단락적으로 가치와 동일시하는 존 스튜어트 밀의 『공리주의』(1872)와, 또 같은 해에 씌어진 스펜서의 『윤리자료』의 "진화는 항상 자기보존을 지향한다. 개개의

---

18) R. Hofstarder, *Social Darwiism in American Thought*, 1944, p.41.
19) R. Hofstarder, *op.cit.*, p.45.
20) R. Hofstarder, Ibid., p.57.

생명이 시간적 길이 혹은 공간적 넓이에서 최대로 될 때, 진화는 그 극한에 도달한다"는 기본 이념이 바탕을 이루고 있다.

사회 다윈주의는 요약하면, "생명 보존을 위한 양 또는 크기에 정도가 클수록 가치를 증대시킬 수 있다. 즉 가치란 생명의 증가함수이다"라는 견해를 주축으로 하여 "큰 것이 좋은 것이다"라는 무한획득, 최대 이윤의 끝없는 추구에 의해 시장기구의 번영을 지지할 수 있는 윤리이다. 그러나 자본주의 문명의 한편에서 배금주의에 의해 희생된 노동 상품화에 의한 인간 소외가 문화의 질적 황폐를 일으키고 있다는 것도 알아야 할 것이다.

(3) 휴머니즘에 의한 가치관의 변혁 - 윌러

'패러다임 시프트'는 비인간화의 근원에 있는 가치관의 변혁으로부터 시작하지 않으면 안 된다는 것이 현대 휴머니즘의 출발점이다. 새로운 패러다임의 방향을 잡는 휴머니즘의 최근 논리는 영국의 사상가 로버트 윌러의『휴먼인가 죽음인가 - 생태학적 휴머니즘』[21]과 같이 명쾌한 책이 있다.

그것은 휴먼 생태학의 철학을 배경으로 유럽 휴머니즘의 연구를 진행하며, 그 생태학적 휴머니즘이 어떻게 인격에 영향을 주고, 이성적 이념과 문명 형태를 변혁하는가를 규명하는 격조 높은 연구이다. 이 인간 생태학은 재래의 휴머니스트 상호간에 분열을 일으킨 휴머니즘 철학의 약점을 보충하고, 정확한 인간 연구는 개인 자체뿐만 아니라 개인과 사회, 자연 등 모든 환경과의 관계를 물어야 한다고 한다. 그것은 인간 고유의 인격 개념의 변화를 야기하고, 사고 및 이성에 대한 우리들 견해의 전환을 요구한다.

윌러는 오늘날의 교육과 정치의 원칙에 침투하고 있는 전통적인 데카르트류의 물심이원론의 사고방법에 반대하고, "나는 생각한다. 고로 나는 행동한다"라는 일체적 관계의 중요성을 중시하고, 전인적 인간은 생활인으로서의 행동을 인간성의 중심 문제로 고려해야 할 것을 강조했다.

그는 인간의 진보를 물질적 부에 의존하는 것으로 생각하며, 과학과 테크놀로지의 응용에 의해 실현하는, 끝나지 않은 경제적 진보가 인간 장래를 완성하는 길이라는 과학주의적, 유물론적 역사 진화론[22]에 철저히 반대한다.

이리하여 윌러도 산업 사회에 '비인간화'가 거만한 태도로 자리잡고 있으며, 기술의 '성장'이 대중을 에덴동산으로부터 도시로 끌어들이고 있을 때, 휴머니즘은 단지 중산계급이

---

21) Robert Waller, *Be Human or Die : A Study in Ecological Humanism.* London, Lodon, 1973.
22) '진보' 이념에 대해서는 Robert Nisbet, *History of the ideal of Progress*(1970)를 참고할 만하다.

나 상층계급의 장식품이 아니고 우리들 모두의 활동이 '휴먼'의 진수를 넘치게 하는 생명 행동을 돋우어야 한다고 생각한다. "우리들을 움직이게 하는 대의는 이성에 있는 죄의 사고 이며, 현재 우리들로부터 휴머니티를 속여 뺏고 있는 합리주의자들을 굴복시키는 것이 다"[23])라고 월러는 말한다.

5. 사회복지의 휴먼서비스로부터 제언

(1) 사회복지 주체적 가치관의 중요성

19세기 후반부터 20세기를 통해 생활세계에서 드러난 사회 다원주의 패러다임에 대해, 휴머니즘 혹은 인격주의의 협동체 사상을 중심으로 '불확실성 시대'의 희미함을 깨치는 새로운 패러다임이 지금 서서히 형성되어 가고 있다.

사회복지 분야에서도 웨스턴 리자브대학 하워드 골드슈타인의 『사회 학습과 변화 - 휴먼서비스로의 인식론적 접근』[24])과 『창조적 변화 - 사회복지 실천으로의 인식론, 휴머니즘적 접근』(1984)처럼 선명히 휴머니즘을 표방하는 사회복지학 원리의 책이 나타나고 있다.

원래 사회복지는 휴머니즘의 역사와 밀접한 관계를 가지고 발전해 온 정책 활동이다. 미국 미네소타대학의 워너 베임을 중심으로 전 13권으로 편찬된 사회사업교육협의회의 『사회사업 커리큘럼 연구 보고서』(1959)의 보고서 기초가 되는 제1권, 베임의 『미래 사회사업 교과목 제목』[25])의 농후한 휴머니즘적 경향을 누구도 부정하지 못한다. 이제 와서 새삼스럽게 복지와 휴머니즘을 연결할 필요는 없다고 생각한다.

그러나 여러 나라의 사회복지 사업의 실태를 관찰하면, 그 중에는 예를 들면 일본의 사회사업에 대해 大河內一男(오오고우찌가쯔오)이 『사회정책의 기본문제』(1940)에서 적절히 지적하고 있는 것처럼, 사회사업은 일본의 노동정책을 주축으로 하는 사회정책을 그주변으로부터 보강하는 것에 지나지 않는다는 비판도 있다.

大河內一男은 사회정책에 경제학적 모티프 이외에 사회적 모티프를 개입시키는 것을 예리하게 배제했다. 그의 학문 상대자 하이만이 『자본주의의 사회이론』(1929)에서 "사회정책은 자본 지배와 사물 질서 사이의 반대 원리의 대립이다"라고 말하며 "그것은 자본주의에 대한 자본주의 안에서 사회이념의 실현이다"[26])라고 서술하는 것은 '사회정책의 형이

23) 근대의 이성주의에 의한 인간성의 상실에 대해서는 Eduard Hymann, *Vernunftglaube und Religion in der mordern Gesellschaft*, 1955.

24) Howard Goldstein, *Social Learning : A Cognitive Approach to Service*, 1988.

25) Werner W. Boehm, *Objectives of the Social Work Curriculum of the Feture*, 1959.

26) Eduard Heimann, *Soziale Theories des Kapilalismus*, 1929, s. 118.

상학', 즉 나쁘게 관념론이라고 비난받은 것이다.

즉 일본의 사회사업은 노동정책의 보강을 의도하며, 순전히 자본 운동법칙의 지배하에 전개되는 것이어서, 하이만이 주장하는 것처럼 자본 운동법칙에 종속되는 것으로 인식해야 하는데, 사회적 혹은 윤리적인 반대 원리의 개입으로 보는 것은 이상주의의 달콤함에 도취되는 것이 된다. 이것은 확실히 사회복지 활동의 일면을 폭로하는 진리이다.

그러나 내가 『사회복지체계론』(1980), 『사회복지의 사상과 이론』(1980)에서 사회복지 활동을 시종일관하여 자본의 운동으로 파악하는 것은 사회의 변증법적 발전 내의 자본운동에 저항하는 노동자 시민의 사회적 세력이 담당하는 중요한 반대 원리의 사회적 모티프를 간과하는 구조 기능적 원리는 가치관과 결부되지 않고는 현실의 행동으로 되지 않음을 강조하고, 하이만 이론을 들어야 할 것을 주장했다.

일본에서 大河內一男의 사회적 모티프에 대한 형이상학론의 배격은 그 후 영원히 사회복지 이론서로부터 가치론의 항목을 차지하는 결과를 가져옴에도 불구하고, 가치론은 누구에게나 사회복지 실천의 동기 부여에 필요한 요건만은 아닌, 실천수법에 따라 분리될 수 있으며, 나아가 실천의 평가에 일정한 역할을 부과하는 것이다. 앞에서 서술한 월러가 데카르트적 물심이원론을 배척하여 '생각하는 것', 곧 고로 '행동하는 것'의 일체적 관계를 휴머니즘의 생명으로 제의하고 있는 것을 경청할 필요가 있다고 생각한다.

(2) 복지 개념에서 '소셜(social)'의 '휴머니즘(humanism)' 감각

패러다임의 이행현상이 진행하는 가운데 사회복지 내에 생겨나고 있는 변화는, 관계자가 현저히 의식할 수 있는 것처럼 '대전환'이라는 획기적인 변동을 의미하는 정도의 것은 아니다. 생활세계의 변동은 특히 사회복지가 직면하는 영역에서는 유일불변의 요인에 따라 변동에 대처한다는 의미는 좋지 않기 때문에 실천방법의 변화도 서서히 진행할 수밖에 없다.

칼 포퍼가 『열린 사회와 그 적들』[27]에서 지적하고 있는 것처럼, 거기서는 역사 진전의 결정적·일원적 법칙이 정신적·경제적·정치적 요인에 상호영향을 주며, 변화의 원인인 피드백과 관련된 복합적 인과관계로부터 생기는 것이 '생활'의 장이다. 따라서 사회복지 활동의 사상적 전개는 '유토피아 공학'이 아니고, 포퍼가 주장하는 '작은 공학'(piecemeal engineering)에 의해 사람들의 합의를 구하는 민주적 방법에 따른 개선을 중시한다. 사회복지는 이들 두 공학의 타협의 장으로서 현실로부터 출발하는 것을 잊고 있지는 않다.

그러나 그 '패러다임 시프트'는 음으로, 양으로 또한 서서히, 급격히 사회복지의 가치의식과 구조·기능의 결합관계를 새로운 것으로 변화시켜 가고 있다. 골드 스타인이 그 실천방

---

27) Karl Popper, *The Open Society and Its Enemy*, 1945.

식을 '인식론적 휴머니즘'의 기초 위에 구축하려 하고 있는 것처럼, 사회변동에 직결되는 의식의 전환은 사회복지 분야에서도 '소셜(social)'이라는 표현의 의미내용을 '휴먼 (humanism)'이라는 어감을 가지는 독자적인 차원으로 끌어올려 새로운 패러다임 감각을 요청하고 있는 것이다.

나는 '휴먼서비스의 이론'이라는 제목으로, 생활의 정면으로부터 트는 사회복지의 과제를 논하며, 자본주의 체제의 제도적 구속에 제약되어 온 복지 개념이 민주주의 사회 세력의 증대에 응하여 전인적 인간의 자기실현을 궁극목표로 하는 단계로 향한다고 지적했다. 통일적 인격의 확립을 원조하는 사회복지 전문직이 교육, 의료, 노동, 사법 등의 하위 시스템에 인간성의 본질적 욕구가 부르는 소리에 대응하는 새로운 운동의 지평을 개척해야 할 것을 호소한 것이다. 이미 거기서는 휴먼 서비스의 제창에 따른 새로운 사회복지의 패러다임 이행으로의 방향을 제언하고, 끝내고 있다고 말할 것이다. 본 항목에서는 패러다임 이행의 의의에 이끌려 '휴먼서비스'의 뼈대가 되는 휴머니즘의 문제까지 알아보고자 한다.

(3) 사회복지의 새로운 패러다임과 휴먼 서비스 감각

중요한 점은 우리들이 쉽게 말하는 '소셜워크' 혹은 '사회복지'의 '사회'라는 용어에 길든 복지 활동이 자기 실현을 소외하는 사회 체제적 패러다임의 강화로 인해 휴먼서비스로서의 감각을 잃기 쉽다는 것이다. 인간 존재에 반역의 체계를 가져오는 네 가지 특질을 알고 반성의 자세를 가져야 할 것이다.

즉① 인간 소외를 생겨나게 하는 물질적, 비인격적 외부제도에 무자각적 '의존성'의 조장 ② 상호 연대적인 '나와 너'의 협동 사회 안에서 주체적인 '책임감'의 상실 ③ 봉건적 자혜사상 극복의 정당한 노력과 이웃과 사회에 감사나 봉사를 망각하는 '이기심의 방임' ④ 재원의 공적 부담의 증대와 조직 체계의 확대로 점차 강고함을 더하는 관료주의적 처우가 복지 본래의 목적을 경시하는 '비인간화' 제도 등이다.

이들은 사회복지의 역사에서 귀중한 사회적 공헌을 해 온 반면에 또한 자기 만족을 허용하지 않는 '사회'의 근대적 죄과를 계속 담당해 왔다는 자기 비판과 죄책감으로 인해 '소셜' 서비스가 확장하여 새로이 '휴먼서비스'의 발판을 구축하게 하였다. 이 것이 20여 년의 사회복지계의 새로운 동향이다.

지금까지 사회복지의 불만이나 자숙을 기초로 충실한 발전을 해 온, '소셜'에 만족하지 않고 특히 '휴먼서비스'로서의 큰길을 개척하기 시작한 신경향의 흐름을 여기에 되풀이하여 요약하면 다음과 같다.

(1) 전인적 인간의 통일적 인격의 회복

경제체제를 우위에 두고 사회 체제를 이끌며 저조한 발전을 해 온 20세기의 사회복지가 역경 속에서도 사회사업가들의 마음에 희망의 등불을 켜려는 것으로 된 것은 인간성을 구성하는 요인들을 통일하는 인격중심의 역동적 통합의 이론이다. 영국에서 출판된 클라인과 오히긴즈의 저서 『복지의 장래』[28]는 대처정권에서의 실업과 경제 체제의 불안으로 공공지출의 압축이 암담한 복지 국가의 몰락에 의한 사회서비스의 모습을 예상하고 있다. 그럼에도 불구하고 경제적 부조를 극복하여 대인 서비스의 인격적 처우에 활로를 개척하려는 영국 사회복지사의 불굴의 의기는 사회복지사협회의 기관지 『소셜워크 투데이』(Social Work Today)를 바탕으로 가슴을 밝게 하려고 하고 있다. 그것은 다원적 리얼리티의 상대주의로의 굴복으로부터 오는 클라이언트 케이스의 단편적 처리에 만족하지 않는 인간 부흥으로의 싸움이다. 그것은 관청의 발상에 의한 복지활동의 사무적 전개와는 전적으로 이질적인 것이다.

(2) 관료주의의 타파

모든 조직을 정확·신속·유효·능률적으로 운영하기 위해 필요한 관료제의 장점을 누가 부정할 수 있을까? 그러나 그 시스템이 취급하는 활동내용의 본질·목적·수요주체 결과로의 책임을 무시하며, 인간의 자의적 정감에 좌우되고, 더구나 그 처리가 권력지배의 손에 위임될 때, 사무적 취급은 규칙 만능, 융통성 결여, 사물주의, 세력권 끼리의 파벌주의 등 병리현상을 수반하고, 사회복지 활동이 실천 현장의 대상자를 멀리하는 관료주의적인 독선적 운영으로 전락한다. 대인서비스의 중요성을 더하는 소셜서비스가 특히 '휴먼'의 측면을 중시하는 대상자 중심주의의 비결을 허술하게 하여, 그 전문직이 과학주의에 철저하도록 한다면 활동 전체가 비인간적인 기술 장치로 바뀐다.

오늘날까지 세계의 경제정책을 움직여온 케인스 경제학은 자연과학적 방법의 계수적 측정을 중심으로 계량 불가능한 것을 배제하는 방법을 지니고, 여러 과학과의 유기적 관련을 단절하며, 관료의 정책 수행을 용이하고 능률적으로 되게 했지만, 그것은 복지행정을 클라이언트의 비용계수에 포함하지 않는 수요를 무시하여, 어떻게 관료주의가 비인간화를 촉진하는가를 통감하고 있는 것이다.

(3) 복지 지역사회의 창조

1968년 영국에서의 『시봄 보고』[29]는 현실적으로 유효한 사회복지는 종래의 시설중심

---

28) Rudolf Klein & Michale O' higgins, *The Future of Welfare*, Oxford, 1985.

주의를 넘어 지역사회에서 시민 생활의 지역사회 네트워크에 의한 복지문제로 대응해 가는 것이 아니라면, 내일의 복지에 답할 수 있는 것이 불가능하다고 하여 복지행정 조직의 개혁, 거택보호 충실을 위한 처치, 자원 봉사조직의 확립 등 획기적 처치를 제공했다. 그 실현을 위해 1982년『바클리 보고』30)가 공표되어, 사회사업가의 새로운 역할과 임무를 제창했다. 사회복지의 새로운 방향으로 거택 보호의 충실을 위해, 클라이언트를 에워싸는 지역사회 환경의 복지 정비를 목표로 하여 새로이 '지역사회사업'의 확립에 착수하며『시봄 보고』를 실질적으로 실현하려는 것이다.

　　이 혼미한 사회 질서의 시대에 존재의 성격도 명확한 '지역사회'가 복지사회 만들기의 책임 주체로 되어, 유능한 '지역사회 사업가'가 충분히 활동할 수 있는 네트워크를 창조할 수 있는가 아닌가에 대해서는 논쟁이 분분하다. 그러나 거대한 자본제 산업사회의 메커니즘이 양성한 인간 사회의 붕괴 현상에 대해 사회복지의 미래를 밝게 하려면, '패러다임 시프트'의 방향을 개인주의, 전체주의를 초월하여 지역사회 형성의 협동체 사상을 지향하는 길 이외에는 없다. 그 발전적 방향에서야말로 사회복지사-클라이언트 관계의 높이, 넓이, 깊이를 확대하는 착실한 사회사업이 가능하게 되는 것이다.

　　그들 세 개의 진로는 20세기 후반의 사회복지 관계자의 마음 있는 사람들에 의해 이미 추구되어온 방향이다. 그것이 지금 특히 '휴먼서비스'라는 새로운 표현을 가지고 사회서비스에 신선한 에너지를 가세하려는 것은, 지금까지의 사회적 타성에서 '개선'이나 '개량'을 유의해 온 사회복지사업이 결국 산업사회가 만들어내는 사회문제의 파탄에 실질적인 효과를 얻을 수 없는, 기껏해야 '남의 뒤치다꺼리'의 역할밖에 부과할 수 없는 것에 대한 주민으로부터의 불만과 비판을 배경으로 하고 있다.

　　'인간을 장려함'이라는 인간 존재의 근원적인 소원을 역사 속에서 결정해 온 것은 '휴머니즘' 사상이다. 'Inhuman?' 사태가 우리 안에 뽐내는 이 시대에 우리들은 복지실천을 제약하는 오랜 패러다임의 여파를 떨치고, 가치관과 사회복지의 구조 기능과의 새로운 통합에 의해 전인적 인간의 통일적 인격의 확립과 보호의 임무를 행하려는 것이 사회복지 새로운 패러다임의 진수이다. 오늘날 우리들의 복지 현장의 구체적인 활동의 몹시 작은 기법에서도 발전적인 미래를 찾는 사회복지사가 요청되고 있다.

---

29) *The Seebohm Report*, by The Committee on the Local Authority and Allied Personal Social Services, 1968.
30) *The Barclay Report, Social Workers: Their Roles & Tasks*, 1982.

제13장 민간 사회복지의 본질적 과제

1. 격변하는 사회의 복지 욕구와 정치기구

　지역사회의 구성 요소인 주민 한 사람 한 사람의 의지를 결집하고, 하나의 사회 세력으로서 주민의 생활구조를 변혁하기 위해 사회적 행동을 전개하는 것은 봉건 권력과 유착한 자본주의 정치가 자본축적을 강행하려는 과정에서 보면 신화에 가까울 정도로 어려운 일이라고 할 수 있다.

　지역 주민의 일상적인 복지 욕구가 하나의 의사 결정으로 통일되어, 구체적인 실천행동을 토대로 한 지방 및 전국적인 정치 활동으로까지 축적되지 않는 한, 민주사회의 실현은 언제까지나 단순한 허풍에 불과하다.

　그러나 전후 격변하는 사회에서 이전의 일본에서는 볼 수 없었던 커다란 전환이 일어나고 있다. 국제 정세가 변화하는 가운데에서도 평화경제의 환경을 지속시켜 나갈 수 있었던 일본은 기술 혁신을 통하여 세계적으로도 보기 드문 급속한 경제성장을 이루었고, 경제우선 정책으로 인하여 국민 생활은 물질적 측면에서 전반적으로 수준 향상을 이룩하게 되었다. 그러나 급격한 변화는 생활 우선이라는 기본 원칙을 떠나 이윤 추구를 위한 자본축적 우선의 경제 개발을 고집함으로써, 생활복지 향상에 역행하는 여러 가지 붕괴 현상을 가져왔다.

　1970년대 사회 정세가 급변하는 가운데 사회복지 전략을 모색하고자 하는 공통의 관심 속에서 제15회 국제사회복지회의(1970년 9월, 마닐라)가 개최되었다. '사회개발을 위한 신전략 – 사회복지의 역할'(New Strategy for Social Development-Role of Social Welfare)이라는 주제로 열린 이 회의의 분위기를 압도했던 것은 경제개발의 독주 결과 필연적으로 사회 개발이 심각하게 뒤쳐져 있다는 위기 의식이었다.

　UN은 1961년의 '세계 사회 상황 보고'(The Report on Social Situation)에서 '사회개발과 경제개발의 균형'(Blanced social and economic development)이라는 부제를 가지고, 사회개발과 경제개발은 모두 민중의 행복을 궁극적인 목적으로 하여 상호 균형 관계를 고수해야 할 것을 강조했다.

일본처럼 경제 개발이 파행적으로 급진전해 온 국가에서는 국민의 생활방위를 위해 주목해야 할 사회개발 계획이 세계 어느 나라보다도 긴급한 상황이다. 그러나 일본의 사회 풍토는 '산업개발의 모양새는 생각하지 않는' 전횡의 파국으로 치달았으며, 그러다가 결국 '공해'의 만연에 의해 지역주민의 생명의 근원이 위험에 처한 위기 상황에 이르렀다. 그럼에도 불구하고 사회 개발 계획의 중대한 의의를 정확하게 인식하지 못하는 듯 했다.

마닐라 회의에서 우리가 논의했던 절박한 실천 과제는 변화 속도의 급진전에 따른 여러 가지 현상 - 특히 국내, 국제간 및 국내 계층간의 인구 이동의 급전개와 생산증대에 의한 국내 및 국제간의 빈부 격차의 확대, 인구의 도시 집중화가 초래하는 사회문제의 복잡화, 인구 증가·도시집중·산업화에 의한 환경오염의 증대, 세대간의 긴장관계의 심화, 변화를 바라는 청소년들의 질서에 대한 반항 등이 발생하는 현상에 대하여 복지노동에 종사하는 사회복지사들이 어떠한 윤리성, 과학성, 실천방법에 숙달되어야 하는가에 대한 사회복지의 전략적인 문제였다.

사회복지사들이 늘 가까이에서 접하고 있는 가족 문제에서도 이러한 광범위한 변화는 가족의 구조·기능·가치를 동요시키고 있다.

즉 기혼 여성의 사회적·경제적 참여 기회의 증가에 따른 가정 내에서 역할의 변화, 기혼 여성의 취업, 부모와 자녀 간 지식의 차이로 인한 가정내 권위·역할의 변화, 핵가족화와 결혼 연령 및 수명 연장에 따른 가족구조의 변화, 노령인구의 증대와 대가족 제도의 붕괴에 따른 노령자의 부적응 문제 해결의 중요성, 인구이동 및 도시화에 따른 사회의 복잡화 등에 의하여 가정의 기능만으로는 해결할 수 없는 비행·범죄의 증가와 같은 지금까지의 복지 욕구를 뛰어넘는 다양한 문제가 발생하고 있다.

이러한 1970년대의 과제에 대응하기 위한 사회복지의 전략으로 마닐라 회의에서 토의된 여러 가지 사항을 나열하면 다음과 같다.

재정수지의 균형을 목표로 먼저 완전고용, 물가인상 억제, 생산성 향상 및 생활 우선 정책을 실시하여 최저임금·사회보장·면세조치·보조금 등에 의하여 소득 재분배를 실현하려는 '사회경제개발계획'이다.

또 저소득층 대책, 공중 보건위생, 사회교육, 레크리에이션 대책, 특히 심신 장애 또는 사회 장애를 가진 사람들의 재활과 인간능력의 원조를 위한 자원 제공을 우선 순위 중 상위에 두고 인간적 가치와 경제적 능력의 고양에 힘쓰는 '여러 가지 사회 서비스의 적극화', 사후처리보다 예방 활동의 범위 확대를 위해 지역주민의 보건위생, 영양 개선, 레크리에이션, 비행예방 대책 등을 추진하는 '예방 프로그램의 전개'가 거론되었다.

또한 경제성장과 균형을 이루지 못한 채 약한 소비자의 입장에 있는 시민을 정부·지자체·민간 시설의 복지 서비스로 보호하려는 '소비자의 권리 보호' 등의 항목과 더불어 이러한 활동이 효율적으로 추진될 수 있도록 원조하는 조건으로 '지역사회 개발과 시민 참여'에 특별히 역점을 두고 있는 것은 사회복지의 새로운 동향을 시사하는 것으로 특히 주목하였다.

과거의 사회복지와 같이 상위 계층의 엘리트 의식에 기반을 두고 우월한 자로서 열등한 자에게 베푸는 자선과 같은 식으로, 또는 정치권력 지배층의 사회 정치적 조작의 일환으로, 그리고 그 보완적 역할에 따른 시책으로서만 사회복지가 전개되는 한, 격변하는 사회에서 발생하는 복잡한 복지 욕구의 문제에 심층적으로 대응하는 것은 불가능하다.

이윤추구 중심으로 전개되는 사회경제 정책은 어디까지나 자본축적을 주축으로 하는 노동력의 보존·양성에 유효한 범위 안에서 노동력의 주체인 노동자의 생활 유지에 초점을 맞추고 있지만, 그 근원은 언제나 자본의 이해이며, 노동자 생활 내면에 있는 복지 욕구의 탐구가 직접적인 관심사라고 할 수 없다.

대중사회의 비대화한 정치구조에서 정치가 어떤 민주정치의 기본을 규정하려 할지라도, 관료제가 갖고 있는 본질적 성질은 민중에서 출발하는 민주사회의 근본적인 요구를 제약하고, 이물질 같은 영역인 관료 정치의 요새를 구축하는 것에 지나지 않는다. 자본주의 사회의 체제적 필연과 대중사회 관료주의 기구의 속박을 깨뜨릴 민주 사회의 확립은 지역주민의 현실적인 생활욕구를 정치에 반영하여 생활 우선 시책을 펴도록 자본의 운동법칙을 통제하는 것이 반드시 필요하다.

물론 자본주의 사회가 자본주의 체제적 필연성을 고수하는 한, 민중 운동이 그대로 '진정한 민주사회'로 직결될 수 있다고 예상하는 것은 소시민적 낙관주의로 평가할 만한 것이며, 특정 시대·특정한 사회 상황의 역동성을 엄격하게 제약하는 것이다. 그러나 그것이 대중의 민주화 수준을 상징하는 시민운동의 동향을 진정으로 모색하는 것은 아니며, 이처럼 한꺼번에 체제 변혁을 꿈꾸는 사회관은 현실에서는 있을 수 없는 일이다.

오늘날 사회 변화의 모순을 직접 몸으로 체험하면서 곤경에 빠져 있는 것은 지역주민이며, 정치가 자신이 아니다.

선거제도가 어느 정도 지역주민의 요구를 고려하지 않으면, 정권의 안정된 기반을 약속받지 못하므로, 정치가는 표면적으로는 항상 주민중심·국민 중심의 자세를 취하고 있는 듯 보이지만, 궁극적으로는 자본 이해를 관철하는 현대 정치의 약속을 부정할 수 있는 정치가가 있을 수 있는가는 의문이다.

지방 행정은 정부의 정책보다는 지역주민의 생활 이해와 밀착되어 있다. 그러나 소위 '혁신정치'조차 국가 및 지방의 자본 이해에 왜곡될 수밖에 없는 어려운 현실을 잊어서는 안 된다. 새로운 시대의 사회복지는 그와 같은 사회체제의 준엄한 제약을 배경으로 하여, 사회관계에서 일어나는 지역주민의 여러 가지 생활 소외현상에 직면한 기본적 인권의 보호와 진전을 과제로 하면서 공동 사회활동으로 나아갈 수밖에 없다.

따라서 사회복지사는 과거와 현재에 자본축적 중심정책 유지를 위해 요청된 사회정책의 보완적 성격을 갖는 사회복지 환경을 사회과학적으로 분석하여야 한다. 또 그와 동시에 그것에 구속되면서 사회복지 정책의 발전적 관점을 주민의 생활구조· 기능· 가치의 고수· 보호에 입각하여 모색하는 일관성 있는 태도를 유지하는 것을 과제로 삼아야 한다.

2. 사회복지 욕구와 복지 노동

사회복지 활동은 지배층이나 그와 밀접한 관계를 가진 위정자의 이해만을 중심으로 의사결정이 이루어지는 것이 아니다.

개인· 집단· 지역사회를 포함한 클라이언트 중심주의(client-centeredness) 입장에서, 클라이언트의 생활 내면으로부터의 복지욕구의 응결체를 이해하는 방향을 취하기 시작한 것은, 전후의 민주주의 기운에 기반을 두고 그 추이에 따라 일본의 과거 봉건 자본의 잔재를 없애고자 하는 신교육의 효과가 서서히 나타나면서부터이다. 그러나 오늘날에는 이 것보다도 직접적인 이유가 있다.

즉 여러 종류의 공해에 의한 환경오염과 같은 문제를 시발점으로, 지역사회 주민들 자신이 생활 보호의 주체로서 지역사회 활동에 참가하지 않을 수 없는 절박한 상황에 강한 자극을 받았기 때문이다.

사회복지에서 복지욕구를 가진 사람을 '클라이언트'라 부르는데, 이것을 '대상자'라고 번역해도 무방할 것이다.

그러나 사회복지사와 클라이언트의 관계에서 클라이언트를 '대상자'로 취급하는 태도는 클라이언트의 자기결정을 존중하기보다는 오히려 그를 강제하여 조작의 상대물로 지도하고 관리하려고 하는 기계적 통제의 위험이 내포되어 있다는 것을 간과해서는 안 된다. '클라이언트'는 원래 소송 혹은 의료에서 '전문가의 상담을 요청하는 자'를 뜻하며, 기존 질서 중심의 조작 개념의 대상만이 아니라 사회복지에서는 오히려 그 주체로서의 본질을 갖고 있다.

'사회복지의 대상'이라 불리는 클라이언트를 객체물(object)로 보는 것은, 체제적 이해의 강요에 의해 모든 것이 결정되게 하는 것이며, 자발성이 억압된 기계적 조작에 목표를 두는 것을 의미하고, 복지 개념의 밑바탕에 있는 인간의 자유를 소외로 이끄는 것이 된다.

사회복지사가 오만에 빠지지 않도록 하기 위해서는, 복지욕구를 가진 지역주민 스스로 생활욕구를 주축으로 하여 가능한 만큼의 사회 자원을 동원하고 욕구충족을 이루는 것이 필요하다. 이것이야말로 사회복지 근대화의 기본 방향이라고 생각하는 클라이언트 중심주의의 진수라고 이야기 할 수 있다. 만약 주민의 복지욕구의 주도적 입장을 무시하고 자주적인 욕구 표현의 기회를 막는다면 그것은 위정자 중심의 복지활동일 뿐이며, 이는 사회의 기존 체제를 유지하기 위하여 언제까지라도 지속될 것이다.

법에 따라 공적으로 전개해 온 사회복지는 이미 기술한 바와 같이, 격변하는 사회의 다양성과 복잡성에 따라 심화되고 있는 여러 가지 사회복지 문제를 정확히 인식하는 것에는 항상 명백한 한계를 가지고 있다. 그리고 지역 사회에서 날마다 새로이 발생하는 욕구는 그 통제 범위를 넘고 있다.

더구나 그러한 욕구는 오늘날의 산업화, 도시화가 사회의 보편적 상황이 되고 있으므로, 이미 격리된 개인의 문제로 처리될 수 있는 것이 아니다. 또한 가족생활, 근린사회, 여러 공식적 또는 비공식적인 사회조직에서 상호 의존성을 증대시키고 있다. 개인의 상황에 대한 상호 책임성은 사회사업의 초점을 개별화의 관심에 두는 낡은 형태의 개별화 서비스 개념으로는 파악할 수 없다.

"개인 서비스가 의도하는 것은 1세기 전과는 전혀 다른 것으로 전개되어 가고 있다. 여러 가지 서비스는 사람이 단지 사회에 공헌하고 있기 때문에 주어지는 것이 아니라, 그가 다른 사람과 협력하지 않는다면, 자신의 생활을 좌우하는 사회적·정치적·경제적 요인에 힘을 미칠 수 없으므로, 오늘날에는 개인의 권리라고 생각되고 있지 않다. 오늘날 개별화된 보건 서비스와 복지 서비스는 결함이 있는 사람들에 대한 원조가 아닌, 복잡한 산업사회에서의 생존을 위한 필요조건으로 간주되고 있다."[1]

사회가 일부 계층의 자본주의적 이해와 권력 지배에 의하여 자의적으로 조작되는 한, 가족 구성원과 지역 주민의 일상 생활에서 항상 새롭게 발생하는 욕구의 충족은 아직 사회 시책의 과제로 의식화될 수 없다. 그러나 지역주민 의식의 연계가 점차 강화됨에 따라, 공동사회 결합의 실제적 필요가 서로에게 연결되어, 생활구조의 내면으로부터 욕구 충족을 위한 공적 및 민간의 사회서비스 조직화를 요구하기에 이르렀다.

사회복지 서비스가 상부로부터 권력에 의하여 체제보존의 체계로 추진되는 것은 대상자 '에 대한'(to the object) 혹은 대상자'를 위한'(for the object) 사회활동으로, 미리 실시자측의 가치관을 전제로 하여 기초 방향을 설정하고 있기 때문이다. 그렇기 때문에 그 이외의 복

---

1) Carol H. Meyer, "The Changing Concept of Individualized Services", in Klenk & Ryan, *The Practice of Social Work*, 1970, p. 298

지욕구에 대해서는 무시 또는 억압의 태도를 갖는다. 그것에 대하여 민중의 민주적 세력이 대항할 수 있는 힘을 축적하기 시작한 때에도, 사회복지 근대화의 의도를 가지고 대상자와 '함께'(with the object) 행동하는 자세를 취하는 것이 고작이었다. 그리고 욕구를 지닌 사람들, 즉 '클라이언트로부터'(from the client) 복지 운동을 출발하도록 하는 클라이언트 중심주의의 태도를 갖는 것은 불가능하다.

사회복지 서비스에서 복지운동이라고 하는 것은 클라이언트가 제기하는 사회생활의 기본적 복지 욕구를 전문적, 즉 체계적 과학 이론에 부합하도록 합리적으로 충족시키고 조정하며, 인간 생활에서 기본적 인권의 보호에 공헌하는 것을 과제로 하는 활동이라고 할 수 있다. 여기서 '……를 위한'(for), '……와 함께'(with), '……로부터'(from)의 관계에는 미묘한 차이가 있다.

물론 복지노동에서 행동 작용은 대상을 향한 자기투입의 자세라고 생각할 수 있으나, 이 노동행위는 클라이언트 내면의 원리에서 벗어나, 그것과는 무관하게 단순히 외부에서 들어가고자 하는 것이 아니라, 클라이언트 스스로 출발하는 행동원리를 따르고 있다. 외부에서 조작하려는 의도로 객체(object)를 핍박하는 태도는 사회기구에서 인간을 물질적 또는 기계적으로 다룬 결과이며, 인권옹호의 복지노동과는 본질이 다르다.

3. 민간 사회복지와 평행봉 이론

클라이언트 중심의 사회복지를 전개하는 것은 현대 사회복지의 기본 방향이다. 이것을 인식하고 활동하는 사회복지는 공적 활동과 민간 활동 모두를 포함한다.

양자는 각각의 사회적 존재 이유에 바탕을 두고 각각의 기능을 분담하고 고유의 영역을 담당한다. 복지노동에서 '클라이언트로부터'(from the client)라는 감각 없이는 민간활동의 필요성을 이해할 수 없다.

그런데 최근의 정치 및 행정에서 공적 책임의 영역이 확대됨에 따라 민간활동을 경시하고 인적·재정적 충족을 기대하게 됨으로써 공적 활동을 담당하게 될 때까지의 과도기적인 지위로 인정하는 것에 그치는 경우도 적지 않다.

거기에는 한편으로는 민간 사회복지 고유의 기능을 무시하고 공적 분야의 진출에 의해 민간 영역이 완전히 소멸될 때까지 잠정적으로 임무를 위탁하는 것에 지나지 않는다는 관망주의 사고방법이 깔려 있는 것이다. 또 한편으로는 처리비용을 가지고 운영되는 현실의 경영조직에서 민간경영자가 민간사업의 고유과제를 상실하는 경우가 때때로 있다. 또한 처리비용은 국가 및 지방공공단체가 지출하는 것이라 해도 운영은 민간독자의 개성을 발휘해야 할 사명과 가능성을 가져야 함에도 불구하고, 처음부터 그 기능을 포기하는 예가 적지 않다.

민간 사회복지 분야는 지역주민의 변화하는 복지욕구를 우선적으로 받아 들여야 하고, 또 다른 어떤 것으로도 대체되지 않는 고유의 과제를 갖고 있어야 함에도 불구하고, 공적 및 민간의 어느 쪽에서도 명확하게 이해되고 있지 않은 상황에 놓여 있다. 이는 복지욕구의 객관적 요구를 지체시키고, 수습하지 않을 수 없는 상황에 이르기 시작하여 공적 사회복지가 직접 이를 사후에 처리하도록 만드는 것이다. 그와 같은 절차는 실제적 욕구를 가진 사람들의 능동적 참가 과정을 누락시키기 때문에 여기서 전개되는 공적 사회복지 활동은 자연히 외부로부터의 강제성을 띤 기계적·사무적인 계획하에 진행되어, 관료 독선의 작업으로 끝나게 되고 마는 것이다.

그렇다면 공적 사회복지에 대한 민간 사회복지 고유의 과제는 무엇인가. 영국에서 19세기 후반에서 20세기 전반(前半)에 '법제적(statutory)' 분야와 '민간적'(voluntary) 분야에서 사회서비스의 상호관계를 논한 이론이 여러 단계로 발전한 것은 특히 세계 대전 후 영국이 공적 및 민간 사회서비스의 관계를 명료화 시켜야 할 필요를 절실하게 느꼈던 사회보장 제도의 확립시기에 쓰여진 다음의 저서에서 잘 이해할 수 있다.

즉, 보딜론(A.F.C Bourdillon)의『민간 사회복지』[2], 메스(Henry A. Mess)의『민간 사회복지 이후』[3], 비버리지(Lord Beveridge)의『민간활동』[4]등이다.

그 외의 민간활동 연구서로는 브래스네트(Margaret Brasnett)의『민간사회행동』[5], 애브스(Geraldine M. Aves)의『사회복지에서 민간 사회복지사』[6]등이 있는데, 이후의 영국 사회보장 제도의 진전을 바탕으로 민간활동이 차지해야 할 지위가 강화되고 있는 실정을 이해하는데 도움이 된다.

법제적 복지(statutory welfare – 미국에서는 이를 'government welfare'라고 부른다)란 국가 또는 지방 공공단체에 의하여 기획되고 조세재원으로 운영되는 복지계획과 서비스를 의미한다. 이에 비하여 민간복지(voluntary welfare)는 법제적 복지로부터 독립적으로 전부 또는 일부가 민간자금으로 기획·운영되는 계획 및 서비스를 의미한다.

이 경우 민간 사회복지가 '자발적으로(voluntary)', 즉 자유의지에 기초하여 스스로 나서는 자발적인 선택에 의하여 외부의 강제 없이 임의적으로 이루어지는 행위라는 함축적인 의미를 갖는다. 이는 법제 당국에 의해 기획·운영되어 온 복지활동과는 다른 요소이나, 사

2) A.F.C Bourdillon, *Voluntary Social Service*, 1945
3) Henry A. Mess, *Voluntary Social Services since 1918*, 1947
4) Lord Beveridge, *Voluntary Action*, 1948
5) Margaret Brasnett, *Voluntary Social Action*, 1969
6) Geraldine M. Aves, *The Voluntary Worker in the Social Service*, 1969

회복지는 진정으로 클라이언트의 복지욕구 충족에 필요한 것으로 의식하는 것에서 출발되어야 한다. 무엇이 민간 사회복지가 공적 사회복지로부터 '독립적인(independently)' 고유영역으로서 그 존재이유를 주장하게 하는 것일까.

널리 알려져 있는 바와 같이 영국의 벤저민 그레이(Benjamin K. Gray)의 '평행봉 이론'(parallel bar's theory)과 웹 부부(Sideney and Beatrice Webb)의 '팽창 사다리 이론'(The extention)의 대립은 당시의 개인주의적 자유주의를 주축으로 하는 자선사업 단계의 동등한 개인주의를 기본으로 하는 시대에서, 기본적 욕구 충족에 의한 기본 인권의 옹호에 초점을 두고 사회적 책임의 법제화로 나아가는 시대의 전환을 단적으로 시사하고 있다.[7]

평행봉 이론을 주창한 빈민국장 고센(G. J. Goschen)은 자선조직협회(Charity Organization Society / COS)가 성립된 1869년 11월에 이른바 '고센 각서'(Goschen Minute on the Relief of the Poor in the Metropolis)를 공표하였다.

그것은 국가와 민간이 수행해야 할 원조에 대하여, 각각 다른 범주에 속한 케이스를 담당하는 것으로서 평행한 두 개의 봉으로 비교될 수 있는 임무를 수행한다고 설명하였다.

이는 구제대상을 방문조사에 따라, 구빈법의 명분인 열등처우의 원칙으로써 작업장에서 원내 수용을 받는 자와, 그의 자립을 조장하는 것을 주된 목적으로 하는 COS 보호를 받는 자로 크게 구별하려고 한 것이었다. 후자는 차머(Thomas Chalmer)식 우애방문 사상의 전통에 기초하여 나중에 개별 사회사업으로 발전된 것과 같은, 대상 주체의 품성에 대하여 힘쓴 것이다.

여기서는 대상 주체의 인격적 갱생을 중심으로, 구빈법이 대상으로 하는 "개심(改心) 가능성이 없는 자"(the unrepentant), "도저히 구제할 수 없는 자"(the hopeless), 또는 "개선 가능성이 있는 자"(the repormable), "원조의 희망이 있는 자"(the helpable), "원조를 받을 가치가 있는 자"(the deserving)로 구별하였다. 그리고 관리를 통하여 힘든 상태에서 벗어날 희망이 있는 자인 "존경할 만한 가치가 있는 자"(the respectable)를 구빈법의 열등처우원칙에서 구별하여 자조(自助)정신을 개발하는 임무를 민간활동 조직인 COS에 맡겨야 한다고 주장하고 있다.

찰스 모아트(Charles L. Mowat)의 기록에 의하면 '고센 각서'는 COS의 민간활동에 대한 열의를 강하게 자극하여, 1870년에 시작한 연차 보고서는 각 지역에 속속 지구위원회를

---

7) 이 문제는 앞의 Mess 저서 이외에 다음에 특히 상세히 나타나 있다.
　　Una Cormack, *The Welfare State*, Loch Memorial Lecture, 1963.
　　Madeleine Rooff, *Voluntary Societies and Social Policy*, 1957.
　　Mary Morris, *Voluntary Organizations and Social Progress*, 1955.
　　Charles L. Mowat, *The Charity Organization Society 1969-1918*, 1961.

서둘러 설립하게 하는 결과를 초래했다.8) 그러나 여기서 민간활동을 촉발시킨 원동력은 당시의 자유방임주의의 원리인 개인주의적 자조 원칙이었으므로, 지역주민이 사회기구의 필연성에서 발생하는 빈곤과 퇴폐에 대한 사회적 권리와 책임을 자각하고, 지역 주민이 생활인으로서의 공동체험에서 협동하여 지키려는 지역사회 보호의 본질과는 다른 관점에서 출발한 것이다.

4. 팽창 사다리 이론에 대한 정부 통제로부터의 독립

웹 부부의 '팽창 사다리 이론'은 '구빈법 및 실업에 관한 왕실위원회 보고서'(The Report of Royal Commission on the Poor Law and Unemployment, 1909)에서 웹 부인과 조지 란스베리가 제출한 '소수파 보고서'(The Minority Report)에 근간을 둔 것이다.

'다수파 보고서'(The Majority Report) - 모아트에 의하면 그 위원회는 COS측의 전 성원이 서명한 COS의 입장을 실질적으로 대표하는 것이다 - 는 여전히 구빈법의 존속을 주장하고 실업자 구제를 구빈법의 과제로 하고 있지만, 노령자와 아동은 작업장 보호가 아니고 거택 보호를 하며, 일반적으로 구속과 열등자 처우의 관념을 폐기하고 "예방적(preventive), 치료적(curative), 보강적(restorative)"인 원조를 제공해야 할 원칙을 주안으로 한다는 점에서 과거의 구빈법보다 훨씬 인도적 색채를 띠고 있다. 이 '다수파 보고'는 거택보호를 민간단체의 임무로 하고, 구빈법 당국과 자선협회 및 재단, 목사, 우애조합으로 구성되는 '민간원조위원회'(Voluntary Aid Committee)를 조직하여 그것에 의하여 평행봉 이론의 특성인 기능 병행적 관계를 유지하고자 하였다.

이에 비하여 '소수파 보고서'는 노역장의 폐지와 구빈법의 파기를 주장하고 구빈법의 임무를 아기 서비스, 어린이 서비스, 공공보건 활동에 기초한 통일적 의료서비스, 노동 알선소를 가진 노동자 서비스, 실업자를 위한 직업훈련 서비스를 제공하는 거주지와 같은 여러 종류의 기능적 서비스로 분류·분담하게 하였다. 또 '빈곤은 국가가 완전한 공공의 책임(communal responsibility)을 지는 일'이라는 관점에서 구빈법 당국이 참가하여 구성한 '민간원조 위원회'에 대해, 민간활동이 공적 책임을 떠맡아 구제를 민중의 통제로부터 떼어 놓으려고 한 '자비심 있는 비전문가(benevolent amateurs)의 무책임 위원회'에 불과하다고 혹평하고 있다.

이 '소수파 보고서'가 공개될 기회도 없이 웹 부부는 빈곤론 연구의 바이블로 불리는 명저 『빈곤의 예방』(The Prevention of Destitution, 1911)을 출간하였다.

---

8) Charles L. Mowat, op. cit., pp. 22-23

이 책은 사회적 구제를 곤란에 처해 있는 사람의 태만의 결과에 대한 징벌이라든지, 징벌을 인격도야로 보는 오래된 편견에서 벗어나, 사회적 장애의 발생을 자본주의 사회의 필연적 결과로 보았다. 그리고 이를 사회과학적으로 검토함과 동시에 국민이 최저한으로 필요하고 사회생활에서 기본이 되는 욕구의 충족은 끝까지 공적 책임에 의해 보편적으로 공평, 완전, 또는 계속해서 원조해야 한다는 견해를 밝히고 있다. 또 웹 부부는 "행정 당국은 지역사회에서 생활하는 개인에게 최저한의 문화생활을 달성할 수 있는 기회를 주고, 또 각 개인에게 실시될 수준을 유지하는 의무를 지키는 것에 대하여 책임을 져야 한다"9)고 했다.

홀(M. Penelope Hall)의 해설10)에 의하면 이 이론은 공공 조직과 민간 조직에 대해 각각의 장점과 약점을 결정하려고 한 시도였다. 그러므로 케이스의 성질보다도 기관의 성질에 기초하고 있다.

여기서 민간 조직은 행정 당국보다 세 가지의 우수한 점을 갖고 있다. 즉 창의적 연구를 발휘할 수 있는 점, 특정 경우에 의존하지 않고 힘을 다할 수 있는 능력을 가진 점, 개인의 성격에 가깝게 하기 위하여 종교적 감화를 여러 가지로 구사할 수 있는 점이다. 그러나 법제 당국은 보편적이며 완전하고 계속적인 대책을 확보할 수 있고, 책임의 수행을 위해서 태만하거나 무책임한 사람을 강제할 수 있는 권력을 갖고 있다는 점에서 탁월하다고 생각할 수 있다.

그러므로 웹 부부는 법제 당국은 이 세상에 태어난 모든 인간이 최저한의 문화생활을 확보할 수 있는 기회를 갖도록 해야 하고, 그 표준을 유지할 의무가 있다는 것을 생각할 필요를 시사한 것이다.

민간 단체에서는 공공 당국이 실시할 수 있는 비교적 낮은 수준의 문화적인 행위와 신체적 건강의 표준보다는 높은 수준으로 실시해야 한다. 이와 같은 민간 서비스는 "달성되어야 할 최저생활 기준의 기초 위에 확고히 설치되어야 하며, 공공당국의 임무를 그보다도 훨씬 뛰어난 도덕적·정신적으로 충실한 경지로 이끌어",11) '팽창 사다리'(extension)의 역할을 달성해야 할 것이다.

웹 부부의 팽창사다리 이론은 민간 사회복지의 독자성을 평행봉 이론의 민간 우월론적 편견과는 달리, 공공당국의 활동으로 달성할 수 있는 독창적 연구, 침투의 깊이 또는 종교적 감화력이라는 기능상의 독특한 성격에서 찾았기 때문에, 공적(법제적) 및 민간 사회서비스 관계에 관한 근대적 감각에 더욱 가깝다고 할 수 있다. 공공당국이 전개하는 활동은 '법제적'이라는 말이 시사하고 있는 바와 같이, 법률이나 조례 등에 제약된다.

---

9) Sidney and Beatrice Webb, *The Prevention of Destitution*, 1912, p. 225

10) M. Penelope Hall, *The Social Service of Modern England*, pp. 295

11) Sidney and Beatrice Webb, op. cit., p.225.

또 그 효과를 미리 알 수 없는 활동에 자유로이 자금과 인적 에너지를 투입하는 것에는 현저한 제한·한계가 예상되며, 앞서 기술한 바와 같은 관료제에 의한 공공활동의 경직화 현상은 끊임없이 형성되는 복지욕구에 따른 과감하고 실험적인 시도를 어렵게 만든다. 따라서 민간의 탄력성 넘치고 진취적이며 자유로운 노력이 국가나 지방공공단체의 활동보다 좋은 결실을 맺는 실례가 적지 않다.

그 이후 영국에서 급속한 복지국가의 발전은 법제적 사회복지 자체가 풍부한 재정력과 인적 자원을 활용하여, 자발적으로 국가와 지방의 실험적 프로젝트에 착수하는 분위기를 새롭게 만들었다.

홀은 비버리지경의 『민간활동』의 정의에 따라, 민간 사회서비스는 주로 정부 통제에서 독립된 조직적인 사회서비스 활동 – 비버리지에 의하면 "인류의 서비스 중에서도 사적인 사업"(private enterprise in the service of mankind) – 으로 규정하고, 그 존립을 국가가 아니라 개인과 그룹의 창의성과 개인과 그룹에게 계속 지지를 보내는 사실이 그 본질적 성격이라고 했다.12)

부르디옹(Bourdilon), 메스, 비버리지 등 대표적인 민간 사회 서비스론에서도 공통적으로 '정부 통제에서 독립된 조직적 사회서비스'라는 개념은 민간활동의 핵심을 나타내는 것으로써 특히 중시된다.

5. 공적 서비스와 민간 서비스의 협력 관계

'정부 통제로부터 독립'이라는 개념에 의한 민간활동의 주된 성격을 말할 때, 단순히 공적 활동과 민간활동을 구별하여 나누는 것을 의미하지는 않는다. 팽창 사다리 이론에서 국민 최저생활의 보장 부분은 국가책임에 속하는 것으로 민간시설이 수행하는 구제활동에 대해서도 필요 경비를 국고지출로 충당하며, 이 때 여기에는 정부당국과 민간활동을 잇는 긴밀한 중계역할이 존속하고 있다.

법제적 활동의 범위를 넘어서 선구적·개척적으로 추진되고, 더구나 그 재원을 나라로부터는 독립된 민간 재원에 의존하고 있는, 이른바 순수한 민간활동이라 할지라도, 민간활동이 전개하는 '팽창 사다리' 부분은 정부가 담당하는 최저생활 보장의 기본방향과 상호 관련하여 사회서비스의 통일목표를 향해 궁극적인 협력관계에 있다고 할 수 있다.

자본주의 경제의 독점화 단계에서 정치의 비대화와 중앙 집권화는 정부의 재정규모를 급속하게 확대시킨다. 또 사회서비스에 대한 재정 배분 또한 국가의 생산력과 역사적·문화적

---

12) M. Penelope Hall, op. cit, p. 300

풍토의 다양성에 의하여, 국민총생산에 대한 사회보장비 비율이 비약적으로 높은 유럽, 뉴질랜드 같은 국가들에 비해 경제성장의 수준과 균형을 잃은 낮은 수준의 사회보장비 비율을 유지하는 일본과 같은 국가와는 커다란 차이가 있다고는 하나, 일본 정부는 눈에 띄게 지출을 증대하고 있다. 따라서 법제 사회복지 사업의 폭과 깊이는 단계적으로 확대되고 있으며, 민간활동이 먼저 착수한 개척사업을 단시간 내에 계승하는 것만이 아니라, 실험적 사업에도 어느 정도 진출하고 있다.

또한 창의성·개척성·기술적 우위성이라는 것도 반드시 민간활동의 독점물이라고는 할 수 없게 되어가고 있다. 특히 일본과 같이 봉건 잔재의 유지를 배경으로 자본주의가 급격하게 발전해 온 나라에서는, 다시 말하여, 강한 국가권력의 영향으로 민간활동이 쉽게 폐쇄되는 환경과 관료행정의 기반에서 자란 공적 사회복지의 방향은 양적인 것뿐만 아니라 질적으로도 민간활동에 대하여 상대적 비중을 높이는 경우가 있다 해도 이상한 일은 아니다.

웹의 주장과 같이, 우리들 자신도 그러한 인상을 지우기 어렵지만, 인간관계를 다루는 개별 사회사업과 '고충 상담'에서 지역주민과 공통의 감정을 가지고 미묘하고 섬세한 마음으로 인간적인 사항의 내면 깊숙이 들어가서 공감하고, 클라이언트를 이해하는 데에는, 관청의 사무처리에 길들여진 공적 서비스보다는 아무래도 민간조직의 사람들이 적역이라고 생각하기 쉽다. 그러나 과연 그렇게 간단하게 단정지을 수 있을까.

사회복지권의 옹호를 지향하면서 클라이언트 중심의 지역사회 보호 감각을 가지고 전문직 능력을 높여 나가는 사회복지사는 공적 서비스 안에서도 성장애 나가고 있다. 주민 연대감과 종교적 인격 존중의 가치관은 민간인의 독무대라고 볼 문제가 아니며, 이것을 복지운동에서의 과학적 지식과 통일하는 의욕을 갖고 행동하는 사람은 공적 서비스의 직장에서도 '사회복지운동' 담당자로서, 자신을 단련해 나가고 있다.

웹의 팽창 사다리 이론의 바탕을 이룬 것은 영국 민주주의의 전통에 단련된 지역주민의 자주적 시민의식인데, "사회·개별 사회사업에서 공공, 민간사회 서비스 중 각각의 활동을 엄격하게 분할하고자 시도하는 것은 쓸데 없는 일이라는 것을 깨닫게 될 것이다"[13]라고 지적하였다.

팽창 사다리 이론을 초월하는 오늘날의 법제적 사회복지에 대한 민간 사회복지의 입장은 대립이 아니라, '협력관계론'(co-operation theory)이라고 생각한다. 협력이란 어떠한 각도로부터의 연계를 의미하는가. 사회복지에서 공적 및 민간기관의 협력 관계론에서는 두 가지 단계에 의한 이론의 변화를 지적할 수 있다.

---

13) M. Penelope Hall, op. cit., p. 300.

첫 번째 단계는 1930년대의 경제 불황기에 생긴 공적 및 민간활동의 기능적 분업의 결과로 고안된 협력관계이다. 전통적으로 민간 사회사업이 우세한 지위를 차지해 온 미국에서 1933년 6월, 연방긴급구제행정관 홉킨스가 민간 기관에 대한 연방 구제기금으로부터의 보조 중단을 발표했을 때, 오랫동안 정부 보조금의 수혜에 익숙해져 있던 민간기관은[14] 종래의 활동방침을 바꾸어 민간기관에 가장 적합한 활동방향으로써 공공기관이 다루기 어려운 인간관계 문제에 대한 기능 전환의 길을 선택하였던 것이다.

이 때 린턴 스위프트(Linton B. Swift)는 『지역사회복지 및 구제 프로그램에서 공·사기관 사이의 새로운 전제』[15]를 저술하여, 민간과 공공활동 각각의 기본적 성격과 함께 그 협력 관계를 명백히 하고자 하였다.

스위프트에 의하면 공공 기관의 임무는 다음과 같다.

① 공공 기관은 궁극적으로는 지역사회에서 다수가 염원하는 것을 실시하지 않으면 안 된다. 그것은 결국 지역사회의 일반적 현실수준을 훨씬 뛰어 넘거나 뒤지거나 하는 것이어서는 안 된다.

② 공공 기관의 활동분야는 주로 이미 그 지역사회에 따라 수용된 여러 방법의 개선이나 여러 기능의 개발이거나, 또는 정부의 자원 및 권위를 필요로 하는 여러 서비스를 수행하는데 있다.

③ 정부의 수단으로써 여러 기능은 기타의 정부기능과 밀접한 관련을 가져야 한다. 따라서 정부 내에서 외부로부터의 여러 변화에 영향을 받는 것은 당연한 것이다. 예를 들면 공공 기관의 직원은 시민 서비스 체계에 따르지 않는다면 행정기관이 변화할 때마다 해고되는 일이 일어날 수도 있을 것이다.

④ 공공 기관은 실업과 같이 사회에서 아직 근절될 수 없는 일반적인 사회적·경제적 불평등의 완화를 위하여 사회의 공식 수단으로써 활동한다.

---

14) 20세기초 뉴욕의 COS 총주사로 근무하면서 미국의 민간 사회서비스의 선두자리에 있던 드바인(Edward T. Devine)이 『사회복지총서』(Social Wdlfare Library)의 제1권 『사회사업』(Social Work, 1922)에서 '재정'을 논하면서 "민간 사회사업은 추진자의 구상과 지식, 또 확보 가능한 원조금액에 의하여 한계 지어진다. 정부활동은 국민과 정부의 대표자들이 갖고 있는 개념과 합법적으로 조세를 자금으로 부여하는 수입에 한계를 지닌다. 그러나 실제로 양자의 구별은 소멸되어 가고 있다"고 말하고, 그 후 「보조금-공사기관의 협력관계」(Subsidies : Partnerships between Public and Private Agencies)라는 글에서, "민간시설의 공적 지지는 구걸과 부적절한 지지에 의하여 유지되는 것보다도 훨씬 우수하다"(p. 274)라고 한 것은 당시의 그의 지도력에 견주어 볼 때 특히 주목할 만한 견해라 생각한다.

15) Linton B. Swift, *New Alignments between Public and Private Agencies in a Community Welfare and Relief Program*, 1934

또 스위프트는 민간 기관의 특징을 다음과 같이 들었다.

① 민간 기관은 대다수의 대중이 아직 인식하지 못하는 인간적 욕구에 대응할 수 있다. 욕구에 대응하기 위한 방법으로 선택되는 것은 지역사회에서 대부분의 사람들이 기존의 공적 기관의 활동에 의해서는 아직 수용하고 있지 않은 경우가 많다.

② 민간 기관을 지지하는 집단은 자연히 그 지역사회 내에서 소수를 형성하고 특별한 지식을 갖춘 시민 그룹이 된다. 그 기능중의 하나는 민간 기관을 지지하는 소수의 범위를 확대하는 것이다. 소수가 다수로 되어감에 따라 민간 기관은 모범적 실험활동이 공적 기관의 책임으로 인지되도록 자극한다.

③ 민간 활동의 이론적 활동은 다수가 아직 인식할 수 없는 여러 서비스를 수행하거나, 개혁 및 실험을 강조하거나 법률 또는 관습에 따라 공적 기관에 부과된 여러 제한에서 생기는 프로그램의 결함을 보완함으로써, 적어도 공공 기관의 활동과 중복되는 일없이 그것을 보완하는 것이 가능하다.

④ 민간 기관은 제한된 수입 때문에 일정한 분류 대상에 속하는 전원의 여러 욕구에 대응하는 것은 불가능하다.

⑤ 민간기관은 개개의 가족과 접촉하는 가운데 그 가족과 전문직 사회복지사가 통제할 수 없는 경제 상태에서 발생하는 부조정과는 다른, 인간적 부적응(personal maladjustments)을 다루는 것에는 최적의 조건을 가지고 있다.

스위프트의 공공 활동과 민간활동에 관한 견해는 국민의 사회적·경제적 불평등의 극복에 필요한 재정적 부담을 공적 사회서비스의 과제로 삼고 있으며, 동시에 새로운 욕구의 개발과 실험적 대응을 수행하며 개인의 부적응을 담당하는 민간 서비스의 필요를 인식하는 점에서는 웹 부부의 주장과 뜻을 같이 한다. 그러나 두 가지 서비스가 밀접하게 협력관계를 갖고 있으며 서로 보완적인 관계임을 강조한 점은 웹 부부의 기능 분업론보다는 스위프트가 한층 협업론적 측면을 중시한다고 해석할 수 있겠다.

국민의 최저생활 확립을 위하여 보편적·계속적 서비스를 제공하는 공공 복지기관과 공공 활동의 범위를 초월하는 새로운 욕구의 개발과 더 나은 전문직 처우 수준의 실현을 위하여 개척적·창의적·실험적 활동을 전개하는 민간 기관과의 긴밀한 협력 속에서, 민주주의 사회의 안정과 발전을 약속하는 사회서비스의 장래를 기대한 스위프트 이론은 구미 사회복지계의 견해를 대표하는 것이라고 할 수 있다.

6. 비판적 협력 관계에 대한 이론의 발전

공공과 민간의 복지활동 관계에 대한 규정은 협력 관계론의 일반화에 따라서 일단 정설을 확보한 것처럼 보였으나, 사회보장 제도의 성립과 발전 - 사람들은 그것을 '복지국가'라 부른다6) - 이라는 양자의 관계에서 지금까지와는 다른 새로운 위치를 부여하기에 이르렀다.

관계론의 제1단계를 평행봉 이론, 제2단계를 팽창사다리 이론, 제3단계를 협력관계 이론이라고 한다면, 새로운 제4단계는 사회경제의 변화에 동반되는 복지정책의 새로운 국면을 반영한 협력관계가 변질한 결과로, '비판적 협력관계'라고 불릴 만한 양상을 나타내기 시작하고 있다. 어떻게 하여 그와 같은 새로운 정세가 나타나게 되었는가?

사회보장의 진전과 이것에 동반되는 사회복지 관리 방법의 변화는 각 나라의 사회보장 발전 수준의 차이에 대응하여, 공적 및 민간 서비스재정에 대한 시민 참가 정책에 중대한 변화를 초래하고 있다. 공적 및 민간 서비스의 관계에 대한 전통적인 해석은 중대한 수정을 해야만 하게 된 것이다. 사회복지 선진국으로 여겨지는 영국이나 미국에서조차 민간서비스가 개척적 실험이나 질적인 면에서 보다 고도의 기술성을 자부할 수 있으리라는 기대는 이미 비현실적인 것이 되어 버렸다.

국가나 지방 공공단체가 자체적으로 실시하는 복지활동은 그 법제와 고액과세에 의한 재정적 실력을 바탕으로 심신장애인, 노령자, 어린이 등의 처우에 고도의 기술과 예방조치를 기울이고, 한층 넓은 욕구충족의 노력을 지속해나가고 있는 것이다. 다른 한편으로는 공적인 책임에 속하는 사회복지 사업에 일정한 비용을 부담(조치비)하고 민간경영에 위탁하는 경우도 활발하게 전개되고 있으며, 국고지출에 의한 복지 서비스의 확대는 대체로 민간서비스에 공적 서비스의 질적 차이를 두기 보다는 '준'공적 서비스의 성격을 띠는 경향이 강해지고 있다.

또한 산업화와 도시화 현상의 급속한 전개에 따라, 지역사회 보호에 의한 지역주민을 사회적으로 보호할 필요성이 강하게 인식되면서, 종래의 공적 활동과 민간활동의 전통적 역할 분담의 경계는 후퇴하였다. 이와 함께 복지활동에 관한 모든 기획과 경비는 국가와 지방자치단체의 공적 책임으로 돌아가야 하며, 이미 공동모금과 같은 것은 무의미하다는 극단적인 이론조차 대두되는 상황으로 향하고 있다.

게다가 사회복지 문제가 점차 다양화하고 복잡화함에 따라, 전문적인 대응의 긴급성은 공사의 어느 쪽에서도 쌍방의 접근을 필요하도록 하고 있다. 예를 들면 사회복지 관점이 개개 영역의 협소한 실천으로부터 보다 넓은 경제·문화·정치·사회 환경으로 그 이미지를 확

---

16) 복지국가의 본질을 오류 없이 이해하는 것은 앞으로 사회복지의 발전방향을 아는데 중요한 의미를 갖고 있다. 그 진정한 성격과 한계를 아는 사람은 사회복지의 본질적 과제에 대하여 끊임없이 자기 비판의 시각을 가져야 할 것이다.
졸고, 「복지국가론」, 「강좌·현대세계와 교회」, 1971, 2편

대하기 위하여, 사회복지와 사회과학을 한층 긴밀하게 연계하는 연수활동의 강화를 필요로 하는 점이다.

또 지역사회의 보다 광범위하고 포괄적인 복지계획을 배경으로 공적 서비스의 협동활동을 진행할 필요를 자각하게 될 때, 이전의 기능분담주의로써 민간 서비스의 경계선을 고수하던 태도는 감상적인 것임을 깨닫게 될 것이다. 그렇다면 오늘날 공적 활동과 민간활동의 협력관계는 어떻게 이루어져야 하는가.

양자의 관계는 과거의 역사에 의해 제약을 받게 되는데, 그 역사적 배경은 이후에도 오래도록 존중될 객관적 필연성을 가진 것이어야 하며, 장점을 보존·유지하면서 새로운 요소를 흡수하여 새로운 시대의 요청에 확실하게 대응할 수 있어야 한다.

사회보장제도의 전진과 공적 사회복지사업의 확대는 공적 및 민간활동을 과거의 오랜 장벽으로부터 해방시켜, 새로운 협력관계의 수립을 요청하고 있는데, 이는 양자가 역사적 발전 속에서 구축하여 온 각각의 고유한 기능을 말살하고자 하는 것이 아니라, 협력이 진정으로 '협력'(co-operation)이기 위해서는 협력의 방법, 즉 이질적인 것이 상호 연계되는 작업의 협동성 속에 새로운 방향이 제시되어야 한다.

페넬로프 홀은 1950년대에 일찍이 이 새로운 단계의 협력관계를 '건설적 비판'(constructive criticism) 위에 정립시켜, 매개체가 없는 일체화 관계로의 유착을 회피하는 길을 개척하고자 하였다. 이와 관련하여 그는 다음과 같이 말하였다.

"협력은 협력자가 행하는 것을 반드시 서로 묵인하는 것을 의미하는 것이 아니다. 민간단체의 중요하고 진정으로 필요한 기능은 법률자체 및 관리 어느 것에 대해서나 건설적 비판을 실시하는 일이다. 법률 서비스의 내부로부터도 많은 비판이 가능하며, 국민은 이미 알고 있거나 또는 모르는 공무원으로부터 각 부처의 보고나 백서 안에 구체적으로 표현되는 비판이나 시사로 인해 많은 도움을 받고, 그것은 궁극적으로는 새로운 입법내용 안에 반영되게 된다.

또 동시에, 외부로부터의 식견 있는 건설적 비판은 귀중한 자극이 되어, 정부당국이 무기력한 자기만족에 빠지는 경향을 교정해 주는 역할을 할 것이다. 그러므로 클라이언트의 개인적인 욕구의 원조보다도, 오히려 법률 및 관리에 근본적 개정을 주고자 하는 것에 관심을 기울이고 있는 하워드 형법개혁연맹이나 미혼모자협의회와 같은 민간조직의 가치가 크다고 할 수 있다.

더욱이 이미 기술한 바와 같이 시민 조언기구(Citizens' Advice Bureau)처럼 개인의 고충을 다루는 것을 주업무로 하는 민간단체는 업무의 성격상 재난이 잠재되어 있는 곳을 보살피는데 좋은 위치에 있으며, 개인적인 경우는 곤란의 완화뿐만 아니라 개량을 촉진하기 위하여 책임을 다할 수 있다. 이것은 민간적 성격을 보존·유지할 필요를 서술하는 중요한 논증으로 덧붙이고 싶다."17)

필자는 민간활동의 건설적 비판에 의한 협력관계라는 발상에, 특별히 중요한 의의를 인정한다. 그 '비판'의 무대는 격변하는 사회의 지역생활 각 부문에서 광범위하게 찾아 볼 수 있다. 사회생활의 기본적 욕구가 채워지지 못하고, 지역주민이 곤란에 처해 있을 때, 대체로 법제적 서비스의 출동에만 의존하여, 한가롭게 해결을 기다리는 시민은 민주사회가 무엇인가를 모르는 사람들이다.

이미 기술한 바와 같이 자본주의 사회의 정치권력은 자본축적 중심으로 그것에 공헌하는데 있어서만, 사회적 모든 정책을 전개하고자 하는 철의 한계선을 견지하려 한다. 이 때 지역주민의 생활방위를 목적으로 자발적인 집단의 민간 조직이 기존의 공적 서비스의 틀을 뛰어 넘어, 개척적 서비스를 시도하고, 그 성과를 가지고 정치권력의 철의 한계를 격렬하게 흔들고자 하는 사회 활동이 현대 사회복지의 본질적인 과제라고 인정되고 있는 것은 나의「사회복지와 사회 활동」에서도 기술한 바 있다.18)

국민의 사회복지 욕구는 공적 서비스가 충족시키는 것보다 늘 훨씬 더 앞서 있다. 그 차이를 메우는 민간 사회복지의 존재 이유를 수용하지 않는 자가 있다고 한다면, 그것은 변해가는 사회 안에서 주민생활을 정체시키고자 할 따름이다.

7. 일본 민간 사회복지의 현실과 장해

공적 서비스와 민간 서비스의 기능분담에 의한 '협력관계'라는 민간 사회복지의 제3단계적 과제는 제4단계의 '비판적 협력론'에서도, 그 본질적 성격을 바꾸지는 않는다. 그러나 제4단계의 특징은 건설적인 비판의 측면이 특히 무대 중앙에 위치하고 있는 것이다. 그 건설적 비판은 공적 서비스를 지탱하는 관료제의 비판을 포함해야 하는 점은 새삼 설명할 필요도 없을 것이다.

제15회 국제사회복지회의(마닐라)의 토의에서는 관료제 조직의 결함을 다음과 같이 지적하였다.

① 관리의 지나친 체면 차리기나 소심함으로 인하여 새로운 사회복지 프로그램의 채택을

---

17) M. Penelope Hall, op. cit., pp. 300-301.
    일본에서 전후 재빨리 이 비판적 협력관계에 대해 논급한 것은 岡村重夫 교수였다. 『사회사업』, 1950, 3월호.
18) 嶋田啓一郞, 「사회복지와 사회 활동」, 『평론·사회과학』, 제3호, 1971, 12월, p. 58 - 75.

주저하고, 직원, 클라이언트 또는 지역사회 집단에 의한 개선 요구에 대하여 즉각적으로 대응하고자 하는 태도가 부족한 것.

② 사회적 모든 정책에 대한 적절한 훈련의 부족.

③ 근대적 관리에 대한 훈련 부족.

④ 적당한 퇴직 연령을 넘은 공무원의 직무 계속을 인정하는 정년제의 결여.

⑤ 최고의 사회복지 직원을 확보하기 위한 성과급 원칙의 결여.

⑥ 주민중심 사회개발 목표에 대한 검토를 소홀히 하고, 조직 자체를 궁극적인 목적으로 하는 관료주의적 조직의 경향.

⑦ 관료조직이 봉사하는 관할 범위 크기의 오류, 즉 직원 및 자원의 충분한 전문화가 취약하거나, 지역적 혹은 지방적 차이에 지나치게 주목하는 것 등.

동 회의에서 이와 같이 지적한 것19)은 공적 서비스뿐만 아니라 민간 시설에도 어느 정도는 해당하는 문제일 것이다.

여기서 중요한 것은 관료제가 관료주의화하는 과정에서 생기는 클라이언트 중심주의 관점의 결여와, 형식이나 규칙이 까다로운 관공서에서 발생하는 비능률화에 대한 건설적인 비판이다. 비판이 건설적인 의의를 발휘할 수 있는 것은 민간서비스에서 현장의 일상업무에 클라이언트 옹호라는 우애정신이 포함되어 클라이언트의 복지욕구를 적절히 해결하고, '즉시성'(immediateness)이 존중되며, 클라이언트의 욕구충족에 대한 적극성과 유효성의 문제를 중심으로, 공적 서비스에서 과감하게 경쟁에 임하는 태도를 보일 때 이루어질 수 있다.

이러한 의미에서 기본적 욕구의 최저한은 공적 서비스에 의하여 담당되며, 그 이상의 욕구에 대한 대응은 민간서비스에 위임한다는 전통적인 견해는 아직 불완전한 것이다. 사회복지의 각 분야에 걸쳐서 공적부문이 담당해 온 시설도, 동시에 공적 비용을 민간에 위임하여, 양자 사이에 진지한 서비스 경쟁을 전개시키는 것은 클라이언트 중심 복지노동의 실질을 높이는데 있어 대단히 중요한 일이다. 여기서 민간 서비스가 그 진가를 발휘할 수 없다면 민간 사회복지는 그 존속의 의의를 잃게 될 것이다.

사회보장연구소 심포지움(1971년 2월)에서 '사회복지와 공사(公私)문제'라는 패널토의가 열렸다. 공통된 논조는 - 지나치게 어둡고 저조한 일본의 민간 사회복지를 반성하자는 것이었다. 그리고 그것의 진정한 원인인 정부의 안일한 민생행정 아래서, 공권력의 열등처우원칙으로 일관되어 온 형편없이 낮은 조치비용으로, '공적 비용 위탁'을 전개해 나가는 일본의 민간 사회복지는 요컨대 공적 서비스의 변형물이라는 점을 강조하였다.

---

19) "Report of the Pre-Conference Working Party to the XVth International Conference on Social Welfare", 1970, p. 17

여기서 '위탁'은 본래 대등한 계약성을 기초로 하여 성립되어야 함에도 불구하고, 이 대등함을 결여한 상황에서는, 민간 사회복지를 이념형으로서는 논의할 수 있다 하여도, 그것은 현실에 즉각 대응할 수 있는 것이 될 수는 없다. 결국 일본에서 민간사회복지의 성립은 거의 불가능하며, 그 현상을 깰 수 있는 유일한 희망은 경제계획의 동향을 파악하여 사회 복지 활동을 추진 할 수밖에 없다는 것이 대체적인 의견이었다.

그 때 사회자로서 토의를 총괄했던 필자는 가슴 속 깊이 암담함을 느꼈으며, 그 이후 이들 현실에 직면한 일본의 민간활동가의 고충에 답할 수 있는 길을 모색해 오고 있는 것이다. 사회복지 활동에 대한 실천활동, 공동모금 개혁을 위한 위원회 활동 등 다망한 일상 생활은 인내의 한계를 넘어서고 있지만, 민간 사회복지에 대한 열의는 연구만큼 깊어지고 있는 심경이다.

일본 민간 사회복지의 전진에 가장 큰 걸림돌 중의 하나는 산업의 높은 생산성에 비하여, 민간인의 사회복지 기부가 지극히 저조하고, 경제성장률을 웃도는 기부증가율을 나타내는 미국과는 대조적인 추세를 보이는 점이다.

그 결과, 민간 서비스는 영국·미국의 기부금보다도 더 낮아서 공적 재정으로부터 경제적 지원의 의존 정도를 높일 수밖에 없게 되었다. 그런데도 일본정부는 사회개발의 억제를 제일로 하는 일본행정의 경제환경에서 그 사업을 민간에 위탁하는 경우에도, 공적 책임을 완수해야 하는 입장에서 당연히 지출해야 하는 예산까지도 예산 틀로 단단히 조이거나 모든 공적 책임을 최소화 하려 하고 있다. 여기에 위탁비를 조치비로 제한하여 공사(公私) 격차를 불가피하게 하는 일이 행해지는 원인이 있는 것이다. 위에서 이야기한 사회보장연구소 심포지움에서 위탁비와 조치비의 구별에 대하여 언급한 것은 민간사회복지의 재정적 기초에 대한 중요한 키포인트를 지적하는 것이었다.

'위탁'이란 복지 6법에 관용적으로 쓰이는 의미 깊은 단어이다. 예를 들면 일본의 '생활방위법' 제19조 제5항의 보호의 위탁, 동법 제35조 제1항의 수용의 위탁, 동법 제33조의 급부의 위탁, '사회복지 사업법' 제5조 제2항의 경영의 위탁, '정신박약자 복지법' 제16조 제2항에 원호의 위탁이 규정되어 있다. 여기서 말하는 위탁은 공적인 책임에 속하는 사회복지사업의 비용을 부담함으로써 완전한 업무 운영을 기대할 수 있는 경우에 민간에 의뢰하는 것을 의미하지만, 법률용어로는 "위탁을 받는 자, 즉 수탁자는 많고 적음에 관계없이 자기의 재량으로 사무를 처리하는 것에 특징이 있다"(末川博 편저, 『법학사전』)라고 되어 있다.

공적인 책임을 져야 하는 행위를 민간에 위탁할 때에는 그 대가로 책임의 완수에 필요한 충분한 비용을 위탁비로 지불해야 한다. 그런데 그 위탁비는 실제로 예산편성의 제약에 의하여 한정된 '조치비'로 지불되며, 과학적으로 상세하게 산정된 조치비용의 구성과 금액의 총액은 낮게 책정되어 실제적 효용을 기대하기 어렵다. 더욱이 사무용 소모품과 마찬가지로 당연히 필요 경비로 위탁비에 산입되어야 하는 건물의 감가상각비조차 인정되지 않으니, '위탁'은 본래의 '많고 적음뿐만 아니라 자기의 재량에서 사무를 처리하는' 것을 최고의 기본적인 존립 조건으로 하는 민간 사회복지의 특성을 처음부터 부정하고 있는 것과 같다. 더구나 위탁비가 대가로 의무적으로 지출되고 있기 때문에, 최저기준의 제정과 그 이행에 대한 감독과 지도의 공적 규제를 받는 것이나, 민간시설 경영자는 위로부터의 공권력에 의한 공적 지배와 혼동하여 비굴한 태도로 자기를 속박하는 결과에 빠지기 쉽다.

조치비 문제는 결국 국가 예산의 제한을 합리화하기 위한 위탁비 삭감의 결과이며, 일본의 민간 사회복지를 위축시키는 주요 요인의 하나가 되고 있다. 민간 경영자들이 구태여 '민간사회복지 환원론'을 제창하고 있는 것은 조치비의 취급 방법에 의한 위탁비의 제한, 더 나아가서는 공적 책임의 후퇴에 대한 비판과 함께 민간 사회복지의 진정한 책임감을 중요시하고 있기 때문이다.

경영이 아무리 재원문제를 중심으로 하는 것이라고 하지만, 민간경영자가 이 불합리한 조치비에 의존하여 어느새 민간서비스의 본질적 과제를 망각하고, 무기력하게도 '비판적 협력관계'에서 탈락하여, 이에 몸바쳐 일하고자 하는 젊은이들의 열정을 꺾어 버리려 하는 현상은 단순히 비관과 절망감만으로 그치지 않는 심각한 문제를 남기는 것이다. 왜냐하면 거기에는 최후의 심판자인 클라이언트가 엄연하게 존재하고 있기 때문이다.

자숙해야 할 것은 정부 당국이나 민간 경영자만이 아니다. 민간 사회복지 진전의 원동력이 되어야 할 사회복지협의회나 공동모금회 관계자 중에서도, 관료주의적 정체와 무기력함에 빠져 있는 이가 없다고는 말할 수 없다. 지역주민의 욕구에 뿌리를 둔 과학적인 복지계획을 기초로 하여 계획모금의 결실을 거두지 못하고, 쓸데없이 전년도의 모금액을 기준으로 형식적인 모금을 계속하여, 그 한정된 모금액에서 이럭저럭 사회복지협의회 활동을 계속해 온 종래의 전국적 경향에서, 민간 사회복지의 새로운 분위기를 기대한다는 것은 환상에 가까운 일이라 말할 수 있다.

이제 서서히 잠재적인 힘을 축적하고 있는 사회복지협의회의 혁신운동과 공동모금 개혁운동을 미래에 높은 성과를 올리는 것으로 하기 위하여, 새롭게 그 전략에 대하여 이야기하고자 한다.

일본의 민간 사회복지는 그 약동을 진실하게 염원하면 할수록, 절망에 가까운 후진성을 깨닫게 된다. 구미 여러 나라와 비교해서 일본이 이 분야에서 현격하게 뒤떨어져 있는 점을 이제 와서 부정하려는 것은 아니다. 그러나 필자는 평론가의 태도로 냉철하게 문제를 정리하고 고민하지 않는 일부 저널리즘에 공감할 수 없다. 여기서 이야기하고 싶은 것은 사회복

지 연구와 실천을 생애의 천직으로 하는 자의 불굴의 혼을 요구한다는 것이다. 인간의 영광
은 실패하지 않는 것에 있는 것이 아니라, 어렵고 힘든 상황과 싸우면서 끝까지 무너지지 않
는 자세이다.

제14장 기독교와 사회복지의 접점

1. 기독교와 사회복지 연결의 문제점

기독교 신자는 '기독교 사회복지' 또는 '기독교 사회사업'을 역사적 사실로 받아들이고, 그 가능성을 지극히 당연한 것으로 생각한다. 그러나 사회복지 연구자들 가운데에는, 사회의 객관적 사실인 기독교 사회복지가 자본주의 사회체제의 모순에 대응하는 하나의 사회복지 활동일 뿐이고, '기독교 사회복지'라는 명칭이 생기게 된 것은 그 담당자가 기독교 신자일 뿐이며, '기독교 사회복지학'이라는 특정의 학문영역이 존재할 이유가 없다고 확신하는 연구자가 많다.

우리들은 '기독교 사회복지학회'라는 명칭으로 회합하고, 사회복지의 입장에서 기독교적 독자성의 탐구에 심혈을 기울이고 있지만, 사실 '기독교'와 '사회복지'의 연결고리에는 해결하기 곤란한 의문이 있음을 솔직하게 인정하지 않을 수 없다.

'기독교'와 '사회복지'는 어떠한 접점을 가질 수 있을까? 이 질문에 적절한 답변을 할 수 없다면, 기독교 사회복지학회는 존재의 발판을 확립하지 못할 뿐만 아니라, 학회의 존속보다도 더욱 중요한 기독교 신자로서 사회실천 자체가 이론의 근거를 잃게 되는 것은 아닐까?

'기독교 사회복지'에서 '기독교'와 '사회복지'의 연결 고리에 특히 문제가 되는 점은 신학적 관점과 사회과학적 방법론의 두 가지 측면에서 살펴볼 수 있다.

일반적으로 사회과학 분야에 소속된 학회의 성격으로 신학적 측면을 언급하는 것은 학문의 경계로부터 일탈을 의미한다. 그러나 기독교 사회복지학회는 기독교 신앙의 독자성이 기독교 신자의 생활에 고유한 윤리적 성격을 부여하고, 기독교 신자의 사회 행동에 특수한 긴장감을 갖게 하는 것이라고 자각하는 사람들의 결합체라고 할 수 있다.

특히 다른 실천 현장에서 학문적 견해를 함께 하는 일본 기독교 사회사업동맹의 형제자매는 기독교 사회복지학회를 신앙과 실천의 일치 가운데, 특히 첨예한 감각을 가지고 신앙과 사회적 행동에서 접점을 찾아야 할 장으로 생각하고 있다.

이러한 특수한 문제 영역을 배경으로 하는 기독교 사회복지 활동에서 신앙의 윤리를 배제한다면 종교적 실천행동의 본질을 탐구하는 일은 불가능하다.

사회과학으로서 사회복지학 연구는 사회현상에 관한 경험과학으로서의 학문적 성격이 학문 본래의 약속이므로, 사회적 실천 주체 입장에서 신앙인 내면의 종교 논리까지도 냉정하게 객관적으로 인식할 수 있는 준비가 되어 있어야 한다. 그러나 그것은 기독교 신자의 사회복지 실천에 대한 연구가 실천 주체자의 신앙 윤리의 전개와 내면에 있는 객관적 검토를 거부할 수 있는 것은 아니다. 오히려 그 교리 연구의 경솔함에 따라 피상적인 현상분석에 치우침으로써 기독교 신자의 사회 행동의 진상을 오인하는 일마저 발생하고 있다. 즉 '기독교'와 '사회복지'의 접점을 탐구하려 할 때 양자를 결합시키는 연결 고리에 대한 신학적 의문을 피할 수 없다.

2. 신앙과 사회 실천 관계의 여러 유형

기독교와 사회 실천과의 관계에 대하여 몇 개의 유형을 생각해 볼 수 있다.

첫 번째는 적극적 긍정의 논리에 따른 것으로 ⓐ '낙천적 활동주의'(optimistic octivism)와 ⓑ '종교적 경건주의'(pietism)를 들 수 있다.

낙천적 활동주의는 자유신학(liberal theology)에서 공통되는 경향으로, 정치·경제·법률·문화 등 사회생활을 종교적 정신 원리를 가지고 개조, 또는 형성하고자 하는 것이다. 종교적 행동주의는 복음과 지상생활을 직접 결합하는 낙천적 파토스(pathos : 감정과 열정의 정신)로 역사 자체를 신의 나라 실현의 장으로 삼는다.

종교적 경건주의는 "하느님께서 만드신 것은 모두다 좋은 것이고 감사하는 마음으로 받으면 하나도 버릴 것이 없습니다. 그것은 하느님의 말씀과 신도들의 기도를 통하여 거룩하게 되기 때문입니다"(1디모 4, 4 이하)[1]라는 말씀과 같이, 사회질서와 원칙을 긍정하는 것에서 출발한다. 그 긍정주의는 죄의 질서 안에서 상대적 선·악을 엄격하게 구별짓지 않으며, 사회질서 그 자체에 대한 비판·창조의 원리를 갖지 않는다. 기독교 역사의 어떠한 시대에서나 볼 수 있는 정치적 이용수단으로서의 종교는 '경건' 그 자체의 보수적 본질을 나타내는 것이다.

두 번째 유형은 죄의 비관주의에 바탕을 둔 소극적 부정의 논리에 따른 것이다. 신적(神的) 가능성과 인간적 가능성은 구별되며, 역사 세계에서 완성의 왕국으로의 연속적 이행은

---

1) 이 장에 나오는 성서는 공동번역성서(대한성서공회)를 따랐으며, 표기는 가톨릭 표기 방법으로 했다. (역자)

부정된다.

여기서는 ⓐ '체념적 정숙주의'(quietism), ⓑ '이중도덕적 분리주의'(separatism), ⓒ '수도원적 은둔주의'(monastic seclusionism)를 예로 들 수 있다.

체념적 정숙주의는 지상의 죄의 질서까지도 신의 피조물 세계인 까닭에 부정할 수도 없으며, 단지 가능한 한 지상에서 깊게 죄를 짓지 않고 참고 복종하는 생활을 끝까지 지키고자 하는 것이다. 이중도덕적 분리주의는 이 세상의 생활 영역에서는 그것을 지배하는 자기법칙성의 필연성에 의한 현실적 윤리를 따르고, 기독교 신자의 개인적인 교제의 영역에서만 기독교적 윤리를 선택하고자 하는 이원적 태도를 취하고자 하는 것이다. 수도원적 은둔주의는 속세를 떠나 수도원의 별천지에서 청정한 생활을 탐구하고, 이 세상의 죄로부터 차단되어, '몸을 버림으로써 비로소 평안을 구하려는' 경지를 구축하고자 하는 것이다.

세 번째 유형은 종말론적 사회행동에 몸을 내던져 앞장서는 '종교적 사실주의'의 입장이다.

그것은 성서에서 말하는 '창조의 세계'와 '영광의 세계'의 중간에서 특수한 지위를 차지하는 '은총의 세계'에 속하는 것이다. 이 '중간의 세계'를 지배하는 기독교 윤리는 '중간 윤리'라는 언어로 표현하는 것처럼, 우리의 모든 생명이 기독교 안에서 의문적·위급적이라는 것과 함께 약속에 가득 찬 것이라는 이중성에 근본을 두는 것이다. 이 은총의 세계의 현재적 순간이야말로 머리끝에서부터 발끝까지 죄인임에도 불구하고, 신앙에 의해서 의(義)로써 인정된 자가 신의 사랑에 복종하려는 역사적 결단의 순간이다.

칼 바르드(Karl Barth)는 『로마서 강해』(Der Römerbrief, 1922)에서 "철저하게 근본적으로 종말론적이지 않은 기독교는 기독교와 철저하게 근본적으로 아무런 관계가 없다"고 논했다. 그것은 기독교 신자의 사회적 실천을 영원한 자기완결적 완성을 목표로 하는 이상주의적 인간관 또는 "천상에서 지상으로 내려오는 독일철학과는 정반대로 여기서 우리들은 지상에서 천상으로 오르는 것이다"(마르크스의 『독일의 이데올로기』)라는 인본적 거인주의로부터 구별하기 위해 엄숙히 지켜 보아야 할 중요사항이며, 조금이라도 애매함이 있어서는 아니 된다.

3. 자유신학의 위험성과 그 반성

사회과학에서 인간 이해는 내재적 인간·경험적 인간의 영역에 한정되며, 이러한 내재주의야말로 근대 사회의 사유 본질이다. 근대인은 인간 존재를 엄밀한 내재성 즉, 사회현상 사이를 필연적으로 연계하는 '사회법칙'으로 이해해야 할 것이라고 설명하며, 여기에서 생활내용의 자율성과 생활내용의 근원에 있는 자율성을 구별하지는 못하였다.

이러한 내재론적 인간 이해의 결과로 인간의 죄의 본성까지도, 예를 들어 생산력과 생산관계와의 모순이라는 역사적 상황의 소산으로서만 이해하였다.

또, 인간의 구원은 인간 존재의 '근원'과의 관계를 제외 시킨 채, '세계 내재법칙의 인식'이라는 내재적 요건으로부터 얻어질 수 있는 것이며, 성서적 죄의식의 부정 즉 구제관(救濟觀)의 부정에 이르게 된다. 인간을 구원하는 것은 인간 자신이며 "인간이야말로 인간 최고의 본체"(마르크스)라고 하는 입장에서 인간해방은 사회적 행동 기준을 내재적 욕망, 즉 성서에서 말하는 '육체에 대한 생각'에서 구할 수밖에 없다. 실천 기준이 존재 근원으로서 창조자의 사랑의 의지를 떠나, 자연히 내재된 욕망의 최대량의 충족에서 추구될 때, 욕망충족 추구에 대한 무한계성은 물질적 유한성의 세계에서의 세력투쟁을 불가피하게 하여 자연적 사랑, 즉 에로스적 관계의 본질은 "만민의 만민에 대한 투쟁"(홉스)의 실태를 피할 수 없다.

이러한 내재론적인 사회적 사유경향과 근대 기독교의 자유신학이 결부될 때, 기독교 신자의 사회적 실천은 하느님과 인간의 영원한 질적 차이를 넘어서 인본주의적 낙천주의에 가까워지고, 기독교 고유의 종교적 모티브는 소멸되기 시작한다.

필자는 中島重(나카지마 시게루)의 문하생으로 그가 주창한 '사회적 기독교'의 중요한 시대적 의의를 인정한다. 더구나 中島 이론의 신학적 기초가 되는 賀川豊彦의 신앙과 사회사상에 심오한 영향을 받고 있는 것을 영광으로 생각하는 사람이다.

그러나 賀川 신학, 中島 사상을 근간으로 종교적 사유와 사회적 사유의 관련을 추구하는 것은 성서의 종말론적 이해를 경시하는 것이라는 중대한 약점이 있다는 것을 간과해서는 안된다. 賀川 신학의 속죄관, 나카지마 사상의 지기부정론을 아무리 신중하게 배려한다고 해도, 자유신학적 기조가 가지고 있는 인본주의적 정신 국면의 유혹은 부정할 수 없는 것이다.[2]

中島의 사회적 기독교 이론은 사회적 결합·연대의 증대라고 하는 내재적 계기의 자기 발전을 주축으로 사회화 기능을 달성하는 것이 종교에 있다고 보기 때문에, 종말론은 본질적으로 이질의 범신론적 사유에 접근해 가는 위험을 안고 있다. 中島 사상은 賀川 신학을 출발점으로 하는 것이다. 賀川 신학의 신인합일(新人合一)적 종교관이 中島에게는 인간 세계에서의 공동 사회의 완성이 신에게로 귀일(歸一)되는 과정이라는 사회적 기독교의 근본주장과 관련하여, 한층 더 강하게 역사와 신의 나라와의 합일관으로, 신의 나라를 역사의 연장선상에 놓고 극한 개념으로 사고하는 경향을 나타낸다.

예수의 사상에 함축되어 있는 종말론적 신국(神國)사상에 대해서는 "종말론적 사상으

---

2) 嶋田啓一郎, 「賀川豊彦의 십자가」, 「中島重의 사회철학과 사회적 기독교」, 『복음과 사회』, 1971. 참조

로서는 당시 유태의 시대사상에 속하고 이른바 영원한 진리는 불가능하다"고 가볍게 일축
하고 "현실사회 속에 실현되어 가는 신의 나라는……현세에 신국은 발전의 궁극, 바꾸어
말하자면, 사회 진화의 궁극으로서만 생각해야 할 것이다"라고 주장하고 있다. 사회 진화론
과 신의 나라의 통일적 이해야말로 자유신학 성격을 가장 첨예하게 보여주는 것이다.

中島는 전후 다시 출간되었던 '사회적 기독교'지의 잡지명을 『사회기독교』라고 고쳐
서 '사회적'의 '적'을 삭제하였는데, '사회'와 '기독교'를 한층 선명하게 직접 연결시키려고
하는 시도는 전후 일본의 민주사회 건설의 기운에 편승하여, 신앙과 사회적 실천과의 결합
을 통해 특별한 시대적 의의를 느낄 수 있기 때문이었다.[3]

기독교와 사회복지의 접점을 탐구하고자 하는 우리들에게 자유신학의 '사회적 기독교'
의 전개는 언뜻 보기에 더 이상 아무 것도 없는 강력한 논리적 기초로 받아들여질지도 모른
다. 우리의 사회 행동은 가치판단과 경험한 사실을 확정하는 통일점에서 전개되는 것이므
로 신자로서 명확한 사회철학과 사회과학적 관점을 겸비해야 하는 中島의 논리에는 유달
리 영혼을 매혹하는 것이 있으며, 연구해야 할 것이 많이 있다.

그러나 그 근저에 있는 지상적인 것과 신적인 것의 안이한 결합은 포이에르 바흐가 "근세
의 과제는 신의 현실화와 인간화, 즉 신학을 인간학으로 옮기는 것과 해소에 있다"라고 비
평하고 있는 것처럼 기독교의 개성을 상실시키는 근대 신학의 약점과 무관하지 않다는 것
을 내포하고 있다.

변증법 신학자 칼 바르드의 경고는 지금도 우리들의 성서적 신앙을 시험하는 시금석의
역할을 하고 있는 것은 아닐까. 예컨대 '기독교=사회, 복음=사회, 종교=사회'와 같은 결합
이 편리하게 사용될 수 있지만, 우리가 여기에 인지적 용기를 가지고 인용한 연결고리가 위
험한 지름길은 아닐까 하는 의문은 음미할 가치가 있다.

신에 대한 봉사는 인간에 대한 봉사이며 또 이렇게 되지 않으면 안 된다고 하는 반론은 몹
시 약은 처신이지만, 우리의 조급한 인간에 대한 봉사가 가장 순수한 사랑의 이름으로 이루
어질지라도, 광명에 의해 신에 대한 봉사로 되는가 그렇지 않은가는 별개의 문제이다.[4]

4. 사회적 실천에 대한 적극성 유지

'중간세계'에서 우리들의 생활을 엄격히 성서의 종말론적 이해에 근거를 두고, 지상의
모든 사회적 실천행동이 그대로 신의 나라를 실현하는 수단이 되는 것은 아니며, 그 가능성

---

3) 中島重, 『신과 공동사회』, p. 39
4) Karl Barth, *Das Wort Gottes und die Theologie*, 1929, S. 35-36

에는 명확한 한계성이 있다는 것을 고백하면서, '그럼에도 불구하고' 기독교 신자가 역사세계의 현실 속에서 적극적인 윤리 활동을 담당하는 역리성(逆理性)은 어떻게 하면 가능할 것인가.

세계의 많은 종교 중 불교는 인간의 현신(現身)이 수양에 의하여 즉신성불(卽身成佛 : 내세를 기다리지 않고 이승에서 부처가 됨)의 경지에 이르고, 무상의 환희와 법열을 보기 시작한다.

그러나 성서의 종교는 그리스 신화에서 신의 불을 탈취하려는 프로메테우스의 오만함을 엄격히 배제하고, 천지의 창조자이며 절대자인 신과, 그 피조물인 상대적 인간 사이에 영원한 질적 차이를 유지하고자 한다.

근대인의 인간중심의 낙천주의를 인간에게 위기인 양 가르치고, 이 위기 의식에 따라 사회적 행동에서 인간적 가능성의 한계와 상대성을 고백하는 기독교 신자가, 그럼에도 불구하고 '이 세상'의 활동에 대한 체념적 부정주의 또는 소극주의에 빠지는 일 없이, 피조물로서 한계를 안고, 종말론의 긴장을 가지며, 현실에서 '천직'인 신앙에 바탕을 둔 '사랑'이라는 사회행동을 전개하는 것은 어떻게 하면 가능한 일인가.

복음과 사회의 올바른 관계는 창조 신앙과 구제 신앙과의 통일적 이해에서 찾을 수 있다.

"여러분이 구원을 받은 것은 하느님의 은총을 입고 그리스도를 믿어서 된 것이지 여러분 자신의 힘으로 된 것은 아닙니다. 이 구원이야말로 하느님께서 주신 선물입니다. 이렇게 구원은 사람의 공로로 이루어지는 것이 아니기 때문에 아무도 자기자랑을 할 수 없을 것입니다. 우리는 하느님의 작품입니다. 곧 하느님께서 미리 마련하신 대로 선한 생활을 하도록 그리스도 예수를 통해서 창조하신 작품입니다."(에페 2, 8-10)

여기서 중요한 것은 창조 신앙이 구제 신앙의 바깥쪽이 아니라, 바로 구제 신앙의 기초 위에 바르게 위치하고 있는 양자 불가분의 관계임을 잠시라도 잊어서는 안 된다는 것이다. 기독교 신자의 사회행동에 의한 창조 질서는 사랑 행위의 수단으로써 이웃에 대한 봉사의 틀, 즉 사랑의 기구인 동시에 신의 의지에 대한 복종이 어떻게 존재해야 하는 가를 깨닫게 해주며 현실 행동의 기반을 구축하는 요건이다. 그러나 구제신앙을 벗어난 창조신앙의 일면적인 주장은 머지 않아 내재적·유물적 인본주의로 나아가게 될 것이다. 나치스 치하의 독일 신학은 그러한 역사적 교훈을 주는 것이었다.

'보이는 것과 보이지 않는 것 모두 그분을 통해서 그분을 위해서 창조 되었으며,'(골로1, 15-17) 만약 창조 질서가 없었다면, 성서의 새 계명(마태 22, 34-40)인 사랑도 현실의 것일 수 없다.

성서에서 말하는 '창조'란 사랑에서의 창조이며, '주를 사랑하고' 또한 '자기 자신과 같이 이웃을 사랑하라'는 아주 동일한 상태, 즉 평등(equal)한 관계에 있는 것이다. 또한 우리는 이웃 안에서 신의 분신으로 경외해야 할 것을 찾아내고, 각각의 시간적인 '당신' 안에서 그것을 초월하는 신의 페르소나로서 영원의 '당신'을 찾아내는 것이다.

성서적 사랑이란 자기와 다른 사람과의 한계를 뛰어 넘는 것, 이웃과 나와의 관계를 신 중심으로 이해하는 것이다. 그것은 기독교 신자의 단순한 사유(思惟)의 방법이 아니라, 인간 존재의 본질구조에 서서 진실한 생명 존재로서 체험하고 진정한 인간 존재, 즉 실존의 방법이 되기 위해서는 사랑은 현실적인 장소와 수단으로써 질서안에서 '무엇인가를 이루는 것'이어야 하며, 사물에 가시적으로 나타나지 않는 '사랑의 의지'는 단순한 환상 작용 혹은 관념의 유희에 지나지 않는다.

창조 질서로서 현실에서 사랑의 주고 받음이야 말로 인간의 공동사회(게마인샤프트 또는 지역사회)의 참된 기초이며, 이 사랑의 공동체를 벗어난 개인주의와 전체주의는 무정부주의와 독재주의로 인한 인간소외의 위기를 안으로 감추고 있는 것이다. 기독교 신자에게 선이란 '공동체 안에서의 생활'(Leben-in-Gemeinschaft)이며, 악이란 '공동체 상실'(Gemeinschafts-losigkeit)이라고 설명한 에밀 브루너의 기독교 윤리에서 선·악의 판단 기준은 자본주의 사회의 개인주의적 인간상과는 다른 가치관의 존재를 이야기해 주는 것이다. 5)

종족공동체(결혼과 가정), 경제공동체, 법률·국가공동체, 문화공동체 등 이 세계의 여러 질서와 사랑의 공동체와의 관계를 탐구하는 것은 역사 속에서 지상의 기독교 신자에게 부과된 중요한 임무이다.

5. 사회적 내재성

사랑의 공동체와 여러 질서의 관계를 물을 때, 교회가 여러 질서의 구체적인 전개방식을 프로그램 측면에서 이야기하는 '구성적'(konstitutiv) 역할을 담당하는 것이라고 생각하는 것은 잘못이다. 성서는 항상 존재의 근원(Ursprung)인 자율성에 바탕을 두고, 협동체 안에 있는 생활의 방향 설정을 실시하는 조정 역할을 수행하는데, 사회적 실천 프로그램의 구성을 성서에서 구하는 이른바 '결의론'(決疑論, Kasuistik)은 신앙과 사회와의 관계를 본질적으로 위험하게 만드는 결함을 갖고 있다.

사회를 제약하는 현실만이 시시각각으로 이웃의 사회적 존재가 위급함을 지적해주는데,

---

5) Emil Bruner, 『계명과 질서』(Das Gebot und die Ordnungen), 1932.

그 요구하는 목소리에 귀기울이지 않는다면 사랑은 현실의 행위가 될 수 없다. 신의 창조는 단지 일회적이고 완결적인 것이 아니라, 늘 새롭게 생성해 가는 자기 갱신적 활동이다.

신에 의하여 만들어지고, 역사적으로 움직여 가는 현실사회에서, 인간으로서의 본질에 반하는 생활의 모순에서 생겨나는 이웃의 곤경이야말로, 그 때마다 현재 인간에 대한 구체적인 신의 의지를 알게 해주는 것이다.

사랑이라는 사명을 수행해야 하는 기독교 신자는, 예를 들면 자본주의 사회의 현실 분석을 실시함으로써, 프롤레타리아 계급을 필연적으로 고난으로 이끄는 생산관계에 대하여 사실로 인식하게 되며, 이에 따라 비로소 그들이 인간으로서 부적합한 생존 조건을 변혁하는 방법을 사랑의 '실존 방법'에 즉각 대응시킬 수 있는 행동목적으로 확립하게 된다. 이렇게 하여 신앙에 의하여 새롭게 선한 행위를 추구하는 입장에서, 지금이야말로 사회적 내재성 - 그것은 한번 죄의 내재성에 대해 날카롭게 비판받았던 것이다 - 에 접근하는 것이 필요하다.

종교개혁자의 천직 사상은 유동적인 역사의 그때 그때의 상황에 대하여 세속적인 현실 속에서 들을 수 있는 역사의 소리를, 신의 영광을 위하여 일할 기회로 여기고, 과거와 미래를 연결하는 역사성을 존중했던 것인데, 최근 들어 본헤퍼 및 콕코스의 '세속성의 신학'은 천직 사상의 현대판으로서 중시되어야 한다.

역사적 현실의 시간 제약 속에서 이웃의 위기를 극복하는 하나의 과제가 절대자인 신의 의지에 따르는 유일한 길이라는 '시간제약적 절대성'의 역설은 현실에서 신의 섭리를 믿는 자에게는 지극히 당연한 것이며, 오늘날의 '상황윤리'가 설명하는 것처럼 현실세계에서 사회적인 것, 즉 지나가는 가변적인 것으로써 사회적 현실의 인식이야말로 신에게 봉사하는 방법인 것이다.

6. 사회과학의 자기 법칙성의 문제

현실에서 이웃을 사랑하는 행위는 자기 의지대로 매개체 없이 직접 이웃에 대하여 이루어지는 것이 아니라 객관적으로[6] 사물성을 통해서만 전개된다. 인간행동의 이 객관적 측면을 규정하는 사물성 및 사회결합성의 고유한 '자기법칙성'이야말로, 기독교와 사회복지 관계에서 제2의 문제점, 즉 사회과학적 방법론에 관련된 중요한 질문이 된다.

자기 법칙성은 자연 법칙과 사회법칙의 양쪽 부분에서, 인간의 주체적 의사로부터 독립된 객관적인 기술적 세계를 말한다. "도덕적 행위는 외적으로 표현하고자 하는 것에 의하여,

---

6) Emil Bruner, op. cit., S. 245.

그것과는 이질적인 주권, 즉 사랑의 의도를 소외시키는 것으로 보여지는 자기법칙성과 마주치게 된다. 도덕적 행위는 자기필연성과도 유사한 법칙성으로 실현되는 듯하기 때문에 기독교 윤리가 이 이성의 모든 영역을 전문가에게 위임하고자 하는 것도 무리가 아니다"[7]

사회과학이란 사회 현실의 본질 존재 및 그 인과관계를 객관적으로 이해하고 설명하는 경험과학이며, 사회적 존재의 구체적 사정은 어떠한가, 주어진 상태가 어떻게 변화해 가는가, 문제에 대하여 어떻게 생각하는가를, 존재의 판단에 따라서 파악하는 존재과학으로서, 당위의 세계를 당위판단에 따라서 규정하는 규범과학과는 다른 것이다.

막스 베버는 『사회와 경제과학에서 가치판단 배제의 의미』[8]에서, 규범과학과 경험과학을 엄격하게 구별할 것을 강조하여 말하기를, "경험학(Disziplin)이 문제가 될 때가 있는데, 이는 실천적 명령의 규범으로서의 타당성과 경험한 사실의 진리적 타당성은 문제의 이질적인 평면에 있는 것이므로, 사람이 만일 이것을 무시하고 두 개의 영역을 무리하게 통합하려는 시도를 한다면, 독자의 권위는 양쪽 어느 쪽에서도 손상을 입게 될 것이다"라고 하였다.

물론 사회과학에서 가치판단의 배제가 요구되는 것은 단순히 의미를 벗어난 자연과정의 인과적(因果的) 설명뿐인 과학의 성립을 주장하는 것이 아니며, 주관적 및 객관적 의미를 지니는 인간행위를 다루기 때문이다. 그러나 이 경우 사회과학이 가치판단을 다루는 접근방법은 그 의미를 철저히 객관적으로 검토함으로써 존재론적 성격에 대하여 다루는 것이다.

가치판단의 배제는 연구대상인 객체를 가치판단이 아닌 연구하는 과학자 주체의 가치판단이라는 색안경을 통하여 객체적 대상을 왜곡된 형태로 받아 들이려 하고, 현실과 동떨어진 잘못을 회피하고자 하는 상황을 의미한다. "경험과학의 여러 문제 설정은 자신이 몰가치적(wertfrei)으로 답해야 할 것이다. 그것들은 어떠한 가치 문제는 아니다."[9]

일정한 세계관에 바탕을 둔 윤리적 가치평가와 사회구조의 경험적 사실의 확정을 서로 결합하는 접촉점에서, 올바른 사회적 행동을 찾으려 한다면, 존재론적 성격을 갖는 사회과학은 사회 역사적 현실의 본질적 존재의 반영에 불과하다. 그러므로 누구에게나 그가 무엇을 행해야 하는가(was er soll)를 묻는 윤리학, 또는 현실변경 기술로서의 실천과학과는 뚜렷이 구별해서 생각해야 한다.

「사회과학과 사회정책 인식의 객관성」[10]이라는 베버의 논문은 현상의 현실적 확정에서

---

7) Emil Bruner, Ibid., S. 245.
8) Max Weber, *Der Sinn der 'Wertfreit' der Soziologischen und ökonomischen Wissenschaften*, 1917-8, S. 463.
9) Max Webber, op, cit., S. 473.
10) Max Webber, "Die Objcktivität sozialwissenschaftlicher und sozialpolitischer Erkenntnis", 1921

가치판단이나 윤리학이 태어나지 않는 사정을 설명하고, "이러한 가치판단의 타당성을 판정하는 일은 신앙의 영역이며, 또 삶이나 세계의 의미에 대하여 사변적으로 관찰하고 해명하는 경우의 임무인데, 분명 여기서 이루어져야 할 의미에서의 경험과학의 대상은 아니다"[11]라고 기술하고 있다.

7. 사회 실천에 대한 윤리

필자는 베버가 사회과학의 경험과학으로서의 존재론적 성격을 강조할 경우에, 가치의식의 의미적 연관을 담당하는 인간행위 및 이 행위에서 합성되는 객체적 구성체에 대한 이해를 하는데 다음과 같은 의문이 생긴다.

첫째, 연구자 주체의 가치의식을 빼놓고서는 인식 불가능한 것이 아닌가. 둘째, 신앙의 영역이라 할 수 있는 가치판단의 타당성이 결국 신(神)들의 수만큼 다양하게 분열되는 가치관에 따라, 무수한 가치관의 무정부주의 상태로 나아가게 되어, 선악의 판단기준을 상실하게 됨으로써 사회적 행동을 수습할 수 없는 혼란에 빠지는 결함을 갖게 되는 것은 아닌가 하는 물음에 공감한다.

그리하여 "막스 베버는 나의 적이다"라고 말한 베버의 제자 하이만의 불만에 마음이 끌리지만 사회적 행동의 성립은 윤리적 가치평가와 경험적 사실의 확정을 우선 엄격하게 구별하고자 한 베버의 입장에 중요한 시대적 의의가 내포되어 있음을 간과해서는 안 된다고 생각한다.

그것은 마르크스주의적 사회과학이 우세한 일본의 사회복지 학계에서 사회 행동으로서의 사회복지 실천 연구가 가치론적 측면의 해명에는 냉담한데 반해서, 사회복지 정책 전개의 논리가 사회과학 개념 안에 내포되어 있는 유물론적 세계관에 고유한 가치관과, 경험 과학적 사실확정을 암묵적으로 통일·포섭하고 있는 것에 대한 일본 기독교 신자 쪽에서의 경계와 반성을 불러 일으키는 계기가 될 것이다.

필자는 유물론에 바탕을 둔 마르크스주의 이론이더라도 그것이 경험적 세계의 사실을 예리하게 캐내는 확실성을 지닌 것인 한, 당연히 그 한계 내에서 역사 안의 창조질서에 대한 객관적 진리를 말하는 것이므로 진실한 언어의 편견으로부터 자유를 관철시키기를 간절히 바란다. 또한 『현실적 기독교 신자』[12]를 쓴 게오르그 앙슈가 그러한 의미에서 스스로를 "기독교적 마르크스주의"라고 부른 것은 시사하는 바가 크다고 생각한다.

---

11) Max Webber, G. A. 1922, S. 152.
12) 게오르그 앙슈, *Wirklichdeitschristentum*, 1932

그러나 만일 우리들이 赤岩榮 목사가 생각한 바와 같이, "사회실천을 사회법칙의 확인에 의하여 실행하는 것은 도덕적 문제가 아니다"[13]라고 하여, 마르크스주의를 무조건 추구하는 이론을 채택해야만 한다면 그것은 기독교의 존립에 중대한 영향을 미치는 도전을 의미한다는 것을 잊어서는 안 된다.

사회 실천과 투쟁에 의하여 사회 법칙을 확인하는 것은 베버의 몰가치이론이 강조하는 것처럼, 분명 도덕적인 문제는 아니다. 그러나 몰가치적 사회구조에서 경험적 사실의 확정을 마르크스적 '사회실천'으로 나아가는 것을 요구한다고 보는 것은, 사회적 행동에서 논리적 가치평가와의 접촉점을 망각하는 일이다. 따라서 기독교 논리의 실천적 결단에 대한 발언의 장을 차단하는 것이며, 그것은 마르크스 논리에 잠재된 유물론적 가치관에 대한 무전제적인 동조의 태도가 되며, 기독교 논리의 질식상태를 의미하는 것이라고 할 수 있다.

사회과학에 고유한 자기법칙성을 브루너가 말한 것은 오늘날에도 우리에게 귀중한 교훈이 되고 있다. 이를테면, "이것은 기독교 윤리의 독특한 행동을 후퇴시키는 것은 아니다. 경제·정치 즉 공공생활에서 기술과 논리와의 한계에 커다란 결단이 생기게 된다. 여기서 행동을 규정하는 이질적인 자기법칙성은 자기를 윤리적으로 무관심하게 만드는 것이어서는 안 된다.

기독교 윤리가 자기법칙성의 문제를 어떻게 해결하는가 하는 것은 기독교 윤리의 운명에 결정적인 것이다. 신은 우리에게 단순한 의욕이 아니라, 하나의 행동을 요구하므로 신은 이 이질적인 것, 즉 비인격적 영역에 개입하는 것을 요구하며, 우리가 신앙인으로서 자기의 증명을 바라는 것"이라는 것과 같다.[14]

인간이 사회질서를 위해 존재하는 것이 아니라, 사회질서가 인간을 위해 존재하는 것이므로, 정치·경제·문화와 같은 여러 질서의 존재양식으로부터 도출된 자율적 법칙성은 여러 질서의 궁극적인 본질과 규범을 지시하는 것이 불가능하다. 여러 질서의 자기법칙성이 성립하는 전제로써, 사랑의 공동체를 실현하는 수단으로써 여러 질서가 존립하는 의의를 명시하는 것은 인간의 가치관이다.

인격에 대하여 중립성을 지키려는 것으로 보이는 기술적 자기법칙성은 인간이 생각하는 것처럼 완전 절대적인 자율성을 갖는 것이 아니라, 역사생활에 의하여 주어지는 일정한 가치관에 기반을 둔 상대적인 것이며, 사회생활의 기본적 가치관에 따라서 유동하는 가변적인 성격을 가지고 있다.

이를테면 모든 질서 안에서 사회과학적으로 가장 선명하게 자율성을 주장하고 있다고 생

---

13) 赤岩榮, 「기독교와 사회실천」, 『이론』, 1939. 9, p. 22

14) Emil Brunner, op. cit., S. 245.

각되는 '경제'의 개념도, 경제가치 하나만이 아니라 경제행위의 기술적 측면에서조차 윤리적 동기에 제약받는 것은 오늘날의 공해문제를 계기로 하여 기업의 사회적 책임이 추궁되는 것에서도 단적으로 나타나고 있는 사실이다.

경제활동 내용의 자율성을 존중하면서, 더구나 자기법칙성이 항상 내용의 자율성에 제약되는 가능성이 계속 유지될 때, 인간의 죄악성으로 인한 사회적 행동이 악마의 위험으로 나타나는 것은 억제될 수 있다.

사회과학의 자기법칙성을 제약하는 기독교 논리의 가치평가를 인정하는 경우에도, 기독교적 사회 프로그램이라는 것이 종말론적 인식하에서 엄격하게 거부되고 있을 때, 기독교 신자는 사회적 행동을 예를 들면, '기독교 정당'으로서가 아니라 이 세상의 정당 안에서 그 윤리적 요구를 과감하게 전개해야 한다.

기독교 신자의 반론적 입장을 지적하는 브루너의 다음과 같은 말은 신앙 변증법의 진수를 보다 잘 나타내고 있다 - "중간도 아니고, 타협도 아니고, 이성으로는 파악하기 어려운 반론 가능한 선, 즉 '가지면서 가지지 않는 것 같은' 반칙적인 질서에서만 신의 사명을 찾을 수 있다. 기독교 사회 프로그램이란 것은 존재하지 않지만, 그럼에도 불구하고 항상 그것이 요청되어야 한다. 무엇인가 조금 부여된 것을 신적 질서라고 부르는 것은 가장 나쁜 착오이다. 그렇다 하더라도 이러한 사항을 지상의 전문가의 손에 완전히 맡겨 버리는 것도 오류인 것이다."[15]

그것이 기독교 윤리와 사회과학과의 접점에서 사회적 행동을 전개하고자 하는 기독교 신자에게 고유한 긴장 관계라고 말할 수 있다.

8. 접점의 유형을 시사하는 것

신학 및 사회과학의 의문에 대한 검토를 거쳐, '기독교와 사회복지와의 접점'을 원리에서부터 규명하고자 노력한 결과, 우리가 얻은 결론이 시사하는 바는 무엇일까?

(1) 기독교인의 사회적 실천 소극성에 대한 반성

인간적 가능성에 한계가 있다는 고백이 불가피하다는 성서적 종말론의 관점에 서서, 사회적 활동이 낙천주의적 자기도취에 빠지는 것을 엄격하게 경계하지만, 그것은 죄의 비관주의로 인하여, 체념 상태에서 행동을 하지 말아야 한다는 사실을 의미하지는 않는다. 이 세상을 창조와 구제의 신앙으로 직시하려는 새로운 세대들은 선행을 행할 때만, 인간적 가능

---

15) Emil Brunner, op. cit., S. 322.

성의 한계에 대한 고백에 진실한 의의를 두는 것이 가능하다. 즉 종말론이 기독교 신자의 적극적인 윤리 행위에서 벗어나 행위의 기피를 촉구하는 것이라고 하는 경우, 그것은 이미 기독교적인 종말론이라고 할 수 없다.

기독교계가 일본에서, 세계에서, 그 역사적 전환에서, 사회적 활동에서 발전이 저조한 것은 기독교 선교가 주로 중산층의 종교로 전개되었고, 체제적 소외의 근원에서 고뇌하는 국민의 프로테스탄트 운동에 대한 절실한 인식이 희박하기 때문이다. 특히 사회계급 구조로 볼 때, 중산층의 안정성을 확립하지 못하고, 단순히 중간계급(intermediate class)적 구성을 갖는 일본 인텔리계층의 일부에 침투한 것에 불과했던 일본에서의 전도(傳道)는 사회적 행동에서 약간의 전위적(前衛的) 세력을 양성할 수 있었다고는 하나, 사회적 실천의 주도력을 형성하는 대중에 접근하는 것은 불가능한 것이었다.

기독교 신자의 사회적 행동으로서 일본의 기독교 사회복지사가 한정된 인재와 자원을 가지고 일본의 사회복지 활동에서 개척자의 임무를 달성해 온 역사적인 사실은 누구도 부정할 수 없을 것이다. 그러나 애석하게도 그러한 활동은 구미 여러 나라에서도 볼 수 있는 것처럼, 신앙 윤리의 필연적 귀결로 전개되어 온 것이 아니고, 많은 어려움 속에서 사회복지 활동에 몸을 아끼지 않고 일한 결과였다. 그리고 그 사회복지사들은 대부분의 경우, 교회와는 직접적인 관계를 갖지 않은 고립무원(孤立無援)의 황무지로 여기고, 이러한 세상 경영의 주변성을 지속하며, 그 역경의 휴머니즘을 마음 속으로 위로하면서 교인들의 냉담함을 개탄해왔던 것이 실상이었던 것은 아니었을까.

9. 정의 질서를 위한 사회복지의 참가

(1)기독교 사회복지사의 독자성의 인식

기독교 사회복지사가 이 세상의 이른바 '사회사업장이'로 전락했을 때, 거기에서 기독교와 사회복지와의 '접점'은 해소되어 버릴 것이다. 우리는 기독교 사회복지 실천의 성립 근거를 성서적 신앙 논리에서 추구하고 있으며, 우리의 사회복지 실천은 명백하게 성서적 사랑인 게마인샤프트 사상에서 출발한다. 성서적 사랑의 협동체는 정의 질서의 확립과 협의의 종교적 사랑과의 이중구조를 갖는다.

정의(正義)란, 브루너(Gerechtigkeit, 1943)가 명쾌하게 해설한 바에 의하면, "각자에 대하여 그에게 속해야 할 것을 바르게 나누어 주는 것"을 의미하며, 그것은 선(善)의 면에서 낮은 차원의 단계의 것이지만 그것 없이는 협의의 종교적 사랑은 성립될 수 없다는 의미의 기본적 선(善)이다. 각자에게 속해야 할 것을 각자에게 나누어 주지 않고 착취하면서, 그럼에도 불구하고 각자를 사랑한다는 것은 전혀 불가능한 일이다.

이 정의의 질서에서 기독교 신자는 비신자와 어깨를 나란히 하며 협력하는 것이 가능하다. 일반적으로 사회복지·사회보장이란 이러한 정의질서의 확립에 관련된 활동을 뜻하며, 이 단계에서 기독교 신자는 비신자와 구별되지 않고 공통의 과제를 향하여 동일한 행동을 전개할 수 있다. 마르크스 논리가 우리들에게 가르치고 있는 것은 자본주의 사회의 계급적 사회구조가, 프롤레타리아가 가져야 할 것을 얼마나 많이 착취의 대상으로 삼고 있으며, 정의질서가 얼마나 많이 무너지고 있느냐 하는 것이다. 이에 공통의 사고, 협력적 실천의 장이 있어야 한다.

필자는 티트머스의 사회복지 정책에서 케니스 볼딩의 「사회사업의 경계」(The Boundaries of Social Work, *Social Work*, 1967, No. 1.)에 따라 전인적 인간의 종합적 체계에 대한 통일적 인격의 확립을 그 목적으로 하는 사회복지 이론에 진심으로 공감한다.

그것은 기본적 인권사상에 충실한 내용을 주는 것이며, 신앙의 유무를 불문하고 세계 인류가 통일적 인격의 옹호를 향하여, 사회복지 활동의 밀도와 강도를 높이려고 한다면, 정의질서의 한계 안일지라도, 사회복지는 자본주의 사회의 인권침해에 대하여 점차 유효한 저항세력을 형성하기에 이른 것이 아닐까 하는 기대를 갖게 한다. 정의도 또한 신의 의지의 기본 내용이므로, 가령 그것이 저차원이라 해도 기본적 선으로서 기독교 신자가 성실과 열의를 기울여야 할 역사적 과제라고 하지 않으면 안 된다.

그러나 기독교 신자의 사회복지 실천은 단지 정의 질서의 한계 내에서 비신자와 어깨를 나란히 하여 협력하면 충분한 것이라고 말할 수 있을까? 만약 명확히 하고자 한다면, 특별히 '기독교 사회복지학'을 조직하고, 사회복지에서 조금은 이질적인 것을 탐구하고자 할 필요는 없는 것일까? 그렇지 않다면 기껏해야 교회집단이 운영하는 기관·시설종사자의 '동료의식'에서 이루어지는 친목회 활동의 영역을 넘어서지 못하게 될 수밖에 없다.

기독교 신자의 사회복지 실천은 기독교 윤리의 내부로부터의 요구에 따라, 정의질서에 머무는 것이 허락되지 않는 독자적인 과제를 갖고 있다. 그것이야말로 우리들로 하여금 이 학회에 결집하게 하는 참된 동기인 것이다. 그것은 무엇인가?

10. 인격적 사랑의 협동체 – 종교의 고유성

성서의 사랑은 정의와는 완전히 구별되는 별개의 차원에 속하는 행동을 이웃에 대하여 행할 것을 요구한다. 각자에게 속해야 할 권리를 각자에 속하게 하는 정의질서의 단계를 넘어서, 이웃을 진심으로 존경하고, 자신과 타인과의 한계를 넘어서, 자신을 타인에게 바치는

'제물'(로마 12. 1)로 헌납하며, 자신에게 속해야 할 것까지도 바치게 한다. 고대 그리스 정의론의 대표자 아리스토텔레스가 바라보는 사랑은 "단지 사랑할 가치가 있는 사람만이 우정의 대상이 된다"(『윤리학』 8의 1,155)는 것에 불과했으나, 그리스인의 눈에는 그러한 가치가 없는 것까지 사랑하는 것이야말로, 성서적 사랑의 본질로 비추어졌다.

　"그것은 '그럼에도 불구하고 사랑하는 것'이었으며, '가치가 있으므로 사랑하는 것'은 아니었다. 그것은 사랑 받는 것의 본질, 그 특성에 바탕을 두는 것이 아니라, 사랑의 의지 그 자체 이외에는 그 무엇에도 뿌리를 두지 않는 사랑이다. 즉 그것은 상대의 값어치를 판단하고 난 뒤의 사랑이 아니라, 상대에게 값어치를 부여하는 사랑이다. 아리스토텔레스도 그 어떤 다른 이교도도 이 사랑을 알 수 없었다. 그리고 이 사랑이야말로 성서의 복음과 진정으로 일치하는 것이다."16)

　정의 질서에 인간은 조직 안에서 권리를 갖고 이에 기반을 둔 정신적 객체로서의 인간의 존엄성을 갖지만, 그것은 나와 당신의 인격적인 만남을 체험하는 것은 아니다. 인간이 인격적 만남을 체험하는 것은 타인이 아닌 당신, 즉 그 독자성에 대한 구체적인 사람이며, 단순히 평균적 개인이 서로 자신 속에서 알게 되는 이른바 동일한 인간성 및 본질적 법칙성과 같은 추상적이고 비인격적·객체적 측면에서 취급되는 것과는 의미가 다르다.

　정의 질서는 인격으로서 당신 그 자체를 존중하는 것이 아니고, 조직 속에서 여러 가지로 도움이 되고, 가치를 갖고, 권리를 가졌기 때문이라는 이유로 인간을 문제삼는 것에 불과하다. "정의는 질서세계에 속하는 것이며, 인격의 세계에 속하는 것은 아니다. 그런데도 인격적 주체 그 자체는 사람이 그 안에 서 있는 모든 질서보다도 존귀하다. 바꾸어 말하면, 모든 질서는 인격적 주체를 위하여 존재하는 것이며, 인격적 주체가 질서를 위하여 존재하는 것은 아니다. 그러므로 사랑은 정의보다도 한층 고귀한 것이다."17)

　나는 이 사람을 사랑한다, 왜냐 하면 그는 나에게 있어 이러이러하기 때문에, 와 같은 에로스 사랑은 질서의 세계에도 존재할 수 있다. 그러나 나는 당신을 사랑한다, 왜냐하면 당신이 여기에 존재하기 때문에, 라고 하는 무조건적인 아가페 사랑은 견고하게 신앙으로 연결되어 있다.

　기독교신자는 에로스적인 정의질서 한가운데에 있으며, 아가페 사랑의 행동을 순간적으로 체험한다. 자기법칙성이 지배하는 정의질서 안에서 사랑의 인격적 활동이 통용되지 않는다는 것은 질서의 자율성을 절대화하는 것이다. 신앙인은 정의 질서를 궁극에 두고 삶을 살아가는 것과 동시에 그 조직, 그 제도의 에로스성을 넘어서 인간의 권리승인(權利承認)

---

16) Emil Brunner, 『정의』, p.176
17) Emil Brunner, op. cit., p. 179

이상의 경지를 체험하게 된다. 정의는 사랑에 선행하는 것이나, 사랑은 정의를 완수하는 것이다.

糸賀一雄의『복지의 사상』은 중증 심신장애아 시설의 체험으로부터, 상대적인 가치의 평가가 지배하는 현대사회의 차별관을 극복하기 위하여, 새로운 인간 가치관의 창조를 갈망하는 훌륭한 책이다. 그러나 그것은 정의를 초월하는 사랑의 체험에 도달하지 않고서는, 즉 단지 정의질서 위에서 사회복지는 결국 달성될 수 없다는 곤란함을 암시하는 것은 아닐까? 그곳에서야말로 신자가 사회복지사로 봉사하는 고유의 영역이 열리게 되는 것이다.

정의질서의 회복을 위한 노력을 기울이지도 않은 채, 정의 질서를 뛰어 넘어서 즉시 사랑의 봉사를 하고자 하는, 윤리적으로도 사회적으로도 잘못된, '사람을 제물로 신에게 바치는 것'과 같은 행동을 호되게 비판하는 것은 옳은 일이다. 그러나 기독교 신자가 사회복지 활동에 참여할 때, '지금', '여기'에서 정의질서를 관철하고, 사회복지의 제도적 확립과 함께 복지욕구를 가진 클라이언트에 대하여 외경심에 가득찬 인격적 대응의 장을 만드는 것이 요구되고 있음을 깨닫지 못하고서는, 기독교 사회복지의 고유성을 논하는 것은 불가능하다.

사회복지사와 클라이언트의 관계에서, 또는 집단활동에서 기술적 중립성은 사회복지사 주체의 인격관계에 대한 개입을 거부한다는 논의가 이루어지고 있는데, 그것은 과학적 인식방법에서 객관화주의의 관철에 의하여, 실천 행동자체가 주체적 측면의 개입을 거부하는 오류를 범하는 것이다.

'객체'로서의 인간을 파악하는 방법은 분명 인간 존재의 하나의 측면을 파악하는 것이지만, 이 '객관성'의 주장이 종합적 인간의 통일적 인격의 '진리성'과 동일시될 때, 이러한 인간이해는 사회복지사 및 클라이언트의 관계에 파괴적 작용을 초래하지 않을 수 없다. 양자의 관계를 단순하게 '대상'으로 파악하는 것은 인간주체성의 계기를 상실하게 되는 것이다.

근대의 잘못된 의료가 의학의 객관적 관찰방법을 사용하는 인간 이해에 따라서, 인간을 물질 세계의 죽은 요소의 집합으로 변하게 만드는 결함을 가지고 있다. 그러므로 사회과학에서 기술적 중립성의 이론은 사회복지실천에서도 사회복지사와 클라이언트를 상호 인격적 관계가 없는 객체로서 대치시키고, 본질적으로 나와 너와의 만남을 거부함으로써 인간관계의 비인격화 상태로 나아가게 하는 것이다.

클라이언트 인간성의 특징은 인격적이라는 것이다. 이 인격은 인과적으로 에너지가 집적된 것, 또는 정신 과학적으로 하나의 이념을 구상(具象)하게 하는 것으로써, 자연 또는 이성의 개념에 의하여 보편적으로 규정되는 것은 아니다. 이 인격적 시야를 갖지 않는 근대 지성인의 객관성 일변도의 이론은 클라이언트 생명이 의의를 갖게 하는 것, 즉 인격적 결단의 긴장을 상실하게 만든다. 수학적으로 표현할 수 있는 사회과학의 추상적 법칙의 인식이 인격의 중핵에 깊이 삽입되면 될수록, 인간 생명의 리얼리티에 대한 이해로부터는 멀어지게 된다.

사회복지사가 과학주의에 몰입되어 클라이언트와 인격적 접촉이 이루어지지 않는다면, 사회복지사와 클라이언트의 관계는 머지않아 인간적 에너지의 지배·피지배의 관계로 전락하고, 사회복지 활동은 '관료주의'의 냉혹함을 수반하게 될 것이다. 복지서비스에 대한 헌신을 가치 있게 하고 진지하게 하는 보다 높고 보다 깊은 것으로의 비전을 빼앗아 버리는 것이 될 것이다.

다행스럽게도 일본에는 일본 및 세계 기독교 사회복지 활동가들 속에서 기독교 사회복지 현장에서 활약하고 있는 많은 선도자들이 있다. 우리는 예전에 기독교 사회복지학회(1962)에서 '기독교 사회복지 사업의 본질과 문제점'을 주제로 기독교신자의 사회복지 실천의 고유성을 모색했을 때, 그것은 일상적인 활동에서의 동일한 사회사업 활동이어도, 그 '음색(音色)이 다르다'는 표현으로 의견을 주고 받았던 적이 있다.

필자가 이상의 서술에서 이야기하고자 한 것은 바로 그 '음색'의 다른 점이 어디에 있는가를 이론적으로 탐구하자는 것이었다. 이 전체적인 결론은 결국 우리의 성서 신앙의 높이, 학문 연구의 깊이, 나아가서는 실천에 대한 책임감을 포함한 우리들 모두의 기독교 신자적 인격의 문제에 귀착하게 된다. 우리는 여기에서 스스로에게 물어 보아야 한다. 우리가 정말 진정한 종교인인가, 라고 말이다.[18]

---

18) 嶋田啓一郎, 「기독교 사회복지의 성립과 전개」, 일본 기독교사회복지학회·일본 기독교사회사업동맹 편저, 『기독교 사회복지개설』, 1978, 제1장.

제15장 자원봉사 활동의 사상적 전개

1. 자원봉사 활동의 국제적 흐름

　사회복지의 공적 책임이 확대되는 현대 사회에서 그 배후에 묻혀 있을 것으로 여겨 왔던, 일반 시민의 자발성에 바탕을 둔 자원봉사가 오히려 세계적으로 약동의 기운을 맞이 하고 있는 것은 결코 우연한 현상이 아니다. 이는 사회 발전과정의 역사적 필연이라고 할 수 있다. 여기서 서술하고자 하는 것은 자원봉사 활동의 사회 사상적 성격과 관련된 것이다.

　본래 '사회사상'은 단순히 일부 사상가들의 밀실에서 사회에 대한 추상적인 사유 전개의 소산으로 나온 것은 아니다. 사회의 한가운데에서 생존권·노동권·인격권을 둘러싼 사회권적(社會權的) 논리와 그것에 필요한 현실 속 경제적 이해의 주장을 중심으로 하여 사회의 현상비판과 발전책, 즉 사회적 생명의 유지와 발전을 위해서 바람직한 것으로 생각되는 구체적 질서를 구상하는 것이 아니라면, 사람들에게 설득력을 갖지 못한다.

　그렇다면 현대의 자원봉사 활동은 어떠한 구조·기능을 배경으로 해서, 또 무엇을 목표로 하여 전개하고 있는 것일까.

　여기서 말하는 자원봉사 활동이란 주로 사회복지 분야에서 근로의 가치와 균형이 맞는 금전상의 보수를 요구하는 것이 아니고, 공적 또는 민간 기관에 편성된 조직·관리 및 작업을 위해서 자신의 서비스를 자발적으로 제공하여 개인·집단·지역사회가 직면하고 있는 복지문제의 예방·통제·개선에 공헌하고자 하는 개인과 집단의 활동을 의미한다.

　자원봉사 활동의 임무는 각 복지기관의 시기와 장소의 차이에 따라 동일하지 않지만 그것을 분류하면 다음과 같다.

　① 치료·기능 회복 서비스 또는 교정 활동과 같은 사회복지 서비스를 필요로 하면 인간 상태 또는 문제의 확인자가 되는 것
　② 이들의 사회 상태를 예방·통제·처치하기 위해서 설치기관 정책의 제창자 또는 기획자

가 되는 것

③ 지식·기능·영향력을 기초로 하는 서비스의 제공자가 되는 것

④ 공적 또는 민간의 재정적 지지를 위한 발기인이 되는 것

⑤ 기관의 프로그램 및 해결하고자 하는 문제의 해설자가 되는 것

⑥ 기관의 여러 프로그램에 대한 지역사회의 비판적 또는 적극적인 반응의 보고자가 되는 것

⑦ 변화하는 사회상황에 대한 서비스의 기획 또는 변경을 위한 지역사회 계획의 협력자가 되는 것

⑧ 새로운 서비스 제공 조직의 제창자가 되는 것

⑨ 가난한 이들의 옹호자가 되는 것

⑩ 제도의 개혁을 위해서 일하는 항의운동가 또는 정치활동가가 되는 것 등을 생각할 수 있다.

이들의 광범위한 활동은 각계의 공사(公私)기관을 비롯하여 근린사회, 지방, 국가 또는 국제적으로 확대되어 여러 부분에서 전개되고 있다.

구미에서 활약하는 자원봉사의 사회적 범위와 비교하여 자주·자발적으로 공공 협력활동에 참가하는 생활이 뒤떨어지는 일본 사회에서도 매우 다양한 영역에서 청년, 학생, 주부, 일반시민, 각종 전문가의 자원봉사 활동이 전개되고 있다.

ⓐ 공사의 사회복지 관계, 단체에 대한 협력, 예를 들면 복지사무소, 보건소, 사복지협의회·공동모금 등의 업무원조

ⓑ 지역활동에 대한 협력, 예를 들면 민생위원으로서의 생활원조, 아동복지, 노인복지, 장애자 복지, 보건위생 활동에 대한 협력

ⓒ 수용시설에 대한 협력, 예를 들면 레크리에이션과 위문, 이발·원예·체육 등의 기술과 취미에 대한 봉사협력, 학습·수예 등 각종 기술의 지도와 세탁·청소·수선 등의 봉사

ⓓ 갱생보호, 재해구조 등 광의의 사회복지 활동에 대한 협력 등

구미를 여행하다 보면, 특히 자원봉사 활동이 발달된 영국과 같은 곳은 『에이부스 위원회 보고서』에 따르면 "영국에는 자원봉사 단체의 수가 지나칠 정도로 많다"고 이야기할 정도이다. 전문직 양성의 높은 수준과 대규모를 자랑하는 사회복지사협회를 가진 미국에서도 자원봉사는 가족·아동복지·레크리에이션·보건시설·재활시설·학교·교정기관 등 공사의 직접 서비스기관에서 협력·원조·카운셀링 등의 활동이 전개되고 있다.

미국 노동성의 발표에 따르면, 1965년의 갤럽 여론조사에서 성인남녀 900만 명이 자신

이 속한 지역사회의 문제해결을 위해서 봉사를 원하는 것으로 나타났다. 또한 청소년 자원봉사 지망자의 수를 합하면 상당히 많은 인원이 자원봉사 활동에 동원될 가능성이 있다. 미국의 교회, 노동조합, 복지재단, 복지단체, 실업가 집단 등이 자원봉사 활동에 의해, 정부와 사기업에 대한 '제3세력(a third force)'으로 독립 부문을 형성해 가고 있다.

이들 영미의 자원봉사자들은 이미 전통적인 봉사활동의 틀을 초월하여 마약중독·전과자·정신장애자의 보호를 위한 중간 시설, 마약중독자·정서장애자들을 위한 전화상담 서비스, 그리고 보험·복지 문제에 대한 혁신적 접근을 위해 활약하는 자원봉사자로서 활동하고 있으며, 또 전문가 집단이 운영하는 근린 야간 진료소와 같은 독자의 주도적인 활동도 전개하고 있다.

지역주민의 자발적 협력 의식을 조장하고, 유력한 조직화 운동에 의하여 지역사회에 잠재해 있는 인적·물질적 능력의 유효한 동원체제를 구축하면서 개화기를 맞이하고 있는 일본의 자원봉사 활동은 전도양양한 새로운 활동영역을 형성하고 있다. 일본의 자원봉사 활동은 일반 시민의 참가에 의해 개혁에 공헌하는 것뿐만 아니라, 특히 감속경제로 인한 추락을 한탄하고 있는 사회복지 분야에서 새로운 바람을 일으키게 될 것이 틀림없다. 그렇다면 일본의 특수한 사회구조 속에서 자원봉사 정신을 사회의식으로 굳어질 수 있게 하는 사상적 원동력은 어디서 찾아야 할 것인가.

2. 자원봉사 정신을 저해하는 봉건의 잔재

'volunteer'라는 영어는 早崎八洲에 의하면 집합명사로서 의용군을 가리킬 때 쓰였으며, 그것이 나아가서 독자적 집단, 이를테면 시민 방위단, 봉사회와 같은 사회 방위 배경을 나타내는 단어로 사용되기에 이르렀다고 한다. [1]

여기서 주목하고 싶은 것은 이 용어가 '봉사'라는 표현 안에서 자선과 구제를 초월하는 사회 방위 의식을 함축하기에 이르게 된 사상적 경로란 대체 무엇이었는가 하는 점이다.

오늘날의 자원봉사 의식은 사회방위에서의 사회 연대정신에 바탕을 두고, 시민의 권리와 의무를 보장하는 사회계약의 자각으로까지 도달하고 있다. 어떠한 권리 보장의식도 사회생활의 협동방위에 대한 연대책임이라는 관념의 성립에 대비하지 않고서는, 사회적 결합의 내면적인 견고함을 유지할 수 없다. 여기서는 개인까지도 협동체적 결합 안에서 '인간관계'의 실재로서만 인식하는 '인간' 그 자체를 자각하고, 거기에서 생기게 되는 공존성(Mit-sein), 상호존재(Mit-einan-der-sein), 그리고 상호의타존재(Für-ein-ander-sein)와

---

1) 早崎八洲, 『사회사업』, 1960, 7월호

같은, '사회인'적 존재의 자기각성이 있어야만 한다. 자원봉사 사상 확립의 역사는 실로 이 근대 시민의 '사회' 의식의 성립과 발전의 경로를 밟아감에 따라 그 성격을 명확하게 밝혀 내는 것이 가능하다고 할 수 있겠다.

早崎는 "사회사업 분야에서 이 말이 널리 사용되기 시작한 것은 settlement(인보) 와의 관계에서이며, '협동자'라고 번역된 적이 있다"고 말하였다. 內片孫一은 "인보사업에서 자원봉사의 도움을 배제시킨다면 무엇이 남게될 것인가. 아마 지지를 잃은 육신과 같은 것이 될 것"이라는 서두로 시작하여 "자원봉사자는 인격자이어야 한다"고 주장하고 있다.[2] 일본에서 최초로 '자원봉사'라는 단어를 사용했다고 볼 수 있는 논문에서 자원봉사 활동의 중심을 '인격' 의식에서 찾고 있는 것은 사회협동체 속의 개인이라는 인간관·사회관이 새로운 운동에 필요한 전제조건임을 말해 주는 것이다.

인보상조(隣保相助)의 관념은 불교신앙을 통하여 일본인 사회의식의 근간을 형성해 왔다.

동양에서 이어져 내려온 권력사회의 봉건체제를 이용하여 부족한 자본을 집중시키고, 가족주의와 군신의 상하 위압·복종 관계 아래에서 신분적으로는 종적인 인간관계를 중심으로 은혜에 보답하고, 공손하고 온순한 것을 윤리적 기준으로 삼아 전체사회를 형성하는 곳에서는 나와 다른 사람이 엄연히 분리되어 있는 각 자아를 직시하는 것이 긴급한 요건으로 받아들여질 수 없었다.

오히려 개성을 줄이면서 전체사회 안에서 안주할 곳을 찾는 것이 생명을 보전하는 지혜로운 행위로 간주되었다. 이른바 외면 지향적인 '수치의 문화'에 충성을 다하기는 하나, 전체 속에 매몰된 개성은 세상의 눈을 피해가면서, 실은 내면적으로 이기적인 반역을 계속하고 있다. 상호의존적 인간관계 현실의 모습에 대한 반항, 즉 협동사회의 상실 상태를 인간 존망의 위기로 자각하는 '죄의 문화'를 응시하는 것은 모른다.

사회생활에서 공손하고 온순한 것으로 보여지지만 그 내실은 이웃에 대한 반역, 냉담, 무관심을 감추고 있는 봉건 체제 사회관계에서 "한 사람은 만인을 위하여, 만인은 한 사람을 위하여"라는 진정한 협동체 윤리는 성장할 여지가 없다. 권력의 바탕에서 집단 행동에 뛰어난 일본인이지만 실제로는 서로가 공손해야 함에도 불구하고, '불자'(佛子)라고 하는 이웃에 대하여 반대하고 오히려 그들의 몰락을 바라는 배타적이고 불순한 생각을 가지고 있는 한, 자원봉사 정신이 일본사회에서 뿌리를 내리기는 어렵다.

---

2) 內片孫一, 「인보(隣保)사업에서 자원봉사의 역할」, 『사회사업』, 1932, 7월호

3. 자원봉사 사상의 본질인 사회적 연대성

자원봉사 사상의 본질에 대해 언급한 퇴니스의 『협동사회와 이익사회』3)는 이미 오래되었으면서도 새롭게 많은 것을 시사해주는 글이다. 이 글은 '순수사회학의 근본문제'라는 부제를 달고 있는데, 그 근거가 되는 형식사회학이 가진 시대적 한계에 구속되지 않고, 사회에서 인간관계 본연의 자세에 접근하는 중요한 열쇠를 부여하고 있다고 생각한다. 퇴니스는 역사의 모든 문화상태에 게마인샤프트와 게젤샤프트의 양 요소가 동시에 혼합되어 있는 것을 인정하고 "양자는 항상 강한 적대성과 화합하고 있다"는 것을 중시하고 있다.

게마인샤프트는 가족생활 속의 화합, 촌락생활 속의 관습, 도시생활 속의 종교에서 볼 수 있는 것과 같이, 사람과 사람이 사회적 생명 본래의 본질적 의사(Wesenwille)에 결합됨으로써, 생산·창조·유지의 즐거움과 사랑을 규범으로 하여, 협동작업의 기준과 방향에 익숙해진 협동체 생활 속에서, 인간으로서의 감정과 양심의 안식처를 구하게 하고 있다.

이에 비하여 게젤샤프트는 대도시 생활의 상업, 국민생활에서 정치, 세계적 생활의 여론으로 상징되는 것과 같이 인간의 모든 노력을 계산적인 합리성에 기초하여 주의와 비교를 중심으로 하며, 계약과 규약에 의한 인간관계를 구성하는 순수한 자의적인 형성의사(Kürwklle)에 따르고 있다. 그 결합관계는 타산적으로 결합하는 한 강한 결속을 나타내지만, 일단 자기의 이해에 반하는 경우에는 즉각 분리되며 그 결합성은 와해되고 만다. 회사조직과 정당조직의 이합집산은 게젤샤프트의 성격을 단적으로 나타내고 있다.

퇴니스는 메인의 "진보적인 사회운동은 이전의 신분에서 계약으로(from status to contract)의 운동이다"라는 견해에 동조하며, 봉건적인 중세와 자본주의적인 근세 사이에서 게마인샤프트에서 게젤샤프트로의 시대의 기조가 변화하는 추이를 이해하였던 것이다. 그는 계약적인 게젤샤프트는 메인이 행동한 진보 운동의 덕택으로 마르크스가 지적한 것과 같이 빈곤에 예속될 수밖에 없는 현실을 응시하여, 사회결합 중심 게마인샤프트의 우위성을 인정하고, 메인과는 반대로 '게젤샤프트에서 게마인샤프트로'의 역사적인 전환을 주장하였다.

그러나 퇴니스는 오직 사회결합 중심에 신뢰를 계속 보낸 것은 아니다. 그가 이르기를 "내가 게마인샤프트 안에서 본래의 사회적인 생활을 인정하는 것과, 동일한 이유로 나는 자신의 생을 긍정하는 한, 개인주의와 그것에 따라 지탱되는 게젤샤프트를 통하여 폭력과 압제에 의해 정신을 잃은 상태인 신앙과 마찬가지로, 허위와 기만이 되어 버린 게마인샤프트보다 더욱 가치가 넘치는 것으로 생각된다"4)고 하였다.

---

3) Ferdinand Tönnies, *Gemeinschaft und Gesellschaft*, 1926
4) Ferdinand Tönnies, *Studien und Kritiken*, Ⅱ, S. 246-247

"게마인샤프트는 게젤샤프트보다 윤리 의식을 만족시킨다"[5]라고 근본적으로 확신하는 퇴니스가 게마인샤프트의 퇴폐 가능성을 엄숙하게 받아 들이고 있는 것은 대단히 중요한 의미가 있다. 봉건적 중세로 유추되는 게마인샤프트는 지연·혈연에 묶여 있는 인간의 '혈연지향'이 짙어지는 자아 중심에서 탈피할 수 있는 것은 아니다. 철학자 막스 셰러가 게마인샤프트라고 부르면서 자연적 결합에 영원히 따르는 에로스적 정념과 구별하여 '정신적 게마인샤프트'(geistige gemeinschaft)의 진수를 고수하려고 한 것은 결코 우연이 아니다.

그러나 여기서 특별히 평가하고 싶은 것은 퇴니스가 봉건적 중세를 낭만적으로 동경하는 것이 아니라, 게젤샤프트적 현대의 인간 소외 문화에 대한 저항이 대학인(大學人)의 의무임을 주장하고, 게젤샤프트의 타산적 합리성 속에서 키운 협동조합(Genossenschaft)이 타산에 치우침을 고치면서, 합리적 계산 정신을 계승하여 게마인샤프트와 게젤샤프트를 통일하는 새로운 사회형식을 만들어 내는 새싹을 내포하는 것을 중시하고, 협동조합 이론가의 진영에 참가한 사실이다. '게노센샤프트'는 사회학에서는 '공익사회', 즉 협동사회와 이익사회의 통합체를 의미하는 것이나, 그것이 그대로 '협동조합'을 의미하기도 한다. 협동조합 운동은 민간의 자주적인 활동의 한 전형이며 자원봉사의 민주적 참가를 생명으로 하는 조직이다.

자원봉사 활동이 지향하는 것은 퇴니스적 개념을 빌려 달리 표현한다면, 근원적 공속성(Ursprüngliche Zusammengehörigkeit)을 중심으로 하는 게마인샤프트적 사회관계에 거점을 두고, 게젤샤프트가 갖고 있는 타산적 측면을 영리성에서 해방시켜, 효율존중의 과학적 합리성을 최대한으로 발휘하는 종합적 관점, 즉 '공익사회'라는 의미에서의 게노센샤프트적 사회관계의 실현에 있다고 말할 수 있다.

프랑스 니무학파의 지도자 샤를 지드는 일찍이 그의 저서 『La Coopération』(1922)에서 "인간의 사회적 생명은 객관적 현실로 '사실로서의 연대'(Solidarité-fait) 속에 있다. 그러므로 에토스로서 "의무로서의 연대"(Solidarité-devoir)속에 있다고 설명했으나, 사람이 '인간'인 것의 근원적인 사회 연대적 '사실'에 바탕을 둔 '의무'의 자각을 사회사상의 기초로 삼지 않는다면, 오늘날 주장하는 시민의식, 인권의식에서의 인간성 회복을 위한 자원봉사 활동도, 진실한 에토스적 힘을 띨 수 없다"라고 하였다.

4. 주민 참가와 봉사성의 의의

'볼란티어'(volunteer)가 '독지가' 또는 '봉사자'로 번역될 때, 보수를 요구하지 않는 활

---

5) Ferdinand Tönnies, op. cit., S. 427

동이 자본주의 사회의 제도적 모순에서 필연적으로 양성된 사회문제를 자혜(慈惠)의 효용과 개인적 미담(美談)의 축적으로 해결하고자 하는 것은 사회적 대응의 왜곡된 모습이라는 비판은 옳은 것이다. 또 봉사자의 '봉'(奉)이라는 글자가 유교의 봉건윤리 안에서 정착된, 백성은 주군(主君)에게, 아내는 남편에게, 며느리는 시어머니에게, 고용인은 주인에게 '봉사한다'는 비민주적인 위압·복종의 관계를 연상시키는 것으로, 민주사회의 사회서비스의 대등·상호부조의 연대정신과는 본질적으로 다른 것이라는 비판은 단단히 새겨 들어야 할 부분이다.

볼란티어 활동은 현재의 자본주의 권력구조 아래에서, 사회적 약자의 일상 생활에서 숫자로 나열된 가난에 관여하는 것뿐만이 아니라, 그것과의 상호영향 작용을 갖는 감정이나 감각의 빈곤, 경청(傾聽)이나 학습의 빈곤, 커뮤니케이션의 빈곤, 사회관계에서 차별의 빈곤과 같은, 보다 광의의 빈곤에 대한 지역주민의 사회연대 의식에 의한 협동방위 행동이다. 그것은 권력에 대한 굴종, 자본에 대한 영합과는 기본적으로 다른 사상적 동기에서 출발한다.

그럼에도 불구하고 신분·계급구조가 첨예하게 대립된 사회에서는 그것이 우월자가 열등자에게 베푸는 은혜이거나, 계급적 압박에 대한 '면죄부'적 자혜로 슬쩍 탈바꿈되는 경우가 너무나도 많은 것은 깊이 반성하고 항상 자숙해야 할 부분이다.

'자원봉사 서비스'에서 서비스라는 단어가 이웃에게 '봉사한다'라는 뜻을 함축하고 있다는 것을 결코 경시해서는 안 된다. '봉사'라고 하는 관념이 오늘날 이미 시대에 뒤떨어진 것이라는 비판을 받는 것은 '봉사하다'라는 표현이 역사적으로 갖는 권력·위압적인 전통을 지적하는 것이다.

예를 들면 760년대의 『만엽집(萬葉集)』에 나오는 "봉사하는 벼슬아치, 바다에 가면 물에 잠긴 시체, 산에 가면 풀을 돋게 하는 시체, 임금의 주변을 돌며 말로 죽지 않으려고 인정을 베푸는 아첨장이"에서 '봉사'하는 것은 자신이 인간으로서의 고귀한 생명을 돌보아야 할 권리를 돌아보지 않게 하는 위험을 동반한다는 것을 간과해서는 안 된다.

또한 자원봉사 활동을 통하여 이웃에게 봉사하는 일이, '타인에게 인정을 베풀면 반드시 내게 돌아온다'라고 하는 말처럼, 타인에게 봉사함으로써 자기를 수양단련하고 주변을 밝게 하여 결국 행복하게 되는 것은 자기 자신이라는 에로스적 사랑에서 출발하는 경우가 많다.

그러나 아무리 자기 이익의 동기에서 출발한다 할지라도, 자기만 내세우고 남을 잊기 쉬운 세상에서 어찌 되었든 자신의 행복을 다른 사람의 행복과 연계하여 추구하는 '공존' 의식은 의미하는 바가 크다. 즉, 다른 이를 위한 자원봉사 활동의 경험 속에서, 이기와 이타의 접점이 생기게 하고, 그 습성적 행동의 깊이에서 사리사욕을 극복하는 순간을 체험하도록 하는 인간구도(人間求道)의 묘미가 존재하는 것이다.

그리스 사람의 에로스적 의미와는 달리 성서의 마가복음 제10장에서는 다음과 같이 말하고 있다. "너희 사이에서 누구든지 높은 사람이 되고자 하는 사람은 남을 섬기는 사람이 되어야 하고 으뜸이 되고자 하는 사람은 모든 사람의 종이 되어야 한다. 사람의 아들도 섬김을 받으러 온 것이 아니라 섬기러 왔고, 또 많은 사람들을 위하여 목숨을 바쳐 몸값을 치르러 온 것이다." 여기서 말하는 '섬김'의 진정한 의미는 다른 사람을 섬기고 종으로서 봉사한다는 것으로, 자신을 신 앞에 '제물'로 바친다는 아가페적 행동에서 출발하는 것을 가리키는 것이다.

'나와 당신'을 인격적으로 부를 때, '당신'을 살리기 위하여 자신이 최선의 노력을 다함으로써 '신에게 봉사한다'는 기쁨이 신자의 자원봉사 활동의 본질을 달성하는 것이 되며, 그것에서 얻을 수 있는 자기만족을 목표로 하는 것이 본의가 되어서는 안 된다.

이웃에 대하여 자원봉사 활동을 하는 사회연대 정신은 정의와 사랑의 2단계로 구체화된다. 정의는 개개의 인간에게 어울리는 생활을 유지하기 위하여 그에게 당연히 속해 있어야 하는 것이 사회질서의 불공정에 의해 박탈된 경우, 그것을 인간의 수단으로 회복시키는 것이며, 이는 저차원의 기본적인 선(善)이다.

정의는 항상 사회제도의 공정질서의 유무를 문제로 삼고 있으나, 상대의 인격을 문제로 삼는 것은 아니다. 평화의 여신 유스티치아상이 손수건으로 눈을 가리고 있는 것은 우연이 아니다. 그것은 상대의 인격에 대하여 눈을 가리는 것을 상징하는 것이다. 그러나 '당신'의 인격은 정의 질서의 기반 위에서만 성립된다. 정의는 항상 사랑의 전제가 되며, 사랑은 정의를 뛰어 넘지 않는다.

자선이 아니라 정의로 인하여 이웃이 자신의 권리로 당신의 사랑을 받을 수 있을 때에만, 이웃의 인격으로서 당신에게 향하는 진정한 사랑이 시작되는 것이다. 자원봉사 활동은 정의질서의 실현을 우선 과제로 하지만 정의로 끝나게 되면, 그곳에는 아직 '나와 너'의 인격적 만남은 생겨나지 않는다.

정의는 사랑에 선행되는 것이나, 정의를 완수하는 것은 사랑이다. 자원봉사 활동의 극치는 사랑이며 이것은 자신에게 속한 것을 이웃에게 나누어 주는 것이다. 사랑의 자원봉사는 정의가 요구하는 것을 초월하여 자신의 시간, 자신의 능력, 자신의 재물을 이웃에게 제공하는 것이다. 사랑의 자원봉사는 정의의 질서에서 볼 때, 아직 나의 의무사항은 아니지만, 이웃 사람의 인격과 정면으로 만나 '나와 당신'의 사랑에서 자신의 시간, 자신의 능력을 이웃에게 제공하는 것이 의무가 된다.

정의의 질서는 제도로 될 수 있으나, 사랑은 제도로 될 수 없으며 자유에 의해서만 성취된다. 그러므로 질서세계에서 공적 제도로서 사회복지 영역에서 통용하는 것은 정의의 단계이다. 모든 질서 중에서 가장 포괄적이며 따라서 가장 비인격적인 국가는 폴 틸리히가 그의 논문 「사회사업의 철학」에서 지적한 바와 같이, 사랑에는 전혀 관여하지 않는다. 그럼에도 불구하고 자원봉사는 모든 공적 질서가 수행해낼 수 없는 사랑의 영역에서 독자의 경지를 향하여 나아가고 있는 것이다.

　'주고 받는'(give and take) 이익 사회적 거래의 범위를 넘어서, 정의 질서로서는 당연하게 자신에게 속한 시간·능력·재물을 '게노세(동료)'로서 인격적인 당신에게 제공하는 우애의 행위는 정의질서를 다루는 법규로는 절대로 규제할 수 없는 자원봉사 고유의 세계이다.

　자본주의 사회의 격랑 속에서 전인적 인간으로서 통일적 인격의 확립을 갈망하고, 소외된 곤경으로부터 벗어나고자 도움을 요청하는 클라이언트에 대해 전문가인 사회복지사는 한편으로는 공적 제도 속에서 정의의 수호자로서 과학적 기술을 자유자재로 전개하고, 다른 한편으로는 '직업인'(사회복지사)의 주체로서, 자유인으로서 사랑의 경지로 나아가지 않으면, 경험적 사실의 확립과 사회적 가치와의 통일적 실천자로서의 사명을 발휘할 수 없다. 그러한 전문직 사회복지사에게 의존하면서 복지문제를 안고 있는 사람을 위하여, 정의를 넘어서 사랑의 손을 내미는 것이 자원봉사자의 참된 모습이다.

　현대는 지역사회 조직화(C.O.)가 더욱 발전하여 지역사회개발(C.D.)을 요구하는 시대이다. 지역사회 개발은 지역사회 조직을 주민참가 입장으로 변화시켜 주민의 자발적 참여를 고도의 민주화 사회의 필요한 조건으로 보는 개념이다. 여기서 민주화는 종래의 '국민의, 국민에 의한, 국민을 위한'(of the people, by the people, for the people)에 '국민으로부터'(from the people)라는 더욱 명확한 주민 중심의 요구가 추가되는 것이다.

　사회복지에서 공적 부문의 확대라는 일반적인 경향뿐만이 아니라, 그것이 본래 다루는 정의 질서의 제도적 범위를 초월하여 지역주민 협동체의 상호부조 체계를 바르게 평가하는 사회복지 철학은 아직 일본에서는 확립되지 못하고 있다. 그러나 공적 활동의 한계에 인접한 민간활동의 독특한 인격행동이라고 종합적으로 생각되는 것이 아니라면, 공적·사적 사회복지의 밑바탕에는 깊은 협력관계가 수립되지 않는다. 거기에서는 민간활동을 고작 공공 사회복지의 값싼 대체물로 평가할 수 밖에 없는 것이다. 시설수용 중심주의에서 거택보호 존중으로의 전환도, 경비경감의 수단이 아니라 지역주민의 인격적 사랑의 협동체에 포함되어 있는 지역사회 보호에 대한 투철한 인식과 열의가 필요한 시기가 도래하고 있다. 바로 그때 자원봉사 활동을 비약적인 활동으로 이끄는 본질적 통찰이 사회복지 활동 전반을 강화하는 대전제가 된다는 것을 잊지 말아야 한다.

제16장 사회복지와 전문직 제도

1. 마닐라 국제협회에서 생각한 것

1970년 국제사회복지사연맹(IFSW)은 마닐라에서 국제사회사업학교연맹협회 및 국제사회복지회의에 앞서, '1970년대 사회사업 전략과 전문직 조직'이라는 주제 아래 활발한 회의를 가졌다.

국제사회복지협회에는 일본에서 온 약 80명의 참가자가 출석했으며, 그 대부분은 마닐라에서 가장 호화롭다는 힐튼 호텔에 숙박하고 있었으므로, 일본의 사회사업 관계자들이 경제적으로 곤란하다는 것은 사람들이 납득할 수 없는 일이었다.

학교연맹의 참가자에게서는 대학교수가 자칫 품기 쉬운 지식인의 교만 같은 것은 느껴지지 않았으며, 국제사회복지협회에 관·공의 관리가 대거 참가한 탓도 있어 관료적인 견고함과 사무적인 요령의 장점도 느낄 수 있었다. 또 사회복지사연맹의 회의에는 사회사업을 생애의 천직으로 여기는 사람들이 격변하는 사회의 정세 속에서 어떻게 그 도전을 받아 들이고 설 수 있는가를 연구하려 하는 전문직으로서의 성실성이 넘치고 있었다.

그곳에는 지식수준은 높지 않아도 실천가로서의 과제를 추구하고자 하는 특유의 순수함이 가득했다. 특히 '수용'의 태도가 일상적 생활자세인 사회복지의 서로에 대한 이해에서 비롯된 따뜻한 태도가 인상적이었다. 각국에서 고난의 길을 헤쳐 나가고 있는 현장의 실천가만이 주고 받을 수 있는 동료를 서로 격려하는 태도는 이 회의의 진정한 의의가 아닌가 생각되었다. 이러한 회의를 무시하거나 묵살할 수 있다면 그것은 일본 사회복지계의 체질 문제가 아닌가 하는 반성이, 그 후 필자의 마음 속을 오고가는 자책의 채찍이 되었다.

회의 도중 스에즈 이사가 아시아 국가들이 단결하여 아시아 고유의 문제를 검토하자고 제안하여, 아시아 부회(部會)를 편성하게 되었으며, 이 부회의 협의에서는 먼저 아시아 빈곤의 성격을 각국의 실상으로 받아 들여 연구하고, 다음 회의까지 보고서를 정리하자는 것이 결정되었다. 국제사회복지사연맹의 실무자로 仲村優一 교수를 필자가 추천하였다. 그 일은 귀찮은 일임에는 틀림없지만, 일본에서 이 임무를 수행할 수 있는 가장 적합한 사람으로, 그 이외에 다른 사람을 생각할 수 없다고 여겼기 때문이다.

일본 사회복지사협회는 전국적으로는 그다지 활동하는 바가 없었지만, 각 지역에서 꾸준히 노력을 전개해 나가고 있었는데, 예를 들면 활동규모는 작아도 지역사회복지사들의 전문직 확립에 대한 희망을 갖고 있었다. 동경에서도 의료사회복지사협회와 정신의료사회복지사협회 활동을 수행하고 있지만, 그러한 각 부문의 참된 노력을 재편하기 위해서는 전국수준의 협회활동이 꼭 조직되어야 한다는 관점이었다. 필리핀에서 돌아 온 뒤, 각지의 동료들과 의견을 나눈 결과, 왜 쉽지 않은가를 통감하게 되었다.

그러나 다른 면에서 전문직화의 움직임은 관계자의 숙제이며 또 사회복지사의 본격적인 결집의 필요가 자각되면서, 이제 부정하기 힘든 시기에 이르렀다는 것을 인식하게 되었다. 개척을 임무로 하는 한 곤란과 대결하지 않는 사회의 조직이라는 것은 있을 수 없다. 객관적 욕구가 존재하는 한 뜻있는 사람들의 단결에 의하여 일본 사회복지사협회는 반드시 부활될 수 있다. 세계 각국의 사회복지사들의 사명감에서 비롯된 사회복지사협회는 그 본질적 과제를 주시하는 사람들이 있는 한 일본에서도 활성화되어야만 한다.

2. 사회복지의 과제와 근대화의 방향

전문직으로서의 사회복지사의 신분(status)을 확립하는 일은 책임 있는 전문직의 회원조직과 전문직 훈련학교 및 복지행정의 정비를 수반하지 않고서는 실현될 수 없다. 사람들은 사회생활에서 기본적 욕구의 충족을 추구한다. 이러한 개인 또는 집단이 가진 특정한 희망과 능력을 공동사회의 그것과 조화시키는 것이 가능하도록 전문적인 서비스를 행하는 것이 사회복지사의 임무이다.

욕구를 가진 사람들에 대한 물질적인 원조뿐만이 아니라, 경제적·사회적 환경의 조정을 필요로 하는 사람들에 대한 원조를 목적으로 하는 사회복지사는 그들의 문제가 활동하는 전인적 인간(whole human being)의 사항인 한, 필연적으로 경제적·생리적 측면과 함께, 심리적·사회적·문화적 측면을 다루면서 사회적 부적응에 대처해나가야 한다.

생활수준의 향상에 공헌하려는 노력은 문제를 가진 개인과 가족에만 국한되는 것이 아니라, 그것을 포함한 지역주민의 주거 사정의 개선, 지역보건의 향상, 교육환경과 레크리에이션의 정비 등 다양한 사회 서비스와 자원의 제공으로 관심의 폭을 넓혀야 한다. 우리들은 가족복지·아동복지·노인복지·정신사회복지사·의료복지·학교사회복지·보호관찰·지역복지 등 각종의 사회적 부적응에 대하여, 종류별로 대응하는 장을 찾고, 거기에 개별사회사업

·집단사업, 지역사회 조직, 사회복지 조사 및 행정, 사회행동과 같은 기술·방법 위에 전문직 부문을 고도화하여 문제 해결을 준비해야 한다.

사회사업 과정에서 요구되는 개별 사회사업과 집단사업 등의 기술은 그 운용이 각각 별개의 장을 갖고 해결해야만 하는 것이 아니다. 가족·정신위생·의료복지기관의 집단사업, 또는 지역사회 센터와 **YMCA, YWCA** 그리고 유스호스텔과 같은 집단사업 활용기관의 개별 사회사업처럼 개인·집단 및 지역사회의 새로운 욕구를 실제적 필요에 맞추어 유기적·종합적으로 진행하여야 한다. 그것은 사회복지사의 대상 구조와 사회사업 기술방법의 기능에 대하여 세밀한 과학적 인식이 필요함을 말하는 것으로, 단순한 상식적 비판을 갖고 처리할 수 있는 범위를 넘는 것이라고 말할 수 있다.

경제성장에 목표를 두고 자본축적 중심으로 운영되는 경제정책의 근원에는 국민의 생활환경 정비에 충당되는 사회자본의 형성은 자연히 제한된다. 따라서 사회복지에 관련된 경비의 총량은 적을 수밖에 없으며, 그 지출비용은 자연히 최저생활비 우선의 원칙에 따르게 되며, 경제적 보호에 집중된다.

따라서 생활방위는 경제적 부조에 초점을 맞추어, 시설보호 또는 최소한의 경제적 조건의 확보에 만족할 수밖에 없다. 최저생활의 보호가 이와 같이 경제적 처우를 중심으로 진행되고, '전인'으로서의 '생활' 그 자체를 보호하는 방향으로 나아가지 않으므로, 그 외의 복지 서비스도 당연히 등한시하며, 사회사업 기술의 개발 욕구 또한 현장 활동과 복지행정에서도 저조한 상태를 벗어나기 어렵게 된다.

그럼에도 불구하고 경제성장에 따른 소비수준의 상승은 생활구조를 복잡하게 만들어 가고 있다. 사적 소비수준이 높아지면 높아질수록, 그것만으로는 충족 될 수 없는 공동소비·서비스 부문의 사회자본 형성에 대한 욕구는 강하게 발생한다. 소비수준이 낮았던 때에는 문제시되지 않았던 사회자본의 형성을 점차 당연하게 여기는 과정은 인간생명을 자칫 자본축적을 위한 노동력의 근원으로 보아 부와 생산성의 수단으로 규정짓는 것을 멈추게 하고, 기본적 인권으로서의 생존권, 노동권, 더 나아가서는 인격권이라는 비시장적 가치도 이해하려는 인간회복의 과정이기도 하다.

여기서는 생활구조를 경제적 측면에서만 고려하는 것으로 충분하다는 '벌거숭이 존재'의 관점에 머무는 것이 아니라, 문화인과 인격인으로 인정받는 생활구조로써 '경제적인 것'과 '비경제적인 것'의 변증법적 결합관계에서 이해하는 것이 요구된다. 예전에는 인간의 존재를 상식적인 '육감'의 세계에서 직관적으로 파악해 왔지만 이제는 사회과학, 그것도 경제학이라는 단일 개별과학만으로 한정하는 것이 아니라, 심리학, 사회학, 법률학, 역사학, 윤리학 등과 밀접한 통합을 통해 인간행동을 이해하는 것이 필요하다.

한 나라의 양과 질에서 본 사회복지 내용의 발전은 인구구조, 생산구조, 민주화와 같은 수준에 의하여 제약받는다. 어느 조건의 경우에도 일본의 사회복지는 현재 급속한 변화의 과정에 놓여 있으므로, 일본적 환경의 특수성에 따른 한계를 가지면서도, 서서히 구미와 비슷한 근대화를 경험해 가고 있다. 사회복지의 근대화를 구성하는 요소로 다음의 세 가지를 지적할 수 있다.

(1) 클라이언트 중심주의(Client-centeredness)

과거에 지극히 제한된 인재와 재원을 가지고 지역의 복지욕구에 대응하고자 했던 시절의 복지시책은 대상자 중심주의라기보다는 주로 복지기관의 직원조직, 시설정비의 수준, 재정능력 등 복지 처우를 산출하는 복지기관 자체의 능력범위 내에서 기관 중심으로 추진되었다.

또한 대상자는 이 기관 중심 프로그램의 구속에 바탕을 두고, 제한된 욕구충족을 기대하는 것에 불과했다. 병원의 진료가 단지 필요한 인적 조직 및 설비를 준비하는 것에 불과하고, 원장의 전제적인 권력에 기반을 두고 기관 중심으로 운영되어, 환자의 실제적 요구를 등한시하는 것이 의료행위의 본질을 저해하는 것과 마찬가지로, 복지기관이 대상자 처우를 위하여 필요능력을 준비하지 못하고, 기관의 형편에 맞추어 대상자를 받아들이는 한, 대상자의 욕구충족이 잘 이루어질 수 없는 것은 당연한 일이다.

대상자 중심으로 욕구분석이 이루어지고, 그것에 적절하게 대응하는 기관능력을 정비하는 것에 대한 탐색이 사회복지 활동의 발전에 필요한 전제로 여겨지고 있다.

(2) 지역사회보호(Community care)

사회 부적응에 대한 과학적 이해의 발전에 따라서 점차 확실해지는 사실은 개인의 기본적 욕구의 불충족과 부조정이 본인의 개별 처우의 범위에서 해결되는 것이 아니라, 많은 경우 본인의 가족, 거주환경, 직장, 지역사회와 밀접한 관련이 있으며, 본인의 환경 개조가 문제 해결의 중요한 조건이 된다는 것이다. 산업화·도시화 현상이 급격하게 이루어지는 가운데, 개인의 생활구조가 지역사회의 복잡한 지원망(支援網)을 지원 받게 되면 될 수록, 사회복지 활동의 기동성의 풍부한 발전은 지역사회를 통합할 만한 대응을 필요하도록 되어가고 있다.

개별사회사업과 집단사업이 지역사회 조직활동과 밀접하게 제휴하고, 또는 직원이 주변의 사회적 변화를 민감하게 파악하는 일상적 훈련에 익숙해지지 않으면, 클라이언트를 사회적 적응에서 차단하는 결과로 이끄는 것이 되어 버린다. 사회복지는 단지 클라이언트와 복지기관과의 관계에서 성립하는 것은 아니다.

사회생활에서 기본적 욕구의 불충족과 비적응(非適應)은 현대의 지역주민이 공통적으로 경험하게 되는 일이며, 생활을 함께 하는 지역사회의 성원이 협동체 의식을 가지고 항상 그 지역사회의 복지기관 활동에 협력하는 기본 자세를 훈련받아야만 한다. 사회복지를 국가와 공공단체의 과제로만 여기고, 지역의 주민참가를 경시하는 사람이 있다면, 그것은 민주사회가 무엇인지를 제대로 모르는 사람이다.

격동하는 사회와 변화를 직접적으로 받아들이는 것은 지역에서 생활형태를 계속해서 지켜가고 있는 주민 자신들이다. 국가와 지방 자치단체가 주민 생활형태의 본질적 요구를 받아들이고 법제화 작업을 거쳐 실제의 복지행정을 추진하기에 이르게 되는 것은 미래의 일로 여겨진다. 더구나 법제적 사회복지는 지역주민의 복지욕구를 전면적으로 포착해야 하며, 자본주의 사회의 약속인 '자본 축적을 저해하지 않는 한에서'라는 철의 한계선에 제약되며, 부분적·제한적인 범위에서 멈추는 경향을 피할 수 없다.

이러한 때에 현실의 복지욕구를 명확하게 표명하고, 그것에 필요한 응급조치를 취하고 창의적 모색의 성과 속에서 보편화할 수 있는 것을 사회행동으로 법제화하는 개척 운동의 주체는 바로 생활 주체로서의 지역주민이다. 더욱이 지역주민의 자원봉사자 활동은 법제화하는 것으로 끝나는 것이 아니라, 관료의 복지행정 처우로서는 도저히 접근할 수 없는 인격적 수호, 종교적 사랑의 협동체 활동 등의 영역에서, 영원 불멸의 자주적 활동을 계속해 나가고, 지역 모두를 원조하는 민간활동의 생명을 계속 지켜 나가려고 할 것이다.

이렇게 하여 공적 활동과 민간 활동의 협력은 거대화하는 현대 사회의 한 복판에서 지역사회 보호를 발전시켜 나감으로써 섬세하고 빈틈 없는 복지서비스를 추진해야 한다.

(3) 전문직 처우(Professional treatment)

앞서 기술했던 바와 같은 클라이언트 중심과 지역사회 보호 처우의 모든 것은 단순히 선의를 가진 사람들의 상식적인 활동으로 처리될 수 있는 것일까?

사회복지의 과제가 가장 초보적, 기초적 활동으로 취급하는 공적 부조에서 급여업무와 같이 여전히 금전거래를 중심으로 하는 업무에 한정되어 있는 동안은 행정기구가 사무적으로 취급하여 처리할 수 있는 부분이 여전히 주된 임무로 보인다. 그러므로 담당자는 대상자의 생활구조에서 소비양식에 대한 이해력과 매우 높은 생활비를 둘러싼 생활수준의 경제적 동향에 대한 지식을 갖춘다면, 경제력의 해결을 통해 한 차례의 구조활동은 수행할 것으로 간주될 수 있다. 그러나 빈곤의 구조가 그것을 제약하는 요인과 얼마나 깊게 결합하고 있는가를 주시하는 사람은 클라이언트에 대한 보호가 금전적인 것으로만 충분하지 않음을 알 것이다.

최근에 여러 나라의 경제성장 과정에서 발생하고 있는 새로운 유형의 빈곤에 대한 우수한 보고서가 잇따라 출판되고 있다. 그 가운데에서도 서독의 하인츠 슈트랑에 의한 실증적 연구서『사회적 요구호성의 현상형태』[1]와 같은 것은 새로운 움직임을 시사하는 주목할 만한 책이다. 그는 여기서 키이루시의 실태분석을 통해 빈곤의 요인으로 고연령, 신체의 장애, 만성질환에 의한 이동 능력의 상실, 정박아 및 문맹, 직업능력의 결여 및 미숙, 낭비 및 비사교성(Asozialität), 근무 불안정, 상습적인 범죄성, 정신이상 및 사회적 이상행동, 부양자의 사망, 부양자와의 절연 및 유산, 수입부족, 고립 및 자폐아, 책임 및 의무감의 상실, 지나치게 많은 자녀 및 미혼모, 유전적인 배경, 개인적인 숙명 등을 들고 있다.

그는 이러한 빈곤 현상을 검토하여, 그것을 세 가지 이념형으로 분류하였다. '제1차적 빈곤'이란 영양, 의복, 주거에 대한 것으로 인간의 기본욕구에 필요한 충족조차 확보되지 않은 상태이다.

'제2차적 빈곤'이란 현대사회에서 신분유지를 위하여 필요하다고 보이는 것이 결여된 상태와 신분 노이로제로 이끄는 듯한 재화의 결손상태이다.

'제3차적 빈곤'이란 정신적 영역에서 느끼는 것인데 사회적 고립과 아노미의 역경 속에서 인격적 원조를 수반하지 않으면 사회보장만으로는 해결될 수 없는, 현대사회에서 현저하게 나타나고 있는 개인 특유의 정신결핍 상태이다.

고도의 산업화·도시화가 급속하게 전개되는 가운데, 이러한 요인이 계속 쌓여 나가고 있는 현대의 빈곤을 이전처럼 단지 일정한 생활방위 기준에 기초하여 경제적 급부를 행하고 사무적으로 처리한다면, 빈곤 대책은 살아 있는 인간의 빈곤 현상을 다루는 과학적 태도와는 아주 거리가 먼 것이라고 생각된다.

'가난'이라는 하나의 사실조차 이렇게 절실하게 사회과학적 인간관리의 분야로 전문적 대응을 필요로 하고 있는 시기이다. 만일 이 전문적 관리에서 전문적 수준의 사회 규정을 등한시하여 전문 능력으로 단련된 활동가와 그러한 능력과 활동 의욕을 갖추지 못한 비전문 직원이 무정부주의적 혼돈 가운데 직장에서 관료주의의 체계를 형성한다면, 클라이언트 존중을 무시하는 안일한 복지행정이 과학적 처리를 염원하는 전문적 활동가들의 열의를 식히고, 의욕을 잃게 할 것임에 틀림없다.

더욱이 그것은 가상의 논의가 아니라 현재 우리의 주변을 둘러싼 냉엄한 현실 모습인 것이다. 사회복지사협회란 각국의 현실에 맞추어 클라이언트 욕구에 대한 정당한 관리와 그러한 활동을 사회적으로 배양할 수 있는 전문적 조건의 확립을 목표로 하는 사회단체라고

---

1) Heinz Strang, *Erscheinungsformen der Sozialhifebedürftigkeit*, Stuttgart, 1970

할 수 있다.

3. 사회복지 직원 조직의 현재 상황

사회복지사라고 하면 자기생활에서 경제적인 희생을 통하여 경제적·사회적인 약자를 구제하기 위하여 헌신하는 사람이라는 것이 전통적인 인식이다. 이러한 인식은 무급료·무훈련으로 활동하는 파트타임 자원봉사자로부터 직업인으로서의 사회복지 직원에 이르기까지 사회복지 종사자들에 대하여 사회복지 서비스의 질을 높이는 것을 어렵게 만들었다. 또한, 그것은 사회복지 기관이 필요한 기준을 도입하고, 준수하는데 필요한 인재 확보를 위해 대우 조건을 고려하는 열의를 막아왔다.

일반인(a non-professional)과 전문직(a professional)의 위상을 불명확하게 하는 것이 클라이언트 중심 처우에서 얼마나 불합당한가를 심각하게 고민해보지도 않았으며, 비훈련자는 단지 사회복지 부문에 근무한다는 것만으로 마치 자신이 전문인인 것처럼 여기고 일한다. 그것이 대학 수준의 사회복지 교육이 점차 확대되기에 이른 지금까지도, 공적 및 민간 사회복지 기관에서 단지 현장경험의 축적만으로 전문적 활동이 가능하다는 자긍심을 가진 사람들을, 그 기관의 중요직원으로 일하게 하는 현상을 지속시키고 있다.

필자는 이따금 오오사카(大阪)시 사회복지심의회의 '복지관계직원 전문분과회'에서 일한 경험을 통하여, 복지 관계직원의 실태를 한층 명확하게 파악할 기회를 갖게 되었고, 전문직 확립의 중요성에 대하여 진지하게 생각하게 된 것과 동시에, 전문화라는 것과 현실적 제약 사이에는 얼마나 많은 문제가 산재해 있는가를 깨닫게 되었다.

1950년 10월의 '사회보장제도에 관한 권고'는 그 후의 일본 사회복지의 전문화에 대한 발전방향을 설정하는데 중요한 역할을 한 문헌이다. 이 문헌에서는 "사회복지에 관련한 업무에 종사하는데 필요한 지식 및 기능을 갖춘 직원의 양성과 확보에 노력하여야 한다"고 전제한 다음, "사회복지 업무의 전문화와 기술화에 따른 전문적인 지식기능을 가진 사회복지 주사(主事)의 양성·확보에 힘쓰고, 이러한 전문가로 하여금 사회복지 사무에 종사하는 제도를 확립하는 것이 필요하다. 사회복지 주사가 행하는 업무의 완벽을 기하기 위해서는 사회복지 주사에 대한 현재의 훈련제도 및 사찰지도 제도를 확립하는 것이 필요하다"고 기술하고 있다. 또 민생안정소(복지사무소)는 "사회복지 업무를 능률적·과학적으로 운영하기 위하여" 설치된 것이며, "현재 시·정·촌(市·町·村 : 일본의 지역 행정단위)이 담당하고 있는 사회복지 업무는 전문직원의 충실한 육성, 나아가서는 이것을 장래에 민주안정소로까지 끌어 올리려는 것을 기대하고 있다"고 말하고 있다.

복지사무소 소장은 관리직이므로 사회복지 전문직으로서의 자격을 갖추는 것보다 광범위한 행정관리 능력의 장악을 우선한다는 견해에는 일리가 있다. 현실적으로 볼 때, 사회복지 기관의 관리는 단순한 일반 행정 관리가 아니라 사회복지 행정의 전문직 관리여야 한다는 국제적인 인식에서, 일본의 사회복지 교육 커리큘럼에도 사회복지 기술론의 일환으로써 개별사회사업 외의 과목, 특히 '사회복지 행정'의 강좌가 개설되고 있다.

전문적 지식과 현장 체험을 축적하면서 사회복지 행정에 능숙한 기술을 수련한 사람이야말로, 클라이언트 중심주의와 지역사회 보호를 위하여 독특한 전문직 처우를 가능하게 하는 우수한 담당자가 될 수 있다. 그리하여 사회복지 기관의 책임자로써 직원들의 활동에 적절하고도 활발한 감독을 수행하는 직장을 만들 수 있는 것이다. 아무리 품질이 우수한 종자라 할지라도 좋은 땅에 뿌리지 않으면 잘 자라날 수 없다. 그 양질의 토양이란 직원조직의 체계와 대우를 의미하지만, 그 중에서도 특히 '소장'을 담당하는 인물의 '질'은 문제의 핵심이다.

"군(軍)에서는 장군이 전부이다"라고 말한 나폴레옹은 통솔자의 중요성을 과신한 나머지 전투에서 병졸들의 중요성을 경시하는 천박함을 초래했는지도 모른다. 그러나 기관 전체의 활력소가 되어야 할 지도자의 인사관리 중요성은 아무리 강조해도 지나침이 없을 것이다. 소장이야말로 사회복지 전문직을 '일생의 천직'으로 여기고 전문성에 숙달된 인물이어야 하며, '명군 밑에는 약졸이 없다'는 속담과 같은 복지사무소를 만드는 것이, 지역의 종합복지센터로서 발족되어야 할 복지사무소의 향후의 진로를 약속하는 열쇠가 되는 것이다.

진도가 늦은 감이 있기는 하나, 사회보장 제도가 확대되고 향상됨에 따라서 경제적 욕구는 차차 완화된다. 그 때 복지사무소의 경제적 지급 사무는 간소화하지만, 그것에 대신하여 중요한 것으로 떠오르게 되는 다른 대인 복지 서비스는 시대의 추세를 반영하는 복잡한 경우를 다루게 된다는 것이다. 경제인 부문보다 다른 서비스의 비중 증대는 복지 사무소의 임무를 복잡하게 만들며, 전문직 활동에 대한 의존도를 높인다. 이러한 때에, 소장이나 사찰지도원에 무자격자를 배치하고, 이를 비난받지 않으려면, 사회복지 전문화에 대하여 무엇인가 준비가 있어야 되지 않을까.

전국의 복지사무소 소장들에게 한층 높은 수준의 훈련·연수를 실시해야 하는 상황은 날로 급박해지고 있다. 현재 일본의 후생성이 실시하고 있는 소장 연수는 전국의 대상자수에 비할때 소규모에 지나지 않는다. 그러나 후생성은 연수의 확대 강화 방책을 강구해야 할 필요성을 느끼고 있다고 말한다. 현재의 복지사무소 소장에게 자질향상의 기회를 부여함에 따라, 감독체계 및 직원배치의 최저기준을 신속하게 확립할 필요성을 자각시키는데, 그것은 전문화의 노력을 복지사무소 내부에서 의욕을 북돋게 하는 하나의 계기가 될 것이다.

대도시 민생국의 현황으로 볼 때, 직원으로서 민생관계의 직장에서 청소와 구획정리 부문을 담당하는 경우와 같이, 복지사무소를 '일생의 천직'의 장으로서 정착시키는 것을 기피하도록 만드는 풍조가 전혀 없다고는 말할 수 없다. 이곳을 전문직 활동의 무대라고 여기고 능력을 단련하는데 열중하는 사람은 적으며, 그러한 사람은 오히려 주변으로부터 이상한 사람으로 간주되기 쉽다. 민생부문에서 근무하고 있는 직원조차도 근면하게 노력하여, 머지 않아 타부문으로 발탁되고자 하는 마음속 희망과 열의 없이는 임시직업이라는 기분에서 벗어나기 힘들다.

민생부문의 분위기가 침체될 수밖에 없었던 것은 사회복지 대상의 음울한 문제 영역과의 싸움에 마음을 잡지 못하면서 교환직에 의하여 마지 못해 종사하는 자, 민생사업에 대한 혐오감과 적의를 노골적으로 표명하는 사람, 또는 정년이 가까워 퇴직을 기다리고 있는 동안 현장에 눌러앉는 사람들에 의하여 가득 차버린 것 때문이라고 지적되고 있다.

더욱이 민생 관계에는 정수 외의 직원이 많으므로, 신분에 대한 불안정에서 오는 불만, 초조의 분위기가 현장에 임하는 태도를 냉각시키는 직장을 만들어 내고 있다. 따라서 직원 가운데에는 사회복지 전문화라는 말을 듣는 것만으로도, 그것에 의하여 이 부문에 생애를 못박게 되는 것에 열중하게 되는 것이라고 생각하여, 돌연 전문화에 대하여 반대론을 주창하는 자도 있다고 한다.

또는 현재의 열의가 부족한 근무상황에서 전문직으로서의 전문성으로 구별하기 위해, 특별한 학습을 요구하게 되는데, 이것에는 적응하기가 쉽지 않고, 직장 안에서 동료 간의 차별을 초래한다는 구실을 명분으로 전문화에 반대하는 자가 적지 않은 것도 무리가 아니다.

그것은 단지 복지행정의 내부개혁만으로 해결될 수 있는 것이 아니며, 복지행정을 '조금 더 담으려는' 부분으로 이해하는 지금까지 일본 행정의 필연적인 결과이기도 하므로, 주민 중심의 복지를 새로운 시대의 행정 핵심에 두려는 정치적 혁신이 필요로 한 것이다. 민생부문 경시 풍조가 현장의 침체된 분위기를 초래하고 현장의 침체된 분위기가 현업에 종사하는 직원의 열의를 저해하는 것 때문에 민생부문 전체 지반이 침하되는 현상을 불가피하게 만든다.

이러한 악순환의 속박을 벗어나고 비효율적인 활동의 수준을 뛰어넘어 주민의 긴급한 복지욕구에 정확하게 대응하는 민생당국으로 자리잡도록 노력하는 근본적인 의욕이야말로 복지관계 직원 전문직의 참된 동기이다.

일본의 관료제는 타부문으로 전출함으로써 승진의 기회를 만들어 왔다. 현장의 문제해결에 전문가의 손길이 닿지 않을 때, 전문화의 노력은 사라지며, 승진인사의 편의주의적 배려를 중심으로, 인사이동이 무조작으로 또한 반복적으로 펼쳐져, 관리직은 전문 사회복지사를 활용하는 방법을 체득할 기회를 갖지 못한 채, 오로지 지위만을 높여 가는 것이다.

사회복지 활동이 전문직적 대응을 이루지 못하고, 주민의 복지욕구에 진정으로 대응할 수 없게 될 때, 그 직장을 떠나지 않으면 승진이 있을 수 없는 관료기구는 사회적으로 민생부문의 지위 저하를 만성적으로 만드는 원인이 된다. 의사가 의술을, 변호사가 법률을 떠나 처음으로 승진이 가능하게 된다면, 그것은 그 전문직 자체를 부정하는 제도라는 것을 알아야 한다. 오늘날 민생행정에서는 대상자 중심의 복지 관점보다도 사무적인 행정처리를 중심으로 추진되어온 과거의 경위로 인하여, 사무직원의 현업부문에 대한 지위는 부당할 정도로 강하며, 이 역학관계를 시정해나가기 위해서는 전문직 제도의 확립을 서두를 필요가 있는 것이다.

공적 기관에서의 직원 문제의 실태를 말해주는 개선 방향은 전문직 확립을 위해서 채용시험 및 임용시부터 무엇보다 먼저 사회복지에 대한 의욕이 명확한 인재, 적절한 감독하에 능력함양에 전력하는 직원체제를 수립하는 것 외에는 다른 길이 없다는 것을 가르쳐 주고 있다. 우수한 인재의 획득을 위해서는 교육기관과 지속적인 연계를 강화할 수 있는 조직을 고안하는 것이 필요하다.

그러나 인재양성은 그것에 상응하는 처우개선을 수반하지 않고서는 전혀 기약할 수 없다. 따라서 전문직 제도의 현실이야말로 그러한 인재에 대한 대우 개선을 용이하게 만드는 중요한 조건이 된다. 의사(醫師)의 기술관리 제도가 전문직 우대의 유효한 수단이 되고 있는 것처럼, 장래에는 사회복지 전문직 제도의 확립을 위해 이 분야에서도 기술관리 임용의 가능성을 개척하여야 한다.

현재 복지사무소는 사회복지사업법의 자격 기준이 정한 유자격자 외에, 많은 무자격의 종사자를 안고 있는데, 이 사람들에 대해서는 계획적인 고도의 연수조직을 통하여, 메리트 시스템에 의한 전문직 훈련을 서둘러 추진해야 한다. 그러한 경우 전문직을 단계별로 규정하는 것이 실제로 적응하는 것이 되는 것이 아닐까.

프랑스의 사회학자 조르주 프리드만[2]은 그의 저서『노동의 분석 - 전문화가 의미하는 것』[3]에서 노동의 전문직에 두 가지 이질적인 것이 존재한다고 상세하게 검토하고 있다. 프리드만은 우리가 전문화에 대하여 말하는 경우, 용어상의 혼란이 있다고 지적한다.

그는 기술문명이 고도로 발전한 현대사회에서는 전문화에 관한 구체적인 현상학을 연구할 필요가 있다고 주장한다. 같은 전문가라 할지라도 장기적으로 고도의 전문적 훈련을 미

---

2) Georges Friedmann, Director of Studies at the Ecole Pratique des Hautes Etudes, Paris
3) Georges Friedmann, "Le Travail en Miettes", *1956-The Anatomy of Work : The Implications of Specialization*, translated by Wyatt Rawson, London, 1961

리 습득하여 그 활동 범위를 지도하는 전문가(specialist)와 이 전문가가 구성한 행동양식에 따라서 특정한 동작의 반복으로 단편적인 일에 기능을 단련하는 특수기능 사회복지사 (specialized worker)를 구별하여 생각할 필요가 있다.

전자는 원리적 연구에 기반을 둔 체계적 인식을 기초로 하여 개개의 현상을 꿰뚫는 보편적 법칙을 배경으로 문제를 원리에 따라 대응하고, 전 과정을 관련지어서 자기의 노동단위를 해명하려고 노력하는 것이다. 후자는 여러 직업활동에서 볼 수 있는 것처럼 이러한 일반적 배경과 원리적 훈련을 가진 것이 아니라 단지 전문가가 만들어낸 입문서에 따라서 단편적인 활동에 집중하면 그만인 것이다.

이를테면, 테일러(F. W. Taylor)의 『과학적 관리의 원리』[4]에서 전개된 노동자의 전문화는 테일러 스스로 "내가 노동자에게 요구하고 있는 것은 이미 그 자신의 창의성에 의해 생산하는 것이 아니라 지극히 세부적으로 주어진 명령을 착실하고 치밀하게 실시하는 것이다"라고 서술하고 있다. 즉, 단기간의 직업훈련에서 단련된 것만으로, 예를 들면 동일 작업을 일생 고수하는 것에 의하여, 직업의 밀도를 높이는 기술을 축적해 왔다고 하더라도 그것은 본래의 의미에서의 본격적인 전문직이라고 불릴 수 없다.

이러한 견해에 따르면, 전문교육의 과정을 거치지 않은 직원을 단기 연수만으로 즉시 전문직과 동일한 급으로 불러들이는 것은 전문직의 정신을 무너뜨리는 것을 의미한다. 따라서 미리 전문직과 준전문직으로 분류하여 후자가 전자로 나아갈 수 있게 하기 위해서는, 매우 높은 수준의 연수체제를 조직할 필요가 있을 것이다.

4. 일본의 전문직 제도 확립의 노력

여기서 검토한 것은 사회복지 전문직의 대표적 직장으로서, 복지사무소의 사회복지 주사에 관한 실태인데, 그밖에 공적·사적 사회복지 시설과 사회복지협회에도 전문직을 필요로 하는 부문이 광범위하게 존재한다.

1960년대에 결성된 일본 사회복지사협회에서는 사회복지사로서 사회복지 주사, 아동복지사, 신체장애자 복지사, 정신박약자 복지사, 가정재판소 조사관, 보호관찰관, 소년원·소년감별소 교관 및 기관, 가족·의료·정신의학·산업·학교 사회복지사·사회복지시설 지도원, 집단사회복지사, 지역사회·조직에서의 보모, 교모에 이르기까지, 매우 광범위한 대상자의 소위 '사회복지 직원 전원'의 가입을 인정하고 있다.

여기서 알아야 할 사실은 각 분야에서 신분보장을 요구하는 조직적인 운동과 본래의 의

---

4) F. W. Taylor, *Principle of Scientific Management*

미에서 전문직 확립을 위한 움직임이 혼동되었으며, 그것이 오히려 일본의 본격적인 전문직 제도 수립에 장애가 되었다는 것이다.

사회복지 관계직원을 전원 전문직으로 대우하는 태도는 전문직 개념 그 자체를 포기하는 일이 된다. 이 혼란 상태에 비추어 볼 때, 사회복지 대상에 대한 전문적 관리를 추구하는 사회적 추세와 사회복지 교육의 진전에 맞는 새로운 직원체계를 조직해야 할 필요성에 의하여, 일본에서도 각 방면에서 각종의 새로운 모색과 노력이 이루어지고 있다.

이 중 가장 중요한 움직임의 하나는 1941년 1월의 동경도지사의 동경도(東京都) 사회복지심의회의 자문 '동경도 사회복지 전문직 제도의 존재방법 및 전문직원의 양성, 확보, 임용, 재교육, 승진 및 각 직종의 필요 수(數)에 관하여'에 대한, 1942년 3월의 '중간답신'과 동년 12월의 '최종답신'이다.

약 70회에 이르는 그 심의는 일본에서 이 문제에 대해 최초의 본격적인 토의를 실시하고, 문제의 소재를 드러낸 것이었다. 그리고 전문직 제도화의 역사에 불멸의 초석을 둔 것이라고 말할 수 있다. 그 내용 또한 광범위하여, 해외의 추세를 포함한 전문직의 본질탐구를 출발점으로 하여, 새로운 경지를 개척하고자 한 것이며, 질적으로도 상당히 높은 수준의 목표를 가지고 있었다. 이 답신이 나온 후, 1969년 이래 일본 후생성 중앙복지심의회는 '직원문제 전문분과회'에서 구체적으로 국가차원에서 실시하여야 할 전문직의 존재방식에 대한 토의를 시작하였으며, '사회복지사' 제도에 관한 시안을 작성하였다.

'사회복지사'라는 구상은 이것이 처음은 아니었다. 이와 관련해서는 동경도사회복지심의회의 '자격기준소위원회'가 민간 사회사업 종사자의 자격기준을 정하고 자격의 유지와 향상을 목적으로 이미 1962년 10월, '사회복지사 제도 요강'의 시안을 발표한 경위가 있다. 그것은 대학 및 강습회에 의한 전문과목의 학습 및 현업종사자의 경험 수준에 따라 1급 및 2급 사회복지 자격을 주고자 한 것이며, 인정 양성기관의 지정과목 및 지정강습회의 실시시간을 상세하게 규정하여 내실 있게 하였다.

이 소위원회의 시안에서 주목해야 할 점은 사회복지사의 자격을 사회복지 자격심사위원회의 회의를 거쳐 동경도 사회복지협의회의 회장이 부여한다고 규정한 민간적 성격이다. 이는 미국의 '사회복지사' 자격이 사회복지 전문대학원 출신자로 2년 간의 현장경험을 한 자에 한하여(이 자격기준에는 그 후 학부코스 출신자에게도 길을 열어 주도록 하는 약간의 변경이 있었다) 사회복지사협회가 인정하는 것을 기본으로 하는 민간의 자주적 규제가 이루어지기 전에 견지되고 있었던 것과 일맥상통하는 면을 갖고 있다.

일본의 심리직(心理職)과 관련하여 정부측에서 '자격인정위원회'를 설치하고 병원과 아동상담소의 심리판정원을 인정하려 했을 때, 임상심리학회가 자격기준의 불명확성에 반

대하고, 먼저 임상심리학회가 병원관계의 심리판정원을, 교육심리학회가 학교관계의 심리
판정원을 다루도록 하고 그것을 인정위원회에서 추천하고, 그 선정을 받아들이는 방법을
채택한 사정은 미루어 짐작되는 바이다.

하지만 일본에서는 일본 사회복지학회도, 사회복지사협회도 아직 그 중책을 담당할 수
있는 단계에는 이르지 못했다고 말할 수 있다. 그렇다고 한다면, 전문직 제도의 확립에는 당
분간 관(官) 수준에서의 인정이 불가피하게 될 것이다. 의사와 간호사뿐만이 아니라 이발
사나 미용사조차도 각각의 전문교육을 받은 자만 국가시험과 지방수준의 자격을 인정하는
것이 전문직 제도의 실현을 위해서 필요하다.

유감스럽게도 사회복지 교육의 미성숙을 객관적으로 통일할 수 있는 국가시험을 실시할
단계에 이르지 못하고 있는 현재의 상황을 해결하는 방법은, 단지 국가시험만으로 그 실현
이 가능한 것이 아니라, 전문교육을 받은 자, 또는 그것에 필적하는 인정된 강습에 합격한
자에게만 자격을 주는 타협 방법을 써서, 국가가 요구하는 사회복지사의 기준을 만족시키
도록 해야 할 것이다.

동경도 답신의 현실적 상황에서 보면, 제법 이상주의적인 전문직 제도의 구상에 대한 오
사카시의 사회복지심의회 '복지관계직원문제분과회'의 토의는 오사카시가 갖는 고유의 성
격에서 얻어진 현실주의적 사고방식이므로, 훨씬 현실적이었다. 현재의 결함을 분석해 당
장 수정 가능한 것부터 서서히 개선해나가면서, 사회복지사 제도를 실시할 날에 대비하고
있다. 직원의 질적 향상을 위한 채용, 인재운영, 연수 등의 방법을 개선해 전문직 확립의 전
제조건을 충족시키지 못한 채, 헛되이 국가의 사회복지사 제도의 실현의 날만을 기다리는
것은 지방자치단체의 독자성을 약화시키고, 사회복지사의 내용을 공허한 것으로 만들 우려
가 있기 때문이다.

국가의 사회복지사 제도 실현에 기대한다 하더라도, 지방자치단체와 민간의 사회복지사
협회가 지역주민의 복지욕구를 먼저 파악하여, 대상자 중심의 전문화를 위한 적극적인 내
실을 진전시키는가 그렇지 않은가는 사회복지 행정을 중앙집권적인 관료제에 위임하는가,
지역의 실제욕구 중심으로 자주적이고 활발한 분위기를 조성하는가의 중요한 분기점이 되
는 것이다.

이상적인 것을 말하자면, 아무리 곤란하더라도 나라보다도 지방자치단체가, 지방자치단
체보다도 민간활동이 지역주민의 변화하는 복지욕구에 밀착하여, 개척적인 임무를 전개해
야 할 임무를 맡고 있는 것이므로, 자치단체나 민간단체가 더욱 열렬한 전문화 요구의 목소
리가 높아지지 않으면 안 되는 것이다.[5]

전문직으로서의 사회복지 제도의 움직임이 무르익어 가는 분위기가 느껴지지 않는 이유

중의 하나는 복지관계 직원의 조직화가 저조한 범위를 탈피하지 못하는데 있다. 현재 직원의 노동자 의식에서 나온 노동조합 단결은 직장조직화의 중요한 전기를 만들고자 하고 있다. 그것은 직원이 전문적인 정진을 의도하기 위한 기초를 준비하는 것이다. 그러나 그것만으로는 아직 전문적 단결에 이르지 못한다. 직원의 전문적 수준의 향상을 위해서는 노조의식이 있는 직원이 사회복지사협회 활동에 앞장서서 또 하나의 단계를 열어 가는 것이 필요한 것이다.

5. 사회복지사협회의 세 가지 기능

사회복지관계 직원의 자주적 조직으로서의 사회복지사협회는 세 가지 중요한 기능을 담당한다.

(1) 전문직 사회복지사의 지위 향상

회원의 직무 기준을 설정하고 직무 능력을 증진시키기 위하여 연수 기회를 제공하고, 전문직 사회복지사에게 어울리는 대우와 노동조건의 정비에 노력을 기울이지 않으면 안 된다. 전문직의 목표는 훈련, 경험 및 인격의 향상을 통하여 자기가 활동하는 분야에서 한층 고급 서비스 능력을 발휘하는 것이다.

최근에는 구미에서 진행하고 있는 미국 대학의 평생교육(continuing education) 또는 영국 연속교육부문학교(college of further education)의 기본원리에 따라서 대학에서 반복적으로 높은 수준의 연수가 이루어지고 있으며, 또한 연구소와 세미나와 회의를 통하여 사회사업의 최신 방법이 학습되고 있다. 그러한 과정에서 자연히 윤리강령(code of ethics)의 개발에 따른 전문직으로서의 본질적인 반성도 나오게 될 것이다. 공인의 사회복지사 제도도 사회복지사협회의 전형적인 활동을 전제조건으로 추진하지 않는다면, 불상은 만들고 혼은 불어 넣지 않은 것처럼 형식적인 것으로 그칠 위험이 있다.

현재 일본의 사회복지사 조직은 먼저 말했던 것처럼 의료와 정신의학 영역에서 각 협회가 뛰어난 공헌을 하고 있다. 그러나 우선 자신의 단독 영역에서 전문직 제도의 확립을 목표로 한 나머지 사회복지의 총괄적인 교육·훈련의 단계로 가는 시기를 놓치게 되었으며, 횡적

---

5) 1971년 가을, 후생성 사회국은 중앙사회복지심의회의 '시안'에 관하여 각계의 의견보고를 요구하였고, 일본사회복지학회 제19회 총회는 '사회복지전문제 문제 검토위원회'를 조직하여, 필자가 그 위원장을 맡게 되었다. 다음해 4월 후생성에 기초조건 정비 선결의 필요를 내용으로 하는 의견을 상세하게 알렸으나 그것은 시기상조였다.
졸고, 「사회복지 전문직화와 법제화―사회복지법 제정안의 검토」, 일본사회복지학회지, 『사회복지학』, 제12호, 1972. 참조.

인 사회복지사협회 육성의 열의를 희박하게 만들어 버렸다.

사회복지 전문직이 다른 전문직과 다른 점은 인간을 전인적(man as a whole)으로 고찰하는 것이다.[6] 그러나 단순히 전체적 인간(total man)이라고 말하는 것만으로는 인간의 내적 측면을 다루는 여러 가지 전문직의 상호관계(interrelationship)를 시사할 뿐이다. 이는 사회복지와 같은, 특히 사회적 존재로서의 인간(man as a social being)을 구성하는 여러 가지 상호작용의 측면(interactional aspects)에 초점을 두는 전문직의 특수영역을 지칭하고 있는 것은 아니다. 거기에서 요구되는 것은 개인과 환경을 두 별개의 실체로 보는 것이 아니라, 사회 관계에서의 상호작용의 장으로 보는 것이다.

인간의 사회적 기능의 수행을 위한 특정한 사회적 상호작용의 유형, 방향, 질 및 성과를 배경으로 한 사회복지 전문직은 ㉠ 개인과 단독 또는 개인과 집단에서 상호작용의 유효성을 증대시키고 ㉡ 효과적인 사회 기능의 수행에 도움이 되는 사회 자원의 정비, 변경, 또는 새로운 창조를 견지하여 넓은 시야에서 종합적인 판단을 내려야 한다.

사회복지는 의학, 정신의학, 심리학 등의 전문직과는 달라서, 개별의 내적 인격생활과 개인의 발달에 관계하는 것이 아니라, 항상 그것을 포함하는 외적인 사회적 현실과의 관계에서 인간생명의 충족 및 충실을 저해하는 비적응을 문제로 삼아서 보건, 교육, 종교, 경제, 정치 등 광범위한 제도적 문제와의 관계를 추구해야 한다.

집단 사회복지사와 지역사회 조직은 물론 개별 사회복지사까지 그 서비스의 유효성 기준이 되는 것은 대상자가 놓여 있는 전체적인 상황과 이들 관계가 갖는 여러 가치에 사회복지사가 어떻게 관계하고 있는가 하는 것이다.

이러한 것은 사회복지사의 조직이 단일 개별과학에 국한되어, '자신이 속한 곳에서' 두문불출하는 것이 아니라, 일반적인 교육·훈련으로 조직을 두는 것이 가능하도록 포괄적인 사회복지사협회에 결집하는 것이 필요함을 말해 주는 것이다.

영국의 사회서비스의 새로운 방향을 탐구하였던 1968년의 이른바『시봄 보고서』[7]는 총

---

6) Werner W. Boehm, "Objectives of Social Work Curriculm of the Future", 1969, p. 46f.
7) *Frederic Seebohm Report - Report of the Committee on Local Authority and Allied Personal Social Service*, Reprint, 1970
   『시봄보고서』를 보면 다음과 같은 주장이 나온다. "개인적 사회서비스 전체를 통하여 팀워크의 중요성이 높아짐에 따라 광범위하게 각종 전문 분야에 걸친 교육·훈련(interdisciplinay training)을 행할 필요가 있다. 다른 여러 종류의 서비스와 밀접하게 협력하기 위해 직원은 종합적 기능을 갖는 사회적 서비스를 통하여 개인, 가족, 지역사회의 욕구에 대응하는 새로운 방법을 개발하지 않으면 안 된다. 직원은 여러 행동과학 가운데 관련 활동의 성과를 단절시키지 않고 활용할 필요가 있는 것과 같이 욕구충족을 위한 여러 방법의 유효성을 평가할 수 있도록 훈련되어야 한다."(p. 164)
   또는 일반적인 교육·훈련에 대하여 "이 접근 방법의 정당성과 관련하여 사회복지

괄적인 교육·훈련의 원리에 따른 공·사 사회복지 조직의 교육 및 관리기구의 재편성을 요구하는 것으로 우리의 관심을 강하게 부추겼다. 그것은 전문직 개념을 행동과학의 기초 위에서 총괄적인 성격으로 받아들일 것을 요구하고 있다. 그리고 일본 공·사의 복지기관·시설, 특히 사회복지사 조직에게도 좋은 본보기가 되고 있다.

일본 사회복지사의 총괄 조직인 협회는 대학 이외의 교육연수기관과 현장을 지속적으로 연결하는 협의회의 추진자가 되어야 한다. 최근 수년간 현장활동가들의 사회복지학회와 현장간의 긴밀한 제휴에 대한 요망은 사회복지 발전을 약속하는 중요성이 있다. 교사와 현장 사회복지사와의 협력관계를 조직화해서 모든 기구와 시설이 실습의 장을 제공하고, 그 직원이 좀 더 쉽게 대학의 연구활동을 활용할 수 있도록 하기 위한 대학 확장운동(university extension movement)은 사회복지사협회의 매개가 필요하다.

(2) 사회복지 실천과 사회 정책의 연결

인간 욕구 충족을 위한 사회복지 실천과 사회 정책, 사회 행동을 연결하여 생각할 사항이다.

1968년의 '인권과 사회복지'를 주제로 한 헬싱키 국제사회복지회의의 결의는 인권수호의 관점에서 사회복지사가 인간의 존엄, 생명, 자유 및 행복의 추구를 위한 평등의 권리에 걸 맞는 프로그램의 개발에 노력하는 것을 사회복지사협회의 임무로 규정지었다.

빈곤, 주거, 인구폭발, 청소년 문제, 비행과 범죄, 이혼과 유기 등의 해결을 위해서는 단순히 기성 법제의 틀에 만족하는 것이 아니라, 복지 실천과 사회적 정책의 원류가 되는 조사와 프로그램 기획을 만들어낼 임무가 협회에 위임되었다. 실천과 정책이란 차의 양 바퀴와 같으며, 한쪽이 없으면 다른 한쪽이 지탱될 수 없다. 양 바퀴의 균형은 적절하고 유효한 사회 행동의 형태로써 앞으로 나아가게 이끄는 것이다.

(3) 복지증진에 필요한 사회행동 기능의 개발

그것에 필요한 것은 정치과정에 대한 지식이다. 국가·지방 차원의 의원들을 움직이고 행정당국의 입안으로 이어지는 경로는 어떻게 이루어지고 있을까. 재정상 우선 순위로 합당한 프로그램은 어떻게 존재해야 할 것인가.

과거 교토(京都) 사회복지문제연구회가 경험한 것은 이러한 문제의 연구와 실천의 연

사가 여러 방법을 구별하는 것은 개별사회사업 종류의 형태간 차이점과 같이 인위적인 것에 불과하며, 일상 활동 가운데 사회복지사는 개인, 가족, 지역사회의 여러 측면을 포함하는 사회문제에 적절히 대처할 수 있기 위해 이러한 모든 방법을 필요로 하고 있다. 총괄적 훈련이라는 새로운 개념은 사회서비스의 활동을 위한 기준으로써 매력을 갖는다.(p. 172)

속이었다. 의회와 행정당국과의 신뢰 관계를 구축하기 위하여 얼마나 끈기 있는 인내의 시간이 필요했던가. 더욱이 선거와 인사이동에 따라 당사자의 교체가 이루어질 때마다 차가운 강가의 모래밭에 돌을 쌓는 것처럼, 그 때마다 새롭게 다시 시작하지 않으면 안되었다. 그러한 어려움 가운데 주민의 복지욕구를 행정에 집요하게 반영시키는 것이 사회행동의 진정한 자세일 것이다.

　요컨대 사회복지사협회의 임무는 사회복지사 전체의 노력에 의하여 전문적 기준, 훈련, 윤리강령, 노동조건을 향상시키기 위한 협회 단결을 통해, 전문가로서 사회사업을 전진시키는 것, 그것을 위해서는 회합, 견학, 조사기획, 문서교환 그 이외의 전달수단에 호소하는 것에 의한 의견교환을 위하여 노력하는 것, 사회복지 영역에서 전문직 견해를 주민행정에 반영하는 것에 있다고 말할 수 있다. 그것을 국제 수준으로 추진해 나가기 위해서는 국제사회복지사협회(IFSW)로의 가입이 요구되고 있는 것이다.

6. 사회복지 전문직의 본질

　전문직으로서의 사회복지 종사자의 문제를 검토해 온 후, 필자는 여기서 '전문직이란 무엇인가'에 대하여 총괄적으로 서술해 두고자 한다.

　사회복지에서 '전문직론'은 일본에서는 비교적 드물었지만, 외국의 개론서에는 몇몇 문헌 또는 얼마간의 장을 차지하는 중요한 주제가 되고 있다. 그 중 몇몇 저명한 학자의 저술을 예로 들어 본다면 다음과 같다.

Charlotte Towle, *Leaner in Education for the Professions*, as seen in Education for Social Work, 1954.

Wilensky and Lebeaux, *Industrial Society and Social Welfare*, Emergence of Social Work Profession, 1958

Walter Friedlander, *Introduction to Social Welfare*, Professional Aspects of Social Work, 1961.

Emest Greenwood, Attribute of a Profession, in Meyer N. Zald, ed., *Social Welfare Institutions*, 1965.

Paul E. Weinberger, *Perspectives on Social Welfare*, Section V, The Social Work Profession, 1969.

전문직이란 사회학적으로 말하면 그 모태가 되는 사회와 부단히 상호작용을 가지는 조직집단이며, 공식적 및 비공식적 관계의 망을 통하여 사회적 기능을 수행하고 직업적 성공을 위한 전제조건이고, 적응을 요구하는 그 자체의 활동양식을 만들어낸다. 사회복지에서 전문적 지위를 비전문적 직업과 구별하는 공통의 속성으로 그린 워드는 다음과 같이 다섯 가지로 분류하였다.

즉① 체계 이론(systematic theory), ② 전문직 권위(professional authority), ③ 사회적 승인(community sanction), ④ 윤리요강(ethical codes), ⑤ 전문교양(professional culture)을 들고 있다. 전문직의 본질을 필자가 해석하는 바로는 위의 요소가 그 내용을 가장 간결하게 시사하고 있는 것으로 여겨지며, 따라서 일단 이러한 항목을 소재로 하면서 나의 견해를 밝히고자 한다.[8]

(1) 체계 이론

전문직 개념은 고유의 영역을 가졌다고는 말할 수 없으며, 질적이라기보다도 양적인 정도의 차이를 나타내는 것이다.

전문직은 윌렌스키(willensky) 학파들이 말하는 것처럼 특정 영역에서 기능의 독점 또는 배타적 소유를 의미하고 일정의 훈련을 기초로 하여 아마추어의 '배제'를 주장하는 독점적인 '세력권'을 가졌다. 사회의 여러 직업은 의사, 변호사, 교수 등 비교적 조직의 정비에 논의의 여지가 없는 것에서부터 운전사, 농부 등 기술적으로 간단한 것에 이르기까지, 상대성 가운데 하나의 연속성을 달성하는 것이라고 보아야 하는 것이다.

사회복지사가 이러한 직업연속체 속에서 전문직 쪽으로 끌어당겨지기 위해서는 의사와 변호사 등을 모델로 하는 특성을 가져야 한다. 그 특성이란 전문직을 특징짓는 기능(skill)이 이론체계의 내면에서 일관된 체계를 가지고 조직된 과학적 지식을 근거로 하고 있는 점이다.

사회복지사가 개별의 구체적 사례에서 작업을 전개할 때, 과학적 지식에 바탕을 두고 합리적 조작을 실시하게 되면, 효과적·능률적으로 목적을 달성할 수 있다. 삼라만상 현상의 내부를 철저하게 과학적으로 고찰하면 상식을 초월한 본질이해가 가능하다. 농부, 어부는

---

8) 이전에 고오베(神戶)시의 민생국장을 지냈던 檜前敏彦씨는 일본 사회복지행정의 현장에서 전문직 제도의 확립에 실질적인 노력을 다하려 했던 사회복지계의 실력자이며, 그 풍부한 실제 경험과 근면하고 열렬한 연구 자세에서 태어난 몇 권의 저술은 모두 다 소책자이지만, 시사하는 바가 대단히 큰 문헌들이다.

『사회복지사의 양성과 연수』, 1966. 『복지직원제도의 문제점 - 고오베시의 현상을 중심으로 하여』, 1967. 『사회복지 행정직원제도의 확립 - 왜 필요한가, 현상과 과제』, 1971.

구름이 흘러가는 데로 주시하고 날씨의 변천을 경험을 통해 예측하지만, 그 경험 관찰을 토대로 하면서 물리화학의 논리로써 기상학을 체계적으로 파악하는 기상기사의 예측은 농부나 어부가 알아 낼 수 없는 장기 예보에까지 시야를 넓힐 수 있다.

특히 인간 조정기능과 같이, 정신의 내면에 개입하는 미묘한 조작에서는 아마추어의 피상적 관찰을 배제한 과학적인 인식이 필요하며, 인간행동에 대하여 체계적인 이론을 파악하는 자는 대상자의 내면을 투철하게 살펴보면 장인(匠人)의 '육감'을 벗어 날 수 있다. 그것은 경험자가 가진 '기술적'이라는 기준에서는 고도의 기술을 익혔어도 도달하기 어려운 경지이다.

미용사도 전문학교를 설치하고, 협회를 조직하고, 기술표준의 향상을 목표로 하며, 영업에서 특권이 부여되고, 기술적 전문성의 수련을 아무리 많이 쌓는다 하여도, 그것은 언어상으로 올바른 의미에서의 전문직이라고 할 수 없다. 기술의 숙련만을 문제로 본다면, 가령 가구장인의 경우 사회복지사가 아무리 노력해도 도달할 수 없는 복잡한 작업을 해낼 수 있는 것이다.

전문직의 이론 교육은 일정수준을 유지하는 전문학교에서 이루어지며 일정과정을 이수하면 전문직의 자격을 주게 되어 있다. 전문직 합리성 추구의 정신은 과학진보의 토대에서 기존의 이론적 체험에 대한 비판적 태도를 양성하고 이론적 논쟁의 장으로서 학회를 성립하게 하고 있다. 제아무리 실천 지향형의 인물일지라도, 그가 전문직에 뜻을 두는 한, 학회 성원의 한 사람이 되지 않으면 안되며, 그렇지 아니하면 동등한 과학이론으로 무장하고 있으면서도 전문직 속에서 이론 지향형과 실천 지향형의 미묘한 뉘앙스의 차이만 생기게 될 뿐인 것이다. 이론적 기초를 갖추지 않은 사회복지 실천은 현장 경험의 고귀함에도 불구하고 비전문직적 성격을 피할 수 없다.

(2) 전문직 권위

전문직 이론 체계의 교육이 발전하고 있는 상황에서 그 지식의 습득자는 원조 기술의 제공에 따라 저절로 직업적 권위를 몸에 익히게 되는 것이다.

그린우드의 뛰어난 표현에 의하면, 비전문직 직업은 '고객'(customer)을 갖는데, 전문직적 직업은 대상자(client)를 갖는다.[9] 고객은 요구하는 서비스 또는 상품이 무엇인가를 스스로 결정하고, 그것을 찾아낼 때까지 장보기를 계속한다. 왜냐하면 그는 자기의 욕구를 감정평가하고, 만족의 유무를 판단하는 능력을 자기 속에 가질 수 있으므로 의사결정의 자유를 최종적으로 자기가 가지고 취사선택을 생각대로 실행한다.

---

9) Meyer N. Zald, *Social Welfare Institutions*, 1965, p. 511.

그런데 전문직 관계에서는 의사가 환자에게 대하는 것처럼 전문직 쪽에서 클라이언트를 위해 필요한 것과 그렇지 않은 것을 독자적으로 과학적 입장에서 지정하는 권리와 의무를 가진다.

클라이언트 자신은 자기가 해결하기를 바라는 문제에 대한 이론적 지식이 부족하므로, 자기의 욕구를 진단하고 욕구충족을 위한 필요조치를 취할 수 없다는 점에서 원조를 요구하는 것이므로, 전문가의 판단에 따르는 것 이외에는 선택의 능력을 가지지 않는 것이 보통이다. 클라이언트는 전문직 서비스를 자기의 감정과 형편에 따라 거부하는 것이 가능하여도, 자기가 받고 있는 전문직 서비스의 질을 평가할 수 있는 입장은 아니다.

따라서 전문직적 권위에 대한 클라이언트의 복종이 전문직에 판단의 독점권을 부여하는 것이다. 옮겨 다니면서 장보기를 하는 고객을 상대로 하는 것은 상대에게 경쟁 서비스의 선택능력을 인정하는 것이 되며, 그것은 전문직 권위를 부정하는 것밖에 되지 않으므로, 전문직은 광고하기를 좋아하지 않는 것이다.

전문직에게 이러한 권위가 인정된다는 것은 클라이언트가 자기의 문제해결에 대한 전문직의 특별한 과학적 능력을 신뢰하기 때문이며, 그러한 신뢰 관계야말로 클라이언트·사회복지사 관계의 구사·전개에 좋은 결과를 가져다 준다.

탈코트 퍼슨즈의 소위 '기능적 전문성'(functional speciality)이 권위의 기초라고 한 것은 동시에 전문직이 그 활동 범위를 엄격하게 과학이론 능력의 틀 안에 한정해야 할 것을 요구한다. 자기 만족적인 현학적 태도로 능력 이상의 조치를 취하는 것은 클라이언트에게 자기의 권위적 지위를 남용하는 것을 의미한다. 특히 치료 전문직의 경우 이 전문직 배경에서의 일탈은 단지 전문직 권위의 실추로 끝나는 것만이 아니라, 사회복지의 클라이언트 중심주의에 대한 반역이 된다는 것을 명심해야 한다. 이것은 나중에 서술하려는 윤리 강령과도 관련된 중요한 문제이다.

(3) 사회적 승인

사회복지사가 전문직의 지위를 희망하는 것은 어떤 면에서는 윌렌스키학파도 말하고 있는 것처럼[10], 전문직에는 다음과 같은 세 가지 '보수'가 따르기 때문이다.

① 전문직은 높은 신분을 약속한다. ② 전문직은 수입의 상승을 가져온다. ③ 비전문직의 단순화되고 평준화된 반복작업은 직업적 만족감을 감소시키지만, 전문직은 서비스 이상의 자각과 협동체 감정의 창출로 일에 대한 새로운 의의를 느끼게 한다. 이것은 직원으로 하여금 사회 전문직의 권위와 특권을 승인하는 것과 같이, 지역사회에 대하여 설득하도록 노

---

10) Willensky and Lebeaux, *Industrial Society and Social Welfare*, 1958, p. 287

력하게 하는 동인이 되는 것이다.

그런데 지역사회 측에서는 전문직의 훈련내용, 교육수준의 규제를 통하여 사회적 승인을 검토하려 한다. 이와 관련하여 타협이 이루어지고 일정한 교육조건의 충족 없이는 전문직 자격을 허용하지 않는다. 그 때문에 시험 제도의 실시에 의한 면허제도의 엄수를 공약하고, 자격 획득 후에도 전문직 기능의 완전한 수행을 위하여, 사회복지사협회와 같은 동료 조직을 결성하고, 기능의 끊임없는 향상과 윤리강령의 준수를 위해 스스로 노력하도록 하는 조치가 취해지기에 이르고 있다.

이렇게 하여 주어진 사회적 승인은 전문직이 실제로 사회에 공헌하는 유효성의 정도와 연결되어, 오늘날과 같은 산업화·도시화 과정의 급진전에 따라서, 빈번하게 발생하는 사회문제에 대한 전문직 대응의 필요가 사회 일반에 널리 인식되었다. 또 생산성 향상과 소득증가에 따라, 서비스 전문직이 존중되는 추세에 복지전문직이 비교적 용이하게 사회적으로 지지를 받을 수 있는 바탕이 마련되고 있다.

직원이 전문직을 요망하는 이유가 단순히 앞서 기술한 것처럼 '보수' 만은 아니다. 복지전문직 제도가 갖는 보다 바람직한 욕구 대응의 가능성이라는 사회적 사명감이 원조 과정을 필요로 하는 사회의 아주 어렵고 어두운 면에 대한 헌신에도, 한층 커다란 희망을 가져다 주는 것인데, 이 전문직적 이상과 민중의 사회적 양심과의 사이에는 불행한 불일치가 생기는 경우도 적지 않다. "사회적 양심이 대부분의 경우는 잠들어 있으며, 자각되지 않은 잠재적인 것이므로 사회복지사가 의식적으로 표현하는 양심적 태도와 동기부여는 때때로 소수파를 대표하는 것이 된다."[11]

인간관계 분야에서 대부분의 직업은 새로운 분야이며, 표준의 불확실성, 행동과학의 미숙성이 원인이 되고, 또 다루는 문제의 유형이 일상생활의 일부에 속해 있다. 그러므로 이 분야는 전문직으로서 독점적 지위를 주장할 수 있는 충분한 기초가 다져져 있다고는 말하기 어려우며, 민중은 그 영역에서 전문적 능력에 대한 필요성을 인식하고 있지 못하다. 따라서 민중이나 다른 전문직 영역에 대하여, 사회복지 전문직의 명확한 이미지를 전달하는 홍보활동이 필요한 것이다.

그런데 윌렌스키학파가 "우리들의 연구 결과에 의하면 하나의 전문직이 보다 큰 명성을 얻게 되고, 내부의 우호적 결속이 다져지면 다져질수록, 그 전문직은 소극적 민중의 이미지나 다른 전문직의 여론에 대하여 관심이 적어지게 된다는 가설을 세우게 될지도 모른다"[12]라고 기술하고 있는 것은 주의를 요하는 사항이다.

---

11) Charlotte Towle, *Learner in Education for the Professions*, 1954, p. 287
12) Wilensky and Lebeaux, op. cit., p. 315.

(4) 윤리강령

전문직으로서 사회적 승인이 주어짐에 따라 복지분야에서 우수한 인재를 맞이하게 되고 우수 서비스를 제공할 수 있는 기회가 주어지리라는 우리의 기대는 크다. 그러나 전문직 권위를 뽐내는 독점적 지위는 많은 권력과 특권으로 말미암아 공중의 복지에 반대되는 형태로 자기의 입장을 수호하려는 자세를 갖게 되므로, 항상 충분한 경계를 필요로 한다.

복지 전문직을 위한 자기 규제적인 '윤리강령'의 설정은 이러한 독점적 지위에서 나쁜 측면을 배제하고, 이타적 성격을 가진 공중서비스 지향적(public-service-oriented) 측면에서 철저하게 봉사하고자 하는 목적을 가지고 있다.

첫 번째 목적은 정서적 중립성(emotional neutrality)의 입장을 엄수하는 것이다.

클라이언트는 고뇌 속에 있으며, 자신의 약점을 외부로 노출하는 것이므로, 만일 전문직 원조자가 여기에 원조자 중심(자기투입)으로 문제를 해결하려 한다면 객관성이 상실되고, 명확한 전망을 가지고 사실을 간파하는 능력을 포기하는 것이 되어 버린다. 그러나 클라이언트에게 복지사가 그의 문제를 이해하고 원조할 의사가 있음을 납득시키기 위해서는, 동시에 충분히 밀접한 관계를 수립하여야 한다.

자기투입이 필요함과 동시에 자기투입에 빠지지 않는 이 투입과 격리의 딜레마는 새롭고도 오래된 문제이며, "친밀성과 객관성, 친근성과 거리, 매혹과 반발, 우정과 소원함의 기묘한 결합"(Manheim) 안에서, 경험으로 연마된 중립성을 지켜 나가지 않으면 안 된다.

두 번째로는 과학적 태도를 고수하는 것이다.

일본의 기관이나 시설은 대부분의 경우, 궁극적인 목표를 향한 체계적인 정비를 무시하는 것처럼 보인다. 대상자 중심의 과학적 조치를 관철하기 위해서는 자기 능력을 넘어선 사업이나 다른 전문부문이 필요한 사업은 어디까지나 전문직 상호간의 송치기능(送致機能, 의견교환이나 부탁)에 위임할 것을 존중하여야 한다.

세 번째로 대상자의 인격존중을 중심으로 하는 '자기결정원리(self-determination)'를 존중하지 않으면 안 된다. 대상자에 대한 기밀보호의 엄수는 반드시 지켜야하는 철칙이다.

네 번째로 직원 동료관계에서 협동적·지지적인 태도로 일관하도록 해야 한다. 산업계의 전문직에서는 발명·발견에 대한 독점적인 비밀주의를 고수하지만, 복지전문직에서는 역으로 최고의 기술적 지식을 전문직 조직을 통하여 상호 교환하며, 끊임없이 대상자 관리 수준의 향상을 꾀하는 것을 특색으로 한다. 전문직 권위를 유지하기 위해서 상호 기술적인 협력을 행하도록 해야 하며, 클라이언트 앞에서 동료를 비판 또는 비난하는 것과 같은 행동에는 신중해야 한다.

다섯 번째로 공평의 원리를 관철하도록 하여 대상자를 차별하는 일이 없도록, 개인적인 감정에서 벗어나 균등한 서비스를 제공하는 마음가짐으로 임해야 한다.

(5) 전문직 교양

사회복지 전문직이 대응하는 대상자의 부조정은 사회 생활의 기본적 욕구를 둘러싸고 사회관계의 경제학·심리학·사회학·문화적 모든 요인이 만들어내는 역동적인 통합 관계 안에서 생기게 된다.

따라서 전문직에 필요한 교양은 단순히 준전문직(specialized worker)이 작업입문서 등을 통해서 얻을 수 있는 것과 같은 임시변통의 학습으로는 만들어지지 않는다. 정치·경제의 소양이나 행동과학의 기본을 이해하는 폭넓은 일상의 독서습관과 견문이 전문직 처우의 전제조건으로 축적되어 있다면, 대상자가 부딪치는 문제는 사회복지사에게 항상 열의를 불태우게 하는 관심의 표적이 될 것이다.

이와 같은 전문직 교양은 한 사람의 폐쇄적인 노력으로 구축되는 것이 아니며, 일상적으로 근무하는 서비스기관·시설, 전문직 재능의 개발과 지적 자원의 확충을 기능으로 하는 교육·조사기관, 전문직 집단의 이익을 옹호하는 직업단체와 같은 공식적인 조직과, 그 주변에 전문직 상호의 친밀감을 기르는 비공식적인 소집단 안에서 구축되어 가는 것이다.

전문직 교양은 단순한 과학지식으로 충족되는 것이 아니다. 그 '실천'은 과학에서 경험적 사실의 확정과 사회 윤리적 가치관과의 통일을 필수적인 전제 조건으로 한다. 인간의 존엄, 생명에 대한 경외심에 바탕을 둔 가치나 규범을 향한 시선은 기본적 인권에 대한 확신을 품게 한다. 그러한 소양이 있고 나서 비로소 '복지' 개념이 우리의 생애에서 실존의 문제로 떠오를 수 있는 것이다.

우리는 '직업'에 대하여 세 가지 표현을 가지고 있다. 하나는 'occupation' 즉, 사람의 정해진 주된 업무로서의 직업이다. 그 원어(原語) occupation은 '포착'(seizing)이며, the state of being busy와 같이 사람을 정신 없이 바쁘게 하는 상태에 지나지 않는다.

또 하나의 표현이 전문직을 의미하는 'profession'이며, 그것은 profess(고백)하고 declare(선언)하지 않을 수 없는, 어찌할 수 없는 것을 내면에 가짐과 동시에, 그것을 이룩하는데 적합한 전문직적 학식 또는 훈련을 갖는 것을 의미한다. 이렇듯 사회복지 전문직에는 신념의 토로와 전문 과학적 지식의 습득이 언어 본래의 의미로서 처음부터 약속되어 있는 것이다.

그러나 우리는 직업을 의미하는 세 번째 표현으로 'vocation' 또는 'calling'이라는 표현을 가지고 있다. 그것은 절대자가 부르는 소리이며, 그 부름에 응답한다는 말뜻을 가지고 있으며, '천직' 또는 독일어의 'Beruf'는 모두 그것에 대응하는 단어들이다.

그린우드가 전문직 교양을 설명할 때, "전문직 교양에 대한 우리의 논의가 그 중심개념의 하나, 즉 '캐리어 개념'(the career concept)에 대하여 언급해 두지 않는다면, 불완전한 것이 되어 버릴 것이다. '캐리어'라는 용어는 일반적으로 전문적 직업과의 관련에서만 사용하고 있다.……캐리어 개념의 중심에 있는 것은 특히 전문직적인 노동으로 향한 어떤 종류의 태도이다.

캐리어란 본질적으로는 'a calling' 즉 '선행'에 바쳐지는 생활을 뜻한다. 전문직 노동은 결코 단순한 목적에 대한 수단으로 해석되는 것이 아니라, 목적 그 자체인 것이다. 병을 치유하고 젊은이를 교육하고 과학을 촉진하는 것이 가치 그 자체인 것이다.……또한 노동에 몰두한다는 것은 부분적(partial)인 것이 아니라 전체적(complete)인 사항인 것이며, 그것은 전면적인 인격투입으로 마무리되는 것이다.

노동생활이 노동후의 생활에 개입하여, 노동시간과 여가시간과의 사이의 명확한 경계선은 소멸되어 버리는 것이다. 전문직 인간에게는 노동이 그의 생활이 된다. 그러므로 하나의 전문직 캐리어에 나아가기 위한 행위는 어떤 의미에서는 종교적인 결사에 들어가는 것과 같은 것이다. 비전문직 직업에 대해서는 같은 이야기가 적용될 수 없다"[13](Mayer N. Zald)라고 서술하고 있는 것은 구미에서 전문직 교양의 근저에 인간의 실존에 접하는 진지한 생명적 의의가 감추어져 있음을 뜻하는 것이 아니고 무엇이겠는가.

필자는 여기서 '전문직'으로서 사회복지를 이야기하고자 할 때, 종교적인 함축을 갖는 'vocation'에 대해서는 깊게 접근하지 않으려 한다. 그러나 필자는 뜻깊은 단어 '천직'이 사회복지 전문직과 깊은 관련을 가진 역사적 사실을 무시해서는 안 된다고 생각한다.

사회복지 전문직의 본질에 대한 이야기가 일본의 척박한 현장 실태를 돌아 본다면 오히려 탁상공론을 벌이고 있는 것이 아닌가하는 생각도 들 수 있을 것이다. 그러나 그러한 현장의 '투박함'에 가슴 아파한 나머지, 사회복지 실천의 한 가운데에 서서 활동하고 있는 세계의 사회복지사들이 전문직의 과제에 대하여 진지하게 추구하는 모습을, 그저 '겉만 번드르르한 일'이라고 냉소하는 입장을 취해서는 안될 일이다. 희망을 느끼고 있는 그 곳이, 초등학생으로 볼 때 6학년 정도에 해당한다면, 우리 일본인이 서 있는 이 곳은 이제 갓 입학한 1학년 정도에 해당하는 지점일지도 모른다. 그러나 우리가 멀리 내다보면서 먼저 1학년에서 2학년으로 올라가기 위하여 힘쓰는 것과, 미래를 향한 본질적인 전망도 없이 눈 앞의 일보 전진에만 연연해 하는 것은 전문직 확립의 열의와 현상에 대한 반성을 하는데 커다란 차이

---

13) Mayer N. Zald, op. cit., pp. 519-520.

가 나는 것이다.

　격변하는 사회에 대처해서 우리가 사회복지의 역사적 과제를 이루기 위하여, 사회복지 전문직의 문제를 검토하는 것은 대단히 중요한 의의를 갖는 일이다. 직무를 전전하면서 이곳 저곳 옮겨 다니며 신분상승의 길을 준비하는데 여념이 없는 일본의 관료주의 제도가 '일생일직(一生一職: 평생 한가지 직업을 갖는 것)'의 전문직 단련의 태도와 얼마나 동떨어져 있는 것인가를 진지하게 생각해보아야 한다. 임무가 다른 직장을 전전함으로써, 폭넓은 관리직 능력을 함양하여 얻게 되는 행정관 소양은 행정 전문직으로서는 특별한 의미를 갖는 것이겠지만, 그것은 사회복지 전문직으로서의 본연의 자세와 존재방식을 왜곡시키게 되는 것임을 잊지 말아야 한다고 생각한다.

제17장 사회복지의 역동적 통합 이론의 길

1. 폴 틸리히 박사와의 만남

1953년 초여름, 시카고대학 유학을 마치고 유럽 여행을 떠난 필자는 제롬 데이비스 박사로부터 마조리 바로즈가 편집한 『일천주옥집(一千珠玉集)』[1]이라는 책을 한 권 선물 받았다.

바로즈의 『일천주옥집』은 동서고금의 사상가·문인들의 주옥과 같은 글을 모아 놓은 휴머니즘의 결정체로써, 일상생활 속에서 때때로 필자는 일에 지쳐 피곤이 엄습할 때면 소리내어 이 글을 낭독하곤 하는데 실로 사상과 문학의 진수에 접하는 듯한 생각이 들게 된다.

그 책 안에 실려 있는 반 다이크의 「평화에 이르는 작은 길」이라는 짧은 글은 데이비스 자신이 술회한 바에 의하면, 소박하고도 간소한 일상생활의 혼을 지탱해주는 한 구절이라고 한다. 그가 애호한 이 글의 한 구절을 옮기면 다음과 같다.

"인생은 너에게, 사랑하며 일하고 즐기며 별이 반짝이는 밤하늘을 바라 볼 기회를 준다. 그리고 그것을 기뻐하는 일 – 내가 가진 것에 만족하고, 그리고 그것을 최선의 무엇을 위하여 활용할 때까지는 흡족해 하지 않도록 하라.

허위와 비열함 외에는 이 세상 무엇도 멸시할 것이 없으며, 겁내는 것 외에는 아무것도 두려워할 것이 없도록 하라. 네가 혐오하는 것보다는 오히려 찬미하는 마음에 지배받도록 하고, 너의 이웃의 친절한 마음과 따뜻한 태도 외에는, 이웃에 속한 아무 것도 탐하는 일이 없도록 하라.

너를 둘러싼 여러 적을 생각하는 일을 적게 할 것이며, 너의 벗을 생각하는 일을 많게 할 것이며, 날마다 그리스도를 사모하고, 몸과 마음이 다하도록 헌신하여, 하느님이 이 세상을 위하여 힘쓰는 것에, 너 또한 힘이 닿는 한 많은 시간을 할애하도록 하라.

---

1) Marjorie Barrows, *One Thousand Beautiful Things*, 1948

이것이야말로 평화에 이르는 작은 길이리니."[2]

얼핏 지극히 소박하고 평범한 제언처럼 느껴진다. 그러나 사회의 질풍노도를 벗어나 이 구절 하나 하나에 귀기울이고 마음 속으로 반추해 보면, 우리의 사회활동 또는 사회운동의 절정에서, 이와 같은 평정(平靜) 속에 인간생활의 진수에 다가서는 마음의 고원이 펼쳐지고 있다는 것을 알게 되는 것이다. 우리는 몇 걸음 안 되는 인생행로에서 만나게 되는 친구·이웃과 평생 변하지 않는 성실한 마음을 갖도록 노력해야 하며, 그저 서로의 손을 잡을 것만이 아니라, 우리들의 복지활동을 통하여 사람들의 마음 속에 자연스레 그 같은 혼을 불어 넣을 수 있는 인간 확립의 사회구조를 구축해야 한다는 것을, 이 제언은 말해주고 있는 것이다.

데이비스와 헤어진 후, 샤우드 에디 박사가 주재하는 '유럽의 목소리를 듣는 아메리칸 세미나'에 참가하기 위하여 유럽으로 향하던 도중, 당시 세계 제일의 거대 여객선이었던 퀸 메리호에, 신기하게도 필자의 바로 옆방에 '기포드 강의'를 위해 영국으로 건너간 하버드대학의 폴 틸리히(Paul Tillich) 박사가 투숙하였다.

틸리히는 필자가 同志社 대학에서 졸업논문 「변증법적 신학으로 본 사회윤리의 기초」를 집필할 때, 카를 바르트, 에밀 브루너와 함께 중요한 신학자로 거론하였던 사회주의 사상가이며, 그의 『종교적 실현』[3]이나 『사회주의적 결단』[4]은 사회 실천의 이론적 기초를 가져다 주는 것으로, 지금도 필자의 머리에서 떠나지 않고 있다. 배 위에서의 며칠 간은 예기치 못한 긴장과 감격의 나날이었다. 틸리히는 필자의 사회사상과 사고방법에 깊은 영향을 준 에두아르트 하이만의 친구이며, 이 두 사람은 나치를 피하여 미국으로 함께 건너간 사이였다.

틸리히 교수가 그로부터 10년 후에 「사회사업의 철학」[5]이라는 논문을 썼을 때, 과연 틸리히가 아니면 도저히 규명해낼 수 없는 독자의 경지에 이른 그의 놀라운 통찰력에, 필자는 가슴 벅찬 감동을 느꼈다.

틸리히가 여기서 명시하고자 한 것은, 사회사업에서 사회복지사가 바라보는 클라이언트는 사회복지사에게 어떠한 의미를 갖는가 하는 점이었다. 자본주의 사회체제에서 관료제 조작 개념으로 복지 실천의 결함을 이만큼 선명하게 파헤친 논문을 필자는 본 적이 없다. 여기에 사회복지의 본질을 폭로하는 관점이 드러나 있는 것이다.

틸리히 교수의 시각에서 보면 모든 사회사업의 기초에 있는 것은 모든 사회조직의 결함

---

2) Henry Van Dyke, "Foot-path to peace", in Marjorie Barrows, *One Thousand Beautiful Things*, Chicago, 1948, p. 223.

3) Paul Tillich, *Religiöse Verivirklichung*, 1930

4) Paul Tillich, *Die Sozialistische Entscheidung*, 1933

5) Paul Tillich, "The Philosophy of Social Work", 1962

과 불완전성(deficiency)이다. 사회 전체가 완전하게 기능하는 조직, 즉 전인류를 포함하는 사회적 메카니즘이 있으면, 사회사업이 출연할 무대는 존재하지 않게 될 것이다. 이러한 결함을 낳는 것으로 두 가지 요인을 생각해 볼 수 있다.

그 하나는 철학 용어로 이른바 '인간의 실존적 곤경(existential predicament)', 즉 역량부족(insuficiency)이며, 또 하나는 '실존적 본질(existential nature)', 즉 각 개인 및 각 상황의 독자성이다. 사회의 여러 욕구에 대해 가장 뛰어난 조직인 공공 조직에서도 각 개인은 독자의 문제를 안고 있다. 인간이 인간일 수밖에 없는 한, 이 인간의 독자성이 사회 기구 안에서 마멸되는 것을 용납하지 않는 자유를 갖는 것에 인간의 위대함이 존재하는 것이다. 이러한 이유에서 사회사업은 단순한 응급수단이 아니라, 인간적 상황에 영원히 수반하는 것이다.

이러한 각 개인, 각 상황의 독자성에 대응하여 상황이 감추고 있는 무언(無言)의 소리에 민감하게 귀기울이고, 자발적으로 응답하는 '경청하는 사랑'(listening love)이야말로 사회사업 철학의 기본적 원리가 되어야 한다는 것이 틸리히가 주장하는 요점이다.

사회사업에서 각 개인, 각 상황에 접근하는 가장 구체적이면서도 중요한 것으로 개별 사회복지사를 거론하지 않으면 안 된다. 관료제 아래에서 사회사업의 문제점은 '경청'이 아니라 '강제'라는 것, 또 자발적으로 반응하는 것이 아니라 기계적으로 활동하는 위험에 처해 있으면서도 자신이 그러한 상황에 빠져 있다는 사실을 깨닫지 못하는데 있다.

이러한 위험은 상대를 지도하고 관리해야 할 대상물(object)로 다루려는 생각에서 생겨나는 하나의 경향인데, 그것은 복지사가 다루는 것을 '케이스'(case)라고 부르고 있는 것에서 상징적으로 시사된다. 보다 좋은 호칭으로 무엇이 적합할지는 모르겠으나, '케이스'라고 하는 말은 자동적으로 개인을 어떤 일반적인 하나의 사례에 지나지 않는 것으로 만들어 버린다. 어느 누가 자신이 단순한 케이스일 것을 바라겠는가. 게다가 우리는 의사, 카운셀러, 변호사, 나아가서는 사회복지사에 대한 케이스로 만들어 버리는 것이다.

모든 일이 복지사의 마음 속에서 미리 결정되고 클라이언트를 자발성이 억압된 대상물로 만들어 버리는 것이 아니라, 상대방의 자유를 존중하는가 아닌가가 여기서는 결정적으로 중요하다. 사회복지사와 클라이언트와의 사이에 경청·응답·변용을 실현하는 사랑의 관계는 정서나 우애와 같은 에로스적 사랑이 아니라, 그리스어의 '아가페', 또는 라틴어의 '카리타스'의 사랑, 즉 곤경·추악·죄 안에 들어가 그것을 정화·고양시키는 사랑이다. 오늘날 영어의 'charity'가 아가페와 카리타스의 요구를 회피하는 것으로써 사회사업의 단적인 모습, 또는 왜곡된 의미로 사용되곤 하는데, 그것은 사랑을 대신할 수 있는 것은 아니다.

틸리히는 이미 『문화의 신학』[6] 제8장에서, 실존주의철학과 함께 프로이드 정신분석학의 신학적 의의를 평가하고, 심층 심리학의 인간 이해에 대한 공헌을 중시하고 있다. 그러나 그것은 인간 존재에 대한 역동적 관계의 분석수단을 제공함에 따라, 단순한 일반 인간(the person)이 아니라 각 상황에서 실존적인 각 개인(a person)의 행동을 이해할 수 있다고 주장함으로써, 사회복지사를 아마추어 정신분석가(dilettante psychoanalyst)로 파악하게 하는 위험을 지니고 있다.

틸리히가 프로이드식 정신분석에 대하여 위험을 느낀 것은, 이 경험주의적 과학방법이 분석의 대상에 대하여 새롭게 확립되는 도식주의를 가지고, 독단적으로 외부로부터 해석하고자 한 한계 일탈적 태도이다. 프로이드의 결함은 인간의 자연 본래적인 성질(essential nature)과 실존적 성질(existential nature)을 구별하지 못하고 무한한 리비도라는 개념으로 양자를 혼동해 버린 점이다.

직관적 사랑에서 상호성으로부터 성립되는 '인격적 참가'는 실존적인 영역에 속하는 사항이다. 근대 과학주의의 객관화 인식에 의한 분석적 방법은 인격의 외부로부터 단지 현상의 인과관계를 추구할 수 있는 것에 지나지 않는다. 정신현상의 분석은 상대적 유효성을 갖는 하나의 세련된 도구이지만, 분석의 사용 방법에 따라서는 사회 사업의 목적·목표를 잃는 위험을 안고 있다.

틸리히가 해석하는 사회사업 목적의 제1단계는 직접적인 욕구를 극복하는데 있다. 제2단계는 그것에 따라 자기 독립의 원조를 사회적 원조의 자기극복으로 향하게 한다. 그리고 제3단계는 자기무용감(自己無用感)에 의하여 전체적인 절망의 절벽에 서있는 사람들에게, 자기 존재가 자기의 노동, 지역 사회 뿐만이 아니라, 우주전체에서 '필요하다는 감정'(the feeling of being necessary)을 안게 하는 것에 있다.

"그것이야말로 사회사업의 최고의 원리이며, 그 기술의 여러 한계를 초월하는 것이다. 이 목적은 평소 노동의 무거운 짐을 짊어지고 있는 사람들로서는 반드시 자각하고 있지 않을 수도 있으며, 이는 충분히 이해할 만한 것이다. 그러나 한편으로는 우리들이 지원해 온 수천 명 가운데 한 사람으로부터라도 응답해 오는 것을 알고 기뻐하는 순간에는 커다란 감동을 느끼게 될 것이다. 우리들의 변변치 않은 방법이더라도 - 사실 대부분 개인의 행보는 미미한 것이나, 자기확립의 궁극적인 목표에 자신들이 공헌하고 있다고 생각되는 것은 우리에게 큰 감흥을 안겨 주는 일이 될 것이다."[7]

제롬 데이비스가 응시하는 반 다이크적인 평화 속의 인간상 - 정의와 사랑의 겸허함 안에서 봉사를 즐기는 균형 잡힌 인격생활 이미지의 확립, 거기에서 탈락되는 자본주의 체제

---

6) Paul Tillich, *Theology of Culture*, 1959

7) Paul Tillich, "The Philosophy of Social Work", in Robert W. Klenk and Robert M. Ryan, *The Practice of Social Work*, Belmont, 1970, p. 20.

피압박자들의 절망적인 '무용지물이라는 느낌'과의 싸움을 사명으로 하는 것을, 사회사업의 본질적 과제라고 보는 틸리히의 인격적 사회복지는 사회복지 연구를 생의 목표로 하는 필자에게 강한 사상적 무기를 제공하는 것이라고 생각되었다.

2. 유럽 여행에서 만난 사람들

인생에는 불꽃과 같은 시기와 잿빛과 같은 시기가 있다고 한다.

중태의 결핵으로 요양을 하고 있는 생활에서 독서를 한다는 것은 만만치 않은 일이었다. 그러한 가운데 조금씩 읽어 나갔던 安部磯雄, 山室軍平, 賀川風彦과 같은 이들의 책과 마르크스, 엥겔스 전집은 "거센 바람이 부는 깜깜한 한 밤 중에 한 줄기 빛에 의지하여 내가 나가는 길은"이라고 일기에 썼던 것처럼 그 잿빛 세계에서 생사를 거는 필자에게 실존을 지탱하는 자기확립의 등대가 되었다.

賀川(가가와)은 산 속의 오두막에 있던 필자를 찾아 와 그 특유의 단호하고 격렬한 어조로 전후의 '설계'를 들려 주었다. 賀川은 미일(美日) 개전 직전 근위공에게 의뢰를 받아서 평화사절로 도미하였으나, 이미 일본이 반드시 패전한다는 것을 꿰뚫어 보고 있었으므로, 마음 속으로 신일본의 전개방향을 탐구하고 있었다. 그 때의 '보라! 인간의 생명력을, 이 땅 위에 하늘의 힘으로도 고칠 수 없는 것은 없다'라는 웅장하고 용맹스러운 글귀는 지금도 필자의 방을 장식하고 있으며, 하늘의 힘을 믿는 자의 흔들림 없는 시선이 나를 격려하고 있는 듯하다.

가가와의 일상생활은 언제나 폭풍에도 맞설 수 있는 당당한 기세에 넘쳤으며, 그것이 가가와 그룹의 동지들로 하여금 이상할 정도로 헌신적으로 활동하게 만드는 촉진제 역할을 하였다. 필자는 병든 몸이었으므로 항상 이들 그룹의 동지보다 한 발짝 늦게 행동하였다. 그러므로 좀 더 객관적으로 대패배의 땅에 민주사회 건설을 향하여 맞서 싸우는 사회운동을, 그나마 과학적으로 또 정확하게 확인하는 냉정함을 지킬 수 있었던 것으로 생각한다.

그 해 9월의 국제평화협회의 설립, 11월의 일본 사회당 결당식 및 일본 협동조합동맹 결성식의 광경은 그 후 필자의 사회적 실천과 책임감을 평생 도모하게 하였을 뿐만 아니라, 그 때 눈으로 확인한 가가와 식의 '온몸으로 대지에 획을 그어 내리는' 생활태도는 필자에게 생애의 교훈으로 남게 되었다. 그 이전에도 그 이후에도 필자는 가가와와 같이 장렬하게 생을 마감한 이를 본 적이 없다.

샤우드 에디 박사의 '아메리칸 세미나' 참가와, 워싱턴 대학의 폴 란디스가 주재하는 결혼·가족론의 '스칸디나비아 생활 연구여행'의 참가를 위하여 2개월 정도의 유럽여행을 마치고, 에디 박사의 소개로 옥스퍼드 대학의 G. D. H 콜 밑에 잠시 머물렀던 시간은 민주주의 사회가 어떻게 존재해야 할 것인가하는 것에 대해 특별한 관심을 갖게 된 시기였다. 그 때 필자는 크게 시야를 넓힐 수 있었고 세계적인 전망 안에서 자신이 서야 할 곳을 확인하는 인생관과 과학적 사고 방법에 불변의 틀을 세웠다고 해도 과언이 아니다. 그 후 국제회의 출석을 위한 몇 차례의 해외여행에서 얻은 것도 그 때 마음 속에 새겨 두었던 영감에 비하면 전혀 인상적인 것이 못되었다.

미국의 진보적인 사상가 에디 박사의 조사단 '아메리칸 세미나'는 호텔에서 이틀 간 각국 각계의 지도자와의 회의, 사회시설의 견학 등을 실시했으며, 저녁 시간에는 2시간 가량의 당일 성과에 대한 정리와 그 날의 주요 인물과의 대화에 대한 적절한 질문 항목과 질문 담당자의 할당에 관한 협의회가 열렸다. 이렇게 내실 있고 정돈된 스케줄과 정력적 활동에서 에디의 폭넓은 인간관계와 과거 여러 차례의 경험에서 비롯된 요령 있는 일 처리 방법 등 수없이 많은 것을 배울 수 있었다.

예를 들어 영국에서는 런던의 토인비 홀의 관장이자 노동당의 대변인을 맡고 있는 J. J. 마론박사가 사회를 한 세미나에서, 한때 노동당수였던 게츠켈, 사회보장부 장관 서머 스킬 여사, G. D. H. 콜 교수, 또 문학계에서는 T. C. 엘리어트와 같은 뛰어난 인물들의 강연과 질의가 실시되었으며, 의회의 템스 강변에 있는 한 방에서는 아트리 모리린, 당시 젊은 히리와 같은 노동당의 지도적 인물들이 참석하는 회의가 열렸다.

그 밖의 나라의 회합 중에서 가장 기억에 남는 것은 프랑스의 전임 외무대신이자 신유럽 건설의 골격이 된 '슈만 프랑'의 입안자인 로버트 슈만이 실시한 '유럽 재건과 민주주의'라는 강연과, 아드리아해의 브리오니 섬에 하계 휴가차 체류 중이었던 티토 대통령과의 회견이었다.[8]

이들의 회합에서 필자에게 강렬한 인상을 남긴 것은 대전의 처절한 고전을 체험한 여러 나라의 지도자들이 새로운 유럽의 방향을 탐구할 때, 사회형성의 여러 요인을 민주사회의 실현을 향하여 대담하게 통합하려 하는 의욕을 공통적으로 보여 주었다는 점이다. 대전 이전의 각 국 사회가 정치·경제·문화의 여러 영역에서, 제각각 단독으로 자기분야의 유아독존을 주장하고, 다른 분야나 다른 나라의 발전과의 연계를 무시하는 개별주의·분리주의에 빠져 있었던 것이 불필요하고 비생산적인 전쟁을 불가피하게 했던 진정한 원인이었다. 설사 국익우선을 주장한다 하더라도, 이제부터는 먼저 유럽에 공통된 여러 요소를 확인함으로써, 서로에게 전쟁은 절대로 불리한 것이 되게 하는 국가연합체의 창설로 나아가자는 것

---

8) 嶋田啓一郎, 「유고슬라비아의 사회주의 - 티토 대통령과의 회견」, 同志社대학, 『인문학』 제28호, 1956.

이 대전의 교훈에서 얻은 새로운 시대의 긴급한 과제라는 것이 토의의 대세를 이룬 의견이었다.

슈만 프랑에서 유럽공동체(EC)로, 1979년 7월에는 EC 7개국으로부터 직접 선거에 의하여 선출된 41명의 의원에 의한 '유럽연합'이라는 획기적인 조직이 새롭게 탄생하였다. 국가, 정당, 언어, 종교의 차이를 그대로 내포하고, 영국과 같은 급속한 EC 통합추진에는 반대하는 나라까지 포함시키는 의회이므로, 착실한 진전의 제일 첫걸음은 자연히 프랑스의 지스칼 데스텡 대통령이 주장하는 '완만한 국가연합'의 점진적인 자세를 취하는 것일 수밖에 없었다. 따라서 아직 EC의 자문 기관적 성격을 탈피하는 것은 불가능하나, 한 나라의 힘으로는 해결할 수 없는 실업이나 에너지문제 등, 공동 접근의 필요성을 많이 안고 있는 국제정치 안에서, 수많은 장벽을 뛰어 넘어 유럽 통일로 향하는 건실한 노력이 서서히 그 결실을 맺는 모습은 이 조사단에 의한 유럽 방문 당시 각 국 지도자들이 보여 주었던 열의를 회고 해 볼 때, 매우 특별한 의미가 있는 일이라 여겨진다.

'아메리칸 세미나'의 서독 본 정부의 미국 대표, 즉 당시의 고등판무관(대사) J. B. 코난트 박사(전 하버드대학총장)의 공관에서 열린 회합에서 코난트 박사의 '전후 유럽의 신 발전'이라는 주제 강연은 이 조사단이 주제로 삼으려는 전후 유럽의 미국에 대한 기대와 비판의 목소리를 총괄하는 것이었으며, 그와 함께 그 이후 유럽의 학문 연구의 방향을 파악하는데 대단히 의의가 있었다.

코난트 박사는 원래 하버드 대학에서 유기화학을 전공하였으며, 대전 중에는 원자력위원으로서 활약한 과학자였는데, 원자폭탄에 관한 독특한 통찰력으로, 위험성을 막는 일이 시급함을 누구보다도 깊게 인식하는 처지에 서게 되었다. 이로 인하여, 정치가나 문화인의 국제 평화확립을 향한 현실적 대응이 필요함을 논하게 되었으며, 또한 대학 개혁론의 선두에 서는 교육자이기도 했다.

박사에 의하면, 원폭의 출현은 근대 과학의 개별 계열에 대한 단절 상태에서 생겨나게 된 필연적 결과이다. 원자물리학을 비롯한 여러 과학은 각자 별개의 발전 계열을 설정하여, 미시적·국소적 시야에 한정된 사고 방법으로 전개되어 나가고 있다. 따라서 전문 분야의 전공을 추진하면 추진할수록 인간과 자연, 또 인간과 인간과의 관계는 단절되지 않을 수 없게 되는 것이다. 그것이 인간적·문화적으로 얼마나 근원적인 파괴로 연결되는가를 고려하는 일 없이, 전문성에서 오는 독선적인 자부심에서 출발하여, 양심에 가책 받는 일을 마치 면죄 받은 심경으로, 오로지 전쟁 목적에 대한 공헌만을 꾸준하게 지향할 수 있는 학문적 상황을 만들어 낸 것이다.

이에 대학 교육에서는 과학자도 넓은 시야를 갖고서 인간 생명의 문화적 발전을 지향하는 자기의 입장과 역할을 확인하고, 종래의 인문계와 자연과학계와의 단절의 벽을 넘어서, 각 개별과학이 상호의 관계를 언제나 응시하고 서로 이해할 수 있는 일반교육(general education)에 전문성교육(professional education)을 편성하는 것이 평화 세계를 구축하는 민주화 교육의 기본 조건이라고 코난트는 역설하였다.

조사단 중에서 피폭국인 일본에서 참가한 단 한 사람인 필자에게는 대학교육에서 여러 과학의 통합이론의 확립을 통하여 국제평화의 주춧돌이 되고자 하는 이 원대한 구상은 당시로서는 신선한 방법으로 느껴졌다. 에디 박사가 지도하는 '아메리칸 세미나'의 기획 전체가 전후의 국제 교류에서 미국 중심의 독선주의를 극복하고, 여러 요인이 뒤얽힌 세계역사의 현실 역학 속에서, 정확한 행동 방향을 찾아내려는 진보주의자의 비원을 출발점으로 한 것이다. 그러므로 미국에 대해 신랄한 비판을 펼치는 각국의 연설자들의 제언에, 폭넓게 수용하는 태도를 가지고 귀기울이는 참가자들의 열의에서, 흔히들 말하는 거대한 나라 미국의 오만불손함과는 대조적인 겸허함과 과학적인 자세를 엿볼 수 있었던 것은 감명 깊은 일이었다.

3. 경제체제와 사회체제 - 하이만

심리학자 H. 하이만은 히스테리 현상에 대하여 해명하기를 "일점집중 경향성(一點集中 傾向性, Ein-punkt-förmige Orientiertheit)"이라 명명하였다. 세계에서 가장 거대한 경제체제를 구축한 미국의 자본주의 사회는 물질문명을 거점으로 하는 이윤추구를 위하여 개인주의적 소유에 대해 타산적인 합리성을 가지고 운영하는 인간 유형을 만들고 있다.

세계 평화의 장애가 되는 자본주의 문화의 일점집중 경향성의 타파를 학문과 실천 목표로 삼은 에디, 데이비스의 사상을 賀川豊彦의 문하에서 호흡해 온 필자는 지극히 자연스럽게 받아 들일 수 있었다. 그것을 사회과학의 '역동적 통합이론'(dynamic integration theory)이라는 학문 방법론으로 받아 들일 필요성을 강하게 느낀 것은 시카고대학 유학과 에디 박사의 '아메리칸 세미나'에 참가했던 체험을 통해서였다.

시카고 대학에서 '과학부'를 창설하고 사회과학의 통합이론을 추구하는 학풍의 선구자 역할을 한 것은 앨프레드 레드클리프 브라운(Alfred Reginald Radcliffe-Brown, 1881~ 1955)이었다.

그는 영국에서 태어나 옥스퍼드대학 사회인류학 연구소에서 근무하였으며, 마리노스프키와 함께 장기간 원주민 사회를 집약적으로 조사하여, 사회, 정치, 법률, 종교 등 다각적인 측면의 연구를 통해서, '사회'란 구조를 갖는 집합체로 파악하였다. 또한 문화의 기능은 사회 전체의 구조적 지속성의 유지를 위하여, 각 요소의 통합을 통해서 균형 상태를 실현하는 목적론으로 해석하였다.

　　케임브리지 대학에서 화이트 헤드의 철학적 훈련을 받고, 치밀한 실증적 연구에 의하여 자연과학적 엄밀성을 추구하는 방법을 관철하고자 한 것은 인간 연구에 새로운 면을 개척한 것이 되었다. 그는 시카고대학으로 옮겨 '비교문화학'을 강의했는데, 그가 고인이 되고 난 후, 제자들에 의하여 편집된 강의록 '사회의 자연과학'(A Natural Science of Society)에 이러한 제목이 붙여진 것은 사회적 균형 상태를 실현하기 위한 통합기능에 자연과학적 객관성을 인정하는 래드클리프 브라운의 깊은 확신을 보여 주는 것이었다.

　　그러나 사회학적 각도에서 보면 그는 사회의 통합을 중시한 나머지 사회문제 및 외부로부터의 여러 요인에 의한 변동과 메커니즘을 전혀 문제삼지 않고, 문화와 사회의 통합·균등을 일면적으로 기능적 상관관계와 상호 의존성 각도에서 고찰하였는데 변증법적 발전의 질서 원리를 흐트러지게 한다는 비난을 피할 수 없을 것이다.

　　R. K. 마톤의 『사회이론과 구조』[9]가 각 문화요소의 기능은 모두 전체 균등에 대하여 플러스적 순기능만을 갖고 있는 것이 아니라, 마이너스적 역기능도 갖고 있다는 것을 지적하고 있는 것은 당연한 일이다.

　　역기능 개념의 도입은 살아 움직이는 구체적인 사회의 균등과 불균등, 안정과 변동, 조화와 대립이 병존하는 실태에 즉각 대응하여, 기능분석의 역학적인 접근을 가능하게 하는 귀중한 과정이 된다. 그것은 미국 사회학의 특징인 기능주의적 사회체계론의 범위 내에서, 사회구성 모든 요소 사이의 상호 의존적인 관계를 정태적(靜態的)인 역할과 지위의 체계로부터 동태적(動態的)인 인간행위의 체계로 옮겨 고찰하는 것을 가능하게 하는 장점을 가지고 있다. 그러나 그것만으로는 이러한 균등상태 그 자체를 무너뜨리는 사회 체제적 변동을 파악할 수 없는 것이다.

　　사회체제를 기반으로 하는 현실 속의 변혁은 사회학적 기능주의에서 이해하는 것과 같은 체계내 요소의 연결과, 구조나 요소의 체계에 대한 작용, 즉 기능이 균등으로 향하는 단순한 변화 과정과는 달리, 그 균등 상태가 존립하는 사회적 조건 자체를 변경하고자 한다.

　　스펜서의 유기체 모델은 유추에 의하여 사회구조와 사회기능과의 관계를 상즉적(相卽的)[10]으로 고찰하고, 거기에서 사회의 전체와 부분과의 조화를 찾아내는 방법은 오늘날까지도 아직 시사하는 부분이 많음을 부정할 수 없다.

　　필자는 부분의 상호의존, 상호작용, 그러한 여러 요소의 연결 또는 관련이 전체에 대하여

---

9) R. K. Merton, *Social Theory and Social Structure*, 1949
10) 하나로 융합하여 구별할 수 없는 상태. (역자)

공헌하는 작용을 중시한다. 그러나 사회 유기체론이 전체의 기능을 부분기능의 총화로써 유기적 균형·조화로 파악하여 조화가 예정돼 있다는 낙천적 사상은 현실적으로는 환멸의 비애를 맛보아 왔다.

왜냐하면 잠재적이든 현재적(顯在的)이든 사회에는 전체와 유기적 통일을 유지하는 부분을 위한 활동과, 동시에 전체적 사회체계의 통일성에 반항하는 역기능적 활동이 생기기 때문이다. 그리고 그것이 전체적 질서가 요구하는 균형·안정 등에 대한 의사결정을 제약하고, 사회의 권력적 지휘 또는 감독 기능이 그것을 억압할 수 없는 상태가 되었을 때, 사회변동 또는 사회변혁으로 나아가는 것을 반드시 필요로 하게 된다.

사회체계의 통합은 가치의 합의에 의하여 유지되며, 체계는 안정된 균형상태를 유지한다는 기능주의의 가정이 현실에서는 항상 붕괴되어 가는 것은 어떠한 이유에 기인하는 것일까. 그 의문이 더욱 깊어진 것은 사회주의 국가 유고슬라비아를 여행하고 난 이후의 일이었다.

'아메리칸 세미나'에 참가하기 위하여 떠난 유고슬라비아 여행은 평소 사회사상가들의 강의를 통하여 들어온 사회주의 국가를 실제로 견문하는 최초의 기회였으며, 특히 아드리아해의 부리오니 섬에서 열린, 티토 대통령을 주축으로 한 회의의 분위기는 바로 어제 일어난 일처럼 새롭게 여겨진다.

그 때의 토의 내용이 필자의 마음을 사로잡아 '유고슬라비아의 사회주의 - 티토 대통령과의 회담을 회고하며'(1956)을 쓰기에 이르렀으나, 티토 대통령의 사회주의 본질에 대하여 이해를 높일 수 있었던 것은 그 후 서독의 함부르크 대학의 하이만 교수(Eduard Heimann, 1889-1967)의 저서 『경제체제와 사회체제』와, 『경제체제의 사회이론』[11]에서였다. 게다가 운좋게도 하이만이 1961년 일본에 강연 여행을 위하여 왔을 때 필자의 집에서

---

11) Eduard Heimann의 저서로서 유명한 것은 *Sozial Theorie des Kapitalismus. Theorie der Sozial Politik*(Tübingen, 1929), *Wirfschaftsysteme und Sozialsysteme*(Tübingen 1954), *Vernunftglaube und Religion in der Modernen Gesellschaft*(Tübingen 1955), *Sozial Theorie der Wirfschaftssysteme*(Tübingen 1963) 등(모두 다 J. C. B. Mohr [Paul Siebeck]출판)이 있다.
　일본에서 번역된 책은 『공산주의·파시즘·민주주의』(1952), 『경제학설사(經濟學說史)』(1950), 『자유와 질서』(1953) 가 있다. 연구서는 하이만 문하에서 공부한 同志社대학 野間俊威 교수의 『경제체제론 서설 - E. 하이만의 사회경제사상』(1966)이 뛰어나다. 大河內一男의 「사회정책의 형이상학 - E. 하이만의 사회정책론의 상세」, 『사회정책의 기본문제』(1940)는 大河內一男의 이론 형성에 중요한 역할을 하였다. 필자는 大河內一男 이론을 매개로 하여 그것에서 배우면서, 또 한편으로는 하이만의 소론(所論)을 들어 보아야 함을 인식하였다. 본서와 때를 같이 하여 출판한 졸저 『사회복지의 사상과 이론』(1980) 제1장에서도 필자는 그 점을 언급하였다.

사흘 간 머무르게 되었다.

그의 사상과 친해질 수 있는 특별한 기회를 부여받은 것은 그 후의 일이었다. 하이만은 마르크스주의 학자로 출발하여 폴 틸리히와 사회주의 사상 위에서 친교를 넓혀 나갔으며, 그 영향으로 절실한 기독교 신자가 되었다. 또한 걸작 『현대사회에서 이성신앙과 종교』를 세상에 내놓은 인물이기도 하다.

사회복지 연구에 뜻을 둔 필자에게 사회복지와 사회체제, 사회복지와 인간소외의 문제는 피해갈 수 없는 테마였으며, 또 협동조합 운동에 헌신하는 자로서 사회체제와 이행경제의 문제는 늘 관심의 초점이었다. 그리고 경제 시스템과 사회 시스템과의 관계, 또 그 접점에 선 사회주의 국가의 실상은 자기의 존재 이유에 중대한 과제를 던져 주는 것이었다. 1972년, 20년 만에 그 동안의 사상적 축적을 정리하여, 필자는 재차 유고 방문을 시도할 수 있었다.

하이만 이론의 요점을 약술하면 – 마르크스의 경제적 사회구성은 생산양식과 사회의식을 총칭하는 개념인데, 하나의 체제가 전체와 부분과의 내부적 통일·균형을 깨고, 다른 체제로 변혁해 가는 원인은 인간의사(人間意思)와는 독립된 생산력과 생산관계의 조화와 모순에서 비롯된 논리이다. 이 물질적·경제적 토대를 하부구조로 하여, 일정한 생산수단의 소유 관계의 존속과 강화를 위해, 그것에 적합한 일정한 사회적 의식의 여러 형태 즉, 도덕·종교·철학 관념이 상부구조로 형성된다. 사적(史的) 유물론의 논리는 하부 및 상부구조의 변증법적 통일을 특징으로 하는데, 유물 변증법의 당연한 약속으로써 하부구조의 상향 작용과 상부구조의 하향 작용과의 상호작용이 만들어내는 무수한 우연을 통하여, 마지막으로 경제 운동이 필연적으로 성취되는 것이다.

하이만 이론이 『경제체제와 사회체제』에서보다 『경제체제의 사회이론』의 주장은 스미스 이래의 부르조아 경제학 뿐 만이 아니라 유물론 경제학의 배경을 형성하는 경제체제, 오르마이티의 주관인 '이성신앙'이 사회변혁을 위한 사회주의 사상의 시야를 편협하게 만들고 있다는 점을 지적하는 것이다.

마르크스 이론은 상부·하부구조의 변증법적 통일에서 경제와 의식의 여러 형태를 하나의 전체로 통합하는 사회과학 이론이라는 의미에서는 과학 전반에 걸친 광범위한 시야를 가지고 있다고 볼 수 있다. 그것은 편협한 단일 개별 과학으로서의 경제학을 넘어선 종합적 체계를 갖는 것이라고 할 수 있다.

그럼에도 불구하고 하이만은 그의 사회체제론에서 마르크스의 경제체제론도 자본주의와 공통되게 생산활동의 '잉여'로 남는 대부분을 비경제적으로 사용하고, 생산의 확장우선 원리를 가지고 자본으로의 재전환에 배타적으로 투입된다는 점에서 문제를 찾아내고 있다.

물론 거기에는 자본주의의 사적으로 유보된 잉여가, 사적인 생산의 확장을 위하여 투입하는 것과 공산주의에서 집단을 위한 생산조직의 확장에 투자하는 것과의 차이, 또 경제효율이나 잉여의 계산 단위가 사적 소유의 생산설비에 놓여 있는 것과 경제 사회 전체에 놓여 있는 것과의 결정적인 차이는 존재한다. 그러나 어느 경우에도 효율 우선의 경제적 합리성을 추구함으로써, 가치 증식에 대한 자기 확장을 실현하고자 하는 공통의 제도적 전제를 가지며, 재생산의 무한확대에서 행복의 기반을 추구하고자 하는 점이 산업혁명 이래 '경제시대' 고유의 기대를 나누어 갖고 있다고 비판하는 것이다.

이 '경제체제'의 이념은 자율·자족적인 것이 아니라 인간생활을 영위하는데 있는 한, 인간생활의 한층 광범위한 '사회체제'의 전체와 통합되지 않으면 안 된다. 그것이 하이만의 '통합적 사회체제' 이론이다.

자본주의와 공산주의와의 공통된 체제 기준으로써 확장과 효율우선의 원리란 기술적인 동기에서 인간 노동을 비인격화하는 성격을 가지고 있다. 노동이 그 자체로서 인간의 창조적 생활활동이기 위해서는 경제가 자기 독자의 발전 계열을 가지고 진행하는 것이 아니라, 각자 천부의 재능에 따라 인간 상호의 경외심과 문화적 교류를 위하여 공존, 협동을 전개하는 사회질서로서의 '통합적 사회체제'가 경제체제와 대치하는 것이다.

그것은 경제체제의 상위개념으로 무한확대나 효율우선의 인간성에 대한 파괴적인 작용을 제어하고, 인간 성격의 발달에 즉각 대응하는 조화된 안정질서를 유지시키는 기능을 수행하게 된다. 이 '통합적 사회체제'에 컨트롤된 경제체제가 이루어짐으로써 처음으로 거기에서 활동하는 인간의 노동은 인간성 존중의 이념에 기반을 둔 문화적·사회적 해방에 대한 봉사의 방법으로써 의미를 갖는다고 생각하는 것이다.

필자는 자본주의와 공산주의가 논리적 지향의 차이에도 불구하고, 산업혁명 이래의 물질문명의 탐구노선에서 "동일한 틀, 공통의 기반 위에 서서, 많은 전제와 목적을 나누어 갖는 경제체제"라고 규정하는 하이만식 해석에는 지나친 점이 있는 것을 인정하지 않을 수 없다. 마르크스주의의 경제 중시 태도는 자본주의 생산에서 비인격적 노동으로부터의 인간해방 이념을 그 근간으로 하는 것임은 아무래도 무시할 수 없기 때문이다.

그러나 자유 진영에 포위된 소비에트·러시아가 과대한 군비를 짊어지면서, 미국을 '따라잡고 추월하는 운동'의 전개는 필자의 그 후 2회에 걸친 소련 방문과 문헌 연구를 행한 입장에서 이야기 하자면, 생산의 양적 확대를 위한 경제성장이 다른 인간적 가치를 희생하여 추구된다는 인상을 떨쳐 버릴 수가 없다.

어느 쪽이 되었든, 자본주의이든 공산주의이든 경제성장의 극대화를 위하여 국가 권력을 최대한 활용하고자 하는 경제체제의 본래적 요구를 억제하기 위하여, '통합적 사회체제'를 중시하고, 경제개발에 대한 일정한 목적과 한계 설정에 따라서, 그것을 조정하는 기능을 담당한 하이만 이론은 필자에게 경제 시스템에 대한 사회 시스템의 중요 지위를 다시금 생각해 보는 기회를 부여하였다.

하이만이 본 유고슬라비아 사회주의의 분권화나 노동 민주주의는 소비에트 경제산업의 국유화나 농업 집단화의 강제에서 동반하는 전체주의적인 인간성 억압에 대한 반성에서 비롯된 것으로, 『경제체제의 사회이론』에서 특별히 주목할 부분이 되고 있다. 티토 대통령은 독재국가에 의한 고도의 계획경제를 추진해 나가는 방법을 피하고, 국민의 자유와 민주주의의 옹호를 위하여, 군이 성장률을 희생시켜가면서까지, 노동자가 경제의 자주적 관리를 담당하는 '노동자 평의회'에 경제를 위임하기로 한 것이다.

티토 대통령과의 회견에서 티토는 그 나라의 분권화(decentralization of power)에 대하여 다음과 같이 말했다.

"내가 이 나라의 권력분산화를 말하는 경우 국가권력의 분산화에 의해서만 모든 이에게 가장 민주적인 행동의 하나 즉, 자기관리의 형태로 노동자의 경제참가에 의하여 대폭적인 전진을 이룩해왔다고 말할 수 있다. 이리하여 우리는 노동자 자신에게 자유로운 주도권 발휘의 길을 부여하고, 그들로 하여금 단순한 대상자가 아니라, 충분히 자기사업의 방향을 설정할 수 있고, 관리할 수 있는 주체자가 될 수 있도록 해 온 것이다."[12]

하이만의 책을 읽게 되면서, 이 때 티토 대통령이 유고 경제조직의 존재방법에 대하여 말한 깊은 의미에 짐작 가는 바가 있었다.

1972년 유고 재방문과 체코스로바키아 여행은 사회조직에서 경제시스템과 사회시스템과의 관계에 대하여, 하이만이 주장하는 '통합적 사회체제'의 무게를 끊임없이 사색해 온 필자로서는 이전보다 한층 흥미 깊은 일이었다. 유고의 '노동자 협의회'의 방식에 따라 '인간의 얼굴을 가진 사회주의'(The Human Face of Socialism)로 전환하고자 하는 이른바 '프라하의 봄'(1964)의 고난에 직면하게 된 체코는 공산주의의 체제하에 있으면서도 '인간·인격'의 자유를 찾아 경제체제가 지상 명령으로 삼은 효율 우선 원리와 싸우는 일이, 인간 소외의 극복에 얼마나 절실한 의미를 갖는가를 인류에게 알리고 있다.[13]

---

12) "President Tito's Interview with the members of the Sherwood Eddy Seminar", 1955, p. 11.
   졸고, 「유고슬라비아의 사회주의 - 티토 대통령과의 회견」, 同志社대학, 『인문학』 제28호, 1956, p. 18.
13) George S. Wheeler, "The political economy of change in Czechoslovakia", The Human Face of Socialism, New York, 1973

4. 大河內一男 이론

일본 사회정책 이론의 형성에 결정적으로 중요한 역할을 한 大河內一男(오오고우찌 가쯔오)의 『사회정책의 기본문제』(1940), 『사회정책의 경제이론』(1952)은 소화기(昭和期)로부터 제2차 세계대전에 이르는 일본 자본주의경제의 독점화 과정의 급진전 속에서, 노동력 보존과 산업평화를 유지하기 위하여 전개되는 사회정책의 본질을, 인도주의나 박애정신에 의하여 애매모호하게 흐려 버리는 일 없이, 선명하게 지적하고 있는 점에서, 사회과학적 시야을 열어 주는 귀중한 문헌이다.

생산수단의 소유자인 자본가는 노동력을 파는 것 이외에 아무것도 갖지 못하는 노동자를 사서, 잉여가치를 생산한다. 자본주의 생산양식은 이 잉여가치의 생산과 그것에 따른 부의 증대가 자본가의 직접적 목적이 되며, 자본운동의 결정적인 동기이다.

따라서 한편에서 자본가의 손에 의한 축적은 다른 한편으로는 노동자의 빈곤을 키운다. 거기에서 생기는 노동의 착취와 일찍 노동력이 떨어지는 현상을 방지하고, 건전한 노동력의 일정량을 항상 확보하는 것이 산업 발전을 위해 필수적인 과제가 된다. 이에 자본주의 사회의 합리주의 정신을 가지고 노동력 착취의 허용기준 또는 그 기준 방법을 결정하는 국가 정책으로써 '사회정책'이 등장하게 되는 것이다.

大河內一男 이론의 특색은 '총체로서의 자본'의 운동 법칙 관철이라는 측면에서 사회정책의 본질을 해명하고자 한 점이다.

그것은 노동시장에 대량으로 유입되는 노동을 획일화된 노동조건과 집단화된 노동계약을 집단 교섭으로 처리하는 일이, 노자 쌍방에게 합리적인 것으로 여기게 한다는 점에서 근대 국가의 정책으로 만든다. 한편으로는 노동보호법, 공장법, 사회보장, 다른 한편으로는 단결의 자유와 노동조합의 성립을 승인하고, 장기적인 임노동의 보존·확보의 합리적 수단 체계를 실현하는 것이다.

따라서 이 자본의 논리에 따른 사회정책은 노자관계에 중립적인 국가의 제3자 개입에 의한 구제나 보호가 아닌 것은 물론이요, 또 자본에 대한 노동자 계급의 투쟁력과 발언력에 의한 혁신적 성격의 결정물일 수도 없는 것이다.

물론, 그것은 하이만이 『자본주의의 사회이론』(1929년)에서 전개한 것과 같은, 노동자 계급이 사회적 세력으로 성장하여 항쟁을 통해 사회정책을 이해해야 하는 것이다. 하이만은 사회정책에 대하여 자본주의 경제의 태내(胎內)에 '반대원리'가 '침전'되어 있으며, 그 내부에서 스스로의 모태를 삼키는 일이 자본주의 경제를 사회주의적 질서로 전환시키기 위한 사회화의 가장 유효한 수단이라고 주장한다.

그러나 大河內一男 이론은 "사회정책이라 불리우는 것의 성립이나 발전의 근저에는 도의나 사회적 강제를 넘어선 무엇인가가 있지 않을지,……거기에 사회정책의 등장을 필연적으로 만드는 기본조건이 자본경제의 구조 그 자체 안에서 존재하고 있는지 어떤지"14) 를 검토하고자 하는 것에 그 장점이 있다.

사회정책의 이해는 살아 있는 인간이 죽은 자본의 증식을 위한 수단으로써, '노동력'으로 충전된다는 냉철한 사실의 직관과 분석 안에서 생겨나는 것이며, 이것을 비난하고 또 어떠한 각도에서 가치 평가하는 것에서는 생겨나지 않는다 - 大河內一男 이론이 폭로하는 자본주의 생산의 이 중대한 비밀이 그러한 범위에서는 처음으로 大河內一男의 책과 강연에 접한 학생시절에서부터 오늘날에 이르기까지, 일관되게 필자의 마음 속에서 메아리치고 있다. 자본의 운동법칙의 물신성(物神性)에 대한 필자의 이해는 大河內一男 이론을 통하여 한층 깊어진 것이다. 사회복지가 이루려는 자본주의 사회의 논리도 또 사회정책을 보완하는 역할을 담당하는 한, 사회정책과 공통된 자본의 운동법칙에 지배되는 것을 부정할 수 없다.

자본축적 법칙의 온존을 위한 사회복지라는 측면을 부정하는 것은 객관화 인식을 존중해야 할 사회과학적 분석방법에서의 탈락을 의미하는 것이라고 이야기 할 수 있다.

그럼에도 불구하고 大河內一男의 냉엄한 논봉(論鋒)이 나아가는 곳, 그 곳에 날카로운 검이 숨겨져 있음을 알게 되는 것이다. 다소 긴 장문이나 다음을 인용한다.

"오히려 중요한 것은 자본주의 사회의 모든 인간에게 원칙으로서 좋건 나쁘건 - 그것에 대한 가치의 비판은 불문에 붙인다 하고 - '노동력'의 존재방식이 먼저 1순위가 되며, 일체의 가치관계가 전도된다.

인격의 물화(物化)와 물건의 인격화가 일반화되는 이 사회에서 인간은 먼저 자본에 대한 '노동력'으로 존재하게 됨으로써 그들이 자본에 대하여 자각하지 못하는 노예적인 관계인 것이건, 또는 사회적인 높은 자각에 서서 자본과 항쟁을 시도하는 것이건, 어느 쪽이든 비로소 개개의 인간은 사회적 존재가 될 수 있는 것이며, 사회적으로 연계된 생활을 영위할 수가 있는 것이다.

그러므로 이 사회에서 인간은 모두 상품이 되는 '노동력'으로 전화(轉化)됨으로써 처음으로 사회적 존재의 자격을 얻게 되는 것이다. 그리고 이와 같은 '노동력'을 각각의 단계에서 자본이 착실하게 그것을 파악하기 위해서는, 총체로서의 자본은 무엇을 하지 않으면 안되는가에 대한 반성을 하는 것으로부터 처음으로 사회정책에서 '노동력' 정책의 진정한 필

---

14) 大河內一男, 『사회정책의 경제이론』, 1952, p. 73

연과 그 관계가 생겨나게 되는 것이리라."15)

사회정책의 내면이 견고하게 관철하는 자본운동의 법칙을 훌륭하게 간파해낸 **大河內一男**의 사회정책 본질론은 자본주의 자체가 초래하는, 막스 쉐라의 이른바 '가치의 전복'(Vom Umsturz der Werte)에 대한 반발심을 강하게 불러 일으키는 것이었다.

필자가 학생시절에 애독한 러시아의 작가 투르게네프는 『사냥꾼의 일기』를 해설하여 쓴 적이 있다. "자신이 증오하는 자와 같은 공기를 마시며 함께 있는 것을 참을 수 없었다. 그것은 아마도 나에게 강한 인내력과 강인한 성격이 부족했던 탓이었을 것이다. 나는 적에 대하여 강한 타격을 주기 때문에 항상 자신의 적으로부터 멀리 떨어져 있을 필요가 있었다. 나의 눈에 이 적은 확실한 형상을 가진 것이었으며 일정한 이름을 가진 것이었다. 적은 다름 아닌 '농노제도'였다"고 한다.

大河內一男이 기술한 '일체의 가치관계가 전도'되는 인간소외의 자본주의 제도야말로, 필자에게는 여기서 투르게네프가 적으로 여기는 농노제도와 같은 종류의 것이었다. **大河內一男** 이론이 그 진상을 폭로하는 사회정책, 그것에 관련된 사회보장, 나아가 또 그것을 주변에서 보강한다고 하는 사회사업을 단지 그런 정도의 것이라 본다면, 우리가 희희낙낙하며 천직이라고 여기는 것이 조금 우스꽝스러운 모습으로 비추어지지 않을까.

필자는 사회정책과 그것과 관련된 사회보장, 사회복지가 **大河內一男**이 이론전체를 통하여 명시하고 있는 바와 같이, 노동력의 보존·배양이나 '산업평화' 정책으로서의 조직 파악과 경제적 관점에서 직시하는 것에 동의한다.

그러나 우리가 생의 과제로 전개해 나가려는 사회복지의 실천에 대하여, 자본 운동법칙 스스로의 요청으로 파악하려는 사회과학적 방법은 사회행동을 사회 발전의 역사 안에서, 다원적 요인의 역동적 관계를 수행하는 사회복지의 역할이 정확하게 이해되지 않는 본질적인 결함을 동반한다고 지적하지 않을 수 없다.

필자의 선임교수, **竹中勝男**(다께나까가쓰오) 추도논문 「전환기의 사회복지 이론 - **竹中勝男** 『사회복지연구』를 중심으로」(본서 제4장)에서, 필자가 "자본주의 사회 발전의 역사를 이와 같이 시종 일관되게 자본의 운동법칙의 진전에서만 파악하는 사고방법이, 역사의 변증법적 발전을 주장하는 사회과학적 인식에서 보면, 과연 책망 받지 않을 수 있는 것일까"라고 기술한 것은, 1960년 2월의 일이었다.

자본의 운동법칙만을 가지고 결론짓고, 그 압박에서 침해되는 대중의 생활구조를 보호하기 위하여, 사회적 모순을 계기로 변증법적으로 싹터 가는 사회 세력의 모습을 파악하지

---

15) 大河內一男, 앞의 책, p. 77

않는 사회이론은, 어떤 면에서 자본운동의 객관적인 사실을 파악하는 점에서 지극히 역사적인 관점을 가진다.

다른 한편으로는 사회의 변증법적인 발전에서 반대원리의 성장과정을 경시 또는 망각함으로써, 사회적 현실에 대한 비역사적 인식에 빠지고, 발전적으로 보이지만 고정적이며, 진보적으로 보이지만 보수적이기조차 한, '반(半)역사성' 밖에 가질 수 없게 되는 것이리라는 것이 필자가 주장하는 바였다.

필자의 견해로는 '반역사성'의 충족되지 않은 나머지 반의 부분을 보완하는 것이, 자본주의 경제체제의 무한획득 원리에 대항하여, 자유와 복지의 요구를 통하여 생활구조 보호를 실현하고자 하는 대중의 사회적 세력 신장의 역사과정이다.

자본주의 경쟁의 진행에 따라, 생산의 사회화와 소유의 사적(私的) 자본주의 형태와의 기본적 모순이 격화되는 것은 계급투쟁을 심화·확대하고, 사회변혁을 필연적인 것으로 만든다는 사회주의적 변혁의 논리이다. 그러나 자본주의의 구조 변화가 그대로 체제혁신의 이행을 이끌어 내는 것이 아니다. '계급투쟁'을 체제변혁의 실세력으로 만들기 위해서는, '사회투쟁'에 의하여 최대이윤 추구 원리에 대한 반항과 생활구조·기능의 확립에 의한 보호 투쟁이 사회개혁을 역사적·구조적으로 진행하는 동인(動因)으로써 필요하다.

효율·확대원리에 따라 상품화되고 비인간화되는 노동의 지위와 품위의 회복을 위한 노동운동과 사회생활의 기본적인 욕구의 불충족에 의하여 긴장·부조정·위기에 빠지는 전인적 인간의 통일적 인격을 찾으려는 복지운동이란, 자본축적의 운동법칙에 대항하는 역사의 창조적·변증법적 사실로써 자기의 발판을 구축해야 하는 것이다.

경제 일변도의 지배에 대한 인격의 자유를 추구하기 위하여, 복지요구를 확대하는 사회 시스템에 독자적인 지위를 인정하지 않는다면, 역사는 체제적 사회변동의 계기를 갖지 못하고, 자본주의 경제가 진공관 속에서 영구 지배의 권리를 보증받게 될 것이다.

자본주의 사회 내부의 보수 세력과 혁신 세력과의 대립에서 타협점의 제도적 지표라고 사회정책을 이해하는 하이만 이론을 '보수적=혁신적 이중본질'이라는 이중 성격을 가진 동일 평면상의 대항 관계라고 생각하는 한, 처음부터 사회정책의 주체를 상실하는 것이라는 것이 大河內一男의 비평이다. 게다가 자본주의 사회의 문제를 점차 퇴치해 온 사회적 이념이 자본주의 사회를 그 운동과 고양의 정도에 따라 극복하고, 새로운 사회질서를 대표한다고 하는 생각은, 두 사회질서 사이를 단지 진화주의적인 점진적 변화로 이해할 뿐이므로, 하이만 자신이 강조하는 변증법적 전형은 아니어서 사회정책과 사회주의를 직접 결부시키는 것은 비변증법적 태도, 즉 형이상학이라고 할 수 있다.[16]

그것은 하이만 스스로가 보수·혁신의 양극성(兩極性)에 사회정책의 특유한 의의를 인정하고, "그 안에 사회정책의 동태, 변증법적 모순 및 이론적 문제성이 존재하며, 그것은 이 미 비변증법적 생각으로는 이해하기 어려운 것이다"[17]라는 것과는 대조적인 견해이다. 여 기서는 하이만의 변증법적 논리구조에 대한 **大河内一男**의 중대한 오해가 있음을 지적해 두지 않으면 안 된다.

5. 사회복지 실천에서 사회적인 것

大河内一男·하이만 논쟁은 일본학계에서 이미 먼 과거의 일이 되었으며, 이제와서 이 것을 다시 문제삼는 것은 점잖치 못한 일이라고 말하는 사람도 있을 것이다. 그러나 필자는 **大河内一男** 이론에 의하여 타파된 것처럼 생각되고 있는 하이만 이론이 그 후의 전개 속 에, 오늘날의 사회문제, 나아가서는 사회복지 연구의 귀중한 시사가 선구적으로 내포하고 있는 점에 주목하고 싶다.[18]

그것은 사회변동의 동인을 경제적인 자본축적의 운동법칙만으로 한정시키는 것이 아니 라, 경제체제에 대한 사회체제의 여러 요인의 대립·상극 속에서 찾고, 변증법의 역동적인 관계에서 통합적 사회체제의 성립을 전망하고 있는 점이다. 그 통합적 사회체제의 근간이 되는 것은 경제 시스템을 사회 시스템의 하위로 이해하는 태도이며, 자본주의 체제의 자본 운동에 대항하는 대중의 생활구조·기능을 지키는 일관된 요구로 제도적인 실현을 추구하 는 것이다.

자본주의 사회의 한가운데에서 인간성 상실의 위기에 직면하여, 대중의 생활욕구 충족 을 위해서, 경제력이나 정치권력에 대한 '사회우위'의 질서회복을 향해, 인격적 목적에 의 한 생산 및 소비의 전 과정과 기능의 개혁을 시도하는 것은 가능할 뿐만이 아니라 필연적이 기도 하다.

大河内一男의 『사회정책의 기본문제』에서 「일본 사회사업의 현재 및 장래 - 사회사 업과 사회정책의 관계를 중심으로」의 제1장은 전쟁시뿐만이 아니라 전후의 일본 사회복지 이론의 구축에 하나의 결정적인 틀을 제공한 의미심장한 논문이다. 그 영향은 일본의 '사회 사업' 개념이 노동력의 자본 합리적인 보존·배양책으로써 당연히 '사회정책'이 안고 있어

---

16) 大河内一男, 『사회정책의 기본문제』, 1940, p. 24-29

17) Eduard Heimann, *Sozial Theorie des Kapitalismus*, Tübingen, 1929, S. 116.

18) 현대 경제체제론의 연구에서 하이만의 공헌은 일본에서도 평가받고 있다. 예를 들면 고오베(神戸)대학 野尻武敏 교수는 그의 편저 『현대의 경제체제와 사상』(1976)에서 "경제체제의 역사적 전개를 전망하는 새로운 총괄적인 체제론의 하나로 하이만의 전 후의 업적은 여기서 주목받아 마땅할 것이다"(p.23)라고 소개하고 있다.

야 할 과제인데 이를 사회사업에 전가하고, 따라서 사회정책의 후진적인 상황에서 "사회사
업은 사회정책의 주변에서 이것을 강화하고, 보강하는 것"[19]으로, "경제질서 외적 존재"의
영역에 갇혀 버릴 수밖에 없는 것이라는 인상을 갖게 한 것이었다.

그것은 오늘날 사회보장 제도의 근간을 형성한 사회보장제도 심의회 '사회보장제도에 관
한 권고'(1950년 10월)에서, "사회복지란 국가부조의 적용을 받고 있는 자, 신체장애인, 어린
이, 기타 원호 육성을 필요 하는 자가 자립하여 그 능력을 발휘할 수 있도록, 그에 필요한 생활
지도, 갱생지도, 기타의 원호육성을 행하는 것"이라고 한 정의 안에도 반영되고 있다.

이 권고는 '사회복지'라는 새로운 단어를 채택하고 있는데, 그 내용은 독일어의 '구호'를
의미하는 동의어(Fürsorge, Sozialhilfe, Wohrfahrtspflege)와 거의 같은 것이며, 大河內
一男의 『사회사업론』에서 언급한 요구호성 개념과 거의 같다. 독일어 사전에 "사회사업
(Sozialarbeit)이란 Fürsorge 또는 Wohlfahrtspflege보다도 광의의 것이다"[20]라고 정의하
고 있는 것과 같이, '요구호성' 개념보다도 한층 포괄적인 범위를 포함하는 용어이다.

오늘날 '사회사업'은 즉, 영어의 'social work'는 구미에서 그 실천의 가치·목적·사회적
책임·지식 및 관리를 위한 체계적 양식이 진전됨에 따라서, 목적 개념으로서의 '사회복지'
를 실현하기 위한 과정의 체계를 의미하는 것으로, 용법이 변화되어 가고 있다.

여기서 주목하고 싶은 것은 大河內一男 이론이 사회정책의 존립 기초에 대하여 사회
사업에서는 경제적 과제를 포함하면서 보다 광범위한 인간·사회적·문화적 임무에 착안하
고 있는 점이다. 그 내용은 다음과 같다.

"원칙적으로 말한다면 사회정책과 사회사업은 서로 병행해서 나아갈 수 있는 것이며, 또
나아가지 않으면 안 된다. 사회사업은 사회정책 입법이 파악하지 못하는 궁핍상태를 까리
타스(Caritas)적으로 구제하며 나아가서는 그 갱생을 꾀함과 함께, 다른 한편으로는 일반적
으로 보건·위생·교육 등의 영역에 적극적으로 개선을 꾀하여 그 요구호성이 발생하는 것
을 예방하고자 하는 것이다. 따라서 사회사업은 한편으로는 구빈 사업 또는 자선 사업 활동
으로 이미 생긴 사태에 대하여 헌신적으로 구제하며, 다른 한편으로는 복리 사업적으로 요
구호성의 증대를 막고 예방 활동과 함께, 적극적으로 '서민', 무산자의 경제적, 문화적인 생
활의 지도갱생을 꾀하는 것이다. 사회사업은 사회정책의 주위에서 일하며, 사회정책의 앞
과 뒤에서 활동 장소를 갖는다고 말할 수 있다."[21]

여기서 사회사업에 주어진 임무는 명백히 자본주의 경제의 확대 재생산을 위한 자본 운

---

19) 大河內一男, 앞의 책, p. 354
20) *Neues Evangelisches Soziallexikon*, Stuttgart, 1963, S. 1103
21) 大河內一男, 같은 책, p. 354

동법칙의 범위를 넘는 것을 포함한다. 그것은 자본주의 사회 안의 자본축적 중심으로 그려지는 원주에 대하여, 그것과는 이질적인 대중생활의 구조·기능방어를 중심으로 하는 또 하나의 원주에 관심을 두고 있다고 할 수 있다. 하이만 이래 올트리브, 바이사, 달렌도르프 등이 경제 체제론의 경제주의 일변도 이론에 반대하고, 인격적 기본가치 실현을 위한 사회적 책임을 중심으로 하는 사회 체제론에서 자유와 복지를 위한 사회개혁 운동에 기대하고 있는 것은 이 노동운동과 협동조합 운동을 통한 대중 생활방위의 노력이다.

"국민경제의 성과에 대한 전원의 공정한 참여, 즉 품위에 반하는 종속이 없는 자유로운 생활"(고데스베르그 기본강령)의 실현을, 그저 오로지 정치적 권력 탈취의 먼 미래를 기다리는 것으로만이 아니라, 평소 주변의 체제내 변혁을 쌓는 것에서 착수하는 것에, 大河內一男 이론이 갖는 '절반의 역사성'의 나머지 절반에 책임을 지우려 하는 하이만의 고뇌가 있는 것이다.

大河內一男 이론에서 "사회사업은 사회정책의 주변에서 이것을 강화하고 보강하는 것"이며, "구휼적(救恤的) 색채, 경제질서 외적 성격을 생산적인 것으로 바꾸어 감으로써, 사회정책을 그 외곽으로부터 보강해 나가는 점에서 장래에 대한 전망이 있다"[22)]라고 말하는 한, 그와 같은 사회사업은 어디까지나 사회정책의 종속물, 따라서 자본주의 보존의 체계로 끝나는 것임에 틀림없다. 그러나 그 사회정책에서 구별된 사회사업을 성립시키는 기본적 이념에는 인간 소외 요인에서 인간성을 구출하고자 하는 하이만의 통합적 사회체제의 근본과 통하는 것이 내포되어 있는 것으로 생각한다.

우리 사회복지의 연구·실천에 관여하는 동료들이 행하는 것이, 大河內一男 사회사업 이론의 주장처럼 어차피 총자본의 합리성에 바탕을 둔 사회정책의 전개를 위하여 그 강화와 보강에 힘쓰고, 자본주의 생산의 비인간성의 심화·확대의 역할을 수행하는데 지나지 않는다고 한다면, 적어도 필자 자신은 그 대열에 끼는 것을 단념하고 싶다. 우리는 大河內一男 이론을 통하여 사회정책에 대해서 그것에 관여하는 사회사업의 환경을 있는 그대로 배움과 함께, 사회사업의 종속적 지위를 어떻게 극복해야 하는가를 해명하지 않고서는 사회복지의 미래를 구축하는 것이 불가능할 것이라 생각한다.

경제체제에 대한 사회체제 영역의 중요성을 명확히 하고, 그 통합체제로의 길을 지시한 하이만 이론을 매개로 해서, 필자는 전후의 사회복지 이론이 사회시스템 이론에 서서 역동적 통합이론으로 나아가는 중요한 의의를 이해하였다.

---

22) 大河內一男, 앞의 책, p. 373

6. 사회 시스템론과 사회복지 실천 이론

사회시스템 이론, 보다 광범위한 기초에 선 '일반 시스템 이론'(General System Theory)과 그것을 실천하는 이론의 틀로서 개별사회사업, 집단사업, 지역사회조직의 세 가지 실천 방법론을 통합적으로 파악하는 역동적인 통합 이론이 사회복지실천(social work practice) 이론 안에서 근래 20년 정도 사이에 서서히 주류의 지위를 차지하기에 이르게 된 것에는, 그것을 필연적인 것으로 만든 사회적 배경이 있다.

첫 째로는 두 차례의 세계 대전의 경험으로부터, 사회구조에서 부분과 전체의 관계를 사회의 여러 구성요소 전체 사이의 역동적인 상호작용으로 이해하는 사회 시스템 접근방법이 사회과학의 전반적인 동향이 된 것을 들 수 있다.

재래의 경제학, 심리학, 또는 사회심리학과 같은 단일 개별과학의 필터로 사회의 현실을 꿰뚫어 본다고 하면, 그 필터에서 삐져 나온 외부 존재가 사라지게 될 뿐만이 아니라, 구성요소 A, B, C······상호간의 역동적 작용(interaction), 그리고 그 상호작용의 결과로 나타나는 새로운 구성요소 A', B', C'······의 상호영향작용(transaction)도, 지금까지의 단일개별과학의 단안적(單眼的)인 필터의 좁고 한정된 시야에서는 정확히 파악할 수 없을 것이다.

사회 시스템론의 대표자 탈코트 퍼슨즈는 초기의 『사회학논문집』에서 사회의 이해에는 사회구조와 사회기능과의 양 측면의 상즉적 사고에 의하여, 사회의 전체적 인식을 수행하는 것이 필요함을 논하였다. 그리고 이 구조적 범주의 체계를 일종의 역동적인 기능적 범주와 연결시켜, 단순한 구조·기능론적 이해에서 나아가, '구조와 과정'에의 동적인 각도에서 사회분석을 실시함으로써, 인간행동의 동태적 해명을 꾀하고자 하였다. 그가 이르기를 "유효한 역동적 분석의 가장 본질적인 조건은 모든 문제를 전체로서 체계의 상태로 끊임없이, 그리고 조직적으로 관련짓는 일에 있다."23)

퍼슨즈는 「구조·기능 이론의 최근동향」에서 행동과학에서 행동과정의 분석에는 행동상황을 규정하는 제도화되고 내면화된 문화 패턴의 틀 안에 있는 구조와, 다른 한편으로는 집합적인 개인의 경우까지 포함하여 개인의 의도적·목적 지향적, 또 동기 부여된 행위의 검토가 필요하다는 점을 명백히 하였다. 24) 그것은 사회복지에서 우리가 사회 부조정 현상에 대한 전제로써 문제시하고 있는 생활행동의 이해를 위해서는, 한편에서의 제도화된 가치나

---

23) Talcott Persons, *Essays in Sociological Theory Pure and Applied*, New York, 1949, p. 21.
24) Talcott Persons, "Recent Trends in Structural-Functional Theory", in E. W. Count and G. T. Bowles (ed.), *Facts and Theory in Science*, New York, 1964, p. 144.

규범과, 다른 한편에서의 역할이나 집합체의 분석을 필요조건으로 한다는 것을 가르쳐 주는 것이었다.

즉 사회시스템 이론은 사회복지 실천에서 인간행동의 주체적 인격의 측면과 객체적 환경의 측면을 전통적인 분리방법접근(separate methods approach) - 예를 들면 주체적 측면의 심리학 접근, 객체적 측면의 경제학 또는 사회학 접근과 같은 방법 - 즉, 부분을 집중해서 접근하는 방법을 통해서는 전체적·역동적인 현실 안의 전인적 인간의 문제를 파악할 수 없었던 문제점을 해결할 수 있는 가능성을 시사하는 것이다.

역동적 통합 이론의 등장은 다른 여러 과학 연구자가 각각의 개별과학의 영역에서 사회를 바라보던 연구 방법과는 진보된 방법이다. 인간주체와 환경 세계의 조정에 공헌한 사회복지 활동의 전문 분야로 여긴 전인적 인간의 사회적 부조정 현상에 대한 대응을 할 때, 사회복지사에게 전인적 인간을 위한 전문직의 과학적 무기를 제공하는 것으로써, 전문직 확립에 대한 노력 안에서 특히 많은 관심을 끌게 된 것이다.

이미 컬럼비아 대학의 앨프레드 칸 교수는「사회사업지식의 본질」에서 "향후의 사회사업은 사회과학지식의 비판적인 활용을 통하여 보완해 나가면서, 충분한 규모를 갖는 자기 자신의 학문을 구축하여 실험하는 것, 또는 새롭고 한층 엄밀한 학문분야에 자기의 전문직 기능을 건네 주는 것, 이 중 어느 한 쪽의 길을 선택하지 않으면 아니 된다"고 기술하였다.[25]

그리고 한편으로는『미국사회사업의 문제점』[26]에서는 불안과 동요의 시대로 향하는 사회변화에 대처하기 위해서는 미국에서 우세한 정신분석적 처우 방법의 편중으로는 사회사업의 기본적 목적에 대한 관점을 상실할 위험이 있음을 경고하고, 격렬한 변동 요인을 받아들이는 복지 욕구의 연구에는 사회변동을 다루는 기초과학으로서 종합적인 사회과학의 탐구가 필요함을 강조하였다. 그러나 거기에 사회체제 문제를 시사하는 서술은 담겨져 있지 않았다.[27]

그런데『새로운 사회사업의 형성』(1973)에서는 미국 사회사업의 전문직 지위의 붕괴를 한층 엄한 논조로 경고하고 있다. (그의 절박한 위기감의 내용에 대해서는 이 책의 제8장「사회복지연구의 역사적 과제」를 참조해주기 바란다.)

칸 교수가 '사회사업의 해체'(the liquidation of social work)를 피하기 위한 방책의 일환으로써 "필요한 지식의 계속적인 발전과 음미를 촉진하는 사회사업 조사능력의 고양, 사회

---

25) Alfred Kahn, "The Nature of Social Work Knowledge", in Kora Kasius, ed., *New Directions in Social Work*, New York, 1954, pp. 210-11.

26) Alfred Kahn, *Issues in American Social Work*, 1959

27) Alfred Kahn, "The Nature of Social Work Knowledge", 1954

과학 및 행동과학의 기초를 확립하는 것"[28])을 지적하는 것에 주목하여야 한다.

칸은 산업이 요구하는 권력 중앙집권에 대하여 '정치적 분산화'를 촉진하는 지역 지역사회 서비스에 전력을 다하고, 유동 수요에 대응하는 능률 중심적 운영을 추구하는 시장 경제의 논리에 대항하기 위하여 비시장적 서비스의 확대를 향한 공적 및 사적 부분의 민간 활동의 적극화를 고려하고 있다. 또 칸은 "combined methods" "multi-methods" 또는 "problem-centered" curriculula라고 불리는 것과 같은, 종합적 대응에 대한 레파토리가 필요하다고 하였다. 그 과학적 연구에 전체적인 조망을 할 수 있는 것은 사회시스템 이론이어야 한다.

사회 시스템론은 그 자체가 독립적으로 사회사업의 클라이언트 처리방법이 되는 것이 아니다. 그것은 문제해결의 모델, 심리·사회요법 모델, 기능적 모델, 행동변화 모델, 위기개입 모델 등, 사회복지 실천의 여러 모델이 상호 연관됨 없이 독주하는 것을 피하게 한다. 인격 주체와 환경 객체와의 상호작용 관계 안에서, 각 모델이 최적합의 상태로 수행할 수 있는 독자의 역할을 유효하게 연관시키고, 사회사업의 개입방법에 가능한 최대한의 과학적 효과를 발휘하게 하기 위하여, 이론적 틀을 부여하고자 하는 통합 정리의 원리인 것이다.

따라서 사회복지에서 사회시스템 이론의 도입은 인간과 환경과의 접점을 공통의 장으로 하여, 그 상황에 관련된 여러 요인의 역동적 관계를 여러 과학 지식의 공동협력에 의하여 해명하고자 하는 야심적인 시도이며, 장래에는 사회복지실천 제공의 현장을 개인의 특기를 뽐내는 장으로 만드는 것에 그치지 않고, 각 과학의 상호협력의 무대로 만드는 것이 될 것이다.

베르탈란피(Ludwig Bertalanffy), 버클리(Walter Buckley), 리피트(Ronald Lippitt), 밀러(James miller) 등의 일반시스템 이론연구를 받아 들여, 헌(Gordon Hearn), 마이어(Carol H. Meyer), 골드스타인(Howard Goldstein), 핀커스와 미나헌(A. Pincus and A. Minahan), 컴프턴(B. R. Compton), 갤러웨이(Burt Galaway), 스피츠(Harry Specht), 비커리(A. Vickery), 로웬버그(F.M. Loewenberg), 시포린(Max Siporin) 등 많은 사회복지 연구자들이 이것을 사회복지 실천 현장에 어떻게 적용해야 하는가에 대하여, 여러 가지로 연구를 거듭하고 있는 것이 현재의 상황이다.[29])

---

28) Alfred Kahn, *Shaping the New Social Work,* New York, 1973. p. 202. 이 책 p. 191.

29) Gordon Hearn (ed.) *The General Systems Approach* : Contributions toward an Holistic Conception of Social Work, New York, CSWE, 1969.
Carol H. Meyer, *Social Work Practice*, Changing Landscape, New York, The Free Press, 1970.

지금부터 우리의 연구는 실천현장에 대한 역동적 통합 이론의 유효성을 실증하는 것에 있다고 말할 수 있다.

사회생활의 부조정 현상을 유발하는 여러 요인을 정확하게 이해하고, 나무와 나무 사이에서 길을 잃고 전체의 숲을 보지 못하는 우(愚)를 범하지 않기 위하여 통합 이론은 필요한 요건이다. 그러나 통합 이론은 전체의 숲을 보면서 한 그루 한 그루의 나무를 보지 않는 피상적 관찰에 빠지게 될 위험을 안고 있다.

균형 잡힌 사회복지 연구방법이란 어느 특정 분야의 전문지식을 종합적 지식 안에서 지속적으로 자리 매김함으로써, 전문인이 일으킬 수 있는 우(愚)의 위험을 극복하는데 있다. 이렇게 함으로써, 전문성 존중과 통합 이론은 상호의 수준을 끌어 올려 주게 되는 것이다.

사회 시스템론을 도입하는데 퍼슨즈가 사회 시스템의 기능을 생물체처럼 행위자가 제도에 따라 행위하고, 그것으로부터 일탈된 행동을 하지 않도록 동기부여하고, 전체로서의 사회의 균형·안정 유지에 공헌하는 것으로 해석하는 것은, 자본주의 사회를 자본운동과 대중의 생활방위 세력과의 대항관계에서 고찰하는 하이만적 사고방법으로부터 배운 필자에게 무조건 납득할 수는 없는 것이었다.

그러한 점과 관련해서 본서의 제2장 「사회복지와 사회체제」에서 기술한 바와 같이, 하이만의 제자 랄프 다렌도르프가 『사회와 자유』에서 퍼슨즈 사회체계의 가장 두드러진 특징의 하나, 즉 사회시스템은 여러 가치의 조화적 통합이라는 이론에 반대하였다. 퍼슨스의 안정성·균형·기능성·합의의 균형모델에 대하여 다렌도르프는 그것과 동시에 역사적 변동성, 모순 폭발성, 역기능성, 강제의 투쟁모델이 항상적, 편재적으로 발견 하는 측면을 강조하는 점에서 공감하지 않을 수 없다.

균형과 항쟁이 동시에 생기는 메카니즘을 통일하여 이해하는 시각은 필자에게 자본운동과 대중생활방위의 사회세력과 대항하는 사회관계에 대한 하이만적 이해와 같다. 그 대항은 그 때 그 때 양자의 역동적 관계가 만들어 내는 항쟁력의 균형에 따라서, 미시적으로는 균형상태로 보이는 타협의 제도적 실현을 보게 된다. 그러나 거시적으로는 반대원리에 의한

Howard Goldstein, *Social Work Practice*, A Unilary Approach, Chapel Hill, Univ. of North Carolina Press, 1973.

B.R. Compton and B. Galaway, *Social Work Process*, Homewood, The Dorsey Press, 1974.

Harry Specht and Anne Vickery, *Integrating Social Work Methods*, London, George Allen & Unwin, 1977.

F.M. Loewenberg, *Fundamentals of Social Intervention*, New York, Columbia Univ. Press, 1977.

Max Siporin, *Introduction & Social Work Practice*, New York, Macmillan, 1975.

대항을 계속하지 않을 수 없다.

그것에 따라 생기는 사회변동이야말로, 경제체제의 지배에 변증법적으로 대항하는 사회체제의 성장발전의 역사인 것이다. 단순히 인간문화의 진전에 따라서 성숙되는 정치능력의 향상은 그 항쟁을 폭력적 해결로 끝내는 일없이, 참가와 토의를 통한 의회주의적 방법이나 단체교섭으로 전환시켜온 것이다.

7. 탈코트 퍼슨즈와의 대화

기이한 인연으로 1978년 11월 8일, 일본을 방문한 탈코트 퍼슨즈(Talcott Persons)를 필자의 집에서 맞이하는 기회를 갖게 되었다. 필자의 집에서 사회시스템 이론을 중심으로 질의응답에 무려 12시간을 함께 보냈는데, 학문적 열의와 정력적으로 논의를 벌이는 모습은 필자가 이 세상에서 만난 사람 중에서, 賀川風彦(가가와)를 제외하고는 한 번도 접해 본 적이 없는 모습이었다.

그에게 많은 질문을 하였다. 구조·기능분석은 역동적 각도에서 인간행동의 동태적(動態的) 해명을 꾀하는 것이라고는 하나, 본질적으로는 균형을 목적으로 하는 정태적(靜態的) 이론으로 귀결되는 것은 아닐까?

상호 연관분석이라고는 하나, 통합론적 측면을 중요시하는 것에 대하여 불균형을 느끼게 하는 완전한 분석의 약점 때문에, 결국 목적론적 예정 조화설로 나아가게 되는 것은 아닐까?

그것은 자본주의 체제의 영역 내에서 개량주의로 끝나는 것은 아닐까?

하이만 이론의 골자가 되는 경제체제와 사회체제와의 대립관계에서 사회체제와 퍼슨즈의 사회 시스템과의 관계를 어떻게 보아야 좋은가?

대단히 의외의 이야기이긴 하나, 필자의 반대론적인 수많은 질문에 대하여 그는 많은 점에서 수용하고, 포용하는 형태로 대답해 주었다. 자신의 이론은 정태적 이론도 아니며, 완전한 분석의 부재도 아니라고 했다.

하이만의 경제체제와 사회체제와의 통합적 사회체제로의 발전은 그야말로 자신의 균형·합의의 이론과 궁극적으로는 일치하는 것으로, 사회 시스템 이론은 혼자 자본주의 사회로만 향해 있는 것이 아니라, 역사와 체제를 관통하여 사회의 구조와 과정을 다루는 논리이다. 단지 그것을 말하는데는 때와 상황의 순서를 고려해야 할 필요가 있다는 것이다

어려운 논조 때문에 몇 차례나 반복하여 묻고 확인하려는 필자에게, 반복해서 친절하게 설명해주고 풍부한 역사적 실례를 들어가면서 때때로 가볍게 책상을 두드리며 이야기하는 모습은 필자에게는 진정 학자의 진수를 보는 듯한 느낌이 들게 하였다. 필자는 스스로 퍼슨

즈 이론에 대한 도가 지나친 인식부족에 부끄러움을 느끼며, 다시 처음부터 차근차근 읽어 보리라는 굳은 결심을 마음 속으로 다지게 되었다.

그는 경제체제와 대립하는 사회체제의 내용에 대해 당신은 무엇을 생각하고 있는가라는 질문을 필자에게 던졌다. 필자는 아브라함 매스로의 『동기부여와 인격』(Motivation and Personality, 1970)에 나오는 인도주의적 심리학자의 욕구론을 떠올리고, 그것의 실현이 통합적 사회체제의 거시적 목표임과 동시에, 미시적으로는 사회복지의 목표이기도 하다고 답했는데, 그것이 박사와 필자와의 마음의 교류를 지탱해주는 동기가 된 것으로 느껴졌다.

그가 헤어짐에 앞서 필자가 가장 좋아하는 책에 서명하겠다고 하였기에, 앞서 기술한 바 있는 『일천주옥집』에 서명해 줄 것을 부탁했다. 그는 "*Talcott Persons-Prof. Shimada is evidently a sympathetic fellow scholar*"라고 서명하고, "sympathetic"은 "standing on the same ground"를 의미하는 것이라고 설명해 주었다. 물론 그것은 파격이며 필자에게는 대단히 영광스러운 일이었다. 필자는 아직 결코 그와 같은 견지에 서있지 않은 것이 괴로울 따름이었다. 그리고 나서 정확하게 6개월이 지난 후, 1978년 5월 8일 그는 독일 뮌헨에서 하직하였다.

마스로의 인간존재의 성장과정에서 나타나는 '자기실현욕구'(self-realization or self-actualization needs)는 다음에 나타낸 도식에서 그 위치를 알 수 있다. 매스로의 "사람

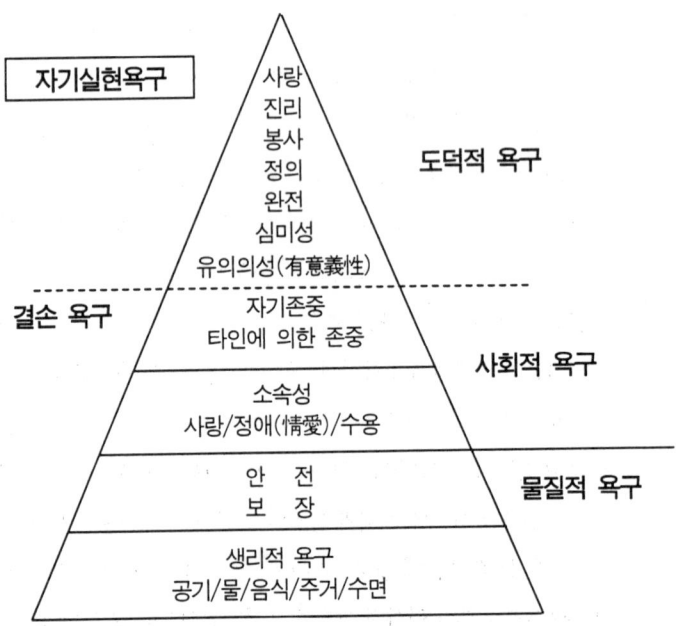

(Abraham H. Maslow, *Motivation and Personality*,
New York, 1954, Chapter 11 참조)

이 충분한 빵을 갖고 있다고 해서 빵만 가지고 살 수 있는 것이 아니다"라는 말은 이 도식의 내용을 단적으로 표현하고 있다.

생리적인 기본 욕구의 결여는 인간 유기체를 지배하고, 개인의 활동을 저해하는 기아나 물질적 필수품의 충족은 안전과 보장에 대한 관심으로 발달하며, 물질적 욕구의 충족은 사회적 영역의 욕구로의 이행을 가능하게 한다. 제3의 욕구군(群)은 가족, 지역사회, 사회일반으로의 소속감정에 관련되며, 의미를 갖는 대인관계를 체험한다. 거기에서 사회적 초점의 중심으로써 존중욕구(the need of esteem)가 생겨난다. 그것은 존중되고 있다고 느끼고, 무엇인가 가치 있는 것으로, 사람으로서의 기본적 존엄을 유지하고자 하는 욕구이다.

여기서 사람은 노동에 의하여 생산적이며 스스로가 행하는 것에서 가치를 찾아낼 수 있다고 느끼는 욕구로 이행해 간다. 이 소속감과 인정받고자 하는 욕구를 가리켜, 기본적 사회 욕구라고 부르는 것이다. 이들 네 개의 욕구의 범주를 마스로는 '결손욕구'(deficiency needs)라고 명명하였는데, 그것은 이들을 박탈하는 것이 질병, 심리학적으로는 비활발성(非活發性)이나 휴면 상태를 야기하기 때문이다.

모든 결손 욕구의 충족은 '자기실현'이라 불리는 인간발달의 가장 충실한 단계로의 성장을 가능하게 한다. 그것은 창조적 발전에 대한 욕구이며, 건강한 성인생활의 최고의 욕구를 의미한다. 결손 욕구와는 대조적인 성장 욕구의 주요 특징은 그것을 만족시키는 것이 성장 욕구의 감퇴가 아니라, 한층 그것을 강화하게 된다는 것이다. 마찬가지로 진리를 향한 바람은 결코 가득 채워지는 법이 없으며, 그것을 기초로 해서 더욱 더 앞으로 더욱 더 깊게 탐구심을 자아내게 한다.

이들 욕구는 미래에 대하여 상향목표를 두고 끊임없는 전진을 계속하고자 한다. 그것은 인간을 완전한 인간적인 높은 경지로 향하게 한다. 이 선(善)하고 아름다운 노력은 앞서 말한 '결손 욕구'에 대하여 '도덕적 욕구'라 불리고 있다. 이 단계에 도달한 인격적 존재를 경제체제의 전형인 경제인(homo oeconomicus)에 대하여, 사회체제의 전형으로서의 '사회인'(homo socius)이라 부른다.

여기서 말하는 '사회'(social)라는 단어가 라틴어의 'socius' 즉 '동료'(companion)를 가리키는 단어에서 유래했다는 것은 의미심장한 것이다. 마스로의 자기실현 욕구 중 소속감정 단계에서의 '사랑'은 본질적으로는 아직 개인의 원형적인 성질에 바탕을 두는 타인과의 관련(link up with other person), 즉 경제체제 안의 '이성과의 사랑'에 머무르는 것이다. 그러나 '도덕적 욕구'의 단계에서 나타나는 사랑은 인간생활을 보람 있게 만드는 여러 가치와 여러 관념을 나누어 갖고, 타인의 창조성과의 '만남'(encounter)을 체험하는 '사랑'을 의미한다.

마스로의 도식이 하층 욕구에서 상층 욕구로, 즉 피라미드와 같이 단계적인 축적을 거치는 것을 필요로 한다고 보이는 표현방법을 취하고 있기 때문에, 부자나 경제적으로 성공의 계단을 밟아온 사람만이 비로소 창조성이나 자기표현을 달성할 수 있다고 본다. 그러나 '도덕적 욕구'로서의 자기실현은 단계적으로 신에게서 추구되어야 할 가치는 아니며, 정도의 차는 있을지언정 '결손 욕구', 즉 물질적 욕구나 사회적 욕구충족의 모든 단계를 거쳐 언제나 스스로를 침투시키고 있다. 경제인의 이기적 영리정신에 혼돈되지 않는 한, 빈곤한 가운데서도 예술가나 과학자에 의하여 위대한 작품이나 업적이 나오게 된 것이다. 30)

단편적으로 나열된 생활욕구의 모자람을 보충하는 것이, 사회복지의 과제는 아니다. 연관이 없는 고립된 개개의 욕구가 서로 다른 방향으로 순간 충족을 추구하고 있을 때, 자기실현, 즉 전인적 인간의 통일적 인격의 확립이라는 논리적 일관성, 또는 의미의 일관성이라 불리는 시스템을 통하여, 생활전반의 욕구 속에서 통일을 발견하고, 또는 창조하는 것이 사회복지에서의 가치지향의 본질인 것이다. 이러한 체계 아래에서 하나 하나의 욕구는 이미 단편적, 고립적인 관능적 요소가 아니며, 단순한 욕구 대상으로서의 차원을 넘는 가치를 담당하는 것이 된다.

뉴욕주립대학의 롤로 핸디 교수는 『가치 이론과 행동과학』31)에서 스스로의 입장을 '가치에 대한 욕구적 접근'(a need approach to value)이라 말하였다. 필자가 해석하는 바로는 근세의 공리주의적 가치관의 전통에 크게 영향을 받고 있는 행동과학이, 가치는 감각적 욕구라는 외적 사실로 이해하는 객관화 인식을 과학의 본질적 과제로 삼고 있는 한, '원하는 것'(the desired)이 나열된 효용주의의 상대성(relativism)으로부터 '바람직한 것'(the desirable)을 결정하는 가치는 쉽게 결정될 수 없다고 생각한다.

'가치에 대한 욕구적 접근'은 관념적인 독선주의를 면하기 위해서는 필요한 경로이기는 하나, 그것은 그와 동시에 거꾸로 '욕구에 대한 가치적 접근'(a value approach to need)이라는 시각을 가지며, 상호 대조를 실시할 필요를 말하는 것이 아닐까.

마스로는 여러 욕구를 나열하여 만든 도식에서, 도덕적 욕구로서의 자기실현을 전체를 관통하는 목적개념으로 상위에 설정하고는 있으나, 그것은 동시에 이 '욕구로의 가치적 접근'의 측면을 포함한다고 이해해야 할 것이다.

우리의 사회복지 실천은 자본주의 사회의 한가운데에 있으며, 그 가치 법칙의 지배에 흔들리고, 그것이 내포하는 인간소외 요인으로 인하여 그 태내에서 호흡하면서, 그리고 그것

---

30) Mark A. Lutz and Kenneth Lux, *The Challenge of Humanistic Economics*, California, 1979, pp. 10-15.

31) Rollo Handy, *Value Theory and the Behavioral Science*, 1969

과 싸우는 고충으로 가득한 시대적 배경 아래에 놓여 있다. 변증법이란 두 개의 모순되고 서로 배척하고 대립된 것을 통일하는 과정을 의미한다.

필자가 학문 편력을 통하여 배운 것은 여러 분야의 좁은 일점집중적인 경향을 극복하는 '역동적 통합 이론'(The dynamic integration theory)의 방법이었다. 그것을 우리가 일생의 직업으로 하는 사회복지나 협동조합 운동에 어떻게 활용하는가, 이제부터의 필자의 과제이다. 역동적 통합 이론은 「사회복지와 과학 전반 – 사회복지 연구의 방향을 모색하며」[32] 이래 필자가 일관해 온 관점인데, 그것에 확신을 심어 준 것은 국제 학계의 동향이었다.

학문의 국제화는 날마다 그 중요성을 더해 가고 있다. 이러한 때, 언제 어디서나 필자의 마음을 지배해 온 것은 일본 사회의 미래의 운명이다. 서구를 중심으로 추종하는 일본은 구제 받을 수 없다. 그렇다고 해서 '국수주의형'으로 나아간다면 세계의 웃음거리가 될 뿐일 것이다. '더욱 세계적으로, 어디까지나 일본적으로!' 이와 같은 세계적 보편성을 기반으로 하여, 일본의 특수성을 진지하게 거론하는 학풍을 구축하기 위하여, 역동적 통합 이론은 향후 중요한 역할을 수행하게 될 것임에 틀림이 없다. 그러한 각도에서의 일본 사회복지의 연구가 미래를 열어 가는 일은 사회복지 연구가들의 과제여야만 한다.

---

32) 이 책 제 1장

이 책에 소개된 여러 논문들은 다음의 여러 학술잡지에 발표된 것이다.

1장.「사회복지와 과학전반 - 사회복지 연구의 방향을 모색하며」, 일본사회복지학회편,
『사회복지학』, 제1권 제1호(전국사회복지협의회 발행), 1960, 3월.

2장.「사회복지와 사회체제 - 사회과학적 방법론의 탐구」, 同志社 대학, 『인문학』, 제97
호, 1967, 7월.

4장.「전환기의 사회복지 이론 - 竹中勝男『사회복지연구』를 중심으로 」, 同志社 대
학, 『인문학』, 제46호, 1960, 2월.

5장.「사회복지의 구조·기능론적 이해 - 孝橋正一 교수의 비판에 답한다」, 同志社 대
학, 『평론·사회과학』, 제7호, 1974, 1월.

6장.「전문사회사업의 문제점 - 일본 사회복지사협회의 육성을 위하여」, 同志社 대학,
『인문학』, 제57호, 1962, 3월.

7장.「사회복지의 국제적 동향 - 일본은 세계에서 무엇을 배울 것인가」, 同志社 대학,
『평론·사회과학』, 제6호, 1973, 7월.

8장.「사회복지연구의 역사적 과제 - 사회사업 해체론과 관련하여」, 일본사회복지학회
편,『사회복지학』, 제15호, 1974.

9장.「불확실성의 시대와 사회복지 - 1980년대를 어떻게 맞이해야 하는가」, 철도홍제회
(鐵道弘濟會)사회복지부,『사회복지연구』, 제25호, 1979, 10월

13장.「민간사회복지의 본질적 과제 - 공적 서비스와의 비판적 협력관계에 대하여」, 同志
社 대학,『평론·사회과학』, 제4호, 1972, 7월.

14장.「기독교와 사회복지의 접점 - 기독교사회복지성립을 위하여」, 일본기독교사회복지
학회편,『기독교사회복지학 연구』, 제6권 제1호, 1973, 10월.

15장.「볼란티어활동의 사상적 전개 - 그 독자성은 어디에 있는 것인가」, 철도홍제회 사회
복지부,『사회복지연구』, 제18호, 1976, 4월.

16장.「사회복지와 전문직제도 - 사회복지사협회의 전진을 위하여」, 同志社 대학,『평론
·사회과학』, 제2호, 1972, 6월.

17장.「사회복지의 역동적 통합 이론으로 이르는 길 - 일본 연구편력을 회고하며」, 1980, 1월

저자소개

嶋田啓一郎(시마다게이이치로)

1909년 가나자와시(金澤市) 출생
1935년 同志社 대학 문학부 졸업
1952~53년 미국 시카고대학 유학

同志社 대학 교수 역임
일본사회복지학회 대표이사
일본기독교 사회복지학회 부회장

주요저서 : 『사회복지의 사상과 이론』(편저, 미네르바서방)
　　　　　『복음과 사회』(일본기독교단 출판국)

사회복지대백과사전

이 사전의 원전은 미국사회복지사협회(NASW)에서 간행한『사회복지대백과사전(Encyclopedia of Social Work)』19판이다.

사회복지 전 영역을 포괄하고 있는 총 4권(본책 1,2,3권,별책부록 1권) 3,500여 면에 이르는 방대한 이 사전의 대표적인 장점은 사회복지사들을 비롯한 사회복지 실현을 위해 일하는 모든 이들에게 수준 높은 지식체계를 제공하고 어려운 이웃을 위해 일하는 이들이 갖는 전문성은 어떠해야 하는지, 윤리적, 도덕적 가치를 어디에 두어야 하는지, 여러 가지 상황에 어떻게 대처하고 역할해야 하는지를 극명하게 보여주는 세계적으로 가장 권위있는 사회복지 사전이다.

대 표 감 수 : 김만두,김융일,박종삼
분야별감수 : 김성이 외 60명
옮 긴 이 : 이문국,이용표 외 50명

 사회복지학을 전공하는 학생, 교수는 물론이고 현장 실무자, 정책입안자, 그리고 사회복지에 관심을 가진 사람이면 누구나 이 책의 독자가 될 수 있으리라 믿는다. 이 책의 등장이 우리 나라 독자들로 하여금 미국의 사회복지를 이해하고 나아가서 한국적 사회복지를 발전시키는 데에 기여할 수 있는 좋은 계기가 될 것이라 확신한다.

서울대학교 사회복지학과 교수 김 상 균

 『사회복지대백과사전』은 미국 사회사업 전문직의 역사와 가치, 실천 분야와 방법 등에 걸친 현실뿐만 아니라 관련 사회쟁점들을 총체적으로 쉽게 이해할 수 있게 해줌으로써 미국은 물론 세계 각 국의 사회복지 학도들과 현장실천가들 그리고 사회복지계 내외의 관심이 있는 인사들에게도 귀중한 자료원입니다.

한국사회복지사협회장 김 융 일

비영리 기관의 모금

- 비영리 부문의 혁신과 투자를 위한 새로운 전략 -

정무성 옮김

신국판/반양장/448면
가격 : 13,000원

이 책은 비영리기관(NPO)의 행정가들이 최근 사회환경의 변화에 되어 기부 문화가 바뀌고 있음을 깨달아야 한다고 강조하고 있다. 즉 과거와 같이 단순히 기관이 시설의 어려운 상황을 동정해서 기부금을 내는 것이 아니라는 것이다.

시민단체나 사회복지기관이 사회의 욕구를 충족하고 있을 때 사람들이 기부금을 내는 것이 오늘날의 추세이다. 따라서 기부행위는 마지 못해 억지로 돈을 내는 것이 아니라 사회에 대한 투자라는 인식을 심어 주어야 한다. 이를 위해 비영리기관의 행정가들은 지속적인 자기 개혁과 함께 후원자들을 사회 변화의 동반자로서 참여시키기 위한 다양한 전략을 수립할 필요가 있다.

시민 단체나 사회복지시설 혹은 비영리기관의 지도자와 실무자들이 반드시 숙독해야 할 책이다. 또한 장차 사회 개혁을 위해 비영리 부분에서 헌신하고자 준비하고 있는 학생들에게도 매우 유익한 참고 도서가 될 것이다.

기존의 직선적인 모금 운동의 차원을 지양하고 자선 및 기금 조성개발의 가치를 추구함으로써 기관의 혁신과 후원자들의 투자를 촉진시킬 수 있도록 비영리기관을 위한 새로운 전략을 제시하는 책이다.

인터넷 중독증

김현수 옮김

신국판/반양장/352면
가격 : 10,000원

이 책은 인터넷 예찬론자를 위협하거나 인터넷 중심의 생활을 시기하는 반문명적 내용을 담고 있지 않다. 오히려 이 책은 건강하게 인터넷을 사용할 수 있는 안내지침을 전한다. 우리 사회가 나누어야할 기본적 규범과 자세를 논의할 수 있는 문제의식을 전한다고 할 수 있다.

이 책은 다양한 사례를 통하여 실제 인터넷에 중독된 사람들에게 나타났던 현실의 문제를 소개한다. 아울러 부부생활, 학교, 가정, 직장에서 인터넷에 중독된 사람들에 대한 회복을 어떻게 다루어야하는지 구체적인 전략을 제시하고 있다.

특히 6장의 아이의 인터넷 사용에 대한 규범을 서술하고 있는 부분과 7장의 대학, 8장의 직장에서의 사용에 관련된 부분은 우리 사회에 시사하는 바가 많다.

아이들의 TV 시청에 대해서는 엄격하면서 아이들의 인터넷 사용은 쉽게 허용하는 우리 현실, 직장에서의 인터넷 사용에 대해 아무 규범이 없는 현실, 세계에서 가장 발달되어 있다는 게임방 혹은 PC방에서의 윤리나 규칙의 부재와 같은, 우리 사회의 인터넷 환경은 자칫 적지 않은 문제를 낳을 수도 있기 때문이다.

그 때를 위해 준비한 책이 바로 영박사의 인터넷 중독에 관한 책이다. 다행히 영박사는 다양한 현상뿐 아니라 친절하게 회복전략까지 구체적으로 밝혀놓았기 때문에, 이 책은 중독 전문가와 인터넷 사용자, 인터넷 기업의 경영주, 인터넷 수업을 지도하는 선생님에 이르기까지 모두에게 도움이 될 것으로 생각한다.

사실 모든 작용은 부작용을 갖기 마련이다. 인터넷이 주는 편리함에 비해 부작용은 큰 문제가 아닐 수도 있다. 다만 그 부작용으로 인해 피해를 보는 사람들이 일부 있고 이로 인해 우리 사회도 큰 상처를 받을 수 있다는 가능성이 있을 뿐이다.

인터넷이 우리의 일상을 풍부하게 해 주고 오프라인의 약점을 보완하는 건강하고 생산적인 수단으로 자리잡도록 하기 위해 우리는 중독의 경계선에 파수꾼을 세워야 하며, 아마도 이 책은 그 파수꾼들에게 좋은 길잡이가 되어줄 것이다.

사회복지 실천이론의 토대

이팔환 외 15인 옮김

본 서의 가장 큰 장점은 각 방법론을 넘어선 독특한 실천구조- 즉, 생태체계적 관점에 따라 다양한 사례들을 일관되게 분석, 사정, 개입하는 데 있다. 또한 사회복지실천에서 더욱 중요시되고 있는 평가 부분도 간과하지 않는다. 따라서 어떠한 실천현장에서도 적용 가능하며, 사회복지에 입문하는 학생들에게는 사회복지의 정체성을 보다 분명히 갖게 할 것이다. 이러한 측면에서 본서는, 지금의 교과과정에 진일보하여 각 방법론을 통합한 사회복지실천과 사회복지실천기술론을 새롭게 준비하고 있는 우리나라의 사회복지계에 매우 유익한 책임을 확신한다.

사회복지 프로그램 기획과 관리

정무성 옮김

사회복지서비스의 공급 주체가 다양화되면서 보다 전문적이고 효과적인 서비스에 대한 요구에서 비롯되고 있다. 특히 이러한 분위기는 사회복지기관과 시설에 대한 평가를 의무화한 개정 사회복지사업법에서 더욱 구체화되고 있다. 따라서 사회복지기관과 그 외 사회복지 관련 기관, 단체들의 실무자들은 이러한 변화에 충분히 대처해야 한다. 즉, 사회복지서비스의 효과성을 강조하는 최근의 경향을 반영한 것으로, 프로그램을 하나의 체계로 보고 프로그램의 투입과 전환, 산출, 성과를 일련의 과정으로 설명하면서 '효과성에 기인한 프로그램 기획'을 일관성 있고 구체적으로 기술하고 있다. 프로그램을 기획하고 관리하는 실무자들이나 사회복지행정을 전공하는 이들이게 매우 유익할 것이다

자립생활은 즐겁고 구체적으로

이기량, 최경익 옮김

본 책에서 소개하고 있는 개인별 프로그램 계획(IPP : Individual Program Plan)은 각 개인의 개성을 존중하고, 무엇보다도 장애인 스스로 즐겁게 프로그램을 주도하면서 구체적으로 자신의 '꿈'을 실현할 수 있도록 한다. 이 책은 자립생활에 대한 제한된 개념 - 경제적, 신체적 독립된 생활 - 에서 '자신의 선택, 결정 그리고 그 결과에 책임지는 생활'이라는 보다 주체적인 개념을 갖고 있다. 지금까지 기존 프로그램의 반복된 훈련이나 단순한 시간배열에서 전반적인 생활의 전환을 시도한다. 따라서 이 책은 장애인 스스로는 물론 그들의 가족들, 특수학교교사, 시설의 실무자 등에게 새로운 시각을 제공해 줄 것이다.

사회복지신서 1

한국교회와 사회복지

최무열 지음

　저자는 하나님의 복지의도와 관심을 '두 바퀴론'으로 표현하고 있다. 강력한 하나님 말씀의 역사를 중심으로 한 성령의 바퀴, 사회의 고통을 끌어안는 나눔의 바퀴는 항상 일정하게 운행을 할 때 그 기능을 발휘한다. 그러나 한국 기독교 초기선교 역사와 달리 현재의 한국교회는 어느 한 바퀴만을 강조하면서 사회와 괴리되고, 본래의 기능마저 상실하는 위기에 처해있다. 이러한 측면에서 본 책은, 한국교회가 앞으로 21세기를 준비하면서 교회의 사회복지 기능을 어떻게 회복할 수 있는지에 대해 말하고 있다. 이 책은 신학생들, 사회복지학생들, 그리고 일선에서 주의 종으로 사역을 감당하는 목회자들에게 기독교의 사회복지를 이해하는 데 좋은 지침이 될 것이다.

프로그램 신서 3

의료사회사업 실무 핸드북　　-뇌졸중 프로그램 만들기-

최경애 지음

　이 책은 저자가 실천현장에서 다년간의 임상실무를 바탕으로, 어떻게 프로그램을 기획하고 진행하는가에 대해 클라이언트의 질환 특성에 따라 자세하고 실제적인 내용을 담고 있다.

　병원에서 사회사업 임상 실무에 처음 접하게 되는 사회복지사뿐만 아니라 학교에서 의료사회사업을 공부하는 사회복지학 학생들에게 실제적이고 구체적으로 임상실제를 이해하고 배우는데 도움이 될 것이다. 성실하게 클라이언트의 내면을 관찰한 지은이의 노력이 담겨 있으므로 이 책을 읽는 이들은 어떻게 프로그램을 이끌어 나갈지 그 방향을 쉽게 잡을 수 있으리라 믿는다. 부디 지은이의 바람대로 가르치는 이들과 후배들에게 큰 도움이 되어 주길 기대한다.

사회복지신서 2

사회복지 현장실습핸드북

서홍란, 이경아 엮음

　사회복지는 학교에서 배운 이론과 방법들을 현장에서 클라이언트에게 직접 실천하는 실천학문이다. 따라서 사회복지 현장 실습은 사회복지 교육의 핵심이라 해도 과언이 아닐 정도로 그 중요성은 매우 크다. 본서는 1장에서 사회복지현장실습의 개요와 사회복지실습에 대한 전반적 이해를, 2장은 실습양식작성요령과 절차와 과정을, 3장은 현장에서 활용할 수 있는 실천기술과 대표적인 개입방법들을 요약하고, 4장은 분야별 실습지에 대한 개괄적인 내용과 실제 실습사례에 대해 요약해 놓았다.

사단법인 **나눔의집** 서울시 관악구 신림1동 1631-19 평의빌딩 Tel : 02)839-7845 Fax : 02)839-7846

도 서 명	저 자	가격
가정폭력 가해자 집단프로그램	허남순, 윤현숙, 조성숙, 구훈모 옮김	15,000
노년불평등과 복지정책	김정석, 김영순 옮김	12,000
비영리 기관의 모금	정무성 옮김	13,000
사회복지 대백과사전	대표감수 김만두, 김융일, 박종삼	240,000
사회복지 면접의 길잡이	이상균, 박현선 옮김	12,000
사회복지 실천이론의 토대	이팔환 외 옮김	19,000
사회복지 체계론	송정부 외 옮김	17,000
사회복지 프로그램기획과 관리	정무성 옮김	15,000
사회복지 현장실습핸드북	서홍란, 이경아 엮음	15,000
사회복지학 총론	송정부 옮김	13,000
성학대아동과 면접기술	허남순 옮김	12,000
의료사회사업 실무 핸드북	최경애 지음	12,000
인터넷 중독증	김현수 옮김	10,000
자립생활은 즐겁고 구체적으로	이기량, 최경익 옮김	7,000
참여형 지역복지 체계론	변재관, 이인재, 홍경준, 김원종, 이재원, 심재호	10,000
케어기술론	한국케어복지협회	15,000
케어복지 기본기술	이종복, 최영신 옮김	6,000
프로그램 성과평가	정무성 옮김	12,000
한국교회와 사회복지	최무열 지음	17,000
가족복지론	이대사회복지연구회 옮김	
기독교 사회복지	김성철 외 지음	
사회복지개론	백종만 외 지음	
사회복지행정론	박차상, 정무성 옮김	
인간행동과 사회환경	김규수 외 옮김	
인지행동놀이치료	최영희 외 옮김	
장애우복지론	장애우권익문제연구소 엮음	
조사방법론	김기원 지음	
직업재활개론	나운환 지음	
질적조사방법	이성용 옮김	
사회복지 실천이론과 기술	허남순 한인영 김기환 김용석 옮김	

사회복지체계론

초판 1쇄   2000년 2월 18일
초판발행   2000년 2월 21일
엮 은 이   송정부 외 공역

펴낸곳   나눔의집
펴낸이   박정희
편집장   정유진
편집   류승호

주소   서울시 관악구 신림1동 1631-19 평희빌딩 2층
           전화 : 02-839-7845, 팩스 : 02-839-7846
홈페이지   http://www.NanumPress.co.kr
통신   유니텔/천리안 ID 나눔출판
전자우편   Nanum@NanumPress.co.kr

가격   17,000원
ISBN   89-88662-12-1 93330